"十二五"国家重点图书出版规划项目

当代中国城市—区域:权力·空间·制度研究丛书

主编/刘君德

中国市制的历史演变与当代改革

刘君德　范今朝　著

东南大学出版社
SOUTHEAST UNIVERSITY PRESS
南京·2015

内容提要

行政区划体制改革是国家治理体系现代化的重要组成部分，对国家及地方的经济增长、社会和谐、民主政治、文化传承和生态文明等各个方面的发展，对新型城镇化战略与城乡统筹发展目标的实现，具有举足轻重的作用。

全书分上中下三篇，共计12章。重点论述的内容，主要包括以下几个方面：对城市核心涵义与"城镇型政区"的本质进行分析，对城市发展与政区演变的互动关系展开论述，并对"行政区经济"理论及其对"城镇型政区"空间格局和政府治理的影响展开说明；将中国"城镇型政区"的发展放在东亚各国家和地区的比较研究的背景下展开说明和评析；对中国"城镇型政区"的古代、近代与现代、当代的发展进行概括，并重点分析近代以来"市制"的产生背景和发展状况；对中国当代各类"城镇型政区"的发展状况、存在问题进行全面分析，对其改革提出思路，尤其是论证基层政区的中心镇、特大镇改革问题和创新"县下辖市"体制的必要性；提出对"城镇型政区"全面改革的总体思路。

本书可供人文地理学、区域经济学、城市研究、行政管理等领域的相关专业人士和大学师生学习与参考。

图书在版编目(CIP)数据

中国市制的历史演变与当代改革 / 刘君德，范今朝著. — 南京 ：东南大学出版社，2015.5

(当代中国城市—区域：权力 · 空间 · 制度研究丛书 / 刘君德主编)

ISBN 978-7-5641-5604-6

Ⅰ. ①中… Ⅱ. ①刘… ②范… Ⅲ. ①行政区划—体制改革—研究—中国 Ⅳ. ①K928.2

中国版本图书馆CIP数据核字(2015)第058364号

书　　名：中国市制的历史演变与当代改革
著　　者：刘君德　范今朝
责任编辑：徐步政　孙惠玉　　　编辑邮箱：xubzh@seu.edu.cn
文字编辑：陈　淑

出版发行：东南大学出版社
社　　址：南京市四牌楼2号　　　邮　　编：210096
网　　址：http://www.seupress.com
出 版 人：江建中

印　　刷：江苏凤凰扬州鑫华印刷有限公司
排　　版：南京新洲印刷有限公司照排中心
开　　本：787mm×1092mm　1/16　　印张：24　　字数：534千
版　　次：2015年5月第1版　　2015年5月第1次印刷
书　　号：ISBN 978-7-5641-5604-6
定　　价：59.00元

经　　销：全国各地新华书店
发行热线：025-83790519　83791830

学术编写委员会

目录

中篇 演变·路径·格局

下篇　探索·改革·展望

总序

中国行政区经济理论的缘起、发展与未来

城市—区域问题是当代中国现代化建设中极其重要的命题，也是我国人文社会经济科学学者们长期关注的领域。改革开放以来，我从事城市—区域问题的研究，主要侧重于行政区划视角。

我从1983年开始介入行政区划问题的研究，1989—1993年提出“行政区经济”的概念，以后又提出发展和完善中国特色的“行政区经济”理论，至今已经有25个年头多了。2008年，我与我的部分学生一起认真商讨和策划，决定与东南大学出版社合作出版《当代中国城市—区域：权力·空间·制度》研究丛书，意在为构建具有中国特色的行政区经济理论注入新的活力，并从权力·空间·制度视角对当代中国城市—区域发展问题进行新的探索。如今，经过近三年的筹划与准备，丛书终于问世了！

在丛书出版之际，我作为“行政区经济”这一概念和理论的创始者，很有必要就行政区经济理论形成的来龙去脉和相关问题做一些说明，这对那些有志、有兴趣介入行政区经济理论建构的同志，希望能够利用行政区经济理论来揭示或解释当代中国各种城市—区域的经济社会文化现象或问题的同志，以及规划、建设管理部门的同志们来说，可以提供更为清晰的学术发展思路。

这里，我主要循着行政区经济理论的形成与发展过程，就四个方面做一些简要说明：① 我对行政区划问题研究的缘起是什么？我是怎么提出“行政区经济”理论概念的？② 以新学科建设和人才培养为标志的“行政区经济”理论体系与内容框架形成的实践工作与理论建设这两个方面做了哪些重要工作？③ 行政区经济理论体系还有哪些重大问题需要进一步深入研究与思考？④ “行政区经济”理论可否适应未来世界各国行政区划问题的研究？或者说，行政区经济能否作为一种理论思想向更深、更广的方向不断拓展，使行政区经济具有更广泛的解释力？通过对这四个相互关联的问题的回答，以期引起大家对行政区经济理论的进一步关注、思考，也希望行政区经济理论能够在本套丛书的相关专著中得以发展、深入。

一

在世界人类文明发展史上，行政区划是关于国家政治、行政体制与地域空间相互耦合的重要文化成果之一。行政区划的建立不仅关系到国家与社会的长治久安与繁荣稳定，而且关系到国家行政结构的组织方式，关系到国家区域权力空间结构的发展趋势与调整方式。因此，行政区划问题不仅表现为一种外在的区域政治权力的空间投影，而且体现了一种内在的政治思想方式与内涵。

天下大势，分久必合，合久必分。无论从我国古代王朝时期的封建制到皇朝时期的郡县制与行省制，还是近代以来政党时期的民主制，怎样解决从古到今以来的朝代更替或政党执政问题，一直是人们孜孜以求的政治理想。我国古代的行政区划就是每每伴随着王朝兴衰更替而不断调整的。从我国古代历史看，每一次王朝更替之后，都会在行政区划体制方面发生重大变化。反过来说，每一次大的行政区划体制的调整，都是为了及时适应国家政治与行政体制改革方面的重大改变。

1983年，我被委派担任中国科学院南方亚热带丘陵山区综合科学考察队第三分队队长，1984年起在安徽皖南山区、浙江省西部和南部山区以及福建省闽江流域开展丘陵山区的综合科学考察工作。在皖南贵池县考察时，当时的贵池县委、县政府主要领导向我反映，贵池县发展的主要问题是行政区划问

题，希望考察队能帮助他们解决或向有关部门呼吁。这让我感觉很意外，也引起了我的关注。但我们当时并没有行政区划方面的科学考察任务。所以，在结束贵池科学考察任务的第二天，我就留下两位同志，一起就行政区划问题进行细致、深入的调研，重点考察被当地称为“三国四方 73 家房客”的多头管理体制问题以及撤销池州地区，将贵池划归长江北岸安庆地区管辖后的影响问题。我们认真听取了当时贵池县有关部门和方方面面的意见，并对行政区划与管理体制现状中存在的问题进行了实地考察。之后，我带着问题回到了上海，在完成有关皖南综合科学考察报告的同时，对贵池县行政区划问题进行了深入思考，确实觉得贵池县乃至整个皖南地区都存在着行政区划变动频繁、撤并随意、层次重叠、部门林立、条块分割、多头管理等问题，严重影响了机关工作效率，浪费了行政经费，使一个文化历史悠久、开发建设条件良好的贵池在城市—区域经济发展方面受到重重阻力。我当时深深意识到，由于行政区划体制造成的无谓的资源浪费现象和经济发展缓慢、城市建设无序等问题相当严重，让人十分痛心！

在这种情况下，我与几位同志商议决定以考察队的名义向时任中共中央总书记的胡耀邦上书（华师科〔1984〕第 106 号文《关于安徽省贵池县经济体制问题的情况与建议》），力陈安徽省皖南地区贵池县行政区划存在的问题，希望能给予解决。出乎意料的是，仅仅过了十余天时间，华东师范大学党委就转来了有关领导的批示，肯定了我们所反映的意见。这件事给了我莫大鼓舞，也使我决定对行政区划问题进行深入研究，并对安徽省的有关行政区划问题给予了持续关注。1985 年 5 月，我再次带领考察队员对皖南地区的行政区划问题进行专题深入调研，发现了大量问题，写成两万余字的专题文章《安徽省皖南地区行政区划体制的调查与思考》，作为考察队的重大成果收录于《安徽省南部丘陵山区国土开发与整治研究》的专著（华东师范大学出版社，1987）中，该文又被收录于《中国行政区划研究》文集（中国社会出版社，1991）。

1986 年 11 月，考察队赴福建闽江上游建溪流域进行了为期两个月的综合科学考察，同样发现这一地区存在的行政区划与行政管理体制问题，遂于 1987 年 2 月以书面报告《关于福建省建阳地区行政区划及闽江委员会体制等问题的情况与建议》向福建省有关部门做了反映，同样得到积极回应。

这可以说是我对行政区划问题进行研究的缘起。

1989 年，我们完成了南方亚热带丘陵山区的综合科学考察任务，出版了一系列重要成果。1990—1991 年，在全国大规模开展国土规划的背景下，我多次受邀参加了安徽省计委召开的有关地区（黄山、安庆、池州、宣城、合肥等地、市和安徽沿江带等）国土规划评审会，在会上我根据多年考察的经验体会与发现，指出了行政区划体制因素对中国国土资源开发、城市—区域经济发展的强烈影响，提出了“行政—经济区”的概念。我认为：“这种行政—经济区对推动我国社会主义生产力的发展起着主导作用。然而正是行政—经济区，在地方分权体制下，使各级地方经济发展追求‘大而全’或‘小而全’，导致区域经济的封闭性特点，从而对整体经济的发展带来消极影响。”（专文《关于我国行政区划体制问题的初步探讨》被收录于 1991 年中国社会出版社出版的《中国行政区划研究》）1992 年，在广州召开的“全国首次经济特区和沿海开放地带行政区划研讨会”上，我进一步强调了中国转型期行政区划的重要作用，明确提出了“行政区经济”的概念，阐明了随着我国政治经济体制改革的深入推进，行政区域政府的经济功能将逐步淡化的观点。1993 年，我与我的第一位博士生舒庆同志合作在《经济地理》第一期上发表了《论行政区划、行政管理体制与区域经济发展战略》一文，首次比较系统地对行政区经济的结构特征和淡化行政区经济功能等问题进行了论述。这可以说是我对行政区经济概念的提出阶段。

二

随着我们对行政区划研究的不断深入与“行政区经济”理论在学术界和政府部门引起的积极反响，特别是基于行政区划改革的必要性与紧迫性，1990 年，经国家民政部批准，在华东师范大学成立了中国行政区划研究中心。迄今为止，这仍是目前国内唯一的专门从事行政区划问题的专业研究机构。

如果说“行政区经济”理论的提出，是意图把我国现行行政区划现实问题研究推进到理论认识阶段的话，那么，中国行政区划研究中心的设立，则为我国行政区划体制问题的系统深入研究提供了一个重要的组织平台。在国家民政部的关心指导下，在华东师范大学党政有关部门的大力支持下，我作为中国行政区划中心的"领头羊"，在这一阶段与我的历届学生们(包括八名与我合作的博士后)一起，主要做了以下两个方面的工作：

一是积极投身于行政区划现实问题的实证与论证、规划工作及理论研究，完成了一批较有分量的研究成果，为中央主管部门和地方政府的行政区划与行政管理体制改革提供了决策依据。这主要表现在我与我的学生们一起，在近 20 年的时间里，先后完成了 40 余项与行政区划相关的课题。最主要的有："江苏省苏、锡、常地区行政区划改革研究"、"江苏省'三泰'地区行政区划调整研究"、"海南省设市预测与规划"、"社会主义市场经济条件下城市行政区与经济区关系综合研究"、"浦东新区行政区—社区体系研究"、"我国国民经济分级调控空间组织模式可行性方案研究"、"中国大都市公共行政组织与管理模式研究"、"上海创建国际大都市的行政区划改革研究"、"上海行政区划体制改革与浦东新区建制镇区划调整及城镇发展战略研究"、"中国城市化进程中的行政区划体制改革与创新研究"、"关于海南省调整海口市行政区划方案的论证报告"等。其中，"江苏省苏、锡、常地区行政区划改革研究"获全国高校首届人文社会科学优秀成果一等奖(1995 年)，"上海行政区划体制改革与浦东新区建制镇区划调整及城镇发展战略研究"获上海市第四届决策咨询研究成果一等奖(2001 年)，"关于海南省调整海口市行政区划方案的论证报告"(2002 年)作为附件上报国务院，获得国家有关主管部门和海南省政府的高度评价，不久海口市行政区划及时得到调整。

与此同时，我还参加了民政部组织的"全国设市预测与规划"和各省(区)设市预测与规划的系列成果评审，以及山东、江苏、广西、广东、湖北、安徽、新疆、贵州等省区有关城市发展和设市预测规划的考察活动，掌握了大量资料和有关情况。这些实践活动，使我更进一步体会到行政区划问题研究的重要性、紧迫性和艰巨性、敏感性，也使我对"行政区经济"理论概念的有效性和解释力更有信心。

二是在大量研究实践的基础上，经过不断总结、提炼和萃取，行政区经济理论体系初具雏形，建立和完善了"行政区经济"的理论概念与框架内容，并在"行政区经济"理论的基础上，进一步提出了"行政社区"的概念和构建大城市自上而下"行政区—社区"管理体系的理论思维，使行政区经济理论体系更加丰满，更具有实践性，主要标志是出版了由我主编的我国首部以"行政区经济"冠名的《中国行政区经济与改革》丛书(华东师范大学出版社，2000)。这是一套力求符合中国国情、理论与实证结合的区域经济与管理及行政区划丛书。

这一时期，我们先后出版了 20 部共约 450 万字的学术著作，初步展现了行政区划、行政区经济及其相关理论的学术成就，主要包括：华东师范大学出版社出版，刘君德主编的《中国行政区划文献目录》(1992 年)，刘君德主编的《中国行政区划的理论与实践》(1996 年)；刘君德主编的《中国行政区经济与改革》丛书，包括舒庆、周克瑜著《从封闭走向开放：中国行政区经济透视》(2003 年)，汪宇明著《中国省区经济研究》(2000 年)，王德忠著《企业扩张——理论研究及其对中国行政区经济问题的应用分析》(2002 年)，刘君德、冯春萍、华林甫、范今朝著《中外行政区划比较研究》(2002 年)，程玉申著《中国城市社区发展研究》(2002 年)。中国环境科学出版社出版，舒庆著的《中国行政区经济与行政区划研究》(1995 年)。科学出版社出版，刘君德与靳润成、周克瑜编著的《中国政区地理》(1999 年)，刘君德与靳润成、张俊芳编著的《中国社区地理》(2004 年)。东南大学出版社出版，刘君德、汪宇明著《制度与创新——中国城市制度的发展与改革新论》(2000 年)，卢为民著《大都市郊区住区的组织与发展——以上海为例》(2002 年)，黄珊著《国外大都市区治理模式》(2003 年)，张俊芳著《中国城市社区的组织与管理》(2004 年)。复旦大学出版社出版，周克瑜著《走向市场经济——中国行政区与经济区的关系及其整合》(1999 年)，林涛著《国民经济区域调控——中心城市调控模式研究》(2000 年)。上海社会科学院出版社出版，张玉枝著《转型中的社区发展——政府与社会分析视角》(2003 年)，陶希东著《转型期中国跨省市都市圈区域治理——以"行政区经济"为视角》(2007 年)。湖南科学技术出版社出版，陈湘满著《中国流域开发治理的管理与调控研究》(2003 年)。中华工商联合出版社出版,秦学著《旅游业跨区域联合发展的理论与实证研究》(2004 年)等。

上述两个方面,前者侧重于实证研究、方案论证和理论研究,后者侧重于理论梳理和系统阐述,二者相互支撑、相互配合。通过实践与理论的有机结合,基本建立起"行政区经济"的理论体系框架。我的第一位博士生舒庆的博士论文,比较系统地阐述了行政区经济的基本概念与理论内容。所谓"行政区经济",是指由于行政区划对区域经济的刚性约束而产生的一种特殊区域经济现象,是我国在从传统计划经济体制向社会主义市场经济体制转轨过程中,区域经济由纵向运行系统向横向运行系统转变时期出现的具有过渡性质的一种区域经济类型。现阶段,我国"行政区经济"主要表现为以下特征:① 企业竞争中渗透着强烈的地方政府经济行为。② 生产要素跨行政区流动受到很大阻隔。③ 行政区经济呈稳态结构。④ 行政中心与经济中心的高度一致性。⑤行 政区边界经济的衰竭性。

作为一个科学概念,"行政区经济"深刻揭示了我国转型期区域经济运行的本质特征与规律。由于"行政区经济"这一概念对我国自 20 世纪 80 年代以来由计划经济向市场经济转型的过程中因行政区划而导致行政壁垒和地域分割的经济现象有着极强的概括力,从而被国内(乃至海外的部分高校)一些学者和政界接受、引用。

自此以后,打破行政壁垒和地域分割,要求淡化政府直接干预行政区的经济功能、推进政府职能转变的呼声越来越高。这可以说是以建立华东师范大学中国行政区划研究中心为契机,以培养跨学科人才为目的,并通过大量实地考察、政策研究、区划方案论证和论著撰写等,从而使行政区经济的理论体系与框架逐渐得以深化和推广,可以称得上是我推进行政区经济理论发展的第二阶段。

三

自"行政区经济"理论提出以后,在中国区域经济发展面临新的形势下,要求打破区域分割、推动区域联动发展、努力消除我国"行政区经济"负面影响的呼声也日渐高涨。事实上,正是我与我的学生们形成的这个学术集体以及许多认同行政区经济理论学者们的共同努力,使得"行政区经济"理论客观上在积极推动我国城市—区域经济、社会发展与规划、建设管理的理论与实践研究方面,起到了积极的影响作用。

研究认为,中国行政区经济的形成,与我国历史上的地方经济发展状况有关,而地方经济发展的传统又主要受以下三个因素的影响:① 我国地域辽阔,自然条件和经济技术发展水平的地域差异大,拉开了地区之间经济收益的差距;同时,过于单一狭窄、传统的各类经济组织形式,阻碍了有组织市场的发育,导致难以形成全国性的统一市场。② 国家稳定,也使以省区为主的地方经济的各自发展成为可能。③ 我国市场发育状况造成了我国区域经济联系较低的水平,也导致我国经济长期被排斥在世界经济体系之外。上述因素使我国的地方经济往往囿于行政区域的范围内,呈现出"封闭"式运行状态。

中国行政区经济形成的基础主要有两点:① 传统形成的封闭式的省区经济使省区内外的经济差异逐步扩大,省区经济的稳定性进一步增强。② 长时期科学技术水平低下和交通运输、通讯条件的落后,减弱了区域经济在更大空间和更高层次的聚合程度。以上两点加上其他一些历史、政治、文化因素,为行政区经济的孕育、发展提供了温床,同时也成为区域经济一体化发展的桎梏。

行政区经济理论还认为,新中国成立以后,在计划经济时期的中央与地方条块关系变动环境下,行政区经济是以隐性形式存在的,一旦"条条"与"块块"之间的权力关系发生转移,即当"条条"与"块块"关系的平衡点向"块块"一方略有倾斜时,客观上就为行政区经济的强化提供了可乘之机。"大跃进"和"文化大革命"给我国区域经济发展打上了深深的烙印,也为行政区经济运行提供了基础。

行政区经济是我国改革开放以后形成和发展起来的,新时期以来形成的区域经济冲突就是行政区经济在不同发展阶段运行的结果。我国的行政区经济运行大体上可以分为五个阶段:① 1979—1984 年,是"分灶吃饭"等改革措施下的盲目布局与引进阶段。② 1985—1988 年,是价格双轨制下的"原料大战”阶段。③ 1989—1992 年，是紧缩政策下的市场疲软和封锁阶段。④ 1993—1997 年，是金融秩序混乱和经济过热阶段。⑤ 1997年以后，是经济“软着陆”之后保护局部利益阶段。我们的研究认为，世界上许多国家，如采取市场经济体制的美国、采取计划经济体制的前苏联和采取混合经济体制的印度等，都难以形成与中国行政区经济发育类似的土壤环境。因此，中国行政区经济是世界上表现最为突出的国家，也就是说，行政区经济是具有中国特色的。这主要表现在它有其独特的运行方式，即以企业为微观运行单位，在权力空间地域上和不同的行政区层次上，表现出不同的特点。行政区经济理论认为，一旦全国统一大市场建立，行政区经济势必逐步瓦解，一种新型的区域经济关系将会形成、发展，但这可能需要相当长的一段时间。

然而，随着对行政区经济理论认识的不断提高、行政区经济内容框架与理论体系构建的完善与发展，尤其是在对我国现阶段城市—区域经济社会发展、规划建设管理中存在的“行政区经济”现象已经具有较强的说服力和阐释效应的情况下，我认为仍有必要深入思考“行政区经济”理论的适用范围、理论扩展与深化提升的问题。概括起来，主要有以下几个问题需要回答：

(1) 行政区经济对我国当今转型期的城市—区域经济发展过程中存在的诸多特殊现象虽然已经有了较强的阐释力，但由此我们不得不进一步思考：我国的行政区经济现象只是在现阶段才有的吗？如果上溯，我国古代经济社会发展过程中有没有区域分割现象？如果有，这种区域分割现象是不是行政区经济现象？如果不是，那这种区域分割现象又怎样来解释？能不能运用行政区经济理论解释我国古代区域经济发展变迁中存在由于行政区划引起的有关区域分割现象？

(2) 行政区经济理论是以西方市场经济理论体系为参照系的。那么，是不是只要我国社会主义市场经济体制建立和完善起来了，行政区经济现象也就自然消失了？事实上许多人在引用行政区经济理论概念进行分析时往往也只看到它的消极影响一面。人们不禁要问，从我国城市—区域经济发展的过程来看，行政区经济到底有没有积极意义，或者正面效应？我们发现，行政区经济理论在经过实践不断检验的过程中，从区域经济理论发展动力、运行机制与演进过程来看，我们原来对行政区经济正面的积极意义挖掘得不够，影响了对问题阐释的力度和全面性。事实上，只以市场经济为唯一标准，是远远不够的，因为市场经济也会失灵。在市场经济失灵的情况下，以国家干预为核心的市场经济与行政区经济有怎样的关系？而我国的社会经济发展也证明，如果没有以地方政府为主体的行政区域经济的高速发展，我国改革开放 30 多年要取得这样的经济与社会发展的成就，那将是难以想象的。因此，我们的研究认为，与通常人们所说的“诸侯经济”不同，中国转型期的行政区经济存在着“褒”(积极影响)、“贬”(消极影响)双重属性，“行政区经济”的正负面影响将伴随中国整个转型时期长期存在。如何不断扩大行政区经济的正面效应，逐步减弱行政区经济的负面影响，则是我们下一步研究中应该注意的问题。

(3) 行政区经济主要是以我国新时期以来从计划经济向市场经济转型过程中出现的区域经济现象为研究与解释的对象，这也是行政区经济理论体系为大家所广为接受的原因所在。但与此相关，让我不能释怀的是，在前苏联、东欧社会主义国家从计划经济向市场经济转型的过程中，是否也存在行政区经济现象？2005 年的 12 月，乌克兰驻华使馆的一位高级参赞在看过我们的行政区经济论著后，专程来沪找我，和我讨论行政区经济问题。他说，像中国现阶段存在的“行政区经济”现象在乌克兰也是存在的，并指出，乌克兰也要推进行政区划体制改革。近年来，我国香港和台湾地区也不断有学者来访，并邀请我赴港台宣讲行政区经济理论问题。事实上，我国香港、台湾地区乃至美国等的一些大学已经有不少学者关注中国内地的“行政区经济”理论问题，包括在研究生的论文选题中将行政区划和行政区经济问题作为重要研究内容。这不得不促使我更进一步深入思考，是否在全球范围内也普遍存在行政区经济现象？除了东欧国家我们可以而且有必要作为一种比较性的研究对象外，欧盟是否也可以作为一个案例进行深入研究？全球有 230 多个不同政治体制的国家，是否也可以尝试用行政区经济理论进行探索性研究呢？更为重要的是，如何通过这种研究把我们的行政区经济理论与国际上通行的制度经济学理论、区域政治学与区域社会学理论以及城市—区域治理理念等相关的现代学术思想进行对接，这也许将是我们需要长期开展并与海外学者合作研究的重要命题。

从这个意义上看，随着全球经济一体化进程的不断加快和我国社会主义市场经济体制的深入推进和不断完善，我们开创的“行政区经济”理论也面临着不断创新与发展的机遇与挑战。它促使我们很有必要把“行政区经济”从一个理论体系框架提升到一门独特学科体系的高度，进而构建具有中国特色的区域政治经济学，这不仅是我国改革开放 30 多年的一个重要学术思想成果，而且对研究现代世界国与国、地区与地区、各国内部地区之间乃至国际性区域经济、政治、文化、社会等各类组织的区域空间权力结构与制度整合，将会起到非常积极的作用。如果站在这一高度看问题，我觉得更有必要把行政区经济理论体系逐渐向海外拓展，以此作为新的起点，进一步推动行政区经济理论研究走向新的、更成熟的阶段。

四

我曾经说过：“随着社会主义市场经济体制目标模式的确立，如何建立一套与之相适应的、具有中国特色的、科学的社会主义行政区划体系，是一项具有重要理论和现实意义的科学研究工作，同时也是一项复杂而艰巨的任务。一方面，它要依靠行政区划的实践，不断地总结经验教训，从而摸索出一条适合我国国情的行政区划改革新路子；另一方面，也必须要有科学的理论做指导，即依靠科学的理论思维，把握事物的本质与规律，从而指导我国行政区划的实践。”

《周礼》记载：“惟王建国，辨方正位，体国经野，设官分职，以为民极。”意思是说，建立一个国家，先要分辨清楚地理方位，然后划分行政区域，在此基础上，再分设官职，建立行政组织结构，以完成管理百姓的措施。如此简括的几句话，把国家建构的过程与要点勾勒得清清楚楚。由此可知，行政制度的建立，最根本的乃是行政区划与行政组织结构的耦合。但是，行政区划与行政组织结构又是根据什么确定的呢？二者之间又是怎样耦合的呢？这就必然涉及政治与行政制度的确立。用现代政治与行政理论来分析，就是先有权力主体，这就是政治与行政组织结构；而权力主体不可能是个空中楼阁，而是必须将其奠基在特定区域地理空间的基础上才更加坚实牢固；当国家一旦建立起来并运转的时候，它又不是随意的，而是必须根据特定的政治与行政制度，从而达到权力主体在特定社会空间良性运行的根本目的。我认为，行政区经济理论的第三个发展阶段，就是必须进一步扩大和延伸学术视野，从区域政治、经济、社会、文化的系统整合的意义上，推动具有中国特色的行政区经济理论思想的建构，这也就是本丛书之所以命名为《当代中国城市—区域：权力・空间・制度》的根本所在，也是行政区划与行政区经济理论的新的学术增长点。

当然，随着现代政治、经济与社会的不断发展，人们对权力、空间与制度的认识已经有了很大变化。权力不再仅仅指单一的行政权力，而是扩展到了整个社会层面，这是由于现代行政的主体已经由政府扩展到各种企事业单位乃至群众团体，这必然导致权力的生产与再生产模式将面临一场重大变革。而空间也不再仅仅是地理空间和空间差异问题，而是深入到了社会空间的各个层面，在一定意义上，社会空间的生产与再生产已经深刻改变了传统的对地理空间与空间差异理论的一般认识。同时，由于权力空间结构在要素排列上的深刻改变，对权力空间秩序的生产与再生产形成了重大影响。不仅在一个国家内，而且在整个世界，新的权力空间秩序也正在形成之中。因此，应积极寻求在新秩序建构的过程中，成为制度与规则的制定者之一，而不仅仅是一个模范的制度执行者。在这个意义上，建构以行政区经济理论为核心的具有中国特色的区域政治经济学理论的目的，就是为了根据不同侧面的空间尺度，对多元权力结构的行政权力与运行机制进行探讨分析，从而在特定的区域权力空间结构中占据主导地位。

如果说，时间是主导现代主义世界的话，那么空间化逻辑则主导着后现代社会。从过去到现在，人们已经认识到，在权力与空间发生作用时，空间的重要性得到了很大改变。福柯就明确地提出：空间是任何公共生活形式的基础，空间是任何权力运作的基础。因此，空间已成为资本主义条件下社会关系的重要一环，空间是在历史发展中产生的，并随着历史的演变而重新组合和转化。后现代空间化问题，在当代城市化的快速发展中已得到深刻反映。全球城市已成为经济、政治和文化权力重合的地方。这一观点实际上也得到了来自于城市政治学研究的大力支持。城市政治学是社会学科中政治学的分支领域，其研究的焦点问题就是城市公共决策的权力结构。在城市政治学的研究传统上，有两种城市政治结构模型：一是城市社区权力的“多元模型”(Pluralist Model)，即认为城市内各种社会群体与利益集团共同对城市的公共决策产生影响；二是“精英模型”(Elitism Model)，即认为城市的主要公共决策是由少数精英分子和大的社会经济结构所决定的。但从主流模型的衍变来看，城市多元化的权力结构模型更应成为与空间化逻辑主导形式相适应的一种主要模型。因此，努力发掘权力结构的空间化逻辑主导形式，就成为分析行政组织结构的行政空间与权力空间相互关系的生动起点。

而以我国行政区划与行政组织结构为核心的行政区经济理论体系，它的最大价值恰好在于它发现了我国以行政区域为单位形成的一种区域权力在空间经济的运行模式中所产生的各种现象，包括权力、空间与制度自身的各种问题。在某种程度上，行政区经济理论不仅是揭开我国当代最具有中国特色的区域政治经济学理论体系的一把钥匙，而且其最具有中国特色的学术前景也在于对于未来世界经济一体化进程中怎样通过以世界各国行政区划与行政组织结构之间的耦合关系研究，对现代国际区域政治经济学的发展做出中国学者应有的世界性贡献。

最后，我要对本丛书的出版情况做一点说明。20世纪90年代中期以来，在华东师范大学中国行政区划研究中心先后出版了20本著作以后，近几年陆续又有一批由我指导的博士生通过了论文答辩，其中，有些学术成果已经问世，有的尚未出版；同时，近几年，还有国内其他学术领域的学者，也主动和我联系，有的则通过各种渠道让我了解到他们也在应用行政区经济理论从不同的领域进行学术研究工作。因此，我希望能继续通过出版丛书的方式把这些成果比较系统地推出来，贡献给理论界、学术界和实践部门，让理论在实践中不断得到验证、深化和拓展。于是，经过与东南大学出版社的讨论、策划和历时三年的运作，这套丛书终于面世了。

我们设想本套丛书的结构大体包括五大部分：第一部分偏重于当代中国城市—区域权力、空间与制度的综合性理论研究；第二部分是权力、空间、制度视角的特定专题性研究；第三部分是权力、空间、制度视角的各类规划性研究；第四部分是当代中国行政区划改革研究；第五部分是我国几个大区域的综合性研究。上述五大部分的相互配合形成了比较完整的丛书体系，力求理论与实践的统一和行政区经济理论思想的融合。

此次丛书出版，强调两个方面：一是开放性；二是创新性。本套丛书除选择一批我近年指导完成的优秀博士论文外，还特别吸收相关学科和实践领域应用行政区经济理论进行研究的拓展之作，体现开放性；同时，还特别鼓励能在理论上提出新观点的创新之作，即使在理论框架和思想观念上还不是特别成熟，我们也很欢迎，体现创新性。

我衷心希望，能够推出一批质量上乘、观念新颖的学术创新著作，能够有更多有志于行政区经济理论研究的同行加入进来，能够使具有中国特色的行政区经济理论思想早日更加成熟起来！

本套丛书得以顺利组织、写作、出版，决定于两个因素：一是众多作者经过多次讨论形成的共识与全力以赴；二是国家民政部行政区划与地名管理司、东南大学出版社以及华东师范大学资源和环境科学学院领导的大力支持。非常荣幸的是，我们请到陆大道院士、胡序威研究员、杨汝万教授、王邦佐教授、邓伟志教授和崔功豪教授担任本丛书的学术顾问，他们都是不同学科长期从事城市—区域问题研究的国内外著名的专家学者，他们的支持给了我们很大鼓励，也增添了新的动力。让我十分高兴的是，在丛书组织过程中，华东师范大学资源和环境科学学院人文地理学科被批准为国家重点学科建设项目与上海市重点学科建设项目单位，我们及时得到了项目的支持。因此，这套丛书的出版也是“华东师范大学人文地理学”(No. B 410)项目重要的成果之一。

还要说明的是，中国行政区划与行政区经济理论是一个新的、具有探索性的研究成果，本丛书中的一些观点，特别是有关行政区划改革的设想只代表作者的看法，衷心欢迎各类学科的理论工作者与政府部门的实际工作者提出批评建议。

刘君德

0 引言

0.1 本书选题的动因与意义

0.1.1 选题的动因

(1) 实施“新型城镇化”战略需要相对应的市镇制度改革及时跟进。

伴随着中国经济社会的长期高速发展，城镇化率以平均年增1%左右的速度持续提高。2013年我国常住人口的城镇化率为53.7%，但与世界各国相比仍然偏低，尤其是户籍人口城镇化率只有36%左右，远低于人均收入与我国相近的发展中国家60%的平均水平。中国的城镇化有很大的发展空间。未来若干年内，新型城镇化将伴随工业化、信息化、农业现代化，为我国的经济发展提供强大、持续的动力；并将是拉动未来世界经济增长的重要引擎，对世界发展也是一大机遇。

2013年12月12日至13日，中央城镇化工作会议在北京举行。这是中共十八大以来，官方正式对新型城镇化进行的明确说明。会议分析城镇化的发展形势，明确推进城镇化的指导思想、主要目标、基本原则、重点任务，具有很强的现实意义和深远的指导意义。

——会议要求，推进城镇化必须从我国社会主义初级阶段基本国情出发，遵循规律，因势利导。确定城镇化目标必须实事求是、切实可行，不能靠行政命令层层加码、级级考核，不要急于求成、拔苗助长。

——会议要求，要以人为本，推进以人为核心的城镇化，提高城镇人口素质和居民生活质量，把促进有能力在城镇稳定就业和生活的常住人口有序实现市民化作为首要任务。要优化布局，根据资源环境承载能力构建科学合理的城镇化宏观布局，把城市群作为主体形态，促进大中小城市和小城镇合理分工、功能互补、协同发展。要尽可能减少对自然的干扰和损害，节约集约利用土地、水、能源等资源。要传承文化，发展有历史记忆、地域特色、民族特点的美丽城镇①。

2014年3月正式公布的《国家新型城镇化规划(2014—2020年)》(简称《规划》)则是具体指导我国走新型城镇化道路的纲领性文件，具有深远的国家战略意义。《规划》提出要在2020年使常住人口城镇化率达到60%左右，户籍人口城镇化率达到45%左右②。

历史的、国外的经验表明，城镇的发展需要相对应的、科学的市镇制度保驾护航。从行政区划来看，实施新型城镇化战略、实现《规划》目标需要建立一套符合城镇化发展需

---

① 《中央城镇化工作会议在北京举行》，见“新华网”. http://news.xinhuanet.com.

② 《授权发布：国家新型城镇化规划(2014—2020年)》，见“新华网”. http://news.xinhuanet.com.

求、有利于推进城镇化科学发展、适应不同规模和性质功能需要的城镇型政区体制。也就是说，有序推进和有效实施新型城镇化战略需要科学规范的市镇制度作为保障。在中国城镇化发展的新阶段、新时期，在积极推进新型城镇化战略过程中，中国市镇制度的改革要及时跟进。中国市镇制度改革的研究具有重大现实意义和重要理论指导意义。这是本书写作的最重要、最直接的动因。

(2) 中共十八届三中全会的《中共中央关于全面深化改革若干重大问题的决定》中规定的有关市镇制度改革的内容需要在贯彻实施中不断深化完善。

中共十八届三中全会通过的《中共中央关于全面深化改革若干重大问题的决定》(简称《决定》)中有许多涉及市镇制度改革的内容。《决定》指出，“全面深化改革的总目标是完善和发展中国特色社会主义制度，推进国家治理体系和治理能力现代化”；改革的“核心问题是处理好政府和市场的关系，使市场在资源配置中起决定性作用和更好发挥政府作用”；“到 2020 年，在重要领域和关键环节改革上取得决定性成果，完成本决定提出的改革任务，形成系统完备、科学规范、运行有效的制度体系”。《决定》还提出了许多直接指导行政区划、行政体制改革的具体规定，诸如，在“优化政府组织结构”中，明确提出“优化行政区划设置，有条件的地方探索推进省直接管理县(市)体制改革”的要求；在“健全城乡发展一体化体制机制”中，明确指出“城乡二元结构是制约城乡发展一体化的主要障碍。必须健全体制机制”，“坚持走中国特色新型城镇化道路，推进以人为核心的城镇化，推动大中小城市和小城镇协调发展、产业和城镇融合发展，促进城镇化和新农村建设协调推进。优化城市空间结构和管理格局，增强城市综合承载能力”。

在相关条文中，也具体指明了若干行政区划和行政管理体制改革的方向(也是重要的改革措施和规定)。如，要“完善设市标准，严格审批程序，对具备行政区划调整条件的县可有序改市”；“对吸纳人口多、经济实力强的镇，可赋予同人口和经济规模相适应的管理权”；要“建立和完善跨区域城市发展协调机制”；要“逐步增加有地方立法权的较大的市数量”；“探索建立与行政区划适当分离的司法管辖制度”等。

《决定》和《规划》这两个重要文件为中国市镇制度的改革指明了方向，是新时期市制改革的指导性文件。本书拟在系统总结中国市制历史演变过程与规律，尤其是改革开放以来市制改革的实践探索经验的基础上，依据《决定》和《规划》的指导思想和指引的方向研究探索中国城市制度发展的走向。

(3) 与将要出版的《中国省制演变与未来》相对应，同为本丛书的核心内容之一。

本选题是本套丛书的核心论题，在丛书结构中与《中国省制演变与未来》同为核心专著之一。中国的城市—区域问题系统研究需要落实到空间制度层面，也就是说，政区空间制度的研究是本套丛书的核心内容。无论是从中国历史上或是当今的现实经济社会的实际情况看，“省制”与“市制”都是一个相互关联、十分重要而迫切的研究课题。

在本套丛书结构中，虽然已经出版的多册专著大多都与“市制”相关，如《大都市区治理：理论演进与运作模式》(2009 年)、《中国城市群联市制研究：以长株潭为例》(2010 年)、《分权与当代中国都市区空间规划的理论与实践：常州市案例研究》(2011 年)、《大都市经济区内政府间竞争与合作研究：以京津冀为例》(2012 年)、《中央直辖市政区空间组织与制度模式探析：理论架构、比较分析及实证研究》(2012 年)、《中国大城市基层行政社区组织重构：以上海市为例的实证研究》(2013 年)、《行政区划体制与城乡统筹发展：以浙江省当代改革实践为例》(2013 年)等，但从中国城市制度的整体性来看，因各有侧重而显得比较分散，缺少对中国市镇制度的全面系统研究。中国是个大国，情况复杂，地区差异大，城镇类型多，现有城市制度问题较多，需要从构建中国城市(镇)制度体系的视角进行全局整体性研究，而中共十八届三中全会深化改革的精神和“新型城镇化”战略的推进，为探索和实践与新型城镇化相呼应和配套的市镇制度研究提供了极好的环境条件。这也是本书选题的重要原因。

0.1.2 选题的意义

行政区划作为国家公共管理的空间架构，对区域及城市的经济、社会、文化等的发展，具有举足轻重的作用。由于中国正在经历深刻的政治、社会和经济、文化等各方面的体制变革，而各级地方政府职能还将维持在较为强势的地位，因此，行政区划的调整以及行政管理体制的改革还将成为地方政府推进经济、社会发展的重要手段。故而，行政区划体制与城市化、与城乡统筹发展的适应与否，在中国就显得格外重要。

基于城镇规划发展中的政区空间矛盾，中国当代的市镇制度(城镇型政区)是行政区划改革研究的重点。科学合理的城市制度是推进中国城市有序发展(实体层面，如城市数量扩张、规模扩张)和城市制度变革(制度层面，即权力的合理配置)的有效手段。本书在弄清概念、回顾历史、借鉴经验，特别是综合评析现有城镇制度(直辖市、地级市、县级市和县辖镇等)的优点和缺陷的基础上，以中共十八届三中全会的《决定》和新型城镇化建设的精神为指导思想，从建立和完善中国城镇建制体系的整体发展观出发，提出各类市镇制度的改革思路和治理措施(包括城镇制度设置模式、设置标准等)，既可以在理论上探索和认识中国特色城市(镇)制度(城镇型政区)的发展规律，也可以在实践中为中国的“市镇制度”改革提供有益的参考。如此，本书选题具有理论与实践的双重价值。

0.2 国内外“市制”研究现状的简要评述

中国近 30 余年围绕“城市化”、“城乡统筹发展”、“新型城镇化”这一问题，进行了大量的研究。国内外各界对相关问题的认识和研究不断深化，并普遍认识到，所谓“城镇化”及“新农村建设”，以及“城乡统筹发展”的实现，除了经济角度的问题之外，还需要重视与之匹配的行政管理体制与政治体制等方面的改革。但是，限于理论上的认识误区与现实中的利益纠葛，如何推进和深化改革，以真正落实“城乡统筹发展”，仍有较大的难度。

从 20 世纪 80 年代末期开始，国内有学者开始从行政区划体制改革的角度介入中国的区域发展实践与城镇化战略的研究，并逐渐提出一些理论命题，代表性的如“行政区经济”、“行政区域经济”的理论，在国内外产生一定影响。20 世纪 90 年代以来，配合着国家城镇化进程的推进，涉及行政区划改革方面的研究探讨逐渐增多，进入 21 世纪，相关成果更是大量出现；其重点和难点都集中在所谓的“市制”改革，即城镇化地区的所谓“城镇型政区”的行政区划体制的改革上。概括起来，研究重点主要集中在以下几个方面：

(1) 在对近现代以来的城镇化进程与"市制"的出现、发展的历史概括以及中外比较方面,较为全面和系统,但缺少深入的机理分析。关于近现代时期城镇化进程及相应"市制"的发展过程,已经有较多学者从不同角度加以论析,以靳润成等(1999)、戴均良(2000)、刘君德等(2000)、华伟等(1997)、华伟(1999;2000)和范今朝(2011)的论著中较专门、完整地评述了这一过程。还有学者在论述近代中国地方自治发展过程时,也涉及这一问题,如朱国斌(1999)、朱俊瑞等(2007)。中外比较研究方面,袁晖、曹现强(2000),刘君德、冯春萍、华林甫、范今朝(2002),洪世键(2009)、曹起挺(2012)等,或系统评析了西方主要国家的地方行政管理体制,或对中外行政区划进行了比较研究,或从国别和区域差别的角度,较全面地介绍了世界各国"市制"的不同状况。总体来看尚缺少深入的机理分析。

(2) 在对行政区划与区域发展、城市发展二者关系的理论分析方面,有进展和突破,但还有待深化。在对行政区划体制对区域与城市发展的影响方面,学术界在大量实证调研的基础上,提出了诸如"行政区经济"理论的分析框架,城市发展与政区演变的互动关系的论述,以及西方的城市管治思想的引入和应用等。20 世纪 90 年代末以来介绍西方"管治"理论的重点明显转至对都市区及城市管治理论的研究(张京祥等,2002;2007;顾朝林等,2003;吴缚龙等,2007)。此外,也有学者论述了城市规划与行政区划的关系(魏立华等,2004)。如何立足中国的国情,总结我国自己的经验,形成具有中国特色的行政区划理论还需要多学科共同努力,协作攻关。

(3) 在对改革开放以来设市模式改革成效的评估以及对促进城市、区域发展与规划的作用分析方面,研究成果较多,但多局限在推进经济发展等角度,从对社会、环境、文化等方面的影响分析较少。从 1979 年至今,中国的行政区划改革虽涉及较多层面,但其重点均围绕以加速推进城镇化为目的的"城镇型政区"的改革,包括:在地级政区层面,撤销地区建制,实行"市(地级市)领导县(县级市)"体制;在县级政区层面,从"切块设市"变为"整县改市";对于若干大都市地区的中心城市,则"撤县(市)设区";在县级以下基层政区层面,则普遍推行乡、镇、街道的撤并调整与转换。进入 21 世纪以来,大量的论文和著作分别针对直辖市、地级市、县级市以及县辖政区等不同层面,侧重改革路径与其成效、利弊的分析,并选择具体城市或地区进行实证研究和个案分析。前面所列举的相关论著中即包含有大量对各个层面市制改革成效的分析。除此之外,全面论述的,如刘君德、马祖琦、熊竞(2012)从空间管治与空间组织的视角来审视直辖市在国家整体发展中的定位以及自身如何组织等问题,汪宇明(2000;2004)、吴金群(2010)具体分析了省管县的利弊。涉及某个区域范围的,如常黎(2008)以河南省为例,从市管县体制、县级市的设立、市辖区设立与调整等不同层面,重点研究了河南省行政区划与区域经济发展的相互作用机理。另以浙江省为例,诸多论著主要分别对浙江省的"省直管县"与"强县扩权"(徐竹青,2004)、"强镇扩权"(陈剩勇等,2007)等进行了多种角度的分析。研究成果十分丰富,但多集中在经济发展、城市规划建设等角度,从对社会、环境、文化等方面的影响分析较少。

(4) 在对"城镇型政区"的改革思路和改革方案的研究方面,提出了不少有价值的方案,但是,或基于方案的可行性论证不足,或基于政区改革与调整优化的高度敏感性,从社会稳定着眼,难以全面推广实施。关于中国行政区划的改革,20 世纪 80 年代后期以来，众多学者针对中国的行政区划的问题曾纷纷提出改革的方案。早于1989年11月在江苏省昆山市召开的“中国行政区划研究会成立大会暨首届行政区划学术研讨会”上，许多学者就已经提出诸多有价值的构想（中国行政区划研究会，1991）；以后，多有学者又从不同学科、多个角度，提出过许多改革思路，出版了不少有价值的论著，许多观点得到认同，也颇有影响。但碍于区划调整涉及地方利益的调整整合，在行政区经济运行时期，改革调整的阻力很大，从社会稳定考虑，真正采纳实施的较少。

（5）在研究方法上，在早期主要为定性分析研究论证，近年来针对具体地区或城市的行政区划调整方案的制定，开始引入定量的分析手段，但目前还仅是初步的尝试，需进一步验证和探索。就目前文献所见，行政区划的定量研究主要是通过测度其势力圈范围来实现。1980年以来我国学者开始引入城镇势力圈（也可称为城市的影响力、吸引力范围）概念，研究的领域主要集中在城市经济区划分、城市腹地范围的划分以及城镇体系规划等方面。近年来，开始将城镇势力圈量化分析引入行政区划调整的研究（重点在乡镇层面），在测定乡镇势力圈范围的基础上提出区划调整的方案（王德等，2002）。值得指出的是地理信息系统（GIS）的广泛应用，为实现行政区划调整定量研究开辟了新的途径（范红艳，2009）。总体来看，目前还仅是初步的尝试，尚需实践验证和深入探索。

总体来看，在对中国“城镇型政区”改革以及设市的方式与标准的研究方面，还存在以下不足之处：

第一，对城镇型政区改革缺乏近现代发展历史经验教训的回顾借鉴和与世界尤其是与中国发展背景、过程类似的东亚国家、地区的比较的眼光。

第二，行政区划领域理论建树还较薄弱，有待借助多学科的相关理论精华，深入探讨中国特色政区的理论体系。

第三，对当代中国城镇型政区的改革，一些总体性的思路和方案还缺乏共识；具体到各层次设市的方式和标准也缺乏完整的体系，以及类型转换的程序设计。

0.3 写作思路和研究方法

0.3.1 写作思路

本书研究的基本目标是分析中国当代，在新型城镇化背景下，“市制”（即设置市、镇建制的制度，也即城镇型政区）的改革问题。应该说，中国当代行政区划的改革，其核心就是城镇型政区的改革；以“城镇型政区”的改革为重点和突破口，则可以牵一发而动全身，可以推动其他类型政区（如地域型政区、民族型政区）的改革。

具体研究中，则先理论层面、比较角度论析城镇型政区的本质与一般状况，之后分析中国当代各层次、各类型的城镇型政区的问题，进而结合一些典型地区，详细分析相应行政区划变革的过程、特点、作用和问题，在此基础上，提出未来改革的初步构想。最后，对全书的主要观点和理论进行了归纳，对中国当代行政区划的一些深层次问题进行思考，并提出相应的政策主张。

0.3.2 研究方法

本书的研究方法主要有以下三个方面：

(1) 理论的思辨：通过对城市本质的思考与城乡统筹发展的内在要求，揭示城镇型政区设置的一般状况。

(2) 比较的视角：主要选择与中国情况近似的韩国、日本和我国台湾地区的设市方式与标准等，作为中国市制改革方案和标准制定的借鉴。

(3) 定性与定量相结合的手段：在标准制定的过程中，针对不同层级的城市型政区，高层的(如直辖市)以定性方法为主，基层的(如县辖"市、镇、乡"的划分)以定量方法为主，或二者兼而有之。

0.4 全书的结构和内容

本书按照城乡统筹发展战略的要求，研究与之相适应的行政区划体制，尤其是城市化地域的所谓"城镇型政区"的行政区划体制，即"市制"改革问题。具体而言，从"行政区经济"理论和城市发展与政区演变的互动关系等分析视角出发，借鉴不同历史时期与近邻国家、地区的城市化进程中行政区划体制改革的经验教训，在此基础上，着重对城镇型政区的分析和研究，全面论析现有直辖市、地级市、县级市所存在的问题和改革思路，同时论述"县下辖市"体制的必要性、可行性，并提出各级各类"城镇型政区"的设置的方式与标准。

全书分上、中、下三篇，包括"引言"部分，共计12章。

"上篇"为"概念·理论·比较"，包括第1—3章，共3章。内容包括：在厘清"市制"及与其相关的若干基本概念的基础上，重点对中国市制模式形成的理论基础进行了研究，突出阐述与中国"市制"直接关联、著者多年来对中国特色的城市—区域理论(行政区经济、城乡统筹、城市与政区的互动)及市制关系的分析；进而对韩国、日本以及我国台湾地区的市制形成发展进行了较全面的介绍，重点与韩国进行了比较分析。作为同为"东亚"的国家和地区，其各自市制改革的经验有独到的借鉴之处。

第1章《"市制"及其相关概念与中国当代的"市"、"镇"建制》，归纳、论析一些与"行政区划"、"市制"、"城镇型政区"等有关的基本概念，并概述中国当代的行政区划体系和市制的基本情况。

第2章《"市制"模式形成发展的理论基础及其中国表现》，主要论析市制模式形成发展的理论基础：从城市本质和城乡统筹发展的理念出发，分析理想的市制模式；从城市发展与政区演变的一般历史进程出发，分析市制改革对城市发展的重要作用；从中国当代典型的"行政区经济"运行态势，分析现实中市制的扭曲和城镇型政区的空间结构与形态所呈现的特殊状态，并分析其在当代中国的表现和引起的问题。本章是全书立论的重要基础。

第3章《韩国、日本和我国台湾地区的"市制"及经验借鉴》，着重选择与中国大陆地区的背景、国情近似的东亚有关国家和地区(包括韩国、日本和我国台湾地区)的"市制"加以介绍和评析，并就韩国的市制特点、改革过程等与中国做了详细的比较分析。

"中篇"为"演变·路径·格局"，包括第4—6章，共3章。内容包括：较为全面地阐述了中国城市与西方国家城市化的不同发展道路,中国古代、近现代以来以及 1949 年之后的城镇化进程与建制市的发展与变革过程及特点,从中可以清楚地看出中国市制发展演变的特殊背景与规律,明显有别于西方国家,这是当今中国市制改革必须牢牢把握的基本出发点。

第 4 章《中国传统的城镇化道路与古代的"市制"》,介绍了中国古代时期城镇化的特点及其与西方国家城镇化的不同道路,重点论述了中国古代"城镇型政区"的不同状况。

第 5 章《中国近现代以来的城镇化进程与"市制"的发展、变革》,主要阐述了近代和现代的"城镇型政区"的演变历程和本质差别,以及具体的建置情况。

第 6 章《中国现当代"城镇型政区"设置的标准、模式与类型》,则着重阐述中国当代城镇型政区的基本格局,以及具体的设置标准、模式和不同类型。

"下篇"为"探索・改革・展望",包括第 7—11 章,共 5 章,是本书的重点和核心。内容包括:中央"直辖市"、省(自治区)和自治州辖"市"、县辖"镇"、城市"开发区"及特殊类型"市"建制的探索。改革开放以来,伴随着经济社会建设的高速发展,城市化率的迅速提高,中国行政区划体制改革的重点一直在城市型政区类型,有不少新的探索、实践,需要总结经验,并根据新的情况、新的问题进一步深入研究。本篇立足于构建国家完整的城市制度体系角度,对不同层级的建制市和建制镇进行较全面的分析,勾画了中国城市制度改革的方向和实施路径。其中有不少是著者多年研究成果的综合与提炼。

第 7 章《中央"直辖市":适度增设,空间优化》,着重研究直辖市政区的发展状况、存在问题与改革思路,包括其在整个国家宏观层面的设置问题和直辖市内部治理结构的优化问题。

第 8 章《省(自治区)和自治州辖"市":直管分等,区域治理》,着重研究省(自治区)所辖和自治州所辖的各类"市"的发展状况、存在问题与改革思路,包括副省级市、"计划单列市"、"较大的市"层面,一般地级市层面以及"(地级市)市管县(县级市)"的问题,一般县级市层面,以及市辖区的问题。

第 9 章《县辖"镇":县下辖"市",城乡统筹》,着重研究县下"城镇型政区"的设置问题,包括其一般的发展状况,我国东部地区的中心镇与特大镇的设市问题,以及对县下城镇型政区改革的总体构想。

第 10 章《各类"经济开发型"的"准政区"的发展及特殊类型"城镇型政区"的设置》,从城镇扩张的重要方式——各类开发区——的发展变化入手,揭示其从经济性、开发性区域向一般城镇型政区演变的过程和规律,同时也对中国 1949 年以来的一些特殊原因或方式设置的"城镇型政区"进行了归类和分析,以揭示城镇型政区发展的多样性。

第 11 章《余论与思考》,在借鉴国内外"城镇型政区"设置的经验、教训的基础上,提出了中国"城镇型政区"改革的基本思路,并在此基础上,提出了"城镇型政区"设置模式的创新方案,进而从建立基本制度体系的角度,首次提出了中国市制三种模式转换的战略性构想。

需要说明的是,由于行政区划历年会有变化,本书所论述的状况,一般以 2013 年年底之前的情况为准,个别 2014 年发生的调整,会特别加以说明;具体引用的数据和事例,则会注明具体年份。论述中华人民共和国成立(1949 年)以来中国的行政区划变化(除了省级政区之外),尤其是"城镇型政区"的发展时,则未包含台湾、香港和澳门地区。这里特先予以说明。

上篇　概念·理论·比较

从行政区划的本来意义和发展过程来看，一般情况下（也是世界上多数国家的现实），可分为“地域型政区”与“城镇（聚落）型政区”两种不同的类型。地域型政区是国家对国土划分而来的行政分治区，位于较高层级，并选择区内某一城市设置政治中心，这是一种政区常态。而在基层的大大小小的居民聚落出于自我管理的需要，可以形成各种形式的所谓自治体、共同体，当这些自治体、共同体的组织具有了若干公共管理的权力，且其有关机构为国家所认可，即可认为形成聚落型政区，并随着人口、产业的集聚，规模的扩大，逐步形成“城镇型政区”。这种聚落—城镇型政区均隶属于“地域型政区”之下，一般层级较低，形式多样。包括日本、韩国和我国台湾地区的行政区划，亦是如此。

但是在中国当代政治—经济体制之下，形成特有的“行政区经济”现象，随之，在行政区划的空间表现上，亦呈现出特有的中国逻辑。概括而言，主要表现在三个方面，即地方政府掌控区域各种要素的能力与城市等级和行政地位高度相关，导致城镇型政区由城乡分治向城乡合治转变，城市控制乡村，“建制城市化”（行政城市化）出现；城市发展与行政区划的高度同构，导致中国特有的行政区划的“嵌套体制”；亦由此导致城镇型政区的空间结构和形态上从边界清晰、实体规模与管辖范围基本一致的同心圆式向边界模糊、实体规模与管辖范围偏离很大的放射式变化。

1 “市制”及其相关概念与中国当代的“市”、“镇”建制

1.1 “市制”及其相关概念

1.1.1 行政区划(政区)的概念与类型

1) 行政区划(政区)的概念

行政区划是国家为了实现自己的职能,便于进行管理,在中央的统一领导下,将国家分级划分成若干区域,并相应建立各级行政机关,分层管理的区域结构①。行政区划属于上层建筑,是国体、政体结构的重要表现形式,地方政府的各级行政管理体制、经济管理体制、社会管理体制等都与行政区划体制密切相关。从本质上讲,行政区划就是国家权力的空间配置过程。行政区划作为国家公共管理的空间架构,对区域的经济、社会、文化等的发展,具有举足轻重的作用,它关系到一个国家的政权建设、民族团结、经济社会发展、资源的合理开发利用、环境整治、行政管理效率以及人民生活的方方面面。

总体来看,学术界目前对行政区划的理解是类似的,均包括形式与实质两个方面的含义。简言之,“行政区划”可以从以下两个方面来理解:

第一,指行政区域的空间格局(某一时点的静态状况)及其空间格局调整、变更的动态过程。具体而言,即可包含两个方面:静态,一般称之为“行政区划”,或简称“行政区”或“政区”;动态,指“行政区划调整”,也可称“行政区划”。就民政部门的管理职责而言,动态的行政区划调整是其工作的重点。行政区划调整,又称行政区划变更,包括行政区划管辖范围变化、区域界线变更、行政管理机构驻地迁移及行政区域置废与分合等。在实际工作中,一个地方一次行政区划变更,可能涉及建制变更、行政区域界线变更、行政机关驻地迁移、隶属关系变更、行政等级变更、更名和命名等六类,也可能只涉及上述六类中的一项或几项②。

第二,指行政区域的管理体制,即地方权力机构的构成、运作、施政的方式,上下级权力主体之间的关系等公共管理权力的制度化安排(当然,主要是从综合性、整体性的角度而言,与具体的某一部门的运作还有不同)。也即行政区划的权力的空间配置的含义。这是更重要的行政区划的内涵,较之其外在的空间格局,对区域发展更具决定性影响。在中国,一般称之为“行政区划体制”。相应地,对各类具体的政区类型而言,其运作、行政等的制度化安排,均可相应称作“省制”、“市制”、“县制”、“镇制”乃至“乡制”等。

---

① 刘君德,靳润成,周克瑜.1999.中国政区地理[M].北京:科学出版社:3.

② 浦善新,陈德彧,周艺,等.1995.中国行政区划概论[M].北京:知识出版社:17.

2）行政区划（政区）的类型

关于行政区划或政区的类型，主要根据中国实际，学术界一般将其分为地域型政区、城市型政区、民族型政区和特殊型政区四类①。“城市型政区”近年来也多被称为“城镇型政区”。本书在以下的表述中，一般称之为“城镇型政区”（特殊语境时也用“城市型政区”）；引用相关论述时遵从原作者表述；二者若无特殊说明，则大致同义。

所谓“城镇型政区”，按照现有一般的看法，多认为它是近代出现，以“城乡分治”为本质特征的一种政区类型。随着近代工业文明的产生与发展，生产力水平的提高，出现了一大批工商业城市，且城市规模不断扩大，对社会政治、经济生活产生巨大影响，对城市管理也提出了更高要求，在地缘关系上出现了明显的城乡分异现象，原有传统单一的地域型政区组织形式已不能适应国家政治经济社会发展的需要。在这种情况下，为了加强国家对城市地区的政治统治和有效管理，城镇型政区随之产生。城镇型政区的主要特征是城镇，它不仅是地域的政治中心，而且已成为区域的经济中心，商品经济比较发达，二三产业已形成较大规模，非农人口集聚的程度较高，生产力呈点状分布特征，在城乡关系中城镇居于主导地位。城镇政府的功能明显区别于地域型政区，城镇管理水平较高。从政区的名称看，“市”、“镇”（或其各自语言中具有城镇含义的词汇）是世界各国“城镇型政区”的通名（即与其他的政区类型使用不同的名称）。

依著者来看，被表述为以“城乡分治”为本质特征的与“地域型政区”对称的所谓“城镇型政区”，实际上应该被叫作“聚落型政区”②；“地域型政区”与“聚落型政区”二者在国家的权力空间配置的格局中，不是一个层面（或本意不应该是一个层面）的事情，并且，不存在此消彼长的问题（即所谓地域型政区一定会发展、演变为城镇型政区）。

从行政区划的本来意义和发展过程来看，应该理解为地域型政区与城镇型政区是两种不同层次的政区类型，同时存在，且不能或不应相互替代。地域型政区是由国家划分而来的行政区或分治区，一般有正式建制，且位于较高层级，政治中心选择区内某一城市（且往往是较大城市）设置，是一种政区常态。而基层的大大小小的居民聚落出于自我管理的需要，可以形成各种形式的所谓自治体、共同体，当这些自治体、共同体的组织具有了若干公共管理的权力，且其有关机构为国家所认可，即可认为形成聚落型政区；若该聚落规模较大（为“城市”或“城镇”），则可以形成所谓的“城镇型政区”；但多数隶属于前述高层次的所谓“地域型政区”之下（少数规模特别大的聚落会具有更高级别的建制，但从更高的层面来看，仍隶属于更高级别的地域型政区之下），即一般层级较低，形式多样，界线不一定非常清晰，相邻政区之间也可能会有空白，公共管理机构也不一定非常正式，等等。这是聚落型政区（或城镇型政区）的通常状况，如美国的“市”（City）、“镇”（Town），法国的“市镇”（Commune），日本的“市”、“町”、“村”，以及中国清末拟行的“城”、“镇”、“乡”制等。

正因为存在这些理论上的相悖之处和实际中的问题，目前一般所理解的地域型政区和城镇型政区也许还有重新检讨和认识的必要，二者实质上不应具有带先进、落后之分的含

① 刘君德，靳润成，周克瑜. 1999. 中国政区地理[M]. 北京：科学出版社：5-7；浦善新，陈德彧，周艺，等. 1995. 中国行政区划概论[M]. 北京：知识出版社：276.

② 就著者阅读所见，罗浩在 1999 年明确提出“聚落型政区”的概念，并与地域型政区做了对比[罗浩. 1999. 地域型政区与聚落型政区刍议——兼论撤县设市模式的误区[J]. 中国方域——行政区划与地名，(5)：14-17].

义。故此，著者认为，将政区类型概括为“一般类型政区”与“特殊类型政区”两大类，可能更为适当。一般类型政区中，高层和基层有所不同：高层政区为地域型政区，有多个聚落（包括城市和镇村等），以其中之一为中心，形态典型，权力配置明确；基层政区则多为聚落自治体，形态不典型（如易变、界线不明晰、中心不明确等），权力多由居民赋予而由上级认可，配置多样。而特殊类型政区也存在多种形式（如政治性的“民族自治地方”、“特别行政区”等，经济性的“特区”、“林区”、“工农区”等，以及准政区性质的“经济技术开发区”、“高新技术产业开发区”、“自然保护区”、“旅游度假区”等），且可分属高、中、低各级政区之中。

当然，这是理论上的情况，也符合西方政区发展的一般规律，但与中国当代情况有一些不符合之处。

1.1.2 “市制”(城镇型政区)的概念与现实含义

1）“市制”与“城镇型政区”

与“城镇型政区”有关的另外一个常用的概念，即所谓“市制”的称谓。

市制有广义和狭义之分①。一般来看，广义的市制是指城市的管理体制，包括城市的行政组织结构、职能结构、管理方式和运行机制。狭义的市制则是指城市的建制制度，也可以称之为城市的行政区划体制。戴均良认为，市制是指国家通过立法和行政手段在城市地区建立行政区划建制，进行城市管理的一种制度②，也是从狭义的“市制”概念着手的。本书的研究视角，主要着眼于狭义市制范畴。

简而言之，本书所称的“市制”，即国家设立建制市的制度。而所谓“建制市”，即国家所正式确认的“城市”，具有正式的不同于其他类型行政区划建制地方的管理机构（按照有关规定设有“市”的政府机构，如权力机构、行政机构和司法机构等）；一般为包括地域、居民、行政中心和相应机构等要素，且具有法定边界的行政区。

严格意义上讲，“市制”仅含“建制市”，则同属于“城镇”的“建制镇”等未包含在内。虽然建制市是城镇型政区的主体，其重要性也毋庸置疑，但毕竟还有相当一部分建制镇也是城镇型政区的一部分，因此，使用“城镇型政区”这一概念，可能更为全面，并且，也易于纠正长期以来对小城市即建制镇层面的忽视的倾向。

总体来看，就市制与城镇型政区的区别而言，市制着眼于设立建制市的制度和过程，而城镇型政区则偏重于设立该种政区的结果；但这二者又是难以截然分开的。因此，本书在一般情况下，均使用“市制”，即包含建制镇在内，等同于“城镇型政区”这一概念；但在引用相关论述或特定语境下，也使用“城镇型政区”一词；若无特殊说明，二者也大致同义。

2）“市制”（城镇型政区）的现实含义

如前所述，在没有特殊说明或语境的情况下，本书所称的“市制”，均包括建制市与建制镇，一般情况下合称为“城镇型政区”。之所以称之为“城镇型政区”而非“城市型政区”，主要有两个方面的原因：第一，就国家层面来说，官方文件中，“城镇化”的使用日益普遍，与之前的“城市化”相比，“城镇化”更偏重于重视和强调小城镇的发展，也与新型城

---

① 刘君德. 2005. 县下辖市：尝试一种新的政区制度[J]. 决策，(4)：34-35.

② 戴均良. 2000. 中国市制[M]. 北京：中国地图出版社：3.

镇化的表述相一致；第二，就行政区划改革的重点来说，也应从之前过多关注大中城市发展的设市（地级市、县级市）问题，转而为更多关注县以下小城镇发展和新型城镇化实现的设“城”（县辖市）、设“镇”问题。

地方行政建制是国家设置的组成国家的结构单元，是一种地域性政治实体。从组成一个地域性政治实体的要素来看，行政区域仅包含地域和居民两个要素，地方行政单位包含权力和政府两个要素，而地方行政建制则包括了所有的四个要素。国家建立地方行政建制，按地方行政建制设置一级地方政权，并划定其治理的地域范围。地方行政建制仅存在设置与撤销的变化，合并与改设实际上是两种变化的同时出现①。所谓的“建制市”、“建制镇”，即国家依据一定的标准和程序设置的“市”、“镇”，是地方行政建制的单位名称，是一个行政概念、政治概念和法律概念。城镇与市、镇两者有密切的联系，但并不等同：城镇可以设置也可以不设置市、镇建制；市、镇可以仅包括城镇地区，也可以不仅仅只包括城镇地区。简言之，建制市、建制镇是按照有关规定设有“市”、“镇”的权力机构和政府、具有法定边界的行政区。

我国当代的建制市是行政区划概念，与严格意义上的城市并不完全一致。在 2012 年年底我国的 657 个建制市和 19 881 个建制镇中，既有市辖区总人口 1 000 万以上的巨型城市，500 万—1 000 万人口的超大型城市、200 万—500 万人口的特大城市和 100 万—200 万人口的大城市，也有 50 万—100 万人口的中等城市和 50 万人口以下的小城市，更有数万人甚至不足万人的微型城市（即一般所谓的小城镇）。中小城市是我国城市体系中的重要组成部分。改革开放以来，我国中小城市发展迅猛，数量增长速度快于大城市。随着我国城市化的推进，一批有条件的中等城市将成长为大城市，一批有条件的小城市将成长为中等城市或大城市，同样，更多有条件的城镇将成长为中小城市。中小城市在我国经济社会发展和城市化进程中的作用将日益突出。

在讨论中国的政区等级制度时，我们不妨将其区分为政区层级、政区的行政等级与地方官员的行政级别来考虑。① 政区层级：政区层级是由各级政区之间的统辖关系所决定的，在我国可分为高层政区（省级政区）、统县政区（地级政区）、县级政区和县辖政区（乡级政区）。② 政区的行政等级：主要是指某政区单位在我国政区层级体系中的地位高低。一般而言，政区的行政等级分为省部级、地厅级、县处级和乡科级等。③ 地方官员（指主官）的行政级别：是指地方官员在国家公务员系统中的等级和地位，一般按照政区的行政等级来配置，即分为省部级、地厅级、县处级和乡科级等。

此三者密切相关，一般而言，同一政区层级的行政区单位的行政等级一致，其地方官员的行政级别也是对应相符的，并由此构成我国基本的政区等级体系。但有时三者也有不一致的时候，同一层级的政区可能对应不同的行政等级。如以县级政区为例，一般县和地级市的区的行政等级为正处级，而直辖市的区的行政等级为地厅级；同样，同一行政等级也可对应不同的政区层级，如地（厅）级的行政等级既可是一般省区下辖的统县政区，也可以为直辖市下辖的部分县级政区。而地方官员的行政级别，一般按照政区的行政等级来配置，但也不绝对，很多地方存在对个别地方官员（一般指当地党委书记）的高

---

① 田穗生，罗辉，曾伟. 2005. 中国行政区划概论[M]. 北京：北京大学出版社：9.

配情况，即对较低政区的个别主官配以较高的行政级别，如省委常委兼任某地级市（地区、自治州）党委书记等。

对于这种基本对应又时有区别的政区等级关系，我们可举若干例证来说明。

第一，目前我国的“建制市”在政区层级上分为三级：直辖市、地级市、县级市。

第二，我国的“建制市”在行政级别上则分为五级：省级市（即直辖市）、副省级市、地级市、副地级市（这一般为省区自己定的，国家尚未正式承认，如河南省济源市，湖北省仙桃市、天门市与潜江市等）、县级市五级；而在政区层级上副省级市被列为地级市，副地级市被列为县级市。

第三，地方官员则一般按行政区的行政级别配置。至于个别官员的高配，则是完全针对该官员个人的，并不代表其所任职的政区等级的升格。目前我国绝大多数省会城市的市委书记均被高配为省委常委（副省级），如湖南省长沙市，但这并不说明长沙升格为了副省级市，长沙市依然还是地级市。

（1）以海南省为例

从政区层级（政区之间相互的统辖关系）角度，2014年之前，三亚市虽为地级市，但与其他一般县市彼此并不构成上下级统辖关系，而是都直接统辖镇、街道（城区部分划分为河东、河西两个虚拟的管理区，但非国家批准的正式的市辖区），也就是说，它们的政区层级应该都是“县级政区”①；三沙市则更为特殊，仅为地级市，但其下乡级政区也未辖。而海口市则因为辖有县级的区（秀英、龙华、琼山、美兰四个区），在政区层级上为“统县政区”。广东省的中山、东莞两个地级市与三亚市类似。

从政区的行政等级角度，海南省的海口市与三亚市、三沙市均为地厅级，而其他一般县、市（县级市）则为县级。

而其地方官员行政级别一般按前述级别配置，但在实际工作中可能有出入，部分县的主官按政区的行政等级为正常的县处级，部分县（特别是县级市）的主官则可能被高配为副地厅级；海口市与三亚市则经常有官员被高配为副省级。

（2）以重庆市的区、县、自治县为例

政区层级——重庆市下所有区、县、自治县的政区层级都是县级政区（均直接管辖乡镇）。

政区的行政等级——有三种情况：部分区县（几乎所有原重庆市老市辖区和涪陵区、万州区、黔江区等）为地厅级，部分区县为副地厅级（如双桥区等），另一部分县、自治县则为正常的正处级。

地方官员的行政级别——一般按前述配置，但也可能会对个别区（县、自治县）的个别官员实行高配。

---

① 据“搜狗百科”的“三亚市”条介绍：“2014年2月11日，国务院批复三亚市撤两管理区六镇新设四区，分别为吉阳区（撤销原河东区、吉阳镇、亚龙湾管委会）、天涯区（撤销原河西区、凤凰镇、天涯镇、三亚湾管委会，保留育才镇）、海棠区（撤销原海棠湾镇、海棠湾管委会）、崖州区（撤销原崖城镇）。原三亚市……设两个虚拟管理区（河东管理区、河西管理区），辖六个镇（海棠湾镇、吉阳镇、凤凰镇、崖城镇、天涯镇、育才镇），境内有五个国有农场：国营南田农场、国营南新农场、国营南岛农场、国营立才农场、国营南滨农场。”见 http://baike.sogou.com. 至此，则三亚市与海口市一致，成为“设区的市”。本书以下的论述，时间均截至2013年年底或之前，所以，仍按照2013年之前的三亚市情况论述。特此说明。

重庆市在保持涪陵区、万州区、黔江区三区的"政区行政等级"的基础上，取消了地区与地级市领导县体制，减少了"政区层级"，实现了直辖市直管区、县，体现了"省—县—乡"三级政区层级制。

1.2 中国当代的"市"、"镇"建制

1.2.1 行政区域的划分及其市、镇建制的设置状况

按照国家民政部统计，截至 2013 年 12 月底，中国的行政区域划分如下(省级以下未含台湾、香港和澳门地区)：

第一级：34 个省级单位——4 直辖市、23 省、5 自治区、2 特别行政区。

第二级：333 个地级单位——286 地级市、14 地区、30 自治州、3 盟。

第三级：2 853 个县级单位——872 市辖区、368 县级市、1 442 县、117 自治县、49 旗、3 自治旗、1 特区、1 林区。

第四级：40 495 个乡级单位——20 117 镇、11 626 乡、151 苏木、1 034 民族乡、1 民族苏木、7 566 街道。

此外，在部分省区，还有五级(尚存计两个区公所)的状况存在①。再加上具有政区性质的行政村和社区居民委员会，层级就有六级。

这其中，不包括香港、澳门和台湾地区，严格说来，中国大陆合计有 4 直辖市、286 地级市、368 县级市、20 117 镇，共计大中小 20 775 个城镇型政区(建制市、建制镇)。当然，部分的市辖区和街道也具有一定的独立性而类似于县级市和镇，但就其性质和趋势而言，是作为大中城市(直辖市、地级市)和小城市(县级市)的内部的分区而存在的(表 1-1)。其中，就"市"、"镇"而言，又可从不同的角度而细分为如经济特区市、计划单列市、副省级市、较大的市、设区的市、地级市、不设区的市、县级市以及中心镇、重点镇等类型。

表 1-1 中华人民共和国行政区划统计表(截至 2013 年年底)

省级		地级		县级		乡级		人口(万人)	面积(万 km^2)
合计(个)	行政区划单位	合计(个)	行政区划单位	合计(个)	行政区划单位	合计(个)	行政区划单位		
34	4 直辖市 23 省 5 自治区 2 特别行政区	333	286 地级市 14 地区 30 自治州 3 盟	2 853	872 市辖区 368 县级市 1 442 县 117 自治县 49 旗 3 自治旗 1 特区 1 林区	40 497	2 区公所 20 117 镇 11 626 乡 151 苏木 1 034 民族乡 1 民族苏木 7 566 街道	—	—

① 中华人民共和国民政部. 2014. 中华人民共和国行政区划简册 • 2014[M]. 北京：中国地图出版社.

续表 1-1

省级		地级		县级		乡级		人口（万人）	面积（万 km^2）
合计（个）	行政区划单位	合计（个）	行政区划单位	合计（个）	行政区划单位	合计（个）	行政区划单位		
	北京市	—	—	16	14 市辖区 2 县	325	144 镇 33 乡 5 民族乡 143 街道	1 300	约 1.7
	天津市	—	—	16	13 市辖区 3 县	240	121 镇 5 乡 1 民族乡 113 街道	996	约 1.2
	河北省	11	11 地级市	172	37 市辖区 22 县级市 107 县 6 自治县	2 246	1 区公所 1 045 镇 864 乡 50 民族乡 286 街道	7 417	约 19.0
	山西省	11	11 地级市	119	23 市辖区 11 县级市 85 县	1 398	564 镇 632 乡 202 街道	3 501	约 16.0
	内蒙古自治区	12	9 地级市 3 盟	102	22 市辖区 11 县级市 17 县 49 旗 3 自治旗	1 010	493 镇 106 乡 151 苏木 17 民族乡 1 民族苏木 242 街道	2 460	约 118.0
	辽宁省	14	14 地级市	100	56 市辖区 17 县级市 19 县 8 自治县	1 521	636 镇 168 乡 60 民族乡 657 街道	4 245	约 15.0
	吉林省	9	8 地级市 1 自治州	60	20 市辖区 21 县级市 16 县 3 自治县	900	434 镇 156 乡 28 民族乡 282 街道	2 702	约 19.0
	黑龙江省	13	12 地级市 1 地区	128	64 市辖区 18 县级市 45 县 1 自治县	1 279	495 镇 342 乡 56 民族乡 386 街道	3 811	约 46.0
	上海市	—	—	17	16 市辖区 1 县	208	108 镇 2 乡 98 街道	1 427	约 0.6

续表 1-1

省级		地级		县级		乡级		人口（万人）	面积（万 km²）
合计（个）	行政区划单位	合计（个）	行政区划单位	合计（个）	行政区划单位	合计（个）	行政区划单位		
	江苏省	13	13 地级市	100	55 市辖区 23 县级市 22 县	1 265	797 镇 78 乡 1 民族乡 389 街道	7 553	约 10.0
	浙江省	11	11 地级市	90	34 市辖区 21 县级市 34 县 1 自治县	1 324	639 镇 250 乡 14 民族乡 421 街道	4 799	约 10.0
	安徽省	16	16 地级市	105	43 市辖区 6 县级市 56 县	1 508	927 镇 321 乡 9 民族乡 251 街道	6 912	约 14.0
	福建省	9	9 地级市	85	26 市辖区 14 县级市 45 县	1 104	616 镇 294 乡 19 民族乡 175 街道	3 579	约 12.0
	江西省	11	11 地级市	100	20 市辖区 10 县级市 70 县	1 546	807 镇 586 乡 8 民族乡 145 街道	4 804	约 17.0
	山东省	17	17 地级市	137	48 市辖区 29 县级市 60 县	1 826	1 107 镇 91 乡 628 街道	9 580	约 16.0
	河南省	17	17 地级市	159	50 市辖区 21 县级市 88 县	2 406	1 085 镇 743 乡 12 民族乡 566 街道	10 932	约 17.0
	湖北省	13	12 地级市 1 自治州	103	38 市辖区 24 县级市 38 县 2 自治县 1 林区	1 232	757 镇 165 乡 10 民族乡 300 街道	6 165	约 19.0
	湖南省	14	13 地级市 1 自治州	122	35 市辖区 16 县级市 64 县 7 自治县	2 407	1 138 镇 828 乡 97 民族乡 344 街道	7 132	约 21.0

续表 1-1

省级		地级		县级		乡级		人口（万人）	面积（万 km^2）
合计（个）	行政区划单位	合计（个）	行政区划单位	合计（个）	行政区划单位	合计（个）	行政区划单位		
	广东省	21	21 地级市	121	58 市辖区 23 县级市 37 县 3 自治县	1 585	1 128 镇 4 乡 7 民族乡 446 街道	8 636	约 18.0
	广西壮族自治区	14	14 地级市	110	36 市辖区 7 县级市 55 县 12 自治县	1 247	722 镇 346 乡 59 民族乡 120 街道	5 378	约 24.0
	海南省	3	3 地级市	20	4 市辖区 6 县级市 4 县 6 自治县	224	182 镇 21 乡 21 街道	902	约 3.4
	重庆市	—	—	38	19 市辖区 15 县 4 自治县	1 016	611 镇 199 乡 14 民族乡 192 街道	3 343	约 8.2
	四川省	21	18 地级市 3 自治州	183	48 市辖区 14 县级市 117 县 4 自治县	4 657	1 853 镇 2 404 乡 98 民族乡 302 街道	9 097	约 49.0
	贵州省	9	6 地级市 3 自治州	88	13 市辖区 7 县级市 56 县 11 自治县 1 特区	1 507	782 镇 391 乡 215 民族乡 119 街道	4 134	约 18.0
	云南省	16	8 地级市 8 自治州	129	13 市辖区 12 县级市 75 县 29 自治县	1 388	652 镇 433 乡 141 民族乡 162 街道	4 576	约 39.0
	西藏自治区	7	1 地级市 6 地区	74	1 市辖区 1 县级市 72 县	694	140 镇 535 乡 9 民族乡 10 街道	310	约 123.0
	陕西省	10	10 地级市	107	24 市辖区 3 县级市 80 县	1 420	1 142 镇 74 乡 204 街道	3 926	约 21.0

续表 1-1

省级		地级		县级		乡级		人口（万人）	面积（万 km^2）
合计（个）	行政区划单位	合计（个）	行政区划单位	合计（个）	行政区划单位	合计（个）	行政区划单位		
	甘肃省	14	12 地级市 2 自治州	86	17 市辖区 4 县级市 58 县 7 自治县	1 347	478 镇 716 乡 34 民族乡 119 街道	2 713	约 43.0
	青海省	8	2 地级市 6 自治州	43	5 市辖区 3 县级市 28 县 7 自治县	395	137 镇 200 乡 28 民族乡 30 街道	566	约 72.0
	宁夏回族自治区	5	5 地级市	22	9 市辖区 2 县级市 11 县	237	101 镇 92 乡 44 街道	659	约 6.6
	新疆维吾尔自治区	14	2 地级市 7 地区 5 自治州	101	11 市辖区 22 县级市 62 县 6 自治县	1 035	1 区公所 276 镇 547 乡 42 民族乡 169 街道	2 226	约 166.0
	香港特别行政区	—	—	—	—	—	—	715.5	0.110 4
	澳门特别行政区	—	—	—	—	—	—	56.8	0.002 9
	台湾省（暂缺）	—	—	—	—	—	—	—	—

注：省级以下未含台湾、香港和澳门地区，截至 2013 年 12 月 31 日。

1.2.2 目前的市、镇类型概述

根据《中华人民共和国宪法》及相关法律的规定，从国家结构制度、政权组织形式和行政管理层级等层面审视，现阶段中国（大陆地区）的城市主要可以从以下几个角度进行分类：

从国家结构制度的层面，中国的城市有三种类型：① 作为国家（一级）基本行政单位的城市，即北京、上海、天津、重庆四个直辖市。② 作为地方行政单位的设区的市和不设区的市，由于不设区的城市往往下辖乡镇，所以中国基本没有作为基层行政单位的城市。③ 实行高度自治的城市，即作为特别行政区的香港和澳门。

从政权组织制度的层面，中国的城市有四种类型：① 中央直辖市是中央政府辖下拥有相应的立法、司法、行政、军事四种权力机构的城市。② 作为特别行政区的香港和澳门是拥有完全独立的立法、司法和行政三种权力系统的城市。③ 设区的市有两类，其中一部分是具有相应的行政、司法、军事等三种权力机构的城市，另一部分是具有相应的立法、司法、行政、军事等四种权力机构的城市。④ 不设区的市，一般都是两权城市，即有相应的司法权和行政权，而没有立法权。

从行政管理的层级看，目前中国的城市有以下几种类型：① 省级城市（即中央直辖市），包括北京、上海、天津、重庆和香港、澳门地区。② 副省级城市，这是中央和省、自治区共同管辖的城市，包括计划单列城市、省会城市（自治区首府城市）、经济特区城市。③ 地（州、盟）级城市：多数是由省、自治区管辖的设区的城市，这些城市大多由原先的地区（盟）行署转制而来；也有个别的不设区的地级市，如广东省的东莞市、中山市，海南省的三沙市，甘肃省的嘉峪关市。④ 县级市，这是由地区（盟）行署、地（州）级市管辖的不设区的城市，地区行署所辖县级市大多是行署所在地城市，大多存在于中西部地区；盟行署管辖县级市的情况存在于内蒙古自治区；地级市所辖县级市大多存在于沿海发达地区；州辖市一般是自治州所在地城市。此外，一些由省级政府直接管辖的不设区的市，虽然其干部可能享受副地（厅）级甚至正地（厅）级待遇，但这些城市本身应当还是县级行政建制，只不过是其干部高配而已，如河南省的济源市、湖北省的仙桃市、天门市、潜江市等都属于这种情况。⑤ 乡级镇，包括县、县级市、旗和市辖区管辖的建制镇。可见，目前中国的城市政权组织系统包括有省级、副省级、地级、县级、乡级（建制镇）等五个层级，与广大农村地区的政权组织系统一起构成了具有中国特色的城乡双轨制地方管治体制。

中国城市体制随着经济社会和行政体制的发展而不断变化，目前在设区的市形成了内部的二级和三级混合设置，在不设区的市形成了一级和二级混合设置。地级以上的建制市一般均设置了区，在城区形成了“两级政府（市—区）、三级管理（市—区—街道）”的结构，在郊区、县形成了“三级政府（市—郊区或县—乡镇）、三级管理（市—郊区或县—乡或镇）”的结构。县级市均不设区，在城区形成了“一级政府（市）、二级管理（市—街道）”的结构，在郊区和乡镇形成了“二级政府（市—乡镇）、二级管理（市—乡镇）”的结构。街道办事处是为了适应城市管理上的需要，经由上一级人民政府批准设立的，作为市辖区、不设区的市政府的派出机关，本身并不是一级政权机构①。

1.2.3 关于“较大的市”

此外，从国家法律规定的角度来看，还有“较大的市”的概念。在目前中国内地的法律中，“较大的市”的概念有广义和狭义两种涵义。

一种是表现在行政区域划分上，一般作“广义”的理解。

1954年《中华人民共和国宪法》（简称《宪法》）条文上首次写入，现行《宪法》（1982年颁布）规定，国务院行使批准市的建置和区域划分的职权，“较大的市”的行政区域划分为区、县。按照现行区划的分类，较大的市层次上介于省（自治区）与县之间，属于地级市；换言之，这种角度的“较大的市”，指辖区、管县（县级市）的地级市，而非所有的地级市。但从目前的行政区划调整的实际来看，均在撤销“地区”改设“地级市”的过程中，直接将地级市设区、辖县（县级市），将其等同于《宪法》规定的“较大的市”（2013年年底之前的286个地级市中，只有5个不辖区也不管县），这是不符合立法原意的。简言之，从“广义”来理解，目前大陆有281个“较大的市”；但因其与《中华人民共和国立法法》（简称《立法法》）所规定的有冲突，故一般将这一层面理解的“较大的市”直接称为“地级市”。

---

① 陈剩勇，杨馥源. 2009. 建国60年中国城市体制的变迁与改革战略[J]. 社会科学，(8)：19-28.

另一种是表现在拥有地方立法权的行政区类型上，为"较大的市"的狭义的理解。

1982年《中华人民共和国地方各级人民代表大会和地方各级人民政府组织法》(简称《地方组织法》)条文上首次写入："省、自治区的人民政府所在地的市和经国务院批准的较大的市的人民代表大会常务委员会，可以拟订本市需要的地方性法规草案，提请省、自治区的人民代表大会常务委员会审议制定，并报全国人民代表大会常务委员会和国务院备案"，"省、自治区、直辖市以及省、自治区的人民政府所在地的市和经国务院批准的较大的市的人民政府，还可以根据法律和国务院的行政法规，制定规章"。据此，经国务院批准的较大的市拥有了地方立法权。2000年实施的《立法法》对此进行了继承，仍旧规定了较大的市的地方立法权。

2000年7月1日《立法法》施行，条文中明确指出"本法所称较大的市是指省、自治区的人民政府所在地的市，经济特区所在地的市和经国务院批准的较大的市"。一般认为，这包括18个经国务院批准的较大的市、27个省会和首府城市，以及4个经济特区城市(条文中有"经济特区所在地的市"，海南经济特区范围为海南岛，几乎为海南全省，为省级经济特区，拥有省级单位的立法权，较大的市的立法权不适用于此地)，共49个城市(表1-2)。

表1-2 《中华人民共和国立法法》所称的"较大的市"汇总表

省区	较大的市
河北省	石家庄(省会)、唐山、邯郸
山西省	太原(省会)、大同
内蒙古自治区	呼和浩特(首府)、包头
辽宁省	沈阳(省会，副省级城市)、大连(计划单列市，副省级城市)、鞍山、抚顺、本溪
吉林省	长春(省会，副省级城市)、吉林
黑龙江省	哈尔滨(省会，副省级城市)、齐齐哈尔
江苏省	南京(省会，副省级城市)、无锡、徐州、苏州
浙江省	杭州(省会，副省级城市)、宁波(计划单列市，副省级城市)
安徽省	合肥(省会)、淮南
福建省	福州(省会)、厦门(经济特区市，计划单列市，副省级城市)
江西省	南昌(省会)
山东省	济南(省会，副省级城市)、青岛(计划单列市，副省级城市)、淄博
河南省	郑州(省会)、洛阳
湖北省	武汉(省会，副省级城市)
湖南省	长沙(省会)
广东省	广州(省会，副省级城市)、深圳(经济特区市，计划单列市，副省级城市)、珠海(经济特区市)、汕头(经济特区市)
广西壮族自治区	南宁(首府)
海南省	海口(省会)

续表 1-2

省区	较大的市
四川省	成都(省会,副省级城市)
贵州省	贵阳(省会)
云南省	昆明(省会)
西藏自治区	拉萨(首府)
陕西省	西安(省会,副省级城市)
甘肃省	兰州(省会)
青海省	西宁(省会)
宁夏回族自治区	银川(首府)
新疆维吾尔自治区	乌鲁木齐(首府)

注:加下划线的为副省级城市。

除省会(自治区首府)和经济特区所在地的市外,1984 年,国务院根据《地方组织法》中关于经国务院批准的较大的市拥有地方立法权的规定,批准唐山市、大同市、包头市、大连市、鞍山市、抚顺市、吉林市、齐齐哈尔市、青岛市、无锡市、淮南市、洛阳市、重庆市等 13 个市为“较大的市”。这些市的人民代表大会常务委员会依法可以拟订本市需要的地方性法规草案。后又相继在 1988 年批准宁波市,1992 年批准淄博市、邯郸市和本溪市,1993 年批准徐州市和苏州市等 6 个市为较大的市。1997 年重庆市升格为直辖市,此后较大的市维持在 18 个。1994 年后,国务院再没有批准任何地方为较大的市。由于被批准为“较大的市”就意味着可以享有地方立法权,进而可以设立地方处罚标准,因此许多近年来发展比较迅速的城市纷纷积极申请。目前,投入力量较大的有南阳市、温州市、佛山市、东莞市、南通市、泉州市等。

2 “市制”模式形成发展的理论基础及其中国表现

2.1 新时期“市制”模式形成发展的理论基础:城乡统筹发展

2.1.1 城市(城镇)的本质及其类型

行政区划及其政区地理格局实际上与城市及其城市体系有密切关系,一定时期的政区地理格局就是由当时的城市体系所表现出来的;反过来,要认识城市的本质,也必须从这种权力的空间配置中去寻找答案。城市的本质属性,就在于权力(主要指公共权力)的空间集聚,由此才引起其他种种物质的、精神的因素集聚于此;城市既是一种客观存在的地理空间实体,更是一种聚落人口的自组织形式,是一种管理方式,是一种制度、法律体系;城市与行政区划实际上是有着密切的同源关系、互动关系的,在中国则表现为高度的同构关系。换句话说,城市的发展(空间上的数量增多、规模增大,实质上的管理方式变革等)直接决定政区演变和走向(政区数量变化、层次变化、类型变化等);反过来,政区体制变化也可以影响(推动或制约)城市的发展。尤其在中国,由于二者的高度同构,则行政区划体制对城市发展、对城市化进程的影响就非常大,有时甚至起决定性作用。从这样的视角出发,则诸多使人困惑的问题,诸如城市的起源和发展、城市化和城乡统筹发展的确切含义,以及中国当代适应于城乡统筹发展的行政区划体制的改革路径等,均能豁然明晰。

1) 城市(城镇)的本质

早在 1961 年,当美国著名城市史学家刘易斯·芒福德撰写和发表其最负盛名的城市研究著作《城市发展史——起源、演变和前景》时,开宗明义地提出“城市是什么”这样的问题①。此前此后,也不断有学者追问和辨析此类问题。1999 年,刘传江曾系统考察了这一问题:“综观学术界不同研究视野和不同研究视角的观点,对城市这一概念的定义主要包括发生定义、人口定义、集聚定义、功能定义、区域定义、景观定义、文化定义、生活方式定义和系统定义等多方面。”②2002 年,纪晓岚在其《论城市本质》一书中也提到:“发现对城市定义虽争议较多,但对其‘本质’的探讨却很少见,而真正将城市本质作为一个专题进行全面系统的研究成果至今还没有。”③纪氏亦在其书中归纳了关于城市本质问题

---

① 刘易斯·芒福德. 1989. 城市发展史——起源、演变和前景[M]. 倪文彦,宋俊岭,译. 北京:中国建筑工业出版社:1.

② 刘传江. 1999. 中国城市化的制度安排与创新[M]. 武汉:武汉大学出版社:23-24.

③ 纪晓岚. 2002. 论城市本质[M]. 北京:中国社会科学出版社:12.

的不同观点，并将自己关于城市的本质界定为：“城市是人类满足自身生存和发展需要而创造的人工环境。”[①]

如上所述，关于“城市”的概念、本质等的界定，表述林林总总，各家众说纷纭。应该说，众多的定义、解说等，从不同侧面、层面揭示了城市的一些内在本质与外在特征。之所以会出现如此之多的见解，正说明城市是一个，也是一种极为复杂的实体和现象。因此，我们在讨论城市本质的时候，应该剔除那些明显属于外在特征，或后起派生的性质，而梳理一下哪些是城市所必不可少的核心属性。

(1) 此“城”、“市”非彼“城市”(City)——从“城市”的语源学谈起

按中国传统(20 世纪之前)，“城”、“市”都有其各自特定的含义。以《辞源》的解说为例，“城”主要包含如下一些含义：① 城郭。内称城，外称郭。② 古代王朝领地，诸侯封地，卿大夫采邑，都以有城垣的都邑为中心，皆称城。“市”则主要包含如下的含义：① 聚集货物，进行买卖。② 贸易的场所[②]。

可见，在古代中国，所谓“城”，是指以高墙围起来，扼守交通要冲，具有防卫意义的聚落；所谓“市”，是指人们从事产品交换或商品交易的场所。而 20 世纪前后，接触到西方社会和西方的“城市”(即西文的 City、Town 或 Municipality 等)之后，逐渐使用“城市”一词来对应前述西文。但是，原本是译者为了便于国人理解 City 等现象，而使用景观上约略相似的“城市”一词来指代，其内涵却难以用中国古有的“城”、“市”来表达。

简言之，西方的 City 等，首先是一种城市地区的管理制度和组织体系，这种管理制度和组织体系在古希腊城邦国家时代萌芽，一度中断后又在中世纪逐渐形成，是以城市内部自由人的自由结合为基础，由居民通过民主程序建立自治体，具有自治权利，且这种权利有一定的保障(主要是法律保障)。比利时著名城市史学家亨利·皮雷纳曾以简练的语言概括说：“中世纪的城市从十二世纪起是一个公社，受到筑有防御工事的城墙的保护，靠工商业维持生存，享有特别的法律、行政和司法，这使它成为一个享有特权的集体法人。”[③]这里，皮雷纳对中世纪城市的表述可以分为两个方面：一方面，“受到筑有防御工事的城墙的保护，靠工商业维持生存”；另一方面，“享有特别的法律、行政和司法”，“成为一个享有特权的集体法人”。前者正好是中国“城”、“市”的含义，而后者则在中国的“城”、“市”中自始至终处于阙如的状态。

也就是说，城市(City，Town)在西方语境中既是实体的(Urban Area)，也是制度的(Municipality)，且这种制度不言而喻是中世纪以来的城市自治制度，二者为一而二、二而一的关系。而城市在中国语境中主要是实体的(很早就有)，也曾经有类似西方的制度层面的含义，即 20 世纪初叶在其初始使用的时候，还着眼于组织、政治、法律等方面的所

---

① 纪晓岚. 2002. 论城市本质[M]. 北京：中国社会科学出版社：43. 纪氏此种说法，著者认为其并未触及所谓城市本质；如果按照此说，乡村难道就不是“人类满足自身生存和发展需要而创造的人工环境”了吗？则城市与乡村又何以区分？显然无法自圆其说。

② 辞源修订组. 1988. 辞源(合订本)[M]. 北京：商务印书馆：523.

③ 亨利·皮雷纳. 1985. 中世纪的城市(经济和社会史评论)[M]. 陈国樑，译. 北京：商务印书馆：130.

谓城市的“制度”的含义(即所谓“市自治制”)[①];但逐渐的,我们就偏离了原初的有关对城市的理解和把握,而仅仅落实在似是而非的城市客观地域实体的外在特征的层面上;到今天,我们的“城市”已经被逐渐抽出内核,其内涵已经与西方迥异。应该说,中西方“城市”的这种差异是实质性的;而我们长期忽视这种制度层面的差异的确是造成诸多城市问题的症结所在。

(2) 关于城市本质的思考

实际上,前述关于城市语源学的考察,已经透出城市本质的端倪。城市的本质,当然不只是所谓“人类满足自身生存和发展需要而创造的人工环境”(前引纪晓岚语);乡村何尝不是如此?要把握城市的本质,首先需要将城市的概念分成两个层面来解析:形而下的层面——客观的地理空间的实体,人类聚落系列中的高端;以及形而上的层面——人类的一种复杂的、先进的组织、管理方式、体系(相对于同一时期来说)。不同时期、地区,这种组织、管理方式可以发生不同的变化,或具有不同的形态,即权力的空间集聚方式不同;但相同之处在于,它均是权力的集中之地、权力的集聚空间。形而下的层面只是其外在特征的描述;而形而上的层面,才是城市最本质的东西。即城市最本质的特性,在于它是一定区域内某种(或某些)权力(主要是公共权力)的空间集聚之所(点),由此,引起区域内其他各种要素向该处的集聚所形成的聚落。

界定城市和理解城市本质,需要把握以下几个要点:

① 权力(公共权力):不同时代、地域,城市差别很大,但其背后有其一以贯之的主线,这就是,不论何时、何地,城市都是权力的中心(也即所谓政治、经济、文化中心,实际即政治、经济、文化的管理权力的中心),其他特征都是由此引申而出或附加而来的。关于城市起源的诸如私有制说、阶级说、防御据点说、血缘制与宗教中心论乃至交换集市中心说等,实际上都表明权力(国家权力、公共权力)在城市形成中的重要作用。

② 集聚:集聚(或聚集)也是城市区别于乡村的本质特征之一,“聚集是城市最本源、最主要的特征。城市功能多样化,城市活动社会化,城市生产和管理高效化等,都是由聚集而产生出来的”[②]。这一点也得到多数学者的认可。当然,著者认为,首先是权力的集聚,然后引起其他要素的集聚。

③ 区域:城市是区域的城市;作为权力中心,它总有自己行使或达到或可及的范围,即“区域”。换句话说,从真正的意义上讲,城市是一个相对的概念;城市与乡村之间没有一个截然的界线,一个聚落是否是城市,要看其处在何种区域范围。同时,就整体来看,随着历史的发展,城市的影响范围也是在不断变化的。早期,由于交通不便,自然地理的阻隔等原因,城市的影响区域只有很小的范围;以后,形成如王国的范围、帝国的范围、国家的范围、大洲的范围,甚至世界的范围,而城市也相应扩展为所谓“全球城市”(或“世界城市”)。

---

① 20世纪初,清政府在内外交困的形势下,被迫推行“新政”改革,在地方层面,正式引入具有“地方自治”内涵的模仿西方国家的“城镇乡”制(1909年1月18日清政府公布《城镇乡地方自治章程》);后演变为民国初年的“市制”(1911年11月江苏省召开临时省议会通过《江苏暂行市乡制》,1921年7月3日,北洋政府内务部以“大总统敕令”形式,颁布了《市自治制》)。详细介绍可参见靳润成,郁晓航.1999.中国城市化之路[M].上海:学林出版社:76-77.

② 陈友华,赵民.2000.城市规划概论[M].上海:上海科学技术文献出版社:1.

④ 聚落:城市是人类聚居的一种形式,是与乡村相对的一种人类的聚落。“从定居居民点(Settlement)的类型由低到高和规模从小到大的序列看,一般包括路店(Roadsidé)、小村(Hamlet)、村庄(Village)、镇(Town)、城市(City)、大都市(Metropolis)及城市群(Conurbation)几种形式”①。聚落的高端就是城市,低端就是乡村。二者没有截然的界线,均是相对而言的。为了统计的方便,可以在宏观上划定一条界线(一般以聚落的人口数量为标准),但具体到不同的聚落,情况必然千差万别。城市是与乡村共生或相对的概念,没有“乡村”,固然就没有“城市”;而反过来,不称其为“城市”,也就无所谓“乡村”。换句话说,作为人类社会进化、发展所形成的这种权力配置、安排的组织形式,城市与乡村是永远相互对立和互为存在条件的。所谓的“消除城乡差别”,其实质不是要泯灭城市而把人口都赶到乡下,或把小乡村均建设成为大都市。这样做,实际上就是泯灭分工,是一种倒退的表现(我们20世纪六七十年代前后的、反城市化的所作所为,就是一个失败的例子)。而应该是遵循一定的权力配置和运用的规则,并把这种规则向乡村推广。当然,在这种情况下,城乡之间的矛盾(在规则同一之后,实际上抽象的、广泛存在的城乡矛盾已经成为具体的、个案的区域之间的矛盾)会永远存在,城市化(制度的优化、变迁,景观的变迁等)也将是一个永远的过程。

⑤ 分工及其高级产业:如上所述,从城市本质的角度来看,城市是公共管理权力的集聚空间,与聚集何种产业没有直接关系;或者说,何种产业集聚于城市是公共管理权力集聚导致城市确立后各种产业相互竞争所形成的。因此,现在一般所谓的城市是非农产业的集聚地,是第二、第三产业的集聚地等表述,应是“以今喻古”的思维所致,是以近现代以来的城市来回套历史时期的城市。实际上,城市既然是权力的集聚空间,首先集聚的是社会的公共管理职能,包括政治、文化、经济、社会等各个方面,即集聚从事这一部分职能的人口(如果非要说产业,也只属于第三产业)。在此基础上,为了满足该部分人口的需要,相应的产业会围绕近旁而出现,另外,其他产业为了节约生产、交易成本,也围绕城市而布局,这样才导致其他各种产业在城市集聚;各种产业相互竞争,优胜劣汰,导致城市的产业向高级化方向发展、演进。因此,如果要表述城市与产业的关系,也应该表述为:城市是多种产业,尤其是高级产业的集聚地(高级产业也是一个相对的概念);较之乡村,就产业方面的不同而言,城市的产业呈现多样化、高级化(指所处同一时段的产业发展状况,即共时性)特征。

2) 对城市的一个新的界定和分类

目前关于城市的定义很多,但多是从某一具体学科出发来加以论述,不能完整反映城市的真实内涵。综合各家之说,按照前述对城市本质的分析,我们可以提出如下的城市定义的新说,暂概括为城市定义的“权力说”,以与前述各说区别,并以此对城市进行分类②。

著者认为,城市是在一定区域内,随着生产力的发展和文明的进步,其中的人口出现

---

① 刘传江. 1999. 中国城市化的制度安排与创新[M]. 武汉:武汉大学出版社:19.

② 范今朝. 2011. 仁政必自经界始——中国现当代城市化进程中的行政区划改革若干问题研究[M]. 杭州:浙江大学出版社:22-30.

分化，即职业上的分工以及随之社会中的分层，为了有效地进行组织和管理，而发生组织管理权力（即公共权力）在该区域内某一特定地点的集中并建立起正式的组织和机构（即国家机构），进而引起人口及其相关设施、活动和信息等人工创造物在该地点的较大规模的持续的集聚所形成的聚落；由此又导致该地点（该聚落）的景观也产生集聚和分化现象而与该区域内其他地方（其他聚落）有显著的差别。

上述对城市的描述性定义是对一个城市形成过程的完整描述。按照权力的来源不同（自生的还是外发的），不同城市的形成过程是有差别的。据此，可以将城市划分为两大类型：原生型城市与次生型城市。二者以国家为中介，原生型城市可理解为早于（或至少同时与）国家出现（指形态上、实体上的城市），具备上述完整的形成过程；而次生型城市是在已有权力中心（国家的，或其上较大区域的权力中心）的基础上，以划分而来的部分权力为核心，再吸引其他要素集聚而成。在这个层面上，原生型城市与次生型城市形成一个国家（区域）的城市体系，并与政区体系发生联系，且可相互说明。

2.1.2 城市化（城镇化）的本质和道路

关于城市化（城镇化）的概念，许多学者也都有讨论，如周一星①、刘传江②均有过全面的归纳和总结。相对于城市（城镇）概念的众说纷纭，对城镇化的理解宏观上大体一致，即“化为城市（城镇）的过程”。当然，如何化为城市，哪些东西、什么地方化为城市，什么时候开始化为城市的过程，则又是一个见仁见智、争论颇多的问题。

著者认为，作为“化为城市的过程”的城镇化，在其内在含义上，与城市（城镇）一样，也应该包括或划分为两个层面，即形而上的制度层面的城镇化过程和形而下的实体（地域、景观）层面的城镇化过程。前者是核心、关键，决定着城镇化的发展方向和实体城镇化的过程。换句话说，虽然表面看，城镇化主要表现为人口、经济活动、信息、人工物等在城镇的集聚，但其引力源、动力源等却是由制度层面的权力的集聚和配置方式所决定的。近代的工业革命、现代的信息革命，只是加速了城市（城镇）外在物质性要素的集聚速度，这就如同远古的农业革命加速了当时聚落的集聚速度一样。

至于城镇化的时间维度的界定，著者认为自城市产生之日起，就意味着城镇化过程的开始；只是后来形成不同的发展阶段，或不同的城镇化道路。但鉴于目前已经约定俗成，或学术界已经赋予的“城镇化”的近代含义，故还是有必要划分为广义、狭义的城镇化。以近代工业化以来的城镇化为界，涵盖前者、后者的可称之为“广义的城镇化”，仅含后者的可以称之为“狭义的城镇化”，以包纳该词目前已经具有的意义。

如上所述，对城镇化取广义的理解，在不同的城市发展阶段，不同的城市制度之下，都可能、可以进入城镇化的过程。抽象地、从其形而上的制度层面，即权力集聚、配置的方式来看，可以宏观地概括为两条城镇化道路：一条是国家权力消解城市（市民）权力的城镇化之路，一条是城市（市民）权力与国家权力形成明确分野的城镇化之路。需要说明的是，这是一种类型概括，而非特定历史形态的描述；即在不同时期、不同地域，这两种城

① 周一星. 1995. 城市地理学[M]. 北京：商务印书馆：60-64.

② 刘传江. 1999. 中国城市化的制度安排与创新[M]. 武汉：武汉大学出版社：44-47.

市化方式都可能出现、可以存在。只是,中国的古代时期以前者为代表,而在西欧,中古时期及近现代大部分时间以后者为主。

城市从一般聚落中脱颖而出,其最主要的原因是借助于权力的集聚,即借助于国家力量;同样,城市的发展、扩大,也离不开国家权力的支撑。因此,国家权力与城市权力发生联系,注定是不可避免的。但是,权力(公共权力)有一个特性:当一个个分散的城市连同其影响地域汇聚成国家,国家权力就开始凌驾于城市(市民集体)权力之上;而且,国家权力如果没有阻碍,总是倾向于逐渐扩大、无限集中;在这种情况下,如果没有另外一种,或几种权力与之抗衡,最终,国家将消解城市权力;极端情况下,将城市完全纳入国家的权力体系,城市体系即成为政区体系。这在中国古代,是一种常态。但在西方,则因城市权力的多样,尤其重要的是,神权(教会权力)成为权力角逐中不可忽视的一极,导致在西欧,国家权力始终未能完全消泯城市权力,国家与城市在权力划分上达到一种妥协状态,二者有明确的分野。这样,中西方在各自完全不同的权力集聚和配置的体系下,形成两种不同的城市化之路;进而导致各自城市发展的不同结果。

当然,并不是说中国近代以前只有“国家权力消解城市(市民)权力”的城市化之路,在一些特定时期,另一条“城市(市民)权力与国家权力有明确分野”的城市化之路也曾经走过。就中国而言,如西周和其后的春秋、战国时期,当时总体而言,城市权力是能够与国家权力分庭抗礼的(即诸侯国的成长与日渐脱离周天子管辖,当然具体方式与西方的古希腊时期或中世纪时期不同);但迄至秦代统一,国家权力完全覆盖、吞噬了城市权力,且基本架构直至清末都未能撼动,导致长达 2 000 余年的城市化过程没有发生本质的变化。另一个城市权力彰显的时期是清末民初的 50 余年时间,在西方的强力介入下,其城市制度等被移植进中国的若干地区,加之或被动,或主动地吸收西方的思想、文化等,以及国家权力的弱化,使中国城市开始向西方式的城市化道路迈进。但外在的强力毕竟容易引起内部的强烈反弹,一旦外力消失,国家权力又不可避免地卷土重来(这与西方内生的“教会”等的抗衡力量形成对照),城市又重新纳入国家权力支配的发展轨道。换句话说,随着大一统国家的重新形成和统一,国家权力两次成功消解了城市权力,在这样的路径之上,重新开始城市化的进程。

同样,也不是说西欧国家就没有国家权力强盛的时期,没有国家权力凌驾于城市权力之上的城市化时代,应该说是存在的,如古罗马帝国对早期希腊各城邦国家城市权力的吞噬,西欧近代民族国家形成时期若干国家权力的扩张,等等。所不同之处在于,西欧诸国中世纪以来,国家权力常常受到宗教权力、领主(贵族)权力以及商业资本(家)权力等的制约,几乎没有可能一强独大,而是在多种权力的制约下,使城市(市民)权力得以成长、伸张,并最终各权力之间形成明晰而合理的界线,国家权力与城市权力形成明确的分野;在这样的制度背景下,开启其城市化之路,并随着资产阶级革命及海外扩张,而在西欧、北美等地顺利发展。

2.1.3 城乡统筹发展之含义与对行政区划体制的要求

一般认为,“工业化进程的城乡关系,尽管纷繁复杂,但其变迁也是有规律的。总的来看,城乡关系的变迁是从农业社会‘无差别统一’的均衡状态,到工业化社会初中期阶段的逐步失衡，再到工业化社会中期阶段起逐步走向均衡，直到工业化社会后期阶段和后工业化社会'城乡一体'的均衡状态"①。然而，城乡关系从"失衡"到"均衡"的变迁，并非是一个自然的过程，它需要执政者在认识和把握规律的基础上积极作为，正确选择工业化、城市化的路子，适时调整城乡关系和政策取向。这种作为就是中国共产党在十六大上正式提出的，并为十七大、十八大所一脉相承并继续发展的"统筹城乡发展"的目标和"新型城镇化"的战略。

统筹(Plan as a Whole)即"通盘筹划"，"作为一个整体来筹划"。统筹是一个动词，代表一种动作。城乡统筹就是在政府主导下，把城市与乡村作为一个有机整体来筹划，促进城乡在经济、政治、社会、文化、生态等各方面形成协调发展的格局，实现城乡关系从失衡状态向均衡状态的转变。而城乡统筹需要在城乡间有一个能够使生产要素自由合理流动，先进文化广泛、深入传播的畅通有效的"通道"，这就要求突破城乡分割的体制，形成城乡地位平等、开放互通、互补互促、共同进步的格局。城乡统筹的目标就是形成城乡均衡发展的格局，即建成城乡一体化的美好社会②。

因此，依著者看来，对于所谓"城乡统筹发展"的内涵，归纳起来，大致可以分为两个方面。

第一，从"地"的角度而言，即指景观上的、物质层面上的、实体意义上的城市、乡村，实际上是一个区域的"聚落体系"(我国一般称之为"城镇体系"、"城市体系")，即空间上的大大小小、相互联系的聚落。从单个聚落的角度而言，城乡不可能完全一样。而在一个相对完整的区域内(尤其是国家的范围)，其在整体上应该呈现出一种"金字塔形"的结构，即特大、大、中、小城市和集镇、乡村，有适当的比例关系，数量上依次增多，分布上较为均衡，而非大中城市畸形增长，小城市和集镇则萎缩、衰落。

第二，从"人"的角度而言，则应该指居住在所谓"城市"、"乡村"(即各个大小不同的聚落)里的居民，享有平等的政治、经济、文化权利，享受到均等的公共服务，并具有大致相似的生活水平。这应该是"城乡统筹发展"的真正目标和核心追求。

基于此，则应在行政区划体制上保证"城"、"乡"聚落有大致平等的权力配置。

毋庸讳言，中国目前的设"市"制度，某种程度上是回到了传统的"郡县制"的老路，徒有其名，而缺其实，客观上成为着重推进大城市发展的体制。当前，我们可借"城乡统筹发展"之机，在行政区划领域正本清源，将"市制"回归其本来含义，即重点在于县辖政区之下的、以聚落为单位而建立的、相对独立、自我管理、自我课税的独立法人(类似于清末的县以下的"城镇乡地方自治"制)。这样，才能够达到各地区、各城镇聚落的平等地位、公平竞争的局面，也才能够真正形成城乡统筹、一体发展的局面；上级政府亦可真正关注那些涉及区域共同问题的解决和协调，并更多关注落后地区、弱势聚落的发展。

面对中国现行"市"制存在的诸多问题，目前在"城乡统筹"思想指引下，正是新市制创新的大好契机。正如1979年以来，我们逐渐认识到城市和城市化的重要作用，而摈弃了对城市(尤其是大城市)的负面的、否定的看法，因而通过大力增设"市"的建制，通过在省级、地级、县级各个层面大量设"市"，通过直辖市、计划单列市、地级市、县级市的设置，

---

①② 邵峰. 2006. 均衡浙江：统筹城乡发展新举措[M]. 杭州：浙江人民出版社：16.

极大地推进了城市化进程一样，今天，我们亦应该回归“市”的本义，在政府的引导下，通过在“县下设市”，来实现城乡统筹发展，推进城乡一体化进程。相对于之前的市制所导致的人口向大中城市的“转移”，“县下辖市”则更有助于人口在县域内的平衡分布和就地“转化”；人口的就地转化，即原有聚落逐渐从村落到集镇到小城市的变迁，才是城镇化的真正实现，也才是城乡一体化的真正含义。

2.2 “城市发展与政区演变的互动关系”论

此前，著者在研究城市发展与政区演变的关系中，提出了政区体系与城市体系的同构与异构的概念，并将其概括为“城市发展与政区演变的互动关系”理论①。该理论认为，政区与城市具有同源性，而不同的城市化道路，也可以形成不同的政区体系；反过来，受不同的政区体系制约，行政区划体制在一定情形下，又可以影响城市发展与城市化的进程。即二者具有互动性，表现在有的国家、某些时期，城市体系与政区体系高度一致，而有的国家，或另外的时期，二者又发生偏离（主要指城市等级和政区等级）；并进而认为，将城市发展与政区演变相互比较、对照，这是把握城市本质、城市化道路以及认识行政区划作用的一个有效途径。

2.2.1 政区与城市、政区体系与城市体系的同源关系

一般认为，政区有几个基本要素：人口、地域和权力组织，以及相应的名称。在今天，政区的这几个要素都表现得非常清晰。如一般都认为，“行政区应有明确的、封闭的边界线，即行政区域界线，同级行政区既不重叠，亦无空白”②。但在古代，尤其国家产生初期，政区并没有这样明晰的界线，当然，大致模糊的范围是存在的。这个大致模糊的范围，就是以各级人口聚集的聚落（城市）为中心去把握的。中国古代描述政区范围，通常是以治所为中心，大致记载其“四至八到”，也是这种状况的反映。直到近代以来，测绘技术的提高才使政区界线明确下来。当然，也主要是反映在地图上；实际中，人们仍多以该政区的治所作为政区的代表。

从城市的起源阶段来看，由于公共权力的集聚和国家的出现，才导致一些聚落转变为城市。一开始，一般一个国家就是一个城市，包括该城市附近模糊的无人区域。两个相邻的国家（即两个相邻的城市）之间是大片的无人区，不可能划出明晰的界线。此即所谓“原生型城市”。随着国家的兼并、扩大，人口增多，开始采取一些措施（王权、皇权等的分割）来分区统治，也即出现行政区划。于是一些聚落被选择作为次一级的统治中心，即形成次生型城市。可见，不论是原生型城市，还是次生型城市，均与国家及其国家权力的空间配置有关，即城市与政区是同源的（尤其次生型城市，有些就是先有制度层面的城市，然后经过营建，方有实体层面的城市）。

---

① 范今朝. 2004. 权力的空间配置与组织的制度创新——从城市发展与政区演变的互动关系论中国现当代的行政区划改革[D]:[博士学位论文]. 上海：华东师范大学：74-81.

② 浦善新，陈德彧，周艺，等. 1995. 中国行政区划概论[M]. 北京：知识出版社：11.

同样，不论是起源阶段最初的国家出现后，还是其后不断经历的国家重构后，国家都是以当时分散在各地的居民点（聚落）为基础来划分公共权力而使之成为各级权力的集聚中心，从而构成一个国家的政区体系。在国家即各级政区的制约下，该国之内所形成的原生型城市与次生型城市共同构成该国的城市体系（尽管不够完善，尤其在早期）。因此，城市体系与政区体系也是同源的。

2.2.2 政区体系与城市体系的互动关系——"同构"与"异构"

1）政区体系与城市体系的同构

所谓政区体系与城市体系的同构，是指国家内部的城市发展及其相应城市体系状况直接与国家公共权力（尤其是行政权力）的空间配置方式有关。在高度集中的权力配置机制下，一方面，城市发展的动因受到国家权力的强烈干预和影响，由于城市自身权力匮乏，只能依赖由国家配置的公共权力作为城市集聚的引力源，使得城市发展严重依赖于国家权力（尤其是行政权力），一旦缺乏国家权力（未作为政区治所或高等级治所），则自身发展动力严重缺乏，致城市萎缩；另一方面，公共权力高度集中于各级治所所在地的城市，那么，相应地，政区等级越高，权力集聚越多，则城市发展动力越强，城市规模也越大，导致城市体系与政区体系高度一致。

中国自秦代统一后，国家权力完全消解了城市权力，直至清末，走的都是一条彻底的"国家权力消解城市权力"的城市化之路，因此，古代阶段的城市体系与政区体系高度同构。近现代的1840—1949年，由于外力等作用（其间，如西方人在中国租借土地，建立租界，相对于中央政府、中国政府而言，租界处于自治和分权状态），国家权力衰落，城市化之路随之转向，则同构的态势开始发生变化；但其主要集中在外力作用最明显的东南沿海地带，内地触动不大；突出表现在上海的迅速崛起和沿海港口城市的迅速发展，而与内地城市呈现出二元结构的态势；城市体系与政区体系开始偏离，显示出异构的趋向。但1949年后，国家权力再次消解了城市权力，中国城市发展又开始回归二者的同构状态。因此，中国是二者"同构"最为典型的国家。

正是由于中国历史上长期存在的，以及1949年以来仍处于的城市体系与政区体系的高度同构状态，中国出现了特有的、典型的"行政区现象"，即行政区划体制、格局与区域的经济发展、文化特征、遗产传承，也即所谓"地方性"的形成等，有极为密切的关系①。这种现象当然利弊兼有，但1979年改革开放以来，其突出的表现和问题，是所谓"行政区经济"现象的负面效应。此外，如目前社区建设中社区的"行政化"倾向等，也是这种同构状况的反映②。

以浙江省若干地区的发展为例。1981年，平阳分县，灵溪镇被定为新成立的苍南县城所在地，从此走上快速发展的道路，在一无工业基础，二无人文传统的情况下，灵溪镇的规模日益扩大，目前已经基本建成为一座功能齐全的城镇。20多年前，灵溪镇还是农

---

① 范今朝.2000.建立一门具有中国特色的人文地理学分支学科的成功尝试——评《中国政区地理》[J].地理学报，55(2)：251-252.

② 刘君德，靳润成，周克瑜.1999.中国政区地理[M].北京：科学出版社：210.

村小镇，建成区（老城区）面积仅为 0.38 km²，到 2002 年，灵溪基本形成了中等城市的中心区框架。建成区面积不断扩大，由原来的 0.38 km² 达到目前的 8.5 km²，2007 年更是达到 11 km²。同样，同为 20 世纪 80 年代后新建的港口城市，鳌江流域出海口的苍南县的龙港镇和平阳县的鳌江镇，因为至今仍为镇的建制，其发展势头就远远不及灵江流域出海口的台州市的椒江区。后者于 1980 年成为黄岩县下的海门特区，1981 年设立椒江市，1994 年再成为地级台州市的核心区，即椒江区，从此跻身大城市之列。

2）政区体系与城市体系的异构

所谓政区体系与城市体系的异构，是指国家内部的城市发展及其相应城市体系状况虽然与国家公共权力（尤其是行政权力）的空间配置方式有关，但二者相关度不大。在国家权力空间配置相对分散的情况下，国家权力往往未能（被动）或不愿（主动）消解城市权力，城市发展动因除了与国家公共权力有关外，城市自身权力对城市发展的作用凸现出来，并产生强烈影响，使得城市发展可以依赖多种权力作为引力源；缺乏国家权力（未作为政区治所或高等级治所）并不必然导致城市发展动力缺乏，因而也并不必然引起城市不能迅速生长；这样，城市的发展规模就不与国家权力的配置有直接关系，城市体系与政区体系就会发生偏离，即导致二者异构。这种状况以美国最为典型；西方国家现代以来，也多向异构方向发展。中国近代一度也走上了异构的道路。当然，并非国家主动为之，而是外力所迫，使得国家不能消解城市权力。所以在外力消失后，又回归传统。

美国之所以成为异构的典型，与其独特的国家形成历史有关。如殖民地时期，以英国为权力中心，北美大陆没有原生型城市，城市体系以英国（伦敦）为核心；中世纪城市自治传统被移民带到北美大陆，国家权力鞭长莫及，没有消解城市权力，二者各自独立发展；独立后采取联邦制的国家结构，更以《宪法》及其他措施对国家权力加以制约，国家权力自始就分散配置；各州开始都是独立国家性质的区域，形成州内单一制，等等。凡此种种，导致城市体系自行发展，与国家政区体系建构的关系松散，故城市等级不明显，城市首位度也不高①。

当然，异构并不是说二者没有关系，更不是说城市发展与国家公共权力的配置没有关系；相反，正是在这样的国家权力配置框架内，才形成二者的异构关系。

2.2.3 中国当代行政区划改革的必要性、可能性与重点所在

如上所述，城市的本质在于其是一定区域内权力的空间集聚，而政区则是国家权力以各级城市为中心的空间划分和配置。行政区划和政区体系，是将所有居民纳入某种制度框架之下，将国家权力与居民自主权力进行划分和配置；国家权力的地域配置又以各级城市为纽结和中心，居民自主权利（权力）也以聚落的自我管理、自我组织而得以保证和实现。就二者关系来看，如城市内部管理制度变革导致政区体制变革（城市管理方式普及于一般地域型政区），城市数量增多导致政区类型发生演变（一般地域型政区相对稳定或有所减少，而城市型政区大量出现），以及城市起源导致国家、政区的形成，城市体系

---

① 王旭. 2000. 美国城市史[M]. 北京：中国社会科学出版社：115.

与政区体系的同构或异构等，这些均表明，城市为里，政区为表，城市发展决定政区演变，而政区演变从根本上来说，是城市发展的结果和表现。

但是，问题还可以反过来说。一定时期的政区格局及其演变，在某种程度上，尤其在某些情况下，也可以影响城市发展；这种对城市发展的影响，既可以影响其外在的数量增长、规模增长，也可以影响其内部的城市制度的变迁，以及城市型政区的管理体制向一般地域型政区传播。对于政区演变对城市以及城市化发展的这种反向影响，其效应也不能忽视；这种效应对于城市发展，尤其对于前论二者同构的国家来说，是非常重要的。

前文已经阐明了如中国这样的国家，其政区体系与城市体系同构的含义和表现。至今，这种城市发展与政区体系密切相关的“行政区现象”、“行政区经济”等，在中国还非常典型，并对城市发展具有重大的影响。这也是我们今天进行中国行政区划改革的一个重要的理论支持，即在权力配置导致城市与政区高度同构的前提下，行政区划变革对城市发展具有重大的影响和作用，通过行政区划体制的改革，可以从上层建筑的角度打破城市化（既包括实体意义上的城市化，也包括制度层面的城市化）的障碍，进行强制变迁，强行推进城市化向良性方向发展。也就是说，在中国权力配置没有根本改变的状况下，在可见的时期内，通过行政区划的变革，即通过城市型政区的设置，可以使城市管理体制更快地传播，城市的各种理念、制度更快地普及于乡村，进而推动城市本身管理体制（从而国家政治体制）的变革。这是我们对二者互动关系分析的完整结论。

中国当代的城镇型政区的设置常常为人所诟病（指市的设置混乱，即一方面，分散于高层、中层和低层政区，如直辖市、地级市、县级市，而另一方面，设置方式又有如整县改市、切块设市等，管理体制又有地级市管县级市等）。问题的确存在。但考虑到中国城市发展和政区演变的状况，在深层的政治体制难以一步到位完成改革的特定历史条件下，通过政区演变对城市发展的反向作用（由于中国属于典型的同构模式，则反向作用也可以发挥到相当大的程度），未尝不是推进中国城市发展（实体层面，如城市数量扩张、规模扩张）和城市制度变革（制度层面，即权力的合理配置）的有效手段。无论是政府赋予某个城市（聚落）以较多的行政权力，还是政府将权力转移给聚落的主体——居民，都会使城市（聚落）具有较之以前不同的、多样的权力，从而获得发展的机遇。

因此，问题的关键还不在中国当前市制的诸多问题，而是中国当前的市制仍未回归城市的本义——聚落以及聚落自治；中国当前的市制涉及高层（直辖市）、中层（地级市）和低层（县级市）政区层面，唯独没有给予基层政区以城市发展的空间（镇虽然被界定为城市范畴，但缺乏相应的自主权力）；国家在基层给予政区所配置的权力过小，更不要说聚落自治的远未实现，而没有这一层面的切实推进，中国的城镇化和城乡统筹发展是难以真正实现的。

所以，在中国当代，从城市发展与政区演变的互动关系来考察，我们可以清晰地看到中国行政区划改革的必要性和可能性，以及突破口和重点所在。

2.3 “行政区经济”理论及其对中国当代政区治理结构的影响

2.3.1 “行政区经济”的理论要点

“行政区经济”是刘君德及其早期的学生在20世纪90年代初期提炼出来的理论概念体系。学术界也逐渐接受并运用这一概念来分析和论述中国的区域经济乃至宏观发展方面的问题。随着形势的发展和认识的深化，出现由不同学者或在不同语境下被不断阐述、使用、变更、发展的情况。但无可否认的是，“行政区经济”概念和理论的提出，对准确认识改革开放以来中国的区域发展机制，正确认识转型期行政区划的作用与改革路径等方面，均发挥出积极的推动作用，因而至今仍然具有重大的启示意义。

早期的“行政区经济”理论的核心要点可概括为：由于行政区划对区域经济的刚性约束而产生的一种特殊区域经济现象，是我国在从传统计划经济体制向社会主义市场经济体制转轨过程中，区域经济由纵向运行系统向横向运行系统转变过程中出现的具有过渡性质的一种区域经济类型。现阶段，我国“行政区经济”主要表现为以下特征：① 企业竞争中渗透着强烈的地方政府经济行为；② 生产要素跨行政区流动受到很大阻碍；③ 行政区经济呈稳态结构；④ 行政中心与经济中心的高度一致性；⑤ 行政区边界经济的衰竭性①。

提出者在分析“行政区经济”现象与运行特征时，特别指出了它的两面性，即正面效应与负面效应。改革开放以来中国区域经济的发展与实践表明，行政区经济运行的正面效应远大于其负面影响。许多学者在引用“行政区经济”理论思想中恰恰忽略了这一点。

2013年，范今朝在其《行政区划体制与城乡统筹发展：以浙江省当代改革实践为例》一书中，对该理论的来龙去脉做了较为详细的介绍，并在对相关讨论进行评析的基础上做了进一步的阐发②；提出了以下行政区经济机理分析框图，如图2-1所示。其所做的阐发主要包括以下几个方面：

第一，应该明确行政区经济是从计划经济到市场经济转型时期所出现的一种现象和区域经济类型。一般来说，一个国家，如果处于计划体制向市场体制转换的时期，中央政府向地方政府放权刺激经济发展，行政区经济现象均会有所表现。只是西方国家长期崇尚自由市场经济，因而计划和政府的作用一直非常微弱，故其表现得相当隐性；而前苏联等东欧国家的转型由于十分剧烈、极端和快速，从完全的计划经济体制转向几乎完全的市场经济体制，因而行政区经济的表现也不明显。只有在中国，以“渐进式改革”的方式与“摸着石头过河”的所谓“欠规范状态”的环境下，才出现典型的“行政区经济”现象。

---

① 刘君德. 2009. 总序——中国行政区经济理论的缘起、发展与未来[M]//陈占彪. 行政组织与空间结构的耦合——中国行政区经济的区域政治经济学分析. 南京：东南大学出版社：4-6；刘君德. 2004. 中国转型期凸现的“行政区经济”现象分析[J]. 理论前沿，(10)：20-22；刘君德. 2006. 中国转型期“行政区经济”现象透视——兼论中国特色人文—经济地理学的发展[J]. 经济地理，(6)：897-891.

② 范今朝. 2013. 行政区划体制与城乡统筹发展：以浙江省当代改革实践为例[M]. 南京：东南大学出版社：74-80.

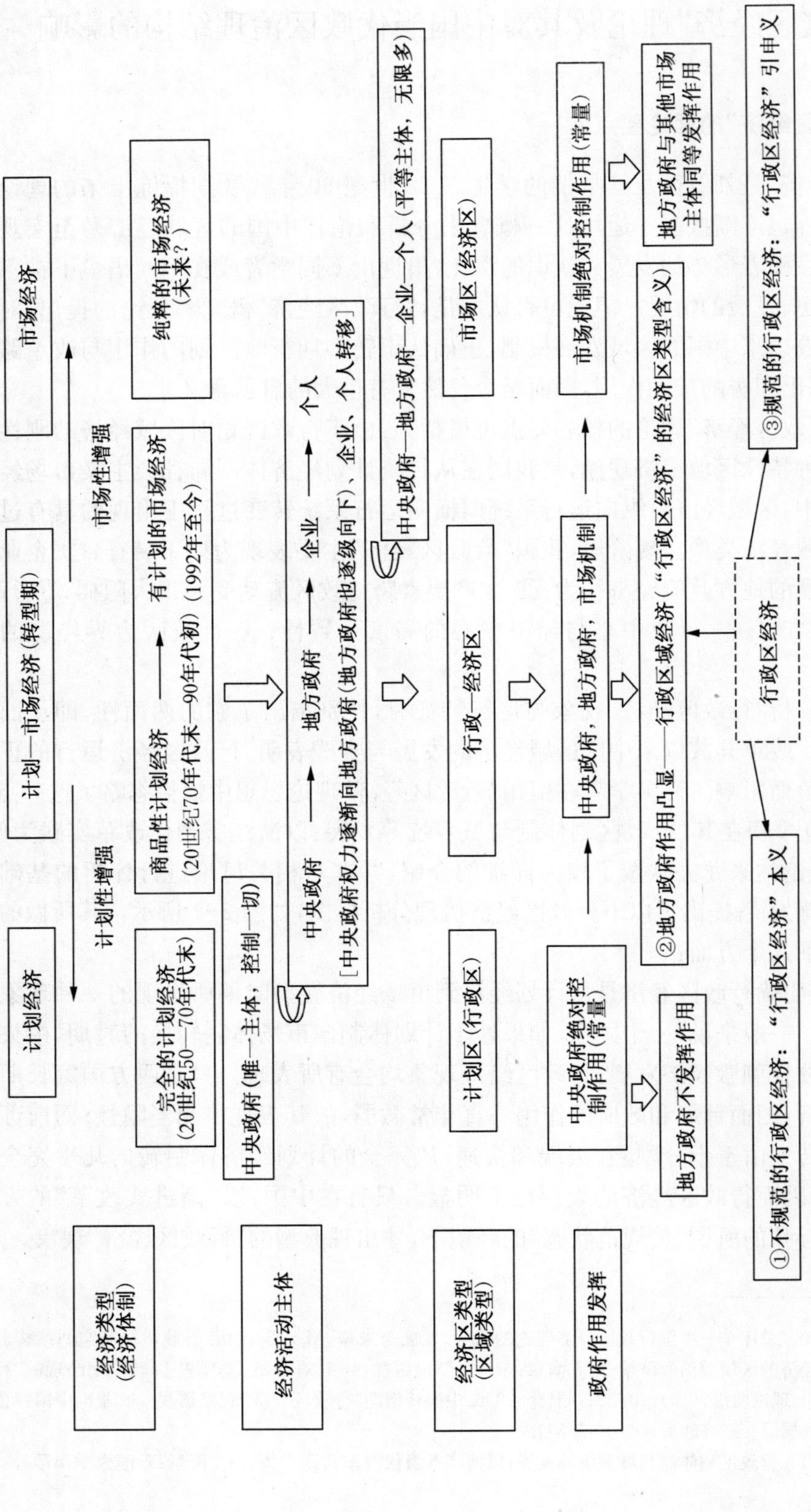

图2-1 “行政区经济”的形成机理与主要含义说明图

第二，从经济体制及经济类型分析，我们可以将其分为计划经济、计划—市场转型经济和市场经济三种不同的经济体制或类型。理论上看，可以有完全的计划经济（即中央政府是唯一的、绝对的控制主体），也可以有纯粹的市场经济（经济主体无穷多，且地位平等），但现实中不可能如此绝对。

如果我们近似地把中国 20 世纪 50 年代后期到 1978 年年底的经济体制看作是完全的计划经济，把未来的改革目标（即社会主义市场经济）完全建成后的经济体制看作是纯粹的市场经济，那么从 1979 年以来至今的改革开放的过程，就是处于计划—市场转型期的经济类型。其在体制上的转换表现为明显的计划性减少，市场性增多的过程，其中的一个重要的变化，就是经济活动的主体出现从中央政府向地方政府分权、放权，向企业、个人分权、放权，从而中央政府、地方政府（各级）、企业、个人均成为经济活动的主体，且政府主体的份额、比重逐渐减低。正常情况下，这一迁移过程应尽快结束，使得经济体制成为完全的市场经济。但恰恰在这一环节，由于中国的渐进式改革，导致这一过程被无限拉长，中央政府，尤其是地方政府成为这一时期经济运行中的重要变量。

由于权力大小配置不同，体制机制经常变动，法律法规的不完善，导致地方政府在经济运行中，或由于制度性的缺陷（如行政级别高低而掌控资源能力有别），或由于体制机制不健全，而出现一些不规范、不合理的举动，造成所谓“行政区经济”现象（负面效应）。但随着法律法规的健全、体制机制的完善，其负面效应会逐渐减少，地方政府推动地方发展的正面效应会逐渐彰显，此即为“行政区经济”的正面效应（实际上就是地方政府作为经济活动中相当重要的主体之一的正面效应）。

相对于这一转型期，在完全的计划经济时期，地方政府完全听命于中央政府，自身的作用很难发挥或显现（只是执行中央政府的计划而已）；同样在纯粹的市场经济时期，地方政府仅能同企业、个人等一般主体一样，显现不出转型期的独特作用；故而在这两个时期，“行政区经济”均难以生存，尽管二者成因不同。在完全的计划经济时期，可以认为行政区经济无穷大，只是未显现出来，或作用于各地效果一样，成为一个常量，没必要单独分析；而纯粹的市场经济时期，则趋向于无穷小，故也没必要单独分析。换言之，行政区经济随着转型期的到来而逐渐显现，且强度、效应相当显著，又随着转型期的结束而逐渐弱化、消失。相应地，行政区经济的效应、作用也逐渐从更多地呈现负面效应转而为呈现正面效应。

第三，从经济区域类型来分析，如果认为完全的计划经济形成计划区（此处被指称为行政区）以及按照计划区经济运行，纯粹的市场经济形成市场区（一般也称为经济区）以及按照市场区（经济区）经济运行，则在计划—市场转型期经济之下，就会形成所谓“行政—经济区”，并按照行政—经济区经济运行。在这一阶段，行政区政府（地方政府）具有强大的经济功能，对地方经济发展起着巨大的作用，因而，出现所谓的“行政区域经济”，且各级行政区域（各级地方政府）均可形成各自的行政区域经济，即出现省域经济、市域经济、县域经济、镇域经济等。

第四，就目前中国而言，国内的行政区除政治功能外，还有自己的经济功能。一是地方政府既有发展经济的责任，也有发展经济的冲动。二是地方政府不仅拥有组织和调控经济的工具，而且拥有一定的经济资源，有能力参与经济活动。三是按照目前的体制，地方政府不仅要对行政区内的企业、居民负责，还要对上级政府负责，而上级政府考核下级政府政绩的好坏又常与下级政府管辖区域的经济发展状况的好坏相关联。如果说，就行政区经济作为一种区域经济类型的“行政区域经济”而言，其发挥的作用是中性的，也即在这一转型期，由于地方政府成为经济活动的重要主体，故其在推进地方经济发展方面是注定要发挥重要作用的。但这种作用，从不同的区域层面来看，却可能呈现不同的效果。就其行政辖区而言，当然因其主观意愿均是为了促进本地区（本行政区域）的发展，故一般而言，其对本区域的经济发展是会起到重要的推动作用的；即从本辖区的角度来看，行政区经济是可以也应该起到正面作用的（正常的、理性的情况下）。但就更为宏观的、较之上一层面的区域而言，则各个行政区过分关注本辖区经济发展的追求，就有可能带来更大区域范围的无序，即可能会出现前述“行政区经济”的负面现象。此即为“行政区经济”重要的本意所在。

因此，也可以认为，行政区经济的正面效应，一般表现在从本行政区域的角度观察所得到的结果；而其负面效应，往往是从更高一级的行政区的角度评价而得到的结果。而且，从其运行机理来看，由于每个行政区都有各自的独特诉求，则只要这种“行政区域经济”仍处于运行状态，各个行政区之间就注定不可能不发生矛盾，从而在宏观上注定会呈现行政区经济的负面性。这是现行体制在转型期由于政府改革没有完成而造成的必然结果。换言之，我们必须走向完全的市场经济。这就是“行政区经济”理论所揭示的结论。

综上所述，“行政区经济”理论以上三个层次的发展过程，也就是其内涵逐渐清晰的过程。由此再反推回去，则我们可以从这个角度，来分析和看待任何国家、不同时期的行政区划的作用、变化，其正面作用之所以发挥出来，或其负面影响何以形成，等等。例如，从经济发展角度来看，行政区划多少都会对经济发展起到一定的作用，只是在其他国家，该因素或隐或显；——或者是不言自明的现实存在，或者以之为先决、前提的因素，故不会对此过多予以强调；同时，这种作用各地大致一样，权力均等，也无需单独去分析。

中国当代之所以出现如此严重的“行政区经济”（即第一种含义，负面作用），则完全是行政区划从背后走上了前台，直接成为一种由于权力配置不同而发挥作用程度有别的工具，即成为不同区域竞争中一个影响经济发展的重要变量。更进一步说，就是在从完全的计划经济转向完全的市场经济的过程中，才出现的。从由中央政府完全控制一切资源，变化为地方政府逐渐控制重要资源（也是高层政区—中层政区—低层政区—基层政区的顺序），再变为集体、社区、公司、机构乃至个人的所有的逐渐落实和明晰，经济运行主体随之不同。所以，完全的计划经济时期，“行政区经济”不曾显现，因为只有一个主体——中央政府，各地只是分支、车间而已，尽管各地有差异，但主要是自然资源禀赋的差异，以及中央政府计划偏好的差异，基本上可以认为地方政府（即各个行政区）这个要素是相同的，即不是变量，而是常量，则其对不同区域发展的差异不显示为重要原因。所以，此时没有所谓“行政区经济”，或其他学者所谓的“地方经济”、“诸侯经济”等。同理，完全的市场经济体制下，政府退出经济领域，各个主体平等竞争，经济运行的主体高度分散，经济发展由各主体完全按照市场经济规律进行，行政区及其地方政府即使仍是个别门类的主体，也都是在同样的制度、规则前运行，而没有超经济的其他竞争的优势，则竞争公平。故即使不同区域会有差异，但行政区划因素的影响也几乎微乎其微，结果与前类似，单纯的、负面的“行政区经济”现象就不会显现，而会呈现经济区经济、市场区经济。所谓“行政区经济”，或其他学者所谓的“地方经济”、“诸侯经济”等也会淡化、式微乃至消泯于无形。只有在二者转换时期，换言之，即改革尚未完成的体制转换期间，由于中央政府逐渐分权，地方政府成为经济运行的主体(尤其是市、县政府)，才导致行政区经济现象凸显。

因此，我们可以勾勒出“行政区经济”的变迁路线图(图 2-2)和“行政区经济”作用发挥图(图 2-3)，用以说明其发挥作用强弱的原因和趋势。

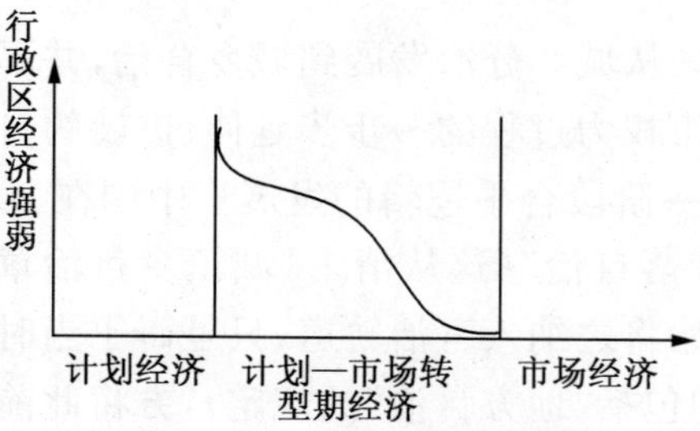

图 2-2 “行政区经济”强弱变迁路径图

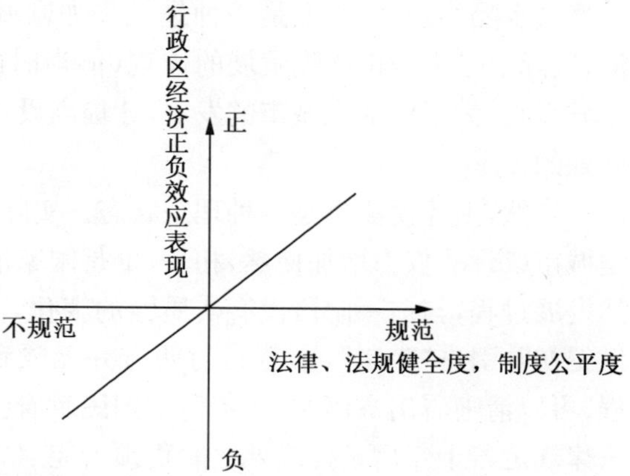

图 2-3 “行政区经济”作用发挥程度示意图

2.3.2 “行政区经济”对政区治理结构的影响和中国当代“城镇型政区”的空间结构模式

可以说，正是在中国当代政治—经济体制之下，才造成特有的“行政区经济”现象。也正是在这种体制下，在行政区划的空间表现上，呈现出特有的中国逻辑。概括而言，主要表现在三个方面，即地方政府掌控区域各种要素的能力与城市等级和行政地位高度相关，导致城镇型政区由城乡分治向城乡合治转变，城市控制乡村，“区域剥夺”现象凸显，“建制城市化”(行政城市化)出现；城市发展与行政区划的高度同构，导致中国特有的行政区划的“嵌套体制”；亦由此导致城镇型政区的空间结构和形态从边界清晰、实体规模与管辖范围基本一致的同心圆式向边界模糊、实体规模与管辖范围偏离很大的放射式变化。

1) 从“城乡分治”到“城乡合治”，及其“市制”扭曲

“城乡统筹”的理想导致中国特色的设置市镇的制度从“城乡分治”逐渐向“城乡合治”演变，但现实中由于“行政区经济”的运行而产生的矛盾，又导致这种演变出现新的问题，即“市制”扭曲。原因主要在于，地方政府掌控区域各种要素的能力与城市等级和行政地位高度相关，导致城镇型政区在由城乡分治向城乡合治转变的过程中，产生的结果是城市控制乡村，“区域剥夺”现象凸显，以及“建制城市化”(行政城市化)的出现等。

在中国 1949 年后高度的一元权力体制的制约下，市镇制度的设置方式从“城乡分治”逐步转变而为 1979 年后的“城乡合治”。从理论上分析，这种转变是在现有体制下所导致的“行政区经济”现象的运行而产生的结果。

事实上,“城乡分治”与“城乡合治”二者并非截然对立,而是两个不同层面的问题。正式的、高层的政区,都是“城乡合治”的,“城乡分治”则适用于基层的聚落自治体,即“城镇”聚落、“乡村”聚落等各自分立,故应称作“聚落自治”更为准确。“城乡分治”的本意主要不在于政治统治、发展经济等,而在于便利居民自我管理。既然中国城市没有居民自治,而是统统纳入国家权力体系,则当然人为分割既耗费管理资源,又有诸多不便,所以必然逐渐演变为“合治”。如果再考虑到这种层层设置的权力体系(截然分治)对纳税人(尤其乡村地区农民)负担的加重以致不堪忍受,则这种“合治”是应该提倡的,至少在现阶段。如果在权力配置未能改变的情况下,侈谈“分治”,或仍如20世纪80年代之前的严格城乡隔绝,则实际上是一种进一步加剧城乡差距的模式。换句话说,中国的城乡分治,实际上是大城市优先发展的体现(但当时的大城市,也主要理解为工业,尤其是重工业城市)。为了保证大城市的发展,才提高设市门槛,人为割裂城乡,于国、于民都是没有好处的。

当然,上述说法也是一种理想状态。实际上,中国从城乡分治发展到城乡合治,并不是城市(市民)权力增加使然,相反,倒是国家消解城市权力过程的一步步延伸、进展的自然发展过程,与前一阶段没有实质性的变化,而是前一阶段合乎逻辑的发展。中国在20世纪初叶引进“市制”,本意是与西方并无二致的“聚落自治”(这从清末《城镇乡自治章程》可以清晰看出);但1927年南京国民政府已经开始将之纳入官治轨道,只是碍于当时法律规定若干年后条件成熟之时仍须行宪(《宪法》中包括“地方自治”的规定),方将此前的城乡分治体系保留。1949年之后,虽然地方自治不再提及,但最初仍沿袭分治体系;同时,则将政权建设深入乡镇一级。在国家实行重工业优先发展战略时期,国家无力供养过多的城市人口,只能严格限制城市规模,并建立了严格的户籍管理制度。但与此同时,国家也越来越感觉到,城乡分治过多增加了管理成本,城乡协调也难以实现。因此,20世纪50年代末开始,就着手以城市区域来管理乡村地区(先是直辖市的扩大,后有省会城市管理周围数县)。可以设想,如果没有“文化大革命”十年的停滞和混乱,城乡合治的体制肯定早就铺开。因为,在当时这样的权力配置之下,城市是没有自主权的;而分治的本意却在于维护和凸现城市的自主权。这样,20世纪80年代后,当一切步入正轨,在中国这样的权力配置体系下,城市以及城市制度、政区制度,都将合乎逻辑地朝着城乡合治的方向发展。

但问题在于,这种合治是单一、单向的,没有城乡分治(即聚落自治)作为不可缺少的一翼(甚至连补充的地位也没有),必然导致最终国家权力对城市权力的完全消解。实际上,中国目前的政区体系,从上到下,甚至连村、居一级,也都被整合进国家政区体系(目前的行政村、社区多具有官治色彩,离真正的自治还有很长的距离)。换句话说,中国当前,城乡合治已经深入乡镇一级,聚落自治则退至村、居一级(还多停留在理论上)。这不要说西方国家无法做到,就是古代中国、民国中国,甚至新中国成立初期的中国也都没有做到。

要解决中国的政区问题,必须在城乡合治(官治)与聚落自治(民治)之间,找到适当的分野。中国当代在基层政区,应该以聚落为基础,实行“聚落分治”,各自建置;而在高层政区,则应各个聚落统一列于其管辖之下,而非由中心城市直接管辖周边聚落。换言之,中国当代的城乡治理体系上,出现了一种扭曲的现象,即高层应该“城乡合治”,但这里的“城乡合治”是指其所辖各类政区地位平等，而非中心城市扩大辖区之后却又管辖周边县市，是为扭曲原意。基层应该“城乡分治”，即以聚落为基础，实行“聚落分治”，各自建置，却又没有体现，反而混同在一起“合治”，是亦为扭曲，实际是没有体现。

如果说，城乡分治在中世纪的西欧，本意在于维护城市权力，拒斥封建领主的干预，从而形成地域的分治，那么，在20世纪50—80年代的中国，城乡分治虽然也在维护城市的权力（权利、特权），但这种权力却是城市剥削乡村的特权，是城市人高人一等的等级身份的特权，以及随之而具有的高福利的特权。为此而保持城乡地域的分治（又由于国家财力的有限而尽可能缩小城市范围），则不是意味着自由权利的普及和保障，而是反其道而行之，意味着高度的不平等、不公正。从这个意义来说，从城乡分治到城乡合治，在现有体制下，城乡居民享受大致一致的（即同一辖区一致的）待遇，自然是巨大的进步。

应当指出，前面的判断是在现有权力配置的框架下做出的，即必须以之为前提才能成立。而随着市场经济体制的建立，现有的权力配置方式必然发生变化。在变化了的情况下（肯定城市权力要凸现）采取何种政区格局，就需要另做研究。

还必须指出，前一种制度的基础是高度集中的计划经济体制。在这种体制下，国家权力高度集中，政区体系与城市体系高度整合，如果方向正确，效率更高，城市化推进更快。但是，随着中国市场经济体制的建立，整个经济基础发生变化；与世界的交融，也使得国家权力不得不受到外界的制约。在这种情境下，权力配置要求分散，必然要求上层建筑发生变化。在转型阶段，国家的任务是寻找到一条正确的道路，以国家权威，保证转型、转轨的顺利完成，并最终形成国家与城市（民间）的权力分野。

2）行政区划与城市发展同构的空间表现——“嵌套体制”

当代中国在现有的政治体制下，导致的行政区划与城市发展同构的程度极深，其在政区格局上的表现，就是形成行政区划的中国特有的“嵌套体制”。

从1979年至今，在短短30余年的时间内，中国的行政区划改革涉及层面之多、变动数量之大，都是历史上不多见的。若干重大的制度性的改革举措，包括：在地级政区层面，撤销地区建制，实行“市（地级市）领导县（县级市）”体制，使得原本的行政区划主体上的三级制演变为四级制；在县级政区层面，从“切块设市”变为“整县改市”，导致市的空间形态发生变化，中心市区与周边乡村并存；对于若干大都市地区的中心城市，则“撤县（市）设区”，将所在或周边的县（市）并入中心城市直辖，导致市辖区数量增多，市区范围大幅扩张；在县级以下基层政区层面，则进行乡、镇、街道的调整，撤并乡、镇，增设街道，扩大镇域范围，乡数量则显著减少。

这些改革的初衷，都是为了推进和加速各地的“城市化”进程。但从导致的结果来看，则产生许多问题，即城市化战略，被理解为“城市优先”战略，乡村地区相对忽视；城市化过程本身，也往往变成“大城市化”，广大的小城市、乡镇、村庄等聚落难以发展，甚至衰败；而在一个个大大小小、层层镶嵌、重重套叠的行政辖区内（上至首都、省会，中经地级市、县级市，下至镇），也都出现中心聚落、中心城区迅速发展而周边其他聚落受到抑制的现象。

实际上，在现有的政治、经济的制度安排下，现行的行政区划体制可以概括为一种中国特有的、以城市为核心的“嵌套体制”，即上级政府或城市政区的政府既直接管理中心城市聚落，又具有对周边其他聚落或政区的管辖权，导致城市地区（中心城市聚落）发展迅速而周边政区(包括其辖下的各个聚落)发展受到抑制。以“县级市”(现在也已经包括部分“县”)为例,即某一城市政府既管辖中心城市聚落(设“街道”区域),也管辖周边其他聚落(设“镇”、“乡”建制的区域);换言之,即同为聚落,但不同的城、乡聚落的政治地位不相同,前者对后者有管辖权。其他如“市管县”、“撤县(市)设区”等类似。

可以说,在很大程度上,正是这种中国特有的行政区划的“嵌套体制”,配合着其他各项制度安排,造就了中国改革开放30余年来的城市化的巨大发展,也同时导致了城乡失衡、环境恶化、乡村衰败等较为严重的问题。如果说,中华人民共和国成立后的前30年“工业化”的巨大成就,是由计划经济体制下的工农产品的“剪刀差”支撑的,那么,我们也可以取个近似的说法,即中国改革开放以来“城市化”的巨大成就,尤其在20世纪90年代以后,在很大程度上,是由所谓市场经济体制下的城乡土地价格的巨大的“剪刀差”所供养的。这一巨额的城乡土地价格之差(即城市政府征收农村集体所有的土地后按照市场价出让的土地价格与支付给农村集体和农民个人的土地补偿价格之差),通过这种行政区划的“嵌套体制”,不知不觉、无声无息地悄然流入城市。

因此,中国当代行政区划改革的关键所在,是在于打破这种“嵌套体制”:在各级政区层面,均应合理界定其各自的管辖空间与职责权限,减少层次,聚落自治,变行政区划的复杂繁冗、权责不清、空间虚泛的“复式结构”为层级简单、权责清晰与空间明确的“双层结构”;从制度层面维护弱势政区、周边地区的利益。

3) 城镇型政区的空间结构从同心圆式向放射式变化

在行政区划的空间结构和形态上,城镇型政区的空间结构也开始从边界清晰、实体规模与管辖范围基本一致的同心圆式,向边界模糊、实体规模与管辖范围偏离很大的放射式变化。而其城市等级越高,这种变化趋势越明显。导致这种变化的原因,仍然主要在于前述的行政区经济现象,尤其是城市等级与城市权力配置的关系,即地方政府掌控区域各种要素的能力与城市等级和行政地位高度相关,城市发展与行政区划的高度同构。

从行政区划的一般状况和“城镇型政区”作为“聚落型政区”的特殊类型的本质来看,“城镇型政区”绝大多数均为单中心模式,即以城镇实体空间来加以建置。国内外学者也曾经探讨过单核心城市的政区形态结构。1994年,夏书章对城市郊区的形态结构和管理模式进行过分析,将郊区的管理方式划分为两种:一种是郊区集中管理,一种是郊区分散管理,如图2-4所示。

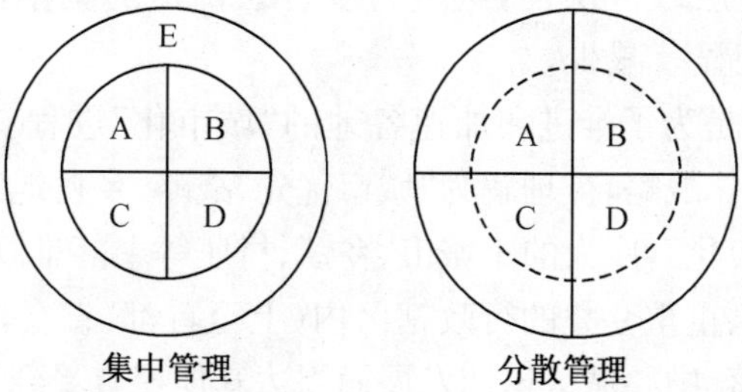

图2-4 城市郊区的两种管理模式示意图

(1) 在郊区集中管理模式下,城区与郊区实行分离管理,A、B、C、D四个政区单元分别是相对独立的市辖区，属于城区部分，政区单元 E 则属于郊区部分，形成了郊区环绕城区的城市政区空间结构形态。

(2) 在郊区分散管理模式下，城区与郊区实行混合管理，原有的相对独立的郊区被切割，分配至邻近的市辖区。这样，A、B、C、D 成为四个兼有城区和郊区特点的政区单元，形成城区与郊区混合管理模式①。

上述划分，基于对一般城市的抽象概括，符合一般的市镇型政区的空间形态。但对于我国“行政区经济”运行状态下的城镇政区，尤其是各级各类的中心城市，且其等级越高，其空间形态越发生了较大的变化和偏离。

对此，刘君德等曾以上海大都市为案例，结合城市管理体制改革的实践，对特大型大都市政区的理想形态结构模式进行了概括②，将当前我国大都市行政区划的空间结构模式分为同心圆、放射状和组合型（或混合型）三种类型，如图 2-5 所示。

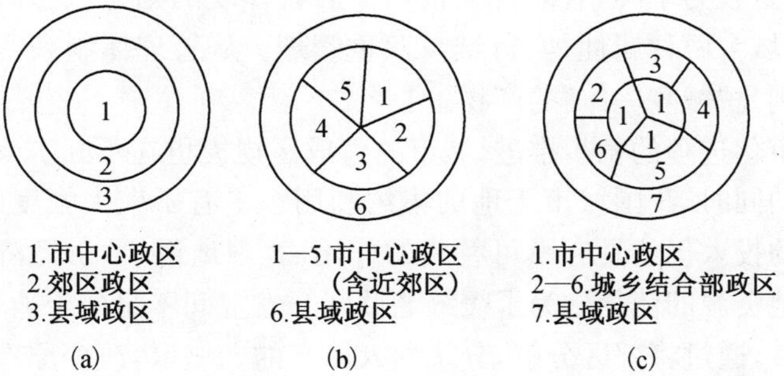

图 2-5 大中城市行政区划的三种空间结构模式示意图

注：(a)为同心圆政区结构模式；(b)为放射状政区结构模式；(c)兼有同心圆和放射状特征的组合型政区结构模式。

(1) 同心圆政区结构模式：形态较为简单。即由内而外，依次形成市中心城区—郊区—县域的同心圆式结构，管理组织机构相应设立市区政府、郊区政府和县政府[图 2-5(a)]。

(2) 放射状政区结构模式：以城区中心为基点，将城区（包括中心城区和近郊区）切割成若干政区单元，形成放射状政区形态结构[图 2-5(b)]。此类市辖区兼有城区和郊区特征，在管理体制和组织架构方面实行城郊混合管理。

(3) 兼有同心圆与放射状特征的组合型（或混合型）政区结构模式：形态比较复杂。上海市当前实行的就是混合型管理模式，即以同心圆式为主，兼有放射状特色的政区形态结构模式[图 2-5(c)]。

从政区的整体形态来看，上海政区空间由市中心区—郊区—县域形成三个性质不同的同心圆圈层政区结构。其中，黄浦、静安两个区是城市的核心地带，处于典型同心圆模式的内圈，是名副其实的中心城区。浦西中心城区的周边区域（徐汇、长宁、普陀、闸北、虹口、杨浦）和近郊区（浦东、闵行、宝山），实行的则是以城郊混合管理为特征的放射状形

① 夏书章. 1994. 市政学引论[M]. 北京：中共中央党校出版社：70-71.

② 刘君德，等. 2001. 创建国际化大都市的行政区划思考[M]//靳尔刚. 中国城市化走向研究. 上海：上海科学普及出版社：21.

态结构模式，其中绝大多数市辖区目前仍然设有少量的乡镇建制。除此之外，嘉定、青浦、松江、金山、奉贤等郊区属性较为明显的区县，处于上海市域的最外围圈层，除了设有少量的街道建制之外，乡镇建制仍然占主体地位，以农村管理为主。

从我国大中城市政区的形态来看，前两种模式主要存在于小城市、中等规模的城市，而随着城市规模的扩大和内部次级政区单元数量的增多，政区形态结构趋于复杂，越来越符合第三种模式的假设。而且，从其演变来看，近年来的若干地级市，均采取撤周边县(市)设区的扩展方式，以及随之调整市辖区的举措，更明显地体现出从第一种模式向第二种模式转变的态势。这一态势的形成，与目前的行政区划体制以及行政区经济运行的深层原因仍存有密切的关系。

具体来看，同心圆和放射状两种政区空间模式体现了两种不同的组织架构和管理体制。表现在，前者遵循的是城、郊、县分别管理的思路，城市型政区与地域型政区的管理截然分明，机构设置较为单纯，管理性质清晰。后者体现的则是城、郊、县混合管理的思路，各市辖区兼有城乡两种属性，实行城乡双重管理。从管理体制来看，前者是“城乡分治”的结果，后者则是“城乡一体”的产物。

随着我国城市化进程的稳步推进，城市的建成区规模也在不断扩大。在努力转变经济社会发展方式的同时，我国城市土地的集约利用水平有了较大幅度的提高。不过，土地作为生产要素的投入仍然具有不可替代的作用，客观地讲，城市经济发展仍然在一定程度上依赖于土地资源的消耗。为了缓解老城区开发空间不足的矛盾，更好地推动城市经济健康持续发展，通过将郊区分解，分块划入原有的老城区，改变原有的“城乡分治”模式，实行“城乡一体”管理，也就成为必然的选择。这也在一定程度上可以看出，行政区划调整在推动城市规划建设和经济社会发展方面是能够起到巨大的推动作用的。

另外，为了加快城区建设、调动各方面的积极性，我国一些城市进行了以“分权”为手段、以“两级政府、三级管理”为特征的城市管理体制改革，较为充分地调动了区级政区参与城市建设的积极性，城市形态开发建设步伐加速。然而，随着区级政区权力的扩张，区级政区作为相对独立的利益主体的地位不断强化，各区级政区相互之间的竞争态势，特别是区属经济的竞争日趋激烈。拥有了更多的后备用地，也就意味着能够获得未来进一步的发展潜力，这在客观上产生了老城区对郊区政区空间的强烈渴求。可以说，“城乡一体”的管理思路恰恰在一定程度上顺应了上述趋势。

综上所述，从各城市政区形态结构调整的实践来看，在当前“行政区经济”仍然在较长时期内运行时期，放射状模式相对于同心圆模式具有明显优势。将部分郊区空间并入邻近的市辖区，既有利于消除城乡差别，也使得某些市辖区获得部分额外的发展空间，有助于缓解城市建设用地不足，甚至无地可供开发的矛盾①。

但是另外一方面，政区界线本为城市之天然界线，若城区无限制、任意兼并郊区，也可能造成城市空间扩展无限制的弊端，造成城镇“摊大饼”式扩张。所以，仍应该有所限制，区分城市等级和发展潜力，区分城市发展阶段，审慎为之。

---

① 刘君德，马祖琦，熊竞. 2012. 中央直辖市政区空间组织与制度模式探析：理论架构、比较分析及实证研究[M]. 南京：东南大学出版社：65-76.

3 韩国、日本和我国台湾地区的“市制”及经验借鉴

3.1 世界各国“市制”的一般状况

如前所述,从行政区划的本来意义和发展过程来看,一般情况下(也是世界上多数国家的现实),可分为“地域型政区”与“城镇(聚落)型政区”两种不同的类型。地域型政区是国家对国土划分而来的行政分治区,位于较高层级,并选择区内某一城市设置政治中心,这是一种政区常态。而在基层的大大小小的居民聚落出于自我管理的需要,可以形成各种形式的所谓自治体、共同体,当这些自治体、共同体的组织具有了若干公共管理的权力,且其有关机构为国家所认可,即可认为形成聚落型政区,并随着人口、产业的集聚,规模的扩大,逐步形成“城镇型政区”。这种聚落—城镇型政区多隶属于“地域型政区”之下,一般层级较低,形式多样,界线不一定非常清晰,相邻政区之间也可能会有空白,公共管理机构不一定非常齐全,等等。

典型的有,如美国的“市”(City)、“镇”(Town)(图 3-1),法国的“市镇”(Commune)(图 3-2),日本的“市”、“町”、“村”(图 3-3),以及中国清末拟行的“城”、“镇”、“乡”制等。

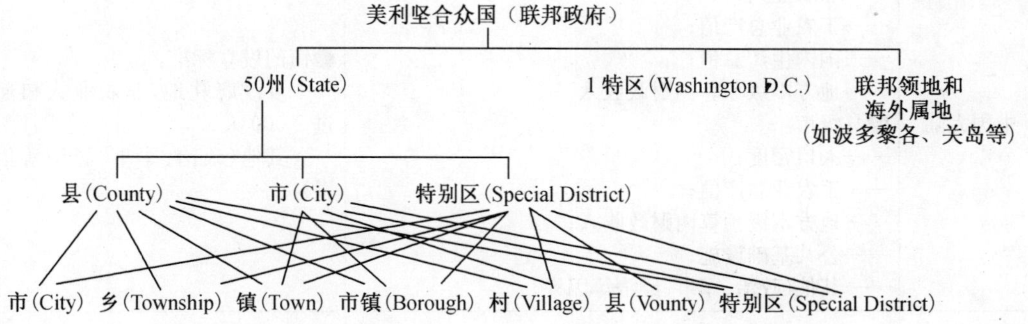

图 3-1 美国当前行政区划体系示意图

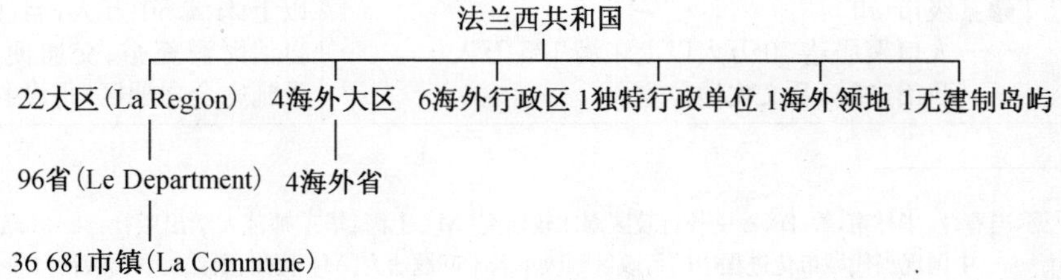

图 3-2 法国当前行政区划体系示意图

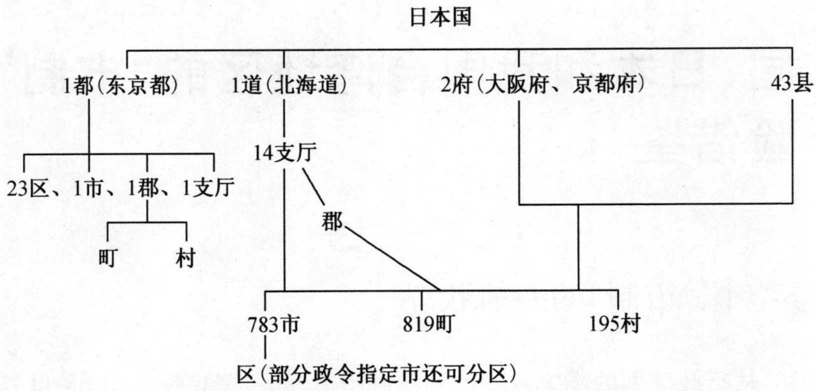

图 3-3　日本当前行政区划体系示意图

2002 年,著者曾将世界各国的行政区划划分为三大模式类型,即英美模式、法德模式和前苏联模式,得到学界的认同①。关于城镇型政区的世界各国状况,曹启挺 2012 年也做过系统的归纳和介绍②。因此,各国的一般情况,这里就不再详细介绍了。

近期,熊竞曾对各国设市、设镇的相关标准做过较为系统的比较和归纳③。按照该归纳,各主要国家(地区)的"城镇型政区"的设置标准如表 3-1 所示。

表 3-1　世界主要国家和地区的"城镇型政区"设置标准汇总表

国家或地区	市	镇
中国大陆	●地级市: ——非农业人口; ——工农业总产值; ——国内生产总值; ——地方本级预算内财政收入 ●县级市: ——人口密度; ——工农业总产值; ——地方本级预算内财政收入; ——公共基础设施; ——其他(政治、军事、经济等因素)	●镇的设立标准: ——乡政府驻地,非农业人口超过 2 000 人; ——其他(政治、军事、经济等因素)
中国台湾地区	●省级市(直辖市): ——人口聚居 125 万人以上; ——在政治、经济、文化及都会区域发展上有特殊需要 ●县级市(市): ——人口聚居达 50 万人以上未满 125 万人; ——政治、经济及文化地位重要	●乡镇没有规定设立标准 ●县辖市(乡镇市)的设立标准: ——乡、镇的人口聚居达 15 万人以上未满 50 万人,且工商发达、自治财源充裕、交通便利及公共设施完全之地区,得设县辖市

① 刘君德,冯春萍,华林甫,等. 2002. 中外行政区划比较研究[M]. 上海:华东师范大学出版社:34-37;范今朝. 2011. 仁政必自经界始——中国现当代城市化进程中的行政区划改革若干问题研究[M]. 杭州:浙江大学出版社:109-116. 在侯景新,浦善新,肖金成. 2006. 行政区划与区域管理[M]. 北京:中国人民大学出版社:256-257 中,引用了三大模式的观点。

② 曹启挺. 2012. 世界各国市制比较研究[M]. 北京:中央编译出版社.

③ 熊竞. 2014. 国外市制模式的经验借鉴——兼论我国的设市制度[J]. 江汉论坛,(3):12-16.

续表 3-1

<table>
<tr><th>国家或地区</th><th>市</th><th>镇</th></tr>
<tr><td>日本</td><td>●政令指定市：
——人口超过 70 万人
●核心市：
——人口超过 30 万人；
——面积 100 km^2 以上；昼夜比大于 100；
——如今，面积指标和昼夜比指标被取消
●特例市：
——人口超过 20 万人
●普通市：
——人口规模在 5 万人以上；
——位于城市中心区域的建筑占城市全部建筑物的 60%以上；
——从事非农产业的人口在 60%以上</td><td>町（相当于我国的镇）：
——人口超过 5 000 人；
——工商业人口超过 60%</td></tr>
<tr><td>美国</td><td colspan="2">——“市”（City）与“镇”（Town）的设置标准由各州地方法律自行规定，设置标准相对宽松，并没有硬性规定。
——市与镇之间的区别并非体现在面积规模和人口规模，而是更多体现在管理体制和管理形式方面</td></tr>
<tr><td>德国</td><td colspan="2">对“市”和“镇”并没有明确的区分，一般以人口来划分：
——小镇（Landstadt）：5 000 人以下；
——小城镇（Kleinstadt）：5 000—20 000；
——中等城镇（Mittelstadt）：20 000—100 000；
——大城镇（Groβstadt）：100 000 人以上；
——特大城镇（Megastadt）：100 万人以上</td></tr>
<tr><td>俄罗斯</td><td>——人口规模超过 12 000 人；
——非农化水平要大于 85%</td><td>——人口规模超过 3 000 人</td></tr>
<tr><td>泰国</td><td>——人口超过 5 万人；
——人口密度达到 3 000 人/km^2</td><td>●镇：
——人口超过 1 万人；
——人口密度达到 3 000 人/km^2
●乡：
——总收入达到 500 万泰铢；
——人口超过 5 000 人；
——人口密度达到 1 500 人/km^2</td></tr>
<tr><td>印度</td><td>●市政局：
——人口规模 20 万人以上；
●市议会：
——人口规模；
——收入标准</td><td>●镇委员会：
——人口规模较少，有的不足 5 000 人</td></tr>
</table>

从表 3-1 可见，世界各国设置市镇的标准不一，差异较大，这其中涉及的国情因素十分复杂，难以一一分析。本书着重介绍韩国、日本和中国台湾地区的市镇制度情况，着眼于其作为与中国同为东亚国家或地区，在地理环境和文化上有许多共同之处，因而更有比较借鉴意义。

3.2 韩国:三级体制,模式转换

20 世纪 60 年代前的韩国还属于典型的欠发达国家,但经过近 50 年的快速发展,人均国民总收入(GNI)由 20 世纪 60 年代的不足 80 美元,提高到 1995 年的 10 841 美元,2005 年更是提高到 16 291 美元,人均 GNI 约是 20 世纪 60 年代的 200 倍。20 世纪 90 年代中期,韩国就开始进入发达国家的行列,1995 年开始被世界银行列为新兴发达国家①。同时,韩国与新加坡、中国香港等新兴城市国家或地区不同,韩国发展的初期,与中国一样,有着广袤的农村地区和巨大的农村人口,面临城乡结构转换的压力。韩国在由不发达走向发达的过程中始终伴随着经济活动空间结构的剧烈变化,迅速地由农村走向城市,形成史无前例的空间聚集,城市化水平迅速提高,城市人口占总人口的比重由 1960 年的 28.0%提高到 2000 年的 81.5%。重要的是,韩国经济产出水平的提高并没有伴随收入差距的拉大,经济增长与收入分配之间倒"U"形的发展规律并没有在韩国出现②。

3.2.1 现当代行政区划体制的形成、变迁与格局

与韩国城市化进程相对应,其行政区划的变化可以分为三个明显的阶段,这与《地方自治法》的实施与废止有关,且伴随着政治性、法律性分权。而表面的变化,如直辖市的设立,以及"狭域型"的设市模式逐渐转变为"广域型"的设市模式,如 1995 年后,市的设置,转为广域型(包括广域市和统合市),则是在基本制度定型基础上的技术性安排,也即行政区划外在形式上的变化。因此,对韩国不同时期的行政区划特征的认识,必须从制度变革与区划调整两个方面来分析概括。

1) 地方自治下的"狭域型"(都、农分离型)政区体系(1945—1961 年)

1945 年日本投降后,美军进驻朝鲜半岛南部,美军当局即对行政区划和地方制度进行了改革。首先,颁布军政法令,解散了原来的各级地方政府议会(道会、府会、邑会、面协议会等),确定地方政府首长掌管地方自治团体的事务,还规定了各级地方议会的直接选举制度。其次,设立了济州道(1946 年 8 月 1 日,位于半岛南端的岛屿济州岛从全罗南道划分出去,升格为与其他各道平级的济州道)和首尔特别市(1946 年 9 月,京畿道管辖的京城府与之分离,二者平级;其韩文正式名称也由"汉城"更改为韩语固有语"Seoul",但汉字书写仍维持为"汉城",直至 2005 年后,改为"首尔"。1949 年 8 月 15 日始,正式称为"特别市")。另外,在地方财政政策上强化了中央控制,削弱了地方自主能力。

1948 年 8 月 15 日,大韩民国正式成立,同年颁布的《大韩民国宪法》对地方自治的基本原则和内容做了正式规定。1949 年,《地方自治法》通过,进一步细化了地方自治的具

---

① 李恩平. 2006. 韩国城市化的路径选择与发展绩效——一个后发经济体成败案例的考察[M]. 北京:中国商务出版社:2. 关于韩国的城市化水平,有不同的统计数字;如另一说为:1985 年为 74.5%,1990 年为 81.9%,1995 年为 85.5%,2000 年为 87.7%,2002 年达到 88.3%。参见 Republic of Korea. 2014. Local Government in Asia and the Pacific: a Comparative Study[EB/OL]. [2014-05-15]. http://www.unescap.org.

② 李恩平. 2006. 韩国城市化的路径选择与发展绩效——一个后发经济体成败案例的考察[M]. 北京:中国商务出版社:3.

体内容，也详细规范了行政区划制度。韩国的地方制度和行政区划，实际上在 1949 年的《地方自治法》颁布实施后即较为稳定。不同时期的差别主要是地方选举的开展与否和地方自治的能否落实；而其他基本制度，尤其是与行政区划有关的调整程序、类型划分标准等，基本上与国际通行做法一致，既较为稳定，又有章可循。

与日治时期相比，主要是把日据时代的“府”，改称为“市”。可见，韩国的行政区划尽管在内在权力的配置上有过不同的设计，但在外在的形式与调整方面，则相对稳定。这种较为科学的标准设计及其长期的稳定和严格的执行，对其在城市化进程中起到相当正面的作用，这是非常重要的。

这一时期，由于所谓的民主体制与社会发展的不相适应，韩国的经济、社会发展不尽如人意。行政区划作为制度性的规定，所起的作用比较间接；政府亦没有将其作为推进城市化的手段；仅仅是按照不同聚落发展状态，加以事后的承认，如面转为邑，邑转为市等，且主要变化在基层。较大的变化，多是着眼于政治上的需要，如济州道的独立设置与首尔特别市的建立。所谓市、邑，在形态上，都是狭域型的“切块设市”的方式。如江原道的原州郡原州邑、江陵郡江陵邑，在 1955 年 8 月，根据法律第 327 号，升级为“市”，与郡分离，并隶属于江原道之下；江原道的宁越郡宁越面、三陟郡上长面，也于 1960 年 1 月，根据法律第 539 号，升级为宁越邑和长省邑①。区均为“行政区”含义，仅执行市政府的派出任务，先是首尔市在日治时代即分区，1957 年，釜山市也划分区。地方自治团体，不是后来的郡，而是市、邑、面。这说明，当时市、邑是狭域型政区，均隶属于道、郡之下（图 3-4）。

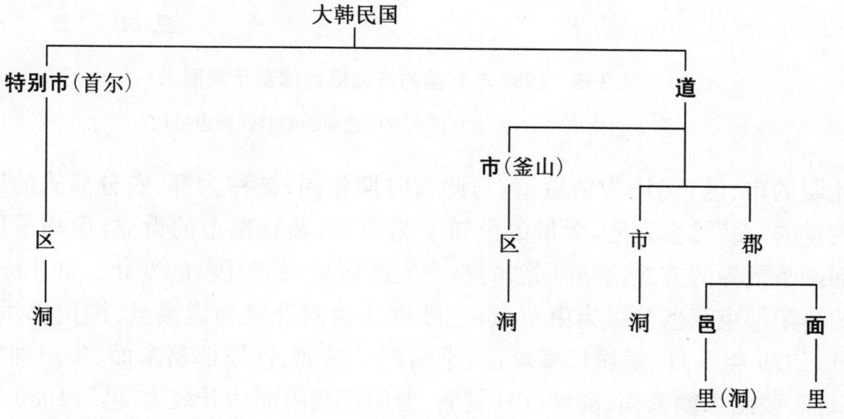

图 3-4 1961 年之前韩国的行政区划体系示意图

注：粗体字为自治区域，非粗体字为行政区域。

2) 非民主体制下的“狭域型”(都、农分离型)政区体系(1961—1988 年)

1961 年 5 月，朴正熙军人集团发动军事政变，组织了“军事革命政府”，解散了地方议会，颁布《地方自治区的临时措施法》，实际上废除了地方自治制度，恢复了高度集中的中央集权制。此期，政府开始主导经济发展；相应地，行政区划也成为政府追求发展目标的工具。

① 参见江原道政府网站. http://chn.gwd.go.kr.

明显的例子是1963年，首尔市的面积从288.35 km^{2}扩展为613.04 km^2，后来略有减少，现为605.40 km^{2}①。按照当时政府法令，自1963年1月1日起，汉江以南的京畿道部分地区被编入首尔，首尔的行政范围随之扩大，奠定了首尔江南、江北地区均衡发展的基础。进入1970年以来，首尔市为满足剧增的城市行政需求，集中开发了汉江以南地区。尤其在20世纪70年代，首尔带动了韩国经济的高速发展，使韩国在短短三四十年时间里，实现了其他发达国家100年才完成的工业化，获得了“汉江奇迹”的美誉②。

与此同时，在其他地区，亦配合国家据点开发的需要，在若干重点建设地区，开始设立直辖市，将其从原所在道中独立出来。如1963年1月，釜山市从庆尚南道脱离，升格为直辖市；此后，1981年7月，大邱市脱离庆尚北道升为直辖市；仁川市脱离京畿道升为直辖市；1986年5月，光州市脱离全罗南道升为直辖市(图3-5)。

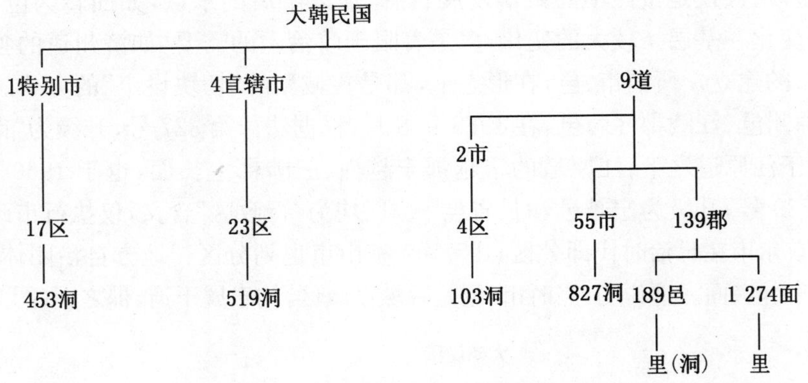

图3-5 1987年韩国的行政区划体系示意图

注：未包括出张所，即建立正式政区之前的临时性派出机构。

但此期的市、邑，仍均为狭域型，与此前时期相同，被称为都、农分离式的区域改编。尽管有大量的“面”转变为邑，大量的邑转变为市，以及直辖市的设立，但均采取转化、升格和局部调整疆界的方式，而非剧烈的整个大的区域(郡范围)的变化。如1963年1月，江原道的襄阳郡束草邑升级为束草市，三陟郡所达面升级为道溪邑，洪川郡洪川面升级为洪川邑；1979年5月，横城郡横城面、平昌郡平昌面、铁原郡葛末面、华川郡华川面、杨口郡杨口面、麟蹄郡麟蹄面、高城郡杆城面、襄阳郡襄阳面均升级为“邑”；1980年4月，根据第3188号(1979年12月28日颁布)法令，溟州郡墨湖邑和三陟郡北坪邑合并为东海市；1981年7月，根据第3425号(1981年4月13日颁布)法令，三陟郡长省邑和黄池邑合并为太白市；1980年12月，根据“总统令”第10050号(1980年10月21日颁布)法令，旌善郡新东面、铁原郡东松面、三陟郡远德面均升级为“邑”③。

3) 地方自治恢复后的“广域型”(都、农复合型)政区体系(1988年至今)

一方面，1987年韩国通过《大韩民国宪法》修改，重新确立了地方自治的理念，并于

① 首尔发展研究院. 2000. 首尔主题地图·2000[Z]. 首尔：首尔发展研究院：24-25.

② 参见首尔市政府网站. http://chinese.seoul.go.kr.

③ 参见江原道政府网站. http://chn.gwd.go.kr.

翌年修订、颁布新的《地方自治法》,以后又多次进行修改增补。根据新法,1990年之前,汉城特别市、五个直辖市(1989年1月,大田市脱离忠清南道升为直辖市)和九个道被定为高级地方政府。汉城市和直辖市的区,以及郡、市被指定为低级(基层)地方政府。因此,在此时期,最主要的变化,是《地方自治法》重新实行,其权力配置回归地方自治的现代化初衷,目标发生了变化(参见图3-6,1994年之前,狭域型设市模式下的行政区划体系)。

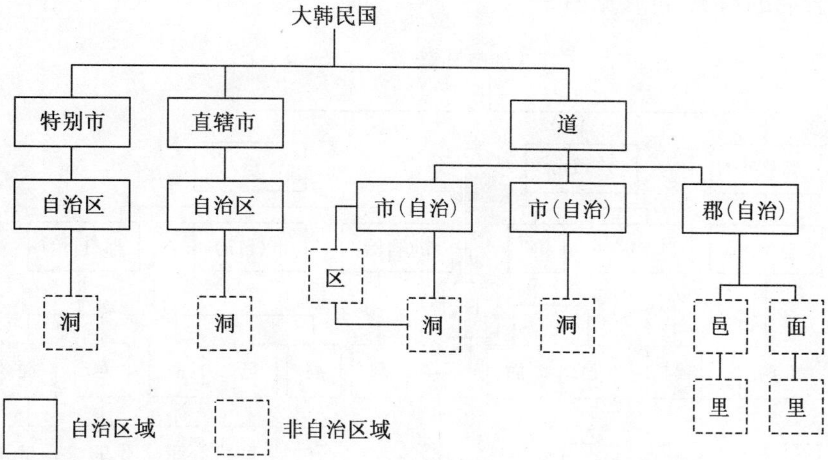

图3-6 1994年之前的韩国行政区划体系示意图

另一方面,则随着形势的变化,尤其是城市化进程以及缩小城乡、区域差距,实行城乡统筹、区域平衡发展的需要,加上需要解决现实中存在的市、邑规模过小,导致政区数量增多、行政成本升高、效率下降等弊端,统筹解决基础设施、机场建设、垃圾处理、交通等问题,开始尝试“广域化”的城市设置方式。1995年1月,根据再次修改后的《地方自治法》,直辖市改称为“广域市”,即可以扩并周边的郡,广域市既可辖区,亦可辖郡。如1995年3月,江华郡、瓮津郡等与仁川广域市合并①,机张郡与釜山广域市合并②等;并在1997年7月,将蔚山市脱离庆尚南道管辖,升为广域市,同时辖蔚州郡③。这样,韩国的一级政区就演变为特别市(1个)、广域市(6个)和道(9个)三种类型。

与此同时,在一般“设市”的方式上,也从之前的“狭域型”,开始审慎、有限度地推行“广域型”的设市方式,出现了“市郡合并”或“整郡改市”的现象,被称为“都农复合市”。除了前述提及的若干原来的直辖市改为广域市并合并了周围的郡之外,道辖的市、郡等也出现市与周邻的郡合并或整郡改市的现象。前者如,1995年1月,根据第4774号(1994年8月3日颁布)法令,江原道合并8个市、郡,设立4个城乡复合型的市:废止春川市和春川郡,设立春川市;废止原州市和原州郡,设立原州市;废止江陵市和溟州郡,设

① 参见仁川市政府网站. http://incheon. go. kr.
② 参见釜山市政府网站. http://chinese. busan. go. kr.
③ 参见蔚山市政府网站. http://chinese. ulsan. go. kr.

立江陵市；废止三陟市和三陟郡，设立三陟市①。同年，全罗北道成立城乡结合型市区时，沃沟、井邑、南原、金堤、益山等郡和定州、南原、金堤、裡里等市合并，分别成立群山市、井邑市、南原市、金堤市和益山市②；全罗南道的顺天市与昇州郡合并为顺天市，罗州市与罗州郡合并为罗州市，东光阳市与光阳郡合并为光阳市③。而整郡改市，以京畿道为例，如：1996 年 3 月，坡州郡升格为坡州市④，龙仁郡升格为龙仁市⑤；2001 年 3 月，广州郡升级为广州市⑥，等等。1995 年之后的韩国行政区划体系，即直辖市改称广域市（即可辖郡）和市郡统合后的情况，可参见图 3-7。

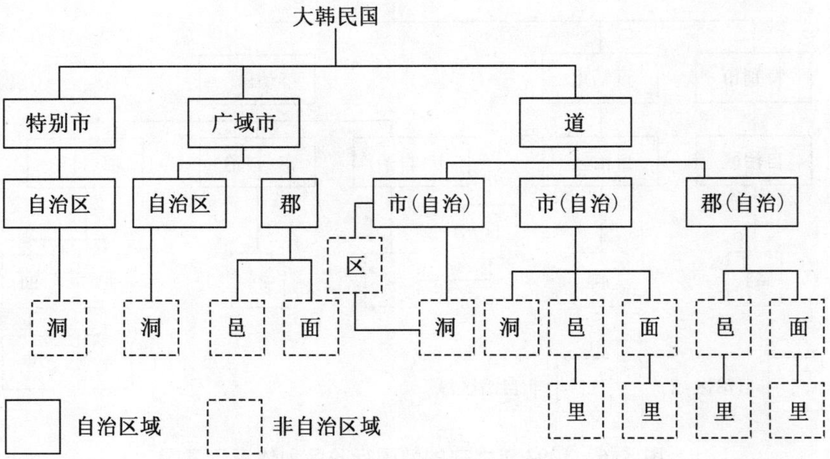

图 3-7 1995 年之后的韩国行政区划体系示意图

其后，韩国的地方行政体制和行政区划体系基本稳定。后来的变化主要是 2006 年 7 月 1 日，为促进济州道发展，而特别立法（《关于济州特别自治道成立及国际自由城市建设的特别法》）设立"济州特别自治道"，赋予济州道特殊的地位和权力⑦。行政区划上，主要是取消其内部原来的自治团体，重新整合划分为两个行政市，原北济州郡并入济州市，南济州郡并入西归浦市⑧。2006 年之后的韩国行政区划体系，可参见图 3-8。

至 2010 年 6 月，《地方自治法》第 18 次修订，确认了上述新的地方自治体系和有关的设置市、邑等的标准。其设市方式，既保留了原来的"狭域型"（即"都农分离形态的市"），也允许 1995 年后的"广域型"（即"都农复合形态的市"）（《地方自治法》第 7 条）模式⑨，设市方式较有弹性。截至 2008 年年底，韩国的行政区划状况，可参见表 3-2。

---

① 参见江原道政府网站. http://chn. gwd. go. kr.
② 参见全罗北道政府网站. http://www. jeonbuk. go. kr.
③ 参见全罗南道政府网站. http://chinese. jeonnam. go. kr.
④ 参见坡州市政府网站. http://ch. paju. go. kr.
⑤ 参见龙仁市政府网站. http://cn. yonginsi. net.
⑥ 参见广州市政府网站. http://chinese. gjcity. go. kr.
⑦⑧ 参见济州特别自治道政府网站. http://chinese. jeju. go. kr.
⑨ 参见韩国"行政安全部"网站. http://www. law. go. kr.

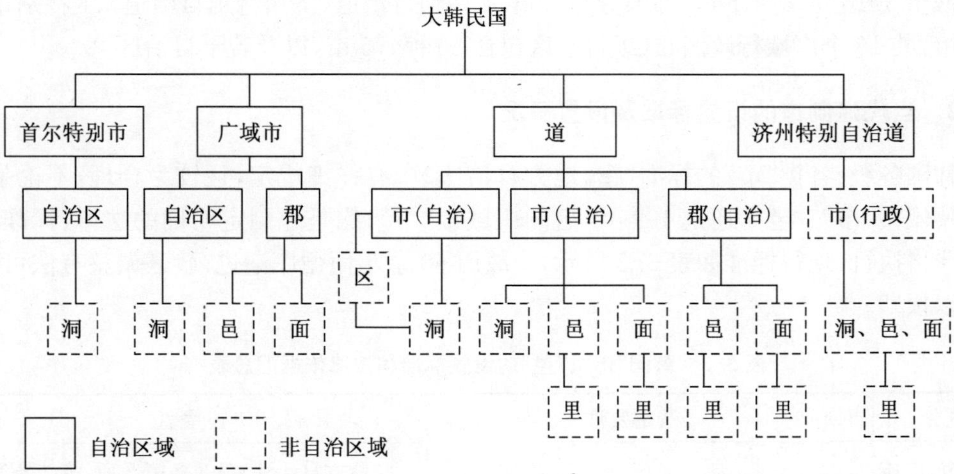

图 3-8　2006 年之后的韩国行政区划体系示意图

表 3-2　韩国行政区划及其面积统计表(截至 2008 年年底)

	面积(km^2)	构成比(%)	市、郡、区(个)				行政市(个)	一般区(个)	邑、面、洞(个)			
			合计	市	郡	自治区			合计	邑	面	洞
全国	99 827.79	100.0	230	75	86	69	2	28	3 487	211	1 205	2 071
首尔特别市	605.27	0.6	25	—	—	25	—	—	436	—	—	436
釜山广域市	765.94	0.8	16	—	1	15	—	—	215	2	3	210
大邱广域市	884.10	0.9	8	—	1	7	—	—	143	3	6	134
仁川广域市	1 010.35	1.0	10	—	2	8	—	—	143	1	19	123
光州广域市	501.20	0.5	5	—	—	5	—	—	91	—	—	91
大田广域市	539.85	0.5	5	—	—	5	—	—	76	—	—	76
蔚山广域市	1 057.50	1.1	5	—	1	4	—	—	56	4	8	44
京畿道	10 133.95	10.2	31	27	4	—	—	20	537	31	111	395
江原道	16 613.95	16.6	18	7	11	—	—	—	193	24	95	74
忠清北道	7 433.24	7.4	12	3	9	—	—	2	154	14	89	51
忠清南道	8 600.95	8.6	16	7	9	—	—	2	211	24	147	40
全罗北道	8 061.41	8.1	14	6	8	—	—	2	241	14	145	82
全罗南道	12 212.91	12.2	22	5	17	—	—	—	295	31	198	66
庆尚北道	19 027.68	19.1	23	10	13	—	—	2	333	36	202	95
庆尚南道	10 530.99	10.5	20	10	10	—	—	—	320	20	177	123
济州特别自治道	1 848.50	1.9	—	—	—	—	2	—	43	7	5	31

截至2010年7月1日，韩国分为8道、1特别自治道(济州特别自治道)、1特别市、6广域市，共16个广域行政区，二级行政区包括85郡、75市，以及若干自治区①。

3.2.2 当代建制市的设置标准及设置概况

韩国各级、各类“市”的标准，在《地方自治法》中有详细规定，且较为合理，不论是之前的狭域型“市”、“邑”，还是1995年后的广域型“市”，均是先制定明确的法律、标准，再加以严格执行(现行标准如表3-3所示)。故历60余年而循序渐进；政区调整有法可依，又可以预期。

表3-3 韩国“市”、“邑”的设置标准和法律依据汇总表

区分	法定要件	备注
特别市、广域市、道、特别自治道设置	中央政府直辖 广域市升格：常住人口100万以上	《地方自治法》第3条第2项、第4条第1项、第2项； 《地方自治法施行令》第2条
市设置	道的管辖区域内设置(平均28万3千人) 人口5万以上，且具备以下都市条件： 市街地居住人口中，从事工商业的人口占到60%以上； 人均地方税纳税额：人口10万以下的平均值以上； 人口密度：高于人口10万以下的市的平均人口密度； 人口增加：5年间均处于增加状态。 都农复合形态的市的设置基准： 市、郡合为一体的地域； 该郡包括人口5万以上的中心市区，或该郡5万人口以上，且至少包括两个人口超过2万的聚落	《地方自治法》第3条第2项、第4条第1项、第2项，第7条第1项、第2项； 《地方自治法施行令》第7条第1项、第2项； 《行政区域调整业务处理规则》第6条
邑设置	市(含行政市)和郡的管辖区域内设置。 都市形态具备，人口2万以上(郡厅所在地的面，都农复合形态市的面，人口2万未满)，市街地居住人口中从事都市产业的占40%以上(平均1万9千人)	《地方自治法》第3条第3项、第4项，第4条第3项，第7条第3项； 《济州特别法》第15条第2项； 《地方自治法施行令》第7条第3项

截至2008年年底，韩国共有特别市1个、广域市6个、市75个(其中包含12个分区的特例市)和行政市2个，以及邑211个。

(1) 特别市：特别市仅首尔一处，1946年8月15日自京畿道分离，升格为“特别自由市”，1949年8月15日起称“特别市”。

(2) 广域市：广域市包括釜山、大邱、仁川、光州、大田和蔚山6个市，之前也称“直辖市”，在进入全面地方自治时代后，中央集权色彩过于浓厚的直辖市一词被认为不符合地

① 曹启挺. 2012. 世界各国市制比较研究[M]. 北京：中央编译出版社：58.

方自治的精神，遂在1994年12月修改《地方自治法》，将其改称"广域市"，与道平行，同为广域地方自治团体。广域市的设置，要求人口在100万以上；广域市内分区（称为"自治区"），区也是地方自治团体。釜山、仁川、大邱和蔚山4个广域市还各管辖一两个邻近的郡（表3-4）。

表3-4 韩国的特别市和广域市汇总表

序号	名称	人口(人)			面积(km^2)		区数(个)	郡数(个)	设市年	升格年
		合计	区部	城区	合计	区部				
1	首尔特别市	9 820 171	9 820 171	9 762 546	605	606	25	—	1946	1946
2	釜山广域市	3 523 582	3 450 551	3 439 916	760	533	15	1	1949	1963
3	仁川广域市	2 531 280	2 461 218	2 447 714	965	383	8	2	1949	1981
4	大邱广域市	2 464 547	2 313 792	2 306 695	886	459	7	1	1949	1981
5	光州广域市	1 417 716	1 417 716	1 413 644	501	501	5	—	1949	1986
6	大田广域市	1 442 856	1 442 856	1 438 551	540	540	5	—	1949	1989
7	蔚山广域市	1 049 177	883 812	880 788	1 056	301	4	1	1962	1997

注：人口为2005年11月1日普查值。总人口和总面积也包括行政上归属该市的郡。

（3）特例市：从1988年开始，韩国规定人口超过50万的市可以称为"特例市"，但仍隶属于道。类似于我国的计划单列市。特例市的内部编为区，新设区的人口应该超过20万。人口超过50万的市可以编为2个区，超过75万可以编为3个区，超过100万的可以编为4个区。截至2010年年底，共有12个分区的特例市，其中京畿道占7个（表3-5）。

表3-5 韩国分区的特例市汇总表

序号	名称	所属道	面积(km^2)	人口(人)	城区人口(人)	设市年	区制施行年	区数(个)
1	*水原市	京畿道	121	1 044 113	1 039 233	1949	1988	4
2	富川市	京畿道	53	838 801	833 931	1973	1988	3
3	城南市	京畿道	142	934 984	931 019	1973	1988	3
4	*全州市	全罗北道	206	623 298	622 092	1949	1989	2
5	安养市	京畿道	59	612 423	609 886	1973	1992	2
6	浦项市	庆尚北道	1 127	489 698	318 988	1949	1995	2
7	*清州市	忠清北道	154	642 805	640 631	1949	1995	2
8	高阳市	京畿道	268	866 846	864 402	1992	1996	3
9	安山市	京畿道	145	681 590	669 839	1986	2002	2
10	龙仁市	京畿道	591	689 691	686 842	1996	2005	3
11	天安市	忠清南道	636	521 887	330 153	1963	2008	2
12	*昌原市	庆尚南道	743	1 079 837	1 032 250	1949	2010	5

注：人口为2005年11月1日普查值。名前带*的为道厅所在地。

3.3 日本：两层管理，“县”下辖“市”

3.3.1 现行行政区划的基本情况

日本现行行政区划层次主要划分为两级，第一级为都、道、府、县，第二级为市、町、村。全国共划分为1都（东京都）、1道（北海道）、2府（大阪府、京都府）、43县。市、町、村是地方基层组织，三者之间无隶属关系。还有一部分被称为“特别地方自治体”，即特别市、特别区等。特别市于1956年通过修改地方自治法，以147号法律宣布废除，特别区只存在于东京都。这些都、道、府、县和市、町、村，以及特别区在法律上都是各自独立的自治体。都、道、府、县对市、町、村可以行使一定的指导职能，但并非垂直领导关系。日本的《地方自治法》对都、道、府、县以及市、町、村的各自行政范围都有法律规定，行政事务的权责义务均有明确划分。截至2011年（平成23年）4月1日为止，日本全国有786市、754町、184村，合计市町村总数为1 724个（不含北方领土的6个村），如加上23个特别区，则为1 747个。

3.3.2 当代“城镇型政区”的类型与状况

城市化的快速推进使得日本的自治城市数目增长很快（图3-9）。

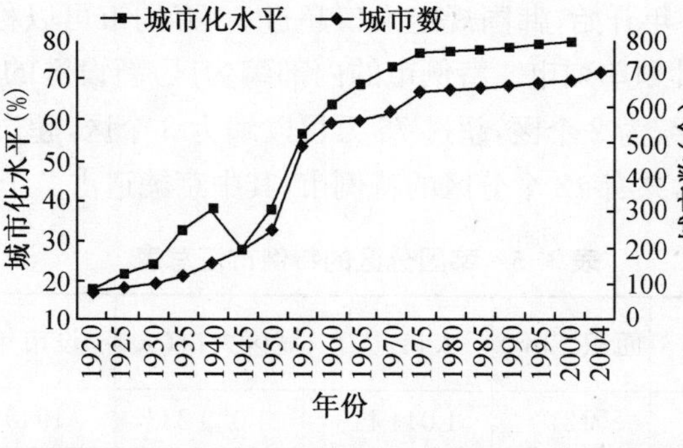

图3-9 日本城市数目及其城市化水平变化曲线图

图3-9显示，由于第二次世界大战的影响，导致了日本城市人口下降，1945年城市化水平出现明显拐点；但日本城市数目与其城市化水平相互适应，其总体变化趋势基本一致，随着城市化水平的提高，建制城市数目也在不断增加，尤其是1950—1955年，日本的城市化水平由37.13％增长到56.11％的过程中，建制城市的数量也由254个迅速增长到496个，增长幅度达95.28％，为历史最高水平①。

日本城镇形态的地方政府包括“市”和“町”，其中“市”又依人口多寡可以进一步区分为“政令指定市”、“核心市”、“特例市”和“普通市”四种。

在日本的《地方自治法》中，明确规定了设市、设町以及各类特殊市的条件，如其第8条具体规定了设市、设町的条件。

---

① 吕帅，王凯，龚伟，等. 2007. 日本行政区划体制的形成与改革及其对中国的启示[J]. 中国人口·资源与环境，17(1)：139-141.

——成为市的普通地方公共团体必须具备以下条件：

① 有5万以上人口；② 该普通地方公共团体中心市街区的住户数应占全体住户数的六成以上；③ 从事工商业和其他城市行业的人及其家人的数量占全体人口的六成以上；④ 除上述规定之外，还应具有该都道府县条例中规定的城市设施以及其他作为城市所具备的必要条件。

——成为町的普通地方公共团体必须具备该都道府县条例中规定的作为町的必要条件。

1）一般的“市”和“町”

根据日本的《地方自治法》，普通市的设立标准是，人口在5万以上并且市区户数和工商业人口均占60%以上。但实际上现有的670个市中有不少是5万人以下的。

“町”相当于我国的“镇”。町的设置标准由各都道府县自行规定，一般以人口5 000人以上、工商业人口占60%以上为标准。

“村”的字义虽与我国差不多，但从体制、法律地位上看则与我国的“村”不同。村的设置不受条件限制，但现有的村多不是原始的自然村落，而是行政村。

日本的村与市、町和特别区一样，同属“基础地方公共团体”，即每个村都是一个地方政府，其负责人和工作人员也都是地方公务员。而且，市、町、村和特别区四者之间地位平等，没有隶属和领导或“指导”关系。但市、町、村就规模来看，则相差悬殊，如有的市人口达几百万（如大阪市、横滨市），有的村则只有几百人①。

2）特例市

特例市是根据1999年修改的《地方自治法》而设立的，设立条件为人口20万以上，其职能权限介于核心市与普通市之间，即比普通市多了批准开发项目、指定限制噪音区域和监管停车场的权限。目前，符合这一设立条件的共有59个城市。截至2012年4月1日共有40个特例市，即大和市、小田原市、福井市、甲府市、松本市、沼津市、四日市市、吴市、八户市、山形市、水户市、川口市、平塚市、富士市、春日井市、枚方市、吹田市、八尾市、茨木市、寝屋川市、佐世保市、所泽市、厚木市、一宫市、岸和田市、明石市、加古川市、越谷市、茅崎市、宝塚市、草加市、鸟取市、筑波市、太田市、伊势崎市、长冈市、上越市、春日部市、熊谷市、松江市。其中川口市、所泽市、越谷市、一宫市、四日市市、枚方市、春日部市、熊谷市、松江市和吹田市人口超过30万，已达到升格为中核市的条件。而小田原市的人口则已经跌破20万②。

3）核心市（“中核市”）

核心市是日本在1994年修改的《地方自治法》中决定设立的。当时设置中核市的一个直接因素是因应地方卫生厅（保健所）的设置，日本的地方卫生厅基本上设置在政令指定市和中核市。所以中核市与一般的市相比所增加的行政权限，主要集中在民生福利和保健卫生相关方面。

按照该法规，核心市的设立条件是，人口30万以上，面积100 km^2 以上，在本地区具有核心城市功能；如人口在50万以下，则昼夜间人口比率须在100%以上。核心市的职能权限小于政令指定市，可行使原由都道府县执掌的60项权限，如设立保健所、居民建

① 侯景新，蒲善新，肖金成. 2006. 行政区划与区域管理[M]. 北京：中国人民大学出版社：256-257.

② 曹启挺. 2012. 世界各国市制比较研究[M]. 北京：中央编译出版社：47.

房审批、城市规划、限制屋外广告等。根据该项法规，日本已指定了多批数十个核心市，其中多是都道府县的首府。截至 2012 年 4 月 1 日，全日本共有 41 个中核市，即宇都宫市、富山市、金泽市、岐阜市、姬路市、鹿儿岛市、秋田市、郡山市、和歌山市、长崎市、大分市、丰田市、福山市、高知市、宫崎市、磐城市、长野市、丰桥市、高松市、旭川市、松山市、横须贺市、奈良市、仓敷市、川越市、船桥市、冈崎市、高槻市、函馆市、东大阪市、下关市、青森市、盛冈市、柏市、西宫市、久留米市、前桥市、大津市、尼崎市、高崎市和丰中市。目前鹿儿岛市、船桥市、姬路市、东大阪市、松山市和宇都宫市的人口，分别超过 50 万。而函馆市和下关市在升格后人口即跌破 30 万①。

4）政令指定市

政令指定市，其性质类似于我国的"计划单列市"。其虽然隶属于所在的县之下，但在城市规划、居民福利、传染病预防等 17 项行政业务方面直接接受中央政府的指导而不受都道府县节制。政令指定市按 1956 年修改后的《地方自治法》规定，设立标准为人口 50 万以上，但日本政府实际上掌握的标准是 100 万人左右。在行政机构方面，政令指定市的特殊之处是可以下设"区"，区下设事务所或派出所。这里所说的区与特别区不同，是市政府的派出机构，不是一级政府，不设议会，区长由市长任命。日本现有 20 个政令指定市，如大阪、名古屋、京都、横滨、神户、北九州、札幌、川崎、福冈、广岛、仙台、千叶等。

第一批政令指定市在 1956 年指定。虽然有关法律规定，人口达到 50 万的市可以升格为政令指定市，但在 2004 年以前实际操作中，实际都要求提出升格申请的市人口超过 80 万，并且保持持续增长的强劲势头，如广岛市、仙台市和千叶市。这个标准在 2004 年进行修订，规定只要人口超过 70 万，该市即可以申请升格。根据这个原则，次年静冈市得以升格为政令指定市。后冈山市、相模原市和熊本市（2012 年预定升格），都是得以人口超过 70 万升格为政令指定市。

由于日本人口自 1980 年以后增长就开始放缓，一个市单靠本身人口的增长来谋求升格现在几乎成了不可能的事情。所以，一些地方就只能通过合并都市圈内邻近的市町村来突破人口瓶颈。2003 年以后新增的政令指定市，无一例外都是先进行市町村合并，两三年以后再实现成功升格。2010 年 3 月 23 日，熊本县熊本市，通过植木町和城南町的并入，人口一举突破 70 万，随即展开升格为政令指定市的法律工作，成功获准在 2012 年 4 月 1 日升格，成为第 20 个政令指定市②（表 3-6）。

5）东京都及特别区

东京都是一个特殊的地方政府。在 1943 年，为加强中央集权，日本废除了东京府和东京市两级政府的建制，合并为一级制的"东京都"，将县、市两级行政职能合一。今天，由 23 个特别区组成的"东京"实际上是一个统计和地理上的概念，通常也称为"特别区部"。东京的特别区设立自己的民选区长和区议会，但其自治程度不如一般的市町村高。目前，也有声音主张将大阪府和大阪市合并为大阪都③。

① 曹启挺．2012．世界各国市制比较研究[M]．北京：中央编译出版社：46．

② 曹启挺．2012．世界各国市制比较研究[M]．北京：中央编译出版社：43-44．

③ 曹启挺．2012．世界各国市制比较研究[M]．北京：中央编译出版社：45．

表 3-6 日本的东京都特别区部、政令指定市及其他人口 50 万以上的市汇总表

排序	都道府县	名称	市		人口集中地区		类型
			人口(人)	面积(km^2)	人口(人)	面积(km^2)	
1	东京都	(东京)特别区	8 489 653	621	8 489 653	621	—
2	神奈川县	*横滨市	3 579 628	437	3 487 816	348	政令指定市(1956 年)
3	大阪府	*大阪市	2 628 811	222	2 628 312	222	政令指定市(1956 年)
4	爱知县	*名古屋市	2 215 062	326	2 159 379	274	政令指定市(1956 年)
5	北海道	*札幌市	1 880 863	1 121	1 812 362	228	政令指定市(1972 年)
6	兵库县	*神户市	1 525 393	552	1 409 454	148	政令指定市(1956 年)
7	京都府	*京都市	1 474 811	828	1 387 532	140	政令指定市(1956 年)
8	福冈县	*福冈市	1 401 279	341	1 343 902	150	政令指定市(1972 年)
9	神奈川县	川崎市	1 327 011	143	1 316 910	132	政令指定市(1972 年)
10	琦玉县	*琦玉市	1 176 314	217	1 080 130	116	政令指定市(2003 年)
11	广岛县	*广岛市	1 154 391	905	1 004 506	135	政令指定市(1980 年)
12	宫城县	*仙台市	1 025 098	784	905 139	130	政令指定市(1989 年)
13	福冈县	北九州市	993 525	488	888 161	157	政令指定市(1963 年)
14	千叶县	*千叶市	924 319	272	830 383	118	政令指定市(1992 年)
15	大阪府	堺市	830 966	150	794 924	105	政令指定市(2006 年)
16	新潟县	*新潟市	813 847	726	579 033	101	政令指定市(2007 年)
17	静冈县	*滨松市	804 032	1 511	471 949	84	政令指定市(2007 年)
18	熊本县	*熊本市	727 978	390	556 186	83	政令指定市(2012 年)
19	静冈县	*静冈市	723 323	1 421	626 745	103	政令指定市(2005 年)
20	神奈川县	相模原市	701 630	329	640 899	71	政令指定市(2010 年)
21	冈山县	*冈山市	696 172	790	454 902	78	政令指定市(2009 年)
22	鹿儿岛县	*鹿儿岛市	604 367	547	488 393	75	核心市
23	千叶县	船桥市	569 835	86	543 424	57	核心市
24	东京都	八王子市	560 012	186	491 271	60	一般市
25	琦玉县	川口市	538 434	62	524 966	54	特例市
26	兵库县	姬路市	536 232	534	372 794	90	核心市
27	爱媛县	*松山市	514 937	429	418 500	66	核心市
28	大阪府	东大阪市	513 821	62	512 289	49	核心市
29	枥木县	*宇都宫市	502 396	417	377 045	69	核心市

注:名称前带*标记的为各道府县之厅的所在地,人口均为 2005 年 4 月 1 日普查值。各市的行政区域按 2011 年年底为准。

3.4 台湾地区:分属三层,多为狭域

3.4.1 行政区划体系的演变

台湾是我国领土不可分割的一部分,其行政区划是中国整体的一部分,经历了很长的历史变迁过程。台湾地区当代的行政区划由于历史的原因,与大陆的行政区划体制存在着较大差异,有其鲜明的特征。

明郑成功收复台湾后,依大陆例,建立了州、县政权。清统一台湾后设府、县(厅),到1875年全台设2府(台湾、台北)、8县、4厅。1887年台湾设省,辖3府(台湾、台北和台南)、11县、3厅、1直隶州。1945年台湾光复后,恢复省制,并与大陆并轨,时台湾省下辖8县、9省辖市和1个草山管理局,县下为县辖市和县辖区,区以下再为乡、镇,省辖市下为区,草山管理局下为镇。1950年9月,针对岛内政区层级过多、规模结构不协调等问题,台湾当局根据人口、历史、自然条件等状况,对行政区划进行了适当的调整,把原8县、9省辖市、1管理局调整为16县、5省辖市、1管理局(草山管理局改为阳明山管理局),下辖6县辖市、134乡、78镇,裁撤了县辖区而由县直接管辖乡镇和县辖市。这样,岛内行政区划体系理顺为“省—县、省辖市、阳明山管理局—县辖市、乡、镇”三层结构模式。

20世纪50年代以来,台湾当局推行地方自治制度,行政区划也相应地进行了调整。1967年7月把台北市升为“院(直)辖市”(阳明山管理局在1968年划归台北直辖市管辖,1977年改为管理处,不再是地方政府),1979年高雄市升为“院(直)辖市”。实行所谓“省—县、省辖市—乡、镇与县辖市”与“直辖市—区”并列制。此外,台湾当局还维持着一个虚设的“福建省”,下设金门县和连江县(马祖列岛等)。

1998年9月,台湾当局通过“《台湾省政府功能业务组织调整暂时条例》”,确立了“精省”业务,把台湾省政府改为“行政院”派出机构,取消省自治。“精省”之后,又相继成立“南部联合服务中心”和“中部联合服务中心”(均属于派出机构),尝试形成“省”、南(中)部联合服务中心与“直辖市”为第一层,下面为县、“省辖市”,乡、镇和县辖市为基层政区。但由于省政府被精简后处于“冻结”状态而迅速虚化,名存实亡;而“区域联合服务中心”一出现就仅是虚级的派出机关,权力有限,且为新成立的机构,运行机制尚不完善,对各县和省辖市的影响力很小。所以,在“自治”和本能的权力膨胀的基础上,“精省”后县与省辖市的地位得到实质提高,实际上已经形成省辖市、县与“直辖市”并列的情况,只不过“直辖市”的行政级别和地位要高一些,自治权限大一些而已。“直辖市”、县、省辖市下则是区(“直辖市”和省辖市下的区均与乡镇同级,县不设区)、乡、镇和县辖市。

根据台湾地区现行的“《地方制度法》”,台湾地区现行地方行政区划分为省、县、乡三级。省、县(市),称为省、县(市)政府;乡、镇、县辖市,称为乡、镇、县辖市公所(图3-10)。

截至2010年8月,台湾地区共分为2个“直辖市”(台北和高雄),5个省辖市(基隆、新竹、台中、嘉义和台南),18个县(台北、宜兰、桃园、新竹、苗栗、台中、彰化、南投、云林、嘉义、台南、高雄、屏东、台东、花莲、澎湖、金门、连江),下辖49个区(其中“直辖市”的区

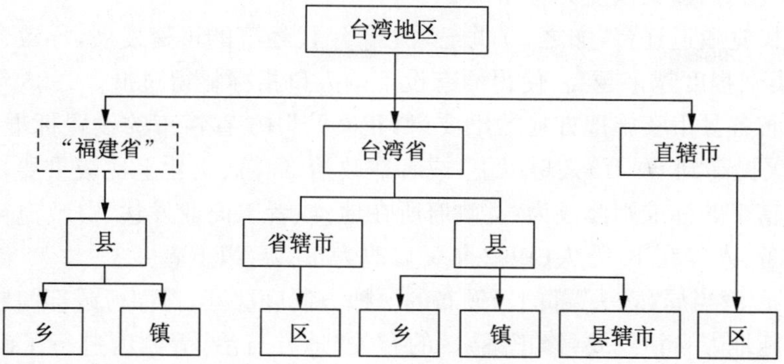

图 3-10 台湾地区现行行政区划体系示意图

23 个,省辖市的区 26 个),321 个乡镇市(其中乡 226 个、镇 62 个、县辖市 33 个)。

2010 年 12 月 25 日起,台湾地区实行“五都改制”,新北市(台北县改制)、台中市(台中县市合并改制)、台南市(台南县市合并改制)、高雄市(高雄市县合并改制)等 4 个直辖市成立,原县下辖之乡、镇、市改制为区。截至 2013 年年底,台湾地区共辖“直辖市”5 个、省辖市 3 个、县 14 个,下辖 157 个区(其中“直辖市”的区 145 个,省辖市的区 12 个),211 个乡、镇、市(其中乡 153 个、镇 41 个、县辖市 17 个)①。

3.4.2 市、镇设置状况

1) 现行的市镇制度

1945 年台湾光复后,当局把岛内原日占时期的“州(厅)—市郡(支厅)—街、庄(区)”的行政区划体制废除,恢复省制,5 州、3 厅改为 8 县,11 市改分为 9 个省辖市和 2 个县辖市(花莲市、宜兰市,与县辖区公所平级,层级高于乡镇),郡改区、街改镇、庄改乡,全面与当时国民党政府大陆地区的行政区划体制并轨。

早在 1947 年 12 月,南京国民政府就拟订了《院辖市自治通则》和《市自治通则》两个草案,将市明确分为院辖市、省辖市和县辖市三种,并明确规定了各种市的设置标准。后因国民党政府在大陆地区的土崩瓦解而未能付诸实施,但其主要思想(政区的“自治”原则和对“市”分等)却随着国民党败退而带入台湾岛,对我国台湾省后来的市制产生了深刻的影响。

1950 年台湾当局“行政院”颁布“《台湾省各县市实施地方自治纲要》”,全面改革了当时岛内的行政区划体系,撤销了县辖的区公所,使县辖市和市辖区的行政级别与乡镇相同。同时规定了市建制的标准:县辖市的人口规模为 5 万;省辖市的条件,仍然按南京国民政府时期制定的《市自治法》,即除省会外,人口需在 20 万以上,或者人口在 10 万以上的政治、经济、文化地位重要的城市。按此纲要,台湾当局分别于 1950 年 8 月将嘉义,1951 年 12 月将新竹、彰化、屏东等四个当时未满 10 万人口的省辖市降为县辖市,1982

① 贺曲夫. 2012. 县下辖市与推进自治——我国县辖政区的发展与改革研究[M]. 北京:中国经济出版社:194-195.

年7月，又将新竹、嘉义恢复为省辖市。

由于国民党败退迁台，加之20世纪六七十年代经济的迅速发展，导致台湾地区人口持续增加，集聚程度越来越高，使得原有设市的人口指标显得过低。1985年台湾当局颁布的“《台湾省各县市实施地方自治纲要(修正案)》”中，省辖市的设置标准提高到50万(1992年再次提高到60万)人口以上；或者在政治、经济、文化上比较重要，人口在20万以上者。县辖市的标准则修改为：县政府所在地；或者工商业发达、财政充裕、交通便利、公共设施完备、人口在10万人(1992年又修改为15万)以上者。

1999年台湾当局“立法”部门新颁布的“《地方制度法》”，对原行政部门制定的“《台湾省各县市实施地方自治纲要(修正案)》”的有关“地方自治”等制度进行了确认，并以“国家法律”的形式再次对各类市的设置做了新的规定。根据台湾地区的“《地方制度法》”，“城镇型政区”的设置包括三级、四类。

——与省平级的“直辖市”：“人口聚居达125万人以上，且在政治、经济、文化及都会区域发展上，有特殊需要之地区得设直辖市。”

——与县平级的“市”：“人口聚居达50万人以上未满125万人，且在政治、经济及文化上地位重要之地区，得设市。”

——与乡镇平级的“县辖市”：“人口聚居达15万人以上未满50万人，且工商发达、自治财源充裕、交通便利及公共设施完全之地区，得设县辖市。”

——与乡、县辖市平级的“镇”：“居民以农、林、渔、牧等一级产业为主、人口在5万以下者称为‘乡’；5万以上15万以下，其聚落已略具城市商业形态者称为‘镇’。”

2007年5月，“《地方制度法》”修正，规定只要县人口聚居达200万人以上，包括人事组织与财政规模都比照直辖市规格办理，也就是俗称的“准直辖市”。2007年10月1日台北县比照直辖市办理。2010年12月25日正式进行“五都改制”，将台中市、台南市升格为直辖市，台北县改为新北市，定为直辖市，合计五个直辖市。2010年6月间，因桃园县人口超过200万人，经“行政院”核定，自2011年1月1日起准用“直辖市”有关组织及预算等规定，并正式于2014年12月25日升格为第六都，即改制为直辖市“桃园市”。

2) 市镇建制的变化情况

台湾省的近代市制创制于日治时代。1920年，台北、台中、台南始设市，到1945年光复时，共设市11处。1945年台湾光复后，开始依大陆的地方管理体制，调整台湾地区的行政区划，包括市制。由于日治时为平衡地区发展在东部设立的宜兰市和花莲港市未达当时法律规定的设市标准，但又比其他乡镇重要，所以在1946年编订的“《台湾省各县市实施地方自治纲要》”中，特折中为该两市创制县辖市。这一建制一直沿用至今，因此今天台湾省的建制市在行政等级上分为“直辖市”、省辖市和县辖市三档。

1950年台湾地方行政区划重组。市、县设议会和政府。市下分为区，设区公所。县下分为县辖市、镇、乡，设立乡(镇、市)民代表会和公所。乡下编为村，镇、县辖市和区下编为里。村、里下编为邻(类似内地村民小组和居民小组)。需要强调的是，区虽然在等级上与乡镇平行，但为市政府的派出机构，无区议会的设置，仅有无给职的区咨议会。

(1) 建制沿革

日治时期设置的市 11 处,即台北市、台中市、台南市(以上 3 处 1920 年),高雄市、基隆市(1924 年),新竹市、嘉义市(1930 年),屏东市、彰化市(1933 年),宜兰市、花莲港市(1940 年)。

1946 年依“《台湾省各县市实施地方自治纲要》”,除宜兰市、花莲港市改降为县辖的宜兰市、花莲市外,其余保留为省辖市。1951 年,嘉义市、新竹市、彰化市、屏东市改制为县辖市,并入同名县,计为五个省辖市,六个县辖市。

1962 年,台北县三重镇改制为县辖市,为第一例因人口超过 10 万而改制为县辖市的乡镇。此后,中枥市(1967 年)、桃园市(1971 年)、板桥市(1972 年)、凤山市(1972 年)、台东市(1976 年)、丰原市(1976 年)相继循此例设立为县辖市。其中台东于改制前的 1974 年划入了原属卑南乡的 10 个村近 3 万人口,以使人口达到 10 万人。

1967 年和 1979 年,台北市和高雄市先后升格为“直辖市”。

1977 年,乡镇改制为县辖市的人口条件提高到 15 万。随后有中和市(1979 年)、永和市(1979 年)、新庄市(1980 年)、新店市(1980 年)依此改制为县辖市。

1981 年“《台湾省各县市实施地方自治纲要》”修订,规定“县政府所在地”不受人口条件所限亦得设立县辖市。该年年底增设苗栗市(苗栗县县治)、南投市(南投县)、斗六市(云林县)、新营市(台南县)和马公市(澎湖县)五个县辖市。

1982 年,新竹市和嘉义市重新升格为省辖市。新竹县和嘉义县政府随后分别迁往竹北乡和太保乡,也因此该两乡先后在 1988 年和 1991 年改制为县辖市。比较特殊的是,新的嘉义县行政中心是建在太保乡和朴子镇边界上,包括县议会在内的一些公共设施位于朴子镇的地界内,所以朴子镇遂在 1992 年比照县政府所在地改制为县辖市。太保市和朴子市的人口皆不足 5 万,是人口最少和人口密度最低的两个县辖市。

1992—1999 年,又有九个乡镇因人口超过 15 万而改制为县辖市,依次为平镇市(1992 年)、永康市(1993 年)、土城市(1993 年)、大里市(1993 年)、八德市(1995 年)、太平市(1996 年)、芦洲市(1997 年)、汐止市(1999 年)和树林市(1999 年)。

1999 年,“《地方制度法》”实施,县政府所在的乡镇改制为县辖市的条款被废除。此后 10 年,由于台湾地区人口增长缓慢再无新的县辖市设立,2“直辖市”、5 省辖市、32 县辖市的格局一直维持到 2010 年,该年 8 月桃园县的杨梅镇才因人口突破 15 万并升格为第 33 个县辖市(表 3-7)。

表 3-7 我国台湾地区县辖市一览表(2010 年 8 月底前)

市名	所属县	面积(km^2)	人口(万)	成立时间	备注
板桥市	台北县	23.16	52.4	1972 年 7 月	县治,*
三重市	台北县	16.32	38.0	1962 年 4 月	*
永和市	台北县	5.71	22.8	1979 年 1 月	*
中和市	台北县	20.14	39.2	1979 年 1 月	*
新庄市	台北县	19.74	36.5	1980 年 1 月	*
新店市	台北县	120.23	26.4	1980 年 1 月	*

续表 3-7

市名	所属县	面积(km²)	人口(万人)	成立时间	备注
土城市	台北县	29.53	22.5	1993 年 6 月	*
芦洲市	台北县	7.44	16.1	1997 年 10 月	*
汐止市	台北县	71.29	15.5	1999 年 7 月	(首度适用地方制度法)*
树林市	台北县	33.13	15.1	1999 年 10 月	*
桃园市	桃园县	34.80	31.6	1971 年 1 月	县治
中坜市	桃园县	76.52	31.9	1962 年 7 月	
平镇市	桃园县	47.75	18.8	1992 年 3 月	
八德市	桃园县	33.71	16.2	1995 年 1 月	
杨梅市	桃园县	89.12	15.2	2010 年 8 月	
竹北市	新竹县	46.83	8.8	1988 年 10 月	县治
宜兰市	宜兰县	29.41	9.2	1946 年 1 月	县治
苗栗市	苗栗县	37.89	9.0	1981 年 12 月	县治
丰原市	台中县	41.18	16.1	1976 年 3 月	县治，*
大里市	台中县	28.88	17.2	1993 年 11 月	*
太平市	台中县	120.75	16.6	1996 年 8 月	*
彰化市	彰化县	65.69	22.8	1951 年 12 月	县治
南投市	南投县	71.60	10.5	1981 年 12 月	县治
斗六市	云林县	93.72	10.0	1981 年 12 月	县治
太保市	嘉义县	66.89	2.9	1991 年 7 月	县治(县政府所在地)
朴子市	嘉义县	49.57	4.5	1992 年 9 月	县治(县议会所在地)
新营市	台南县	38.54	7.6	1981 年 12 月	县治，*
永康市	台南县	40.28	19.3	1993 年 5 月	(首度适用 15 万人口要求)*
凤山市	高雄县	27.43	31.9	1972 年 7 月	县治，*
屏东市	屏东县	65.07	21.5	1951 年 12 月	县治
马公市	澎湖县	33.99	5.2	1981 年 12 月	县治
花莲市	花莲县	29.41	10.8	1946 年 1 月	县治
台东市	台东县	109.77	11.1	1976 年 1 月	县治
合计		1 625.49	633.2	—	—

注:加 * 者已改制为区。

(2) 2010 年五都改制及 2014 年的第六都

2009 年 6 月，台湾地区执政当局为兑现“三都十五县”政见，裁定台北县单独升格为“直辖市”(取名新北市)，台中县市、台南县市分别合并并升格为“直辖市”，高雄直辖市和高雄县合并新设高雄“直辖市”，加上原来的台北市，合为五个“直辖市”，俗称“五都”。改制于 2010 年 12 月 25 日正式进行。

改制同时伴随着财政和权力下放，营业税和烟草税全数下放地方。依“《地方制度法》”，原台北县、台中县、台南县、高雄县所辖的全部 16 市、19 镇、63 乡悉数改制为区。依例，区长为官僚体系下遴选委任的公务员，非民选产生。由民选产生的 1 400 余位市镇乡长和民意代表全部取消，大高雄、大台中和大台南的县市议员也几近减半。不过，在民选市长和议员缩减的同时，公务员数量将会激增。依编制上限来看，改制后理论上可增公务员 2 万 2 千人。

五都改制也使县辖市的数量大幅下降。原台北县属的板桥、三重、中和、永和、新庄、新店、土城、芦洲、汐止、树林，原高雄县属的凤山，原台中县属的丰原、大里、太平，和原台南县属的新营、永康，共 16 个县辖市，于直辖市设立时改制为区公所。是时，“直辖市”增至 5 个，省辖市降至 3 个，县辖市降至 17 个(表 3-8)①。

表 3-8　我国台湾地区的“直辖市”和省辖市汇总表

编号	名称	人口(人)	面积(km^2)	等级(升格年)	区数(个)	备注
1	台北市	2 624 257	272	“直辖市”(1967)	12	—
2	高雄市	2 756 775	2 947	“直辖市”(1979)	38	—
3	新北市	3 722 082	2 053	“直辖市”(2010)	29	—
4	台中市	2 499 527	2 214	“直辖市”(2010)	29	撤销省辖市台中市
5	台南市	1 846 379	2 192	“直辖市”(2010)	37	撤销省辖市台南市
6	桃园市	1 808 833	1 221	“直辖市”(2014)	13	2011 年准用直辖市；已于 2014 年 12 月 25 日改制为直辖市
7	基隆市	385 410	133	省辖市	—	—
8	新竹市	393 400	104	省辖市(1982)	—	—
9	嘉义市	264 593	60	省辖市(1982)	—	—

桃园县曾于 2009 年申请升格，但未通过；2010 年 6 月间，因人口超过 200 万人，经行政机构核定，自 2011 年 1 月 1 日起准用“直辖市”有关组织及预算等规定。2013 年 6 月 15 日，桃园县议会通过桃园县改制计划，桃园县政府于 7 月 31 日检送改制计划书暨补充说明资料，报请“内政部”转“行政院”核定。依据“内政部”审查改制计划的审查要项，桃园县改制审查以“人口条件”、“政治条件”、“经济条件”、“文化条件”、“都会区发展条件”、“其他有关条件”等六大面向进行②。2013 年 11 月 23 日，内政部召开桃园县改制“直辖市”计划审查会议，会中达成共识，准“直辖市”桃园县符合要件，升格为第六都，送“行政院”核定。依照地方制度法规定，县市或“直辖市”改制日应为当届“直辖市长”任期届满

① 曹启挺. 2012. 世界各国市制比较研究[M]. 北京：中央编译出版社：34-36.

② 李鸿源. 2013. 桃园符合客观升格要件[EB/OL]. (2013-08-02). http://www.crntt.com.

日，也就是2014年12月25日[①]。“行政院”则于2014年1月3日通过桃园县升格直辖市案。升格直辖市的“桃园市”，将维持13个行政区域。

(3) 乡、镇、县辖市自治的权限

1950年台湾当局“行政院”颁布的“《台湾省各县市实施地方自治纲要》”第二条规定：“县为法人，县以下为乡、镇、县辖市，乡、镇、县辖市为法人，均依本纲要办理自治事项。”可见，我国台湾地区的县和乡、镇、县辖市这两级政区都是地方自治团体。1985年“《台湾省各县市实施地方自治纲要(修正案)》”，继续保持此规定。1992年“宪法增修条文”第八条规定“省县地方自治制度以法律定之”，正式为我国台湾地区地方自治的法制化揭开序幕。1994年颁布的“《省县自治法》”与“《直辖市自治法》”以及1999年台湾当局“立法院”颁布的“《地方制度法》”，均对有关“地方自治”等制度进行了确认。台湾地区的乡、镇、县辖市与直辖市、县、省辖市一样，均为地方自治团体之公法人，由当地居民自选县(市)长与议会议员和乡(镇、县辖市)长与民代会代表等，依法实施地方自治(省在1998年“精省”中虚化，被取消自治)。各级自治团体政府(公所)的职事范围都大致分为“自治事项”与“上级政府委办事项”两大类：自治事项指“地方自治团体依‘宪法’或‘《地方制度法》’规定，得自为立法并执行，或法律规定应由该团体办理之事务，而负其政策规划及行政执行责任之事项”。

其中，乡(镇、县辖市)公所之自治事项大致包括：① 关于组织及行政管理事项。如乡(镇、市)公职人员的选罢，组织的设立与管理，新闻行政。② 关于财政事项。如乡(镇、市)财务收支与管理，税收，公共债务，公共财产的经营与处置。③ 关于社会服务事项。如乡(镇、市)社会福利，公益慈善事业与社会救助，殡葬设施的设置与管理，调解事业。④ 关于教育及体育事项。如乡(镇、市)社会教育的兴建与管理，文艺体育活动，礼仪民俗与文献，社会教育与文体机构的设置运营与管理。⑤ 关于环境卫生事项。如乡(镇、市)废弃物的清除与处理。⑥ 关于营建、交通及观光(旅游)事项。如乡(镇、市)道路的建设与管理，公园绿地的设立与管理、交通规划运营及管理，观光事业。⑦ 关于公共安全事项。如乡(镇、市)灾害防救的规划与执行，民防的实施。⑧ 关于事业的经营与管理事项。如乡(镇、市)公用与公营事业，公共造产事业，与其他地方自治团体合办之事业。⑨ 其他依法律赋予的事项。

此外，乡(镇、县辖市)还得执行“上级政府委办事项”，即指“地方自治团体依法律、上级法规或者规章规定，在上级政府指挥监督下，执行上级政府交付办理之非属于该团体事务，而负其行政执行责任之事项”。

“《地方制度法》”还规定，对跨区域事务的办理，即如果直辖市、县(市)、乡(镇、县辖市)的自治事务涉及跨行政区域界限，则由共同上级业务主管机关统筹指挥各相关地方自治团体共同办理，必要时共同上级业务主管机关可以指定其中一适当地方自治团体限期办理。如果地方政府在实施地方自治事项过程中，涉及“中央”与地方权限时，则由“内政部”与相关机关拟定实施纲要，报“行政院”核定[②]。

---

① 蔡和颖. 2012. “内政部”通过桃园升格“直辖市”[EB/OL]. (2012-11-23). http://www.crntt.com.

② 邵严霆. 2014. 我国台湾地区县辖市体制及其对大陆的经验借鉴[EB/OL]. [2014-04-23]. http://blog.tianya.cn.

3.5 中国和东亚国家(地区)“市制”的异同比较——以韩国为例

中国、韩国和日本等同处东亚,有自然地理区位、文化背景的共同之处,但如前所述,从行政区划的本质,即从权力的配置、制度层面来看,中国与东亚其他国家、地区的行政区划体制,有着根本的不同。从韩国与中国的比较来看,中国 1949 年后,一直是以中央集权方式为核心的体制,不同时期的变化仅在于不同时期的行政化(性)分权为主轴,地方政府本质上仍是中央的分支,具有派出机构的性质;而韩国 1945 年后,则以地方自治为主轴,以法治为核心,不同时期对其有偏离、回归和完善等,目前已经较为稳定地形成中央与地方的分权状态。由此,导致行政区划外在形式、调整等方面的差别,亦随之产生不同的成效。

3.5.1 中韩行政区划及其调整、改革的共同点与差异性

从中韩两国城市化发展道路和行政区划演变过程来看,两国的确有很多相似之处。如政府主导的产业政策,实施赶超型发展战略,是韩国也是中国经济发展模式的核心;相应地,行政区划调整也在不同时期,成为政府为推动经济成长与城市化进程而采取的一种手段。故表面来看,两国行政区划体制大同小异。韩国所做的调整,中国都有进行,而且,较之韩国而言,实施更早,调整幅度更大。但两国的区划调整效果确有很大差别。这是我们要予以关注和探讨的问题。

1) 共同点

中韩两国的行政区划,就其本身而言,共同之处颇多。可以概括为:第一,从静态格局来看,层次较多;第二,变革的主要方式,是市镇建制增多,且调整、变化较为频繁;第三,中央政府控制与主导变迁。

(1) 静态格局:层次较多

如前所述,中国正式的区划层级为四级或五级;韩国为三级或四级。韩国的面积只相当于中国一个省的范围,两国政区层次繁多,静态看的确类似。对此,诸多学者的认识亦较一致,都认为层次过多,应该加以改革①。

在韩国国内,关于政区层次较多等问题,亦有很多争论。如 2005 年,韩国当时的一些政党曾达成共识,认为现存的行政区划体系是“缺乏效率故需要改变的”,并提出将目前的三层自治体制改变为两层体制,即将道和广域市撤销,直接把现存的郡、市、区重组为 60 个“大都市”,每个大都市人口大约 100 万②。但限于法律规定以及历史传统,真正改变需要达成广泛的共识。

中韩两国尽管层级都较多,但仍有不同。一般而言,层次较多,往往伴随着管理幅度较小,如中国;但在韩国,管理幅度却并不小。如同为首都,首尔面积为 605 km^2,分为 25

① 刘君德,冯春萍,华林甫,等. 2002. 中外行政区划比较研究[M]. 上海:华东师范大学出版社:126.

② Joo S. 2005. Provincial Government System to be Overhauled[EB/OL]. (2005-04-29). http://www.korea-herald.com.

个区；北京 1.7 万 km^2，是首尔的 20 余倍，则仅分为 16 区、2 县。同为直辖市，釜山面积 766 km^2，分为 1 郡、15 区；上海 6 340 km^2，是釜山的 8 倍多，则仅分为 18 区、1 县。同为省级区划，京畿道 1 154 万人，1 万 km^2 面积，分为 31 个市、郡；而中国的河北省，7 345 万人，19 万 km^2，仅分为 11 个地级市。可见，两国政区的管理幅度有较大差异，表明同中之异。这与两国地方政府的职能与划分标准等的不同有关。

(2) 动态变化：调整变更较为频繁，市镇建制增加

进入现当代发展阶段以来，中韩两国对行政区划所进行的调整，都非常频繁；且变革的主要动因和内容，都是为适应城镇化进程的需要而大量增加市镇建制。总体而言，这是正常发展的结果。

就韩国来看，从 1948 年至今，郡、市一级，郡的数量稳步下降，市的数量持续上升，直到 1995 年"统合市"制度确立后，至 2008 年才出现下降现象(若不含广域市的话)，主要是市郡合并的结果；邑、面一级，情况亦然，如表 3-9，图 3-11 所示。

表 3-9　韩国 1948—2008 年市、郡和邑、面数量变化汇总表　(个)

年份	1948	1953	1957	1960	1963	1970	1973	1980	1985	1990	1995	2000	2005	2008
市	15	20	27	27	32	32	35	38	45	73	76	79	84	84
郡	133	135	140	140	139	140	138	139	139	137	100	93	88	86
邑	73	75	80	85	91	91	122	204	200	180	192	197	211	211
面	1 456	1 448	1 412	1 407	1 382	1 376	1 349	1 256	1 266	1 261	1 244	1 222	1 209	1 205

注：这里市包含特别市、广域市(直辖市)。

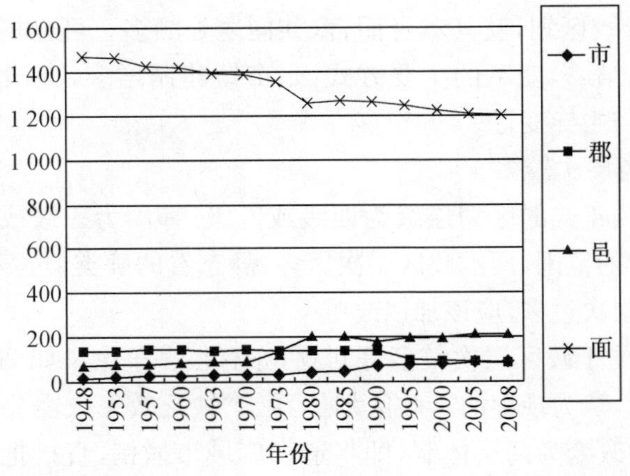

图 3-11　韩国 1948—2008 年市(含特别市、广域市)、郡、邑、面的行政区划调整变更过程图

中国亦然。以浙江省为例，1979 年改革开放以及重新启动城市化进程以来，地区一级，已经全部"撤地设市"而改为地级市(1978 年为 3 个地级市和 8 个地区，至 2000 年后均为 11 个地级市)；县一级，也有近一半的原"县"(1978 年年底为 66 个，2013 年年底为 35 个)经由"整县改市"改为"市(县级市)"(1978 年年底无县级市，至 2013 年有 21 个县级市，最多曾达 25 个)，或经由"撤县(市)设区"而改为"(市辖)区"(1978 年年底为 10 个市辖区，2013 年年底为 34 个)(图 3-12)。

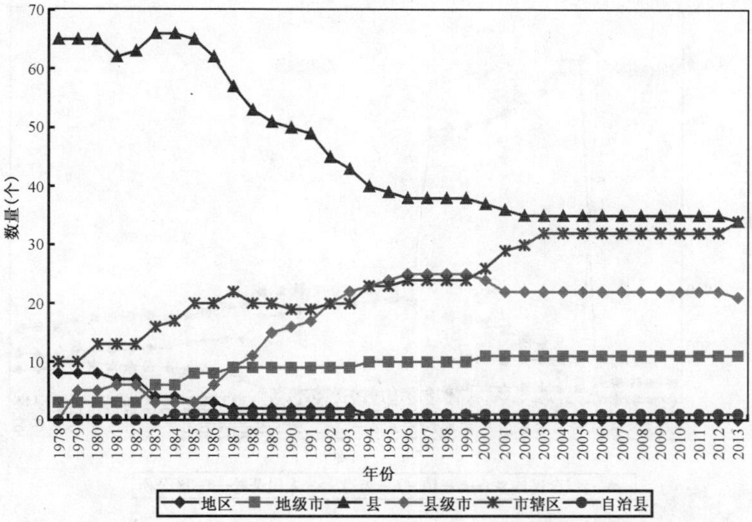

图 3-12　浙江省 1978 年以来县及县级以上行政区划调整变更过程图

乡一级，也在不断合并和“撤乡并镇”、“整乡(镇)改街道”等的基础上，大量的乡改设为“镇”或“街道”。1978 年年底，浙江省设置区公所 349 个，人民公社 2 944 个，镇 167 个，街道 41 个。到 1984 年 9 月，由原设的 2 985 个人民公社，改建为 3 041 个乡人民政府(含民族乡 14 个)。1992 年末，全省由 2 405 个乡撤并为 946 个乡，354 个县辖区(公所)的建制全部撤销①。全省设建制镇 897 个，占基层政区设置总数的 49%②。至 2000 年，全省建制镇数为 970 个，乡为 752 个，建制镇的数量已约占基层政区总数的 56%。

2001 年全省有 52 个县(市、区)进行了乡、镇的行政区划调整③。各地在县(市)域城镇体系规划的指导下，围绕中心镇的培育，加大调整力度，至 2007 年年底，全省所有县(市)均进行过该层次行政区划的调整工作，有的还多次进行。建制镇总数从 1999 年年初最大数量的 1 006 个，到 2001 年年初的 970 个，再减少到 2007 年年底的 750 个，2008 年的 747 个，2009 年的 735 个，至 2013 年年底为 639 个；乡的总数从 1999 年年初的 823 个，到 2001 年年初的 752 个，再减少到 2007 年年底的 453 个，2008 年的 446 个，2009 年的 445 个，至 2013 年年底为 264 个。2013 年与 2001 年相比，乡镇合计共减少 819 个，下降幅度接近 50%。

与此同时，开始尝试在诸如市辖区建成区范围内、县级市政府驻地的镇和有条件的县城驻地的镇，进行撤镇建街道办事处的政区改革方式，优化原城关镇的体制。街道的数量，从 2000 年的 106 个，到 2001 年年底达到 211 个，至 2009 年年底达到 333 个，再至 2013 年年底已经达到 421 个，2013 年街道的数量已是 2000 年的 4 倍多，并超过乡的数量(2010 年乡 443 个，街道 341 个；2011 年乡 290 个，街道 402 个；数量几乎正好逆转)；而在市镇形态上，也不同于原来规模较小、以建成区为主的地域景观，而是规模较大、有较多非建成区的地域，从而成为景观变迁明显、城市化推进迅速的过渡性、变动性强烈的地域(图 3-13)。

在改革的步骤和方式方面也有类似之处。即从“狭域型”设市方式转变为“广域市”

①② 浙江省民政志编纂委员会. 1994. 浙江省民政志[M]. 北京：中国社会出版社：65，67.

③ 谢永明. 2002. 乡镇行政区划调整工作进展顺利[M]//浙江年鉴社. 浙江年鉴・2002. 杭州：浙江年鉴社：240.

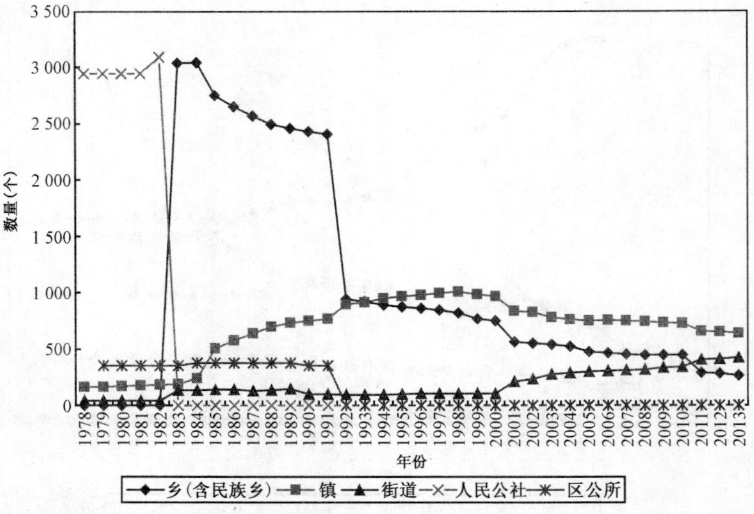

图 3-13　浙江省 1978 年以来县级以下行政区划调整变更过程图

的设市方式。当然,也有区别,中国不仅在较大城市的“市”层面推行“整县改市”的设市方式,也在较小城市层面的“镇”层面推行“整乡改镇”或“撤乡并镇”的广域型设置方式。而韩国,仅在“市”的层面推行,且较为谨慎;而在“邑”的层面,则仍保持原来“面”、“邑”的转换方式,并未大规模撤并。因此,在韩国,城镇的数量,市和邑均稳步增长(因其有明确的标准和正常的转换渠道);但中国,如浙江,则近期市、镇的数量则处于停滞不变状态,甚至有所下降;虽然其规模越来越大,但在县与市、乡与镇之间,都缺乏正常的转换渠道,表明制度上还存在某些缺陷。

另外,在韩国,基层政区(洞、邑、面)的数量基本上是在不断增加的,主要是适应人口增长及其相应公共服务增长的需求。但在中国,则基层的乡、镇、街道等的数量有显著减少,其目的却是为了降低行政管理成本。显示二者改革的目的和动因存在显著差别。

(3) 权力结构:中央政府控制与主导地方体制

从中央与地方关系的角度看,两国虽然目前体制不同,但长期以来,都表现为中央政府控制与主导地方体制变迁,两国行政区划的调整,在相当大程度上,均由中央政府决定。但仍有不同,其变化趋势亦有明显差别。韩国 1948 年以来,均把“地方自治”作为基本原则,尽管实行中有反复和偏差,但一直在向此目标努力,且近期内有很大进展;而中国,一直维持较为严密的中央集权,对地方,多为阶段性的“政策性分权”方式。

在韩国,如同有学者所指出的,韩国历史上长期形成的中央集权体制,中央采取强硬的权力手段控制地方,形成了由上而下的纵向行政控制。虽然在 20 世纪 50 年代实施过地方自治,但并没有起到过真正意义上的地方自治的作用。20 世纪 60 年代,韩国在经济起飞时期采取了“政府主导型”的经济展战略,中央集权的作用又大大加强。近年来,随着政治民主化和“地方化”时代的思想出现,在一定程度上恢复和发展了地方自治制度①。

韩国中央对地方的控制有着深厚的渊源。在过去,基本上是通过强硬权力手段牢牢

① 刘君德,冯春萍,华林甫,等. 2002. 中外行政区划比较研究[M]. 上海:华东师范大学出版社:127-128.

控制地方。内务部作为地方自治团体事务的监督机关，代行地方议会的职能，单方面地把中央意图贯彻落实到地方自治团体，独揽大权，导致地方自治团体的"国家机关化"，也影响了地方积极性的发挥。其中，财政控制是中央对地方实行控制的最有效的手段。韩国中央对地方的财政控制分为三个方面：① 财政补助；② 调整地方财政制度；③ 控制地方预算[①]。中央政府将大量的事务委托给地方自治团体承担，地方的财政自给能力较差，不得不依赖中央。

1988 年后，权力的天平开始向地方倾斜。尽管历史的惯性和行政传统等难以迅速改变，但"金泳三政权仍然一如既往地推动地方自治的全面实现，扩大地方权限，鼓励市民直接参与与生活问题密切相关的政策制定过程。1996 年 1 月 3 日，韩国国家总务处发表《国家机能转让地方政府方案》，地方政府事务在全体国家事务中所占比率从 13%提高到 18%，进一步强化了地方自治功能"[②]。

从 1992 年起，金泳三政府采取很多措施划分中央与地方（省级）的政治与行政权力，降低中央政府对地方政治与行政权力的集中控制程度，提高地方政府决策机关和决策者的地位，明确界定中央行政与地方行政的职能关系。通过放权和分权的改革"还权"、"还政"于地方政府，使地方能对本地区的经济、文化、行政方面的重大事务自主做出决定，自主地进行处理[③]。近年来制定的有关地方自治的法令中，强调了提高地方自治团体的自主权，明确规定中央对地方事务为行政指导；在中央与地方关系上，开始从权力手段向非权力手段转变，标志着地方行政民主化的发展趋势。韩国中央与地方的权力划分、职责、财政等，均有法律明文规定，且得到切实遵守。

相比之下，中国的中央与地方关系还在不断发展完善，乃至实践探索阶段，维持中央政府的强势和主导地位在较长时期仍为主要取向。

2）差异性

中韩两国行政区划的差异性主要表现在政区标准和调整依据、调整程序、调整方式、调整目标以及关注的政区层次及调整重点等方面。

(1) 在政区标准和调整依据上，中国以政策性标准为主，变动多；韩国以法律性标准为主，较稳定。

中国在地方制度的政区体制领域，现有相关法规的规定多为原则性的表述，缺乏详细的、可操作性的标准；不同时期多以有关政策为准，变动性较大，往往难以严格执行，在一定程度上导致区划调整的某种随意性。

我国的行政区划体系，在《宪法》中有明确规定，但各层级的含义、权责、划分方式和标准等多语焉不详，缺乏相关法规配套与支撑。目前，直接涉及行政区划管理法规的，有国务院于 1985 年颁布的《国务院关于行政区划管理的规定》，明确了不同政区设立、变更的审批权限。尤其是将"市"分属多个层级，既有《宪法》所规定的三级，即"直辖市"、"较大的市"和"市"，又有行政等级上的省级市、副省级市、地（州）级市和县级市，所谓"三层

---

① 刘君德，冯春萍，华林甫，等. 2002. 中外行政区划比较研究[M]. 上海：华东师范大学出版社：129-130.

②③ 复旦大学韩国研究中心. 1998. 韩国研究论丛（第四辑）[M]. 上海：上海人民出版社：42-43，58.

四等"①,重复使用同一通名,人为增加混淆。对于设市、设镇标准,也都经过多次变更。

现行设市标准是根据1993年2月8日民政部向国务院上报的《关于调整设市标准的报告》确定的。该标准分别制定了设立县级市、地级市的标准,除了有人口数量外,还引入"人口密度"作为分类指导的依据;经济指标上,包括了国内生产总值、财政收入、工业产值、第三产业产值比重等,并放宽了特殊类型地方设市的标准②。

现行的设镇标准,是1984年民政部对1955年和1963年的设镇标准加以调整确定的,主要包括三个方面:① 凡县级地方国家机关所在地,均应设置镇的建制。② 总人口在2万人以下的乡,乡政府驻地非农业人口超过2 000人的,可以建镇;总人口在2万人以上的乡,乡政府驻地非农业人口占全乡人口10%以上的,也可以建镇。③ 少数民族地区、人口稀少的边远地区、山区和小型工矿区、小港口、风景旅游、边境口岸等地,非农业人口虽不足2 000人,如确有必要,也可设置镇的建制。

1997年后,由于原有设市标准指标过低,已经不能满足调控目标和指导意义,因此,国家已经冻结审批新的县改市申请。2002年,又经国务院批准,国务院办公厅印发《国务院办公厅关于暂停撤乡设镇工作的通知》(国办发〔2002〕40号),通知要求"停止执行《国务院批转民政部关于调整建镇标准的报告的通知》(国发〔1984〕165号),在新的设镇标准公布前,各省、自治区、直辖市暂停撤乡设镇工作"③。此规定至今还未解冻。民政部后曾多次尝试拟定新的设市、设区、设镇的标准,并征求意见,但至今未曾正式推出和实施。

韩国则法规健全,标准明确,在法律轨道上规范和解决问题,且严格执行。《地方自治法》规定了详细的各级政区设置标准,且较为合理,历60余年而循序变更。政区调整有法可依,又可以预期。不论是之前的狭域型"市"、"邑",还是1995年后的广域型"市",均是先制定明确的法律、标准,再加以严格执行。

(2) 在调整程序上,中国基于敏感性,难以公开透明;韩国自下而上有序申报,较为公开、透明。

由于中国对不同政区设置、转换的标准、程序等没有明确、详细的规定,导致在调整程序上,中国往往成为暗箱操作的方式。多由上级政府根据自身需要和判断,来加以调整;且先进行政区调整,再安排后续事宜。在调整的过程中,因为涉及干部安排,资产移交等敏感事项,往往严格保密,到最后才突然宣布,再进行解释、调整工作。如2010年7月最新一次北京行政区划调整,将宣武区与西城区合并,将崇文区与东城区合并。有报道称,政府数次以新闻形式解释四区合并政策的行为,显然并未赢得所有市民的理解。一位网友发帖说:"舆论反对之声如此之多,并非针对四区合并本身,而是在抗议区划合并更名前,没有征询市民意见;新区划命名,也没有召开市民听证会和接受人民代表大会代表质询。"④

当然,也有学者分析了之所以如此的原因。汪玉凯介绍说:"中国行政区划调整的最

---

① 戴均良. 2000. 中国市制[M]. 北京:中国地图出版社:63.

② 靳尔刚,张文范. 1996. 行政区划与地名管理[M]. 北京:中国社会出版社:97-101.

③ 法律图书馆. 2002. 国务院办公厅关于暂停撤乡设镇工作的通知[EB/OL]. (2002-08-15). http://www.law-lib.com.

④ 杨明. 2010. 北京城区调整方案出台背后[EB/OL]. (2010-07-12). http://style.sina.com.cn.

高决定权在国务院，北京市地方人民代表大会在这个问题上有一定的话语权、发言权，但是目前来讲还不具备法律效应。再有，此次北京区划调整涉及核心区，影响非常大，如果之前把信息透露出去，可能会引起四区官员、群众很大的心理波动，甚至影响到执行问题，所以为了不造成过大影响，采取快速的决定，然后再解决后续问题的改革策略。”焦洪昌认为：“虽然改革涉及民主化、科学化的问题，但是也包含策略问题，此次调整涉及人事问题，这样的改革策略可以理解，一定程度上防止了腐败的发生，这个‘突如其来’的消息一下子将人事问题‘冻结’了，有效防止了事前活动，突击进人和提拔官员。”①

中国行政区划的调整，之所以往往引发很大的震荡，以致政府常常要把有关信息隐藏至最后一刻，关键即在于，涉及很多资源、资产，以及官员等的切身利益。诸多资产属于公共部门，在调整过程中，面临机构重组，就有可能产生腐败问题；而众多官员也会因为撤并等而失去更好的机会，导致官员利益受损，故各级官员实际上直接受到行政区划调整的影响，或因之而会产生抵触情绪。

韩国则是先讨论需要转换与否，由当地居民提出申请②，再根据标准由上级政府或机关确定，然后颁布法令，正式宣布，水到渠成。转换渠道通畅，面、邑、市符合标准即可转换，且基本以原有辖区为单位，震动较小。例如，广域市层面，1986 年 11 月 1 日，政府颁布“关于建立光州直辖市的法律”，继釜山、大邱和仁川之后，光州市升级为第四个直辖市③。而其下的市、郡和邑、面、洞层面，亦根据不同时期的不同的法律、法规和条例，而加以变化。以江原道为例，如 1955 年 9 月，根据法律第 372 号(1955 年 8 月 13 日颁布)，原州郡原州邑、江陵郡江陵邑升级为“市”；1973 年 7 月，根据“总统令”第 6543 号(1973 年 3 月 12 日颁布)，宁越郡上东面、旌善郡旌善面、高城郡巨津面均升级为“邑”；1989 年 4 月，根据“春城郡条例”第 1200 号(1989 年 3 月 29 日颁布)，新东面新村出张所地区升级为东内面；2004 年 7 月，依据平昌郡条例第 1726 号(2003 年 10 月 4 日公布)，增设珍富面松亭 5 里④。

(3) 在调整方式上，中国幅度较大，竞争激烈；韩国逐步推进，偏于保守。

1949 年，尤其 1979 年以来，中国的行政区划调整，总体来看，变更幅度较大，同时，调整方式也较为激烈，如采取整县改市、撤县市设区、撤乡并镇等手段，对地方的区划格局变动、冲击较为明显。其原因，可能既与地方的发展冲动有关，也与法规的疏漏、简略且得不到严格的遵守有关。与之相反，韩国的调整方式，则明显表现出循序渐进，偏于保守的特征，多局部改编，逐渐扩张，而非整个政区的撤并，故所引起的社会震动、对地方的冲击等均较小。同时，逐渐扩编，而非整个县市合并，既避免了中心城市实力不足、带不动周边县市发展的问题，也保持了相关、相邻地区发展的势头和活力，且对土地的利用和保护也较为有利。

对此，可以北京与首尔两个地区政区变迁的过程为例，来加以说明，如表 3-10、表 3-11 所示。

---

① 鄂璠，李雅男. 2010. 北京行政区划调整，专家：意欲打造世界级城市[EB/OL]. (2010-08-03). http://money.rednet.cn.

② 自治体国际化协会. 2008. 韩国的地方自治[M]. 东京都：(财团法人)自治体国际化协会：18.

③ 参见光州市政府网站. http://chn.gwangju.go.kr.

④ 参见江原道政府网站. http://chn.gwd.go.kr.

表 3-10 北京历次行政区划变迁情况一览表

年份	北京行政区划调整	调整结果
1949	1949 年 1 月 1 日，中国人民解放军北平市军事管制委员会和北平市人民民主政府宣告成立。同年 1 月在原国民党时期 20 个区的基础上临时划定 32 个区，4 月将 32 个区合并为 26 个区，6 月接管任务完成后调整为 20 个区。经过扩界和局部变动，市辖面积扩大 548 km^2，人口增加 21.5 万人。中国政治协商会议第一次全体会议决定：1949 年 10 月 1 日起，北平市更名为北京市，定为中华人民共和国首都。1949 年 12 月 9 日上午 9 时，北京市人民政府举行就职典礼。北京市人民政府委员会成立典礼亦同时举行	至 1949 年年底，北京市下辖 20 个市辖区。城区第 1—12 区，郊区第 13—20 区
1952	1952 年北京市由华北行政委员会领导。1952 年 6 月 20 日北京市人民政府批准：将城内和郊区的 16 个市辖区，调整合并为 13 个市辖区。将城区内由 9 个区，调整合并为 7 个区；郊区由 7 个区，调整合并为 6 个区。同年 7 月，将河北省宛平县全部及房山、良乡 2 县部分地区划归北京市。至 1952 年年底，北京市下辖 13 个市辖区	至 1952 年年底，北京市下辖 13 个市辖区：7 个城区，即东单区、西单区、东四区、西四区、前门区、崇文区、宣武区；6 个郊区，即东郊区、南苑区、海淀区、丰台区、石景山区、京西矿区。 北京市行政区域面积增加 1 961 km^2，增加人口 13.1 万人
1956	1956 年，划入昌平县全部(高丽营镇除外)和通县的 7 个乡，增加面积 1 604 km^2，增加人口 29.2 万人。至 1956 年年底，北京市下辖 14 个市辖区	城区(7 个)：东单区、西单区、东四区、西四区、前门区、崇文区、宣武区。郊区(6 个)：东郊区、南苑区、海淀区、丰台区、石景山区、京西矿区、昌平区
1958	1958 年 3 月，河北省通县专区所属通县、顺义、大兴、良乡、房山等 5 县及通州市划入北京市。 撤销西单、西四 2 区，合并设西城区；撤销东单、东四 2 区，合并设立东城区；撤销前门区，并入崇文、宣武 2 区；东郊区改名为朝阳区；撤销石景山区，分别划归丰台区、海淀区和门头沟区；京西矿区改名为门头沟区；撤销通县和通州市，合并设立通州区；撤销良乡、房山 2 区，合并设立周口店区；撤销大兴县，改为大兴区；撤销南苑区，划归朝阳区、丰台区和大兴区；撤销顺义县，改为顺义区。 1958 年 10 月，河北省所属怀柔、密云、平谷、延庆 4 县划入北京市	这一次的行政区划变更动作最大，吸收河北土地最多。北京市共增加面积 11 988 km^2，增加人口 217.9 万人。至 1958 年年底，北京市下辖 13 个市辖区、4 个县。 13 区：东城区、西城区、崇文区、宣武区、朝阳区、海淀区、丰台区、门头沟区、周口店区、大兴区、通州区、顺义区、昌平区。4 县：平谷县(城关镇)、密云县(密云镇)、怀柔县(怀柔镇)、延庆县(延庆镇)
1960	撤销昌平区，恢复昌平县；撤销顺义区，恢复顺义县；撤销通州区，恢复通县；撤销大兴区，恢复大兴县；撤销周口店区，恢复房山县	至 1960 年年底，北京市下辖 8 区、9 县。 8 区：东城区、西城区、宣武区、崇文区、海淀区、朝阳区、丰台区、门头沟区。9 县：昌平县、延庆县、怀柔县、密云县、顺义县、平谷县、通县县、大兴县、房山县

续表 3-10

年份	北京行政区划调整	调整结果
1967	1967年8月7日,北京市革命委员会批准:撤销石景山办事处,设立石景山区	—
1974	1974年8月1日,北京市革命委员会批准:设立北京市石油化工区办事处(区级),以房山县的部分行政区域为其行政区域	—
1980	1980年,设立燕山区。即原北京市设立石油化工区办事处的行政区域,设立燕山区,同时石油化工区办事处予以撤销	至1980年年底,北京市辖东城、西城、宣武、崇文、海淀、朝阳、丰台、门头沟、石景山、燕山等10区和昌平、延庆、怀柔、密云、顺义、平谷、通县、大兴、房山等9县
1986	撤销房山县、燕山区,设立房山区。至此北京行政区划格局已基本确定,与现在之格局基本相同	至1986年年底,北京市下辖4中心市区、6城郊区、8远郊县。4中心市区:东城区、西城区、崇文区、宣武区。6城郊区:朝阳区、海淀区、丰台区、门头沟区、石景山区、房山区。8远郊县:大兴县(黄村镇)、通县(通州镇)、顺义县(城关镇)、平谷县(城关镇)、密云县(密云镇)、怀柔县(怀柔镇)、昌平县(昌平镇)、延庆县(延庆镇)
1997—1999	1997年4月29日,国务院(国函〔1997〕30号)批复撤销通县,设立通州区;1998年3月3日,国务院(国函〔1998〕17号)批复,撤销顺义县,设立顺义区;1999年9月16日,国务院(国函〔1999〕112号)批复,同意撤销昌平县,设立昌平区	北京市下辖13个市辖区、5个县。13个市辖区:东城区、西城区、宣武区、崇文区、海淀区、朝阳区、丰台区、门头沟区、石景山区、房山区、通州区、顺义区、昌平区。5个县:延庆县、怀柔县、密云县、平谷县、大兴县。至2000年年底,北京市下辖东城、西城、宣武、崇文、海淀、朝阳、丰台、门头沟、石景山、房山、通州、顺义、昌平等13个市辖区和延庆、怀柔、密云、平谷、大兴等5个县。全市共有127个街道、139个镇、71个乡、5个民族乡
2001	2001年1月9日,国务院(国函〔2001〕4号)批复:同意撤销大兴县,设立大兴区,以原大兴县的行政区域为大兴区的行政区域。 2001年12月30日,国务院(国函〔2001〕175号)批复:同意撤销怀柔县,设立北京市怀柔区,以原怀柔县的行政区域为怀柔区的行政区域。 2001年12月30日,国务院(国函〔2001〕176号)批复:同意撤销平谷县,设立北京市平谷区,以原平谷县的行政区域为平谷区的行政区域	—
2010	国务院批复北京市政府关于调整首都功能核心区行政区划的请示:撤销东城区、崇文区,设立新的东城区;撤销西城区、宣武区,设立新的西城区	合并后新设立的东城区,辖区范围为现东城区和崇文区辖区范围,面积为41.84 km^2,常住人口86.5万人;合并后新设立的西城区,辖区范围为现西城区和宣武区辖区范围,面积为50.70 km^2,常住人口124.6万人

表 3-11　首尔特别市行政区域变迁状况一览表

年度	沿革	面积（km^2）
1394-10-25	朝鲜太祖三年	—
1395-06-06	朝鲜太祖四年汉阳府改称汉城府	—
1396-04-01	都城内部及城郊10里为汉城府行政区域。都城内划分为5部52坊	都城内部面积约为16.50 km^2
1398-03-07	朝鲜太祖七年，从汉城还都开城	—
1405-10-16	朝鲜太宗五年，从开城再迁都汉城府	—
1895-05-26	地方制度改变，汉城郡	—
1896-08-04	还原为汉城府	—
1910-10-01	汉城府改称京城府	—
1911-04-01	京城府行政组织为5部8面	约250.00 km^2
1914-04-01	京城府管辖地域	36.18 km^2
1936-04-01	京城府管辖地域	133.94 km^2
1943-04-01	实行区制，钟路区、中区、东大门区、龙山区、城东区、永登浦区、西大门区，新设(7区)	—
1944-10-23	麻浦区新设(8区)	136.00 km^2
1945-08-15	京城府改称首尔市	—
1946-10-1	洞名由日本称呼改为韩国称呼	—
1946-10-18	从京畿道管辖下分离，成立首尔特别自由市	—
1949-08-13	行政区域扩张，城北区新设(9区)	288.35 km^2
1949-08-15	改称首尔特别市	—
1951-01-03	釜山为临时首都	—
1953-08-01	还都宣布	—
1963-01-01	行政区域扩张	613.04 km^2
1973-07-01	行政区域扩张，道峰区、冠岳区新设(11区)	627.06 km^2
1975-10-01	江南区新设(12区)	—
1977-09-01	江西区新设(13区)	—
1979-10-01	恩平出张所改设为恩平区，千号出张所改设为江东区(15区)；九老区、铜雀区新设(17区)	—
1988-01-01	中浪区、芦原区、阳川区、瑞草区、松坡区、新设(22区)	605.40 km^2
1995-03-01	广津区、江北区、矜川区新设(25区)	—

由前表3-10、表3-11可见，北京的区划调整，多是大规模地将邻县划入，从初期(1949年)的548 km^2，到1952年增加为1 961 km^2，再至1958年猛增到11 988 km^2，10

年间扩展20余倍，且直接把邻近的河北省的数县划入；而首尔市的调整，从1944年的约136 km^2，到其辖域面积最大的1973年的627.06 km^2，也不过增加不到5倍，且是较为和缓地把邻区的若干洞、邑、面等“编入”。

其他基层政区更是如此，如中国的乡镇政区，1992年前后，曾经有大规模的撤区、并乡、建镇的行政区划改革，以浙江省为例，1992年末，全省由2 405个乡撤并为946个乡，全省354个县辖区的建制全部撤销①，乡的减少速度惊人，达2倍之多。而反观韩国，其市、邑、郡、面的变化，均较为和缓，基本上是相互的建制转换，总数上变化不大。即使有必要进行辖域的调整，也是局部重新编入，无大撤大并现象。如江原道春川市对辖下“洞”的调整，根据“春川市条例”第338号(1999年5月4日颁布)，将新东面正足里部分地区和温衣洞部分地区并入漆田洞②。

(4) 在调整动因上，中国较为单一(谋求经济发展)；韩国较多元(经济发展、民主政治)。

如前所述，在韩国发展的不同阶段，行政区划的变化及其作用是相当不同的。早期(第一阶段)和晚期(第三阶段)，基本制度由《地方自治法》规定，其主要目的就是发展和促进地方自治，即推进民主政治建设，并无有意识地将之作为推进城市化的工具。只有在第二阶段，政府在着力推动经济发展和城市化进程时，使用过行政区划改革的手段，加以推动。但也仅限于若干重点发展的大城市，如直辖市的设立。

同时，即使在第二阶段，政府也不得不承认或宣称，在时机合适、条件具备时，要恢复地方自治，且其所取消的主要是地方首长的直接选举制度；其他基本的方面，仍遵循法治精神。具体到行政区划调整方面，即仍然按照法律的规定，按部就班地进行调整，如局部改编(在大城市周围适当地将周边地区划入)和建制变更(面、邑、市的转换)。可见，行政区划的改革，韩国是落后于城市化的，或者，在城市化推进到一定程度后，加以追认、确认，具有滞后于城市化的特征，即达到市、邑标准后正常转化。换言之，韩国，较少将之作为达到某种发展目标的手段。

当然，1961—1988年，政府也曾经使用行政区划手段来引导城市化进程，但仅限于大城市，较为有限和节制，且没有破坏原有的基本体系。如首尔市的扩张和发展，1963年1月1日，大幅度从之前的288.53 km^2，一跃而为613.04 km^2，为其后江南地区的发展，打下了基础③。但即使如此，也是较有节制的，多是把周边局部的洞、邑、面等基层政区划入，而没有大幅度地整郡撤并。而其他政区，则多是在达到改市、改邑的标准后，自然变更的。

中国1979年后的诸多改革举措，则都是超前于城市化，希望通过行政区划的调整来引领城市化进程。当然，表面来看，确实在此期间，中国的城市化水平得到大幅提高，但与此同时，也产生种种严重问题，如实质上的城乡差距的迅速扩大，则说明这种方式是不可持续，也是不甚公平的。中国所存在的较为严重和明显的“区域剥夺”现象，相当大程

---

① 浙江省民政志编纂委员会. 1994. 浙江省民政志[M]. 北京：中国社会出版社：65.

② 参见江原道政府网站. http://chn.gwd.go.kr.

③ 首尔发展研究院. 2000. 首尔主题地图·2000[Z]. 首尔：首尔发展研究院：24-25.

度上与这种行政区划体制有关。而且，在实行过程中，往往一哄而上，一刀切，“撤地设市”、“整县改市”、“撤乡并镇”等举措不管各地情况相差多大，即全面推行；同时，市、镇的标准亦变动较为频繁，内涵也前后不一，以致相关调整和改革较难持续、一贯、稳健地进行。

(5) 在关注的政区层次及调整重点上，中国较重视大范围空间、高层次政区，以及大中城市中心城区政区的调整；韩国则同样重视对基层社区的扶植与尊重。

对低层政区和基层社区的重视与否，实际上对达成所谓“城乡统筹发展”的目标至关重要，但这一点多为人所忽视。在中国，之所以城乡差距逐渐拉大，在地方行政架构与行政区划层面而言，与其多重视大空间范围、高中层次政区，以及大中城市中心城区政区的调整和建设，而忽视或随意看待低层政区和基层社区有关。这样，导致对低层、基层政区所配置的权力过小，加上存在较为随意的拆、分、撤、并等现象，使得中心城市外围以及乡村发展缺乏稳定的保障和预期，处于一种不甚稳定的状态。如前所示浙江省 1979 年以后乡、镇、街道等数量的变化，显示出基层政区不断大幅度减少的趋势。

同时，乡村的村落和城市中的社区，也都有明显的行政化特征，而市民、村民自我管理、自我组织等合作性、自治性的组织、机构难以落实。应该说，当代中国在法律上，基层层面之群体的、社区的自治是存在的，即乡村地区的以行政村为单位的村民自治和城市地区以社区为单位的居民自治(即现行《宪法》第 111 条所规定的“城市和农村按居民居住地区设立的居民委员会或者村民委员会是基层群众性自治组织”)①。但问题是，一方面，实际执行中缺乏可操作性的制度安排和保障，行政化倾向非常明显，离真正的自治还有相当距离；另一方面，这种自治在聚落系列中，还是层次太低，规模太小，导致其作用难以充分发挥，而官治在很大程度上仍然深入到方方面面。

而在韩国，实际上，基层的原有体系并未人为打破，而是自然演变。政府的管理到洞、邑、面层级；其下，实际上，仍存在原有的、村民(居民)自治性的里、统，再往下还有班之类的居民组织。对此，政府并未一概取消，而是加以引导，利用，尊重。这些体系的存在，抵消了上层行政区划调整的负面效应，不太会造成对地方、社区、个人利益的冲击。这一点，虽然不直接涉及行政区划的调整，但其实至关重要。从前图 3-11 所显示的韩国洞、邑、面的数量变化可以看出，原来的面的数量变化虽然在减少，但并不剧烈，且基本是直接转变为邑，或洞，故基层政区的数量其实是在不断增加。这种现象其实符合随着人口增加，而相应公共服务均等化所要求的细分的趋势。

正是在这样的区划基础上，推动韩国均衡发展、达成城乡统筹效果的“新村运动”得以顺利推进。2005 年，韩国学者朴振焕在分析“新村运动”时指出：“新村运动是一场以村庄为单位，很少财政投入，适合时宜的运动。”韩国全国大约有 1 450 个乡镇，33 000 个左右的村庄。通过与面政府的合作，发挥村民自我组织、自我管理、自我建设家园的主动性

---

① 《中华人民共和国宪法》(1982 年)(1982 年 12 月 4 日第五届全国人民代表大会第五次会议通过)第 111 条规定：“城市和农村按居民居住地区设立的居民委员会或者村民委员会是基层群众性自治组织。居民委员会、村民委员会的主任、副主任和委员由居民选举。居民委员会、村民委员会同基层政权的相互关系由法律规定。”参见“法律教育网”. http://www.chinalawedu.com.

和创造性，使得韩国的农村地区迅速现代化①。“农村地区的传统是村里的事务由一些年龄较大的男性村民做出决定。然而，拓宽村里的道路的决定不能按传统的方式进行，需要在村民会议上决定。每户家庭派出一个代表参加……村会堂不久成了草根民主的培训地。通过参加会议，村民们懂得了民主决议过程和会议效率的重要性”②。

甚至在20世纪70年代，“新村运动”又扩及城市。朴振焕介绍说：“城市里的一个洞级单位包括许多街道，相当于农村里的村庄。村庄里有一个村庄领导人充当乡镇办公室与村民之间沟通者的角色。与之相似，城市里也有一个街道负责人”，“为了将新村运动拓展到城市，内务部在20世纪70年代早期设立了街道会议，宣布街区会议每月25号晚上20点在本街区某个人家里举行。这个街区的每个家庭都应该派一个人前来参加街区会议。……街区会议在新村运动拓展到城市住宅区的过程中扮演了一个重要的角色”③。

朴振焕还在理论上分析了村民合作、自治的重要性：“为了加速农村的现代化，三件事情需要同时做，即农民的单独行为(F)，村民的合作行为(V)和政府的行为(G)。如果这三个行为中的某一项缺失的话，农村现代化会因此延迟，这可以用下面的函数来表示：$W=f(F,V,G)$。其中：W是指的传统村庄的福利水平；V指的是村民的合作行为；G指的是政府的政策项目。”④

显然，在中国，仅有政府一极，是远远不够的。没有个体、家庭的努力，没有基层社区、低层政区民众的自我组织、合作行为和主动性发挥，是难以圆满实现既定的发展目标的。

3.5.2　中韩两国“市制”改革绩效差异的深层原因

从单纯行政区划本身来看，在形式上，中国当代的行政区划改革，较之韩国，实际上更为合理，变革更彻底。韩国当代的行政区划格局还遗留有较多传统的、历史的成分与痕迹。与日本近代改革的彻底性相比(废藩置县，韩国却不能废道而由中央政府直辖郡、市)，仍属于较为温和的、保守的改革。在时间上，也较之中国大陆地区滞后，如实行直辖市制度(现代中国1949年乃至更早时期即实行，韩国则于1962年实行)、广域市制度(中国1958年即实行，韩国1995年实行)、整县改市(中国1985年后即推开；韩国1995年后开始有限度地推行市、郡合并，出现统合市)等。

但从行政区划体制及其变革对城市化乃至城乡统筹发展的作用或绩效来看，韩国又有自身优点。诸如：城市化水平的大幅提升，已经基本完成城市化任务；人口的居住空间的转换同时伴随着职业、身份的转变，二者的差距缩小。在城市化地区发展的同时，乡村地区未见衰落，而是在环境、旅游、基础设施等方面有同步的进展，即居住在不同地区的居民，可以享受到大致相同水平的公共服务。

导致中韩出现这些差异的原因，从行政区划的角度而论，已经主要不是外在的形式上的差异，而是在许多相关的配套体制，以及一些基本的制度等方面存在差别。中国行

①②　朴振焕. 2005. 韩国新村运动——20世纪70年代韩国农村现代化之路[M]. 潘伟光，郑靖吉，魏蔚，等，译. 北京：中国农业出版社：2，64.

③④　朴振焕. 2005. 韩国新村运动——20世纪70年代韩国农村现代化之路[M]. 潘伟光，郑靖吉，魏蔚，等，译. 北京：中国农业出版社：40-41，143-144.

政区划改革，还要从与之相关的基本制度上加以考虑。

就与行政区划体制发挥作用有关系的角度而言，中韩相关的制度差异及具体因素在以下四个方面的差别比较重要：

(1) 基本制度

基本制度包括土地制度（土地私有且不同所有者地位平等）、户籍制度（可以自由迁徙，简单的登记制）、市场经济制度（自由市场制度），等等。有这些基本制度导向或制约，行政区划的调整对社会、地方、社区乃至个人的影响可以局限在一定的范围内，仅限于某些方面。如因为土地的私有且平等交易，则区划调整对其所有权并无影响，在哪里其收益均由市场决定并归属其所有者；地方政府并无进行大规模调整以获得土地的冲动；调整时也会量力而行，不会过分贪大求多。

正如有学者指出的："虽然韩国政府素以强力干预市场闻名于世，但总的来讲，仍然是在比较符合市场原理的基础上进行的。《大韩民国宪法》不仅保护私有财产，而且保证企业及经济活动的自由。同时，政府所采取的各种经济政策和产业政策也比较充分地考虑了市场原则，即政府通过制定有关限制垄断和公平交易的法律、土地改革法、土地利用管理法、产业开发促进法等促进经济发展的各种法律法规，促进市场经济体制完善和经济增长。"①

因此，虽然不同时期，在韩国，政府有民主与独裁等差别，但正如前所述，1948 年《大韩民国宪法》和 1949 年《地方自治法》公布，其所规定的基本制度，一直延续下来（差别主要在选举与否上）；换言之，这些基本制度，成为后来城市化的前提和条件。

(2) 法治精神

韩国在日据时期，就建立了较为完备的法律体系。独立及建国后，进一步借鉴美国及西方国家的经验，更加制定了一整套完善的法律体系。尤其重要的是，建立起较为成熟的"法治精神"和"依法治国"的理念。这些对行政区划改革中遵循法律规定调整，对地方、社区等的尊重、承认和维护，具有重要意义，使得韩国的行政区划演变较为规范，有章可循，也未对社会和地方造成过大影响和冲击。

1988 年《大韩民国宪法》修订后，更加明显。现行《大韩民国宪法》中值得注意的是设立了宪法法院，用以保护《大韩民国宪法》和保障公民的基本权利。这一独立机构的司法权共分五个方面：裁定对总统、总理和法官的弹劾；决定解散政党；审查立法与《大韩民国宪法》的一致性；解决国家机关之间、国家机关与地方政府之间或地方政府之间的权限纠纷；裁定有关《大韩民国宪法》的申诉。因此，即使出现争议，也能够在法律的轨道上解决问题。2003 年以后在韩国引起很大争议的"迁都"一事，即是对此的很好说明。

据有关报道，2003 年 12 月，韩国国会通过《新行政首都特别法》，决定将行政首都从首尔迁往中部地区。2004 年 8 月，韩国政府最终确定并正式公布了新行政首都的地址，位于韩国中部地区的燕歧—公州将成为新的行政首都。韩国政府定于 2007 年 7 月在燕歧—公州动工建设新行政首都，在 2020 年和 2030 年将分别形成拥有 30 万和 50 万人口的城市。自 2012—2014 年，韩国主要国家行政机关将迁往新行政首都。2004 年 10 月，

① 张东明. 2002. 韩国产业政策研究[M]. 北京：经济日报出版社：16.

韩国宪法法院裁决，韩国国会2003年12月通过的《新行政首都特别法》违反《大韩民国宪法》。韩国政府制定的将行政首都从首尔迁往中部地区的计划将因此被迫停止执行①。

(3) 儒家传统

中韩两国同属于东方的儒家文化圈，经济发展的文化逻辑是相通的，这不同于西方国家。儒学对韩国的影响随着现代化的进程不断体现出来。高丽大学编写的《韩国民俗大观》序言中认为：“儒教至今仍深深扎根于我们社会的基底”，“儒教不仅仅改变了人的思想和性格，而且使社会构造、习惯、制度也发生了大的变动”。韩国学者金日坤认为，韩国人受儒教影响而形成的伦理观念，如热爱国家、重视集体、勤劳朴实、发奋图强等精神，发挥了类似欧洲古典学派所说的新教资本主义精神的作用。他从儒家的秩序原理探讨经济繁荣的原因时确信：“根深蒂固的儒教文化仍然在发挥作用，仍是社会的核心文化。”②

朴振焕也提到，新村运动中，“合作的文化传统”的重要性：“在韩国农村，一直以来都有一个长期的传统，就是在非农忙时节，村民们都会去维修公共道路和改造农村设施。新村项目也是基于这一传统文化基础之上实施的。”③

(4) 偶然因素

还有一些偶然因素也不容忽视，如美国的压力、冷战的环境，乃至领导人的个人因素，如前总统朴正熙。据曾经协助朴正熙总统开展“新村运动”的朴振焕回忆，“新村运动”在相当大的程度上，是朴正熙个人推动的。朴振焕认为：“军事政府的首脑是已故的朴正熙总统，他在1962—1979年执政，这期间韩国从一个农业国转变成一个新兴的工业化国家。他坚信摆脱贫困的陷阱最快的途径是实现现代化，所以他着重点不是民主政治的发展，而是集中所有的精力通过推动人力资源的改进来为韩国的经济发展服务。朴总统出身于农村一个农民家庭。他在加入军队前，在庆尚北道的山区当一名教师，因为他在农民家庭中长大，他很了解农民遇到的问题，并且对遭受贫困之苦的农民有强烈的同情心。”④

总而言之，中韩两国行政区划的变迁，均是在城市化过程中的改革。在相当长的时期内，均为获取最大的国家利益，适应城市扩张和城市化推进的需要。但相同的出发点，类似的动机，而成效却有较显著的差异，的确引人深思。

正如有学者在对韩国近现代的发展历史进行考察后所得出的结论：“韩国经济发展，在某种程度上，是各种因素相互作用的结果：政治意愿，适当的经济政策，有效的执行力，大众的广泛动员，熟练而又较为廉价的劳动力，富有活力而又受制于干预主义者组成的集权政府的指导和控制的私营部门，强烈而明显的以导向出口与乡村发展和拓展新兴部门为目的的补助计划与项目，以及致力于扩大韩国出口的国际视野……单独一个独裁政

---

① 董向荣. 2005. 韩国[M]. 北京：社会科学文献出版社：57.

② 金日坤. 1991. 儒教文化圈的伦理秩序与经济[M]. 北京：中国人民大学出版社：142-143.

③ 朴振焕. 2005. 韩国新村运动——20世纪70年代韩国农村现代化之路[M]. 潘伟光，郑靖吉，魏蔚，等，译. 北京：中国农业出版社：183-184.

④ 朴振焕. 2005. 韩国新村运动——20世纪70年代韩国农村现代化之路[M]. 潘伟光，郑靖吉，魏蔚，等，译. 北京：中国农业出版社：21.

府(如李承晚时代)是不够的。放眼世界,在不同的时代,有着同样高度集权的国家却失败了,有着同样的私营与公营的部门却运行绩效低下,有着同样良好的政策却执行乏力,也有着同样的补助却无法取得预期的成效。恰恰是这些因素在合适的国际环境中的独特结合,才显示出韩国的特殊天赋。"①

韩国如此,日本如此,中国台湾地区亦相类似。

① Steinberg D I. 1989. The Republic of Korea: Economic Transformation and Social Change[M]. Boulder: Westview Press:157.

中篇　演变·路径·格局

实体城镇的发展离不开制度层面城镇治理方式的转变。在中国漫长的古代阶段，虽然城镇发展在特定时期也取得相当大的成就，但其在制度层面与现代治理方式迥乎不同，这也是其未能自我正常发展进入近代发展阶段的重要原因。

近现代以来，由于各种因素的影响，中国城镇在这两个层面的发展上，亦时而艰难地一致，时而固执地背离，导致其发展步履蹒跚，城镇化道路荆棘丛生。由于中西方城镇理念的差异悬殊，在西方是城镇发展前提的东西，在我们这里成为与政治斗争、意识形态等纠缠在一起的重大制度性难题。城镇在实体层面的发展，也往往在之前所述的两种城镇化道路之间，歧路彷徨，东摇西摆。

因此，回顾一下与近代迥乎不同的古代状况，也审视一下与今天乃至未来直接相关的中国近现代的城镇化进程及其相应行政区划领域的发展与变革，有助于我们深刻地理解今天中国城乡发展与政区体系矛盾之症结所在，也有助于深刻理解改革和完善“市制”的必要性与紧迫性。

4 中国传统的城镇化道路与古代的“市制”

4.1 中国与西方国家城镇化的不同道路

1991年，谭天星、陈关龙两位学者出版了他们研究中西城市不同发展道路的著作——《未能归一的路——中西城市发展的比较》。虽然该著作未能明确提出权力集聚、配置为城市概念的核心和根本，但全书通篇将城市权力的配置、安排，城市与国家的关系等问题作为贯穿分析城市发展史的一条主要线索，鲜明地揭示出中西城市发展之所以道路不同的原因所在。

两位作者明确指出：“城市的推进并不只是一个自然的历史过程；换言之，城市的人口、经济、文化、职能分区与基础设施的发展还应受到政治力量的制约。这种政治力量包括城市的政权结构及地位（如与更高一级权力机构有无从属关系，从属的程度怎样），还有阶级集体的政治意识与权力运动等。”

“中世纪的西欧，尽管很少有中国那样的狂风暴雨式的大规模暴力运动，但城市内部为了权力的独占与分享的斗争始终是相当激烈的。11世纪那种区别于古罗马城市的城市兴起之后，行会首领控制着城市的政治命运。后来的商业巨头、金融家崛起后，即要求加入到城市统治者行列。18世纪后期至19世纪，工业资产阶级优越的经济条件使他们强烈要求在政治上也能具有优势，以致后来的垄断资产阶级实行了对权力的垄断。每一次权力的新的归属都伴随着冲突与调和；而权力的不断移动与新的集团的分享，使城市政权处于一种‘流水不腐’、与城市经济相调节的状态。更重要的是城市市民的权力参与意识。我们看到，在近代，他们对于普选权的争取可谓不遗余力。其结果是对抗性矛盾的缓和。作为构成城市的一个不可或缺的因素，使人具有一种能够相对稳定地释放其能量的环境”。

“中国的城市与此正好相反，在长达两千余年的封建社会中，城市政权虽然周期性地更迭，可实质上是‘换汤不换药’，始终没有一个新兴的阶级力量提出权力要求。封建的枷锁使市民被禁锢，缺乏应有的冲击力。他们为旧制度所包容，从未冲决牢笼去变革城市社会。即使在帝国主义入侵后，市民的忍耐性也大于反抗性，城市是迈着沉重的步伐向前挪动的”①。

如上所述，对城市化取广义的理解，在不同的城市发展阶段，不同的城市制度之下，都可能、可以进入城市化的过程。漫长的古代时期，中国的城市化，其规模、程度绝不亚于西方。如果在传统体制下继续发展（如未受到西方的强力改变），再加上今天高度发达的技术、科学的支撑，也一样可以大规模地城市化（实体意义），甚至达到更大、更高的程

① 谭天星，陈关龙. 1991. 未能归一的路——中西城市发展的比较[M]. 南昌：江西人民出版社：256-257.

度(很简单,通过国家权力,把人口都迁移到城市之中,或都迁移到一起即可;就如“文化大革命”时期,把人口从城市迁至乡村一样易如反掌)。今天,海湾国家的城市化水平可能比西方发达国家还要高。但我们也已经发现或认识到,这样的一条城市化道路,其所引起的问题,其可持续发展的能力,其对生活于其中的居民的影响,等等,都不是我们理想中所要达到的目标,这就需要寻找或借鉴另外的道路。

由于城市化有多重含义,相应地,城市化道路也可以从不同的层面来解析。抽象地,从其制度层面,即权力集聚、配置的方式来看,著者认为,可以宏观地概括为两种城市化道路,即上述谭、陈两位学者所称的、以中国古代和西欧国家中古以来为代表的两条“未能归一的路”:一条是国家权力消解城市(市民)权力的城市化之路,一条是城市(市民)权力与国家权力形成明确分野的城市化之路。

这两条城市化道路所形成的城市,谭、陈两位学者概括为“附庸城市”与“自治城市”。按照谭、陈两位学者的概括,所谓“附庸城市”与“自治城市”,“实际上是一个城市独立行使权力的有无问题”。他们认为,“近代及古代的中国城市基本上是附庸城市,即城市的最高权力从属于中央,这种城市的突出特点是政治性浓烈”,而“西欧城市经历的类型则非常之多,如古典的雅典与罗马城邦时代,中世纪的城市国家与自治城市,近代的民族国家城市”①。

西欧中世纪的“自治城市”,有自身的鲜明特征,并对其后欧洲现代国家和城市的发展,产生了重要的影响。谭、陈两位学者认为:“自治城市或称特权城市,有的学者称为‘自由城市’(Villes Franches)。城市从国王或领主那里取得特权证书,可以自由行使各种权利,如人身自由、土地自由、司法独立与财政独立等。这种情形是与西欧政治上分裂、诸侯割据的局面相一致的。这是 11 世纪以来西欧兴起的城市的一个显著特点。这种城市的意义表现在:① 城市的发展与城市自身的潜能密切相关,而不是依赖于外来的上层力量的支撑,从而导致了 14—15 世纪欧洲城市的繁荣。……城市经济活动的独立性使城市当局可以制定有利于工商业发展的法规。因而,一方面在经济发展的一批自治城市里……最早产生了资本主义工场手工业,从而孕育着更大规模的旧经济体系的分解运动;另一方面,城市的独立发展实质上意味着与封建领主及王权体系的日益分离,而正是这种分离乃是实现新结构取代旧结构的必要前提,这是城市变革中关键的一步。② 自治城市的传统对近代城市的影响。近代之初,独立的城市力量已难以与强大的民族国家力量抗衡,于是在分裂的国家(如德、意),原自治城市要求统一国内市场,以政治力量来保护经济力量。在统一的国家里,城市因与王权同盟取得了更大的发展。如英国政治体制中的重要组成部分——国会最初即是由自治城市的代表所组成的。不过,正是从此开始,城市方面采取政治孤立性政策也就失去了可能性。因此,一方面自治城市的文化积淀在一定程度上也为近代城市所继承,另一方面自治城市十分注重在国会中维护本城市的利益。这样,即使在民族国家城市形成后,虽然城市在经济上依赖于国内与国际市场,但在政治上并没有完全依附中央权力。譬如,从市民阶级的第一需要即个人自由来看,尽管最初他们‘没有把自由视为天赋权利。在他们看来,自由不过是一种很方便的事

① 谭天星,陈关龙. 1991. 未能归一的路——中西城市发展的比较[M]. 南昌:江西人民出版社:257.

情’,但自由观念代代相传,已在人们心目中根深蒂固了,这也是近代城市市民素质较高以及国家法律对城市民众自由、平等权利加以肯定的历史渊源。”①

与之相反,两位作者认为,中国传统的城市,尤其是在秦至清末的封建社会中,“则始终是一种附属于封建政治的城市。从城市的建立,至城市的发展(包括城市的权力组织、经济结构、城市建设、城市规划等),都无不打上这一烙印”。他们引述赫伯特·韦尔什的话说:“城市对国家政治生活的影响,即使不是决定性的,也是十分巨大的。完美的城市政府问题实际上就是完美的国家政府问题。”但“遗憾的是,中国城市从来没有挣得如此显赫的地位,恰恰相反,中国城市的地位全靠中央权力(最终为皇权)的施舍”。他们认为:

首先,在中国城市的形成中起关键作用的是统治者的政治、军事需要。中国城市的层级网络基本上是与封建政权的等级结构相适应的。最大的城市往往是都城。……这种态势的形成主要并不是经济作用的结果,而是在于城市的政治性特色。……各级城市实际上就是依照都市化原则而建立的。有人把中国封建城市概括为“郡县城市”,不无道理。因此,各级城市成了贯彻上层统治意志的行政中心。……我们在考察中国古代城市时,不要认为只有统治者建立的城市或行政中心所在地才名之曰城市。诸如景德镇、汉口、佛山等及江南一些“巨镇”……问题是:① 工商业“巨镇”在封建城市中不占统治地位;② 工商业“巨镇”受各种封建因素所控制,为封建政治与经济所包容;③ 工商业“巨镇”并没有一个强大的市民阶级。这样,它在经济上与权力上都无法从旧的庞大的城市体系中分离出来,成为封建统治的对立物。

其次,城市的内部结构体现城市的政治特色。在城市规模上,依行政权力的大小划分城市的等次。……城之周长,城墙的高度,城门数目等都有具体规定,任何僭越都被视为违法的政治行为。在城市的布局上,都城以皇宫为中心,御道居全城中轴线之上,其他建筑均以突出这一点为原则。在府、州、县治,官署也处于显眼的位置。隋唐时城市居民实行坊市制,规划齐整,坊门“朝开晚闭”。元明清的“临街设店”,也按坊编制。在城市的管理上,有专门的衙署及法律来管理、规范其事,如城禁制度。

而城市的这一特点使得城市的经济与城市政治有着十分亲密的关系,政治支配着经济的主要特色,经济服务于政治取向。表现在:① 政治对经济的干预。② 城市是统治者税额的重要来源,因而常是关市林立,敲剥无所不用其极。③ 对工商业者本质上的歧视与“抑末”政策。④ 官营手工业具有特殊地位,它集中了大量的人力、物力以满足统治阶级的政治、军事及消费需求。私营手工业处于被排挤的地位。⑤ 城市浓厚的消费性特点使中国城市在经济上始终处于一种相当发达的转运贸易所造成的繁荣之上,城市在创造力上则显得严重不足。……可见,城市的发展……仍然摆脱不了政治的主宰作用。

政治性占主导地位的城市除了具有消费性失之过重的特点外,它在整个封建社会体系中始终处于一种依附的地位。这样,正如李约瑟(Joseph Needham)所言:由地方官僚管辖的网状分布的中国城市,“假如官员大权在握,就形成社会上任何团体发展的绊脚石,所以商人也就无法争取高位与大权”。这种城市从属于封建的政治体系、经济体系与

---

① 谭天星,陈关龙. 1991. 未能归一的路——中西城市发展的比较[M]. 南昌:江西人民出版社:258.

文化体系。从理论上来说，城市应该是自然经济的天敌，应该成为瓦解旧体系的强大力量。但实际上这种作用在中国城市中却是那样的微弱，以致它无法摆脱围绕封建经济轴心旋转的命运。同时，城市的发展是受封建政治的发展周期（如王朝的更替）所左右的，洛阳、长安、南京、杭州等城的几兴几落都说明了这一点。中国历代的都城都主要不是凭借自身的经济优势与地区特点达到繁荣的，而是凭借统治集团在全国范围内的人、财、物的力量建设起来的。因此，它们的荣枯常反映出封建国家的兴衰①。

最后，谭、陈两位学者总结为：“19世纪以来，西欧自治性城市渐渐消失，在与中央政权的关系上似乎变得与中国一样。然而这只是一种表面现象。中国城市与中央政权的关系之紧密是西欧城市所不可比的。中国城市始终处于中央的牢牢控制之中，大一统的历史使中国城市缺乏自由奔腾的勇气。”②诚哉斯论。

4.2 中国古代的“市制”及城镇型政区的建置情况

中国是世界上最早产生城市的国家之一，公认的中国城市历史约有4 000多年，为我国奠定了丰厚的城市社会组织、市民文化、市政设施等城市社会基础，形成了数量众多的具有一定规模的城镇社区，为“城镇型政区”的产生打下了坚实的物质基础。但在中国漫长的古代社会，以自给自足的自然经济为主要特征的农业经济是中国社会赖以生存和发展的经济基础，“城”与“乡”无论在经济基础还是上层建筑体系中，二者差别并非十分明显。

因此，我国历史上各朝代政府对城市地区的行政管理，在多数相当长的时期内，并没有单独设立管理机构，更不要说给予独立的建制。即使在中世纪的宋辽金元时期，有了较明显的城市地区独立的管理机构，即所谓“建制城市”出现③，但一则其仍未完全而明确地从传统的县、府、都等地域型政区之中分离且予以建置，更多地近似于城市地区的管理机构而非独立建置（类似于派出机构等，具有准政区的性质），再则明清时期又中辍而未能持续下来，因而从整个历史发展来看，可算作是“城镇型政区”的萌芽，而非严格意义上的“城镇型政区”。而极个别的受到西方影响在中国版图内出现的具有近代意义的市政机构，或存在时间很短，或偏于一隅，且均由西方人控制，对中国主体的行政区划体制几乎没有发生影响。因此，就总体和主体状况而言，实行的仍是城乡合治的、“郡县制”的地域型政区的行政区划体制。

是故，对于中国古代的“城镇型政区”，我们可以从三个层面来认识和描述，即实体层面的中式“城镇”，准制度层面的“建制城市”和制度层面的西式“自治市”。

4.2.1 古代“市制”的一般状况：实体层面的“郡县治所城市”及自发性的“市镇”

就实体角度而言，中国古代的城市（城镇）均大量存在。要认识和区分中国古代的“城市（城镇）”，根据前所述中国古代城市与政区的关系，我们可以从三个方面来考察。

---

① 谭天星，陈关龙. 1991. 未能归一的路——中西城市发展的比较[M]. 南昌：江西人民出版社：258-263.
② 谭天星，陈关龙. 1991. 未能归一的路——中西城市发展的比较[M]. 南昌：江西人民出版社：263.
③ 韩光辉. 2011. 宋辽金元建制城市研究[M]. 北京：北京大学出版社.

（1）一般的政治标准。即一般情况下，建制县及其以上层级的正式政区，则县治（治所）所在的聚落，可以认为属于“城市”。

（2）特殊的政治标准。即对于少数准政区建制，若可确认其有某种类型的政区或准政区建制存在，则治所所在的聚落，可以认为属于“城市”或“城镇”。

（3）个别的经济、社会、人口、景观等标准。对于个别的聚落，若可以确定其工商业发达、市镇繁荣或人口密集，或其聚居人口可以确认超过 2 000 人，则该聚落可以认为属于“城镇”。

而就“城镇型政区”而言，虽因中国古代城镇多数时期没有单独的建制，但一方面，县治所在的聚落（尤其高等级政区治所），因其人口集聚程度较高，为实际管理的需要，会有些机构主要管理城市市政事务，可认为有城市管理因素；另一方面，就县以下的聚落而言，聚落自治明显。因此，虽然没有正式规定和建置，但习惯上，仍然有“城镇型政区”的一定程度的萌芽。其中，尤其在一些大都市，则有特殊的管理机构，完全承担了市政管理的职能。

但如前所述，究其实，一则，仅是设立某些机构来管理，职能较为单一（而非一级政府，职能综合）；再则，也是更重要的，这些机构不是一级正式的地方建制单位，不代表一个特定的地方实体，仅是管理某些方面，其地方正式建制仍为一般地域型政区。这也是我们认为中国古代基本上是同一性的地域型的政区管理模式，而并没有出现有二者严格而明确区分的“城镇型政区”的重要原因。

由此，我们认为，就实质而论，中国古代的“城镇型政区”并没有分化出来，与地域型政区基本一致；而就实体来说，大体上，可以近似地认为，县级政区治所往往会有专门的机构管辖城镇事务，类似于“城镇型政区”的建制。换言之，整体而论，中国古代的“城镇型政区”，可以近似地以县级政区（治所）来代表。因之，如西汉末年，约 1 587 个；元代末期，约 1 127 个；明代中晚期，约 1 169 个；清代末叶，约 1 031 个；等等（表 4-1）。

表 4-1　中国历代县级政区统计表（1949 年之前）

年份	县（个）	其他（个）	年份	县（个）	其他（个）
前 110	1 344	234	1294	1 127	
2	1 314	273	1321	1 127	
140	1 180		1574	1 169	
263	1 190		1909	1 031	
280	1 232		1913	1 791	
465	1 250		1914	1 851	
581	1 124		1920	1 825	14
609	1 255		1934	1 934	29
733	1 450		1936	1 946	42
807	1 453		1938	1 949	52
997	1 162		1942	1 958	61
1085	1 235		1947	2 016	41

注：其他栏不包括旗、自治旗、市辖区和县级市，空白栏缺统计。

至于县级政区之下的“城镇型政区”，倒是一直有类似于近代以来西方的城镇型政区的状况，即基层聚落的相对自治。但限于政治体制和历史进程，一直未能自我进入近代状态。直到清末变法新政，城镇乡自治开始实施，才正式表明具有近代意义的“城镇型政区”出现。需要说明的是，宋代以来，随着经济的发展，在早期草市的基础上，尤其在江南地区，“市镇”大批涌现，也属于实体层面的基层的“城镇型政区”。但其在政治上，一直没有独立的建制，由地方乡绅管理，或者虽在一些规模较大的市镇设置一些相对单一职能的机构（类似于派出机构），但也不属于独立的地方建制。所以，在基层层面，清末之前，也没有正式的“城镇型政区”的建制。

4.2.2 古代严格意义上的“城镇型政区”：宋辽金元的准制度层面的“建制城市”

按照韩光辉等的看法，“宋辽金元时期，中国城市管理制度日益完善，宋代出现了都城行政管理机构——都厢，辽代设置了都城行政管理机构——警巡院，金元设置了城市行政管理机构——警巡院、录事司、司候司。这些专门行政管理机构标志了这一时期城市行政建制的形成和建制城市的出现”。这样判断的依据，主要是其认为：“城市行政建制，以城市拥有明确的行政界线、市域范围和职能完善的城市行政管理机构为标志。它是城市发展到一定历史阶段的产物，首先是城市从区域行政区划中分离出来，完成城市自身全面管理自身的过程，出现了建制城市，并与京县或附郭县或县行政建制平行地隶属于上一级行政区划的府、路或州；即以附郭县听城以外之治，以录事司听城以内之治，同受命于上级行政机构郡府，进而在一定地域空间或国家形成以建制城市为中心的区域行政区划体系。”①

虽然如前所述，这些“建制城市”尚非近代意义（西方的“自治市”含义，城镇型政区的近代内涵与核心），也非严格意义上的“城镇型政区”（即外在来看，“城镇型政区”应该有独立的、明确的“建制”，有综合性机构，且界线、治所完备，名称明确，名实相符；而这里的“建制城市”可以认为是上一级政府的派出机构，类似于街道的含义，未形成独立的正式的地方建制，也即不属于严格意义上的“城镇型政区”）。但不可否认的是，这些“建制城市”具有了相当程度“城镇型政区”的意涵，尤其在“市政机构”的设立方面，可以认为已经成为一种“准”正式建制。假以时日，继续发展，可以逐渐成为正式的建制。但可惜的是，明代之后，相关地区的政区设置又回归传统的地域型政区体系，也对此后中国城镇型政区的发展没有产生什么影响。

兹将自宋至元城市行政建制的嬗变及其在区域行政体系中的演变过程，按照韩光辉等的有关论述，简略说明如下②。

1）宋辽时期

（1）宋代都厢城市的行政管理机构

---

① 韩光辉，何峰. 2008. 宋辽金元城市行政建制与区域行政区划体系的演变[J]. 北京大学学报（哲学社会科学版），45(2)：154-161.

② 本节以下内容主要据韩光辉，何峰. 2008. 宋辽金元城市行政建制与区域行政区划体系的演变[J]. 北京大学学报（哲学社会科学版），45(2)：154-161. 另可参见韩光辉. 2011. 宋辽金元建制城市研究[M]. 北京：北京大学出版社.

历史早期的城市与其腹地一起区划为不同的行政建置郡(府、州)县,属郡县制,如唐代京兆府及其所属京县长安、万年不仅掌管都城长安城内各类事务,同时,管理近畿乡村的各项事务也是府、县官员十分重要的职责,唐代“两京及州县之郭内,分为坊,郊外为村”①。即城内划分为坊市,实行坊市制。坊是居民区,由坊正管理,两京城内由赤县尉主其事;地方郡(州)城,城内外共同为附郭县管理。市是商业贸易区,由市署与平准署管理。乡下(郊区)划分为乡里。以唐代为例,京畿行政区划与管理系统如图 4-1 所示。

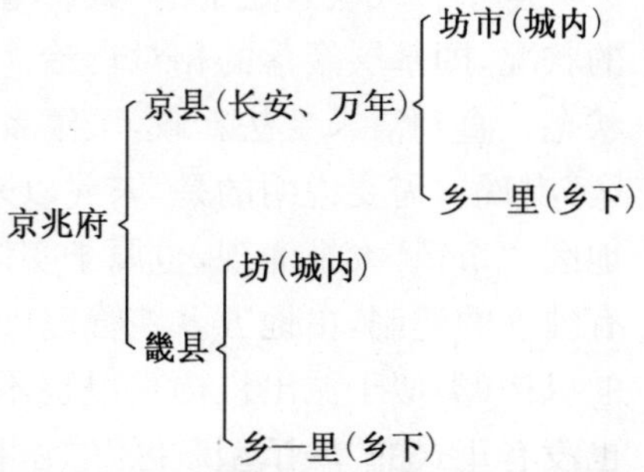

图 4-1　唐代的京畿行政区划与管理系统示意图

宋代城市革命打破了唐代城市的坊市制度,在城市内部区划上出现了厢、坊、街、巷管理制度。至道元年(995 年),诏改京城内外坊名,旧城内左第一厢二十坊,第二厢十六坊,右第一厢八坊,第二厢二坊;新城内城东厢九坊,城西厢二十六坊,城南厢二十坊,城北厢二十坊②。五代时在汴梁城中已有厢的设立,是军事治安机构,北宋承前制,依然保留了厢制,起初也主要是用作军事治安机构,但随着城市社会经济事务日益复杂,厢逐渐兼具民事的功能。大中祥符元年(1008 年),又将厢制推行于京城城外郊区,“置京新城外八厢,真宗以都城之外,居民颇多,旧例惟赤县尉主其事,至是特置厢吏,命京府统之”③。即厢吏直隶于开封府,遂使厢成为独立于附郭之京县开封与祥符的城市行政机构。至神宗熙宁中,“置勾当左、右厢公事所,以文臣一员主之,自断讼贼盗,杖六十而下皆决之,以分天府之剧也。民间谓之都厢”④。都厢上属开封府,下领厢坊,遂形成了城市都厢制度,都厢行政地位相当于赤县或县。京府除统辖城市都厢外,还辖有京县和县,京县和县均领属和管理乡级地区,行政区划管理系统如图 4-2 所示。

地方州县设厢城市内外诸厢均隶属于县,其行政区划管理系统如图 4-3 所示。

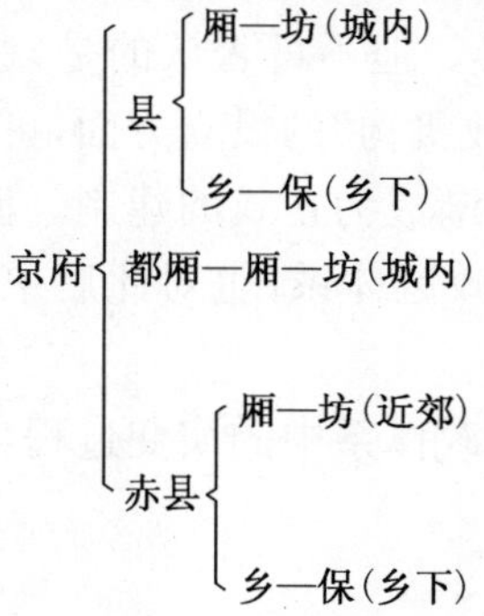

图 4-2　宋代的京府行政区划与管理系统示意图

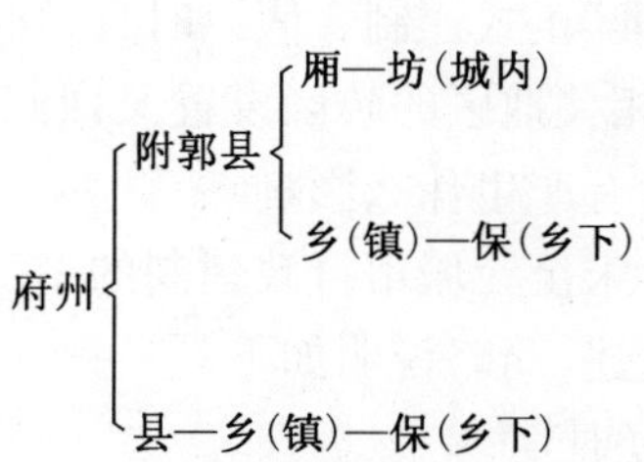

图 4-3　宋代的地方府州行政区划与管理系统示意图

① 刘昫. 1975. 旧唐书・职官志[M]. 北京:中华书局:1921.
② 徐松辑. 1957. 宋会要辑稿・方域[M]. 北京:中华书局.
③ 徐松辑. 1957. 宋会要辑稿・兵[M]. 北京:中华书局.
④ 高承:《事物纪原》卷六《抚字长民部》,四库全书本。

地方城市的厢只是城市社区的分区管理机构，上属附郭县，下设坊，负责城区的治安和民事，又与乡、镇行政平行，隶属于附郭县。隶于附郭县的乡、镇、厢，在宋代均是同级建制。而都城开封府勾当左、右厢公事所、临安城郊的城南北厢主管公事所均属都厢，下设厢坊，与赤县和县行政平级，对生产和生活方式城市化的城市社会进行独立管理，这就是宋代“城市革命”相对唐代以前城市行政管理的重要变化。

总之，城市厢制是伴随着城市发展和城市社区管理专门化过程逐渐形成出现的，在宋代三百年中先后仅东京和临安两都城形成了都厢建制①，即初步形成了建制城市，并以这种建制城市为中心，形成了新的区域行政区划体系，开始对不同性质的社区进行分别行政管理，已与唐代都城管理显然不同。当然宋代都厢作为专门的城市管理机构仅在都城存在，地方城市虽有与乡、镇同级的厢的设置，但还未出现专门管理城市的县级行政机构，因此也就没能形成城市行政建制。

(2) 辽代警巡院城市的行政管理机构

《辽史·地理志》记载了辽代行政建制和长城内外城市群体形成过程：“太宗以皇都为上京，升幽州为南京，改南京为东京，圣宗城中京，兴宗升云州为西京，于是五京备焉。”②辽代五京皆备，形成五个区域政治中心。

五京城市人口的增殖、经济的繁荣、城市的发展，给城市管理带来了更高的要求，同时在辽宋“澶渊之盟”后两国关系日趋正常的情况下，受北宋汴梁城市都厢制度的影响，到圣宗之后，辽朝为加强诸京城市的管理，在五京先后建置了城市警巡院行政管理机构。警巡是警戒巡逻的意思，警巡院则是相关的管理机构。《辽史》未载明辽代五京警巡院设置的具体时间，辽初宋辽之间战争频仍，民族杂居，城市社会治安问题较多。唐末五代至宋初诸都城均设置了军事治安机构——厢，据推测，辽初上京、东京、南京同样设置了类似的城市社会治安管理机构——警巡院。因此警巡院应是辽代前期特殊社会环境下上京、东京、南京为城市戒备专门设置的维护社会治安的机构。都城内民政则仍由附郭县管理。“澶渊之盟”使宋辽之间交往密切起来，辽朝都城的社会经济文化得到迅速的发展，城市社会经济文化事务的日益繁剧，警巡院逐渐由治安机构演变为城市行政管理机构；而附郭县不再管理城内民事、供需等民政，使其统辖区域收缩到城外。五京警巡院均设警巡使和警巡副使，一般来讲，南面京官是管理诸京城市的机构和官僚，是诸京地方官而不是朝官。警巡院警巡使职责在于治刑狱、理治安，检括户口，阅实赋役，实属“亲民之官”，诸京警巡院是独立的城市行政实体③。警巡院与京府所属京县、县皆属于京府，形成辽代五京府行政区划体系与行政管理系统，如图 4-4 所示。

京府
- 京县—乡镇—里社
- 警巡院—(厢隅)—坊
- 州—县—乡—里社(坊)
- 县—乡—里社(坊)

图 4-4 辽代的京府行政区划与管理系统示意图

宋代都厢和辽代警巡院均置于京城，属县级行政机构，而秩高于县。由都厢和警巡

---

① 贾宏辉. 2003. 宋代城市厢制研究[M]//北京大学历史地理研究中心. 侯仁之师九十寿辰纪念文集. 北京：学苑出版社：26.

② 脱脱. 1974. 辽史·地理志[M]. 北京：中华书局：438.

③ 韩光辉. 1990. 北京历史上的警训院[J]. 北京档案史料，(3)：55-59.

院管理行政界限和市域范围明确的城市社区就是古代建制城市。尽管宋代只有东京和临安两个建制城市，辽代则有上京、东京、南京、中京和西京五个建制城市，但它却标志了中国古代建制城市的出现。宋辽时期，在京府城市已形成了城市行政管理制度，对城市社会实行独立管理。在京府行政区划体系中，都厢和警巡院已居中心地位。

2）金代

金代除继承辽代都市警巡院制度外，还建置了城市录事司、司候司。据洪武《太原志》：金太宗天会六年（1128 年）八月，“以代州置振武军节度使，领县四：雁门、五台、崞、繁峙，录事司一，支郡二：宁化军、火山军……”①天会中由于战乱和民族矛盾，地方府镇城市设置了行政管理机构录事司。天眷元年（1138 年），金熙宗统一了官制，确定了金朝行政区划制度，并形成了城市等级体系。按《金史·地理志》：金“袭辽制，建五京，置十四总管府，是为十九路。其间散府九，节镇三十六，防御郡二十二，刺史郡七十三，军十有六，县六百三十二”②。金代行政区划，实行路府、州和县三级制，还相应形成了不同行政等级和户口规模的城市，按城市行政建制与等级规模也划分为三级，即警巡院城市、录事司城市和司候司城市。六京府均置有警巡院，13 个总管府和所辖诸府节镇，置有录事司，防刺州则置有司候司。警巡院、录事司，与司候司一样，“领在城事”③。按《金史·地理志》，金朝共有警巡院城市 6 个，录事司城市 66 个，司候司城市 112 个，形成了不同规模、不同等级的准城市建制体系。

(1) 诸京警巡院城市的行政管理机构

金大定十三年（1173 年），复上京号，成为六京，其中中都系皇都，城市中设置左右两个警巡院。大定十三年之后，金朝的行政区划已成为“立中都，建五京，置十四总管府，是为十九路”④。这是一级行政区划。置有都市警巡院行政机构的只有六个京城，即中都、上京、东京、南京、西京和北京。金代都市警巡院建制最终完成于金完颜亮正隆元年（1156 年），是谓“正隆官制”。北京、中都、南京警巡院建置于贞元初年（1153 年）⑤。

诸京地方官的设置，据《金史·百官志》，中都设有中都留守司，另大兴府府尹兼中都路兵马都总管，“掌宣风导俗，肃清所部，总判府事”，兼领本路兵马都总管府事。其他五京亦置五京留守司，“带本府尹兼本路兵马都总管”，在其属下，除传统的京县和县行政机构外，均设立了专门管理城市的行政机构警巡院。“诸京警巡院，使一员，正六品，掌平理狱讼，警察别部，总判院事。副一员，从七品，掌警巡之事。判官二员，正九品，掌检稽失，签判院事”⑥。城市社区则有警巡院所属（厢隅）坊巷管理，乡村社区则由京县或州县所属乡（镇）里社管理，因此金代诸京府行政区划体系和行政管理系统如图 4-5 所示。

在京府行政区划体系中，金代强化对城市社区的行政区划和管理，形成了警巡院城

---

① 《永乐大典》卷 5199《原字韵·太原府》。

② 《金史》卷 57《百官志》，第 1313—1314 页。

③ 《元一统志》卷 35《汴梁路·建置沿革·郑州》。

④ 据《辽史》、《金史》，辽上京临潢府，至金天眷元年（1138 年）改为北京，天德二年（1150 年）改北京为临潢府，贞元元年（1153 年）以大定府为北京，直至章宗以后并入大定府路，实际上，此前两路府并存。

⑤ 《金史》卷 24—25《地理志》，第 557 页、572 页、587 页。

⑥ 《金史》卷 57《百官志》，第 1313 页。

市。中都作为金朝中央政府所在地，不仅人口和用地规模最大，而且是经济文化中心，属金朝首位城市，而其他五京则是相应行政区域的中心城市，属次首位城市。

京府：
- 京县—乡镇—里社
- 警巡院—（厢隅）—坊
- 州—县—乡镇—里社（坊）
- 县—乡镇—里社（坊）

图 4-5　金代京府行政区划体系和行政管理系统示意图

（2）诸府节镇录事司城市的行政管理机构

据《金史·地理志》，除上述诸京之外还有 14 总管府、9 散府及 36 节镇（诸总管府，都总管“掌统诸城隍兵马甲仗，总判府事”。诸府，谓不兼总管府事者，同样“总判府事”；诸节镇，节镇使“掌镇抚诸军防刺，总判本镇兵马之事，兼本州管内观察使事”）。按《金史·百官志》，诸府节镇共建置了录事司城市 59 个。另外，在金章宗明昌纪年之后到宣宗贞祐初年升置节镇或降置防刺州又有 7 处，共计节镇 66 处。这里的总管府、诸府及诸节镇，总称诸府节镇，在其机构之下除传统地设置附郭县及县外，还设置城市录事司，是有金一代制度：“录事一员，正八品。判官一员，正九品。掌同警巡使。”

诸府节镇除“掌城中户民之事”的录事司外，还置有兵马司，设都指挥使，“巡捕盗贼，提控禁夜，纠察诸博徒、屠宰牛马，总判司事”。诸府镇则置都军司，设都指挥使，“掌军率差役、巡捕盗贼，总判军事，仍与录事同管城隍”①。因此，在诸府节镇之下，设附郭县和县，管理乡镇；同时在城市设有录事司和兵马司或都军司，共同管理府镇城市，前者管民事，后者掌军事巡捕。城市录事司、附郭县和县平行隶属于府镇。由此可见，府镇录事司城市在金代府镇行政区域中的重要地位。金代府镇行政区划体系和行政管理系统如图 4-6 所示。

诸府节镇：
- 附郭县—乡镇—里社
- 录事司—（厢隅）—坊
- 县—乡镇—里社（坊）

图 4-6　金代府镇行政区划体系和行政管理系统示意图

在诸府节镇行政区划体系中，金代同样强化了对城市社区的行政区划和管理，形成了录事司城市。作为金朝诸府节镇的治所，录事司城市是府镇较大行政区域政治、经济、文化、教育的中心，属于中等城市，在金代中期已拥有 66 个。

（3）防刺州司候司城市的行政管理机构

据《金史·地理志》，除前述诸京、上述诸府节镇之外，还有防御州 22 个，刺史州 73 个。但因金章宗泰和之后，“尽升军为州，或升刺州为防御州”的沿革变化，因此先后共建置防刺州 112 个。

诸防御州，防御使“掌防捍不虞，御制盗贼，余同府尹”；诸刺史州，刺史“掌同府尹，兼治州事”。这里的诸防御州、诸刺史州，总称防刺州，在其属下除传统的附郭县和县外，还置设司候司。作为金朝的一项官制，按《金史》，诸防刺州治所城市，均置有司候司。一般来说，只要建置了防刺州，就在治所城市置设司候司，如明昌三年（1192 年），抚州复置刺史，翌年，即置设了司候司②。作为金代官制，诸防刺州司候司，置“司候一员，正九品。司判一员，从九品。司吏、公使七人”③，形成专门的城市管理机构。

---

① 《金史》卷 57《百官志》，第 1324 页。
② 《金史》卷 24《地理志》，第 566 页。
③ 《金史》卷 57《百官志》，第 1314 页、1325 页。

此外，诸防刺州，置“军辖一员，掌同都军，兼巡捕，仍与司候同管城壁，军典二人”①。在诸防刺州以下同时设置了司候司与军辖，分别管理城市民事和军事。“司候司领在城事”②，即管理城市民事，与属县和附郭县平行地隶属于防刺州。金代防刺州行政区划体系和行政管理系统如图 4-7 所示。

防刺州
- 附郭县—乡镇—里社
- 司候司—(厢隅)—坊
- 县—乡镇—里社(坊)

图 4-7 金代防刺州行政区划体系和行政管理系统示意图

在防刺州行政区划体系中，金代同样重视对城市社区的行政管理，形成了司候司城市。司候司城市在金代中期大约拥有 112 个，是较小行政区划防刺州的政治、经济、文化和教育中心。

没有设置录事司和司候司的县治所，与金代建制镇皆属于城镇，不属于当时建制城市。

在金朝广阔的地域上，第一次出现了较完善的不同等级的专门城市行政管理机构，把首位、次首位警巡院城市，录事司城市，司候司城市等不同行政等级和规模、联系紧密、分布有序的城市有机联系起来，形成了金代准城市建制体系。

3) 元代

元承金制，在拥有一定规模的行省和路府治所建置了专门的城市行政管理机构。除大都、上都等警巡院建制城市外，还有诸府录事司建制城市，共同形成了完善的城市建制体系。《元史·百官志》和《元史·地理志》中明确记载了城市行政机构警巡院和录事司。

据《元史》记载，政治军事和社会事务的进展，元朝还集中或分散地省并了部分府州城市录事司，还更多地甚或全部地省并了州治城市司候司。经过此次省并，城市司候司的建制在元代已不存在。随着元代两都制的确立，蒙古国时期恢复建制的北、东、西、南四京警巡院亦陆续改置为录事司，甚至废入倚郭县。

(1) 都市警巡院城市

按《元史·地理志》，至元元年(1264 年)燕京改中都，仍设总管大兴府。至元四年(1267 年)，始于中都东北郊外，“置新城而迁都”。至元九年(1272 年)改号大都。至元十九年(1282 年)，置留守司。至元二十一年(1284 年)置大都路总管府。大都留守司“掌守卫宫阙都城，调度本路供亿诸务……兼本路都总管”，“治民事”③。“领院二，县六，州十。州领十六县”。左右二院的行政职能“分领坊市民事”④。事实上，大都都总管府下所设城市警巡院和州县在不同时期是不同的。据《元史·百官志》：“左右警巡二院，秩正六品。……至元六年(1269 年)置，领民事及供需。”当时大都新城未建，显然所置二警巡院在中都城。至元十二年(1275 年)又置大都警巡院，“领京师坊事”，至元二十四年(1287 年)省并一个。大德九年(1305 年)，又置“大都警巡院，品职分置如左、右院”，“以治都城之南”⑤，都城显然系指大都新城，“之南”则指南城即金代中都旧城，方圆 37 里。至大三年

① 《金史》卷 57《百官志》，第 1314 页、1325 页。
② 《元一统志》卷 3《汴梁路·建置沿革·郑州》，第 225 页。
③ 《元史》卷 90《百官志》，第 2277 页。
④ 《元史》卷 58《地理志》，第 1347 页。
⑤ 《元史》卷 90《百官志》，第 2301 页。

(1310 年)，又“增大都警巡院二，分治四隅”①。至正十八年(1358 年)，“于大都在城四隅，各立警巡分院，官吏视本院减半”②，体现了元朝政府对都城旧城和新城管理的逐步重视和加强。

上都路，在金置桓州，蒙古宪宗五年(1255 年)蒙哥命忽必烈居其地。中统元年(1260 年)设开平府，四年(1263 年)五月，升开平府为上都，其总管为上都路总管兼开平府尹③。至元二年(1265 年)，置留守司。至元五年(1268 年)升上都总管府。至元十八年(1281 年)，升上都留守司，兼领本路总管府事。前职主管京城的军事、守卫，后职专管京城及郊区的民事。“领院一，县一，府一，州四。州领三县。府领三县，二州。州领六县”④。院即警巡院，当置于中统四年升开平府为上都，并升开平府总管为上都路总管的时候。县一即附郭县开平。

据《元史·百官志》，“上都留守司兼本路都总管府，品秩职掌如大都留守司，而兼治民事”。其属有“警巡院，秩正六品。达鲁花赤一员，警巡使一员，副使二员，判官二员，司吏八人”，是属“领民事及供需”的城市亲民机构。“开平县，秩正六品，达鲁花赤一员，尹一员，丞一员，主簿一员，尉一员，典史一员，司吏八人”，是属附郭县，总理上都城市郊区的行政机构管理乡下民间事务。

忽必烈确定上都和大都两都制度之后，至元二十五年(1288 年)二月，“改南京路为汴梁路，北京路为武平路，西京路为大同路，东京路为辽阳路”⑤。上述四个京路城市警巡院则在此前陆续改置录事司或废入了附郭县。元代置有警巡院或曾置有警巡院的路府行政区划体系和行政管理系统如图 4-8 所示。

京府 {
京县—乡镇—里社
警巡院—(厢隅)—坊
州—县—乡镇—里社(坊)
县—乡镇—里社(坊)
}

图 4-8　元代置有警巡院的路府行政区划体系和行政管理系统示意图

(2) 路府录事司城市

金代的录事司和司候司城市制度到了蒙古国时期遭到了破坏，仅在“自古名郡，户数繁庶，且当冲要者”的地方，得到了一定程度的恢复和继承。

忽必烈至元初年(1264 年)置诸路总管府(即所谓路府)，置达鲁花赤，总管以下治民事路政，兼管劝农事。路府治所城市则置“录事司，秩正八品。凡路府所治，置一司，以掌城中户民之事。中统二年，诏验民户，定为员数。二千户以上，设录事、司候、判官各一员。二千户以下，省判官不置。至元二十年(1283 年)，置达鲁花赤一员，省司候，以判官兼捕盗之事，典史一员。若城市民少，则不置司，归之倚郭县。在两京，则为警巡院。独杭州置四司，后省为左右两司”⑥。路府之下除城市录事司外，还领属散府和州县，散府有统州县，有不统州县者。如在杭州路“旧以两县(钱塘、仁和)置城南北隅，以听城以外之

① 《元史》卷 23《武宗纪》，第 522 页。
② 《元史》卷 92《百官志》，第 2332 页。
③ 《元史》卷 54《世祖纪》，第 92 页。
④ 《元史》卷 58《地理志》，第 1350 页。
⑤ 《元史》卷 15《世祖纪》，第 309 页。据《元史·地理志》，北京路“(至元)二十五年改为武平路，后复为大宁”。
⑥ 《元史》卷 91《百官志》，第 2317 页。

治;四录事司分治城四隅,以听城以内之治,然后受命于郡府”①,即录事司和附郭县领属于杭州路总管府。可见,诸路府行政区划体系与行政管理系统如图 4-9 所示。

路府:
- 附郭县—乡镇—里社
- 录事司—(厢隅)—坊
- 县—乡镇—里社(坊)
- 州—乡镇—里社(坊)
- 府州(县)—乡镇—里社(坊)

图 4-9 元代诸路府行政区划体系与行政管理系统示意图

蒙古国时期因战乱户口凋敝,地方城市行政建制出现了变迁,“若城市民少,则不置司,归之倚郭县”,这里的司包括录事司和司候司,其主官则分别是录事和司候。至元二十年(1283 年)普遍增置了监临官达鲁花赤,以下还设置了典史以及“无定制,随事繁简以为多寡之额”的司吏,与附郭县设官基本一致。同时,在至元二十年(1283 年),省司候,即全面废弃了城市司候司建制。事实上,在至元二年(1265 年)诏令“其散府州郡户少者,不须更设录事司及司候司”时,司候司就被省并了。与金代不同之处,元代录事司机构中增置了掌管缉捕、监狱的属官典史,取代了金代专门设置的都军司和军辖,使城市民事和军事、巡捕统一纳入达鲁花赤、录事的领导之下。“录事职位虽卑,而父母一城之民,其任固不轻也”②。

在元朝的广大版图上,先后在 127 个路、府、州治所城市建置了管理民事、治安的专门行政机构录事司,即出现了 127 个录事司城市。127 个录事司城市和两都警巡院城市一起形成了以大都为首位城市,上都及杭州等为次首位城市的全国性较为完善的准城市建制体系。同时,在各省区,各路、府形成了区域性城市体系。

4.2.3 古代时期“城镇型政区”的特例:双屿港与澳门的制度层面的“自治市”

中国近代意义上的城镇制度,发轫于清末。但在明清两代,还有个别“化外之地”,在当时的领土范围内,建制有相对独立的市政机构,即明嘉靖年间,由葡萄牙人设立于浙江省舟山群岛的佛渡岛上的双屿港市政厅和之后同样由葡萄牙人所设立的澳门市政厅。双屿港是 16 世纪前期远东国际贸易中心,由葡萄牙人主导,实际在此互市的以闽浙沿海居民为主。虽然其各方面的详细情形已经难以考究,但从后来同样由葡萄牙人所设立的澳门市政厅的情况来看,位于双屿港的市政厅,当也是一个自治机关,由选举产生的议员组成。

不过,双屿港市和澳门市,虽然历史悠久,但就对全中国的市制来说,则远没有近代的 1840 年之后在上海租界地中所建立的工部局来得直接和深远。这又是时势使然。

1) 双屿港市政厅③

中国文明发源于大陆内地,但到隋唐时代,以长安为中心的“天下国”的政治文化结构已经包括东洋和南洋的边缘地区了。从宋代以来,由于北方被辽、金的阻挠而切断了陆上国际贸易线,进一步转向南方海洋发展。一方面是东南沿海商人自发努力向南洋扩展,另一方面是阿拉伯商人大量东来。当时中央权势较弱而财政拮据,对海上贸易尤为

---

① 任士林:《杭州路重建总管府记》,《松乡集》卷 1,四库全书本。

② 吴澄:《吴文正集》卷 28《送姜曼乡赴泉州路录事序》,四库全书本。

③ 本节内容参考冯定雄. 双屿港命运与东西方历史的分野[M]//罗卫东,范今朝. 2014. 庆贺陈桥驿先生九十华诞学术论文集. 杭州:浙江大学出版社:308-316.

注意,“市舶之利”成为国库的重要收入。到了元代,中国人对海外世界的认识有很大的提高,在对外贸易方面采取了比历代汉族王朝更开放的政策。各方面的发展迹象表明,从宋以来,中国大陆发展的取向已出现向海洋方向转换的趋向。东南沿海的经济开发已在突破传统的水利农业社会的格局,甚至引起社会风气的变化。例如,上流社会喜好用舶来品,显贵人家使用黑人仆役,中外人等杂居通婚,甚至外商与中国官吏家庭通婚,大量华人移居海外,等等,都是中国商业资本主义萌芽和开放性发展的明显迹象。这说明了,早在西欧越出中世纪的地中海历史舞台转向大洋历史舞台之前,中国已率先越出东亚大陆历史舞台,控制了东中国海(南宋)和南中国海(元代)。这一符合世界历史潮流的新趋势,只要听其自然地发展下去,中国在西方海舶东来之前拥有南中国海和印度洋上的海权,形成稳定的海外贸易区,看来是不成问题的①。

但遗憾的是,宋元时期开创的海外大好局面却在明代被彻底葬送。海禁政策是明朝的一贯政策,早在明朝建立不久的 1369 年,明太祖朱元璋就在任命蔡哲为福建参政的敕谕中称:“福建地濒大海,民物庶富,番舶往来,私交者众。”②从所谓“私交”二字中可以看出,太祖是对“番舶往来”甚为不满的。洪武三年(1370 年),明政府“罢太仓黄渡市舶司”③,洪武四年(1371 年)十二月,太祖下令“仍禁濒海民不得私出海”④。并且把海禁政策定为“祖训”,任何人不得违背。在此之后,海禁令不断地被明政府加以重申、强调和实施,洪武七年(1374 年),明政府下令撤销自唐朝以来就存在的,负责海外贸易的福建泉州、浙江明州、广东广州三市舶司,中国对外贸易遂告断绝。如洪武十四年(1381 年)十月朱元璋“以倭寇仍不稍敛足迹,又下令禁濒海民私通海外诸国”⑤,自此,连与明朝素好的东南亚各国也不能来华进行贸易和文化交流了。洪武二十三年(1390 年),朱元璋再次发布“禁外藩交通令”。洪武二十七年(1394 年),为彻底取缔海外贸易,又一律禁止民间使用及买卖舶来的番香、番货等。“禁民间用番香番货。先是,上以海外诸夷多诈,绝其往来……而缘海之人,往往私下诸番,贸易番货,因诱蛮夷为盗。命礼部严禁绝之,敢有私下诸番互市者,必置之重法。凡番香番货,皆不许贩鬻,其见有者,限以三月销尽。民间祷祀,止用松柏枫桃诸香,违者罪之。其两广所产香木,听土人自用,亦不许越岭货卖。盖虑其杂市番香,故并及之”⑥。洪武三十年(1397 年),再次发布命令,禁止中国人下海通番。

在明朝严格的海禁政策下,必不可少的贸易只有通过朝贡贸易进行,即外国的商人随贡使来到中国,由市舶司将其货物以“贡品”名义“朝贡”给朝廷,中国方面则把商品回赐给这些“仰慕天朝威仪”的外国人,贸易的规模、利润、效率统统不计。在这种贸易制度下,只有与中国建立朝贡关系的国家,明朝才允许来华贸易,这种贸易体制虽然在历代都存在,但只有到了明代才发展到了鼎盛时期。这种贸易体制的基本原则和政策是“厚往薄来”,太祖明令:“其朝贡无论疏数,厚往而薄来可也。”⑦民间商人无论是否愿意交税,是否服从政府的管理,私下与外国人的贸易都是通通被禁止的。

---

① 罗荣渠. 1992. 15 世纪中西航海发展取向的对比与思索[J]. 历史研究,(1):3-19.

②-⑤ 《明太祖实录》卷 41、卷 49、卷 70、卷 139。

⑥⑦ 《明太祖实录》卷 71、卷 231。

海禁政策和朝贡贸易毕竟是一种完全违背经济规律的措施，因此，明朝政府在实施的过程中，很难杜绝违反海禁政策的行为。一方面，沿海居民依海而生，靠海而活，或从事渔业生产，或从事海上贸易，明政府的海禁政策势必断绝了沿海居民的正常谋生之路，因此他们为了谋生，必定只有违反政府规定，哪怕就是铤而走险也在所不惜。诚如顾炎武曾指出的，“海滨民众，生理无路，兼以饥馑荐臻，穷民往往入海从盗，啸集亡命”，“海禁一严，无所得食，则转掠海滨”。[①] 实在没有办法，沿海居民就只有逃亡海外。“国初……两广、漳州等郡不逞之徒，逃海为生者万计”[②]。另一方面，由于海外贸易高额利润的诱惑，私人出海贸易一直在顽强地进行。事实上，从明初开始，这种私人海外贸易就一直存在，到成化、弘治时更为常见，到正德、嘉靖年间，私人海外贸易更出现了不可阻遏之势，作为当时亚洲最大最繁华的海上国际自由贸易港口，被史学家誉为“十六世纪的上海”的双屿港正是在这种背景之下兴起的。双屿港位处今浙江省舟山市的佛渡岛，最早是以李光头、许栋兄弟为首的中国海商开辟的，这里临近中国经济最发达的地区，加之浙东内陆水运发达，因此从经济地理的角度来看，它具有重要的意义。这里的走私贸易很快与日本、葡萄牙的贸易联系在一起，从而成为中国乃至整个亚洲最大的贸易港口。

葡萄牙的海外探险活动不仅得到了当局的支持，更是当时的葡萄牙社会各阶层共同的愿望和强烈的要求。最早到达中国的葡萄牙人是若热·阿尔瓦雷斯(Jorge Alvares)，他于正德八年(1513 年)在中国商人的指引下到达广东珠江口的屯门，但依据明朝法律，外国商人不得在中国登陆，只能在中国海岸做短期停留，进行贸易后即离去。1514 年，葡萄牙派遣托梅·皮雷斯(Tome Pires)作为使臣前往中国，要求与中国建立通商贸易关系。正德十二年(1517 年)，葡使到达广东屯门。葡使东来，其目的是要与中国建立通商贸易关系，但在明政府看来，这是朝贡国的到来，但在《大明会典》中没有此国，而且葡萄牙使团又没有明政府颁发的文书勘合，因此当时地方官员都不知道如何处置才好，最后礼部给出的处理意见是：“令谕还国，其方物给与之。”[③]最后，葡使一行“发回广东，逐之出境”[④]。就这样，中葡之间的第一次官方交往就在中国明政府的无知与夜郎自大中夭折了。

因此，双屿港很明显是与明朝的海外政策和对外关系政策不相符的，一定程度上讲，它是明代社会产生的一个“畸形物”。“双屿港”就是在明政府“海禁”的政策下，由海外商人、沿海居民等进行海上贸易而兴起和繁荣的。为了管理的方便，双屿港按照葡萄牙的传统，建立了西方式的市政机构，成为中国土地上的第一座具有近代意义的“城镇型政区”——“自治市”。

据费尔南·门德斯·平托的《远游记》记载：“当时那里还有三千多人，其中一千二百为葡萄牙人，余为其他各国人。据知情者讲，葡萄牙的买卖超过三百万金，其中大部分为白银。日本是两年前发现的，凡是运到那里的货物都可以获得三四倍的钱。这聚落中除了来来往往的船上人员外，有城防司令、王室大法官、法官、市政议员、死者及孤儿总管、

① 顾炎武：《天下郡国利病书》，册 26。
② 张煊：《西园见闻录》卷 56《防倭》。
③ 《明武宗实录》卷 158，正德十三年(1518 年)正月壬寅。
④ 《静虚斋惜阴录》卷 12《杂论》三。

度量衡及市场物价监察官、书记官、巡夜官、收税官及我们国中的各种各样的手艺人、四个公证官和六个法官。每个这样的职务需要花三千克鲁札多购买，有些价格更高。这里边三百人同葡萄牙妇女或混血女人结婚。有两所医院，一座仁慈堂。它们每年的费用高达三万克鲁札多。市政府的岁入为六千克鲁札多。一般通行的说法是，双屿比印度任何一个葡萄牙人的居留地都更加壮观富裕。在整个亚洲其规模也是最大的。当书记官们向满剌加提交申请书和公证官签署某些契约时都说‘在此忠诚的伟城双屿，为我国王陛下服务’。”①也就是说，1540—1541 年，双屿港有常住居民 3 000 人，其中葡萄牙人1 200人。葡萄牙人在此建有教堂、市政厅、医院和大量的私人住宅，同时还建有市政机构，包括城防司令、法官、议员、总管、监察官、书记官、巡夜官、收税官、公证官，等等。

当然，所有这些机构和官职，都没有经过明政府的允许，因此明政府绝对不可能允许它存在，其被剿灭的命运自然也不可避免。

明嘉靖年间，以葡萄牙人为代表的海商，在浙东沿海进行国际自由贸易，逐渐形成了当时东亚最大、最繁华的国际自由贸易港——双屿港。但是，双屿港在明政府的剿灭下，用木石“筑塞双屿港而还，番舶后至者不得入”，从此，明代真正意义上的自由贸易在东海海域结束了。双屿港的命运事实上已经预示着中西方历史发展方向的分道扬镳。

2）澳门市政厅

双屿港被烧毁后，葡萄牙人和海商南下转移，澳门逐渐成为葡人聚居之地。1583 年，澳门议事会（澳门市政厅的前身）正式成立。澳门议事会是一个地方自治机关，至少其早期，大致可以认为是处于中葡共管的状态。就葡萄牙方面来说，其接受菲利浦二世的命令，享有和葡萄牙本土的埃武拉同等的权力和荣誉，被称为忠诚的议会。就中国方面来说，明朝承认与中国打交道的居澳葡人头目为香山县下的二级官员，后全称为“督理濠镜澳事务西洋理事官”，俗称“夷目”。用今天的话来说，当时的澳门议事会，相当于香山县下的一个自治的县辖市②。

澳门的市政组织的发展，始于明万历十一年（1583 年），经选举产生的澳门议事会（Senado）正式成立。议事会包括两名市议员（ Vereador）、两名预审法官（Juizor Dinario）和一名理事官（Procurador）。一方面，议事会得到中国政府的承认，理事官（Procurador）全称为“督理濠镜澳事务西洋理事官”，作为香山县下属的二级官员。另一方面，议事会也在 1596 年得到葡萄牙国王颁令承认自治权力，并获得城市（Cidade）地位，被赋予与葡萄牙本土的埃武拉一样的自由、荣誉和显赫地位。崇祯十三年（1640 年），葡萄牙光复后，授予澳门议事会忠贞议会（ Leal Senado）的名称，以表彰其在葡萄牙被西班牙合并期间，坚持悬挂葡萄牙国旗。所以澳门议事会实际上保持对中葡两属的状态，澳门的葡萄牙社区奉行“双重效忠”。

澳门议事会最初是以商人为主对澳门葡萄牙社区进行的自治管理，是澳门的最高权力机关。虽然驻果阿的葡印总督于天启三年（1623 年）任命了澳门总督，不过其只管澳门

---

①　费尔南·门德斯·平托. 1999. 远游记[Z]. 金国平，译. 澳门：葡萄牙航海大发现事业纪念澳门委员会，澳门基金会，澳门文化署，东方葡萄牙学会：408.

②　曹启挺. 2012. 世界各国市制比较研究[M]. 北京：中央编译出版社：16.

防务，名为总督，实际就是一个兵头。直到清乾隆四十八年（1783 年）葡萄牙发布《王室制诰》后，总督有权否决议事会的决定，澳门的自治格局遂被削弱，权力逐步集中到代表葡萄牙国家的集军政大权于一身的澳门总督手中。

清道光年间，议事会被解散，沦为现代意义的市政厅，仅限处理市政事务，不过市政厅仍沿用忠贞议会（Leal Senado）之名，而不是 Camara Municipal de Macau。鸦片战争后，为扩大对澳门的殖民干预，葡萄牙单方面调整澳门的管理体系。道光二十四年（1844 年），葡萄牙以政令难行为由，将澳门脱离果阿的印度总督，与帝汶、索洛尔合设一海外省，总督驻澳门。另设一政务委员会协助总督工作，市政厅主席为委员会的委员之一。道光二十九年（1849 年），驻澳中国官府被迫迁出，澳门也最终从市民自治的议事会时代，进入澳门总督的殖民统治时代。

随后，葡萄牙占领氹仔和路环两个离岛，两岛后脱离澳门市政区（Concelho de Macau）另设海岛市政区（Concelho de Ilhas），并成立海岛市政厅（Camara Municipal das Ilhas）。虽然两个市政厅的委员仍大部分由市民选举产生，但其自治程度已大不如议事会。至此，澳门虽然面积不大，但已经形成了一省两市这样的两级行政区划体系。

根据 1976 年颁布的《澳门组织章程》，澳门再次获得地方自治权。1999 年回归后，澳门市政厅和海岛市政厅分别易名为临时市政局。后又于 2002 年合并为民政总署，至此澳门的地方行政权被统一到特区政府。也就是说，现在的澳门由特区政府一竿子管到底，下面并无任何具有地方自治性质的组织。至于此前位于市政区下的七个堂区（Freguesia），虽沿用至今，不过堂区并非正式的行政机构建制，不具法人地位①。

① 曹启挺. 2012. 世界各国市制比较研究[M]. 北京：中央编译出版社：39-40.

5 中国近现代以来的城镇化进程与“市制”的发展、变革

关于近现代时期城市化进程及相应“城镇型政区”的发展过程，已经有很多学者论及①；包括中国近现代以来的市制发展、变革、问题以及改革方向等内容，也有不少著作和论文比较专门、完整地叙述了这一过程②。本章吸取多家论著，择其要加以综合概述。

5.1 外来影响下的城镇化进程与“市制”(城镇型政区)的出现(1840—1949年)

近代中国的一个显著特点是国家权力的弱化。在外来力量的介入和干预下，中国传统的国家权力的配置方式(基本被当时的国人认为是天经地义的)不得不或被动，或主动地发生变化。今天看来，这种外力的介入具有两面性，既有强加于人的不平等的一面，但也有制约国家权力(实际即“皇权”)、彰扬“民权”的进步意义(尤其在中国自秦以后2 000余年没有“民权”的情况下)。如果是在国势强盛或统治者未发生统治危机(“合法性危机”)的前提下进入，双方处于平等地位，则肯定“惠莫大焉”(日本约略如是)。然而，由于事实上的不平等地位，加之与国内各种矛盾(如当时的民族矛盾等)交织在一起，使得国人将这种外力的介入常常或自觉不自觉地，或有意识无意识地视作奇耻大辱。于是，在我们整个重新整合国家的过程中，借助外力而艰难发展起来的城市及其权力(近代的“市制”)，又随着外力的逐渐削弱及消失而渐趋衰亡，徒留其表。

5.1.1 二元权力体制制约下的近代城镇化进程

关于近代中国城市的发展，宁越敏等有这样的概括：

中国近代的历史是从清道光二十年(1840年)鸦片战争开始的。由于中国在鸦片战争中的失败，资本主义进入中国，中国被强行拉入了资本主义世界体系。但是从1840—1949年，中国在世界体系中始终处于边缘国的地位，因此尽管在沿海沿江地区和东北出

---

① 浦善新，陈德彧，周艺，等.1995.中国行政区划概论[M].北京：知识出版社：95-97，355-359；刘君德，靳润成，周克瑜.1999.中国政区地理[M].北京：科学出版社：113-121，129-131；孙关龙.1995.分分合合三千年——论中国行政区划及其总体改革的构想[M].广州：广东教育出版社：105-121.

② 靳润成，郁晓航.1999.中国城市化之路[M].上海：学林出版社；戴均良.2000.中国市制[M].北京：中国地图出版社；刘君德，汪宇明.2000.制度与创新——中国城市制度的发展与改革新论[M].南京：东南大学出版社；华伟.1999.城市与市制——市制丛谈之一[J].中国方域——行政区划与地名，(3)：9-13；华伟.2000.自治市与行政市——市制丛谈之二[J].中国方域——行政区划与地名，(1)：18-25；华伟.2000.城乡分治与合治——市制丛谈之三[J].中国方域——行政区划与地名，(3)：8-17；华伟.2000.新形势与新构想——市制丛谈之四[J].中国方域——行政区划与地名，(4)：8-13.

现了一批近代工商业城市，广大内地的城市却很少变化，或根本没有变化，这就使中国近现代城市体系呈现出以沿海近代工商业城市为一方，广大内地传统城市为另一方的二元结构①。

总的来说，1840—1894 年，中国资本主义的发展是十分缓慢的，相应的城市化进程也十分缓慢。美国学者施坚雅估计 1893 年清代关内 18 省(未包括台湾地区)有城镇 1 779 个，城镇人口 2 351 万人，城镇化水平为 6.0%。与 1843 年比较，城镇人口仅增加 279 万，城镇化水平仅提高 0.9 个百分点②。

1949 年，城镇总人口为 5 765 万人，比 1983 年增长 1.45 倍，增长速度是缓慢的。同期，中国总人口的增长速度则更为缓慢，使城镇人口占总人口的比重从 1893 年的 6.1% 上升至 10.6%，城市化水平有所提高。但此时世界城市化水平已达 28%左右，中国与世界城市化水平的差距较以往拉得更大了③。

总之，由于外力介入，中国走上了双重权力制约下的城市化道路，两条道路时有交叉，但终未合一，使得城市发展呈现出典型的二元结构，不仅表现于实体层面，而且体现在制度层面，即东南沿海地区的近代工商业城市的快速扩展及城市内部的市民权利的伸张与内地传统城市的凝固衰退及传统管治方式的维持和延续。

5.1.2 市制的变迁：从“自治市”到“(准)行政市”

中国“城镇型政区”萌芽于清末，正式出现于 20 世纪初期。出现之初，其法律地位和行政地位都很低，最早是与乡镇同级，后来升为县级，再后来才出现直辖市④。

华伟在其《自治市与行政市——市制丛谈之二》中，将整个中国近代城市“市制”的发展过程做了详尽的介绍和精当的评析，以“市制的样板”、“市制的确立”、“自治市的隐退”和“行政市的发展”为题，揭示了中国“市制”是怎样一步步从“自治市”到“行政市”的曲折过程⑤。

概而言之，中国近代“城镇型政区”的演变，大体上可分为如下的三个阶段：

1) 租界地区内西方人士的先导与口岸城市中地方绅商的模仿

“中国的城市发展虽有 4 000 多年的历史，但是真的产生具有近代意义的城市行政区，在法律上承认市、镇是一种独立的地方行政建制则始于清末和民国初年”。起初，是上海租界地区的西方人按照西方的城市管理模式，率先成立了自治性的市政组织。其后，受其影响的上海地方士绅，亦模仿此类机构，而成立了中国人自己的市政机构，亦具有自治的性质，独立于官方政府之外。对此，靳润成等有这样的介绍：

最早的城市行政区首先是在受资本主义影响最大的上海出现，然后再逐渐遍及全国的。1854 年，英、美、法三国在上海的租界成立了具有地方政府性质的机构——“工部局”。1862 年，法国自“工部局”中分出，单独成立了性质相似的机构——“公董局”。“工部局”和“公董局”一方面是在外国领事们的扶植下产生的，实际上是资本主义列强在上

---

①-③ 宁越敏，张务栋，钱今昔. 1994. 中国城市发展史[M]. 合肥：安徽科学技术出版社：418，425-426，437.

④ 戴均良. 2000. 中国市制[M]. 北京：中国地图出版社：90.

⑤ 华伟. 2000. 自治市与行政市——市制丛谈之二[J]. 中国方域——行政区划与地名，(1)：18-25.

海租界的代理机构；另一方面这种机构与中国传统的政权相比毕竟是新事物，在市政管理上具有先进性，它的出现为上海的中国人所居住的“华界”在客观上树立了一个样板。果然，到了 1900 年，上海闸北地区绅商得到批准，组建了“闸北工程总局”。这是一个自治性的，以开发建设闸北地区为主要目的的管理机构。虽然它因财政困难于 1906 年宣告结束，但是意义重大，可以算是上海“华界”设置城市管理机构的开始。1905 年，上海南市地方绅商在地方政府的支持下，成立了“上海城厢内外总工程局”。该局作为上海城区的自治机构一直存在到 1909 年。上述机构可以说开了中国人自己管理近代城市的先河①。

2）清末民初的具有“地方自治”内涵的“城镇型政区”——从“城镇乡制”到“市自治制”

20 世纪初，清政府在内外交困的形势下，被迫推行“新政”改革，在地方层面，正式引入具有“地方自治”内涵的模仿西方国家的“城镇乡制”，后演变为民国初年的“市制”。

20 世纪初，清政府推行“新政改革”，主要内容之一就是实行包括城镇在内的地方自治。为此，清政府于 1909 年 1 月 18 日公布了《城镇乡地方自治章程》，在我国第一次以法律形式将城镇区域和乡村区域分别开来，同为县领导下的基层行政建制。该章程有关设置城镇管理机构的条款内容大体如下：

(1) 设置条件。凡府、州、县治所在的城厢地方皆称为“城”，其余地方人口满 5 万人以上的称为“镇”，不足 5 万的称为“乡”。城与镇均可与府、州、县等传统政区一样，单独设置自治机构。

(2) 机构级别。规定城、镇和乡一样，为下级自治机关；而府、州、厅、县则为上级行政自治机关。城、镇自治要受所在地地方官的严格监督，地方官还有权解散自治机构。

(3) 机构设置及职能。城、镇自治机构设议事会和董事会，办公处称自治公所。自治机构的职能主要涉及教育、卫生、救济、市政工程、工商业管理及其他城市公共事业。

(4) 区域界线。规定以城、镇固有的境界为准。若境界不明确的，应在地方政府监督下，重新划分；城市区域广大或人口满 10 万以上者，可划分为若干个区进行管理。

在中国城市行政区的发展史上，这份章程尽管还很不完备，但毕竟首次规定了城市政区与其他原有的政区一样，可以实行自治，使城市单独进行行政管理有了法律依据。依照《城镇乡地方自治章程》规定，全国各地的城、镇自治或快或慢，均有所进展。像上海这样开风气之先的城市，因城区面积大，情况较复杂，所以并没有建立全城统一的机构，只是将原有的“城厢内外总工程局”及“闸北工程总局”改组为“城自治公所”。另外在城区其他部分也建立了管理机构。其他各地情况也不尽相同。据有关史料统计，进展较快的是四川、湖北二省。截至 1911 年，四川城市自治会已成立了 100 多个，镇自治会成立了 143 个，湖北省也成立了沙市等 15 个城市的自治会②。

---

① 靳润成，郁晓航. 1999. 中国城市化之路[M]. 上海：学林出版社：76.

② 靳润成，郁晓航. 1999. 中国城市化之路[M]. 上海：学林出版社：76-77.

专栏 5-1

1909 年 1 月《城镇乡地方自治章程》(摘录)①

(光绪三十四年十二月二十七日颁布)

第一章　总纲

第一节　自治名义

第一条　地方自治以专办地方公益事宜,辅佐官治为主。按照定章,由地方公选合格绅民,受地方官监督办理。

第二节　城镇乡区域

第二条　凡府厅州县治城厢地方为城,其余市镇村庄屯集等各地方,人口满五万以上者为镇,人口不满五万者为乡。

第三条　城镇乡之区域,各以本地方固有之境界为准。

若境界不明,或必须另行析并者,由该管地方官详确分划,申请本省督抚核定。嗣后城镇乡区域如有应行变更或彼此争议之处,由各该城镇乡议事会拟具草案,移交府厅州县议事会议决之。

第四条　镇乡地方嗣后若因人口之增减,镇有人口不足四万五千,乡有多至五万五千者,由该镇董事会或乡董呈由地方官申请督抚,分别改为乡镇。

第三节　自治范围

第五条　城镇乡自治事宜,以下列各款为限:

一、本城镇乡之学务:中小学堂、蒙养院、教育会、劝学所、宣讲所、图书馆、阅报社,其他关于本城镇乡学务之事;

二、本城镇乡之卫生:清洁道路、蠲除污秽、施医药局、医院医学堂、公园、戒烟会,其他关于本城镇乡卫生之事;

三、本城镇乡之道路工程:改正道路、修缮道路、建筑桥梁、疏通沟渠、建筑公用房屋、路灯,其他关于本城镇乡道路工程之事;

四、本城镇乡之农工商务:改良种植牧畜及渔业、工艺厂、工业学堂、劝工厂、改良工艺、整理商业、开设市场、防护青苗、筹办水利、整理田地,其他关于本城镇乡农工商务之事;

五、本城镇乡之善举:救贫事业、恤嫠、保节、育婴、施衣、放粥、义仓积谷、贫民工艺、救生会、救火会、救荒、义棺义冢、保存古迹,其他关于本城镇乡善举之事;

六、本城镇乡之公共营业:电车、电灯、自来水,其他关于本城镇乡公共营业之事;

七、因办理本条各款筹集款项等事;

八、其他因本地方习惯,向归绅董办理,素无弊端之各事。

第六条　前条第一至第六款所列事项,有专属于国家行政者,不在自治范围之内。

第七条　城镇乡地方,就自治事宜,得公定自治规约,惟不得与本章程及他项律例章程相抵牾。

自治规约内得设罚则,以罚金及停止选民权为限。罚金最多之额,不得过十元。停止选民权最长之期,不得过五年。

第四节　自治职

第八条　凡城镇各设自治职如下:

一、议事会;

二、董事会。

第九条　凡乡设自治职如下:

一、议事会;

---

①　城镇乡地方自治章程. http://baike. baidu. com.

二、乡董。

第十条　城镇乡地方有分属二县以上，或直隶州与县管辖者，其自治职仍得合并设置，毋庸分立。

第十一条　城镇有区域过广，其人口满十万以上者，得就境内划分为若干区，各设区董，办理区内自治事宜，其细则以规约定之。

第十二条　乡有户口过少，其选民全数不足议员最少定额十倍之数者，得不独立设置自治职，与同一管辖内邻近之城镇乡合并办理。

若因地方情形不便合并者，除按章设置乡董外，得不设乡议事会，以乡选民会代之。

第十三条　凡二乡以上有彼此相关之事，必须连合办理者，得以各该乡之协议，设连合会办理之。

第十四条　城镇乡地方各设自治公所，为城镇乡议事会会议及城镇董事会乡董办事之地。

自治公所，可酌就本地公产房屋或庙宇为之。

第五节　居民及选民

第十五条　凡于城镇乡内现有住所或寓所者，不论本籍、京旗、驻防或流寓，均为城镇乡居民。

居民按照本章程所定，有享受本地方公益之权利，并有分任本地方负担之义务。

第十六条　城镇乡居民具备下列资格者为城镇乡选民：

一、有本国国籍者；

二、男子年满二十五岁者；

三、居本城镇乡接续至三年以上者；

四、年纳正税（指解部库司库支销之各项租税而言）或本地方公益捐二元以上者。

居民内有素行公正，众望允孚者，虽不备第三、第四款之资格，亦得以城镇乡议事会之议决，作为选民。

若有纳正税或公益捐较本地选民内纳捐最多之人所纳尤多者，虽不备第二、第三款之资格，亦得作为选民。

第十七条　有下列情事之一者，虽具备前条第一项各款，及合前条第三项所定资格，不得为选民：

一、品行悖谬，营私武断，确有实据者；

二、曾处监禁以上之刑者；

三、营业不正者，其范围以规约定之；

四、失财产上之信用，被人控实尚未清结者；

五、吸食鸦片者；

六、有心疾者；

七、不识文字者。

第十八条　城镇乡选民按照本章程所定，有选举自治职员及被选举为自治职员之权。

以第十六条第三项资格作为选民者，有选举自治职员之权，若不能自行选举权者，得遣代理人行之。

代理人以具备第十六条第一项第一、第二款之资格，且不犯第十七条所列各款者为限。

第十九条　下列人等，不得选举自治职员及被选举为自治职员：

一、现任本地方官吏者；

二、现充军人者；

三、现充本地方巡警者；

四、现为僧道及其他宗教师者。

第二十条　现在学堂肄业者，不得被选举为自治职员。

第二十一条　凡被选举为自治职员者，非有下列事由之一，不得谢绝当选，亦不得于任期内告退：

一、确有疾病，不能常任职务者；

二、确有他业，不能常居境内者；

三、年满六十岁以上者；

四、连任至三次以上者；

五、其他事由，特经城镇乡议事会允准者。

第二十二条　无前条所列事由之一，而谢绝或告退者，得以城镇乡议事会之议决，于一年以上，五年以下，停止其选民权。

继之，进入民国前后，该制度进一步发展，“市自治制”正式出现，即演变为近代意义上的、完整的“市制”。

1911 年 11 月江苏省召开临时省议会通过了《江苏暂行市乡制》，规定凡县治城厢和人口 5 万以上的市镇村庄屯集为市，第一次提出了市制的概念。1918 年中华民国军政府设立广州市政公所，1920 年改为市政厅，这是中国市政制度的首次实践。1921 年 7 月 3 日，北洋政府内务部以“大总统敕令”形式，颁布了《市自治制》，试图建立欧洲式的市镇制度。这是中国第一部由中央政府颁布的关于设置市建制的正式文件，从国家意义上开创了中国市制。翌年，又制定了《市自治制施行细则》，规定设市地方，以首都、省会、商埠、县治城厢，以及其他满 1 万人口的城镇为限。市分为特别市和普通市两种。

辛亥革命后江苏省临时省议会于 1911 年 11 月议决通过并实施《江苏暂行市乡制》，以清《城镇乡地方自治章程》为蓝本，内容与章程雷同，唯有把城镇乡中的“城”与“镇”统称为“市”；规定县治城厢地方为市，县下城镇村庄屯集各地方，人口在 5 万以上者为市，不满 5 万则为乡①。这使得江苏省在全国范围内率先开始近代市制实践，对我国近代市制产生了重要影响。到 1924 年，江苏全省共 306 市 721 乡（表 5-1），并实施自治。

表 5-1　江苏省民国十三年（1924 年）各县之市乡数目汇总表

金陵道

县名	江宁	句容	溧水	高淳	江浦	六合	丹徒	丹阳	金坛	溧阳	扬中	合计	—	—
市（个）	7	1	1	1	3	3	3	8	1	3	1	32	—	—
乡（个）	9	8	11	6	2	5	15	4	8	4	7	79	—	—

沪海道

县名	上海	松江	南汇	青浦	奉贤	金山	川沙	太仓	嘉定	宝山	崇明	海门	合计	—
市（个）	4	3	3	2	2	2	1	1	1	3	2	6	30	—
乡（个）	15	21	17	14	6	6	5	25	18	12	25	5	169	—

苏常道

县名	吴县	常熟	昆山	吴江	武进	无锡	宜兴	江阴	靖江	南通	如皋	泰兴	合计	—
市（个）	7	4	1	6	2	10	7	1	5	13	13	11	80	—
乡（个）	20	32	17	12	31	7	14	35	4	8	5	16	201	—

① 戴均良. 2000. 中国市制[M]. 北京：中国地图出版社：11.

续表 5-1

淮扬道														
县名	淮阴	淮安	泗阳	涟水	阜宁	盐城	江都	仪征	东台	兴化	泰县	高邮	宝应	合计
市（个）	5	6	10	6	10	13	15	2	16	5	8	5	3	104
乡（个）	2	17	6	7	15	12	35	3	10	12	40	12	11	182
徐海道														全省合计
县名	铜山	丰县	沛县	萧县	砀山	邳县	宿迁	睢宁	东海	灌县	沭阳	赣榆	合计	
市（个）	6	3	2	2	3	6	6	4	7	6	9	6	60	306
乡（个）	12	4	5	5	4	17	11	13	2	14	1	2	90	721

由于资料收集的原因，无法一一找出这 306 个市的名称、辖区范围以及置废时间等详细情况。以今上海市域为例，可以说明民国时期江苏省县辖市的基本情况。长期以来，今上海市域（18 区 1 县）一直属于江苏省辖地，其行政区划与江苏省其他地区相同，清代即为县，下辖乡、都、里（图），同时沿用康熙十年（1671 年）为赈饥而将乡、都划分为施粥厂的区划，替代行政区，称为“厂”，“厂”下为“图”。1909 年 1 月，清政府推行城、镇、乡地方自治，将“厂”改为城、镇、乡。辛亥革命后江苏省临时省议会于 1911 年 11 月议决通过并实施《江苏暂行市乡制》，并于次年即民国元年（1912 年）在全省推广，到民国十八年（1929 年）前后取消市乡自治，改为区乡，下设闾邻（民国二十六年又废止闾邻制，推行保甲制）。1912—1929 年今上海市域内共设有 23 个县辖市，分属 10 个县（表 5-2）。

表 5-2　今上海市域内民国初期（1912—1929 年）县辖市基本情况表

市名	时所属县	今大致范围	设置年份	发展演变	备注
闸北市	上海县，后与宝山县共管	现闸北区南部、虹口区和普陀区部分	1912	1916 年改设沪北工巡捐局，1919 年改称沪北市政局，1924 年复设闸北市，1927 年 7 月划归上海特别市，改为闸北区	1914 年宝山县划出江湾、彭浦两乡南境的一部分，与之合并，成立闸北市，由两县共管
上海市	上海县	今黄浦区部分（原上海市南市区大部）	1912	1927 年 7 月升为上海特别市，市县分设。1930 年改名上海市	又名沪南市，1925—1927 年为“淞沪市”
蒲淞市	上海县	今长宁区古北路以西部分地区	1912	1928 年划归上海特别市，改设为蒲淞区	—
洋泾市	上海县	今浦东新区西部偏中（上川路以西部分地区）	1912	1928 年划归上海特别市，改设为洋泾区	又名杨泾市
朱泾市	金山县	今金山区朱泾镇	1912	1929 年改为金山县第一区（朱泾区）	—

续表 5-2

市名	时所属县	今大致范围	设置年份	发展演变	备注
张堰市	金山县	今金山区张堰镇	1912	1927年改为张堰乡,1929年为金山县第六区(张堰区)	—
华亭市	华亭县	今松江区政府所在地	1912	1929年改为松江县城厢区	1914年华亭市改名为松江市
枫泾市	华亭县	今金山区枫泾镇	1912	1930年为松江县十一区驻地	1966年10月辖地改属金山县
亭林市	华亭县	今金山区亭林镇	1912	1930年为松江县十二区驻地,1945年称亭林区,翌年改称浦南区	1966年10月辖地改属金山县
吴淞市	宝山县	今宝山区淞阳地区	1912	1929年改为宝山县第一区(城厢区)	—
罗店市	宝山县	今宝山区罗店镇	1912	1929年改为宝山县第四区(罗店区)	一说成立于1910年
嘉定市	嘉定县	今嘉定区政府驻地	1914	1929年改为嘉定县第一区	—
搓南市	嘉定县	今嘉定区南翔镇	1928	1929年改为嘉定县第二区	—
川沙市	川沙县	今浦东新区川沙镇	1912	1929年改为川沙县第一区	—
南桥市	奉贤县	今奉贤区南桥镇	1913	1929年改为奉贤县第一区	—
奉城市	奉贤县	今奉贤区奉城镇	1913	1929年改为奉贤县第二区	—
城市	崇明县	今崇明县城桥镇	1912	1929年改为崇明县第一区(中央区)	—
堡市	崇明县	今崇明县堡镇镇	1912	1929年改为崇明县第四区(东堡区)	—
青浦市	青浦县	今青浦区政府驻地	1912	1929年改为青浦县中心区	—
朱家角市	青浦县	今青浦区朱家角镇	1912	1929年改为青浦县朱家角区	—
远北市	南汇县	今浦东新区张江镇、北蔡镇附近	1912	1927年改为南汇县第四区	1950年辖地改属川沙县
惠南市	南汇县	今南汇区惠南镇	1912	1927年改为南汇县第一区	—
周浦市	南汇县	今南汇区周浦镇	1912	1927年改为南汇县第五区	—

注:1914年华亭县改名为松江县。

虽然这些“市”只是按江苏的一个省颁标准设置的,不具备全国性,且城市的市政景观也远不如现代都市的规范与繁华,其事务的自治在操作中还具有很多不完善的地方,但站在中国市制发展的历史长河中来考察当时江苏省实行的市乡自治制，它开启了我国近现代市制的先河，具有重要的意义。

1921年7月北洋政府内务部以“大总统敕令”的形式颁布了《市自治制》，这是我国第一次由中央政府颁布的关于设置市建制的正式文件，从国家意义上开创了中国市制①。目前国内学界有一个普遍的看法，即认为依据中华民国军政府(广州政府)1921年2月颁布的《广州市暂行条例》而于1921年正式成立的广州市(1918年设广州市公所，1920年改为市政厅，1921年正式成立市政府)，是我国历史上出现的“第一个具有近代行政区划意义的建制市”②，类似的表达还有“1918年中华民国军政府设立广州市公所，1920年改为市政厅，这是中国市政制度的首次实践”③，“……广州，于民国七年(公元1918年)设市政局，1921年成立市政厅，1925年正式成立广州市，是我国最早设立的市”④等。但我们认为，从国家层面而言，1909年的“城镇乡制”，就是实质意义上“市制”的源头；1921年的“市自治制”，则是明确以“市”为名，即狭义的“市制”正式出现；而在地方层面，1911年江苏省所制定的《江苏暂行市乡制》，则是中国首次出现以“市”为名的“市制”，所以这项市制的“第一”(或“最早”)的荣誉，在地方层面上，应该是属于江苏省的。当然，必须承认，1921年成立的广州市是我国历史上出现的第一个脱隶于县的建制市(表5-3)。

表5-3　我国历史上市制方面的“第一”汇总表

时间	事件	中国市制历史性的“第一”
1909年1月	清政府颁布《城镇乡地方自治章程》	第一次以全国性法律法规的形式明确规定“城乡分治”和“地方自治”，近代意义上的“城镇型政区”正式形成
1911年11月	江苏省临时省议会议决通过并实施《江苏暂行市乡制》	第一次出现并实践“市”制
1921年2月	中华民国军政府(广州政府)成立广州市	第一个脱隶于县的建制市
1921年7月	北洋政府内务部以“大总统敕令”的形式颁布了《市自治制》	第一次由中央政府颁布的关于“市”制的正式文件，从国家意义上开创了中国市制
1922年6月	北洋政府设置京都特别市(今北京)——实际上由北洋政府内务总长主持，京都市自治市政府未真正成立	中国历史上第一个明令设置的“直辖市”
1926年10月	北伐军攻克武汉地区后设立汉口市，下辖汉阳县	中国历史上第一个辖县的市
1927年4月	汉口(含汉阳)、武昌两市合并设置武汉特别市，6月改为汉口特别市	中国历史上第一个设置并正式成立的“直辖市”

① 刘君德，汪宇明. 2000. 制度与创新——中国城市制度的发展与改革新论[M]. 南京：东南大学出版社：31.
② 戴均良. 2000. 中国市制[M]. 北京：中国地图出版社：11.
③ 浦善新，陈德彧，周艺，等. 1995. 中国行政区划概论[M]. 北京：知识出版社：331.
④ 顾朝林，等. 1999. 中国城市地理[M]. 北京：商务印书馆：84.

3）1927 年后"城镇型政区"的变化与行政化趋势

江苏市制的实践还有另外两大历史功绩：一是直接促成上海特别市的设立。上海也正是在江苏市乡制的基础上，于 1927 年 7 月直接由原江苏省沪海道上海县辖的上海市（沪南市）、闸北市、蒲淞市、洋泾市等 4 市 13 乡合并为上海特别市（表 5-4），直属南京中央政府[①]。二是在一定程度上促使定都南京的国民政府对市制的重视。

表 5-4　1928 年上海地区的 17 个"市"、"乡"改"区"汇总表

原名	改名	原名	改名
上海市（沪南市）	沪南区	高行乡	高行区
闸北市	闸北区	陆行乡	陆行区
蒲淞市	蒲淞区	吴淞乡	吴淞区
洋泾市	洋泾区	高桥乡	高桥区
引翔乡	引翔区	殷行乡	殷行区
法华乡	法华区	江湾乡	江湾区
漕泾河乡	漕泾区	彭浦乡	彭浦区
塘桥乡	塘桥区	真如乡	真如区
杨思乡	杨思区	—	—

南京国民政府在综合江苏与国内其他地区市制实践的基础上，对原来的"市乡制"进行了变革：将市改为一级地方行政实体，同时兼有自治团体性质，把原有各市制的相关制度、法规（条例）进行了补充修改完善，于 1928 年 7 月公布了《特别市组织法》和《普通市组织法》，并在全国推广，形成"市制"（狭义）；同时，在县以下，则结合"新县制"的推行，把县以下的政区体系，明确为"乡镇"，也确立了县以下的"镇制"。二者共同构成此期的"城镇型政区"。

（1）"市制"

1927 年南京国民政府成立后，鉴于"当时所谓的市，仅是一种自治团体，不是一级地方行政实体，各自有不同的暂行条例，而无共同适用的组织法，设市后，没有明确的行政区域界线，与有关的省、县往往因权限及行政区划问题发生争执"等问题的出现，"对原来的市制进行了变革，将市改为一级地方行政实体，同时兼有自治团体性质"。其具体过程如下：

1928 年 7 月 3 日公布了《特别市组织法》和《普通市组织法》，市仍分为特别市和普通市两种。特别市的设置须经国民政府批准，直隶于中央政府，与所在的省有明确的行政区域界线，其设置必须符合下列条件之一：① 首都；② 人口在 100 万以上的城市；③ 其他有特殊情形者。普通市的设置，由所属的省政府呈请，经国民政府批准，隶属

① 张仲礼，朱庆祚，丁日初，等. 1990. 近代上海城市研究[M]. 上海：上海人民出版社：638-639.

于省政府，与所在的县有明确的行政区域界线，其设置条件为人口在 20 万以上的城镇。

1930 年 5 月 20 日，国民党政府废止了《特别市组织法》和《普通市组织法》，另颁布《市组织法》，根据隶属关系将市分为院辖市和省辖市两种，并提高了设市标准。规定设置(行政)院辖市必须具备下列条件之一：① 首都；② 人口在 100 万以上的城市；③ 在政治及经济上有特殊情形者。符合②和③两款之一，为省政府所在地者，应隶属于省政府。设置省辖市应符合下列条件之一：① 满足设置院辖市条件②和③两款之一并为省政府所在地者；② 人口在 30 万以上的城市；③ 人口在 20 万以上，其所收营业税牌照土地税每年合计占该地总收入 1/2 以上者。院辖市由行政院呈请国民政府决定，省辖市由省政府呈经行政院转请国民政府决定。市的基层实行闾邻制，市以下设区，区以下设坊，坊以下设闾，闾以下设邻，并规定 5 户为邻，5 邻为闾，20 闾为坊，10 坊为区。

1943 年 5 月国民党政府对《市组织法》进行了较大的修正，一是规定省辖市工作机构除公安局外一律改为科。二是简化了设市标准，取消了省会不设院辖市的规定。把设置省辖市的条件改为：① 省会；② 人口在 20 万以上的城市；③ 在政治、经济、文化上的地位重要，其人口在 10 万以上者，从而使一些在政治、经济、文化上居重要地位而人口在 10 万以上的城市可设省辖市。三是在市的基层废除闾邻制，实行保甲制，“10 户至 30 户为甲，10 甲至 30 甲为保，10 保至 30 保为区”。

为了解决设置市建制中存在的问题，国民党政府内务部曾于 1947 年 12 月拟定了《直辖市自治通则》和《市自治通则》两个草案，将市分为直辖市、省辖市、县辖市三种，首都划为特别行政区。设置直辖市须符合下列条件之一：① 人口在 50 万以上者；② 在军事、政治、经济、文化、历史上有特殊情形者。直辖市置废及区域变更报中央政府核准，由内政部指挥。设置省辖市须符合下列条件之一：① 人口在 10 万以上者；② 在军事、政治、经济、文化、历史上地位重要者。省辖市置废及区域变更报中央省政府核准，由省政府指挥。设置县辖市必须符合下列条件之一：① 人口在 1 万以上者；② 在军事、经济上有重要作用者。县辖市置废及区域变更报省政府核准，内政部备案，由县政府指挥①。

但总体来看，此期虽然市的行政建制有很大发展，市建制数亦显著增多，但日渐脱离“市”的本意，即更多地关注实体城市的建制，往往以城市人口规模为标准，将“市”的建制赋予一些大、中城市，而“市”的本意即“地方自治”、“聚落自治”的内涵则受到忽视，市自治也基本上陷于停顿。当然，根据当时的法律，“市自治制”仍存，或仍在追求“自治”的方向。

根据 1934 年 2 月 21 日国民党中央政治会议通过的《地方自治原则》，市自治之进行分为三期：① 扶植自治时期，市长由政府任命；市参议会，得由市长聘任一部分专家为议员，任筹备自治及执行之责。② 自治开始时期，市长由政府任命；市议会由人民选举。③ 自治完成时期，市长及市议会均由民选产生。从此期间的实践来看，“市制”仍处于“扶植自治

---

① 刘君德，汪宇明. 2000. 制度与创新——中国城市制度的发展与改革新论[M]. 南京：东南大学出版社：31-34.

时期”，而非民选且无完全自治立法权、监督权和咨询机构，离真正的市自治相距遥远①。

1928 年 7 月南京国民政府公布了《特别市组织法》和《普通市组织法》，把市分为特别市和普通市，特别市直接隶属于中央政府，普通市隶属于省政府，并分别制定了明确的设市标准。全国先后设置了北平、天津、上海、南京、青岛、汉口和广州等七个特别市和杭州等普通市。1930 年 5 月颁布的替代上述两法的《市组织法》，提高了设市标准，并把特别市改称为“院辖市”，普通市改称为“省辖市”，还规定省会城市不设院辖市。这样，全国到 1932 年共设置了北平、上海、南京、青岛等四个院辖市和天津、杭州、济南、汉口、广州、汕头、成都、贵阳、兰州等九个省辖市。1943 年，国民政府对《市组织法》进行了较大修改，仍然设院辖市和省辖市，但放宽了设市条件，设市数量大增。

1947 年 12 月，为了解决设置市建制中存在的问题，国民政府拟订了《直辖市自治通则》和《市自治通则》两个草案，明确将市分为直辖市、省辖市和县辖市三种。截至 1948 年 4 月，全国共有建制市 66 个(表 5-5)，其中，南京、上海、北平、青岛、天津、重庆、大连、哈尔滨、汉口、广州、西安和沈阳等 12 个为直(院)辖市，徐州等 54 个为省辖市②。

表 5-5　1948 年全国“建制市”汇总表

等级	省名	建制市名
直辖市	—	北平、南京、上海、天津、青岛、重庆、大连、哈尔滨、沈阳、西安、汉口、广州
省辖市	江苏	连云港、徐州
	浙江	杭州
	安徽	蚌埠
	江西	南昌
	湖北	武汉
	湖南	长沙、衡阳
	四川	成都、自贡
	福建	福州、厦门
	台湾	台北、基隆、新竹、台中、彰化、嘉义、台南、高雄、屏东
	广东	汕头、湛江
	广西	桂林
	云南	昆明

① 华伟. 2000. 自治市与行政市——市制丛谈之二[J]. 中国方域——行政区划与地名，(1)：18-25.

② 靳润成，郇晓航. 1999. 中国城市化之路[M]. 上海：学林出版社：155-157.

续表 5-5

等级	省名	建制市名
省辖市	贵州	贵阳
	河北	唐山、石门
	山东	济南、烟台、威海
	山西	太原
	甘肃	兰州
	青海	西宁
	绥远	归绥(今呼和浩特)、包头、陕坝
	察哈尔	张垣(今张家口)
	新疆	迪化(今乌鲁木齐)
	辽宁	锦州、营口、鞍山、旅顺
	安东	通化、安东(今丹东)
	辽北	四平
	吉林	长春、吉林
	松江	牡丹江、延吉
	合江	佳木斯
	黑龙江	北安
	嫩江	齐齐哈尔
	兴安	海拉尔

注:截至 1948 年 4 月(即民国三十七年四月)。

(2)“镇制”

清末于 1909 年 1 月颁布了《城镇乡地方自治章程》,在州县划分基层政区,规定治所城厢地方称为“城”,其余市镇村庄屯集等,人口 5 万以上为“镇”,不满 5 万的则为“乡”,城、镇区域过大、人口满 10 万者可以再划分为若干区。该章程以法律形式确定了城、镇、乡为县以下的基层区划单位。各城、镇、乡设立自治议决机构议事会,其议员由合格选民互选产生,各议事会设议长 1 名,副议长 1 名,由议员互选产生;各城、镇设自治执行机构董事会,由总董 1 名、董事 1—3 名、名誉董事 4—12 名组成,各乡设自治执行人员乡董、乡佐各 1 名,由议事会选举产生。由于清统治不久即被辛亥革命推翻,这些措施大多还没来得及深入推行,但为后来的改革播下了种子。

民国建元后,有些地方对城镇乡自治制度进行了改革,如江苏省 1912 年 3 月自行颁布并实行“市乡制”,以县治城厢地区和人口 5 万以上的市、镇、村、庄、屯、集为“市”,其余人口不足 5 万者为“乡”,推行市乡自治。1914 年袁世凯政府下令停办地方自治,虽然很多地方作为自治议决机构的城、镇、乡议事会被取消,但其原有的执行机构或人员的城、镇董事会和乡董却保存下来,改换名称而成为区乡行政机构,原来的自治行政区划也继续存在,成为区乡的行政范围①。1919年北京政府再次推动县和市乡两级地方自治，并于1921年7月公布了《市自治法》和《乡自治法》，规定在县以下划分为市、乡，选举自治会、自治公所作为自治议决机关和执行机关②。由于时局混乱，当时大部分省份没有实行。

清末至北洋政府时期各地的各种形态的县辖区乡行政，已经开始具有近代性质，但同时又未能褪尽传统色彩，构成了当时中国县辖政区的过渡性质，客观上为国民政府时期在全国建立统一的县辖区乡制做了有益的尝试，并可提供经验和借鉴。1928年，国民政府颁布的《县组织法》(1928年9月第一次公布，1929年6月第二次公布，1930年7月修正公布)以及1929年公布的《乡镇自治施行法》和《区自治施行法》规定，区、乡、镇为县以下的基层行政区域，实行自治，置区、乡、镇公所，设区长、乡长、镇长，由民选产生，管理区、乡、镇自治事务；下设闾邻组织，25户为闾，设闾长1人，5户为邻，设邻长1人，分掌闾、邻自治事务。以浙江省为例，在《县组织法》实施前，曾经于1928年6月在县以下推行街村制，即将县以下的基层组织在城镇以街、在乡间以村为单位，作为推行基层政治和筹办组织的行政组织。1929年9月，浙江省根据国民政府《县组织法》，改街村制为村里制，县以下设区和村、里。1930年在县以下设区公所，区以下改村、里为乡、镇。到1932年时全省设有4 232个乡镇③。

其后又陆续颁布一些法律法规，如《剿匪区内各县区公所组织条例》(1932年8月)、《改进地方自治原则》(1934年2月)、《"剿匪"省份各县分区设署办法大纲》(1934年12月)、《战时各县分区设署办法大纲》(1937年)等。根据这些法律法规法令，国民政府对地方自治进行了"改进"，推行"分区设署"和新保甲制度，使得区乡镇自治转变为"官治"行政。据时人记载，当时的区乡镇体制大致分为三种：第一种模式是基本依照《县组织法》和《改进地方自治原则》办理，没有公开编制保甲。如山东、山西两省，其中山东采用"县—乡镇—村"三级体制，山西沿袭以往，为"县—区—村里—闾—邻"五级。第二种模式基本依照"剿总"有关法令，建立保甲制度，如江西、河南、湖北、安徽、福建、陕西、四川、贵州、云南(部分县)、河北等10省，基本以"县—区—联保—保—甲"五级制。第三种模式是兼顾《县组织法》和《改进地方自治原则》和"剿匪区"体制，保甲之上不设联保而保留乡镇，如江苏、浙江、云南(部分县)、湖南、广西、绥远、青海、察哈尔、宁夏等9省④。全国大多数地区在县下存在"区—乡镇(或联保、村里)"二级"官治"色彩浓烈的政区体制，而闾邻、保甲等则是作为编民组织，直接属于乡镇或联保。

1939年9月，国民政府颁布《县各级组织纲要》(时称"新县制")，重新规定县、乡镇为两级地方自治单位，均为法人，实行自治制度："县为地方自治单位"，"县以下为乡(镇)，乡(镇)内之编制为保甲"，"县为法人，乡(镇)为法人"，"凡县以下地方为乡，街市地方为镇，乡与镇同级，皆为法人"；区为虚级单位，其性质系"县政府辅助机关，代表县政府督导各乡镇办理各项行政及自治事务"，且不满15乡镇的县不分区；乡镇下实行保甲制度，原

---

① 魏光奇.2004.官治与自治——20世纪上半期的中国县制[M].北京：商务印书馆：127.

② 《中华民国史事纪要(初稿)》，民国十年册，第29—42页。

③ 朱俊瑞，李涛.2007.民国浙江乡镇组织变迁研究——以"新县制"为中心的分析[M].北京：中国社会科学出版社：39-40.

④ 魏光奇.2004.官治与自治——20世纪上半期的中国县制[M].北京：商务印书馆：206-211.

则上 10 户编为 1 甲，10 甲编为 1 保，保设保办公处，置保长 1 人，副保长 1 人，干事 2—4 人，办理教育、民政、警卫、经济、文化等地方公共事务①。

到 1941 年年底，全国共计有乡镇公所 24 990 个；至 1947 年 6 月，全国共计乡镇公所数已达 41 140 个②（表 5-6）。另以浙江省为例，到 1942 年年底，全省各县共有 3 161 个乡镇；1946—1948 年，经过整编，适当扩大了乡镇区域，到 1949 年年底，全省共有 2 188 个乡镇③。

表 5-6　民国时期各省建立区、乡(镇)组织和编制保甲情况汇总表(截至 1947 年 6 月底)　(个)

省别	县市局总数	实行新县制县局数	区(署)数	乡镇(公所)	保(办公处)	甲数
江苏	63	29	318	7 223	39 022	701 887
浙江	78	77	29	2 998	32 984	356 660
安徽	64	63	55	2 038	19 259	207 068
江西	82	81	17	2 030	19 725	191 553
湖北	71	70	22	1 451	18 351	211 199
湖南	78	76	—	1 556	20 515	264 540
四川	146	143	148	4 517	62 826	657 015
西康	52	35	30	350	2 340	25 155
山东	110	107	69	6 358	70 300	702 116
河南	111	56	17	1 367	28 263	305 765
陕西	94	81	—	902	6 842	135 864
甘肃	72	69	17	763	6 992	77 062
青海	21	19	—	263	1 119	13 051
福建	68	66	—	899	10 387	133 912
广东	103	98	81	3 251	44 129	500 328
广西	104	101	23	1 818	19 052	205 032
云南	129	112	—	1 453	13 123	135 355
贵州	80	79	77	1 415	13 236	137 867
绥远	22	20	38	348	2 348	25 344
宁夏	16	13	—	140	1 057	10 572
合计	1 564	1 395	941	41 140	431 870	4 997 345

自 20 世纪 50 年代起，国民党政府退居台湾地区后，则在台湾地区推行具有“地方自治”内涵的地方制度，在县以下明确设立县辖市和镇、乡，成为省、直辖市—县、市—县辖

① 朱俊瑞，李涛．2007．民国浙江乡镇组织变迁研究——以“新县制”为中心的分析[M]．北京：中国社会科学出版社：89．

② 魏光奇．2004．官治与自治——20 世纪上半期的中国县制[M]．北京：商务印书馆：206-211．

③ 朱俊瑞，李涛．2007．民国浙江乡镇组织变迁研究——以“新县制”为中心的分析[M]．北京：中国社会科学出版社：123，216．

市、镇、乡的三级制行政区划格局①。这里，包括了直辖市、市和县以下的基层的"乡、镇、市"的"城镇型政区"，实际是对清末的"城镇乡制"的"聚落自治"本意的回归以及推广。

5.2 现代一元权力制约下的城镇化进程与"市制"的变异(1949 年至今)

前已述及，自 1927 年南京国民政府建立以来，随着国家重构的进行，实际上已经出现权力向国家回归的迹象，这既与城市市民权利的相对弱小有关，也与当时的国际、国内环境有关，当然，深厚的传统政治遗产的影响更毋庸讳言；但理论上城市的自治权力仍然得以保持。1949 年以来，现代中国的国家重构基本完成，但国家的指导思想、价值取向、经济制度等与此前彻底决裂；在借鉴前苏联高度集中的政治、经济管理体制的基础上，完成了现代中国的管理体制和权力配置方式的建设。于是，城市在原有的基础上，在国家完全的支配下，按照新的城市化道路，开始了现代中国的城市化进程。虽然表面看来，城市化过程大起大落，城市发展方向似乎时有转向、飘忽不定，城市管理体制即所谓"市"制也不断变更，但就实质而言，著者认为尚没有根本改易，即所有这些，都是在国家一元权力制约下合乎逻辑的发展结果。直至当前，这种一元权力体制尽管有所松动，但并未根本改变。

5.2.1 一元权力体制制约下的现代城镇化进程

1949 年后，中国城市进入一个新的历史时期。1949—1979 年这 30 年间，由于外来权力消失，而国家建立了高度集权的计划经济体制，因此，城市的发展在国家权力的极度支配下进行，受到国家政策的极大影响。有学者将这一阶段总结为以下三点：

(1) 随着工业化的全面展开，城市化进程加速，新的城镇不断涌现，城镇数量和城镇人口达到历史上的最高峰。但由于我国人口数量庞大，城市化水平仍然很低。

(2) 城市经济实力大大增强。但受"左"的思想影响，在相当长一段时间里，各城市片面发展工业，第三产业趋于萎缩，城市基础设施和住宅供应严重不足。

(3) 不论是城市化的进程，还是城市经济的发展，都呈现出波浪式的起伏，特别是在"大跃进"和"文化大革命"期间，波动剧烈，造成巨大损失②。

还有学者指出"中国城市化进程的反复性和曲折性是世界上其他国家所少见的，大起大落是中国的主要教训"后，更具体划分为如下的几个阶段：① 1949—1957 年的短暂健康发展；② 1958—1960 年的过度城镇化；③ 1961—1965 年的第一次反城镇化；④ 1966—1976 年的第二次反城镇化；⑤ 1977 年以后重新步入正轨③。也有学者将 1949 年以来的中国城市化道路划分为起步阶段(1949—1957 年)、大起大落阶段(1958—1965 年)、停滞阶段(1966—

---

① 台湾地区曾经有"《省县自治法》"和"《直辖市自治法》"(均于 1994 年颁布，1999 年废止)，专门规范了政区体系，后统一为"《地方制度法》"(1999 年颁布施行，后多次修正)。"《地方制度法》"中"第三条"规定："地方划分为省、直辖市。省划分为县、市；县划分为乡、镇、县辖市。直辖市及市均划分为区。乡以内之编组为村；镇、县辖市及区以内之编组为里。村、里以内之编组为邻。"参见李台京. 2008. 台湾地方政府[M]. 台北：三民书局：63-67.

② 宁越敏，张务栋，钱今昔. 1994. 中国城市发展史[M]. 合肥：安徽科学技术出版社：502.

③ 靳润成，郁晓航. 1999. 中国城市化之路[M]. 上海：学林出版社：224.

1978年)和恢复与发展阶段(1979年以来)这样四个截然不同的发展阶段①。

在1979年之后的当代阶段中,中国城市化的进展是非常迅速的(虽然统计口径和计算结果略有不同,但结果大体一致)。1978年城镇人口为17 245万人,城镇化率为17.92%(由于统计口径不同,各界对此有不同看法,为13.7%—19.4%②);1990年,城镇化率为18.9%;到2000年,我国城镇化率为36.2%;再至2008年年底,我国城镇人口为6.07亿人,城镇化水平为45.68%,比20世纪50年代初期提高了35%,年均增长0.95%。2011年我国城镇化率首次突破50%达到51.3%,比2002年提高12.2%,城乡结构发生历史性变化(图5-1)。按照《国家新型城镇化规划(2014—2020年)》的表述:“改革开放以来,伴随着工业化进程加速,我国城镇化经历了一个起点低、速度快的发展过程。1978-2013年,城镇常住人口从1.7亿人增加到7.3亿人,城镇化率从17.9%提升到53.7%,年均提高1.02个百分点。”③如图5-2所示。

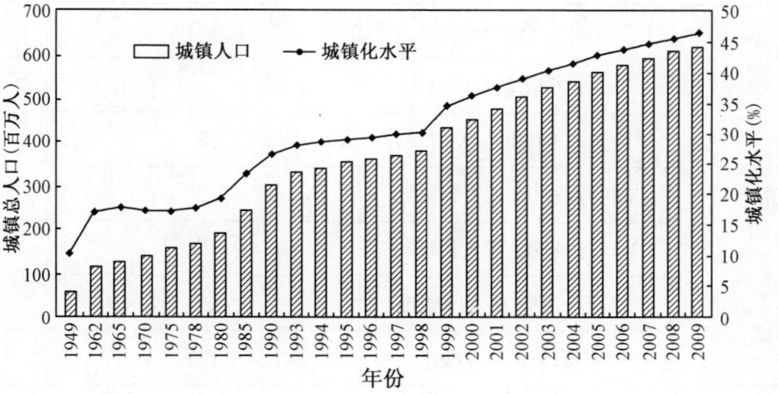

图5-1 1949年以来中国的城镇化进程图

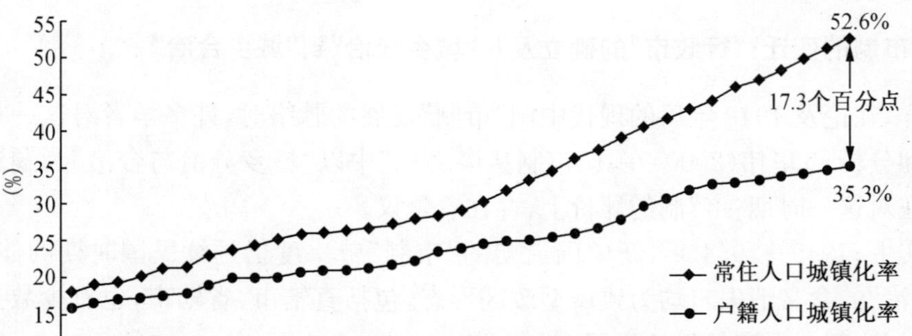

图5-2 1978年以来中国的常住人口城镇化率与户籍人口城镇化率的差距图

① 顾朝林,等.1999.经济全球化与中国城市发展[M].北京:商务印书馆:157.

② 如顾朝林(顾朝林,等.1999.经济全球化与中国城市发展[M].北京:商务印书馆:157-158)、许学强(许学强,周一星,宁越敏.1997.城市地理学[M].北京:高等教育出版社:76)等论述。

③ 新华网.2014.国家新型城镇化规划(2014—2020年)[EB/OL].(2014-03-17).http://news.xinhuanet.com.

1979年以来，中国城市发展步入正轨，大力推进城市化也已经成为各方共识，但由于制约城市发展的因素没有根本改变，因此，可以说中国仍处于一元权力制约下的城市发展阶段。城市的发展，仍然没有摆脱完全受制于国家权力的状况，仍然受到国家政策的巨大影响。在这一时期，尤其是前期的城市化的巨大发展是对"文化大革命"10年的补偿性反应，而后期的迅速提高则有行政区划调整变动的因素在内，均非自然演进的结果(表5-7)。变化更多地表现在将国家高度集中于中央政府的权力下放给地方(尤其是省级)政府。虽然这种下放某种程度上是一种值得肯定的历史性的进步，因为权力的多元化呈现端倪，而这正是城市健康发展的重要保证，但总体看来仍缺乏制度性保障。

表5-7 1978—2010年城市(镇)数量规模变化表

类型	城市规模分类	1978年	2010年
建制市	合计	193	658
	1 000万以上人口城市	0	6
	500万—1 000万人口城市	2	10
	300万—500万人口城市	2	21
	100万—300万人口城市	25	103
	50万—100万人口城市	35	138
	50万以下人口城市	129	380
建制镇	合计	2 173	19 410

注:2010年数据根据第六次全国人口普查数据整理。

5.2.2 市制的变迁:"行政市"的确立及从"城乡分治"到"城乡合治"

同样，在论及1949年后的现代中国"市制"发展的脉络时，许多学者对这一过程进行过介绍和分析①;华伟(2000)在其"市制丛谈之三"中以"城乡分治与合治"为题进行了概括。但在对这一时期"市"制的评价上，存在着争议。

事实上，1949—1954年，新中国最初的"市制"曾一度仍延续民国时期的体制(当然"地方自治"的含义消失)，均为狭域型政区形态，包括直辖市、省辖市，也有少数县辖市的设置。对此，贺曲夫有如下的介绍:

大量资料(尤其是地方志)显示，在新中国成立前夕，以及新中国成立后的相当长的时期内还设置(或者撤销)过部分"县辖市"。这些县辖市一部分是沿袭于解放区或者国民政府设置的县辖市，一部分则是新中国自行设置的县辖市。如1952年延边专区改设延边朝鲜族自治区，自治区人民政府驻延吉县延吉市;1953年延吉市由原延吉县辖市改

① 浦善新，陈德彧，周艺，等.1995.中国行政区划概论[M].北京:知识出版社:334-346;刘君德，汪宇明.2000.制度与创新——中国城市制度的发展与改革新论[M].南京:东南大学出版社:42-52.

为自治区辖市。此外，根据部分县（市）志，新中国成立后我国还设置过如下的县辖市：1949 年 9 月 29 日，金州城区与城郊区合并成立金州市（县辖市）；1947 年 6 月，复县第二次解放后，建瓦房店市（镇级市）；1951 年 6 月，临川县城关区改为抚州市（县属）等。同时，在广大西部地区，我们也可以看到县辖市的踪迹，如青海省玉树藏族自治州玉树县结古镇，1951 年设为玉树县辖的区级结古市。

新中国成立初期，今上海市域内也曾设置过部分县辖市建制。《青浦县志》中记载：“1949 年 5 月 14 日青浦解放后，全县设 1 区、1 市、10 个乡镇联合办事处，依次为：城厢区、朱家角市、练塘联合办事处。”《松江县志》中记载：“1949 年 5 月 13 日，松江解放，全县设 6 个乡镇联合办事处和泗泾镇……松江城区建松江市（隶苏南行政区松江专员公署），下辖永丰、岳阳、中山、华阳 4 镇。8 月 1 日，松江市、县合并，松江市为县辖市。11 月，松江市撤销，全县设枫泾、漕泾、亭林、叶榭、城东、城西、天昆、泗泾、石湖、城区（华阳镇已划归城东区）等 10 个区。”《嘉定县志》中记载：“（1949 年）10 月撤销联合办事处，建立区人民政府。全县划分为 1 市 8 区，即南翔市和城厢区、纪王区、方泰区、外冈区、黄渡区、徐行区、娄塘区、马陆区，下辖 73 个乡镇。1950 年 6 月将 1 市 8 区划分为 7 区：南翔市改为南翔区……”《南汇县志》中记载：“1949 年 5 月，本县解放后即着手区乡村政权的建设。6 月，划全县为 1 市 1 区 6 个乡镇联合办事处，即周浦市（原周浦镇），城区……1950 年年初…… 本县重划区、乡，废除乡镇办事处建置，全县被划为 1 市（周浦市）、7 区、5 镇、103 乡，各建区（市）、乡（镇）政权。”①

1953 年年初，国家取消县辖市②，并在 1954 年《宪法》中得到确认。1958 年后，先是直辖市扩大管辖范围（将若干周边县划归其管辖）；接着，即在少数大城市和省会城市实行“市领导县”体制（初期所领导的县数较少）；再至 20 世纪 80 年代之后，在地级层面推行地市合并、市领导县，在县级层面则改变了设市模式，改原先的“切块设市”为“整县改市”。至此，中国大陆地区的“市”，彻底演变为广域型的政区形态。诚如有的学者所说：“市是城市型行政单位，是人口密集的聚居‘点’上的行政建制，其居民主体是从事第二产业和第三产业的市民（即非农业人口），这是世界通例。在民国时期，中国的建制市在这一点上与世界各国并无不同。1949 年以后，最初实行的市制基本上延续了民国的体制；后来，随着城市郊区的扩大，市领导县，地市合并，整县改市，建制市逐渐演变为一种广域型行政建制；最后，人口密集的聚居‘点’上的行政建制反而不叫市，而改成了其他的建制名。”③

因此，对这一阶段中国大陆城市型政区的发展和变化，可以直接表述为：从“城乡分治”到“城乡合治”。这里的“城乡分治”（主要在 1949—1979 年）才是真正具有中国特色的“城乡分治”，与西方国家的同类政区在表面上（形态上）几乎完全一致，并且更进一步，推广到所有高层至低层政区层面。如直辖市、地级市、县级市、镇，均有类似的演变过程；

---

① 贺曲夫. 2012. 县下辖市与推进自治——我国县辖政区的发展与改革研究[M]. 北京：中国经济出版社：214-215.

② 张全在，贺晨. 1998. 镇政府管理[M]. 北京：中国广播电视出版社：52.

③ 华伟. 2000. 城乡分治与合治——市制丛谈之三[J]. 中国方域——行政区划与地名，(3)：8-17.

直辖市在1958年前可算是狭域型，其他则在20世纪80年代之前绝大多数为狭域型。但就实质(权力配置上)而言，又正好背道而驰，城市成为国家绝对的控制中心，当然，城市市民也成为绝对的"特权"阶层。

关于1949年后中国大陆地区"市制"的具体变化和"城镇型政区"设置的详细情况，在下章展开。这里先将1949年中华人民共和国成立以来建制市的设置、撤销等情况，列表说明如下(表5-8)。

表5-8 中华人民共和国1949—2013年建制市沿革表

年份	设置	撤销	更名	合计与说明
1949	直辖市：北京、天津、上海、南京、武汉、广州、重庆、西安、沈阳、鞍山、抚顺、本溪(共计12个) 地级市：保定、唐山、秦皇岛、石家庄、张家口、宣化、太原、大同、归绥、包头、大连、安东、营口、辽阳、锦州、四平、阜新、长春、吉林、哈尔滨、齐齐哈尔、牡丹江、佳木斯、徐州、无锡、杭州、宁波、温州、合肥、蚌埠、芜湖、福州、厦门、南昌、济南、青岛、潍坊、郑州、开封、新乡、安阳、沙市、宜昌、长沙、汕头、湛江、南宁、桂林、成都、自贡、贵阳、昆明、兰州、迪化(共计54个) 县级市：承德、山海关、赤峰、海拉尔、满洲里、乌兰浩特、旅顺、金州、西安、通化、鹤岗、泰州、新海连、南通、扬州、镇江、常州、苏州、嘉兴、湖州、绍兴、金华、兰溪、衢州、阜城、界首、亳城、三河、当涂、大通、宣城、屯溪、九江、景德镇、赣州、博山、周村、张店、德州、龙口、羊口、烟台、威海、石岛、济宁、朱集、许昌、漯河、周口、洛阳、南阳、信阳、驻马店、衡阳、佛山、肇庆、江门、韶关、柳州、梧州、海口、宝鸡、榆林、南郑、西宁、银川(共计66个)	—	—	全国共有建制市132个，其中：12个中央直辖市；54个地级市；66个县级市
1950	直辖市：北京、天津、上海、南京、武汉、广州、重庆、西安、沈阳、鞍山、抚顺、本溪、旅大(旅大市为中央直辖市) 地级市：黄石、北海(南通、苏州、烟台、衡阳、佛山、韶关、江门、柳州、梧州、海口升为地级市) 县级市：清江、常熟、宿城、漳州、泉州、吉安、上饶、张周、淄博、商丘、汝南、湘潭、邵阳、洪江、常德、津市、益阳、万县、泸州、南充、遵义、河口、麻栗坡、天水、平凉、临夏、吴忠(潍坊降为县级市) (增地级市和县级市共计29个)	地级市：大连 县级市：金州、龙口、博山、张店、周村、羊口、石岛、威海、三河、宣城、大道、阜城、亳城、当涂、金华、衢州、兰溪、榆林 (撤地级市和县级市共计19个)	—	全国共有建制市143个，其中：13个中央直辖市；64个地级市；66个县级市

续表 5-8

年份	设置	撤销	更名	合计与说明
1951	直辖市：北京、天津、上海、南京、武汉、广州、重庆、西安、沈阳、鞍山、抚顺、本溪、旅大 地级市：长治、阳泉、淮南、襄樊、个旧（安庆升为地级市） 县级市：通辽、金华＊、安庆、威海＊、老河口、株洲、北碚、内江、宜宾、雅安、五通桥、下关（北海降为县级市） （增地级市和县级市共计 17 个）	县级市：汝南、肇庆、朱集、遵义（共计 4 个）	—	全国共有建制市 156 个，其中：13 个中央直辖市；69 个地级市；74 个县级市
1952	直辖市：北京、天津、上海、南京、武汉、广州、重庆、西安、沈阳、鞍山、抚顺、本溪、旅大 县级市：邯郸、合川、遵义＊、咸阳、伊宁、喀什（衡阳降为县级市）（共计 6 个）	县级市：赤峰、周口、驻马店、信阳、南阳、襄樊、老河口、津市（共计 8 个）	西安/辽源	全国共有建制市 154 个，其中：13 个中央直辖市；67 个地级市；74 个县级市
1953	直辖市：北京、天津、上海、武汉、广州、重庆、西安、沈阳、鞍山、抚顺、本溪、旅大、哈尔滨、长春（哈尔滨、长春升为中央直辖市，南京降为地级市） 地级市：潮州、石歧（邯郸、乌兰浩特、海拉尔、满洲里、通辽、常德、景德镇升为地级市） 县级市：通州、汉沽、邢台、泊头、延吉、周口＊、驻马店＊、信阳＊、襄樊＊、津市＊ （增地级市和县级市共计 12 个）	县级市：山海关、界首、宿城、北碚（共计 4 个）	南郑/汉中；迪化/乌鲁木齐	全国共有建制市 163 个，其中：14 个中央直辖市；75 个地级市；74 个县级市
1954	直辖市：北京、天津、上海（长春、哈尔滨、武汉、广州、重庆、西安、沈阳、鞍山、抚顺、本溪、旅大降为地级市） 地级市：（长春、哈尔滨、武汉、广州、重庆、西安、沈阳、鞍山、抚顺、本溪、旅大降为地级市，淄博、洛阳升为地级市） 县级市：榆次、抚州、临清（乌兰浩特、满洲里、海拉尔、通辽、四平、宜昌降为县级市） （增地级市和县级市共计 3 个）	县级市：张周（共计 1 个）	归绥/呼和浩特	全国共有建制市 165 个，其中：3 个中央直辖市；82 个地级市；80 个县级市
1955	直辖市：北京、天津、上海 地级市：峰峰、玉门（遵义、北海升为地级市） 县级市：（沙市降为县级市） （增地级市和县级市共计 2 个）	地级市：宣化 县级市：河口、麻栗坡 （撤地级市和县级市共计 3 个）	—	全国共有建制市 164 个，其中：3 个中央直辖市；83 个地级市；78 个县级市
1956	直辖市：北京、天津、上海 地级市：葫芦岛、鸡西、马鞍山、铜官山、焦作、玉门（株洲、西宁升为地级市） 县级市：集宁、巴彦浩特、公主岭、双鸭山、南平、凭祥（安庆降为县级市） （增地级市和县级市共计 12 个）	地级市：峰峰（共计 1 个）	—	全国共有建制市 174 个，其中：3 个中央直辖市；88 个地级市；83 个县级市

续表 5-8

年份	设置	撤销	更名	合计与说明
1957	直辖市:北京、天津、上海 地级市:伊春、平顶山、鹤壁、三门峡(银川升为地级市)(共计 4 个)	地级市:葫芦岛 县级市:合川 (撤地级市和县级市共计 2 个)	—	全国共有建制市 176 个,其中: 3 个中央直辖市; 92 个地级市;81 个县级市
1958	直辖市:北京、上海(天津降为地级市) 地级市:朝阳、东川、白银、张掖、酒泉(天津降为地级市,玉门升为地级市) 县级市:侯马、赤峰＊、白城、临沂、泰山、聊城、惠州、肇庆＊、安顺、都匀、铜川、德乌鲁、克拉玛依(邯郸、保定、石家庄、张家口、唐山、秦皇岛、烟台、淄博、开封、洛阳、三门峡、平顶山、新乡、安阳、焦作、鹤壁、海口、佛山、石歧、湛江、江门、韶关、汕头、潮州、北海、南宁、桂林、柳州、梧州、遵义、个旧降为县级市) (增地级市和县级市共计 18 个)	县级市:通州、汉沽、邢台、泊头、泰州、常熟、周口、驻马店、凭祥、巴彦浩特(共计 10 个)	铜官山/铜陵 清江/淮阴 泰山/泰安	全国共有建制市 184 个,其中: 2 个中央直辖市; 68 个地级市;114 个县级市
1959	直辖市:北京、上海 地级市:濉溪(张家口、安庆、开封、安阳、焦作、三门峡升为地级市) 县级市:茂名 (增地级市和县级市共计 2 个)	县级市:潮州、惠州、石歧、肇庆、五通桥、雅安、北海(共计 7 个)	—	全国共有建制市 179 个,其中: 2 个中央直辖市; 75 个地级市;102 个县级市
1960	直辖市:北京、上海 地级市:安达、三明、新余、拉萨(邯郸、保定、石家庄、唐山、承德、安达、鹤岗、鹤壁、咸阳、宝鸡升为地级市) 县级市:汉沽＊、宣化＊、巴彦高勒、浑江、北安＊、萍乡、枣庄、菏泽、新汶、鄂城、沙洋、郴州、六枝、大理、格尔木、大柴旦、冷湖、石嘴山、青铜峡 (增地级市和县级市共计 23 个)	县级市:旅顺、公主岭、下关(共计 3 个)	—	全国共有建制市 199 个,其中: 2 个中央直辖市; 88 个地级市;109 个县级市
1961	直辖市:北京、上海 地级市:(淄博、枣庄、南宁、桂林、柳州、梧州升为地级市) 县级市:沧州＊、邢台＊、海勃湾、乌达、岳阳、娄底、冷江、冷水滩、东江、安江、肇庆＊、凭祥＊、哈密(邯郸、保定、石家庄、唐山、承德、张家口、安阳、鹤壁、焦作、三门峡、咸阳、宝鸡、玉门降为县级市) (增地级市和县级市共计 13 个)	地级市:张掖 县级市:沙洋、鄂城、德乌鲁 (撤地级市和县级市共计 4 个)	新海连/连云港	全国共有建制市 208 个,其中: 2 个中央直辖市; 80 个地级市;126 个县级市

续表 5-8

年份	设置	撤销	更名	合计与说明
1962	直辖市:北京、上海 地级市:(连云港升为地级市) 县级市:泰州*、下关* (增地级市和县级市共计2个)	县级市:汉沽、嘉兴、绍兴、金华、湖州、岳阳、娄底、冷江、冷水滩、东江、安江、安顺、都匀、六枝、大理、哈密 (共计16个)	—	全国共有建制市194个,其中: 2个中央直辖市; 81个地级市;111个县级市
1963	直辖市:北京、上海 县级市:(三明降为县级市)(共计0个)	地级市:新余、白银 县级市:宣化、榆次、侯马、北安、屯溪、临清、泰安、临沂、聊城、菏泽、洪江、津市、郴州、吴忠、青铜峡 (撤地级市和县级市共计17个)	—	全国共有建制市177个,其中: 2个中央直辖市; 78个地级市;97个县级市
1964	直辖市:北京、上海 地级市:(洛阳升为地级市) 县级市:惠州*、北海* (增地级市和县级市共计2个)	地级市:朝阳、伊春、铜陵、酒泉 县级市:乌兰浩特、巴彦高勒、抚州、平顶山、汉中、平凉、大柴旦、冷湖 (撤地级市和县级市共计12个)	淮阴/清江	全国共有建制市167个,其中: 2个中央直辖市; 75个地级市;90个县级市
1965	直辖市:北京、上海 地级市:渡口 县级市:图们、嘉峪关 (增地级市和县级市共计3个)	县级市:新汶、格尔木(共计2个)	安东/丹东	全国共有建制市168个,其中: 2个中央直辖市; 76个地级市;90个县级市
1966	直辖市:北京、上海 地级市:(佛山、江门、双鸭山升为地级市) 县级市:二连浩特、安顺*、都匀* (增地级市和县级市共计3个)	—	—	全国共有建制市171个,其中: 2个中央直辖市; 79个地级市;90个县级市
1967	直辖市:北京、上海 (增地级市和县级市共计0个)	—	—	全国共有建制市171个,其中: 2个中央直辖市; 79个地级市;90个县级市

续表 5-8

年份	设置	撤销	更名	合计与说明
1968	直辖市:北京、上海、天津(天津升为直辖市) 地级市:伊春*(共计1个)	—	—	全国共有建制市172个,其中:3个中央直辖市;79个地级市;90个县级市
1969	直辖市:北京、上海、天津 地级市:平顶山* 县级市:抚州、十堰、冷水江 (增地级市和县级市共计4个)	—	—	全国共有建制市176个,其中:3个中央直辖市;80个地级市;93个县级市
1970	直辖市:北京、上海、天津 地级市:(萍乡升为地级市) 县级市:七台河(江门、佛山降为县级市) (增地级市和县级市共计1个)	—	—	全国共有建制市177个,其中:3个中央直辖市;79个地级市;95个县级市
1971	直辖市:北京、上海、天津 地级市:铜陵*(宝鸡、嘉峪关升为地级市) 县级市:榆次*、临汾、侯马* (增地级市和县级市共计4个)	—	濉溪/淮北	全国共有建制市181个,其中:3个中央直辖市;82个地级市;96个县级市
1972	直辖市:北京、上海、天津 县级市:延安(共计1个)	—	—	全国共有建制市182个,其中:3个中央直辖市;82个地级市;97个县级市
1973	直辖市:北京、上海、天津 地级市:(十堰升为地级市)(共计0个)	县级市:临夏(共计1个)	—	全国共有建制市181个,其中:3个中央直辖市;83个地级市;95个县级市
1974	直辖市:北京、上海、天津 地级市:(新乡、鹤壁、安阳、焦作升为地级市)(共计0个)	—	—	全国共有建制市181个,其中:3个中央直辖市;87个地级市;91个县级市
1975	直辖市:北京、上海、天津 地级市:乌海(韶关、汕头、佛山、江门、湛江、茂名、海口、石嘴山升为地级市) 县级市:绥芬河、屯溪*、阜阳、岳阳*、奎屯 (增地级市和县级市共计6个)	县级市:海勃湾、乌达(共计2个)	—	全国共有建制市185个,其中:3个中央直辖市;96个地级市;86个县级市

续表 5-8

年份	设置	撤销	更名	合计与说明
1976	直辖市:北京、上海、天津 县级市:绵阳、达县、石河子(共计 3 个)	—	—	全国共有建制市 188 个,其中:3 个中央直辖市;96 个地级市;89 个县级市
1977	直辖市:北京、上海、天津 地级市:(邵阳升为地级市) 县级市:郴州*、哈密* (增地级市和县级市共计 2 个)	—	—	全国共有建制市 190 个,其中:3 个中央直辖市;97 个地级市;90 个县级市
1978	直辖市:北京、上海、天津 地级市:六盘水(石家庄、唐山升为地级市) 县级市:六安、梅州(新乡、安阳降为县级市) (增地级市和县级市共计 3 个)	—	—	全国共有建制市 193 个,其中:3 个中央直辖市;98 个地级市;92 个县级市
1979	直辖市:北京、上海、天津 地级市:深圳、珠海(襄樊、沙市、宜昌、铜川升为地级市) 县级市:铁岭、朝阳*、宿州、嘉兴*、绍兴*、湖州*、金华*、衢州*、鹰潭、宜春、荆门、鄂城*、随州、老河口、怀化、洪江*、津市*、潮州*、乐山、西昌、库尔勒 (增地级市和县级市共计 23 个)	—	安达/大庆	全国共有建制市 216 个,其中:3 个中央直辖市;104 个地级市;109 个县级市
1980	直辖市:北京、上海、天津 地级市:(九江、衡阳、湘潭升为地级市) 县级市:乌兰浩特*、黑河、周口*、驻马店*、娄底*、汉中*、格尔木* (增地级市和县级市共计 7 个)	—	—	全国共有建制市 223 个,其中:3 个中央直辖市;107 个地级市;113 个县级市
1981	直辖市:北京、上海、天津 地级市:金昌 县级市:廊坊、铁法、椒江、龙岩、义马、恩施、合山、昭通、开远 (增地级市和县级市共计 10 个)	—	旅大/大连	全国共有建制市 233 个,其中:3 个中央直辖市;108 个地级市;122 个县级市
1982	直辖市:北京、上海、天津 地级市:东营(新乡、安阳、克拉玛依升为地级市) 县级市:泊头*、衡水、绥化、北安*、滁州、巢湖、滨州、泰安*、新汶*、永州、吉首 (增地级市和县级市共计 12 个)	—	—	全国共有建制市 245 个,其中:3 个中央直辖市;112 个地级市;130 个县级市

续表 5-8

年份	设置	撤销	更名	合计与说明
1983	直辖市:北京、上海、天津 地级市:盐城、莆田、新余、濮阳、德阳(邯郸、邢台、保定、张家口、承德、秦皇岛、沧州、赤峰、四平、辽源、七台河、淮阴、扬州、镇江、嘉兴、绍兴、湖州、三明、鹰潭、济宁、潍坊、烟台、荆门、鄂城、岳阳、北海、泸州、咸阳升为地级市) 县级市:运城、晋城、忻州、牙克石、扎兰屯、东胜、锡林浩特、五大连池、常熟*、黄山、邵武、临沂*、新泰、莱芜、菏泽*、聊城*、临清*、孝感、咸宁、丹江口、中山、玉林、钦州、百色、河池、涪陵、雅安*、凯里、曲靖、楚雄、玉溪、保山、大理*、渭南、韩城、平凉*、临夏*、吴忠、昌吉、和田、阿克苏(海口降为县级市) (增地级市和县级市共计 46 个)	县级市:新汶、下关(共计 2 个)	清江/淮阴 梅州/梅县 鄂城/鄂州	全国共有建制市 289 个,其中: 3 个中央直辖市; 144 个地级市; 142 个县级市
1984	直辖市:北京、上海、天津 地级市:盘锦(铁岭、朝阳、石河子升为地级市) 县级市:临河、安达、永安、井冈山、资兴、冷水滩*、三亚、青铜峡*、吐鲁番、塔城、阿勒泰 (增地级市和县级市共计 12 个)	县级市:铁法(共计 1 个)	—	全国共有建制市 300 个,其中: 3 个中央直辖市; 148 个地级市; 149 个县级市
1985	直辖市:北京、上海、天津 地级市:广元、遂宁、白银*(晋城、通化、浑江、金华、衢州、漳州、泉州、泰安、绵阳、内江、乐山、天水升为地级市) 县级市:霍林郭勒、锦西、瓦房店、海城、北票、公主岭*、梅河口、敦化、余姚、兰溪*、日照、大庸、醴陵、东莞、华蓥、畹町、西峰、武威、张掖*、酒泉*、博乐 (增地级市和县级市共计 24 个)	—	—	全国共有建制市 324 个,其中: 3 个中央直辖市; 163 个地级市; 158 个县级市
1986	直辖市:北京、上海、天津 地级市:(许昌、漯河、三门峡、海口升为地级市) 县级市:辛集、南宫、涿州、定州、任丘、兴城、铁法*、镜泊湖、肇东、仪征、张家港、海宁、临海、丽水、亳州、青州、龙口*、曲阜、应城、麻城、蒲圻、仙桃、石首、利川、湘乡、耒阳、通什、日喀则、阿图什(石河子降为县级市) (增地级市和县级市共计 29 个)	—	—	全国共有建制市 353 个,其中: 3 个中央直辖市; 166 个地级市; 184 个县级市

续表 5-8

年份	设置	撤销	更名	合计与说明
1987	直辖市：北京、上海、天津 地级市：舟山（黄山、威海、三亚升为地级市） 县级市：沙河、洮南、扶余、阿城、同江、江阴、宿迁、丹阳、东台、兴化、淮安、瑞安、萧山、江山、宣州、石狮、临川、胶州、诸城、莱阳、安陆、天门、洪湖、武穴、枝城、汨罗、涟源、铜仁、兴义、敦煌 （增地级市和县级市共计 31 个）	县级市：镜泊湖、抚州、屯溪（共计 3 个）	渡口/攀枝花	全国共有建制市 381 个，其中：3 个中央直辖市；170 个地级市；208 个县级市
1988	直辖市：北京、上海、天津 地级市：朔州、汕尾、阳江、清远、河源（廊坊、常德、大庸、惠阳、梅县、东莞、中山、肇庆升为地级市） 县级市：武安、古交、开原、集安、九台、桦甸、大安、龙井、珲春、富锦、铁力、密山、尚志、双城、宜兴、东阳、义乌、慈溪、奉化、贵池、宁德、丰城、樟树、莱州、滕州、文登、荣成、乐陵、汝州、济源、禹州、卫辉、邓州、辉县、枣阳、广水、潜江、当阳、沅江、贵港、广汉、江油、都江堰、峨眉山、榆林 *、商州、安康、德令哈 （增地级市和县级市共计 53 个）	—	—	全国共有建制市 434 个，其中：3 个中央直辖市；183 个地级市；248 个县级市
1989	直辖市：北京、上海、天津 地级市：（锦西、日照升为地级市） 县级市：藁城、黄骅、霍州、蛟河、海伦、昆山、启东、诸暨、黄岩、界首、武夷山、福安、瑞昌、即墨、平度、沁阳 （增地级市和县级市共计 16 个）	—	—	全国共有建制市 450 个，其中：3 个中央直辖市；185 个地级市；262 个县级市
1990	直辖市：北京、上海、天津 县级市：霸州、河间、丰镇、榆树、新沂、溧阳、龙泉、福清、漳平、德兴、莱西、胶南、舞钢、黄州、韶山、赤水、华阴（共计 17 个）	—	—	全国共有建制市 467 个，其中：3 个中央直辖市；185 个地级市；279 个县级市
1991	直辖市：北京、上海、天津 地级市：揭阳（潮州升为地级市） 县级市：晋州、安国、普兰店、凌源、如皋、高邮、平湖、蓬莱、招远、巩义、阆中 （增地级市和县级市共计 12 个）	—	—	全国共有建制市 479 个，其中：3 个中央直辖市；187 个地级市；289 个县级市
1992	直辖市：北京、上海、天津 地级市：松原（滁州、莱芜、万县升为地级市） 县级市：遵化、新乐、介休、孝义、庄河、大石桥、盖州、舒兰、海林、讷河、吴江、邳州、泰兴、建德、永康、上虞、晋江、建瓯、乐平、肥城、章丘、兖州、邹城、钟祥、临湘、顺德、台山、番禺、南海、云浮、新会、琼海、永川、合川、江津、清镇、瑞丽、阜康 （增地级市和县级市共计 39 个）	县级市：扶余（共计 1 个）	—	全国共有建制市 517 个，其中：3 个中央直辖市；191 个地级市；323 个县级市

续表 5-8

年份	设置	撤销	更名	合计与说明
1993	直辖市:北京、上海、天津 地级市:防城港(白城、黑河、孝感、南充升为地级市) 县级市:三河、高碑店、冀州、高平、原平、新民、东港、凌海、临江、和龙、宁安、五常、通州、太仓、靖江、金坛、桐乡、乐清、天长、南安、龙海、高安、寿光、乳山、禹城、灵宝、长葛、偃师、项城、浏阳、开平、三水、普宁、罗定、潮阳、高州、花都、高要、鹤山、四会、增城、廉江、宜州、儋州、资阳、彭州、万源、巴中、毕节、思茅、景洪、兴平 (增地级市和县级市共计 53 个)	—	达县/达川	全国共有建制市 570 个,其中: 3 个中央直辖市; 196 个地级市; 371 个县级市
1994	直辖市:北京、上海、天津 地级市:台州、荆沙(南平、德州、临沂、南阳、郴州、益阳、云浮、钦州、渭南升为地级市) 县级市:鹿泉、丰南、深州、潞城、河津、永济、根河、额尔古纳、凤城、德惠、江都、海门、扬中、姜偃、富阳、温岭、余杭、明光、长乐、建阳、瑞金、安丘、高密、昌邑、林州、新密、荥阳、新郑、登封、大冶、宜城、武冈、英德、恩平、从化、澄海、高明、连州、雷州、乐昌、阳春、惠阳、吴川、兴宁、化州、北流、桂平、琼山、简阳、邛崃、崇州、南川、宣威 (增地级市和县级市共计 55 个)	地级市:沙市 县级市:黄岩、椒江 (撤地级市和县级市共计 3 个)	锦西/葫芦岛 浑江/白山 大庸/张家界	全国共有建制市 622 个,其中: 3 个中央直辖市; 206 个地级市; 413 个县级市
1995	直辖市:北京、上海、天津 地级市:黄冈(永州、涪陵、贵港升为地级市) 县级市:北宁、磐石、穆棱、句容、武进、锡山、吴县、嵊州、福鼎、南康、栖霞、松滋、陆丰、信宜、岑溪、文昌、什邡、仁怀、安宁 (增地级市和县级市共计 20 个)	县级市:黄州、冷水滩(共计 2 个)	—	全国共有建制市 640 个,其中: 3 个中央直辖市; 210 个地级市; 427 个县级市
1996	直辖市:北京、上海、天津 地级市:绵竹(衡水、泰州、宿迁、阜阳、龙岩、宜宾、延安、汉中升为地级市) 县级市:迁安、离石、汾阳、阿尔山、灯塔、双辽、虎林、大丰、临安、桐城、贵溪、海阳、孟州、永城、枝江、常宁、南雄、东兴、万宁、福泉、潞西、合作、灵武、米泉、乌苏 (增地级市和县级市共计 26 个)	—	荆沙/荆州	全国共有建制市 666 个,其中: 3 个中央直辖市; 218 个地级市; 445 个县级市
1997	直辖市:北京、上海、天津、重庆(重庆升为直辖市) 地级市:(聊城、商丘、怀化、玉林、遵义、曲靖、玉溪升为地级市) 县级市:宁国、汉川、贺州、东方 (增地级市和县级市共计 4 个)	地级市:万县、涪陵(共计 2 个)	—	全国共有建制市 668 个,其中: 4 个中央直辖市; 222 个地级市; 442 个县级市

续表 5-8

年份	设置	撤销	更名	合计与说明
1998	直辖市:北京、上海、天津、重庆 地级市:广安(宿州、赣州、信阳、咸宁、吴忠升为地级市)(共计 1 个)	地级市:东川(共计 1 个)	枝城/宜都 蒲圻/赤壁	全国共有建制市 668 个,其中:4 个中央直辖市;227 个地级市;437 个县级市
1999	直辖市:北京、上海、天津、重庆 地级市:晋中、达州(通辽、绥化、巢湖、六安、宁德、娄底、榆林升为地级市)(共计 2 个)	县级市:榆次、达川、畹町(共计 3 个)	—	全国共有建制市 667 个,其中:4 个中央直辖市;236 个地级市;427 个县级市
2000	直辖市:北京、上海、天津、重庆 地级市:抚州、池州、宣城(吉安、丽水、亳州、宜春、周口、驻马店、滨州、眉山、雅安、运城、巴中、忻州、资阳、临汾、安顺、安康、上饶、菏泽、随州、保山升为地级市) 县级市:井冈山 (增地级市和县级市共计 4 个)	县级市:番禺、花都、临川、贵池、宣州、锡山、吴县(共计 7 个)	淮阴/淮安	全国共有建制市 663 个,其中:4 个中央直辖市;259 个地级市;400 个县级市
2001	直辖市:北京、上海、天津、重庆 地级市:鄂尔多斯、固原、商洛、呼伦贝尔(昭通、武威升为地级市) (共计 4 个)	县级市:萧山、余杭、东胜、商州、海拉尔(共计 5 个)	通什/五指山	全国共有建制市 662 个,其中:4 个中央直辖市;265 个地级市;393 个县级市
2002	直辖市:北京、上海、天津、重庆 地级市:庆阳、来宾、崇左、丽江(张掖、百色、平凉、贺州、河池、酒泉升为地级市) 县级市:阿拉尔、图木舒克、五家渠 (增地级市和县级市共计 7 个)	县级市:丰南、武进、新会、西峰、琼山、南海、顺德、三水、高明(共计 9 个)	铁法/调兵山	全国共有建制市 660 个,其中:4 个中央直辖市;275 个地级市;381 个县级市
2003	直辖市:北京、上海、天津、重庆 地级市:吕梁、巴彦淖尔、乌兰察布、定西、中卫、临沧(思茅升为地级市)(共计 6 个)	县级市:离石、临河、集宁、潮阳、澄海、惠阳(共计 6 个)	—	全国共有建制市 660 个,其中:4 个中央直辖市;282 个地级市;374 个县级市
2004	直辖市:北京、上海、天津、重庆 地级市:陇南市(共计 1 个)	—	—	全国共有建制市 661 个,其中:4 个中央直辖市;283 个地级市;374 个县级市
2005	直辖市:北京、上海、天津、重庆 (增地级市和县级市共计 0 个)	—	—	全国共有建制市 661 个,其中:4 个中央直辖市;283 个地级市;374 个县级市

续表 5-8

年份	设置	撤销	更名	合计与说明
2006	直辖市:北京、上海、天津、重庆 (增地级市和县级市共计0个)	县级市:阿城、江津、合川、永川、南川(共计5个)	北宁/北镇	全国共有建制市656个,其中:4个中央直辖市;283个地级市;369个县级市
2007	直辖市:北京、上海、天津、重庆 (增地级市和县级市共计0个)	县级市:米泉(共计1个)	思茅/普洱	全国共有建制市655个,其中:4个中央直辖市;283个地级市;368个县级市
2008	直辖市:北京、上海、天津、重庆 (增地级市和县级市共计0个)	—	—	全国共有建制市655个,其中:4个中央直辖市;283个地级市;368个县级市
2009	直辖市:北京、上海、天津、重庆 (增地级市和县级市共计0个)	县级市:通州(共计1个)	—	全国共有建制市654个,其中:4个中央直辖市;283个地级市;367个县级市
2010	直辖市:北京、上海、天津、重庆 县级市:蒙自、文山、共青城(共计3个)	—	襄樊/襄阳 潞西/芒市	全国共有建制市657个,其中:4个中央直辖市;283个地级市;370个县级市
2011	直辖市:北京、上海、天津、重庆 地级市:(毕节、铜仁升为地级市) 县级市:北屯(巢湖降为县级市) (增地级市和县级市共计1个)	县级市:江都(共计1个)	—	全国共有建制市657个,其中:4个中央直辖市;284个地级市;369个县级市
2012	直辖市:北京、上海、天津、重庆 地级市:三沙(聊城、商丘、怀化、玉林、遵义、曲靖、玉溪升为地级市) 县级市:阿拉山口、铁门关 (增地级市和县级市共计3个)	县级市:吴江、姜堰、胶南(共计3个)	—	全国共有建制市657个,其中:4个中央直辖市;285个地级市;368个县级市
2013	直辖市:北京、上海、天津、重庆 地级市:海东(设立地级海东市) 县级市:玉树、扶余、弥勒 (增地级市和县级市共计4个)	县级市:上虞、南康、兖州(共计3个)	—	全国共有建制市658个,其中:4个中央直辖市;286个地级市;368个县级市

注:* 为复设市(1949年前撤销,后又恢复的不计)。

6 中国现当代“城镇型政区”设置的标准、模式与类型

6.1 1949年以来设置市、镇建制的标准与模式的演变

市、镇是城镇型行政单位，是人口密集的聚居“点”上的行政建制，其居民主体是从事第二产业和第三产业的市民（即非农业人口），这是世界通例。在民国时期，中国在这一点上与世界各国并无不同。1949年以后，最初实行的市制基本上延续了民国的体制；后来，随着城市郊区的扩大，市领导县，地市合并，整县改市，建制市逐渐演变成为一种广域型行政建制。

6.1.1 “设市”、“设镇”标准

中国共产党在取得全国政权之前，曾在其管辖的根据地设置过建制市。中华人民共和国成立以后，在原有的院辖市（直辖市）和县辖市基础上，进一步确认了专员公署对于辖区内的省辖市拥有管辖权的现实，同时又将直辖市交给大行政区管辖，从而形成了大区辖市、省辖市、专署辖市三种市建制。1954年以后，设市重点主要在专署辖市（即县级市）以上的各种市建制，镇则为县级政区之下的“城镇型政区”的类型。但是，在市域、镇域主要包括城镇建成区及其周边地带，县域为传统农村地区，市县分置、镇乡分置，也即“城乡分治”这个基本点上，则尚未发生大的变化。1958年后，从直辖市、较大的市开始，市域辖区逐渐扩大，也开始辖县（并至1982年《宪法》确认），再至1986年设市标准提出“整县改市”等，中国的“城镇型政区”逐渐演变为广域型的政区建制。

新中国成立以来，国家先后制定了几个涉及建制市、建制镇的“市镇设置标准”，以1955年标准、1986年标准和1993年标准为主。

1）1955年的设市、设镇标准

1955年6月9日颁布的《国务院关于设置市、镇建制的决定》（〔55〕国秘习字第180号）规定“市，是属于省、自治区、自治州领导的行政单位”，“镇，是属于县、自治县领导的行政单位”，并具体规定了设市、设镇的条件。

（1）设置“市”的条件

设置“市”的条件为：① 聚居人口10万以上的城镇，可以设置市的建制。② 聚居人口不足10万的城镇，必须是重要工矿基地、省级地方国家机关所在地、规模较大的物资集散地或者边远地区的重要城镇，并确有必要时方可设置市的建制。

且明确要求“市的郊区不宜过大”，说明当时是属于狭域型的“切块设市”的方式。

（2）设置“镇”的条件

设置“镇”的条件为：① 县级或者县级以上地方国家机关所在地，可以设置镇的建制。② 不是县级或者县级以上地方国家机关所在地，必须是聚居人口在 2 000 人以上，有相当数量的工商业居民，并确有必要时方可设置镇的建制。③ 少数民族地区如有相当数量的工商业居民，聚居人口虽不及 2 000 人，确有必要时，亦得设置镇的建制。

亦且明确规定“镇以下不再设乡”，说明当时亦是属于狭域型的“切块设镇”方式。

根据当时的标准，说明设市、设镇都是非常严格的，且设置方式为“切块设市(镇)”。

专栏 6-1

1955 年 6 月《国务院关于设置市、镇建制的决定》①

(〔55〕国秘习字第 180 号)

市镇是工商业和手工业的集中地。对于市、镇建制的设置做如下决定：

一、市，是属于省、自治区、自治州领导的行政单位。聚居人口 10 万以上的城镇，可以设置市的建制。聚居人口不足 10 万的城镇，必须是重要工矿基地、省级地方国家机关所在地、规模较大的物资集散地或者边远地区的重要城镇，并确有必要时方可设置市的建制。市的郊区不宜过大。

人口在 20 万以上的市，如确有分设区必要，可以设市辖区。人口在 20 万以下的市，一般不应设市辖区；已经设了的，除具有特殊情况，经省人民委员会或者自治区自治机关审查批准保留者外，均应撤销，分别设立街道办事处，作为市人民委员会的派出机关。需要设市辖区的，也不应多设。

二、镇，是属于县、自治县领导的行政单位。县级或者县级以上地方国家机关所在地，可以设置镇的建制。不是县级或者县级以上地方国家机关所在地，必须是聚居人口在 2 000 人以上，有相当数量的工商业居民，并确有必要时方可设置镇的建制。少数民族地区如有相当数量的工商业居民，聚居人口虽不及 2 000 人，确有必要时，亦得设置镇的建制。镇以下不再设乡。

三、工矿基地，规模较大、聚居人口较多，由省领导的，可设置市的建制。工矿基地，规模较小、聚居人口不多，由县领导的，可设置镇的建制。工矿基地，规模小、人口不多，在市的附近，且在经济建设上与市的联系密切的，可划为市辖区。

各省、自治区、直辖市人民委员会，应当依照本决定并结合当地实际情况，对现有的市、市辖区、镇的建制进行审查，其中关于市的建制的设置、保留、撤销，或改设和市界的变更须报经国务院批准；市辖区和镇的建制设置和变更由省人民委员会、自治区自治机关自行决定。

2）1963 年调整设镇标准

1963 年，因“大跃进”时期及之后几年，城镇人口增加过快，市镇建制增加过多，超过了农业生产的承受能力，国家要求逐一审核已有各市，不符合 1955 年标准的一律撤销。镇则提高标准，规定：

——工商业和手工业相当集中、聚居人口在 3 000 人以上，其中非农业人口占 70%以上，或者聚居人口在 2 500 人以上不足 3 000 人，其中非农业人口占 85%以上，确有必要由县级国家机关领导的地方，可以设置镇的建制。

——少数民族地区的工商业和手工业集中地，聚居人口虽然不足 3 000 人，或者非农业人口不足 70%，但是确有必要由县级国家机关领导的，也可以设置镇的建制。

① http://www.110.com.

专栏 6-2

1963 年 12 月《中共中央、国务院关于调整市镇建制、缩小城市郊区的指示》①

市镇是工商业和手工业的集中地。由于这种地区的经济条件和生活方式都不同于农业地区，国家需要设置市镇建制，来对它进行专门的管理。市镇人口占全国总人口的比例，一定要受农业生产水平的制约。因此，对市镇人口必须严格控制，对市镇建制的设置必须恰当。

前几年，我国城镇人口增加过猛，市镇建制增加过多，超过了农业生产的负担能力，给社会主义建设带来不少困难。经过两年多的调整，压缩城镇人口的工作取得了巨大的成绩，市镇数目有所减少。全国城镇人口到 1963 年 6 月底止，净减了 1 600 余万人。市的数目，由 1961 年年底的 208 个，减少到 1963 年 6 月底的 179 个。县属镇的数目，由 1961 年年底的 4 429 个，减少到 1962 年年底的 4 219 个。但是，从我国当前农业生产水平和工业建设的实际需要来看，城镇人口占全国总人口的比重仍然过大；市镇建制仍然过多；市的郊区仍然偏大。这种状况，对于国民经济的发展是不利的，必须加以改变。为此，中共中央、国务院对于调整市镇建制、缩小城市郊区问题，做如下的指示：

一、撤销不够设市条件的市

各省、自治区应该根据中共中央、国务院 1962 年 10 月“关于当前城市工作若干问题的指示”中有关调整市镇建制的原则，和国务院 1955 年 6 月“关于设置市、镇建制的决定”中规定的设市条件，对现有的市逐个进行审查，凡是在完成精减职工、减少城镇人口任务和缩小郊区以后，聚居人口仍然在 10 万人以上的，一般可以保留市的建制(没有必要保留市建制的，也应该撤销)；聚居人口不足 10 万的，必须是省级国家机关所在地，或者是重要工矿基地，或者是规模较大的物资集散地，或者是边疆地区的重要城镇，并且确有必要由省、自治区领导的，才可以保留市的建制。其他一切不符合上述条件的市，都应该撤销。市建制撤销以后，应该根据不同情况，恢复原来的县，或者改为县属的镇。如果新改的和原有的县属镇规模大、居民委员会数量过多，在必要时，经过省、自治区人民委员会批准，可以建立街道办事处，作为镇人民委员会的派出机构。

二、缩小市的郊区

市的郊区是指这样的地区：(1) 当前城市建设所必需的地区；(2) 紧靠市区的职工聚居区；(3) 设在市区附近的必需的蔬菜等主要副食生产基地；(4) 无法从市区划出的插花性质的农业区；(5) 受地形限制，划归市比较有利的地区；(6) 群众经济生活与城市关系密切的地区。凡是不符合上述原则的地区，都不应该划为郊区。市辖县应当按县的建制进行领导和管理，不得划为远郊区。市的郊区应该尽量缩小。市总人口中农业人口所占比重一般地不应当超过 20%，不及 20%的，一般不动；超过 20%的，应该压缩；确实有必要超过 20%的，必须由省、自治区人委报国务院批准。

为了统一市的人口统计口径，规定：市总人口包括市区人口和郊区人口；市区和郊区的非农业人口列入市的城市人口，市区和郊区的农业人口列入乡村人口。各地在缩小城市郊区的同时，应该对城市所需要的蔬菜等主要副食的供应问题，做出统一安排。郊区解决不了的部分，由附近的县负责支援。

三、调整镇的建制

设置镇的建制，应该是工商业和手工业相当集中，绝大多数居民从事这些行业，确实有必要由县领导才有利于经济发展和物资交流的地方。国务院 1955 年 6 月“关于设置市、镇建制的决定”中，曾经规定：“县级或者县级以上地方国家机关所在地，可以设置镇的建制。不是县级或者县级以上地方国家机关所在地，必须是聚居人口在 2 000 人以上、有相当数量的工商业居民，并确有必要时，方可设置镇的建制。少数民族地区如有相当数量的工商业居民，聚居人口虽不及 2 000 人，确有必要时，亦

① http://qhs.mca.gov.cn.

得设置镇的建制。”这个标准在当时还是恰当的。从目前的情况来看,显得宽一些,需要加以改变。现在重新规定:

(一)工商业和手工业相当集中、聚居人口在3 000人以上,其中非农业人口占70%以上,或者聚居人口在2 500人以上不足3 000人,其中非农业人口占85%以上,确有必要由县级国家机关领导的地方,可以设置镇的建制。少数民族地区的工商业和手工业集中地,聚居人口虽然不足3 000人,或者非农业人口不足70%,但是确有必要由县级国家机关领导的,也可以设置镇的建制。现有的镇建制,凡是不符合上述条件的,或者虽然符合上述人口条件,但是以改归乡村人民公社领导为有利的,都应该撤销;即使是县级或者县级以上地方国家机关所在地,也应该撤销。

(二)现在由农村人民公社领导的集镇,凡是以保持原有领导关系更为有利的,即使符合设镇的人口条件,也不要设置镇的建制。在撤销了镇建制的地方,原镇属居民一律列为乡村人口。

四、调整林场、农场、矿山、油田等地区的市镇建制

林场、农场、矿山、油田等地区,很多是产品单一、生产场地分散、不宜于建设集中的市镇。因此,中央指定冶金工业部协同安徽省人民委员会在马鞍山矿区,煤炭工业部协同河南省人民委员会在平顶山矿区,林业部、石油工业部、农垦部协同黑龙江省人民委员会分别在伊春林区、萨尔图油区、密山国营农场,根据城乡结合、工农结合、利于生产、方便生活的原则,重新调整市镇建制。经过试点总结经验,改变现在沿袭一般设置市镇建制的做法。并要求于1964年3月底提出方案,报告中共中央、国务院做出专门规定。因此,这类地区市镇建制的调整,可暂缓进行。这次调整市镇建制、缩小城市郊区的工作,要求在1964年3月底以前完成。市建制的调整和市郊区的变动,该报国务院批准。镇建制的调整,应该报省、自治区、直辖市人民委员会批准,并报国务院备案。

调整市镇建制、缩小城市郊区,是贯彻执行以农业为基础,以工业为主导,发展国民经济的总方针,使市镇设置适应国民经济发展需要的一项重要措施。各地党委和人民委员会在进行这项工作的时候,必须加强思想政治领导,做好调查研究工作,妥善地解决在调整中遇到的各种问题,针对干部和群众的思想情况,进行深入、细致地说服解释工作,注意保持正常的经济生活和社会秩序。

3) 1984年放宽设镇标准

1984年,为了适应城乡经济发展的需要,国家适当放宽了建镇标准,对1955年和1963年设镇的规定做了调整,规定:

——凡县级地方国家机关所在地,均应设置镇的建制。

——总人口在20 000人以下的乡,乡政府驻地非农业人口超过2 000人的,可以建镇;总人口在20 000人以上的乡,乡政府驻地非农业人口占全乡人口10%以上的,也可以建镇。

——少数民族地区、人口稀少的边远地区、山区和小型工矿区、小港口、风景旅游、边境口岸等地,非农业人口虽不足2 000人,如确有必要,也可设置镇的建制。

——凡具备建镇条件的乡,撤乡建镇后,实行镇管村的体制;暂时不具备设镇条件的集镇,应在乡人民政府中配备专人加以管理。

专栏6-3

1984年11月《国务院批转民政部关于调整建镇标准的报告的通知》①

国务院同意民政部《关于调整建镇标准的报告》,现发给你们试行。

---

① http://qhs.mca.gov.cn.

为了适应城乡经济发展的需要，适当放宽建镇标准，实行镇管村体制，对于加速小城镇的建设和发展，逐步缩小城乡差别，进行物质文明和精神文明建设，具有重要意义。现在对已具备建镇条件的地方，地方政府要积极做好建镇工作，成熟一个，建一个，不要一哄而起。要按照建镇标准，搞好规划，合理布局，使小城镇建设真正起到促进城乡物资交流和经济发展的作用。

关于调整建镇标准的报告

随着农村商品经济和乡镇工业的蓬勃发展，小城镇的作用日益显示出来。加速小城镇建设，充分发挥其联结城乡的桥梁和纽带作用，促进城乡经济的交流和发展，已成为当前基层政权建设上的一项重要任务。

我国小城镇(指建制镇)的建设和发展经历了一个曲折的过程。建国初期，随着国民经济的恢复和发展，小城镇有了较快的发展。以后由于“左”的影响，小城镇发展缓慢。在“十年动乱”期间，小城镇又遭到了破坏。党的十一届三中全会以来，农村经济的繁荣，促进了小城镇的恢复和发展，现在全国已有建制镇五千六百九十八个。特别是今年中央一号文件下达后，各地对建镇工作更加重视，仅半年多时间，全国就新建了二千多个镇。预计到今年年底还将有一个较大的发展。

为了研究小城镇的政权建设问题，我们于今年八月召集十三个省、自治区、直辖市的有关同志进行了座谈，还派人到部分省市进行了典型调查。当前建镇工作中的主要问题是，建镇标准不统一，有的地方把镇、村分割开来，很不利于小城镇的发展。在发展方向上，小城镇应成为农村发展工副业、学习科学文化和开展文化娱乐活动的基地，逐步发展成为农村区域性的经济文化中心。

鉴于上述情况，我们建议，对一九五五年和一九六三年中共中央和国务院关于设镇的规定做如下调整：

一、凡县级地方国家机关所在地，均应设置镇的建制。

二、总人口在二万以下的乡，乡政府驻地非农业人口超过二千的，可以建镇；总人口在二万以上的乡，乡政府驻地非农业人口占全乡人口10%以上的，也可以建镇。

三、少数民族地区、人口稀少的边远地区、山区和小型工矿区、小港口、风景旅游、边境口岸等地，非农业人口虽不足二千，如确有必要，也可设置镇的建制。

四、凡具备建镇条件的乡，撤乡建镇后，实行镇管村的体制；暂时不具备设镇条件的集镇，应在乡人民政府中配备专人加以管理。

各地在建镇工作中，应深入进行调查研究，结合当地的实际情况，搞好规划，合理布局，认真把这项工作做好。

以上意见如无不妥，请批转各地试行。

4) 1986年调整设市标准，实行“市领导县”体制

1986年4月19日，国务院转发民政部《关于调整设市标准和市领导县条件的报告》，认为：“近年来，由于城乡经济的蓬勃发展，城镇的产业结构和人口结构发生了很大变化。现行的设市标准和市领导县条件，已不适应城乡变化了的新情况”，“建议对1983年提出、内部掌握执行的设市标准和市领导县条件做如下调整”。其中，明确区分了两种设市的模式，即传统的“切块设市”(镇改市)和新采用的“整县改市”(县改市)，且把“市领导县”体制向一般地级市推开。

从表述上看，在这一标准中，第一条还是传统的“切块设市”方式，但第二条则提出了“整县改市”的设市方式，且把“市领导县”体制向一般的“设区的市”推开(之前仅少数“较大的市”辖县)，标志着设市方式发生了很大的变化。

(1)“切块设市”条件

——非农业人口(含县属企事业单位聘用的农民合同工、长年临时工,经工商行政管理部门批准登记的有固定经营场所的镇、街、村和农民集资或独资兴办的第二、第三产业从业人员,城镇中等以上学校招收的农村学生,以及驻镇部队等单位的人员,下同)6万以上,年国民生产总值2亿元以上,已成为该地经济中心的镇,可以设置市的建制。

——少数民族地区和边远地区的重要城镇,重要工矿科研基地,著名风景名胜区,交通枢纽,边境口岸,虽然非农业人口不足6万、年国民生产总值不足2亿元,如确有必要,也可设置市的建制。

(2)“整县改市”条件

——总人口50万以下的县,县人民政府驻地所在镇的非农业人口10万以上、常住人口中农业人口不超过40%、年国民生产总值3亿元以上,可以设市撤县。设市撤县后,原由县管辖的乡、镇由市管辖。

——总人口50万以上的县,县人民政府驻地所在镇的非农业人口一般在12万以上、年国民生产总值4亿元以上,可以设市撤县。

——自治州人民政府或地区(盟)行政公署驻地所在镇,非农业人口虽然不足10万、年国民生产总值不足3亿元,如确有必要,也可以设市撤县。

(3)“市领导县”条件

——市区非农业人口25万以上、年国民生产总值10亿元以上的中等城市(即设区的市),已成为该地区政治、经济和科学、文化中心,并对周围各县有较强的辐射力和吸引力,可实行市领导县的体制。

——一个市领导多少县,要从实际出发,主要应根据城乡之间的经济联系状况,以及城市经济实力大小决定。

专栏 6-4

1986年4月《国务院转发民政部关于调整设市标准和市领导县条件的报告》①

(国发〔1986〕46号)

各省、自治区、直辖市人民政府,国务院各部委、各直属机构:

国务院同意民政部《关于调整设市标准和市领导县条件的报告》,现转发给你们试行。

各地要认真总结设市和市领导县工作的经验,搞好规划,合理布局,严格按条件办理。应成熟一个搞一个,有计划有步骤地发展中小城市,促进城乡经济的发展。

国务院

一九八六年四月十九日

关于调整设市标准和市领导县条件的报告

国务院:

近年来,由于城乡经济的蓬勃发展,城镇的产业结构和人口结构发生了很大变化。现行的设

---

① http://www.gov.cn.

市标准和市领导县条件，已不适应城乡变化了的新情况。为了适应城乡经济发展的需要，贯彻"控制大城市规模，合理发展中等城市，积极发展小城市"的方针，我部会同国家体改委、城乡建设环境保护部、劳动人事部、公安部、国家统计局等有关部门，进行了广泛的调查研究，并多次征求了各省、自治区、直辖市的意见，建议对一九八三年提出、内部掌握执行的设市标准和市领导县条件做如下调整：

一、非农业人口(含县属企事业单位聘用的农民合同工、长年临时工，经工商行政管理部门批准登记的有固定经营场所的镇、街、村和农民集资或独资兴办的第二、第三产业从业人员，城镇中等以上学校招收的农村学生，以及驻镇部队等单位的人员，下同)六万以上，年国民生产总值二亿元以上，已成为该地经济中心的镇，可以设置市的建制。少数民族地区和边远地区的重要城镇，重要工矿科研基地，著名风景名胜区，交通枢纽，边境口岸，虽然非农业人口不足六万、年国民生产总值不足二亿元，如确有必要，也可设置市的建制。

二、总人口五十万以下的县，县人民政府驻地所在镇的非农业人口十万以上、常住人口中农业人口不超过40%、年国民生产总值三亿元以上，可以设市撤县。设市撤县后，原由县管辖的乡、镇由市管辖。

总人口五十万以上的县，县人民政府驻地所在镇的非农业人口一般在十二万以上、年国民生产总值四亿元以上，可以设市撤县。

自治州人民政府或地区(盟)行政公署驻地所在镇，非农业人口虽然不足十万、年国民生产总值不足三亿元，如确有必要，也可以设市撤县。

三、市区非农业人口二十五万以上、年国民生产总值十亿元以上的中等城市(即设区的市)，已成为该地区政治、经济和科学、文化中心，并对周围各县有较强的辐射力和吸引力，可实行市领导县的体制。一个市领导多少县，要从实际出发，主要应根据城乡之间的经济联系状况，以及城市经济实力大小决定。

四、有关设市的审批手续，仍按《国务院关于行政区划管理的规定》(国发〔1985〕8号)办理。以上报告如无不妥，请批转各地试行。

民政部

一九八六年二月三日

5) 1993年再次调整设市标准

1993年5月17日，国务院批转了民政部《关于调整设市标准的报告》，认为："现行设市标准，是1986年经国务院批准试行的。从试行的情况看，现行设市标准贯彻了改革精神，方向是正确的。执行这一标准，使设市工作走出了新的路子，基本适应了近年来城乡经济和社会发展的客观要求。……但是，在实施过中，现行设市标准也反映出一些不足，主要是：有的指标统计难度较大，且难以核实；一些设市时需要考察的重要条件在现行标准中尚未体现；有些指标还不尽科学合理；分类指导的原则在标准中反映不充分；没有规定设置地级市的标准等"，"为了进一步适应经济、社会发展的需要……建议对1986年国务院批准试行的设市标准做以下调整"。这一标准中，相比于1986年的标准，已经明确表述为"县级市"(之前仅称可以"设市撤县")和"地级市"(之前称为"设区的市")，且以"整县改市"为主要的设市模式(表6-1)。

该标准中所确定的设立"地级市"标准后在1999年经过修改；但"县级市"标准一直未正式改定，因并未明确废止，故理论上仍沿用至今。

表 6-1 1993 年设市标准一览表

<table>
<tr><td rowspan="18">设立县级市标准</td><td colspan="2">一般情况(整县改市)</td><td>人口密度(人/km²)</td><td>>400 的县</td><td>100—400 的县</td><td><100 的县</td></tr>
<tr><td rowspan="6">县政府驻地镇</td><td colspan="2">非农业人口(万人)</td><td>>12</td><td>>10</td><td>>8</td></tr>
<tr><td colspan="2">其中具有非农业户口人口(万人)</td><td>>8</td><td>>7</td><td>>6</td></tr>
<tr><td rowspan="3">城区公共基础设施较完善</td><td>自来水普及率(%)</td><td>>65</td><td>>60</td><td>—</td></tr>
<tr><td>道路铺装率(%)</td><td>>60</td><td>>55</td><td>—</td></tr>
<tr><td>排水系统</td><td>较好</td><td>—</td><td>—</td></tr>
<tr><td colspan="2">非农业人口(万人)</td><td>>15</td><td>>12</td><td>>10</td></tr>
<tr><td rowspan="9">全县</td><td colspan="2">非农业人口占总人口比重(%)</td><td>>30</td><td>>25</td><td>>20</td></tr>
<tr><td colspan="2">乡镇以上工业产值(亿元)</td><td>>15</td><td>>12</td><td>>8</td></tr>
<tr><td colspan="2">乡镇以上工业产值占工农业总产值的比重(%)</td><td>>80</td><td>>70</td><td>>60</td></tr>
<tr><td colspan="2">国内生产总值(亿元)</td><td>>10</td><td>>8</td><td>>6</td></tr>
<tr><td colspan="2">第三产业产值占国内生产总值比重(%)</td><td>>20</td><td>>20</td><td>>20</td></tr>
<tr><td rowspan="3">地方本级预算内财政收入</td><td>总值(万元)</td><td>>6 000</td><td>>5 000</td><td>>4 000</td></tr>
<tr><td>人均(元)</td><td>>100</td><td>>80</td><td>>60</td></tr>
<tr><td colspan="4">承担一定的上解支出任务</td></tr>
<tr><td rowspan="2">特殊情况</td><td>条件放宽</td><td colspan="4">(1) 自治州人民政府或地区(盟)行政公署驻地。
(2) 乡、镇以上工业产值超过 40 亿元，国内生产总值不低于 25 亿元，地方本级预算内财政收入超过 1 亿元，上解支出超过 50%，经济发达，布局合理的县。
(3) 沿海、沿江、沿边境重要的港口和贸易口岸，以及国家重点骨干工程所在地。
(4) 具有政治、军事、外交等特殊需要的地方。
具备上述条件之一的地方设市时，州(盟、县)驻地镇非农业人口不低于 6 万，其中具有非农业户口的从事非农产业的人口不低于 4 万</td></tr>
<tr><td>撤镇设市</td><td colspan="4">少数经济发达，已成为该地区经济中心的镇，如确有必要，可撤镇设市。设市时，非农业人口不低于 10 万，其中具有非农业户口的从事非产业的人口不低于 8 万。地方本级预算内财政收入不低于人均 500 元，上解支出不低于财政收入 60%，工农业总产值中工业产值高于 90%</td></tr>
<tr><td rowspan="7">设立地级市标准</td><td colspan="3">市区非农业人口(万人)</td><td colspan="3">>25</td></tr>
<tr><td colspan="3">市政府驻地具有非农业户口人口(万人)</td><td colspan="3">>20</td></tr>
<tr><td colspan="3">工农业总产值(亿元)</td><td colspan="3">>30</td></tr>
<tr><td colspan="3">工业产值占工农业总产值比重(%)</td><td colspan="3">>80</td></tr>
<tr><td colspan="3">国内生产总值(亿元)</td><td colspan="3">>25</td></tr>
<tr><td colspan="3">第三产业产值占国内生产总值比重(%)</td><td colspan="3">35%以上并大于第一产业产值</td></tr>
<tr><td colspan="3">地方本级预算内财政收入(亿元)</td><td colspan="3">>2</td></tr>
</table>

专栏 6-5

1993 年 5 月《国务院批转民政部关于调整设市标准的报告》①

（国发〔1993〕38 号）

各省、自治区、直辖市人民政府，国务院各部委、各直属机构：

国务院同意民政部《关于调整设市标准的报告》，现转发给你们试行。为了适应经济、社会发展和改革开放的新形势，适当调整设市标准，对合理发展中等城市和小城市，推进我国城市化进程，具有重要意义。各地要认真总结设市工作的经验，坚持实事求是的原则，搞好规划，合理布局，严格标准，有计划、有步骤地发展中小城市。已经设市和拟设市的地方，都要十分重视农村工作，十分重视农业生产，以使城乡经济协调发展。新的设市标准由民政部负责解释。

附：民政部关于调整设市标准的报告

1993 年 2 月 8 日

国务院：

现行设市标准，是 1986 年经国务院批准试行的。从试行的情况看，现行设市标准贯彻了改革精神，方向是正确的。执行这一标准，使设市工作走出了新的路子，基本适应了近年来城乡经济和社会发展的客观要求。6 年多来，我部认真贯彻国务院关于城市发展的基本方针，按照现行设市标准，积极而稳妥地新设了一批市的建制，加快了这些地方的繁荣和发展，促进了具有中国特色的城市化进程，推动了我国城市总体布局逐步趋于合理。但是，在实施过中，现行设市标准也反映出一些不足，主要是：有的指标统计难度较大，且难以核实；一些设市时需要考察的重要条件在现行标准中尚未体现；有些指标还不尽科学合理；分类指导的原则在标准中反映不充分；没有规定设置地级市的标准等。为了进一步适应经济、社会发展的需要，逐步完善设市标准，我部从 1989 年开始，即着手设市标准的调整和修改工作，在深入调查研究，形成修改稿的基础上，又征求了国务院有关部门，各省、自治区、直辖市以及有关科研单位的意见。“八五”计划公布后，又按“八五”计划中关于“城市发展要坚持实行严格控制大城市规模，合理发展中等城市和小城市的方针，有计划地推进我国城市化进程，并使之同国民经济协调发展”的精神，做了相应的修改。经过反复研究和论证，建议对 1986 年国务院批准试行的设市标准做以下调整：

一、设立县级市的标准

（一）每平方千米人口密度 400 人以上的县，达到下列指标，可设市撤县：

1. 县人民政府驻地所在镇从事非农产业的人口（含县属企事业单位聘用的农民合同工、长年临时工，经工商行政管理部门批准登记的有固定经营场所的镇、街、村和农民集资或独资兴办的第二、第三产业从业人，城镇中等以上学校招收的农村学生，以及驻镇部队等单位的人员，下同）不低于 12 万，其中具有非农业户口的从事非农产业的人口不低于 8 万。县总人口中从事非农产业的人口不低于 30%，并不少于 15 万。

2. 全县乡镇以上工业产值在工农业总产值中不低于 80%，并不低于 15 亿元（经济指标均以 1990 年不变价格为准，按年度计算，下同）；国内生产总值不低于 10 亿元，第三产业产值在国内生产总值中的比例达到 20%以上；地方本级预算内财政收入不低于人均 100 元，总收入不少于 6 000 万元，并承担一定的上解支出任务。

---

① http://qhs.mca.gov.cn.

3. 城区公共基础设施较为完善。其中自来水普及率不低于65%,道路铺装率不低于60%,有较好的排水系统。

(二) 每平方千米人口密度100人至400人的县,达到下列指标,可设市撤县:

1. 县人民政府驻地镇从事非农产业的人口不低于10万,其中具有非农业户口的从事非农产业的人口不低于7万。县总人口中从事非农产业的人口不低于25%,并不少12万。

2. 全县乡镇以上工业产值在工农业总产值中不低于70%,并不低于12亿元;国内生产总值不低于8亿元,第三产业产值在国内生产总值中的比例达到20%以上;地方本级预算内财政收入不低于人均80元,总收入不少于5 000万元,并承担一定的上解支出任务。

3. 城区公共基础设施较为完善。其中自来水普及率不低于60%,道路铺装率不低于55%,有较好的排水系统。

(三) 每平方千米人口密度100人以下的县,达到下列指标,可设市撤县:

1. 县人民政府驻地镇从事非农产业的人口不低于8万,其中具有非农业户口的从事非农产业的人口不低于6万。县总人口中从事非农产业的人口不低于20%,并不少于10万。

2. 全县乡镇以上工业产值在工农业总产值中不低于60%,并不低于8亿元;国内生产总值不低于6亿元,第三产业产值在国内生产总值中的比例达到20%以上;地方本级预算内财政收入不低于人均60元,总收入不少于4 000万元,并承担一定的上解支出任务。

3. 城区公共基础设施较为完善。其中自来水普及率不低于55%,道路铺装率不低于50%,有较好的排水系统。

(四) 具备下列条件之一者,设市时条件可以适当放宽:

1. 自治州人民政府或地区(盟)行政公署驻地。

2. 乡、镇以上工业产值超过40亿元,国内生产总值不低于25亿元,地方本级预算内财政收入超过1亿元,上解支出超过50%,经济发达,布局合理的县。

3. 沿海、沿江、沿边境重要的港口和贸易口岸,以及国家重点骨干工程所在地。

4. 具有政治、军事、外交等特殊需要的地方。

具备上述条件之一的地方设市时,州(盟、县)驻地镇非农业人口不低于6万,其中具有非农业户口的从事非农产业的人口不低于4万。

(五) 少数经济发达,已成为该地区经济中心的镇,如确有必要,可撤镇设市。设市时,非农业人口不低于10万,其中具有非农业户口的从事非农产业的人口不低于8万。地方本级预算内财政收入不低于人均500元,上解支出不低于财政收入60%,工农业总值中工业产值高于90%。

(六) 国家和部委以及省、自治区确定予以重点扶持的贫困县和财政补贴县原则上不设市。

(七) 设置市的建制,要符合城市体系和布局的要求,具有良好的地质、地理环境条件。

(八) 县级市不设区和区公所,设市撤县后,原由县管辖的乡、镇,由市管辖。

二、设立地级市的标准

市区从事非农产业的人口25万人以上,其中市政府驻地具有非农业户口的从事非农产业的人口20万人以上;工农业总产值30亿元以上,其中工业产值占80%以上;国内生产总值在25亿元以上;第三产业发达,产值超过第一产业,在国内生产总值中的比例达35%以上;地方本级预算内财政收入2亿元以上,已成为若干市县范围内中心城市的县级市,方可升格为地级市。

设立县级市及地级市标准中的财政收入指标,将根据全国零售物价指数上涨情况,由民政部报经国务院批准适时调整。

以上报告如无不妥,请批转各地试行。

6) 1999年的"地级市"标准及其"地改市"的大规模推行

1999年,国家为减少行政层次,进一步加大了撤销"地区"改设"地级市"的力度,提出:"与地级市并存一地的地区,实行地市合并;与县级市并存一地的地区、所在市(县)达到设立地级市标准的,撤销地区建制,设立地级市,实行市领导县体制;其余地区建制也要逐步撤销,原地区所辖县改由附近地级市领导或由省直辖,县级市由省委托地级市代管。"并调整了1993年的改市标准。调整后的地改市标准如下:

地区所在的县级市从事非农产业的人口不低于15万人(人口密度为50人/km^2以下的不低于12万人),市政府驻地具有非农业户口的人口不低于12万人(人口密度50人/km^2以下的不低于10万人);国内生产总值不低于25亿元,其中第三产业产值在国内生产总值中的比重不低于30%。财政总收入不低于15亿元。

专栏6-6

1999年11月《民政部关于调整地区建制有关问题的通知》①

(民发〔1999〕105号)

山西、黑龙江、浙江、安徽、福建、江西、山东、河南、广西、四川、贵州、云南、西藏、陕西、甘肃、青海、宁夏、新疆等省(自治区)人民政府:

《中共中央、国务院关于地方政府机构改革的意见》(中发〔1999〕2号)指出:"要调整地区建制,减少行政层次,避免重复设置。与地级市并存一地的地区,实行地市合并;与县级市并存一地的地区、所在市(县)达到设立地级市标准的,撤销地区建制,设立地级市,实行市领导县体制;其余地区建制也要逐步撤销,原地区所辖县改由附近地级市领导或由省直辖,县级市由省委托地级市代管。各自治区调整派出机构——地区的建制,要结合民族自治的特点区别对待。盟的建制原则上不动。"为贯彻落实中央文件精神,经国务院同意,现就有关问题通知如下:

一、积极稳妥地做好地区建制调整工作

调整地区建制是党中央、国务院的一项重大决策,对于理顺行政关系、精简机构具有重要意义。鉴于地区建制调整工作政策性强,涉及面广,情况比较复杂,因此各地在工作中既要积极,又要稳妥。要切实加强领导,从实际出发,从有利于行政管理,有利于经济发展、社会稳定和民族团结出发,深入调查,充分论证,广泛听取各方意见,研究制定科学合理、切实可行的调整方案,有计划、有步骤地做好地区建制调整工作。

二、适当调整地改市的标准

我国现行地改市标准是1993年经国务院批准试行的。近年来,随着经济和社会的发展,现行标准存在着指标体系不够合理、未充分体现分类指导原则等问题,难以适应当前地区建制调整工作,需做适当调整。调整后的地改市标准为:地区所在的县级市从事非农产业的人口不低于15万人(人口密度50人/km^2以下的不低于12万人),市政府驻地具有非农业户口的人口不低于12万人(人口密度50人/km^2以下的不低于10万人);国内生产总值不低于25亿元,其中第三产业产值在国内生产总值中的比重不低于30%。财政总收入不低于15亿元。上述标准只适用于地区建制调整工作。

三、地区建制调整实施方案及要求

(一)地区和地级市并存一地的,实行地市合并。请有关地方按此原则提出方案报批。

① http://qhs.mca.gov.cn.

（二）对符合调整后地改市标准的地方，各地要严格按规定程序和标准办理审批手续。要以省（自治区）、地、市三级统计年鉴数据作为审核依据，严禁弄虚作假。

（三）对不符合调整后地改市标准的地区，要逐步撤销地区建制，将原地区所辖县划归相邻地级市管辖或由省直辖，县级市由省直管或委托相邻地级市代管。但在调整过程中，要从实际出发，因地制宜，制定切实可行的调整方案；要做耐心细致的思想政治工作，妥善处理有关问题，不能因为行政区划调整影响社会稳定。

（四）广西、西藏、宁夏、新疆4个自治区的地区和贵州、云南、甘肃、青海4省的多民族聚居地区以及其他省集中连片贫困老区所在的地区，达到地改市标准的可以改市，达不到标准的可以继续保留地区建制，待条件成熟时，再逐步撤销。

四、适当调整地级行政区划单位的管辖幅度

我国地级行政区划单位规模有的过小，有的过大，不便于行政管理。各省（自治区）在地区建制调整中，对面积和经济规模过小、人口过少的地级行政区划单位，可将其与相邻地级行政区划单位合并或降低其行政区划等级；对面积过大、人口过多、管理不便的地级行政区划单位，可适当调小其管辖幅度，但不能增加地级行政区划单位。在地区建制调整过程中，机构和人员编制要按照中发〔1999〕2号文件要求和中央机构编制委员会办公室有关规定设置。

7）2001年规范"撤并乡镇"及其2002年暂停1984年设镇标准

2001年，民政部等七部委针对"一些省、自治区、直辖市相继开展了以撤并乡镇、扩大乡镇区域规模为主要内容的乡镇行政区划调整工作"，在肯定其"实践证明，根据经济和社会发展的需要，适时、合理地调整乡镇规模和布局是必要的，有利于精简机构，减少乡镇行政人员和财政开支，减轻农民负担；有利于优化资源配置，促进乡镇经济和社会事业的发展，有利于优化小城镇体系结构，促进小城镇建设。总体上看，各地对这项工作高度重视，精心组织，乡镇行政区划调整工作进展比较顺利"之外，也针对"个别地方，也出现了因调整方案不合理、政策措施不配套、组织不周密、宣传和思想工作不到位而产生种种问题，甚至引发群众集体上访，在一定程度上影响了当地社会稳定"的问题，"为确保乡镇行政区划调整工作的健康、顺利进行，使乡镇行政区划调整真正起到适应和促进经济社会发展的作用，经国务院同意"，提出诸如"要坚持实事求是、稳妥有序的原则"，"要制定科学合理的乡镇调整撤并方案并精心组织实施"等原则，并要求对于"条件不成熟的地方，不要勉强进行调整撤并"①。

2002年，更进一步由国务院办公厅印发《关于暂停撤乡设镇工作的通知》（国办发〔2002〕40号），通知要求"停止执行《国务院批转民政部关于调整建镇标准的报告的通知》（国发〔1984〕165号），在新的设镇标准公布前，各省、自治区、直辖市暂停撤乡设镇工作"②。但其后，虽然民政部多次提出设市、设区、设镇的标准的方案，但各方面一直达不成统一的意见，新的标准也迄今未能出台。

---

① 《民政部、中央机构编制委员会办公室、国务院经济体制改革办公室、建设部、财政部、国土资源部、农业部关于乡镇行政区划调整工作的指导意见（民发〔2001〕196号）》。见 http://www.ahmz.gov.cn.

② 《国务院办公厅关于暂停撤乡设镇工作的通知》。见 http://www.law-lib.com.

专栏 6-7

2002年8月《国务院办公厅关于暂停撤乡设镇工作的通知》①

（国办发〔2002〕40号）

各省、自治区、直辖市人民政府，国务院各部委、各直属机构：

我国现行设镇标准是1984年经国务院批准试行的。随着农村经济、社会的发展和城镇化水平的提高，城镇人口大量增加，现行设镇标准指标偏低等不足日益显现，以致部分地区镇的数量增加过快、质量不高、规模偏小。为促进小城镇健康发展，经国务院批准，现就有关问题通知如下：

停止执行《国务院批转民政部关于调整建镇标准的报告的通知》（国发〔1984〕165号），在新的设镇标准公布前，各省、自治区、直辖市暂停撤乡设镇工作。在此期间，各地要认真总结设镇工作经验，从农村长远发展出发，先进行城镇规划，同时，加强基础设施建设，搞好环境保护，促进为农服务产业发展，严格土地管理，促进小城镇的健康发展。民政部要抓紧会同有关部门做好设镇标准的修订工作。

国务院办公厅

二○○二年八月十一日

6.1.2 设市模式

如前所述，我国是世界上城市出现最早的国家之一，但具有现代行政建制意义的市镇制度的诞生则是20世纪初发生的事。初期主要是基层政区的以聚落为单位的地方自治体，以人口规模区分"城"（后改称为"市"）、"镇"，构成当时的"城镇型政区"。之后，至1928年，国民政府先后颁布《特别市组织法》和《普通市组织法》，以及《县组织法》、《乡镇自治施行法》和《区自治施行法》等，1947年又拟订《直辖市自治通则》和《市自治通则》两个草案，"城镇型政区"遂分为不同行政等级，如直辖市、省辖市、县辖市（镇）等。但其划分和设置方式，则仍均以聚落实体为单位，为狭域型的所谓"切块设市（镇）"的方式。

新中国成立以后，市镇制度经历了曲折的发展过程。1954年，第一届全国人民代表大会通过了《中华人民共和国宪法》和《中华人民共和国地方各级人民代表大会和地方各级人民政府组织法》。当时的"城镇型政区"虽然没有了地方自治的内涵，但还是延续了此前狭域型的"切块设市（镇）"的设置方式。1959年9月以法律形式确认了"较大的市"可以管辖县的"市领导县"体制，从此这一体制在全国逐渐推行。但在县级政区层面和县辖政区层面，一般的市、镇则还属于"切块设市（镇）"的狭域型设置方式。直至改革开放之后，1982年，中共中央以51号文件发出了改革地区体制、实行市领导县体制的通知，年末首先在江苏省试点，1983年开始在全国试行。1979年，最早以撤县设市的模式建立了珠海、深圳、乐山3市。到1983年，撤县设市形成了一个高潮，当年有39个县改成了市。在这些实践的基础上，1986年起正式将"市领导县"体制推广至一般的地级市，而广域型的"整县改市"的设市方式也正式采用，并逐渐成为主要的设市方式；进而在1990年年初，扩至"镇"的设置。至此，中国的市镇制度均成为广域型的设置模式。

因此，从城乡关系看中国的城镇政区制度模式，大体可分两个阶段：一是改革开放前的"城乡分治"模式阶段；二是1979年以来的"城乡合治"模式阶段。

---

① 《国务院办公厅关于暂停撤乡设镇工作的通知》。见 http://www.law-lib.com.

前一阶段沿袭传统的设市模式，也是世界绝大多数国家普遍推行的模式。即按照“城乡分治”的原则，“切块”划定标准设市。在计划经济时期，中国的经济运行以纵向为主，市县矛盾以隐形形式存在，这种城乡二元结构的“切块设市”模式并未导致明显的市县利益冲突，因而使城乡分治的设市模式得以正常发展。

后一阶段则大力推行“城乡合治”的“撤县设市”新模式。改革开放、权力下放带来中国经济的大发展、社会的大变革，城市化快速推进；商品经济的大潮冲击着城乡分治的壁垒。传统的城乡分治设市模式日益显现出许多弊端。在这一背景下中国的市镇制度发生重大变革，即由传统的城乡分治模式迅速转向以“撤县设市”、推行“市管县”体制为标志的新型城乡合治模式；并于1983年制定了撤县设市标准，后又经几次修订。1996年年底，中国的县级市达到445个，与1981年相比，15年增加了332个，可谓撤县设市“大跃进”，由此引发严重的“设市热”。1997年，中央政府宣布暂停设市。此后16年，中国出现县级建制市逐年减少的不正常现象。直至中共十八届三中全会前后，县级市设置才得以逐步解禁。

据2014年的《中华人民共和国行政区划简册》统计，截至2013年年底，在全国31个省级政区（不含港澳台地区）中，除北京、上海、天津、重庆四个中央直辖市之外，共有建制市654个，其中地级市286个，占设市城市总数的43.7%，占地级政区的85.9%；县级市368个，占设市城市总数的56.3%，占县级政区的12.9%，但如果加上872个市辖区，则县级市和市辖区共占县级政区总数的43.5%。由此可以明显看出两个问题：一是建制市的数量增长与中国城市化率的提高不相适应；二是在设市城市的等级结构中，地级市明显偏多，县级市偏少，与中国的城市规模结构体系极不相称。

从空间形态来说，归纳起来，我国的设市模式可细分为切块设市、整县改市和多中心组合模式三种。

(1) 切块设市模式。这主要是在传统计划经济体制下，依据“市县分离、城乡分离”、“城市工业、农村农业”的二元经济结构，以县的中心城镇或县市中心以外的重要的工矿镇、交通枢纽、风景名胜点、边境口岸等及其近郊析置市。市县并存，城乡分治。简言之就是以县（自治县、市）的部分行政区域析置市。

(2) 整县改市模式。即将整个县改为市，或几个县合并为一个市，还包括撤销市外围的县并入市，变原来切块模式设立的市为整县改市模式。

(3) 多中心组合模式。即一个市含若干个城市（区），各城市建成区有大片农村相隔。这种模式主要用于分散的工矿城市，如山东省淄博市、安徽省淮南市。或因几个市合并成一个市而采用，如河北省张家口市、秦皇岛市、安徽省的黄山市等。

以上可见，1949年之前，我国的“建制市”与其他国家一样，都为“切块设市”的方式。1949—1979年以前，也主要以“切块设市”为主，同时有少量“多中心组合”的模式，“整县改市”尚为数很少。但1980年之后，县级政区层面，设市方式逐渐以“整县改市”为主，地级政区层面，则以“撤县（市）设区”模式盛行，基本形成类似于“多中心组合”的模式。

6.2 1949年以来“城镇型政区”的演变与类型

从1949年后的市镇制度的发展演变过程来看，实际上可分为三个层面，即“直辖市”、“市”和“镇”；这三者所对应的政区层次高低有别，所面临的重点问题有所不同，其体制改革的重点也有不同。因此，本书将在下篇按照这三大类型，分章予以论述。这里先把基本情况略作分析和概括。

6.2.1 “市”、“镇”设置的演变过程

1）建制市（含市辖区）

建制市 1949—2013 年演变的详细情况可参见前章表 5-8，其数量变化情况汇总如表 6-2 和图 6-1 所示。

表 6-2 中华人民共和国 1949—2013 年建制市（含市辖区）数量变化统计表 （个）

年份	直辖市	地级市	县级市	合计	市辖区
1949	12	54	66	132	368
1950	13	64	66	143	334
1951	13	69	74	156	414
1952	13	67	74	154	444
1953	14	75	74	163	467
1954	3	82	80	165	471
1955	3	83	78	164	421
1956	3	88	83	174	336
1957	3	92	81	176	336
1958	2	68	114	184	271
1959	2	75	102	179	274
1960	2	88	109	199	296
1961	2	80	126	208	312
1962	2	81	111	194	322
1963	2	78	97	177	321
1964	2	75	90	167	310
1965	2	76	90	168	302
1966	2	79	90	171	305
1967	2	79	90	171	322
1968	3	79	90	172	328
1969	3	80	93	176	331
1970	3	79	95	177	342
1971	3	82	96	181	349
1972	3	82	97	182	358
1973	3	83	95	181	360
1974	3	87	91	181	372
1975	3	96	86	185	380
1976	3	96	89	188	388

续表 6-2

年份	直辖市	地级市	县级市	合计	市辖区
1977	3	97	90	190	396
1978	3	98	92	193	408
1979	3	104	109	216	428
1980	3	107	113	223	471
1981	3	108	122	233	475
1982	3	112	130	245	496
1983	3	144	142	289	552
1984	3	148	149	300	595
1985	3	163	158	324	621
1986	3	166	184	353	629
1987	3	170	208	381	632
1988	3	183	248	434	647
1989	3	185	262	450	648
1990	3	185	279	467	651
1991	3	187	289	479	650
1992	3	191	323	517	662
1993	3	196	371	570	669
1994	3	206	413	622	697
1995	3	210	427	640	706
1996	3	218	445	666	717
1997	4	222	442	668	727
1998	4	227	437	668	737
1999	4	236	427	667	749
2000	4	259	400	663	787
2001	4	265	393	662	808
2002	4	275	381	660	830
2003	4	282	374	660	845
2004	4	283	374	661	852
2005	4	283	374	661	852
2006	4	283	369	656	856
2007	4	283	368	655	856
2008	4	283	368	655	856
2009	4	283	367	654	855
2010	4	283	370	657	853
2011	4	284	369	657	857
2012	4	285	368	657	860
2013	4	286	368	658	866

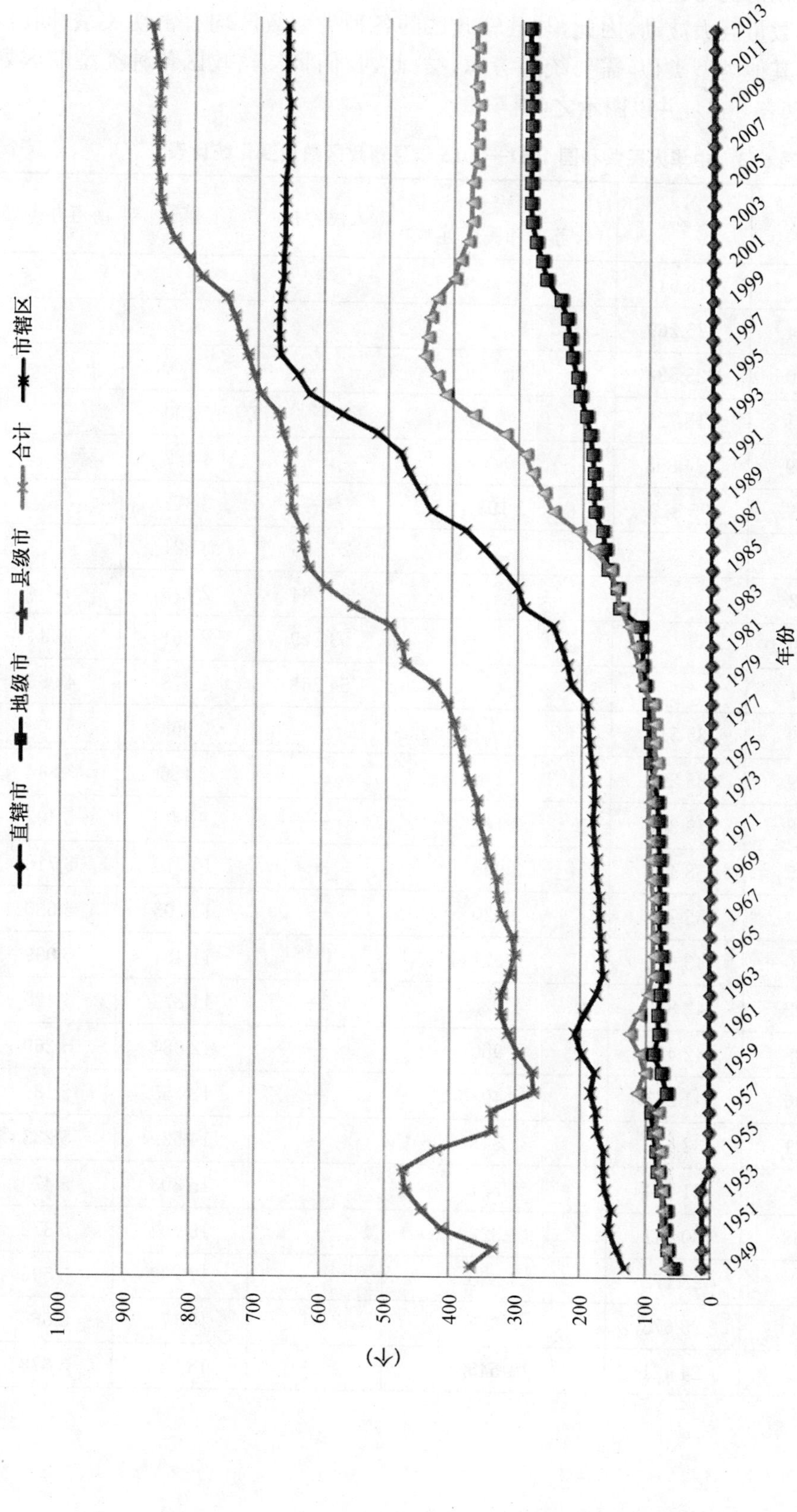

图 6-1 中华人民共和国 1949—2013 年建制市(含市辖区)数量变化统计图

2）建制镇（及其他县辖政区）

建制镇的变化情况与县级政区以下的行政区划体制的变迁有密切关系，即往往是体制的变化导致其数量巨大波动，因此，与县辖政区的各种类型政区均有密切关系；同时，其改革重点也与其他类型类似，需要统筹考虑。故此，我们将县辖政区各种类型的区划变化均罗列出来（表 6-3），并以图示之（图 6-2）。

表 6-3　中华人民共和国 1951—2013 年县辖政区数量变化统计表　（个）

年份	县辖区	乡	民族乡（含苏木和民族苏木）	人民公社	镇	街道办事处
1951		218 642		—		
1952	18 144	275 269		—		
1953	18 930	225 884		—		
1954	18 321	218 721		—	5 400	
1955	14 959	194 858		—	4 487	
1957	8 505	95 843	1 193	—	3 672	
1958				26 593	3 621	
1978	4 022			52 534	2 173	
1979	3 619			53 229	2 361	4 444
1981	3 791			54 368	2 678	4 965
1983	5 909	35 514			2 968	5 304
1984	8 119	85 290			7 186	5 844
1985	7 908	79 306	3 144	—	9 140	5 402
1986	6 165	58 417	2 936	—	10 718	5 718
1987	5 503	55 719	3 020	—	11 103	5 680
1988	3 570	43 624	1 571	—	11 481	5 099
1989	3 502	42 869	1 755	—	11 873	5 420
1990	3 438	42 417	1 980	—	12 084	5 269
1991	3 096	41 251	1 403	—	12 455	5 186
1992	1 231	32 479	1 348	—	14 539	5 233
1993	1 143	31 094	1 351	—	15 803	5 470
1994	1 068	30 141	1 322	—	16 702	5 372
1995	730	28 172	1 330	—	17 532	5 596
1996	544	25 673	1 383	—	18 171	5 565
1997	398	24 421	1 545	—	18 925	5 678

续表 6-3

年份	县辖区	乡	民族乡（含苏木和民族苏木）	人民公社	镇	街道办事处
1998	339	24 915	1 517	—	19 216	5 732
1999	345	23 524	1 222	—	19 756	5 904
2000	255	23 199	1 356	—	20 312	5 902
2001	78	18 847	1 165	—	20 358	5 972
2002	66	17 196	1 444	—	20 600	5 516
2003	26	16 636	1 428	—	20 226	5 751
2004	20	16 130	1 404	—	19 892	5 829
2005	11	14 677	1 274	—	19 522	6 152
2006	10	14 119	1 187	—	19 369	6 355
2007	10	13 928	1 192	—	19 249	6 434
2008	3	13 872	1 195	—	19 234	6 524
2009	2	13 653	1 195	—	19 322	6 686
2010	2	13 379	1 192	—	19 410	6 923
2011	2	12 395	1 192	—	19 683	7 194
2012	2	12 066	1 215	—	19 881	7 282
2013	2	11 626	1 186	—	20 117	7 566

注：民族乡包括苏木和民族苏木；— 表示当时无此栏内容，空栏则表示资料空缺。

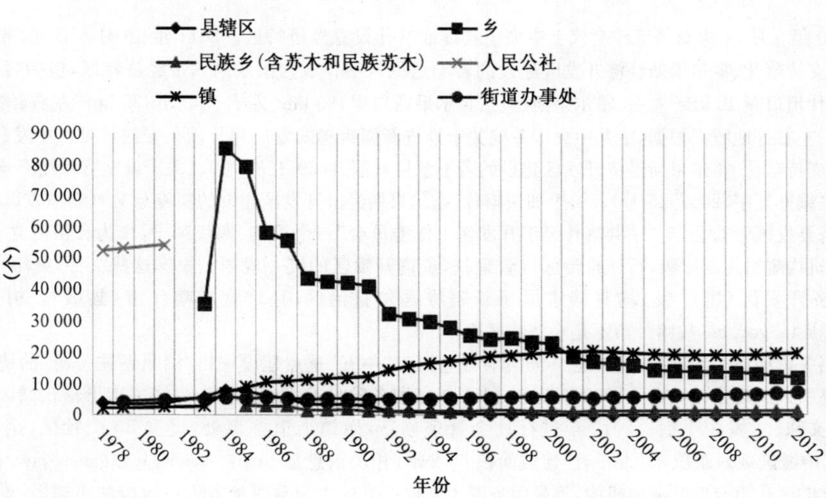

图 6-2 中华人民共和国 1978—2012 年县辖政区数量变化统计图

6.2.2 现有“城镇型政区”的类型

由于现实行政管理的多样性和差异性,就同属于“城镇型政区”的“市”、“镇”和“市辖区”而言,又可从不同的角度而细分为如下的类型(表 6-4):

表 6-4 中国的“市”、“镇”和“市辖区”类型汇总表

法定名称	具体情况	数量(个)
直辖市	北京、上海、重庆、天津(市委书记为政治局委员,市长是省部级干部)	4
市	(1) 经济特区“市”:深圳、珠海、厦门、汕头[目前,国家有 6 个经济特区,即深圳、珠海、厦门、汕头、海南岛、喀什,特区人大可制定适应特区的法规,不受省人大约束,全国人大授权高于省人大。但海南岛建置为省,喀什经济特区则涵盖喀什市,由喀什经济开发区管委会(为副厅级)行使管辖权,喀什市仍为县级单位①]。市级正职一般是厅局级干部	4
	(2)“副省级市”:哈尔滨、长春、沈阳、济南、南京、杭州、广州、武汉、成都、西安、大连、青岛、宁波、厦门、深圳(包括 10 个省级行政中心以及 5 个“计划单列市”)。市级正职是副省级干部	15
	(3)“较大的市”:(详见第 1 章表 1-2 所示)。	
	① 广义:《立法法》所确定的:“本法所称较大的市是指省、自治区的人民政府所在地的市,经济特区所在地的市和经国务院批准的较大的市”	49
	② 狭义:国务院单独批准的“较大的市”:如包头,市级正职是厅局级干部。特殊的是市人大可以制定地方法规,地方法规效力同于省人大制定的地方法规	18
市	(4)“设区的市”:为中国大陆现行法律常用术语,指设有市辖区的建制市,包括绝大部分地级市(但一般不包括直辖市)。2013 年年底之前全国只有 5 个地级市下不设市辖区而划为乡、镇和街道,即广东省中山市、东莞市,海南省三亚市、三沙市和甘肃省嘉峪关市②,设区的市的人大代表由下级区、县、市人大推选产生,而非直选产生	281

① 2010 年 5 月,中央新疆工作会议上中央正式批准喀什设立经济特区。2011 年 10 月 8 日,国务院正式发文《国务院关于支持喀什、霍尔果斯经济开发区建设的若干意见》,喀什成为国家第六个经济特区,包括喀什市 40 km^2 左右、伊尔克什坦口岸 10 km^2 左右、霍尔果斯(包括霍尔果斯口岸)30 km^2 左右、伊宁市 35 km^2 左右、清水河配套产业园区 8 km^2 左右等地域。根据《中共中央国务院关于推进新疆跨越式发展和长治久安的意见》(中发〔2010〕9 号)、《国务院关于支持喀什、霍尔果斯经济开发区建设的若干意见》(国发〔2011〕33 号)、《关于设立喀什经济开发区管委会的批复》(中央编办复字〔2012〕45 号)、《关于加快喀什、霍尔果斯经济开发区建设的实施意见》(新政发〔2012〕48 号),设立喀什经济开发区管委会,与“中共喀什经济开发区工作委员会”一个机构、两块牌子,作为自治区党委、人民政府的派出机构,机构规格为副厅级,行使自治区级管理权,负责开发区的统一规划。根据这些文件,则喀什地区(地厅级)、喀什经济开发区(副厅级)均直接隶属于新疆维吾尔自治区,且均管辖喀什市(县级)。相关介绍参见 http://www.kstq.gov.cn. 故喀什市不是经济特区市。

② 嘉峪关市历史上无郡县设置,是 1958 年伴随着国家“一五”重点建设项目“酒泉钢铁公司”的建设而逐步发展起来的一座新兴的现代化城市。1965 年设市,1971 年经国务院批准为省辖市。嘉峪关市下辖长城区、镜铁区、雄关区和峪泉、文殊、新城 3 个镇。2012 年进行社会管理创新,撤销街道办事处,设立 30 个社区,全市总面积为 3 000 km^2,其中城区规划面积 260 km^2,已建成面积 60 km^2(相关信息见 http://www.jyg.gansu.gov.cn)。但嘉峪关市自行设立的区是市政府的派出机构,不是国务院才有权批准的作为县级地方人民政府的市辖区(现嘉峪关市有长城区、镜铁区、雄关区 3 个区,但据“嘉峪关市”官网介绍:“中共嘉峪关市镜铁区委、嘉峪关市人民政府镜铁区成立于 2009 年 12 月 1 日,是市委、市政府派出机构。”见 http://www.gsjyg.cn)。

续表 6-4

法定名称	具体情况	数量(个)
市	(5)"地级市":市长是厅局级干部,一般都是"设区的市",但有 5 个例外,广东省中山市、东莞市,海南省三亚市、三沙市和甘肃省嘉峪关市,不设区、县,直辖乡、镇、街道办事处(2012 年起,嘉峪关市已经撤销街道办事处,设立 30 个社区)	286
	(6) 省(区)直辖"县级市":	16
	① 海南省的省直辖行政单位:文昌市、琼海市、万宁市、五指山市、东方市、儋州市	6
	② 新疆维吾尔自治区的自治区直辖行政单位(实际为新疆生产建设兵团管辖):石河子市、阿拉尔市、图木舒克市、五家渠市、北屯市、铁门关市	6
	③ 由省级政府直接管辖的不设区的市,虽然其干部可能享受副地(厅)级甚至正地(厅)级待遇,但这些城市本身应当还是县级行政建制,只不过是其干部高配而已,如河南省的济源市,湖北省的仙桃市、天门市、潜江市等都属于这种情况	4
	(7) 自治州辖"市"、盟辖市、地区辖市:属于县级市,但由自治州管辖,或由省(区)政府的派出机构"地区"、"盟"、管辖。现主要为自治州辖市(32 个),地区辖市主要在西藏、新疆(还有 9 个),盟辖市主要在内蒙古自治区(还有 4 个)	45
	(8) 一般"县级市":由地区(盟)行署、自治州、地级市管辖的不设区的城市。地区行署所辖县级市大多是行署所在地城市,大多存在于中西部地区;盟行署管辖县级市的情况存在于内蒙古自治区;地级市所辖县级市大多存在于沿海发达地区;州辖市一般是自治州所在地城市。此外,一些由省级政府直接管辖的不设区的市,虽然其干部可能享受副地(厅)级甚至正地(厅)级待遇,但这些城市本身应当还是县级行政建制,只不过是其干部高配而已(如河南省的济源市,湖北省的仙桃市、天门市、潜江市等都属于这种情况)。市长是县处级干部,一般都由地级市代管,如湖南省的津市由常德市代管;或由自治州、盟、地区管辖,少数由省直管	368
	(9) 国家级新区辖"市":有特殊的立法权,地位多样。截至 2014 年 10 月底,全国共 11 个国家级新区,分别是:上海浦东新区、天津滨海新区、重庆两江新区、浙江舟山群岛新区、甘肃兰州新区、广东广州南沙新区、陕西西咸新区、贵州贵安新区、山东青岛西海岸新区、辽宁大连金普新区和四川天府新区。其中浦东新区和滨海新区系行政区,设立区委区政府,其余新区都是行政管理区,只设立管委会。上海浦东新区、天津滨海新区、重庆两江新区依托其所属直辖市,行政级别一般都调整至副省级;而舟山群岛新区、兰州新区和南沙新区其依托的主体城市为地级或副省级,若新区的行政级别同于甚至高于所属主体城市,意味着脱离相关城市的管辖。国家级新区,因有国务院批复体现国家级战略和新区发展需要,所在省按要求须下放省级管理权限,其实质均拥有副省级管理自主权,而与新区所处区域行政级别无关。涉及的相关城市,如舟山市等,会具有一定的副省级市,类似于"较大的市",甚至"计划单列市"的权力	—

续表 6-4

法定名称	具体情况	数量(个)
市	(10) 改革开放试验区辖“市”：同新区相比，国务院批准设立的改革开放试验区及相关试验区(合作区)范围比较大，包括：成都和重庆城乡统筹试验区、武汉和长株潭资源节约型和环境友好型社会综合配套改革试验区、山西省资源型经济转型综合配套改革试验区、宁夏内陆开放型经济试验区、温州市金融综合改革试验区、义乌市国际贸易综合改革试点以及深圳前海深港现代服务业合作区。若涉及相关城市，如温州、义乌等，则相关城市会具有一定的类似于“较大的市”的权力	—
(市辖)区	(1) 直辖市辖区	62
	① 副省级：上海浦东新区、天津滨海新区依托其所属直辖市，行政级别一般都调整至副省级	2
	② 正厅级：一般的直辖市辖区	60
	(2) (地级)市辖区：	810
	① 副厅级：副省级市的市辖区	119
	② 县处级：一般的地级市辖区	691
镇	(1) 中心镇或重点镇：全国重点镇是当地县域经济的中心，承担着加快城镇化进程和带动周围农村地区发展的任务。各省亦有自定的各类重点镇或中心镇。后来遂由此引申出来，在行政管理体制上，将处于这一定位的建制镇，赋予其一定的、超过一般建制镇的管理权限，使得所谓的“中心镇”或“重点镇”，又成为行政管理体制中较为特殊的一类建制镇	1 887(2004 年所确定的“全国重点镇”)
	(2) 一般镇：即设置镇建制的政区	20 117

注：不含台湾、香港、澳门地区，截至 2013 年年底。

本书在以下的分析和论述中，所称的中国“城镇型政区”及其各类具体建制(如“直辖市”、“市”、“镇”等)，在 1949 年之后，除有特殊语境或说明，均指中国大陆地区的情况，不含台湾、香港和澳门地区。特此说明。

下篇　探索·改革·展望

从相关理论和国外经验来看，“市”的设置与“地域型政区”（省、县）并不矛盾，前者多是以人口聚居的聚落为基础，从地域性政区中分出设立，而非整个改设；同时，亦均在基层政区层面有“市”的建制，在“市”中数量最多，且各类型有正常转换的渠道。

由于我们国家的行政体制是塔式级别化的，优势资源都会向上级集中。因此，要促进小城镇的发展，实现城乡统筹发展，首先要改革基层行政体制，扩权强镇。小城市和城镇的发展是新型城镇化实现的关键。行政区划体制，是保证新型城镇化实现、保证城乡统筹发展实现的重要条件，必须审慎抉择。

从理论和现实可见，问题的关键还不在中国当前市制的混乱，而是中国当前的市制仍未回归城市的本义——聚落以及聚落自治。中国当前的市制涉及高层（直辖市）、中层（地级市）和低层（县级市）政区层面，唯独没有给予基层政区以城市发展的空间（镇虽然被界定为城市范畴，但缺乏相应的自主权力），国家在基层给予政区所配置的权力过小。而没有这一层面的切实推进，中国的城镇化和城乡统筹发展是无法真正实现的。

因此，现行的“市制”即设市模式还有很大的不足，必须进行“市制”创新。只有在全面进行行政区划顶层设计的基础上，方能够确定基层“城镇型政区”的设置方式。

中国“市制”的整体改革思路应该是：① 增设“直辖市”；② “较大的市”只辖区不管县（县级市）；③ 将符合设市标准的大镇、强镇有序升格为“县级市”；④ 进行制度创新，推行“县下辖市”。

7 中央“直辖市”:适度增设,空间优化

7.1 发展概况与存在问题

所谓直辖市,也可以称之为中央直辖市,意思是指“由中央政府直接管辖并设立相应建制的都市”,它是国家的最高一级行政区之一(与省、自治区、特别行政区并列)。直辖市是城镇型政区的一个特殊类型,它直属于中央政府管辖,与地级市、县级市比较,是城镇型政区中最高层次类型的政区。与省、自治区相比较,虽然级别相同,但直辖市具有明显的特大城市的特质,在地域范围、城市化水平和人口的集聚程度、区划属性、政府机构组成、管理对象任务、管理层级、政区通名以及空间形态等方面都与省、自治区有原则区别。直辖市在国家中的地位非常特殊,也正是由于其地位特殊,才导致中央政府对其进行直接管辖。

7.1.1 对中央直辖市行政区划体制的研究综述

中国当代的行政区划体系,按照现行1982年《宪法》的规定,其最高一个层级,我们或许可以用“都”(直辖市)、“省”、“区”(自治区)和“特”(特别行政区)来概括。其中,无疑的,中央直辖市是当代中国政区体系中最高层级的城镇型政区,在国家政治经济社会发展中占有极为重要的地位,虽然在四类中数量较少,但在某种程度上(尤其是实际的作用上),却较之其他三类而有更高的政治、经济地位,发挥着更重要的作用,堪称“经国枢要”。因此,对其进行各个方面、各种角度的研究,就显得非常有必要。

中央直辖市是行政型大都市区,国内外学者十分关注都市区组织体制和管理模式的研究,有关都市区治理的理念也被引入直辖市政区的研究。在此基础上,主要从两个视角和层面,对直辖市政区行政区划改革进行研究,即整个国家宏观角度的直辖市建制问题,以及直辖市政区内部自身的次一级政区组织问题。

1) 大都市区治理观念引入直辖市政区改革研究

关于大都市区地方政府的组织形式问题,一直存在着“是集中还是分散,是单中心还是多中心”的争论。在西方各国特定的政治文化背景条件下,形成了两种典型的都市区政府组织与管理模式,即单中心体制和多中心体制。单中心体制是指在大都市地区具有唯一的决策中心,有一个统一的大都市管理机构。多中心体制是指大都市地区存在相互独立的多个决策中心①。单中心体制和多中心体制的观点和理论支撑是不同的,存在着公共选择理论学派和自由主义学派两个对立的学派。在此基础上,引申出不同的大都市区行政组织形式的观点。

---

① 刘君德. 1996. 中国行政区划的理论与实践[M]. 上海:华东师范大学出版社:452-455.

对于“治理”的系统研究起源于对“政府职能定位”和“治理理念”的讨论。以经济学家、政治学家、行政管理学家和社会学家为首的西方学者，针对当时社会经济领域中潜在的种种危机，围绕着“治理”展开了轰轰烈烈的讨论。W. 勃兰特、罗兹、世界银行、全球治理委员会等学者和组织分别界定了“治理”的内涵。随后，治理理念被广泛应用于社会、经济、政治、文化各领域，以至衍生出诸如社会治理、危机治理、城市治理、全球治理、企业治理、环境治理等众多分支概念。基于以上对治理理念的理解以及城市发展出现的种种社会经济问题，经济地理学家将治理理念引入到区域层面，促成了治理从经济治理、企业治理、政府治理走向了城市治理。由于地方政府是大都市区治理的主要角色之一，对其行政管理体制的研究理所当然地成为都市区治理的核心内容①。

2）国家层面的直辖市政区整体改革研究

直辖市作为国家最高一级行政区划，其宏观层面改革，自然与同为省级政区的省、区等的改革一起，成为相关省制改革的重要研究内容。在研究过程中，许多学者提出了整体改革的相关方案，如周振鹤（1991）、浦善新等（1995）、浦善新（2006）、孙关龙（1995）、刘君德（1996；2006）、刘君德等（1999；2000；2002）、华伟等（1997）、戴均良（2001）、范今朝（2011）、曹起挺（2012）等。此不赘述。

1995 年，梁晨从城市发展史的角度，对重庆在不同历史时期的作用进行总结回顾，并且结合长江沿江发展战略和三峡工程建设对重庆的有利地位和面临的机遇进行了评价，认为对重庆行政区划和功能定位进行更大调整，使其拥有更为广阔的发展空间是必要的、可行的和紧迫的。其中最核心的是要提高城市的政治地位，使其享有与省级行政单位相当的行政管理权力。并结合国家发展战略、经济布局和重庆行政区划的历史，设想了四种可能的发展模式：恢复重庆直辖市的地位；设置三峡特别行政区（或三峡省），省会设在重庆；在重庆设置内陆开放特区；设置川东省，省会设在重庆②。这是较早直接论述重庆应该设直辖市的研究成果。

政区的通名改革是行政区划研究的重要内容之一。2002 年前后，华林甫对此进行了系统、深入的论证，分别对直辖市、自治区、市辖区、统县政区、县级政区、县城等的通名改革进行了专题探讨。其中，从直辖市政区通名研究来看，他首先分析了目前我国直辖市的区划体制存在的六大弊端，分别是：① 直辖市的通名欠科学：我国的直辖市均非纯粹的城市型政区，而是以城市型政区为基础发展起来的地域型政区，称其为“市”有些不伦不类。② 市名混乱：表现为政区通名的重复。我国的城市型政区分为五级，即直辖市、副省级市、地级市、副地级市和县级市，它们均以“市”作为通名，混淆了城市型政区的等级结构。③ 直辖市郊县无法设市而只能撤县设区，郊县改设而成的区与中心城区的区的性质相混淆，出现“假性城市化”现象。④ 四大直辖市之间内部区划体制也不协调：重庆市刚直辖时，曾经下辖县级市，超出了《宪法》关于“直辖市和较大的市

① 具体论述可参见刘君德，马祖琦，熊竞. 2012. 中央直辖市政区空间组织与制度模式探析：理论架构、比较分析及实证研究[M]. 南京：东南大学出版社：9-10.

② 梁晨. 1995. 历史选择了重庆，重庆将再现辉煌——试论重庆行政区划及功能的必然性、紧迫性和设想方案[J]. 重庆工学院学报，(1)：58-62，72.

分为区、县”的规定。⑤ 直辖市市辖区的“区”与“地区”的“区”、县级“特区”、“林区”的“区”以及各“民族自治区”的“区”完全重名，掩盖了其间的本质区别。⑥ 直辖市数量偏少，沿海与内地、东中西部地区空间分布不均衡。在此基础上，他进一步指出，上述问题与矛盾的核心在于直辖市政区的通名改革。通过进行直辖市政区的通名改革，使其体现直辖市的性质和级别，不仅可以避免政区通名的重复，还可以解决现有法律法规之下关于直辖市不能设市的矛盾。并在此基础上，结合历史经验和国际经验，提出了我国直辖市政区通名改革的两个方案：第一是改为“城市省”(都市省)，第二是改为“都”。两种方案各有利弊①。华林甫的研究融合历史规律与国外经验，对于我国直辖市政区地名的研究具有较强的说服力。

3) 直辖市内部行政区划体系改革研究

自1959年以来，中国直辖市政区空间形态已经转变为广域型模式，其市域空间可明显区分出三个层次：中心城域(城区)的核心区、外围郊域(区/县的城区)的次核心区，以及其他面积广大的城镇、乡村，构成一个区域的城镇体系；而在其政区划分和行政管理体制上，则形成两类管理模式系统，即城域的“直辖市—区—街道”和郊域的“直辖市—区(县)—乡、镇、街道”。因此，涉及直辖市政区内部行政区划体系改革的研究重点，也就集中在这样的两个方面，即① 城域(市辖区)政区体制改革以及规模扩展引起的近郊部分乡镇、村建制性质的转换和归属的调整；② 郊域区县性质的有序转换(县改设区)、城区(镇改设街道)及其外围的基层政区体制改革(乡改镇及乡镇合并等)。

从直辖市政区内部体制改革方面来看，一些学者从现有区划格局下在规划与建设体制领域暴露出来的一系列问题，探索直辖市的区划体制改革的走向。如李绍纯等对北京市的行政区划格局进行了研究，分析了北京的行政区划格局与城市功能布局之间的矛盾，特别是总结并针对中心城区的核心区域——东城、西城、崇文、宣武四个市辖区的行政区划格局所暴露出的问题，提出了改革设想②。

20世纪90年代以来，华东师范大学中国行政区划研究中心的学者和上海市民政局有关部门对上海市的行政区划格局进行了一系列探讨，提出了许多设想、思路与具体改革方案，广泛涉及中心城区的政区模式、辖区规模、管理幅度，郊区的政区模式、区域划分、行政层级、乡镇合并，以及各级政区的职能、基层政区与社区的关系等方方面面。这些探索性观点、意见和方案构想具有重要参考价值，为上海乃至于中国当代直辖市的政区改革提供了重要的方向性思路，其中一些论证和方案也已经被采纳实施(如浦东新区)。归纳起来主要有：

——“城区—郊区—郊县”三类区划的思路方案。

——中心城区的“大区制”：适度合并方案。

——中心城区的“小区制”：市区拆分方案。

——中心城区的“微调”(局部调整)方案。

---

① 华林甫《中国政区通名改革研究》为华东师范大学博士后研究报告，合作教师：刘君德。完成时间：2002年。此处引用了第1—16页的内容。该文发表于《中国人民大学学报》2003年，第5期。

② 李绍纯. 2009. 北京市行政区划问题研究[J]. 北京规划建设，(6)：33-37.

——郊区的"二级市"思路及其方案。

——郊区的乡镇合并方案。

——浦东新区的区划调整;等等①。

应当说明的是,2012年出版的刘君德、马祖琦、熊竞所著《中央直辖市政区空间组织与制度模式探析:理论架构、比较分析及实证研究》,是专门论述"中央直辖市"的重要专著。该书着眼于政区的治理方式与体制改革的空间视角,对我国中央直辖市进行了全面系统深入的研究,是著者长期关注中央直辖市,并在上海市多年实证研究基础上进行的总结与提炼,具有相当大的理论价值和实践意义。本章的内容与观点主要来自于这本专著。

7.1.2 我国当代四大直辖市的演变与发展状况

1) 中国"直辖市"的发展过程

"直辖"古称"直隶",是政区的一种制度,可以是直辖于中央政府,也可以由省级地方政府直辖。我国最早的直辖制度始于一千多年前的宋太祖乾德五年的陕西三泉县(今宁陕县一部分);元明清时期多有直辖制度;20世纪20年代初,广州设市由省直辖,为我国最早的省辖市;最早的中央直辖市是1926年国民革命军攻占武汉成立的由国民政府直辖的汉口特别市政府,1927年上海、南京也相继成为中央直属的特别市②。20世纪20年代末,中国的直辖市开始走向制度化轨道。1928年7月南京国民政府颁布的《普通市组织法》和《特别市组织法》,确定普通市由省直辖,特别市由中央直辖,1930年5月,颁布统一的《市组织法》,将特别市改为中央行政院辖市。1947年,全国共有12个院辖市。同年,内政部曾拟定《直辖市自治通则》(草案),对直辖市的设置条件、审批程序和权限做了规定,但未能实施③。

因此,我国的中央直辖市正式出现于民国时期。1926年国民政府设置汉口特别市,成为我国历史上第一个直隶于中央政府管辖的市;1927年设南京和上海为特别市;1930年,南京、上海改称院辖市;1928年,设北平为特别市,1930年改称北平院辖市(1930年6至12月,一度降为河北省辖市);1928年设天津为特别市,1935年改称天津院辖市(1930年12月以后曾降为河北省辖市);1929年,设武汉特别市(6月更名为汉口特别市),1931年降为湖北省辖市;1929年设青岛特别市,1930改称青岛院辖市;1930年设广州为特别市,同年8月降为广东省辖市;1932年设长安为院辖市,但并未正式成立;1930年设置了直隶中央的"威海卫行政区",后于1945年改置为山东省省辖的威海卫市;1945年又增设旅大(今大连市)为院辖市,并将哈尔滨恢复为院辖市。抗日战争期间,重庆因陪都而改为院辖市。1947年,汉口、广州均恢复为院辖市,同时新设西安、沈阳2个院辖市。至此,全国共设有12个中央直辖的院辖市,分别为:北平、天津、沈阳、旅大(今大连市)、哈尔

---

① 刘君德,马祖琦,熊竞. 2012. 中央直辖市政区空间组织与制度模式探析:理论架构、比较分析及实证研究[M]. 南京:东南大学出版社:12-13.

② 刘君德. 1998. 21世纪中国直辖市政区改革的战略思考[J]. 浙江学刊,(3):70-74.

③ 刘君德,汪宇明. 2000. 制度与创新——中国城市制度的发展与改革新论[M]. 南京:东南大学出版社.

滨、上海、南京、汉口(今武汉市)、青岛、广州、重庆、西安。

中华人民共和国成立之初,直辖市分属中央、大区和省三个层次。北京、天津成为新中国最早设立的中央直辖市。此时属于大行政区直管市的省级直辖市有10个,分别是:东北大行政区的沈阳、鞍山、本溪、抚顺;西北大行政区的西安;西南大行政区的重庆;中南大行政区的武汉、广州;华东大行政区的南京、上海。后来,1950年设立旅大市(今大连市)。1952年,南京市划归江苏省管辖。1953年3月,政务院发布的《关于改变大行政区辖市及专署辖市的决定》指出"现行上海、南京、武汉、广州、重庆、西安、沈阳、旅大、抚顺、本溪10个大行政区辖市,一律改称中央直辖市"(连同北京、天津2个中央直辖市,全国共有12个中央直辖市)①。1953年7月,长春市和哈尔滨市升为中央直辖市。至此,我国中央直辖市的数量达到14个。

1954年6月,撤销华北、东北、华东、中南、西南、西北6个大行政区行政委员会,除保留北京、天津、上海3个中央直辖市之外,其余的11个中央直辖市分别划归所在的各省管辖。1958年,天津市划归河北省管辖,1967年又恢复直辖市地位。在此后30年时间里,我国一直保持3个直辖市的格局。1997年3月,重庆改为直辖市,成为4个直辖市的格局,一直维持至今。

与国外许多国家的直辖市、特别市、特别区、首都区等相比,我国的直辖市辖区范围广、农村空间比重较大,兼有地域型政区的特点。

2) 当代四大直辖市的建置沿革与内部政区演变过程②

我国现有的北京、上海、天津、重庆四个直辖市,在国家政治、经济、文化生活中处于举足轻重的地位,在大区域经济发展中起着"龙头"和"领头羊"的作用。2012年的资料显示,中国的四个中央直辖市只占全国1.22%的土地面积、5.21%的人口,却拥有全国12.02%的国内生产总值(GDP)、17.23%的地方财政收入,固定资产投资和外商直接投资分别占到全国的7.45%和13.15%③(表7-1)。如果不含重庆市,京、津、沪三大直辖市的相对贡献更大。

从表7-1可以看出,与省区相比较,直辖市的面积相对较小,而非农人口高度集聚,人口密度很高;最重要的是区划属性上的本质差异,直辖市中心城域(城区)的次级政区为"区—街道",郊域为"区(县)—镇(乡)",主要是实行对城市居民的城市管理;省、自治区面积广袤,非农人口比重、人口密度远低于直辖市,省、自治区的次级政区为"市"或

① 1953年3月12日,中央人民政府政务院公布《关于改变大行政区辖市及专署辖市的决定》,决定主要内容如下:1. 现行上海、南京、武汉、广州、重庆、西安、沈阳、旅大、抚顺、本溪10个大行政区辖市,一律改称中央直辖市,其等级编制不变,仍由各该市所在地区之大区行政委员会代表中央人民政府进行领导和监督;2. 各省现有之专署辖市,一律撤销,撤销后由所属省人民政府视各市具体情况,依左列规定,提出改划计划,层报本院审核实施。凡属数县以上范围的物资集散中心,或工矿、国防要地与发展少数民族地区建设有密切关系者,仍参照人口情况,改为省辖市,由省人民政府直接领导,或由省人民政府指定该市所在地区之行署或专署领导监督;不属以上范围及原为县城,设专署辖市后使县失去经济中心者,得恢复原建制,保留必要编制,由县领导。见 http://www.sanqinyou.com.

② 本节内容主要据刘君德,马祖琦,熊竞.2012.中央直辖市政区空间组织与制度模式探析:理论架构、比较分析及实证研究[M].南京:东南大学出版社:126-140.个别数据等有补充。

③ 2013年中国统计年鉴。

表 7-1 我国四个直辖市的基本情况汇总表(截至 2012 年年底)

直辖市	简称	面积(km^2)	年末户籍人口(万)	年末非农人口(万)	年末常住人口(万)	年末外来人口(万)	常住人口密度(人/km^2)	GDP 总量(亿元)	GDP 人均(元)	政区构成
北京	京	16 410.54	1 297.50	1 039.30	2 069	773.8	1 261	17 879.4	87 475	14 市辖区、2 县—144 镇、33 乡、5 民族乡、143 街道
天津	津	11 916.85	993.20	616.40	1 413	392.8	1 186	12 893.9	93 173	13 市辖区、3 县—123 镇、10 乡、1 民族乡、111 街道
上海	沪	6 340.50	1 426.93	1 280.82	2 380	960.2	3 754	20 181.7	85 373	16 市辖区、1 县—108 镇、2 乡、98 街道
重庆	渝	82 400.00	3 343.44	1 317.25	2 945	136.0	357	11 409.6	38 914	19 市辖区、15 县、4 自治县—604 镇、206 乡、14 民族乡、188 街道

“县”,完全是一种地域型政区,广大农村、农业在省区政区中具有极重要地位。重庆直辖市则兼有地域型政区特点,是一种特殊类型的中央直辖市。

需要注意的是,当前我国的直辖市政区兼有城镇型政区和地域型政区的双重特征。在改革开放以前,我国的城市(包括直辖市)设置模式以“切块设市”为主,这种模式保证了城市的真实性质。但是,随着“市管县”体制和直辖市郊区“撤县改区”模式的大规模推行,城市型政区的地域型倾向非常明显。由于目前我国的“城镇型政区”向兼有一般的城市型政区和地域型政区双重特征的广域型政区转变,直辖市成为一个具有明显地域型政区特征的特大型都市型政区。

(1) 北京市行政区划沿革

1948 年年底,中国人民解放军进入北平市郊区。1949 年 1 月 1 日,北平市人民政府正式成立;2 月 1 日,北平全市和平解放;同年 10 月 1 日改为北京市,自此北京进入了一个崭新的历史时期,成为中华人民共和国的首都。北京市行政区划的演变历程主要可以划分为以下四个阶段:

① 1949—1959 年

1949 年年初,北京市辖 32 个区,以编号命名,从第一区至第三十二区。同年 6 月,32 个区调整为 20 个区。

1950—1951 年北京市辖 16 个区。1950 年 4 月,调整合并为 16 个区。1950 年 10 月,河北省昌平县黑龙潭划归北京市。

1952—1955 年北京市调整合并为 13 个区,分别是东单区、西单区、东四区、西四区、前门区、崇文区、宣武区、东郊区、南苑区、海淀区、丰台区、石景山区、京西矿区。1952 年 7 月,河北省宛平县及房山、良乡 2 个县的部分行政区域被划归北京市。

1956—1957年，北京市辖有14个区。1956年3月，河北省的昌平县(高丽营镇除外)划归北京市，政区名称改为昌平区；河北省通县的金盏、孙河、上新堡、崔各庄、长店、前苇沟、北皋7个乡并入北京市东郊区。1957年9月，河北省大兴县的新建乡划归北京市。1957年12月，河北省顺义县的中央机场场区和进场公路划归北京市。

1958—1959年，北京市辖13个区、4个县。具体来看，1958年3月，河北省通县、顺义、大兴、良乡、房山5个县及通州市划归北京市管辖。1958年5月，北京经历了一次较大规模的行政区划调整。撤销前门区，其行政区域分别并入崇文、宣武两区；撤销石景山区，其行政区域并入丰台区；撤销东单区、东四区，合并设立东城区；撤销西单区、西四区，合并设立西城区；撤销通县和通州市，合并设立通州区；撤销房山县和良乡县，合并设立周口店区；撤销大兴县和南苑区，合并设立大兴区；撤销顺义县，设立顺义区；东郊区更名为朝阳区；京西矿区更名为门头沟区。1958年10月，河北省的平谷、密云、怀柔、延庆4个县划归北京市管辖。

② 1960—1979年

1960—1962年，北京市辖8个区、9个县。具体来看，1960年1月撤销昌平区，恢复昌平县；撤销通州区，恢复通县；撤销顺义区，恢复顺义县；撤销大兴区，设立大兴县；撤销周口店区，恢复房山县。

1963年6月，设立石景山办事处(区级)，以丰台的部分行政区域为石景山办事处的行政区域。1963—1966年，仍然维持8区、9县的区划格局。

1967—1973年，北京市辖9个区、9个县。1967年8月撤销石景山办事处改设石景山区。

1974—1979年，北京市辖9个区、9个县、1个办事处。其中1974年8月，设立石油化工区办事处(区级)，以房山县的部分行政区域为石油化工区办事处的行政区域。

③ 1980—1996年

1980—1985年，北京市辖10个区、9个县。1980年10月，设立燕山区，以房山县的部分行政区域为其行政区域(石油化工区办事处同时撤销)。

1986—1996年，北京市辖10个区、8个县。1986年11月撤销房山县和燕山区，设立房山区，以原房山县和燕山区的行政区域为房山区的行政区域。总体来说，在1986—1996年的10年里，北京市行政区划处于稳定时期，变化不大。

④ 1997年至今

自1997年起，北京开始分期分批“撤县设区”，市辖区范围得到了进一步扩大。1997年4月，撤销通县，设立通州区。1998年3月，撤销顺义县，设立顺义区。1999年9月，撤销昌平县，设立昌平区。

2001年1月，撤销大兴县，设立大兴区。同年12月，撤销怀柔县，设立怀柔区；撤销平谷县，设立平谷区。此后在2001—2009年，北京市保持16区、2县的区划格局。

2010年，国务院批复了北京市政府关于调整首都功能核心区行政区划的请示，同意撤销北京市东城区、崇文区，设立新的北京市东城区，以原东城区、崇文区的行政区域为东城区的行政区域；撤销北京市西城区、宣武区，设立新的北京市西城区，以原西城区、宣武区的行政区域为西城区的行政区域。至此，北京市辖东城、西城、海淀、朝阳、丰台、门头沟、石景山、房山、通州、顺义、昌平、大兴、怀柔、平谷等 14 个市辖区和延庆、密云 2 个县。

截至 2012 年年底，北京市共辖有 143 个街道办事处、144 个建制镇、38 个建制乡（其中 5 个民族乡）、2 816 个居委会和 3 940 个村委会。

(2) 天津市行政区划沿革

天津市行政区划的演变历程主要可以划分为以下五个阶段：

① 1949—1957 年

1949 年 1 月，天津解放之初，沿用天津解放前行政区划（市辖 11 个区、1 个水上保）的旧界，在全市设立了 11 个区和 1 个水上街，各区名称按序号依次排列。1949 年 1 月 17 日，塘大市解放，塘大（包括塘沽、大沽、新河、新港）区域由天津管辖。1949 年 3 月 8 日设立塘大区，天津共下辖 12 个区，分别是：第一区、第二区、第三区、第四区、第五区、第六区、第七区、第八区、第九区、第十区、第十一区和塘大区。1949 年 11 月 1 日，天津市升格为中央直辖市，12 个区的区划格局一直持续到 1951 年。

1952 年 2 月，第一区至第十一区裁并为第一区至第八区。同年 4 月，河北省天津专区的天津县划归天津市。同年 10 月，塘大区更名为塘沽区，由此形成了 9 区 1 县的区划格局，即第一区、第二区、第三区、第四区、第五区、第六区、第七区、第八区、塘沽区和天津县。

1953 年 3 月，撤销天津县建制，设立津东郊区、津南郊区、津西郊区、津北郊区。至此，天津市下辖 13 个市辖区：第一区、第二区、第三区、第四区、第五区、第六区、第七区、第八区、塘沽区、津东郊区、津南郊区、津西郊区、津北郊区。1955 年 6 月，津东郊区、津南郊区、津西郊区、津北郊区分别更名为东郊区、南郊区、西郊区、北郊区。1955 年 12 月第一至第八区分别更名为和平区、城厢区、河北区、河东区、新华区、河西区、南开区、红桥区。1956 年 9 月河北省静海县的薛家庄村被划归天津市。

② 1958—1966 年

1958 年 2 月，第一届全国人民代表大会第五次会议通过决议，天津市由中央直辖市改为河北省省辖市（地级）。1958 年 4 月，河北省省会由保定市迁至天津市。同年 6 月，天津专区所属的汉沽市（后改为汉沽区）、宁河县军粮城、李庄子、中心庄等划归天津市。

1958 年 9 月 9 日，天津市第一到第八区和东郊区、南郊区、西郊区、北郊区 4 个区裁并调整为 6 个行政区，即中心区、河北区、河东区、河西区、南开区、红桥区，随后将中心区改为和平区。这一调整在一定程度上顺应了当时“大跃进”缩小三大差别的思路。同年汉沽市被改为汉沽区。

1958 年 9 月 29 日，宁河县宁车沽乡 4 个行政村划归塘沽区。至此，天津市下辖 8 个区——和平区、红桥区、河东区、河西区、河北区、南开区、塘沽区、汉沽区，12 个县——沧县、河间县、献县、交河县、吴桥县、盐山县、黄骅县、霸县、任丘县、静海县、武清县、宁津县。1959 年 2 月，天津市汉沽区的霍庄、赵庄、纪庄、东堤头、西堤头划归天津市北郊区。

1960 年 3 月，静海县所辖的杨柳青人民公社划归天津市南开区。1960 年 4 月，唐山市的蓟县、宝坻县划归天津市管辖，天津市汉沽区划归唐山市。同年 6 月设立汉沽市，由唐山市领导。至此，天津市下辖 7 个区——和平区、红桥区、河东区、河西区、河北区、南开区、塘沽区，14 个县——沧县、河间县、献县、交河县、吴桥县、盐山县、黄骅县、霸县、任丘县、静海县、武清县、宁津县、蓟县、宝坻县。

1961 年天津市下辖 7 个区。1961 年 5 月，河北省恢复天津等 9 个专区，将天津市辖县划归专区管辖，天津市不再管县。

1962 年 1 月 15 日，批准设立天津市东郊区、南郊区、西郊区、北郊区。1962 年 10 月 20 日，决议撤销汉沽市，将汉沽市的行政区域划归天津市，10 月 27 日批准恢复天津市汉沽区。1962 年 12 月 1 日批准设立天津市北大港区。至此，天津市下辖 13 个区，分别是：和平区、红桥区、河东区、河西区、河北区、南开区、塘沽区、汉沽区、东郊区、南郊区、西郊区、北郊区、北大港区。

③ 1967—1978 年

1967—1968 年，天津市仍然保持着 13 个区的格局。其中，1967 年 1 月 2 日，天津恢复为中央直辖市，同时，河北省省会迁址石家庄。

1969 年 11 月，撤销北大港区，其行政区域并入南郊区。

1973 年 7 月，河北省的蓟县、宝坻县、武清县、静海县、宁河县划归天津市。至此，天津市下辖 12 个市辖区——和平区、红桥区、河东区、河西区、河北区、南开区、塘沽区、汉沽区、东郊区、南郊区、西郊区、北郊区，5 个县——蓟县、宝坻县、武清县、静海县、宁河县。12 个区、5 个县的区划格局一直持续至 1978 年。

④ 1979—1999 年

1979 年 11 月，天津市设立大港区，以原北大港区全部和南郊区的部分行政区域为其行政区域。此后，在长达 10 多年的时间内，天津市行政区划处于相对稳定时期。

1992 年 2 月，天津市东郊区更名为东丽区，南郊区更名为津南区，西郊区更名为西青区，北郊区更名为北辰区。至此，天津市下辖 13 个市辖区——和平区、红桥区、河东区、河西区、河北区、南开区、塘沽区、汉沽区、大港区、东丽区、津南区、西青区、北辰区，5 个县——蓟县、宝坻县、武清县、静海县、宁河县。

⑤ 2000 年至今

2000 年 6 月，批准撤销武清县，设立天津市武清区。2001 年 3 月，批准撤销宝坻县，设立天津市宝坻区。至此，天津市下辖和平区、红桥区、河东区、河西区、河北区、南开区、塘沽区、汉沽区、大港区、东丽区、津南区、西青区、北辰区、武清区、宝坻区 15 个市辖区和蓟县、静海县、宁河县 3 个县。

2009 年 11 月，国务院批复同意撤销塘沽区、汉沽区、大港区，设立天津市滨海新区，以原塘沽区、汉沽区、大港区的行政区域为滨海新区的行政区域。至此，天津市下辖和平区、红桥区、河东区、河西区、河北区、南开区、滨海新区、东丽区、津南区、西青区、北辰区、武清区、宝坻区 13 个行政区和蓟县、静海县、宁河县 3 个县。此次行政区划调整，标志着天津市滨海新区行政管理体制改革全面启动，是实施国家发展战略、推动滨海新区管理体制改革的重大部署，对于进一步加快滨海新区开发开放有重要意义。

截至 2012 年年底，天津市辖 13 个区、3 个县，包括滨海新区、和平区、河北区、河东区、河西区、南开区、红桥区、东丽区、西青区、津南区、北辰区、武清区、宝坻区、蓟县、静海县、宁河县;其下辖有111个街道办事处、123个建制镇、11个建制乡(其中1个民族乡);共有1 443个居委会和3 821个村委会。

(3) 上海市行政区划沿革

近代,上海开埠(1843年)后,英、美、法列强在沪设立租界。20世纪20年代,上海地区设有公共租界、法租界2个特别区及上海(南市、沪南)、沪北、吴淞等区,行使地方职能,但市区并无统一的政区。

上海城市型政区始于民国十六年(1927年),时将江苏省的上海、宝山、松江、南汇、青浦等县的30个市乡划出设置上海特别市,直隶于国民政府。次年(1928年),市域范围扩大,市内设有17个区,从而形成市、区两级政区。公共租界、法租界2个特别行政区仍由租界当局管辖。

民国十九年(1930年)改为上海市,直隶行政院。民国二十七年(1938年),汪伪政权将江苏省川沙、南汇、奉贤、崇明、宝山、嘉定等县划归到上海市。民国三十年(1941年)日军控制租界,民国三十二(1943年)年租界名义上由汪伪收回。民国三十四年(1945年)抗日战争胜利后,川沙、南汇等县仍由江苏管辖,上海市辖市区和租界,全市划分为黄浦、老闸、邑庙、蓬莱、嵩山、卢家湾、常熟、徐家汇、长宁、静安、新成、江宁、普陀、闸北、北站、虹口、北四川路、提篮桥、榆林、杨树浦、新市街、江湾、吴淞、大场、新泾、龙华、杨思、洋泾、高桥、真如等30个区,形成以城区为主、城郊相结合的城市型政区。

新中国成立后,上海成为中央直辖市。为适应上海政治、经济、社会、文化发展的需要,上海市行政区划做了一系列的调整。1949年后上海市行政区划的演变历程大致可分为以下四个阶段:

① 1949—1955年:接收改造与稳定时期

新中国成立初期,上海市按原行政区境界和“区公所”原址进行接管,全市设有20个市区和10个郊区,共辖30个区。

1953年,成立上海市水上区人民政府。此阶段上海市行政区划保持着“切块”的狭域城市政区模式,城区面积比重大,31个市辖区的格局一直持续到1955年。

② 1956—1965年:市域扩大调整时期

1956年,21个市辖区被调整为15个,撤销老闸区、北站区、常熟区、北四川路区、嵩山区、静安区,其行政区域分别并入邻近市辖区。同时,撤销高桥、洋泾、杨思、真如、新泾、龙华、吴淞、江湾、大场9个郊区,将其合并为东郊区、西郊区和北郊区3个郊区。

1958年1月,江苏省松江专区所属的嘉定、宝山、上海3县划归上海市。同年10月,上海市撤销西郊区、北郊区,其行政区域分别并入嘉定、宝山和上海3个县和邻近市区;撤销东昌区和东郊区,合并设立浦东县。同年11月,江苏省的松江、青浦、金山、奉贤、川沙、南汇、崇明7县划归上海市。由此,上海市形成14区、11县的格局。

1960年,撤销江宁区、新成区,合并设立静安区;撤销蓬莱区、邑庙区,设立南市区;撤销提篮桥区,并入虹口区;撤销榆林区,并入杨浦区;同时,设立闵行区,以上海县部分区域为其行政区域;设立吴淞区,以宝山县部分区域为其行政区域。

1961年1月,撤销浦东县,其城市化地区并入杨浦、黄浦、南市3区,农村部分并入川沙县。同年3月，浙江省舟山县的嵊泗人民公社划归上海市。

1962年5月，嵊泗人民公社划归浙江省舟山专区。

1964年5月，撤销闵行区，其行政区域并入徐汇区；撤销吴淞区，其行政区域并入杨浦区。

③ 1966—1979年：区划工作停滞时期

由于"十年动乱"，整个中国的社会、经济遭受了严重的损失，行政区划工作也停滞不前，这种状况一直延续到1979年。

④ 1980年至今：市区调整扩展时期

1980年10月，设立吴淞区，以宝钢地区办事处的行政区域和宝山县部分行政区域为其行政区域。

1981年2月，恢复闵行区，以徐汇区的闵行、吴泾地区以及上海县部分行政区域为其行政区域。

1984年7月，将川沙县的洋泾镇和张桥、洋泾、严桥、六里、扬思5个乡，上海县的漕河泾镇、龙华镇、北新泾镇和龙华、梅陇、虹桥、新泾4个乡以及嘉定县的真如镇和长征、桃浦2个乡，宝山县的江湾镇、五角场镇和彭浦、庙行、江湾、五角场4个乡，划归上海市市区管辖。

1988年1月，撤销吴淞区、宝山县，设立宝山区。

1992年9月，撤销闵行区和上海县，建立新的闵行区。同年10月，撤销嘉定县，设立嘉定区；撤销川沙县，设立浦东新区，浦东新区的行政区域包括原川沙县、上海县的三林乡与黄浦区、南市区、杨浦区的浦东部分。

1997年4月，撤销金山县，设立金山区。

1998年，撤销松江县，改设松江区。

1999年，撤销青浦县，改设青浦区。

2000年6月，撤销黄浦区和南市区，设立新的黄浦区。

2001年1月，撤销南汇县，设立南汇区；撤销奉贤县，设立奉贤区。

2009年5月，撤销南汇区，将其行政区域并入浦东新区。

2011年6月，撤销黄浦区、卢湾区，设立新的黄浦区。至此，上海市辖区数量缩减至16个，形成16个市辖区和1个县的政区格局。

截至2012年年底，上海市辖17个行政区，即浦东新区、徐汇、长宁、普陀、闸北、虹口、杨浦、黄浦、静安、宝山、闵行、嘉定、金山、松江、青浦、奉贤16个区，崇明1个县；其下共辖有98个街道、108个镇、2个乡；共有3 914个居委会、1 613个村委会①。

(4) 重庆市行政区划沿革

重庆简称"渝"，是一个具有3 000年悠久历史的古城。南宋时，恭王赵惇即位后，自诩为"双重喜庆"，遂于1189年升恭州为重庆府。重庆由此得名，迄今已800多年。1912年巴县并入重庆府，1913年裁府复设巴县。1927年设重庆特别市，1929年改为四川省省辖市。1939年国民政府西迁重庆，定为陪都，改为行政院院辖市。

---

① 《上海统计年鉴2013》。见 http://www.shanghai.gov.cn.

新中国成立后重庆市行政区划的变更情况，可分为以下四个阶段：

① 1949—1958 年

1949 年 11 月 30 日重庆市解放后，作为西南军政、行政委员会驻地，属西南行政委员会管辖。重庆市下设 18 个区（第一区至第十八区）。

1950 年，重庆市辖 7 个区（第一区至第七区）、1 个管理处（北碚行政管理处）。1950 年 2 月，川东行署区的北碚管理局（县级）划归重庆市管辖并更名为北碚行政管理处。1951 年 6 月，重庆北碚行政管理处划归川东行署区，川东行署区的巴县划归重庆市。1952 年 9 月，四川省的北碚市及綦江、长寿、江北 3 个县划归重庆市。1952 年 10 月，重庆市将 7 个区调整合并为 5 个区。

1953 年 3 月，撤销北碚市，设立第六区。1953 年 1 月，巴县、綦江、江北 3 个县划归四川省江津专区，长寿县划归四川省涪陵专区。1953 年 3 月 12 日，政务院批准，将西南行政委员会辖的重庆市改为中央直辖市，仍由西南行政委员会代管。1954 年 6 月 19 日，中央人民政府批准，重庆市划归四川省管辖，改为地级市。1955 年 1 月，原第一至第六区更名为市中区、江北区、沙坪坝区、九龙坡区、南岸区、北碚区，并且设立南桐矿区。

② 1959—1982 年

1959 年 4 月，江津专区的巴县、綦江 2 个县和涪陵专区的长寿县重新划归重庆市，由此形成 7 区（含矿区）、3 县的区划格局。

1965 年 4 月设立大渡口区，以九龙坡区的部分行政区域为其行政区域。

1968 年，江津专区、万县专区、涪陵专区分别更名为江津地区、万县地区、涪陵地区。

1968—1973 年，重庆市辖 8 个区、3 个县。

1974 年 10 月，设立双桥区，以大足县部分生产队为其行政区域。重庆市辖 8 区、1 矿区、3 县。

1977 年 9 月，隶属江津地区的江北县划归原重庆市。重庆市辖 9 区（含 1 矿区）、4 县。

③ 1983—1996 年

1983 年 2 月 8 日，中共中央、国务院批准重庆市进行经济体制综合改革试点，同时对重庆市实行计划单列并赋予其相当于省一级的经济管理权限。

1983 年 3 月，四川省撤销永川地区，将永川、江津、合川、璧山、荣昌、大足、铜梁、潼南 8 个县划归重庆市管辖。

1992 年，撤销永川县，设立永川市，由重庆市代管；撤销江津县，设立江津市，由重庆市代管；撤销合川县，设立合川市，由重庆市代管。自此，重庆“9 区（含 1 个矿区）、9 县、3 市”的格局形成。

1993 年 2 月，重庆市南桐矿区更名为万盛区。1994 年 12 月，重庆市市中区更名为渝中区。同年撤销江北县、巴县，分别设立渝北区、巴南区。

④ 1997 年以来

1997 年 3 月 14 日，经第八届全国人民代表大会第五次会议审议并批准通过，撤销原重庆市，设立重庆直辖市。重庆正式成为中国第四个、西部地区唯一的直辖市，掀开了重庆建设与发展史上崭新的一页。

重庆直辖市管辖原重庆市、万县市、涪陵市和黔江地区所辖行政区域。1997 年 12 月撤销万县市，设立重庆市万县区，同时设立重庆市万县移民开发区，相应设置党政机构，代管忠县、开县、云阳县、奉节县、巫山县、巫溪县 6 个县；撤销涪陵市，设立重庆市涪陵区；撤销黔江地区，设立重庆市黔江开发区，相应设置党政机构，代管石柱、秀山、酉阳、黔江、彭水 5 个民族自治县。

1997—1999 年，重庆市辖 13 个区、4 个县级市、18 个县、5 个民族自治县。

1998 年 5 月，万县区更名为万州区。

2000 年 6 月，撤销黔江土家族苗族自治县，设立重庆市黔江区。同年撤销万州移民开发区，原万州移民开发区代管的奉节县、开县、云阳县、忠县、巫溪县和巫山县由重庆市直辖；撤销黔江开发区，原黔江开发区代管的石柱土家族自治县、秀山土家族苗族自治县、酉阳土家族苗族自治县和彭水苗族土家族自治县由重庆市直辖。由此，重庆 14 区、18 县、4 县级市、4 自治县的区划格局形成。

2001 年 12 月，撤销长寿县，设立重庆市长寿区。

2006 年 10 月，经国务院批准，撤销江津市、合川市、永川市和南川市，分别设立重庆市江津区、合川区、永川区和南川区。

2009 年 2 月 5 日，国务院发布《关于推进重庆统筹城乡改革发展的若干意见》(国发 30 号文件)，在国家战略层面正式研究设立两江新区。2010 年 6 月 18 日，在重庆设立直辖市 13 周年之际，国务院正式批准设立两江新区，这是目前我国内陆唯一的国家级新区，是继浦东新区、滨海新区后正式成立的第三个副省级新区。两江新区位于重庆市主城长江以北、嘉陵江以东，包括江北区、渝北区、北碚区三个行政区部分区域和国家级经济技术开发区、高新技术开发区和两路寸滩保税港区，规划面积为 1200 km^2，其中可开发建设面积为 550 km^2。

截至 2010 年年底，重庆市共辖 19 个市辖区(万州区、涪陵区、渝中区、大渡口区、江北区、沙坪坝区、九龙坡区、南岸区、北碚区、万盛区、双桥区、渝北区、巴南区、黔江区、长寿区、江津区、合川区、永川区、南川区)，17 个县(綦江县、潼南县、铜梁县、大足县、荣昌县、璧山县、梁平县、城口县、丰都县、垫江县、武隆县、忠县、开县、云阳县、奉节县、巫山县、巫溪县)，4 个自治县(石柱土家族自治县、秀山土家族苗族自治县、酉阳土家族苗族自治县、彭水苗族土家族自治县)，共计 40 个次级行政单元，下设 175 个街道办事处、587 个建制镇、252 个建制乡、2 308 个居委会和 8 605 个村委会。2010 年年末户籍人口为 3 303.45 万人，辖区面积为 82 368 km^2。

2011 年 10 月，经国务院批复同意重庆市调整部分行政区划，撤销万盛区和綦江县，设立綦江区；撤销双桥区和大足县，设立大足区。区县数量由原来的 40 个缩减为 38 个。

截至 2012 年年底，重庆市辖 38 个行政区，有 19 个区(万州区、黔江区、涪陵区、渝中区、大渡口区、江北区、沙坪坝区、九龙坡区、南岸区、北碚区、渝北区、巴南区、长寿区、江津区、合川区、永川区、南川区、綦江区、大足区)，19 个县(自治县)(潼南县、铜梁县、荣昌县、璧山县、梁平县、城口县、丰都县、垫江县、武隆县、忠县、开县、云阳县、奉节县、巫山县、巫溪县、石柱土家族自治县、秀山土家族苗族自治县、酉阳土家族苗族自治县、彭水苗族土家族自治县)；下辖 188 个街道办事处、604 个建制镇、220 个建制乡(其中 14 个民族乡），共有 2 514 个居委会和 8 467 个村委会①。

3）直辖市的类型

从直辖市区级政区的面积规模与人口规模来看，无论是直辖市之间，还是直辖市内部，相互之间均存在着较为显著的差异。

就同一直辖市内部来看，中心市区人口规模差异也很大。以上海市为例，2011 年杨浦区人口总量高达 109 万人，是静安区的 3.6 倍多；从面积规模看，杨浦区管辖范围高达 61 km^2，是静安区的 7.6 倍多。倘若将浦东新区纳入比较范围，规模差异会更加显著。2011 年浦东新区的面积规模和人口规模分别高达 1 210.41 km^2 和 279 万人，其面积规模是浦西 8 个中心城区总面积的 4 倍多。再如重庆市渝中区，面积为 23 km^2，人口为 56 万，人口密度高达 24 348 人/ km^2，人口密度是其他几个市辖区的 10 倍。

不同直辖市之间，中心城区的管辖幅度差异亦十分明显。其中，北京市中心城区平均人口规模高达 195.33 万人，是重庆市的 3.3 倍；重庆市中心城区的平均面积规模达 239.17 km^2，分别是上海市和天津市的 7.4 倍和 8.3 倍。但是，从人口密度来看，上海市和天津市中心城区的人口密度较为一致，均在 2 万人/ km^2 以上，大约是北京市的 3 倍（表 7-2）。

表 7-2 上海、北京、天津、重庆中心城区市辖区的规模比较一览表

城市名称	政区范围	市辖区（个）	人口（万人）	平均人口规模（万人）	总面积（km^2）	平均面积规模（km^2）	人口密度（人/km^2）
北京市	中心城区	6	1 172.00	195.33	1 368.00	228.00	8 567
天津市	中心城区	6	442.91	73.82	173.00	28.83	25 602
上海市	中心城区	9	699.00	77.67	289.44	32.16	24 150
重庆市	中心城区	6	357.67	59.61	1 435.00	239.17	2 492

注：本表的计算口径是：上海市浦西中心城区包括黄浦区、卢湾区、徐汇区、长宁区、静安区、普陀区、闸北区、虹口区、杨浦区；北京市中心城区包括东城区、西城区 2 个核心城区和朝阳区、丰台区、石景山区、海淀区 4 个近郊区；天津市中心城区包括和平区、河东区、河西区、南开区、河北区、红桥区的市内 6 区；重庆市中心城区包括渝中区、大渡口区、江北区、沙坪坝区、九龙坡区、南岸区。除重庆市人口数据为户籍人口之外，北京、天津、上海 3 个直辖市的人口数据均为常住人口。天津为 2009 年数据，北京、上海、重庆为 2010 年数据。

中国的中央直辖市都是广域型大都市区模式，但我国是一个大国，自然、经济、社会发展的差异较大，四大直辖市有其形成发展的不同背景，在国家战略中承担着不同的任务，有必要对直辖市政区的类型进行科学划分。这种划分有利于因地制宜研究和针对不同直辖市的情况，深入思考政区体制改革的总体思路与一般模式，并在直辖市政区基本模式规范下研究各个直辖市政区改革方案的差异性及实施方案的具体策略和步骤。

依据上述比较分析的地理区位、发展环境、宏观战略、功能性质、空间形态、城乡结

① 《重庆市统计年鉴 2013》。见 http://www.cqtj.gov.cn .

构、次级政区规模以及经济发展水平等因素的区别，尤其是以功能性质和发展水平而论，中国目前的四大直辖市可分为以下三种类型：

（1）首都型直辖市——北京：为国家首都性质（政治、文化、教育、科技管理中心）的直辖市，同时也是全国重要的经济中心城市，经济实力仅次于上海，包括现代服务业在内的第三产业比重高达 76.9%（2013 年），居直辖市之首。

（2）沿海经济、港口型直辖市——上海和天津：是具有大区域港口优势的国家级经济中心城市，第二产业的比重都远高于北京（22.3%），分别占到 39.3% 和 51.7%，2005 年上海已跃为世界第一大港，2003 年起天津也已稳居北方第一大港地位。津、沪两个直辖市的区别在于政区地理区位不同带来的发展差异，上海与江苏、浙江两省相邻，在长江三角洲是一个单中心的特大型都市，区域首位度很高；而天津毗邻首都北京，在环渤海地区京津双中心中处于首都的“阴影”地位，在中国转型期“行政区经济”运行规律下，其发展在一定程度上受阻于这种“阴影”，天津的这种政区地理区位劣势使其客观具备的经济地理优势能量发挥大打折扣。尽管如此，天津仍然是北方，尤其是环渤海地区的最大的经济中心之一，随着首都北京城市定位的转变，天津滨海新区的大规模开发，自身实力的强大，其北方经济中心的地位将日益增强。

（3）内陆地域型直辖市——重庆：是一个以地域型政区为主，兼有城市型政区特性的中央直辖市。重庆是一个“大都市”，2003 年 9 个城区及近郊区的人口达 415 万；但更是一个“大农村”，全市域总面积达 82 403 km^2，人口为 3 130 万。无论是从面积、人口、经济总量，还是从人口密度、面积经济密度、人口经济密度等指标衡量，重庆实质是一个中西部的中等规模、经济欠发达的“省”。2003 年第一产业比值高达 15%，接近全国平均水平；人均 GDP、地方财政收入、城镇居民收入、农村居民收入都低于全国平均水平。1997 年，重庆升格为中央直辖市后，经济社会快速发展，地位大幅提升。2013 年，人均 GDP 已经高于全国平均水平，三次产业结构发生重大变化。其比重为 7.9∶50.5∶41.6，已经是一个人口—经济规模高度集聚的特大城市。尽管如此，总体来看，由于其广袤的乡村面积，地域型政区的个性仍相当突出。

上述三种类型的中央直辖市不同的特点、优势与环境条件，直接影响其发展定位，也在一定程度上对直辖市政区性质、空间结构、行政管理体制产生影响。

7.1.3 现行中央直辖市政区空间组织存在的问题

从 20 世纪 50 年代至今，中国实行的直辖市制度是正确的，也是符合中国国情的。几十年来，中央直辖市在认真贯彻执行中央各个时期政治、经济和社会发展的各项政策方面，取得了令人瞩目的成就。直辖市在追求自身发展的同时，对全国和区域经济的发展做出了巨大贡献，这也是保证我国较长时期以来政治上稳定的一个重要因素。可以说，在现代化建设和实现我国长远发展目标中，直辖市担负着重要使命。

然而，不可否认的是，中国现行直辖市的区划体制仍存在一些值得讨论的问题和需要改革的方面，在推进现代化建设进程中，在城市规划、建设与管理中，有必要深入研究，并通过深化改革加以合理解决。

1）现行中央直辖市政区空间组织存在的问题归纳①

现行中央直辖市政区空间组织存在的问题，细致分析，可归纳为如下一些方面：

（1）总体数量偏少，分布不够均衡

国内外的经验表明，大城市作为国家或区域性的经济增长极，在辐射和带动国家或区域经济发展中，具有一般中小城市所不可替代的作用。特别是在人才、技术、信息、金融、管理和经济运行质量等方面，大城市都具有独特的优势。

历史经验也证明，在中国特色的政治经济背景下，政治（行政）因素对于一个城市或区域发展的影响是十分重要而深刻的。作为国家行政级别最高、行政权力最大的城市，中央直辖市对区域经济的推动作用不可低估。

目前我国拥有北京、天津、上海、重庆 4 个直辖市，并且保持着相对稳定的态势。而从历史上看，在 20 世纪 50 年代初期，中国曾经设有 14 个中央直辖市。很显然，对于中国这样一个无论从人口、地域规模还是经济总量来看都属于超级大国的国家来说，4 个直辖市的数量明显偏少。

（2）实力差距悬殊，功能有待发挥

总体来看，直辖市往往是经济发达的特大型经济中心城市，中心城市作为区域经济的龙头，对周边地区发挥着重要的辐射作用。目前以我国四大直辖市为依托，已经初步形成了三大经济圈，分别是以北京—天津为龙头的环渤海经济圈、以上海为龙头的长江三角洲经济圈和以重庆—成都为龙头的成渝经济圈，加上以广州—深圳为核心的珠江三角洲经济圈，形成四大经济圈。

但是，在我国四大直辖市内部，各自的经济实力仍然存在相当悬殊的差异。2010 年，上海生产总值（GDP）达 16 872.42 亿元，同年北京市、天津市、重庆市生产总值分别为 13 777.90 亿元、9 108.83 亿元和 7 894.24 亿元。从经济总量来看，重庆的生产总值分别只占到上海市、北京市、天津市的 46.8%、57.3%和 86.7%，各直辖市之间经济实力的差距仍然相当明显，尽管近年来这种差距在逐渐缩小。

（3）城区蚕食郊区，区划规划脱节

随着城市化的推进，中心城区快速拓展，形成了城市地区和乡村地区犬牙交错的城乡结合地带，城市地区与乡村地区在规划、建设与管理等方面的矛盾日益突出。

北京市丰台区就曾经出现过这种情况。丰台区是北京市四个近郊区之一，辖区面积为 305.87 km^2，总人口为 86.5 万人。由于行政区划界限的划定以及相关管理工作没有及时跟进，导致丰台区在近域推进过程中，行政区划界线模糊，行政建制管理范围模糊，管理职责不明，各街、乡镇之间的交叉管理现象非常突出。以南苑乡为例，该乡与九个街道办事处共处一地，背面与东铁匠营、马家堡、西罗园、和义、南苑、东高地等六个街道交界，行政界线犬牙交错，街乡管理交叉，各行政主体管辖的范围难以明确，管理职责难以分清，推诿、扯皮现象不断。

再如上海市，中心城区不断蚕食近郊，将整建制的乡镇划归城区，出现了区管乡镇的

① 以下问题概括主要据刘君德，马祖琦，熊竞. 2012. 中央直辖市政区空间组织与制度模式探析：理论架构、比较分析及实证研究[M]. 南京：东南大学出版社：164-172. 个别数据等有补充修改。

体制，甚至于曾经出现“一村两制”的状况。例如虹桥镇虹四村位处古北开发区边缘，但长期接受城区的长宁区和郊区的闵行区虹桥镇双重领导，给环境卫生、治安管理、计划生育、外来人口管理带来很大矛盾，成为大都市城乡结合部规划建设管理的老大难问题，也给局部的行政区划调整带来不少后遗症。

在城市空间快速拓展的背景下，行政区划与城市规划、建设、管理的综合协调显得十分重要。

(4) 层级不统一，体制不协调

回顾重庆直辖市在组建之初，维持了原有的区划体制，特别是仍然保留了地级市和县级市建制，这在当时有利于社会的稳定。但是，由此也引发了许多新的问题与矛盾。最重要的是直辖市下辖有江津、合川、永川和南川四个县级市；同时，辖有地级万县市(1998 年更名为万州区)，在地级市下又一度辖有区县，增加了直辖市的层级，由此突破了 1982 年《宪法》的规定，明显与现有《宪法》不符。

《宪法》第三十条对我国的行政区划做出明确规定：“① 全国分为省、自治区、直辖市。② 省、自治区分为自治州、县、自治县、市。③ 县、自治县分为乡、民族乡、镇。直辖市和较大的市分为区、县。自治州分为县、自治县、市。”基于重庆直辖市设置的特殊背景和原有政区体制运行的惯性，直至 2000 年万州区所属县市才改由重庆直管；2006 年 10 月，重庆市下辖的四个县级市方撤市设区。经过 10 年时间才逐步理顺了重庆的区划体制。

(5) 撤郊县改设区，政区通名性质混淆

20 世纪 80 年代中期以来，我国大力推行整县改市的设市模式，在直辖市周边的经济较发达地区，例如在与上海市毗邻的苏南、浙北地区，一大批原有县纷纷撤县改市，如江苏昆山、太仓、吴江，浙江平湖等县级市。北京周围的河北各县也已纷纷改市，如廊坊、三河、涿州等市。

对于直辖市的郊县，虽然其人口、经济指标已经达到或接近设市标准，有的甚至达到地级市的标准，但碍于《宪法》之规定不能设市，只能走撤县设区的道路。最近 20 多年来，京、津、沪的近郊大部分县都已经撤县设区。

应该说，直辖市郊域“撤县改区”模式的推行在一定程度上是合理的，它缓解了大城市发展中的一些突出矛盾，适应了郊域工业化、城镇化发展的需求。但在城郊结合部存在的固有矛盾并未得到重视和解决，同时还引发了一些新问题：城区与郊区通名(区)性质的混淆，尤其是出现“假性城市化”现象，忽略了城区和郊区之间在城市性质功能、景观形态、产业结构、就业结构、土地制度、行政管理体制等方面存在的巨大差别，也给城市人口统计带来了不便，无法与国际接轨并进行国际间比较。

(6) 区、街规模差异太大，管辖幅度极不平衡

层次合理、幅度适中是行政管理的一个基本原则。对于直辖市和特大型城市来说，保持次级政区的合理规模，有助于提高城市管理效率。现实来看，我国直辖市在市、区、街三个管理层面的幅度欠合理，区、街两级规模偏大，区与区、街与街规模差异过大，管辖幅度极不平衡，在一定程度上造成了区域公共资源配置不均的现象。

仅以同类市辖区人口规模与面积规模为例进行说明。从直辖市内部来看，市辖区的规模存在很大差异。2012 年的统计资料显示，北京的朝阳区人口规模达 194 万人，是门

头沟区25万人的7.76倍；天津的和平区的面积规模只有10 km^2，人口却有40万人，人口密度高达40 000人/ km^2，明显超过同为市辖中心城区的南开区22 307人/ km^2的人口密度。同年，上海市浦东新区的人口规模总量达279万人，是静安区30万人的9.3倍；从面积规模看，浦东新区辖区达1 210.41 km^2，几乎是静安区(8 km^2)的151倍。重庆市渝中区面积为23 km^2，人口总量为56万，人口密度高达24 348人/ km^2，远远高于其他市辖区；南川区的面积高达2 589 km^2，几乎是渝中区的112.6倍，而人口总量却只有68万，仅比渝中区多12万人；南川区的人口密度仅仅为263人/ km^2，只相当于渝中区的1/100。尽管上述比较并不完全合适，但区级政区之间规模的巨大差距是客观存在的事实，也严重影响到城市公共资源的合理配置。

(7) 区街政区的职能定位模糊

在以放权为主线的改革思路指导下，以上海直辖市为代表的我国特大城市中心城区已经形成了“两级政府、三级管理”的城市行政管理体制，多年来区和街的职能得到了空前强化。

这种“两级政府、三级管理”的强势体制，一方面有力地带动了区级政府参与城市建设和社会管理的积极性，确保了转型期上海经济社会的快速发展和城市建设的快速推进，但它已经不适应新的变化形势，负面影响凸显，突出地表现为各区之间盲目竞争，城市形态建设不协调，还引发新一轮的重复建设和区域发展不平衡的加剧，在一定程度上影响到城市的一体化发展与整体竞争力的提升。

必须指出，直辖市的区建制有很大的差别，即“城域的区”与“郊域的区”之间存在着巨大的空间性质差异性。目前一刀切的设区体制模式难以满足市区与郊区对行政体制改革的特色化需求。

另外，区与街职能、责权划分不清的问题也相当突出。街道政府化的倾向相当严重，有的甚至已经演变为事实上的基层政府。行政区与社区的关系没有理顺，实质性的社区体制改革推进缓慢，成效难现。

(8) 政区通名欠科学，“市”之称名不副实

科学理想的政区通名应该能够反映政区的建制等级与政区性质。但是中国的“市”通名较为混乱，我国现有直辖市、副省级市、地级市、副地级市(如自治州政府所在的大理市、延吉市等)、县级市客观上存在五类市级政区，各自级别不同，但是都称为“市”，一定程度上混淆了城市型政区的等级结构。

“市”的本意是“城市”，但我国的“市”大多兼有城市型政区和地域型政区的双重属性，把兼有城区与广阔农村腹地的政区称为“市”，有些名不副实。而且，根据《宪法》规定，直辖市的郊县不能设市，只能撤县改区。而市辖区具有城区之含义，大规模地撤县改区，在一定程度上混淆了市辖区与郊区(撤县改区而成)的本质区别。“区”通名的模糊性更为突出，作为直辖市行政区域的“区”(市辖区)，与作为省政府派出机构“地区”的“区”、县级特区的“区”、林区的“区”，以及各民族自治区的“区”完全相同，这种通名的高度重复性，在客观上掩盖了它们之间的本质区别①。

① 华林甫. 2003. 中国“直辖市”通名改革研究[J]. 中国人民大学学报，(5)：148-155.

2）现行中央直辖市政区空间组织存在的基本问题

以上八大问题，可概括归结为以下三个方面：

（1）直辖市制度需要发展、完善、规范

我国的政治体制背景和转型期的“行政区经济”运行环境，以及直辖市本身的作用，在一定程度上决定了直辖市制度建设的重要性和必要性。全面地看，我国的直辖市制度尚需发展、完善和规范。这主要基于以下原因：一是目前只有中央直辖市，省辖市不完善，县辖市未建立，直辖市制度不够完整，各级“直辖”政区的作用未能充分发挥；二是我国国土辽阔，自然条件复杂，民族众多，各地经济社会发展水平和人文环境差异较大，客观上需要因地制宜建立不同类型的直辖市制度体系；三是现有的城市等级过多，省级市、副省级市、地级市、县级市，甚至副地级市等，很不规范，需要加以明晰和规范；四是现有的中央直辖市政区制度（模式）自身在某些方面还存在缺陷，需要改善。

（2）直辖市内部政区体制需要改革

以上对我国四大直辖市政区体制存在的问题所进行的全面分析，足以表明直辖市内部的政区体制迫切需要深化改革。中央直辖市内部的政区结构模式需要新的思考。

（3）直辖市数量需要增设和合理布局

在现有的四个直辖市中，严格地说，重庆市基于其自身的实力，在短期内尚难以发挥在西南地区的核心和领头羊作用。北京、天津、上海三个中央直辖市，全部分布于东部发达地区，而北京与天津又几乎相连。因此，从大区域分析，中国目前只有环渤海和长江三角洲分布有中央直辖市，不仅数量偏少，而且分布严重不平衡，不利于国家级战略重点地区的发展，也不利于科学合理地推进大区域统筹发展。

7.2 直辖市宏观层面改革的战略思考①

我们认为，未来中国特色直辖市空间组织制度模式的内涵主要包括：一是直辖市的等级制度体系，以及不同等级直辖市的设置标准；二是各类等级直辖市设置的空间结构模式，比如是合治还是分治，即城郊面积的科学比例；三是不同等级直辖市内部纵向管理结构和横向规模结构体系，即层次与幅度关系结构模式；四是不同等级直辖市在不同层次广域空间的科学合理布局结构体系。

1）关于构建直辖市的制度体系

中国需要建立规范的城市制度等级体系。目前，人们往往比较重视对一个区域城市的规模结构体系的研究，而对中国的城市制度体系问题的研究关注较少。城市制度体系与城市的规模结构体系是两个不同的概念。前者属于法律、行政的范畴，后者则属于城市科学的范围。我国是一个大国，又是传统的中央集权制国家，行政等级在政区结构体系中十分重要。在目前国家《宪法》规定的政区结构体系中，传统的地域型政区制度为“省—县—乡”体系，自治型政区制度为“自治区—自治州—自治县—民族乡”格局，层级

---

① 本节对中央直辖市改革的宏观思考主要据刘君德，马祖琦，熊竞. 2012. 中央直辖市政区空间组织与制度模式探析：理论架构、比较分析及实证研究[M]. 南京：东南大学出版社：173-176. 具体表达中有一定的修改。

清晰,长期稳定;而城市型政区制度(即"直辖市—地级市—县级市")则不够规范,变动较多;"区"的概念更为模糊;镇级设置标准各地差距很大。出现这种状况固然有国土广袤、国情复杂的客观原因,但亦与政区空间制度不够完善有关。其中主要的矛盾在"市"(包括"区")制。虽然国家主管部门(民政部)曾经拟定多个"设市标准",但主要限制在县级市(而且局限在撤县改市),并未涉及中央直辖市;既不完整,也欠规范。因此,无论从完善政区法制还是目前中国城市制度的现状来看,都有必要研究建立一套符合中国国情的城市制度体系。完整地讲,应该是构建不同层级、规范的直辖市制度体系,也可以简称为"市制"体系。

完整的"市制"体系是与地域型政区纵向结构相呼应和协调的制度体系,即包括中央直辖市—省辖市—县辖市三个层次的城市制度体系。目前在直辖市制度体系结构中最薄弱的是"两头",即中央直辖市和县辖市。前者需要从理论制度上加以规范,即建立中央直辖市设置的制度化标准与程序规范;后者则是一种新的实践。

2)关于中央直辖市的行政空间组织制度化标准

中央直辖市的行政空间组织制度化标准是直辖市制度首先要讨论的问题。我们认为,中央直辖市的设置应该有一个科学合理的量化标准,但不应该过分强调定量指标。总体来看,设立中央直辖市应考虑以下主要因素:① 全国国土地理空间合理的布局;② 城市人口的高度集聚;③ 城市经济实力雄厚及其在大区域中的影响力、辐射力;④ 城市的国际化程度,经济结构的高度性、引领性;⑤ 地方政治空间布局的需要;⑥ 交通等基础设施水平和枢纽作用;⑦ 文化教育水平与先进性以及市民的整体素质;⑧ 生态环境与可持续发展潜力;⑨ 城市的综合管理水平等方面。

以上因素综合反映了作为中央直辖市必须是国土地理空间位置优越,布局合理,综合经济实力雄厚,交通枢纽地位突出,发展潜力巨大,有强大辐射和影响力的城市。辅以适度的量化指标,经过分析比较、评判,确定全国中央直辖市的设置与布局。

3)关于中央直辖市的空间组织的性质与形态模式

这里所指的空间组织结构模式主要包含直辖市的空间组织结构的性质与形态两个方面。中国的城市制度虽然起源较早,但确立独立完整的现代城市制度则是从西方引进,于民国时期逐渐完善的。因此,我国的现代城市制度在其形成初期主要是借鉴国外城市制度模式,是基于当时的国情而确立的。其城市制度模式的特点表现为城乡分治,即我们通常所说的"切块设市"(市从县中析出)模式。从政区形态来看,城市和乡村两种建制形如"蛋"状结构,蛋黄为城市,蛋白为县域,形成"蛋白包围蛋黄",即县包围市的格局。在1949年之后相当长一段时期延续了这一管理模式。这种模式的特点是城乡性质明晰,方便管理。20世纪80年代以来,基于城乡关系发展新思路,中国的城市制度发生了重大变革,由传统的城乡分治走向城乡合治,开始推行市管县模式和整县改市模式。不过,中央直辖市的城乡合治模式要早得多,如上海市1958年从江苏省划入10个县就开始了城乡合治模式;北京市的城乡合治是在1958年从河北划入9个县开始的;天津则是1967年恢复中央直辖市开始城乡合治模式的。

应当指出,对于中央直辖市这样一个特大型综合性城市来说,城乡合治模式非常必要,具有长远的生命力。在经济困难时期,城乡合治模式可以有效解决城市的副食品供应问题;在改革开放以来大规模建设时期,则为直辖市的发展提供了足够的空间资源,大大增强了直辖市的发展后劲。新时期的城乡合治还具有缩小城乡差别的政治社会意义。重庆直辖市更具有这样的特点和优势。

4) 关于中央直辖市政区的层次与幅度模式

层次和幅度是城市制度模式的核心内容之一。1949 年前后,中国城市制度曾经分为中央(院)辖市、省辖市,亦曾存在过县辖市,即三级城市制度。从"层级—幅度"角度看,中央辖市和省辖市为"上实下虚"的"一级政府、两级管理"体制,市下设区(公所);县辖市则设市公所,处理简单的地方市政事务,归属县领导。总体看,城市政府是一个层级简明、职能明晰、管理有序的"小政府"。此后,中国内地的政治行政体制、中央与地方权力关系发生重大变化,地方行政的权力不断强化,城市政府内部的行政权力也层层下放,导致城市管理的层次逐步增多、权力加大,从而形成如今的"多层级、小幅度"的"大"而"强"的"多级"城市政府,即"两级政府、三级管理"体制。很明显,这种体制虽有许多优点,但弊端明显,不符合世界各国城市行政体制改革的潮流,也不符合中国行政体制改革的长远方向。减少层次、合理调整幅度是各级直辖市改革的大趋势。由于中央直辖市与省辖地级、县级市在行政级别、城市规模和职能等方面的差异,层次与幅度的改革应该有所区别。

研究认为,中央直辖市和省辖地级市的层次、幅度改革应由目前的"两级政府、三级管理"向"一级半政府、三级管理"的方向演变,所谓"一级半"政府是指市政府—"街区"政府(公所)—社区三级管理,其中的"街区"为市政府的派出机构,应称之为"半级"政府。至于县级市,目前实行的市下辖街道、乡镇的体制,即"层次—幅度"可以不变,但可在众多的"县(县级市)"中,选择实力雄厚、规模较大、符合条件的中心镇改设为"市",设"市公所"更为合理。如此,县级市将成为"一级政府、两级或三级管理"体制。

中央直辖市城域(中心城区)政区改革有以下两种思路:

一是在城域(中心城区)推行"小区制"。即在城市政府职能转变的基础上积极推行"小区制",强化两头(市和街区),虚化中间(区),构建两实一虚、三级管理的"行政区—社区"垂直结构体系,撤销街道,实行真正的社区自治。"街区"是直辖市的基层"半"政府,规模在 30 万人左右,着重于社会管理。

二是在城域(中心城区)推行"大区制"。这主要是基于中央直辖市现有的城域政区现状考虑的,是一种过渡性局部调整思路。从长远来看,向小区制方向发展是合理的。

在面积广大的郊域,可借鉴东京都的经验,建立与郊区城镇体系规划相适应的大郊区政区新模式,允许郊区设市,但不走县改市(区)之路,也允许郊区县下设市。至于所带来的直辖市通名矛盾可待条件成熟时更改为"都"。当然,以上改革的设想都需要以一定的法律改革为前提,更需要有一个政治—社会稳定的环境。

5) 关于中央直辖市的增设与布局

20 世纪 50 年代初,我国曾设有 14 个中央直辖市,如今只有 4 个,数量明显偏少。中国是一个大国,适当增设中央直辖市是必要的,也是可行的。首先,增设直辖市,提高部分地区特大城市的行政地位,有利于大区域(跨省区)经济中心的形成和发展,对于按国家主体功能区规划和经济区组织经济活动,促进各地区经济的协调发展有重要的国家战略意义。其次,从政治因素考虑,由于直辖市的政治地位要高于一般省区,适当增设直辖市,充分发挥直辖市的政治地位和政治影响,对于巩固中央的集中领导,加强地方政权建设也十分有利。最后,增设直辖市有利于增加省级政区数量,解决目前部分省区过大的矛盾,达到划小省区的功效。

当然,设置直辖市的数量也不宜过多,要注意合理布局,强调直辖市的大区域功能和辐射作用。中国目前的四个直辖市分布在华北、华东和西南,在东北、华中、华南、西北等增设直辖市是必要和可能的。关于直辖市选择的条件除前面提到的因素之外,还应考虑“一地一府”优先的原则,即在有条件另选省会城市的省份优先增设直辖市。可以在双中心城市的省区中选择,也可在现有的计划单列市中选择。直辖市的增设不宜一步到位,成熟一个增设一个。从重庆直辖市设置的经验来看,某些特殊重大因素会催生新的直辖市的设立。

要特别强调中央直辖市在大区层面上所发挥的城市—经济功能,严格设定直辖市的经济实力“门槛”,防止“一哄而上”。在中央和省级政府之间权力博弈、城市政府之间竞争激烈、“行政区经济”运行时期的大背景下,中央直辖市的设置要持谨慎态度。

6)关于中央直辖市通名体系改革

目前中国的城市制度存在通名不规范、不科学的问题。尽管这是由历史原因和相关的制度约束造成的,但从长远来看仍有改革和规范的必要。借鉴我国自身历史的经验,以及国外,尤其是日本首都东京政区通名的经验,在城域(中心城区)逐步由目前的“中央直辖市—区—街道办事处—居民居委会”向“都—街区—社区”或“中央直辖市—街区—社区”方向演化,在郊域逐步由“中央直辖市—区—街、镇—村民委员会”向“都—市(区)、街区、镇、乡—社区”方向调整是理想的直辖市通名改革的模式。由于“都”包含有“首都”、“都市”的双重内涵,北京直辖市的通名首先改为“都”更为合适;其他直辖市可在条件成熟时也改为“都”,或其他具有都市含义的通名。

7)关于直辖市制度模式相关法律的完善

我国目前中央直辖市的制度模式存在的不合理现象多与现有的法律法规有关。除上述通名之外,主要表现为直辖市的次级政区制度,如直辖市下不能设市、县不能改设市、县辖镇不能改设市等。因此,吸取国外和我国历史的经验,从建立完善的城市制度体系角度制定规范的直辖市法律法规是必要的。

8)协调直辖市政区与规划的关系,解决长期存在的区划跟着规划走的矛盾

规划与区划联系密切,处理好就能够相互促进,处理不好则相互制约。当前规划与区划相对脱节的背后,尽管存在许多客观原因,但是暴露出来更多的是深层次管理体制的矛盾,涉及政府经济职能过于突出、行政主体与利益主体之间缺乏协调等问题,必须改变这种状况,在编制城市规划时,要特别注重与区划的协调,在区划调整优化时,也要密切配合规划目标的实现。当然,探索如何通过区域合作与协调等诸多灵活的、弹性的方式来确保规划目标的实现,而尽可能不诉诸行政力量的干预和行政区划格局的调整,仍然是一个重要选项,有待于继续深入研究。

7.3 直辖市中心城区"两级政府、三级管理"与区级管理体制改革的思考

"两级政府、三级管理"是中央直辖市政区组织制度改革的核心问题之一，而区级政府的角色定位又是其中的关键。

7.3.1 "两级政府、三级管理"模式的形成过程

以上海为例，中央直辖市"两级政府、三级管理"模式的演变过程大致经历了以下三个阶段：

第一阶段，从中共十一届三中全会到1988年，城市行政管理体制由单一的高度集中管理向"一级半政府、两级管理"模式过渡。这一时期，区级政府事权略有扩展，部分地发挥出一级政府的职能，故为"半级"政府。

第二阶段，1988—1995年，城市管理体制由"一级半政府、两级管理"向"两级政府、两级管理"模式转变。在简政放权以及旧城改造和城市市政建设加速的大背景之下，区级政府职能有了实质性扩张，在财政税收、建设费用、城市规划、资金融通、国有资产管理以及外资外贸项目和土地审批等方面开始拥有相当大的行政自主权。

第三阶段，1995年至今，上海城市行政管理体制在原有"两级政府、两级管理"的基础上，增加并强化了街道一级的管理功能，实现了向"两级政府、三级管理"模式的转化。其中，区级政府的职能被定位为：根据市政府决策对区属经济、社会、文化等公共事务进行决策和管理。

总体来看，上海直辖市管理体制的演变基本是围绕其城市市政建设为主线逐步展开的。为了调动各区级政府的积极性，经济发展、城市规划建设的分级管理在所难免，在城市大规模改造和基础设施建设时期，大城市区级政府权力的扩张有其现实合理性和历史必然性。

7.3.2 中心城区"两级政府、三级管理"体制下区级行政管理体制的特点

中心城区"两级政府、三级管理"体制下区级政区的行政管理体制的特点，可以概括为如下几个方面：

(1) 区级政区面积、人口不等，管辖幅度各异

无论从我国直辖市内部来看，还是从各个直辖市之间来看，直辖市区级政区的规模差异均相当显著。在前面的问题分析中已经进行了分析，这里不再赘述。

(2) 作为城市管理之中间层级，区级政区地位特殊

区级政区是城市"两级政府、三级管理"中的重要一级行政区划单元，在城市管理中具有特殊的地位。首先，区级政府是城市行政权力下放的重要载体。其次，区级政区处于城市管理的中间层面，其地位具有双重特征：一方面，"区"作为本辖区的最高行政管理机关，统管着本区地方事务，须对辖区内市民负责；另一方面，"区"是市级政区的组成部分，其局部利益必须符合市的整体利益。

(3) 区级行政区划类型多样，市、区关系复杂

我国大城市区级行政区划体系较为混乱。就直辖市来说，市辖区至少可以分为城市市辖区和郊县市辖区（即由“县改区”而成）两部分；另外，开发区虽然不属行政区范畴，但是，与市辖区的通名一致，极易产生混淆。事实上，相互之间在管理主体、行政级别、管理权限、工作重点等方面存在显著不同，表现在如下几个方面：

——从管理主体来看，市辖区作为城市的行政分治区，设有一级地方政府，管理主体为区级政府，而开发区的管理主体多为管委会，有的则直接隶属于市政府。

——从管理权限与审批权限来看，作为市政府的派出机构，开发区的管理机构（一般为“管委会”）“虽然不是一级政府，却拥有较开发区所在次级行政区政府更大的行政权力”。大多数开发区被赋予了极为优惠的政策，可以在规定权限范围内独立审批项目，在某些领域的管理与审批权限甚至与市级政府部门相当。

——从行政级别来看，开发区实际的行政级别要相对高于一般市辖区。

——从工作重点来看，中心城区是已经完全城市化了的地区，侧重城市管理，而郊县市辖区则处于正在城市化的地区，在加强城市管理的同时，仍然偏重农业管理，开发区则属于企业性质，以追求利润最大化为目标，与前两者相比，相对忽略社会效益。

——从管辖区域来看，市辖区之间的行政区划界限与管理职责相对明确，开发区则不然。开发区或者嵌套于特定市辖区内部，或跨越两个以上甚至多个市辖区，造成管辖区域的重叠和管理上的混乱，甚至出现管理真空。

总之，区级行政区划类型较为混杂，往往成为引发相互之间冲突与恶性竞争的直接原因。

(4) 市—区职能界定缺乏法律依据，稳定性差

与国外典型大都市的区级管理体制有着明显不同的是，目前我国大城市的“市—区”职能分工带有相当的模糊性和不确定性。我国现有法律既“没有对市政府的职责做出明确的规定，也没有对市政府与其他各级政府的权限做出合理的划分，导致市政府与其上、下级政府的职责权限模糊不清，关系不顺”。目前，大城市两级政府的职能划分大多以上级政府“办法”、“通知”、“规定”等行政命令的形式予以颁布，依然处于行政性放权状态。而且管理权力下放的随意性较强，变动频繁，稳定性较差。

7.3.3 现阶段我国大城市区级政区职能转变利弊分析

区级政府财权、融资权以及审批权限的扩大，极大地改善了区级政府的财力，也相当程度上调动、增强了区级政府在经济发展和城市建设方面的积极性。一方面，城市建设和旧城改造步伐呈现加速运行的良好态势。各区紧紧抓住政府职能转变的契机，积极吸引投资，与重大市政项目联动开发，在城市建设、土地利用、产业结构调整等方面，取得了巨大成就。另一方面，两级政府的职能配置日趋优化，城市的整体管理水平有了明显提高。市政府开始把更多精力投入到研究、制定公共政策，统筹配置、协调管理全市性的重大项目等上面。同时，区级政府承接了大量具体的区域性、事务性管理工作，加快区域发展的责任感与参与管理意识得到了强化。

但是，也应当看到，在取得了一系列巨大成就的同时，也暴露出不少问题，表现在以

下几个方面：

(1) 地区本位主义思想抬头，“行政区经济”现象得到空前强化。市辖区自主权力的扩大，巩固了其作为辖区经济运行主体的地位，地方利益主体地位和本位主义观念有所强化，区与区这些“块块”之间的矛盾与冲突开始显性化，表现在对资金、项目、税收等生产要素的争夺上，区级政区之间的经济竞争与对抗活动日趋激烈。例如，各市辖区纷纷制定优惠政策，吸引高利润行业向其聚集，从而出现优惠政策上的恶性竞争。更为重要的是，市辖区与开发区作为两类运作机制、工作性质、发展重点完全不同的区域，两者一开始即处于不平等的竞争平台之上，市辖区必然会处于明显不利的地位。而且，由于各个市辖区优惠政策的制定不够规范，缺乏统一，导致特定产业的最低成本空间与最大盈利空间的错位，企业“异地注册、异地经营、异地纳税”现象十分严重，异地管理的难度随之加大，容易形成管理“盲区”。

(2) 财政体制改革与管理体制改革不同步，财权与事权不对应。2004 年财税体制调整之后，上海市级财政收入占市区财政总收入的比重有所上升。市级财政收入与区、县级财政收入之比由 2004 年的 0.58 上升至 2008 年的 1.08，表明上海市区财政收入结构趋于合理。不过，市—区财政收支格局的相应调整离不开两级政府权能的合理划分，当前财政体制改革并未触动原有市—区两级政府的职权划分范围，财权与事权不对应的情况尚未得到很好的解决。从市—区财政支出结构来看，市级财政支出与区、县级财政支出之比由 2004 年的 0.55 升至 2008 年的 0.60，表明区级财政支出中来自于市级财政转移支付的比重不断增加。

(3) 市属经济不断蚕食区属经济，市—区关系紧张。在分税制体制下，市属经济与区属经济力量强弱的对比，直接关系到市、区两级政府的利益分配格局，进而引发市政府与区政府的利益冲突，表现在，市政府相关职能部门千方百计地把管理权限触角向区属经济延伸，而区属经济则竭力避免被蚕食掉。根据实地调研，天津市政府相关职能部门曾经三次把达到一定纳税规模的区属企业上收到市里，而一旦区属企业发生危机、效益下滑时，市里又想放归城区管辖。这种做法很大程度上挫伤了城区政府的积极性。为此，城区政府只得采用“化整为零”的消极应对方式，人为地缩小企业规模，以竭力维持自己的经济利益。

(4) 管理体制的改革仍然限于政府体制内循环，“超强势政府”局面尚未有根本性改观。“两级政府、三级管理”城市管理体制改革虽然层层深入，不断深化，但仍然局限于城市上下级政府之间，仍在走政府体制内循环的老路，社会培育力度不够，仍然没有摆脱“强政府、弱社会”的传统模式。而且权力的过度集中，又会进一步催生机构膨胀，滋生腐败行为，既增加了行政成本，造成资源浪费，也容易助长官僚主义和不正之风，还不利于市场和社会的发育。

此外，市—区财权的流转相对滞后于事权的下放，区级政府资金短缺现象较为严重。调查表明，市政建设在事权下放后，原由市财政预算内或预算外支出的城建和维护费，并未发生同步的转移支付。数据显示，上海 10 个区政府列入“九五”市政建设计划的资金总额达 440 亿元左右，其中计划时就无资金来源的占到了 23%。

凡此种种，根源在于政府职能转变不够到位，市—区职能分工、定位不甚明晰，特别是市一区权力分配关系难以处理，导致区级政府在收权与放权中摇摆不定。如何在保持城市发展的统一性的同时照顾到市辖区发展的特殊性，既要维护城市政府的权威性又要激发区级政府的积极性等许多问题还未得到较好的解决。

7.3.4　新时期“两级政府、三级管理”与区级行政管理体制改革的必要性与紧迫性

(1) 政府职能转变客观要求加快城市管理体制改革。“两级政府、三级管理”模式是大城市中心城区政府职能转变的落脚点和现实体现，反之，政府职能的转变及其合理配置也就成为解决我国大城市“两级政府、三级管理”模式种种弊端的关键。目前，政府职能的转变具有相当的紧迫性。首先，我国经济社会发展正处于“行政区经济”运行的强盛时期，究其根源，在于高度集权的政府行为。其次，由于政府职能转变不到位，我国历次政府机构改革始终跳不出“膨胀—精简—再膨胀—再精简”的怪圈。此外，世界贸易组织(WTO)的加入对政府的管理水平提出了更新、更高的要求。

(2) 传统管理模式的固有弊端要求加快管理体制改革。我国大城市“两级政府、三级管理”模式在取得显著成绩的同时，固有弊端也逐渐显露，表现在事权下放不到位、财权与事权不统一、法律法规配套滞后、放权随意性过强、组织体制不健全等方面。除此之外，最突出的一点就是缺乏一套合理的权力制约机制，导致难以有效处理好城市发展的整体与局部以及城市管理的集权与分权的关系，未能在市级政府的权威性和区级政府的灵活性之间找准均衡点。再加上行政区划的刚性约束，市级政府的权威性和城市发展的整体性受到极大挑战，区与区“块块”的矛盾和市“条条”与区“块块”的矛盾异常突出。上海市建设四个副中心的预期目标难以实现和“曹家渡现象”的出现就是有力的例证。

(3) 城市发展的阶段性对城市管理提出了新的要求。改革开放以来，特别是 20 世纪 90 年代初以来的短短 20 多年的时间，上海市开始进入了以市政建设为主导的大规模城市开发时期，城市基础设施投资额得到迅猛增长。在固定资产投资额大规模连续性高速积累的情况下，上海市城市的实体形态开发已具规模，城市道路骨架基本构建。相应地，全市基础设施建设投资额在 1998 年达到峰值后连续两年快速下降，开始显露饱和性萎缩态势。初步预示着上海城区基础设施骨架基本成形，大规模的形态开发高潮即将过去。因此，城市发展重心也就随即从“建设为主，管理为辅”逐渐转入“建管并举、着重提高现代化管理水平”的轨道上来。

(4) 财权与事权不对称迫切要求加快管理体制改革。保持财权与事权的对称，是管理体制改革与财政体制改革的一个重要考虑要素，一旦相互脱节，就会造成两者的错位。对于市级政府来说，保持一定的财力支配权，以财权约束事权，有助于维护市级政府的权威性以及城市发展的整体性和统一性；而对于区级政府来说，如果事权率先下放，而财权迟迟未到位，则其相应权能难以施展，管理体制改革的效果就会有所折扣。因此，保持财权与事权的匹配，是改善城市管理方式和调控模式的重要环节，有助于维护城市发展的整体性和统一性。

7.3.5　中心城区“两级政府、三级管理”与区级行政管理体制改革的基本思路

(1) 借鉴国内外先进理念和经验，努力构建有限权能政府。20 世纪中后期以来，国

际上出现了一些新的思潮和流派，例如公共选择、新区域主义、新公共行政、新公共管理、新联邦主义、后官僚主义、新贫民主义等诸多理论。在这些理论影响下，城市管理和政府职能导向出现了一些新的趋势：国际化、市场化、企业化、分权化、虚拟化、法制化、社会化、信息化。上述思路无疑会对我国大城市管理和政府职能转变产生积极而深远的影响。借鉴国内外先进理念和经验，加速政府职能转变，构建有限权能政府，将是目前我国大城市政府的当务之急。

(2) 科学界定市、区两级政府职能，推进都市一体化管理。我国大城市两级政府之间的关系之所以飘忽不定，收权与放权的随意性过强，政府间关系波动过于频繁，其中一个最为直接而重要的原因，就是没有解决好城市各级政府和管理部门之间的职能定位问题。市、区两级政府职能界定与事权划分的一个重要原则应当是：既要保持城市发展的统一性，又要照顾市辖区发展的特殊性；既要激发区级政区的活力，又要维护市级政府的权威，努力做到"控而不死、活而不乱"，实现都市一体化管理。当然，由于城市管理的复杂性，市级政府与区级政府的职能界定还有待于进一步研究。

(3) 完善市—区两级财政体制，确保财权与事权之间的匹配。无论是1994年上海的分税制改革确立了市—区分税制财政体制，还是随着2004年征税权的下放，上海对市与区、县财政体制实行税收属地征管，均未触动原有市—区两级政府的职权划分范围，财权与事权不对应的情况尚未得到很好的解决。为此，有必要同步推进管理体制改革与财政体制改革，实现两者之间的良性互动。配合政府职能转变和市—区两级政府权能划分，进一步探索市—区两级财政体制的改革，确保各级政府财权与事权之间的匹配。

(4) 协调政府与市场、企业、社会的关系，寻求多维合作。在高度集权的计划经济体制和城市管理模式下，全能型政府几乎包揽了一切事务，社会发育极不完善，形成了"强政府"与"弱社会"的格局，成为城市管理体制进一步改革的阻碍。目前，在指导思想和运作方式上，政府职能的转变以及"两级政府、三级管理"模式的实施，在形式上仍然局限于城市上下级政府之间的分权与放权，在实质上仍在走政府体制内循环的老路，社会培育力度不够，仍然没有摆脱"强政府、弱社会"的传统模式。而且权力的过度集中，又会进一步催生机构膨胀，滋生腐败行为，既增加了行政成本，造成资源浪费，也容易助长官僚主义和不正之风。因此，必须正确面对我国"强政府、弱社会"的实际，寻求政府与市场、社会、市民的多维合作。

(5) 调节政府间关系，坚持法律、经济、行政等手段并用。在很长一段时间里，我国大城市的政府间关系大多依靠行政的刚性约束力来调节，难免出现种种偏差和不规范行为，导致在中央与地方、地方各级政府间关系等许多方面存在着"放—乱—收—死"的恶性循环，我国城市行政管理体制中存在的传统计划经济体制的烙印至今仍未抹平。有学者指出，这种循环存在的关键不在于集权与放权本身，而在于中央与地方关系之间缺乏合理的制约机制和制约形式。合理的权力制约，不仅能保证社会发展的协调，而且能充分调动地方的积极性。但是，这种权力制约不是基于行政命令，而是基于法律和经济手段，后者恰恰是我们需要改进的方向。因此，要综合采用法律、经济、行政等多种手段，而非仅限于行政性放权。

(6) 理顺市—区—街之间的条块关系，积极探索地方自治进程。如前所述，鉴于区级政区的特殊性,区级政府能力的增强和行政力量的扩张有其现实合理性和历史必然性。在权能扩张的同时,区级政府作为“两级政府、三级管理”之重要一环,理应承担“条块”以及上级与下级管理部门的协调工作。这就需要对“市—区—街”三个管理层级进行合理定位,构建“两实一虚、三级管理、四级网络的行政区—社区垂直结构体系”,即通过区级政府权力的上收和下放,来强化市与街区的权力,区级政府最终演变为一级虚设派出机构,代表市政府对街区进行监督和协调。还要恢复居住社区作为居民自治体的地位,积极探索、推动地方自治进程。

(7) 尝试行政区与服务区并行不悖的双层城市管理新模式。现行管理体制下,服务区被强行嵌套并附着于行政区之上,与行政区相互重叠,进而强化了区级政区的利益主体地位,造成政府行为的扭曲与膨胀,行政区经济得以强化也就成为必然。因此,要以政府职能转变为依托,逐步释放可以市场化的职能,积极尝试探索行政区与服务区分离的城市管理新模式。因地制宜,按照所提供职能的特点重新组织与划分服务区。美国设置特别功能区的经验尤其值得借鉴。

8 省(自治区)和自治州辖“市”:直管分等,区域治理

8.1 一般“建制市”的研究概况与存在问题

8.1.1 对一般“建制市”行政区划体制的研究综述

这里所称的一般建制市,主要指除了直辖市之外的其他“市”,包括诸如副省级市、计划单列市、较大的市、设区的市、地级市、不设区的市、县级市等;从行政区划层级上来说,主要可概括为“地级市”和“县级市”两类。这些“建制市”,也是改革开放后我国行政区划改革和研究中主要涉及的对象和改革的重点领域,相关研究非常丰富。

1999 年出版的《中国政区地理》在“中国政区的发展与研究概述”一节中以相当长的篇幅论述了中国古代、近代至现当代的政区研究状况。将 1949 年以来的研究划分为三个阶段,即 1949—1978 年的行政区划研究被视为“禁区”的阶段,1979—1987 年的恢复性研究阶段和 1988 年以来的蓬勃发展、欣欣向荣阶段,“其标志是 1989 年 11 月在江苏省昆山市召开的‘中国行政区划研究会成立大会暨首届行政区划学术研讨会’。……它在我国行政区划研究史上具有划时代的意义”①。

刘君德等并将当时的主要成果及若干理论创见进行了总结:在学术研讨会基础上编辑出版了《中国行政区划研究》(1991 年)和《沿海地带行政区划研究》(1993 年)等专著。研究会还参与组织出版了若干行政区划研究著作,主要有:《中国县情大全》(1991—1993 年)、《中华人民共和国县级市建设与发展》(1991 年)、《中国省制》(1995 年)等。此外,这一时期还出版了《中国行政区划文献目录》(1992 年)、《走向城市化——县改市与县级市发展》(1991 年)、《中国地方国家机构概要》(1989 年)、《各国地方政府比较研究》(1991 年)、《中国行政区经济与行政区划研究》(1995 年)、《中国行政区划概论》(1995 年)、《中国行政区划的理论与实践》(1996 年)、《世纪之交的珠江三角洲行政区划》(1997 年)等著作。在各种杂志和报刊上发表的论文就更多了,涉及行政区划的各个领域和政治学、经济学、地理学、历史学、管理学等各个相关学科。不仅数量较多,而且在总体质量上比过去有所提高。大多数论文针对目前行政区划的热点问题,如对市镇制度、设市模式、市带县体制等进行了较深入的研究。……为了吸取国外的经验,部分学者已开始重视对国外行政区划与管理体制的研究,特别是国外城市群区域(都市区)行政管理模式的经验研究与介绍,对我国城市群区域行政区划体制的改革是有一定借鉴意义的②。

---

① 刘君德,靳润成,周克瑜. 1999. 中国政区地理[M]. 北京:科学出版社:16-21.
② 刘君德,靳润成,周克瑜. 1999. 中国政区地理[M]. 北京:科学出版社:21.

1999年以来,对"城镇型政区"改革的研究继续深化和全面,出现了许多全面论述的著作,主要如:刘君德、汪宇明(2000)合著《制度与创新:中国城市制度的发展与改革新论》,戴均良著(2000)《中国市制》,黄琍(2003)著《国外大都市区治理模式》,宋迎昌(2003)著《都市圈:从实践到理论的思考》等专著,以及刘君德《21世纪中国直辖市政区改革的战略思考》①,戴均良等《市辖市:中国城市型政区设置的法律挑战与出路选择》②,汪宇明等《中国的城市化与城市地区的行政区划体制创新》③、《上海大都市区行政区划体制研究》④,顾朝林《论城市管治研究》⑤、《发展中国家城市管治研究及其对我国的启发》⑥、《我国大都市地区行政区划体制改革设想》⑦、《南京城市行政区重构与城市管治研究》⑧,张京祥等《试论行政区划调整与推进城市化》⑨和《都市密集地区区域管治中行政区划的影响》⑩等论文。其中以刘君德等为代表的华东师范大学学者群、南京大学学者群,以及民政部门的实际工作者如戴均良、浦善新等的研究最为系统、深入和持续。2013年,张占斌等主编的《城镇化与优化行政区划设置研究》一书,从适应新型城镇化战略的视角出发,编选了近10余年来关于城镇型政区改革的重要论文,并进行了系统的评述和分析⑪。

8.1.2　一般"建制市"行政区划体制存在的主要问题

应该说,各种类型的政区都存在其行政区划体制的矛盾和问题。只是由于20世纪80年代以来,国家乃至各级政府均把城市化作为主要发展战略,相应地对城市地区格外重视,在政区层面所采取的举措也非常突出,因此,问题暴露得也最多,矛盾也较大。这一问题,实际上又可以从两个方面来看,即城市化地区政区建制外部的行政区划体制的矛盾,主要是20世纪80年代以来所采取的"市领导县"(即地级市管辖县、县级市)体制;以及城市化地区政区建制内部的行政区划体制的矛盾,如整县改市的问题,撤县(市)设区以及导致的市辖区规模差异悬殊的问题,等等。

1) 关于"市领导县(市)"体制

对于"市领导县(县级市)"体制,从其推行伊始,就存在很大争议,实际效果也不尽如人意。其存在问题和弊端众多学者也多有总结,所持的否定态度也基本类似,如戴均良2001年所指出的:"概括起来讲,市领导县体制的矛盾主要表现在三个方面:一是经济利益的矛盾,就是市县争利的问题,这是市县矛盾的核心。产生这方面矛盾的主要根源是

① 刘君德.1998.21世纪中国直辖市政区改革的战略思考[J].浙江学刊,(3):70-74.

② 戴均良,刘君德,汪宇明.2000.市辖市:中国城市型政区设置的法律挑战与出路选择[J].中国方域——行政区划与地名,(3):2-7.

③ 汪宇明.2000.中国的城市化与城市地区的行政区划体制创新[J].城市规划,126(6):22-25.

④ 汪宇明,刘君德,戴均良.2000.上海大都市区行政区划体制研究[J].人文地理,15(6):5-8.

⑤ 顾朝林.2000.论城市管治研究[J].城市规划,(9):7-10.

⑥ 顾朝林.2001.发展中国家城市管治研究及其对我国的启发[J].城市规划,(9):7-10.

⑦ 顾朝林.1999.我国大都市地区行政区划体制改革设想[J].中国方域——行政区划与地名,(3):5-8.

⑧ 顾朝林.2002.南京城市行政区重构与城市管治研究[J].城市规划,26(9):51-56.

⑨ 张京祥,范朝礼,沈建法.2002.试论行政区划调整与推进城市化[J].城市规划汇刊,(5):25-28.

⑩ 张京祥,沈建法,黄钧尧,等.2002.都市密集地区区域管治中行政区划的影响[J].城市规划,(9):40-44.

⑪ 张占斌,谢振东,车文辉.2013.城镇化与优化行政区划设置研究[M].石家庄:河北人民出版社.

市的经济实力不够雄厚，加上有些市管辖数个甚至十几个县，人口多，面积大，市带县带不动，对县的经济社会发展难以有较大的倾斜、扶持和援助，相反要依靠县的'贡献'来投入市区建设。二是行政管理的矛盾。地区体制时期很多行政管理工作由省直接对县，而省里管得比较宏观，县的自主权和回旋的空间都比较大。在市领导县的体制下，市对县的领导是全方位的具体的领导，县的自主权比地区体制时期不是扩大了而是缩小了，从这个角度出发，县里认为市的管理层是多余的。三是城乡关系的矛盾。在市领导县体制下，市既要抓城市工作，又要抓农村工作，在工作部署、城乡利益分配等方面难免出现不平衡。"①

浦善新等根据实地调查分析，得出如下结论："① 实行市领导县体制效果比较好的地方，不是经济发达地区，而是中等发达地区，矛盾最突出的不是小马拉大车型，而是大马拉大车型。② 城市与农村之间的经济差距越大，市领导县越成功，城市优势的扩散效能就越大。……③ 在行政管理模式上，地区行政公署比地级市政府要好。④ 从经济体制方面看，开放程度越高、市场经济成分越大，矛盾越严重。由此可见，市领导县体制并不是今后的发展方向，而是新旧体制交替阶段的一种过渡形式。"②

2）关于"整县改市（县级市）"体制

关于"整县改市（县级市）"，则利弊互见，学者意见也有分歧。对此，浦善新曾于1995年做过全面总结，指出："随着近年来市总数的激增，县改市已成为人们普遍关心的众多行政区划问题中的一个热门话题，社会各界对此褒贬不一"，归纳起来大体上可以分为"绝对肯定"、基本"否定"和基本肯定但需要"完善"等三种不同看法③。

"绝对肯定县改市模式"者认为，"这一模式是中国迈向具有中国特色社会主义城市道路的具体措施，完全符合中国社会经济发展的客观规律，从切块设市到整县改市，是设市模式的重大改革"。这当然与事实不符。

"否定整县改市模式"者则认为，"这一模式是在没有充分理论准备和宏观思考的情况下，为了解决行政区划调整中出现的一些具体矛盾，仓促出台的方案，是折中调和的产物"。浦善新综合当时观点，所列举的主要弊端有以下几个方面：

第一，混乱了市的概念，搞得市不像市，县不像县。其理由是，市是人口集中、工商业相对发达而地域相对较小的点状政区，而县是包括城镇和广大农村在内的面状政区，整县改市扩大了市的范围，市不再是传统意义的"市"，出现了既不像市，又不是县的"不伦不类"的行政建制，使现在"市"既包括传统的点状市，又包括整县改设的面状市，成了一个"模糊的、没有确切内涵"的概念。

第二，市域内的农村人口比重过大，城乡概念模糊，给城镇人口的统计工作带来困难，造成城市化水平的混乱，出现了"假性城市化"的现象。其理由是，城市人口占总人口的比重，是衡量城市化水平的最重要的指标，中国一个县人口少则几十万，多则一百多万，整县改市使很多县摇身一变，成了大城市和特大城市，而实际上这些大城市徒有其

---

① 戴均良. 2001. 行政区划应实行省县二级制——关于逐步改革市领导县体制的思考[J]. 中国改革，(9)：38-39.

② 浦善新，陈德彧，周艺，等. 1995. 中国行政区划概论[M]. 北京：知识出版社：413.

③ 以下几种观点均引自浦善新，陈德彧，周艺，等. 1995. 中国行政区划概论[M]. 北京：知识出版社：351-355.

名,非农业人口只有几十万,甚至几万,其中还有相当一部分是不稳定的流动人口。这种名不副实的状况,不仅给统计和使用这方面统计数据的有关部门、科研单位带来混乱和困难,而且容易造成国内外有关人士对中国城市化水平的误解。

第三,造成城郊比例的严重失调。由于整县改市无法调整城郊比例,县多大市就多大,致使市的郊区普遍偏大,市与市的城郊比例悬殊,而且县级市的郊区普遍大于地级市。

第四,不利于行政区划长远的宏观管理。其理由是,从长远看,撤县设市基本思路并不清楚,其发展前景如何?是用市制代替县制,还是县制、市制并存?缺乏必要的理论思考和论证,也没有相应的对策,只是摸着石头过河,走一步看一步,这样下去总有一天所有的县都会改为市。

第五,不利于宏观经济的发展。提出这种观点的理由之一是,撤县设市对经济的推动作用,主要表现为知名度的提高,使市得到了不少有形的和无形的好处。但是,知名度是相对的,是建立在县衬托的基础上的。从局部看,县级市由于知名度提高,吸引了资金、项目等,加快了发展。从全局看,国家的资金、技术、项目、原材料的总数是定数,市发展的加快意味着县发展的相对放慢,市得到的,正是县失去的。可以说县级市“知名度”的优势是从县里“借来的”。因此“借知名度”推动经济发展,就全国而言,并无普遍意义。其理由之二,县改市地域大,有广大的农村作为腹地,可以利用地域优势、劳动力优势、原材料优势等,发展以乡镇企业为主体的相对独立的经济体系,结果在客观上形成与大中城市争原料、争市场、争项目的态势,不利于大中城市优势的发挥。整县改市使市自成一体,加上财政上分灶吃饭的体制,给更大区域内生产力的合理布局和宏观调控增加了难度。

第六,造成在设市指导思想上,对市、县功能差异重视不够,形成了一股“设市热”,结果名不副实,有的农业县建了市,有的穷县甚至财政补贴县也挂了市的招牌。设市后,依然“路不平,灯不亮,建不建市一个样”。

第七,很多整县改市的县级市,城区管理体制未理顺。以湖南省为例,该省凡撤县改市的,原城关镇全部撤销,市政府直接领导街道办事处或居委会。多年的实践证明,这样做既不能达到“精简效能”的目的,还严重影响到城镇经济发展和城市统一规划、建设和管理。各县级市为了加强对原城关镇工业的领导,像醴陵、娄底、湘乡等市都先后成立了城工委之类的机构。沅江市城区有三个办事处,并成立了城工委,都属区级编制。由于这类机构毕竟不是一级政府,许多事情仍不好办,给社会治安、城市建设、环境卫生、计划生育、市场管理等带来困难。

前述“撤县设市”后所出现的问题,的确多多少少都有存在,但该体制在现行的政治、经济制度下,与过去的如“切块设市”等模式相比,也有一些明显优势,因此,也有相当一批学者持“肯定撤县设市是今后设市的主要模式,同时也承认这种模式在实施过程还存在某些不足,需要进一步完善”的观点,认为“撤县设市与过去的切块设市相比,其优势是明显的,主要表现在以下几个方面”:

第一,打破了过去市县分设、城乡分割、人为割断城乡经济有机联系的局面,有利于城乡结合、工农结合,促进了城乡经济的协调发展,符合社会主义市场经济城乡一体化的客观要求。

第二，解决了长期以来市县并存、同驻一地这一难以解决的矛盾。切块设市，市县并存，必然矛盾重重。首先，市县分设县驻地问题无法解决，如果市县同驻一地，就会产生诸如办公用房、住房、征地、副食补贴等一系列问题，很多驻在市的县要求搬迁就充分证明了这一点。如果县城迁驻，又迁往何处？数亿元的经费从何而来？干部家属的就业问题如何解决？

第三，精简了机构，减少了行政编制，节约了经费开支。整县改市与市县分设相比，设一个市可以减少党、政、人大、政协4套县级机构，至少可以精简2 000人。按此估算，1979—1993年撤县设市320个，加上市县合并，扣除同期由市析置的县数，合计减少县级单位至少350个，共可精简70万人。若按现行标准计算，每人每年开支8 000元，则累计节省非生产性开支390多亿元。

第四，整县改市使市有广大的农村为腹地，回旋余地大，便于今后长期的发展。避免了过去市辖区过小，不断向外蚕吞的状况，解决了长期存在的城市蔬菜、副食品的供应问题，有利于城市建设的统一规划、长远规划，保证城市总体规划的实施，增加规划的弹性和可行性。尤其在当前行政区经济运行阶段，地方政府演化为重要的利益主体，土地有偿使用，切块设市，市边界动态扩展变得愈来愈不可取：一是靠近中心城市的城区往往是县域经济比较发达的地区，市边界扩张过程是县域经济优势向市域经济转移的过程，这难免有“劫贫济富”之嫌，不利于县域经济的成长；二是这种切割方式破坏了传统的社会经济、政治、文化、历史等诸多方面的联系；三是对于毗邻城市的郊县而言，往往为了避免县域优势地区被侵吞，而不愿在邻近城市的地区投资建设，这就人为地浪费了优势区位，对市和郊县经济发展都不利。

第五，有利于行政区划的相对稳定和社会稳定。县是中国春秋战国时期就开始逐步形成的基本行政区划单位，历经3 000多年的发展，一直沿用至今，其内部长期形成的政治、经济、社会文化联系，是难以分割的，当地居民的归属感和认同感已经根深蒂固，人为地把一个县分割开，难以为当地居民所接受，容易产生不必要的不安定因素，不利于社会的安定团结。

至于该体制所存在的问题和不足，如“一是不便于城乡分别统计，尤其给城市人口统计带来诸多不便，不利于城乡分类统计与其他国家的横向比较。二是市县合并在广东、江苏等经济发达地区遇到了挑战”等，则认为可以通过适当的方式加以解决：“对前者，我们认为解决的根本出路，只能是借鉴美国都市标准统计区的方式，确定城乡划分标准，改革现行的城乡统计办法。对后者，随着社会主义市场经济体制的逐步建立，企业成为真正的投资主体，金融体制、投资体制、财税体制等改革大大削弱了地方政府的利益主体地位，同一连续建成区跨越不同行政区界限的矛盾主要演化成城市的统一规划和城市统一管理间的矛盾。在力求解决城市的统一规划、统一管理及城市副食品供应等问题的前提下，参照国外狭域型方式，试行跨界设市模式，如佛山市与南海市、江门市与新会市、海口市与琼山市等。”①

---

① 浦善新，陈德彧，周艺，等. 1995. 中国行政区划概论[M]. 北京：知识出版社：351-355.

但事实上,其后的实践表明,“整县改市”的这些弊端是较难消除的。就所论第一点而言,至今,我国尚无适宜的、合理的城乡划分和统计办法,城市化水平仍言人人殊,较为模糊;就第二点而论,则所设想的所谓“跨界城市”在中国难以实现,如佛山与南海、海口与琼山,后者均已经撤市设区,被前者兼并。更重要的,则是该思路仍是计划经济、全能政府体制下的发展路径,且导致的结果往往是大城市化、中等城市化,而没有小城市、小城镇发展的空间;而这,显然是不可持续的。故总体而言,该体制尽管利弊皆存,但所存在的一些深层次的矛盾难以解决,故1997年后,国家暂停了对“整县改市”的审批。

3)关于“撤县(县级市)改区”体制

“撤县(县级市)改区”模式则是20世纪90年代以来(尤其在近10余年来)为了加速大城市发展而迅速兴起的一种政区调整浪潮。在这种模式影响之下,导致中国市辖区制度发生重大变化,也出现许多问题。张知常1999年论述过中国当前市辖区存在的问题①;刘君德、汪宇明等也持类似看法。

刘君德等认为,由于市辖区与紧邻的上级建制单位(市)所管辖的地域都是城市型社区,管理的方式和重点较一致,加之一般城市市域范围紧凑,市、区两级政府间权力过渡的空间过小,市辖区的地位不如同级的其他建制单位(县和县级市)那样易被认识和理解。有关市辖区的设置、调整等工作长期得不到重视,导致这方面的工作或生硬僵化,或主观随意,缺乏一定的标准和规范;在市辖区规模分布上,存在着个别市辖区规模过大和市郊比例失当,即市郊面积和经济总量之比过大或过小等现象;在利益关系上,市辖区尤其是中心城区与郊区之间,市辖区与市之间,郊区与邻县之间存在着对立和矛盾;在市辖区区划调整工作中,尤其是郊区与郊县(市)调整变更存在着反复现象;在市辖区的管理上,存在着飞地管理和人户分离带来的异地管理和管理空白。这些现象和问题的形成固然分别有其各自特定的地理、历史、经济和社会原因,然而在体制层面上,我国长期计划经济体制下形成的行政区经济格局,及城乡二元体制,则是这些问题必然产生的制度因素。在行政区经济运行下,各行政区——包括市、中心城区市辖区、郊区、郊县(市)——不仅是一个个相对独立的社会行政管理单元,更是一个个相对完整独立的社会经济地域实体,行政区划与城市经济发展紧密地交织在一起,城市社会分区管理格局,与城市内各行政区的利益分配格局“天然”地结合在一起。行政区划变动直接反映为地方利益格局的调整。对于县(县级市)改区情况而言,行政建制变更导致的政府决策独立性的降低,还将直接影响原县(县级市)域经济的发展动力和方向,这正是郊县调整为市辖区存在反复现象的一个重要原因。此外,在城乡二元体制下,与居民利益切身相关的就业、就学等政策的差别和农村集体经济利益分配制度导致人户分离,大大增加了城市社会管理的难度,加剧了市区与郊区(县)矛盾的复杂性。总之,市辖区的现行状况已不能适应城市社会经济发展的要求,显见和潜在的问题颇多②。

刘君德等将存在问题概括为五个方面:市辖区的设置模式极不规范;市辖区的设置

---

① 张知常.1999.市辖区:急待规范和调整[J].苏州大学学报(哲学社会科学版),(2):44-47.

② 刘君德,汪宇明.2000.制度与创新——中国城市制度的发展与改革新论[M].南京:东南大学出版社:180-181.

缺乏统一标准;市辖区命名不规范;市辖区区界模糊,出现政区重叠或管辖真空;现行区界不符合城市发展和布局的变化①。

李丽雅曾以上海为例,将"撤县改区"模式的弊端,概括为三个方面:第一,造成城市持续向外蔓延,耕地资源大面积锐减;第二,混淆了不同类型的行政区,出现了假性城市化现象;第三,撤县改区有可能对原郊县的社会经济发展产生负面影响②。

不过,总体来说,对于这种模式本身,尤其在当前阶段,还是有颇多学者基本持肯定态度的,如张京祥等所论:

"从国际发展看,伴随全球化进程,国家之间、地区之间的竞争日益集中地体现为以大城市为主体的区域性竞争。这就意味着人们必须更加重视研究城市与区域的协调发展,通过区域内部各种资源要素的优化配置和重组整合,来增强区域的整体竞争力。在中国,快速转型的经济体制和相对缓慢的行政管理体制转变不相匹配、相互钳制,行政区划成为诸侯经济、地方经济存在和发展的动因与依托基础,由此导致的区域非规范竞争和城市化进程滞缓已经十分明显"。

"行政区划的调整,本质上涉及不同层级政府间的分权或集权问题。从西方国家发展的实际境况看,分权论强调地方自治,地方分权和自治意味着能不断扩大民众对政治生活的参与和对社会管理的介入;而集权论强调中央政府或上级政府在整个社会协调和控制中的重要地位和作用,认为集权可以带来社会化大生产发展和消除无政府主义竞争局面,以及对社会资源的合理配置。折中的均权论则是试图找到一条平衡解决的途径,强调上级政府与地方政府之间在职能和权力上进行分工与协作制衡,以实现政府之间的合作与互补"。

"虽然分权主义一直是西方公共行政体系的主流传统,但进入20世纪90年代,受到经济全球化影响的挑战,区域主义再度盛行,为谋求整体利益而进行区域发展的协调管理,再度引起人们的重视,其中一个重要的举措就是行政区划调整(兼并或合并等)的问题。对此,公共选择理论者和合并倡导者争论不休。公共选择理论者认为政府之间的竞争可以降低成本,使政府更加有效,因而反对合并;而合并倡导者则认为,合并行政区后可以按照规模经济的要求更有效地提供服务,从而减少财政不平衡,促进经济发展。欧美国家由于政治体制的限制,而无法将行政区划调整作为推进区域协调发展的一项频繁性工作和主要手段。而近年来在亚洲国家,曼谷都市密集区、名古屋都市密集区、釜山都市密集区等都进行了积极的实践。与西方国家相比,我国调整行政区划的阻力相对较小。因此,通过行政区划调整推进城市化进程,是当前最为现实和有效的途径之一"。③

这里的关键,则在于合理界定都市区及其政府直接管辖的范围,既不能过大,也不宜太小。

---

① 刘君德,汪宇明.2000.制度与创新——中国城市制度的发展与改革新论[M].南京:东南大学出版社:181-186.

② 李丽雅.2002.特大城市边缘地区城市化与行政区划体制改革研究——对特大城市边缘地区"撤县(市)改区"模式的透视[J].经济地理,22(4):460-464.

③ 张京祥,范朝礼,沈建法.2002.试论行政区划调整与推进城市化[J].城市规划汇刊,(5):25-28.

8.2 当代各类“市制”的发展与演变

如前所述,中国清末民初开始有“城”、“镇”和“市”的设置,1949 年以来,“建制市”成为由多层次行政区划建制所构成的体系,被称为“三层四等”,即法律上的直辖市、省辖设区市、不设区的市(含自治州辖市)三个层次;行政上的省级市、副省级市、地(州)级市和县级市四个等级。其各有自身的发展演变过程。

8.2.1 较大的市、计划单列市、副省级市的设置与行政体制

我国城市历史悠久,发展路径各异,各城市的具体情况和经济科技实力差异较大。改革开放后,根据城市的经济政治地位以及中心城市的作用等因素,划分了“计划单列市”,后来又在此基础上将 16 个城市的行政级别定为副省级。副省级市在行政管理上仍隶属于省,但在经济管理方面拥有省级政府的职权。严格来讲,计划单列市和副省级市不是单独的行政区划层级,在民政部的行政区划统计中它属于地级市序列。

所谓“计划单列市”,就是国家在下达国民经济计划指标时,国务院各部门对各项计划的编制和下达,将该市的指标单独列出,直接下达到这些城市,并抄送该市所属省份;在计划表上,先将这些城市单列,然后加到有关省的计划数字中,成为所在省的组成部分。也就是说,这类城市在国民经济和社会发展规划方面从所属省的规划中分离出去,单列户头,对上对外,具有省一级的管理权限,对下对内有省一级的审批权限。这种权限在实践中的具体操作程序是,单列市的经济、科技、社会发展计划由十几个主管部门编制后报国家计委和国务院其他各部门,同时报送省政府和省主管部门;国家计委和国务院其他主管部门,对计划单列市视同省一级计划单位,将其计划纳入全国计划。

实行计划单列的市,主要计划指标的基数与所在省划开,经济和社会发展计划直接纳入国家计划进行综合平衡,赋予省一级的经济管理权限。单列或赋予省级经济管理权限的内容主要有以下几个方面:一是各项计划、会议、文件、干部培训、人员编制及物资、资金的分配等方面同省、自治区、直辖市一样,单列户头;二是在国家统一计划指导下,规划本地区工业企业的协作、联合和技术改造,统一组织部署本地方企业、军工、科研和大专院校的科研力量及装备设施,进行地方性协作攻关;三是统筹安排中小型基建项目、本市自筹基建项目和更新改造项目,在建设用地、规划设计等方面均具有省级批准权和管理权;四是统一规划和管理本地方车站、码头、机场、货场和仓库;五是在对外经济贸易方面,享有省级管理权限和沿海开放城市的若干对外经济贸易权限;六是本市市级各银行享有省行的职权;七是自行安排国家分配的科技发展基金,直接向国家申请安排重大科研成果奖励项目,并享有省级科技干部管理权和高等自学考试、设立职工大学、中等专业学校的审批权;八是劳动工资等方面有自主统一管理、统一安排权;九是税收、信贷、物价、外事、旅游、工商管理等方面享有省级管理权;十是享有为适应计划单列体制需要,设立某些机构的权限①。

---

① 吴越. 1988. 谈计划单列市的行政体制[J]. 中国行政管理,(12):23-25.

为加快中心城市发展，1983 年 2 月国务院首先批准重庆市在国家计划中实行计划单列，1984 年后又陆续批准对武汉、沈阳、大连、广州、哈尔滨、西安、长春、青岛、厦门、宁波、成都、深圳、南京等共计 14 个城市实行计划单列。计划单列体制在调动这些城市的积极性，加快城市经济体制改革，增强城市功能，扩大对内对外开放，进一步发挥中心城市的吸引和辐射作用等方面发挥了积极的作用。但是，省会城市的计划单列导致省市矛盾日益突出。为此，1993 年中央取消了省会城市的计划单列，计划单列市仅剩下重庆、大连、青岛、厦门、宁波、深圳等六个非省会城市①。

1994 年 2 月经党中央国务院领导同意，决定将哈尔滨、长春、沈阳、大连、济南、青岛、南京、杭州、宁波、厦门、广州、深圳、西安、武汉、成都、重庆等共 16 个城市的行政级别定为副省级，与 1983 年前后确定的 14 个计划单列市相比，仅增加了济南、杭州 2 市。目前我国共有 15 个副省级城市②，它们在省的统一领导下拥有比其他地级市更多的管理权限，同时，中央在机构设置、干部配备、工作部署等方面也与一般地级市有着不同的政策规定。

8.2.2 地级市与市领导县体制的形成与发展

1954 年《宪法》确立了低于省、高于一般市、县的“较大的市”的法律地位，为地级市发展创造了条件。现行组织法规定，地级市人民政府是本级人民代表大会的执行机关，是本级国家行政机关，须向市人大及其常委会和省政府负责并报告工作，并接受国务院的统一领导。新中国成立以来，地级市的设立虽几经反复，但改革开放以来得到长足发展，截至 2013 年年底全国共有 286 个地级市，地级市占建制市总数(658 个)的 43.5%，占地级政区总数(333 个)的 86.0%。

单纯从地级市的设置来说，由于我国人口众多、地区差异显著，设立地级市以区别于一般的县级市，本身也无可厚非。问题在于，“市”与周边地区统辖关系的选择，是以地域性政区统辖城市型政区，还是城市型政区领导面状的地域型政区。改革开放前，直辖市直属中央管辖，地级市直属于所在省区管辖，县、县级市则一般隶属于所在“地区”管辖；而改革开放后至今，多数县，尤其是县级市已经直接由地级市管辖(代管)，即所谓的“市领导县(市)”体制。

所谓“市领导县体制”，是指由市(直辖市或地级市)管辖若干县、自治县，以经济发达的中心城市带动周围农村的行政管理体制。

中国的市领导县体制，萌发于市制创立之初，1926 年汉口市辖汉阳县，开市领导县体制之先河③。本章为研究需要，下文所称的“市领导县”，除特殊说明外，不包括直辖市所领导的县，仅指地级市领导县市。

1958 年以前，仅有少数市领导县的现象存在。1949 底，全国仅有 3 个领导县的市，即苏南行署区的无锡市，领导无锡县(1952 年止)；山东省的徐州市领导铜山县(1952

---

① 因重庆于 1997 年升直辖市，目前，我国计划单列市共 5 个，即大连、青岛、厦门、宁波、深圳。

② 因重庆于 1997 年升直辖市，目前，我国副省级城市共 15 个，即哈尔滨、长春、沈阳、大连、济南、青岛、南京、杭州、宁波、厦门、广州、深圳、西安、武汉、成都。

③ 浦善新，陈德彧，周艺，等. 1995. 中国行政区划概论[M]. 北京：知识出版社：308.

止);甘肃省兰州市领导皋兰县(1951 年止)。1950 年 10 月 5 日,新成立的旅大直辖市,领导金县、长山县,另辖旅顺市(1960 年旅顺市改区)。1950 年重庆直辖市,川东行署区的巴县划归其领导(内务部 1951 年 6 月 2 日批准);1952 年四川省的北碚市及綦江县、长寿县、江北县一市三县归重庆市领导(西南军政委员会 1952 年 9 月 27 日批准,另 1953 年 3 月 13 日内务部批准,撤销北碚市,设立重庆市第六区)。政务院 1952 年 4 月 1 日批准,将河北省天津专区的天津县划归天津市,天津县不久撤销,改设为津东郊区、津南郊区、津西郊区、津北郊区(内务部和华北行政委员会 1953 年 3 月批准)。政务院 1953 年 9 月批准辽东省抚顺县划归本溪市,同日撤销本溪县,设立本溪市石桥子、牛心台、桥头、草河掌、草河口、偏岭、碱厂、清河城、小市、南芬 10 区;国务院 1956 年 5 月 25 日批准以本溪市郊区 434 个行政村和抚顺市郊区 7 个行政村设立本溪县;同年 6 月 30 日,辽宁省人民委员会批准新设立的本溪县划归本溪市。1951—1952 年,杭县在杭州市辖和省直辖间反复,1957 年 9 月 29 日,国务院批准省辖的杭县划归杭州市。贵州省人民政府 1952 年 11 月 10 日备案,将贵阳专区的贵筑县划归贵阳市,国务院 1955 年 7 月 16 日批准贵阳市的贵筑县划归贵定专区。西南军政委员会 1951 年 2 月 1 日批准,云南省武定专区的昆明县划归昆明市,第二年 12 月 19 日经国务院批准县改区。另外,东北人民政府 1952 年 9 月 12 日批准,辽东省抚顺县划归抚顺市,同日批准撤销抚顺县,设立抚顺市第一至第六区;因县改属后立即改区不在此列。截至 1957 年年底,实行市领导县体制的仅有 3 市领导 4 县和 1 县级市:旅大市领导旅顺市、金县(金州镇①)、长海县(小长山岛回龙村);本溪市领导本溪县(本溪市区);杭州市领导杭县(余杭镇)。

需要说明的是,所谓的市领导县体制在 1957 年以前还不能称为“体制”,充其量仅能算是市辖区的特例。这一时期,全国仅有杭州市领导的杭县,且六年内“三进三出”;曾经短时间内由市领导的天津县、抚顺县、昆明县、铜山县先后改为市的辖区;贵筑县由市管改为地区管理。从这些区划调整可见,当时的区划在原则上不推行市领导县。即便极少数存在市领导县的地区,也主要是为了保证城市的粮食、蔬菜、水果等主副食品供应。这一阶段,市领导县的市仅限于部分直辖市、省会城市和个别大城市,当时经济基础最好的东北地区较为集中,并且除旅大市以外,每市仅限于领导一个县。

1958 年开始的“大跃进”运动期间,为了“尽快消灭城乡差别”,解决城市建设和工业发展中的一些现实困难,如城市农副产品供应、水源、公路等,扩大了地级市领导县的数目。一定程度上,存在盲目推广市领导县体制的现象,截至 1958 年年底全国 29 个市(含直辖市)领导了 117 个县、2 个自治县、2 个县级市(代管),平均每个市管县 4.2 个,绝大多数的直辖市、省会城市都实行了这一体制,实行市领导县体制的城市占地级以上城市总数的 41.4%。1959 年 9 月 17 日,全国人大常委会通过了《关于直辖市和较大的市可以领导县、自治县的决定》,该决定指出:“为了适应我国社会主义建设事业的迅速发展,特别是去年以来工农业生产大跃进和农村人民公社化,密切城市和农村的结合,促进工农业的相互支援,便于劳动力的调配,决定直辖市和较大的市可以领导县、自治县。”从而以法律的形式肯定了市领导县体制,这种有组织、有步骤的做法,使这一体制得以进一步发

① 括号内为市县政府驻地,下同。

展，形成第一次市领导县的高潮①。1959 年年底全国 33 个市领导了 127 个县、2 个自治县、2 个县级市(代管)；到 1960 年底全国 49 个市领导了 236 个县(含自治县、旗)，另有 5 个县级市被地级市代管，1 年时间里，市领导县的总数几乎增长 1 倍。辽宁省甚至撤销了所有的专区，将 42 个县划归 12 个地级市领导，这一体制实行长达 6 年之久(1958—1964 年)；河北省也于 1960 年全省实现市领导县体制，全省由天津市、邯郸市、石家庄市、保定市、张家口市、承德市、唐山市等 7 个地级市领导 64 个县、3 个县级市、21 个市辖区，其中地级天津市辖县达 11 个之多。同期全国领导县数量最多的地级市是武汉市，1960 年该市除领导 8 个市辖区以外(其中含郊区 1)还领导 12 个县，如果算上同年撤并的通城、蒲圻、嘉鱼、云梦等 4 县，所领导的县域竟然达到 16 个县之多②。

20 世纪 60 年代初，国家经济困难时期，粮食供应短缺，使中央不得不重新调整城乡关系。1964 年为了加强对农业生产的领导，迅速恢复国民经济，全国撤销几十个建制市，很多省又把已经由市领导的县恢复由专区管辖。截至 1965 年全国有地级以上城市 78 个，其中仅有 25 个市辖县；2 248 个县市(不含市辖区)中，仅有 79 个县(含 1 个自治县)在市的领导之下。

"文化大革命"期间，工农业生产停顿甚至下降，城市粮油、副食品供应十分紧张，为了解决城市农副产品供应问题，又有一些县重新划归市领导，市领导县体制进入平缓发展期。1980 年年底，全国有 53 个市领导 163 个县，领导县的市占全国地级市、直辖市总数的一半左右，由市领导的县市仅占县市总数(2 264 个)的 7.2%，平均每市领导县 3.1 个。

纵观改革开放前夕的行政区划体制，市领导县除在"大跃进"时期短暂地作为一种行政区划体制在全国推广以外，在大部分时间里，市领导县不能算作是一种制度，仅是计划经济体制下条块分割、城乡隔离社会经济背景下的一种权宜性调整(表 8-1)。

表 8-1　中国 1949—2012 年市领导县数量统计表

年份	领县市的地级市(个)	领县(个)	代管市(个)	平均辖县(市)数(个)
1949	3	3	0	1.0
1950	4	5	1	1.5
1951	6	7	1	1.3
1952	3	7	2	3.0
1953	2	3	1	2.0
1954	2	3	1	2.0
1955	1	2	1	3.0
1956	2	3	1	2.0
1957	3	4	1	1.7

① 浦善新，陈德彧，周艺，等. 1995. 中国行政区划概论[M]. 北京：知识出版社：308.

② 国务院 1960 年 5 月 26 日批准，撤销通城县，其行政区域并入崇阳县；国务院 1960 年 8 月 15 日批准，撤销蒲圻县、嘉鱼县、云梦县，其行政区域分别并入咸宁县、武昌县、陆安县。国务院 1961 年 12 月 15 日批准，分别恢复四县。

续表 8-1

年份	领县市的地级市(个)	领县(个)	代管市(个)	平均辖县(市)数(个)
1958	29	119	2	4.2
1959	33	129	2	4.0
1960	49	236	5	4.9
1961	38	132	0	3.5
1962	35	127	0	3.6
1963	28	111	0	4.0
1964	28	99	0	3.5
1965	25	79	0	3.2
1966	23	69	1	3.0
1967	23	69	1	3.0
1968	26	85	1	3.3
1969	28	96	1	3.5
1970	30	104	1	3.5
1971	36	122	0	3.4
1972	38	124	0	3.3
1973	41	131	0	3.2
1974	42	132	0	3.1
1975	45	144	0	3.2
1976	44	143	0	3.3
1977	46	148	0	3.2
1978	48	156	0	3.3
1979	51	161	0	3.2
1980	53	163	0	3.1
1981	56	174	0	3.1
1982	57	168	0	2.9
1983	125	532	8	4.3
1984	130	565	9	4.4
1985	145	650	20	4.6
1986	150	694	32	4.8
1987	157	691	46	4.7
1988	169	709	74	4.6

续表 8-1

年份	领县市的地级市(个)	领县(个)	代管市(个)	平均辖县(市)数(个)
1989	170	705	81	4.6
1990	170	698	89	4.6
1991	172	694	97	4.6
1992	178	690	127	4.6
1993	184	743	182	5.0
1994	196	781	241	5.2
1995	202	796	262	5.2
1996	209	838	280	5.3
1997	214	890	289	5.5
1998	218	930	291	5.6
1999	228	988	303	5.7
2000	251	1 136	311	5.8
2001	256	1 161	314	5.8
2002	265	1 219	312	5.8
2003	272	1 261	312	5.8
2004	273	1 266	310	5.8
2005	273	1 266	310	5.8
2006	273	1 265	309	5.8
2007	273	1 265	309	5.8
2008	273	1 264	307	5.8
2009	273	1 263	306	5.7
2010	273	1 263	306	5.7
2011	274	1 272	307	5.8
2012	274	1 269	304	5.7

注:计算方法,平均辖县数=(领导县数+代管市数)/领县市的地级市数;此处,领导县的市包括直辖市领县、代管市不辖县的市。

20 世纪 80 年代初期,中国掀起了“地市合并”、“撤地设市”推行市领导县体制的高潮。1982 年,中共中央发出“改革地区体制、实行市管县体制的通知”(〔1982〕51 号文件),其基本精神就是:地市合并、由市领导县的体制,合并后的城市政府既管工业又管农业,既管城市又管农村,实行统一领导。随后几年,中央政府连续批准数十个中等城市升格为地级市,其中一些地级市领导数个县,另一些市脱离地区行署,成为由省政府直辖的地级市。于是形成两种区域行政区划格局:一是地级市管辖县的市领导县格局,地级市作为一级政区单元,取代原地区行署管理职能,管理中心城市和周围各县;二是地级市和地区行署的行政机构同居一座城市,但市、地分治,地级市管辖市区和郊区,地区行署管辖周围各县。

1982年中央51号文件所确定的新体制首先在江苏省试点,1983年开始在全国试行。按照这个精神,1982年年末江苏省首先试点,撤销了全部地区,由市直接领导各县。随后,辽宁(1984年)、广东(1988年)撤销了全部地区,吉林、四川、云南、浙江、福建、湖南等省也撤销了部分地区,都按市管县体制进行改革。河北省是较为典型的一个省份,1967—1977年全省没有一个地级市,而1983年一下子由2个地级市增加到9个地级市,且有8个领导县。截至1990年年底,全国3个直辖市和167个地级市管辖698个县和89个县级市,管县的市占地级市、直辖市总数的90%,由市领导的县占全国2 182个县市总数的36%。

整个20世纪80年代形成全国性的"撤地设市"高潮,在中国经济由计划经济向市场经济体制转型的过程中,地级市与地区行署并存,分别形成不同的行政区经济圈层结构,造成旷日持久的利益摩擦和不合理区域竞争。早在1982年51号文件中就明确指出,市领导县体制的实行条件是在经济发达地区,以城市为中心,以广大农村为基础,并适当考虑城乡的自然联系和交通是否便利等因素,由各省、自治区选择一个或几个地区进行改革试点,一时不具备试点条件的,也不勉强凑数。1986年4月,国务院46号文件较为详细地规定了市领导县的标准,即"市区非农业人口25万人以上、年国民生产总值10亿元以上的中等城市(即设区的市),已成为该地区的政治、经济和科学、文化中心,并对周围各县有较强的辐射力和吸引力,可实行市领导县体制"。1988年中央工作会议(北戴河会议)后起草了新的行政区划调整方案,准备推行市、地合并的市领导县体制。1989年以后,由于经济社会发展跌入低谷,宏观环境不利,而放慢了市、地合并的进程。

20世纪90年代初,中央在总结1984年试行地市合并经验的基础上,再一次提出改革地区体制,要求将那些与地级市并存于一地的地区(不含盟)全部合并起来,实行市管县的体制。经过两次大规模的地区体制改革,全国地区建制成倍减少,到2013年年底仅剩14个,而广大的中东部地区基本上都实行了市领导县体制。

截至2013年年底,全省范围内实行市领导县体制的有江苏(1982年)、辽宁(1984年)、广东(1988年)、河北(1996年)、福建(1999年)、浙江(2000年)、山东(2000年)、河南(2000年)、江西(2000年)、安徽(2000年)、陕西(2001年)、宁夏(2001年)、广西(2002年)、山西(2003年)等14个省区;吉林、湖北、湖南、甘肃、四川、云南、内蒙古、贵州、青海等9省区,除自治州、盟外,也全部实行市领导县体制;存在地区建制的有黑龙江、西藏、新疆等3省区;另外海南省实行省直管市县的体制(台湾省暂不统计)。

截至2013年年底,地级市中,没有领导县、县级市的有乌海、莱芜、鄂州、深圳、珠海、东莞、中山、海口、三亚、三沙、嘉峪关、克拉玛依、厦门(1996年)、武汉(1998年)、佛山(2002年)、南京(2013年)等16个市[①],其中,嘉峪关市、三亚市、三沙市、东莞市、中山市等5市没有市辖区设置。

从分布来看,全国28个省、自治区中除海南、台湾2省以外,都有市管县体制分布,

① 厦门、武汉、佛山、南京不实行市领导县体制,是由于原领导的县改区所致,括号内为最后县改区时间。

共有273个市领导了1 266个县、自治县、旗，另外代管310个县级市，平均每个市领导5.8个县市；领导县的市占地级市、直辖市总数的95.1%，市领导的县、自治县、旗、自治旗占县级政区总数的77.5%；代管的县级市占其总数的82.9%。

21世纪前后，原来很多领导县、代管县级市的地级市纷纷把县、县级市改为市辖区，掀起一轮"扩区热"。1996年，厦门市将其领导的同安县撤销，设立厦门市同安区（国务院1996年11月20批复、国函〔1996〕101号）。1998年，武汉市行政区域扩张，撤销新洲县，设立武汉市新洲区；撤销黄陂县，设立武汉市黄陂区（国务院1998年9月15日批复、国函〔1998〕77号）。2002年，佛山市将其代管的四个县级市悉数改为市辖区：撤销县级南海市，设立佛山市南海区；撤销县级顺德市，设立佛山市顺德区；撤销县级三水市，设立佛山市三水区；撤销县级高明市，设立佛山市高明区（国务院2002年12月8日批复，国函〔2002〕109号）。2013年，南京市也将其管辖的最后两个县——溧水县、高淳县撤销，设立南京市溧水区和南京市高淳区（国务院2013年2月19日批复，国函〔2013〕24号）。通过这些撤并，厦门、武汉、佛山、南京四市脱离市领导县体制之列。另外，广州市于2000年将番禺市、花都市纳入其市辖区之列；杭州市在2001年"吃掉"萧山市、余杭市；21世纪之初，苏南乡镇企业最负盛名的吴县市、锡山市、武进市三市，分别纳入苏州、无锡、常州的市辖区范围；中国最大的经济特区海南省，原本探索"市市并立"这样新型的都市管理模式的试验田——海口市、琼山市，也在2002年合并，琼山市成为新海口市的市辖区。这些市改区，使得中国城市化道路上出现城市化水平逐年提高，而建制市数量逐年减少的奇特现象。县、县级市改区虽然名称变了，但是其自成体系的城市面貌和经济格局却在短期内难以发生质变；地级市虽然脱离了市领导县体制行列，其实市域内并非连绵的都市区，而是城乡相间分布，应该说是新形势下市领导县的异型。

另外值得注意的是，近年来，还有市领导自治县逐步增多的现象。20世纪80年代以来，一方面，随着地区改为地级市，原来由地区管辖的自治县变为地级市领导；另一方面，民族区域自治政策的落实，原先由市领导的县改为自治县，使得市领导自治县的情况大为增加。1982年，全国只有辽宁省阜新市领导的阜新蒙古族自治县，这么一个特例。而截至2012年年底，辖有自治县的地级市达到42个，管辖着81个自治县（旗），地级市辖自治县占全国120个自治县（旗）的67.5%。

需要说明的是，在新中国各个时期都存在着省直接领导县、县级市的特例。如黑龙江省1949年全省仅有1个地级市——齐齐哈尔市，该市不设区不辖县，1个专区——黑河专区辖4县，其余34县2旗由省直辖，虽然以后逐步增设专区、地级市等来管县，但在1949—1958年始终有省直辖县市的特例。再如，陕西省在1966年直辖宝鸡、铜川两个县级市，这种没有省县间中间层的体制维持到1971年宝鸡地区与宝鸡市合并，升格地级市，1979年铜川市升格地级市。青海省在1951—1977年全省没有专区和地区设置，地级单位仅有若干自治州和一个地级市——西宁市（1956年由县级市升格），一直有较多的省直辖县存在，直到1998年才设立海东地区管理省辖县。另外新疆维吾尔自治区也有类似的自治区直辖县、县级市的情况（图8-1）。

在改革开放以后的市领导县体制下，县级市"理论上"直接隶属于省级政府。一般地，县级市在国务院发布的行政区划调整函中都是"某某（县级）市由省（自治区）直接领

图 8-1 中国 1949—2005 年地区(专区、盟、自治州)与地级市设置数量变化图

导",然后再追加一句"某某(县级)市由某某地级市代管"或者由省政府确认代管关系。也有没有代管关系的县级市存在,即所谓的"直筒子市",截至 2013 年年底,这类情况有:河南省直管的县级济源市;湖北省直辖县级单位——仙桃市、天门市、潜江市、神农架林区;新疆维吾尔自治区直辖县级行政单位——石河子市、阿拉尔市、图木舒克市、五家渠市、北屯市、铁门关市。此外,值得注意的是 1988 年 4 月新设立的海南省,没有实行市领导县和地区领导县体制,而是实行省县直辖的行政区划体制,至 2013 年年底海南省辖 3 个地级市(其中海口市分 4 个市辖区,三亚市、三沙市未分区)、6 个县级市,4 个县和 6 个自治县,各市县不论行政级别高低,直接受省领导,相互间不存在领导被领导或代管性质的隶属关系。

8.2.3 当代县级市的设置与"省直管县(市)"、"撤县(市)设区"的改革

我国城乡管理体制从 20 世纪初市制出现以前的城乡不分实行单一区域管理,20 世纪初至 80 年代以城乡分离为主,体现在行政区划方面为"切块设市(设镇)"。从 20 世纪 80 年代初开始逐步实行城乡合一体制,表现在行政区划上就是地市合并,实行市领导县体制。整县改市、市县合并、以乡建镇、镇乡合并、以镇带村形成了中国特有的广域型设市模式①。现有的市 70%以上采用"整县改市"模式②。

1) 县级市的现状与不同类型

所谓县级市,即行政地位与县相同的县级行政区——市(城市),《宪法》所指的"不设区的市"(即不设市辖区的市)。县级市为省、自治区所设地方行政单位;作为区划术语,"县级市"自 1983 年开始正式固定下来。中国大陆自 20 世纪 80 年代以来,随着工业化的发展,城市化的步伐较快,大多数"市"都以撤县设市的方式建立的。

1949 年以来,省、县政区间客观存在四种并行的地级政区体制类型:地区行署领导县

---

① 浦善新.2006.改革城乡行政管理体制促进城镇化的健康发展[J].城市规划,30(7):16-21.

② 浦善新.2007.县改市冻结十年反思[J].决策,(2):31-32.

(市)体制、自治州领导县(市)体制、地级市领导县(市)体制和内蒙古自治区的盟领导旗、县(市)体制,其中地级市领导县(市)是占主体的体制。因之,不同时期,县级市的称谓有所不同,主要有:

——专辖市:1949年中华人民共和国建立以后,在1970年专区改称地区以前,专区管辖的市称为“专辖市”,其行政地位与县相同。

——地辖市:1970年专区改称地区以后,地区所辖市(专辖市)改称“地辖市”。

——县级市:1983年地级行政区划改革以后,地辖市改称“县级市”。

另外,法律上所称“不设区的市”,一般等同于县级市,但也包括几个不设区的地级市,这些市的人大代表属于直接选举,但在行政区划列表上属于地级市(截至2013年年底之前,包括:广东省的东莞、中山,海南省的三亚和三沙,甘肃的嘉峪关市)。

从目前我国实际存在的县级市的情况来看,可大致分为如下几种类型:

(1) 二级制下的省直接管辖的县级市。即海南省,因陆地面积较小,区划行政单位较少,故一直实行省政府直接管辖和领导各县、市(包括县、自治县、县级市和地级市)。全省现有六个县级市,即文昌市、琼海市、万宁市、五指山市、东方市、儋州市。

(2) 三级制下的省直接管辖的县级市。20世纪90年代,推行省直管试点的有湖北(1994年)仙桃、潜江、天门(另有神农架为省直管县级行政单位);河南(1997年)济源。济源市实际上已经成为名副其实的省辖地级区域性中心城市,明确由省直接管辖,但级别上仍是县级市。

(3) 三级制下的新疆维吾尔自治区(新疆生产建设兵团)直接管辖的县级市。如石河子、阿拉尔、图木舒克、五家渠、北屯、铁门关市等,以及2014年年初国务院批准的双河市①,均为县级市,名义上由新疆维吾尔自治区直辖,实际由新疆生产建设兵团管理。

(4) 民族自治州管辖的县级市。即明确隶属自治州直接管辖的县级市。截至2013年年底,共计34个,即吉林省延边朝鲜族自治州的延吉市、图们市、敦化市、珲春市、龙井市、和龙市;湖北省恩施土家族苗族自治州的恩施市、利川市;湖南省湘西土家族苗族自治州的吉首市;四川省凉山彝族自治州的西昌市;贵州省黔东南苗族侗族自治州的凯里市,黔南布依族苗族自治州的都匀市、福泉市,黔西南布依族苗族自治州的兴义市;云南省德宏傣族景颇族自治州的芒市,大理白族自治州的大理市,楚雄彝族自治州的楚雄市,红河哈尼族彝族自治州的蒙自市、个旧市、开远市,文山壮族苗族自治州的文山市,西双版纳傣族自治州的景洪市;甘肃省临夏回族自治州的临夏市,甘南藏族自治州的合作市;青海省玉树藏族自治州的玉树市,海西蒙古族藏族自治州的德令哈市、格尔木市;新疆维吾尔自治区克孜勒苏柯克孜自治州的阿图什市,博尔塔拉蒙古自治州的博乐市、阿拉山口市,昌吉回族自治州的昌吉市、阜康市,巴音郭楞蒙古自治州的库尔勒市,伊犁哈萨克自治州的伊宁市、奎屯市。

(5) 地区、盟管辖的县级市。20世纪80年代中期之前多见,类似于自治州管辖的县

① “2014年2月21日,新疆维吾尔自治区人民政府官方网站发布了《转发国务院关于同意新疆维吾尔自治区设立县级双河市批复的通知》,国务院同意设立县级双河市,由自治区直辖”,“这也是新疆生产建设兵团继石河子等之后被批准设立的第7座区直县级市”。载天山网.2014.国务院批准新疆设双河市,兵团城镇化将一师一市[EB/OL].(2014-02-26).http://xj.ts.cn.

级市;现已经多数改为地级市管辖(代管)。地区辖市主要分布于西藏自治区、新疆维吾尔自治区,截至2013年年底,还有9个:西藏自治区日喀则地区的日喀则市,新疆维吾尔自治区喀什地区的喀什市,阿克苏地区的阿克苏市,和田地区的和田市,吐鲁番地区的吐鲁番市,哈密地区的哈密市,塔城地区的塔城市、乌苏市,阿勒泰地区的阿勒泰市。盟辖市主要分布在内蒙古自治区,截至2013年年底,还有4个:兴安盟的乌兰浩特市、阿尔山市,锡林郭勒盟的锡林浩特市、二连浩特市。

(6) 地级市的代管。除海南省以外其他各省、自治区均普遍实行省、自治区直接管辖地级行政区,地级行政区管辖县级行政区,各直辖市仅设县和区两种县级行政区划类型,不设县级市;但各省份县级市除直管市外,通常均由地级行政单位(通常为地级市)代管。

(7) 副省级市管辖的县级市。类似于前述的地级市代管,但级别上稍高于一般地级市代管的县级市。

(8) 强县扩权的县级市。早在1983年中央政府决定推进"市管县"的财政体制时,浙江省从本省的省情出发,维持省管县的财政体制不变。之后,浙江省曾于1992年、1997年、2002年、2006年和2008年先后出台政策措施,开展强县扩权改革,加强县域经济发展。21世纪以来,安徽(2004年)、山西(2006年)、陕西(2007年)、甘肃(2007年)、青海(2007年)、广东(2009年)、山东(2009年)、广西(2010年)、辽宁(2010年)、云南(2010年)、河北(2010年)、黑龙江(2011年)、湖南(2011年)、江苏(2011年)、吉林(2013年)、贵州(2013年)等许多省区,先后推行了省直管县(市)体制,即在地级市代管的县级市中,有一部分扩权市,拥有部分地级市一级的管理权限。但该种方式仍不稳定,各地做法也很不一致。尽管各省区在推行省直管体制的具体目标、政策和做法有所不同,直辖程度各异,但财政直辖均为其主要内容①。

2) 实质上的"省直管县(市)"改革和"准"升级的"强县(市)扩权"——以浙江省为例②

中国目前的行政区划体制呈现出一种复杂而矛盾的状态。按照《宪法》规定,政区主体应该是"省(自治区)—县(市、自治县)—乡(民族乡、镇)"的三级架构,局部为"省(自治区)—自治州—县、市、自治县—乡(民族乡、镇)"或"省(自治区)—较大的市—区、县—乡

---

① 据2013年12月2日《21世纪经济》介绍,河南省委、省政府印发的《河南省深化省直管县体制改革实施意见》(简称《实施意见》),从2014年1月1日起,对该省10个省管县试点"全面"实行由省直接管理县的体制——在财政省直管的基础上,进一步试水党委体制、人大体制、政协体制、法院和检察院体制、群团体制的省直管。该10个县(市)为:巩义市、兰考县、汝州市、滑县、长垣县、邓州市、永城市、固始县、鹿邑县、新蔡县。改革旨在着力解决多头管理、监督不顺、指挥不畅等过渡体制障碍,全面优化行政层级和行政区划设置,最终将"推动直管县加快建设成为区域性中心城市"。《实施意见》明确,直管县党委直接受省委领导,向省委负责并报告工作。直管县纪委和党委各部门直接受省纪委和省委对应部门领导或指导。直管县人大常委会直接受省人大常委会指导和监督。直管县政协直接受省政协的指导。直管县群团组织直接受省级群团组织领导或指导。在法院、检察院体制调整方面,设立河南省第一中级人民法院、河南省人民检察院第一分院,依法行使中级人民法院、检察分院的职权,管辖巩义市、汝州市、邓州市、永城市、固始县、鹿邑县、新蔡县。济源市中级人民法院更名为河南省第二中级人民法院,河南省人民检察院济源分院更名为河南省人民检察院第二分院,管辖济源市、兰考县、滑县、长垣县。河南省第一、第二中级人民法院均由省高级人民法院直接管理;河南省人民检察院第一、第二分院均为省人民检察院派出机构,由省人民检察院直接领导。

② 范今朝.2013.行政区划体制与城乡统筹发展:以浙江省改革实践为例[M].南京:东南大学出版社:210-234.

（民族乡、镇）”的四级制。但现实是，在对原有派出机构“地区”改革的过程中，则将所谓“地级市”提升至与“较大的市”同等地位，形成“市管县”体制，甚至超越《宪法》规定而形成“（地级）市管辖（县级）市”的状况。之所以形成这样的局面，当然有其历史的原因（主要是适应改革开放初期的计划经济体制下的城市化战略），但这种“市管县”的体制无论在法律层面，还是在现实当中，都引起许多问题，造成诸多矛盾。随着改革的深入和向市场经济体制的转轨，各界对此有较多议论。

既然随着社会主义市场经济体制的完善，市领导县体制正日益失去其存在的基础，那么，用什么体制替代之、如何完成转化替代就成为摆在人们面前的现实问题。21 世纪，在地方政府管理的实践中新的制度体制已悄然孕育，其中比较有代表性的就是“强县扩权”与财政“省直管县”的实践探索，这一实践或许可以看作地级政区“渐变式”改革的序幕。

所谓“强县扩权”，即地方政府内部分权的一种形式，指在行政区划不变的情况下，把部分许可权由地级政府下放给县级政府，以减少管理层次，提高工作效率，降低行政成本。“强县扩权”与财政体制改革上的“省直管县”密切相关。所谓财政“省直管县”，目前一般特指财政领域内，由省直接统一管理县级财政，逐步地剥离地级市对县的财政管理权。浙江省从改革开放之初就实行的是省直接对县的财政管理体制；从 2002 年起，广东、河南、辽宁、湖北等一些地方也逐渐出现了在财政上省直管县的试点。2000 年前后，浙江省甚至已经在一些社会管理事务上进行了省直管县的试点。随着经济和社会管理职能上省直管县，势必会对市领导县体制产生较大冲击。

（1）实质上的“省直管县（市）”——省直接管理县（市）的财政体制

浙江省从改革开放之初就未转向完全的“市管县”体制，而是根据自身发展情况，一直实行县（市）财政直接对省的做法，坚持下放财权，给县（市）以较大的自主权。1980 年 4 月，浙江省政府下发了《关于实行“划分收支、分级包干”财政管理体制的通知》（浙政发〔1980〕48 号），“进一步明确了省管县财政体制”，“强调实行省级和市、县级两级包干，除舟山地区外，其余地区不作一级财政，地区本级的收支视同县级实行包干。在这种模式下，地区一级（市）财政只对省财政有结算关系，且预算内财政收入仅限于地级政府所在市，而与行政辖区内的县（市）没有对应的财政结算关系”。1983 年，中央决定改革地区领导体制，实行市管县体制；国内大多数省区开始实行市管县的财政体制。“在这种情况下，省委、省政府坚持从浙江实际出发，基于浙江省域面积不大，所辖县较少，经济主体在县，地级市实力薄弱等因素，决定保持省管县财政体制不变”①。之后，“虽然经过几次比较大的调整，但浙江省管县财政体制始终保持不变。省管县财政体制的核心是‘留利于县’，明确划分省、市、县固定收入的主体税种及共享收入分成比例，相应增加省对县的定额补助基数，将上划中央‘两税’返还、所得税返还、出口退税返还数额核定到县，专项拨款、专项资金和转移支付补助分配到县。实行这一财政体制，赋予了县级财政较大的自主权，调动了县级政府当家理财、培植财源、增收节支的积极性，体现了权责利相结合的原则，有利于集中财力搞建设，对促进县域经济的发展起到了十分重要的推动作用”②。

---

① 李强. 2009. 政策创新与浙江发展[M]. 杭州：浙江人民出版社：74-75.

② 李强. 2009. 政策创新与浙江发展[M]. 杭州：浙江人民出版社：79.

如有论者所指出的:"早在1978年2月,根据中央对浙江试行'增收分成'的办法,对各地的财政体制改为'定收定支、收支挂钩、增收分成、下年使用'的办法,由于有'下年使用'的规定,因此事实上成为一种财政包干。1980年进一步明确全省财政实行省和市、县两级包干。这以后,财政体制几经变迁,但县(市)财政直接对省的做法一直沿袭至今,形成一种扁平化的政府层级体制,成为浙江在全国独树一帜的体制特点。虽然对此一直有争议,但实践表明,这一体制在总体上有利于市场经济条件下的县域经济发展。我们的实证分析也表明,省直接对县(市)的财政体制,也并没有较多地影响地级市的发展。"①

(2) 从"强县扩权"到"扩权强县"

20世纪80年代,随着农村工业化和城镇化的快速推进,浙江省的县域经济得到了长足发展,特别是萧山、绍兴、义乌等一批经济强县(市)迅速崛起。为此,早于20世纪90年代初期,浙江省又率先尝试行政管理体制的改革,打破严格的"市管县"的层级,而实行"强县扩权","把地级市和省级的部分经济社会管理权限下放给强县(市),为做强做大经济强县营造了体制机制上的先发性优势"②。

① 第一轮扩权

1992年6月,浙江省政府下发《关于扩大十三个县市部分经济管理权限的通知》(浙政发〔1992〕169号),拉开了浙江强县扩权的序幕。当时,"浙江第一轮强县扩权的一个重要出发点是主动接轨上海,接受上海浦东开发区的辐射。因此,在扩权对象的选择上,主要是邻近上海的经济发达县(市),以及沿海具有港口优势的经济发达县(市);在扩权范围的确定上,主要是包括基本建设项目、技术改造项目和外商投资项目审批权在内的经济管理权限"。通知指出:"为鼓励和支持一些经济比较发达县(市)的更快发展,增强浙江邻近上海几个县(市)对浦东开发区辐射的吸纳能力,充分发挥港口城市的优势,加快全省的改革开放步伐,省政府决定,适当扩大萧山、余杭、鄞县、慈溪、余姚、海宁、桐乡、绍兴、黄岩、嘉善、平湖、海盐、椒江等13个县(市)的部分经济管理权限。"③

② 第二轮扩权

1997年,浙江省政府下发《关于在萧山和余杭两市试行享受市地一级部分经济管理权限的批复》(浙政发〔1997〕53号),以批复的形式展开了第二轮强县扩权。"与第一轮强县扩权所不同的是,这一轮强县扩权的对象只针对萧山和余杭两个县级市,但扩权的幅度比较大,在基本建设和技术改造项目、对外经贸、金融、计划、土地、建设企业资质、环境保护、财税、'农转非'以及体改等方面,赋予这两个县级市等同于地市一级的审批管理权限"④。

③ 第三轮扩权

2002年8月,中共浙江省委办公厅、浙江省人民政府办公厅下发《关于扩大部分县(市)经济管理权限的通知》(浙委办〔2002〕40号),第三轮强县扩权由此展开。"为了鼓励和支持经济强县(市)充分发挥优势,进一步做大做强,省委、省政府决定,扩大绍兴、温岭、慈溪、诸暨、余姚、乐清、瑞安、上虞、义乌、海宁、桐乡、富阳、东阳、平湖、玉环、临安、嘉

① 卓勇良. 2004. 挑战沼泽:浙江制度变迁与经济发展[M]. 北京:中国社会科学出版社:269.
② 李强. 2009. 政策创新与浙江发展[M]. 杭州:浙江人民出版社:146.
③ 李强. 2004. 政策创新与浙江发展[M]. 杭州:浙江人民出版社:146-147.
④ 李强. 2009. 政策创新与浙江发展[M]. 杭州:浙江人民出版社:147-149.

善等17个县(市)的经济管理权限”。浙江省“40号文件”的出台,逐步在全国范围内掀起“强县扩权”热潮,被学界和政策研究部门广为借鉴、引用。

浙江省“40号文件”内容有如下几个方面:一是规定扩大经济强县(市)经济管理权限的总体原则是“能放都放”,即除国家法律、法规有明确规定的以外,目前须经市审批或由市管理的,由“扩权县(市)”自行审批、管理,报市备案;须经市审核、报省审批的,由“扩权县(市)”直接报省审批,报市备案。对国务院有关部(委、办)文件规定的,须经市审核、审批的事项,采取省、市政府委托、授权、机构延伸或争取国家有关部(委、办)支持等办法放权。市级保留的审批、审核事项,须报省审批制度改革办公室核准。二是划定了扩权的县、市名单,即扩大前述“17个县(市)的经济管理权限”,“杭州市萧山区、余杭区,宁波市鄞州区等参照执行。慈溪市、余姚市、鄞州区扩权的范围和内容,由宁波市委、市政府按本通知精神制定具体实施办法”。三是圈定了具体下放县(市)的权限,其中,第一批扩权事项共313项,“按扩权内容分:有关发展计划审批管理权限16项,有关经济贸易审批管理权限53项,有关外经贸审批管理权限31项,有关国土资源审批管理权限11项,有关交通审批管理权限24项,有关建设、环保审批管理权限22项,有关财政、税务、体改审批管理权限11项,有关农、林、水利、海洋与渔业审批管理权限57项,有关劳动、人事、民政审批管理权限27项,有关科技、教育、信息产业审批管理权限21项,有关工商、技术监督、药品监督审批管理权限34项,有关旅游审批管理权限6项。按扩权幅度分:扩权县(市)自行审批、报市备案事项134项,扩权县(市)自行审核、报省审批、报市备案事项179项”。

与前两轮强县扩权相比,第三轮强县扩权范围更广、事项更多、力度更大,充分体现了“能放都放”的原则,把地级市的许多经济管理权限赋予了经济强县(市),使其拥有了更多的发展自主权,对促进经济强县(市)提高行政效率、优化发展环境、实现更快更好发展,产生了十分积极的作用①。

④ 第四轮扩权

2006年11月,浙江省委办公厅、省政府办公厅出台《关于开展扩大义乌市经济社会管理权限改革试点工作的若干意见》(浙委办〔2006〕114号),选择义乌作为试点,浙江启动了第四轮强县扩权,“赋予义乌市与设区市同等的经济社会管理权限;推动义乌市优化机构设置和人员配置”②。这次扩权只有义乌一家,主要内容是:在不改变其由金华市领导的管理体制的前提下,进一步扩大义乌市政府经济社会管理权限,以社会管理权限为重点,“除规划管理、重要资源配置、重大社会事务管理等经济社会管理事项外,赋予义乌市与设区市同等的经济社会管理权限”。扩权之后,义乌市可根据经济社会发展需要,按照全面履行政府职能的要求,研究提出调整优化政府机构设置和人员编制方案。通过扩权,义乌市政府基本上具备了地级市政府所具有的权限。故论者评析:“作为新一轮强县扩权的试点,义乌扩权的核心是赋予义乌市与设区市基本同等的社会经济管理权限。这不仅延续了前三轮强县扩权的一贯思路和原则,而且在政策力度上超过了以往任何一轮

---

① 李强.2009.政策创新与浙江发展[M].杭州:浙江人民出版社:149-150.

② 中国经济周刊.2007.浙江15年四轮强县扩权,义乌成为全国权力最大县[EB/OL].(2007-01-15).http://news.xinhuanet.com.

强县扩权,可以说在一定意义上代表了今后强县扩权的总体方向。”①

⑤ 第五轮扩权

2008年年底,浙江省加大改革力度,在应对国际金融危机影响的背景下,启动了第五轮县域扩权改革。2008年12月,浙江省委办公厅、省政府办公厅发出《关于扩大县(市)部分经济社会管理权限的通知》,进一步全面扩大县级政府管理权限②。“今后浙江将下放58个县和宁波市鄞州区,杭州市萧山区、余杭区的443项经济社会管理权限。同时,义乌的县域扩权试点改革,在保留原有524项扩权事项的基础上,新增下放与经济社会管理密切相关的94项事项”,且将原有“强县扩权”的说法,改成了“扩权强县”。“这两个词顺序的变化,预示浙江将为县域发展提供普惠公平的制度保障,并提高县级政府应对当前经济困难的能力”。在这次改革之后,县域扩权的范围从20个县(区)扩大到全省所有县(县级市、自治县),内容从下放几十项权限到“凡是法律、法规、规章明确规定以外的其他省、市管理权限”③(有关浙江省五轮“强县扩权”的情况可参见表8-2)。

表8-2 浙江省“强县扩权”情况汇总表

轮次	时间	下放权限内容、数量	主要县市
第一轮	1992年	扩大基本建设和技术改造项目审批权、扩大外商投资项目审批权、简化相应的审批手续等4项	萧山、余杭、鄞县、慈溪、诸暨、绍兴、桐乡、余姚、海宁、温岭、上虞、富阳、黄岩等13个经济发展较快的县、市
第二轮	1997年	基本建设和技术改造项目、对外经贸、金融的审批管理权限,以及计划、土地管理权限等12项	萧山市、余杭市
第三轮	2002年	涵盖了计划、经贸、外经贸、国土资源、交通、建设等12个大类313项权限	绍兴、温岭、慈溪、诸暨、余姚、乐清、瑞安、上虞、义乌、海宁、桐乡、富阳、东阳、平湖、玉环、临安、嘉善等17个县市和杭州的萧山、余杭、宁波的鄞州等3个区
第四轮	2006年	进一步扩大义乌市政府经济社会管理权限,以社会管理权限为重点,除了规划管理、重要资源配置、重大社会事务管理等经济社会管理事项外,赋予义乌市与设区的市同等的经济社会管理权限	义乌市
第五轮	2008年	下放58个县和宁波市鄞州区,杭州市萧山区、余杭区的443项经济社会管理权限。同时,义乌的县域扩权试点改革,在保留原有524项扩权事项的基础上,新增下放与经济社会管理密切相关的94项事项	全省所有58个县(县级市、自治县),且将原有“强县扩权”的说法,改成了“扩权强县”

① 李强. 2009. 政策创新与浙江发展[M]. 杭州:浙江人民出版社:151.

② 李强. 2009. 政策创新与浙江发展[M]. 杭州:浙江人民出版社:151-152.

③ 胡作华. 2008. 浙江启动第五轮县域扩权改革[EB/OL]. (2008-12-31). http://news.sina.com.cn.

2009年5月，浙江省委十二届五次全会明确提出，深化扩权改革，强调要做好三个方面工作：一是继续放权，重点是把部分省一级经济社会管理权限下放给县(市)。二是积极推进扩权强县向“两头延伸”，一方面，要推进扩权强市，设区市要积极探索扩权强区改革；另一方面，要推进扩权强镇，鼓励县级将一部分社会管理和公共服务方面的管理权限下放给中心镇。三是深化审批制度改革，重点是削减审批审核事项，提高行政效能①。

(3) “省直管县”与“强县扩权”的作用分析

实践证明，实行“省直管县”，省级政府能够更加有效地统筹地区之间的发展，更好地发挥协调能力；能够通过减少行政层级降低行政成本，提高财政资金运转效率和财政管理工作效率；能够增加财政管理透明度，调动县级财政发展经济的积极性；能够更好地发展县域经济，增强建设新农村的自觉性。故有论者认为：“省直接领导县(市)的体制，是市场经济条件下，一种比较合理的政府层级体系。无论是计划经济还是市场经济，区域都是经济发展中的空间竞争单位，差异在于竞争方式不同。在市场经济状况下，地方政府也会有一种竞争性关系，但这种竞争主要是通过市场进行的，如果具有较多的、较复杂的垂直行政层级关系，就会影响区域间的竞争关系，扭曲市场机制对于资源的合理配置，影响经济运行效率。”②

有学者也曾经对此做过实证研究，通过对浙中地区有代表性的两个城市——金华和义乌关系的考察，从经济成长绩效的角度(即主要从目前影响行政区划调整最为直接的因素——地区经济成长的绩效的角度——来进行分析，而暂时撇开其他政治、文化和社会的因素)，来判断何种体制更适合该地区各相邻城市的发展。浙江的行政区划体制与国内其他省区有所不同，即在实行统一的“市管县”体制的基础上，一直实行财政“省管县”的体制，并在20世纪90年代后进行了一系列的“强县扩权”，取得了县域经济明显发展的效果。这些体制和措施在浙中地区实行得最为彻底，各城市发展也较为均衡和快速。其中，金华是传统的政治中心城市，而义乌是新兴的经济中心城市。因此，二者的相互关系演变对分析行政区划体制与城市发展的关系具有典型意义。研究表明，仅仅考虑经济发展绩效而不考虑其他方面的影响，对一般性的中等乃至更小规模的城市而言，或者相邻的城市之间在规模、实力相差不大的情况下，各自保持原有行政区划体制并相对独立发展，也是最有效率的，更不用说减少行政区划调整所带来的不可避免的震荡和冲击，以及对地方固有文化遗产等的破坏的意义了。

在当代中国，城市密集地区各相邻城市的行政区划体制及其演变，主要有三种方式，即直接兼并(撤销中心城市的周边县、市并改设为区)，“市管县”体制(行政中心城市全面管辖周边县、市)和各自相对独立发展(包括海南省的省、县二级制，也包括有关省的财政、人事等省县直辖的“准省管县”体制)。总体而言，在目前的这三种方式中，省管县体制最具普遍性，最符合现有法律的规定，也最适应市场经济发展的要求和体现区域公平，并达成城乡统筹发展的目标。在全国普遍实行全面的“市管县”的体制之下，浙江省独辟

---

① 李强. 2009. 政策创新与浙江发展[M]. 杭州：浙江人民出版社：151.

② 卓勇良. 2004. 挑战沼泽：浙江制度变迁与经济发展[M]. 北京：中国社会科学出版社：271.

蹊径,保持了财政等方面的实质上的省县直辖,且不断对县级政区放权、扩权,这对浙江省大量中小城市,尤其是浙中城市群的崛起,起到了较为关键的作用。因此,对城市密集地区各相邻城市的发展而言,一般情况下,应选择保持相对独立的行政区划体制,并赋予各县级政区明确的职权和财权,即选择"省县直辖"的体制。这也是今后中国一般性地区所应该采取的行政区划体制①。

故而,还可以这样理解,即"强县扩权"的改革,就是在不改变目前形式上的行政区划架构的前提下,对深层次的管理体制和权力配置方式进行改革;既可以被认为是给予某些县级市管理权限上准升格的举措,也可以被看作是达到弱化"市管县",并进而回归《宪法》规定的"省—县"二级制的可能途径。

3) 20 世纪 90 年代以来的"撤县改区"及其评述

从 20 世纪 90 年代起,我国许多大城市、特大城市实施"撤县改区"的行政区划调整。实施"撤县改区"的行政区划调整的初衷是,扩大城市发展空间、统筹区域一体化建设、协调城乡矛盾、减少管理层级、加强大都市区实力②。1997 年冻结县改市后,县改区的势头更加猛烈,1998—2004 年县改区数量达 62 个。2005 年开始,县改区受到限制,每年县改区的数量明显减少:2006 年重庆的南川市、永川市、合川市和江津市分别改成南川区、永川区、合川区、江津区,哈尔滨市的阿城市改成阿城区,白山市的江源县改成江源区;2007 年新疆维吾尔自治区的米泉市和乌鲁木齐市的东山区改成乌鲁木齐市米东区;2009 年通州市改为通州区;2010 年徐州市的铜山县改成铜山区;2011 年宜宾市的南溪县改成南溪区,长沙市的望城县改成望城区,昆明市的呈贡县改成呈贡区;2011 年重庆市的双桥区、大足县合并改成重庆市的大足区,扬州市的江都市改成江都区;2012 年唐山市的唐海县改成曹妃甸区。6 年时间内县改区数量为 15 个。

1980—2013 年,县级行政区(包括县、自治县、旗、自治旗)从 2 151 个下降到 1 613 个,共减少了 538 个县级行政区,减少了原来的 25%。1997 年叫停"县改市"后,县(市)改区的热潮又开始了。从 1997 年年底至 2012 年的 15 年时间,县(市)改为市辖区的共有 158 个,其中,县改区 71 个,县级市改区的 87 个。

(1) 正面评价

① "撤县改区"可以缓解大城市的"城市病"。随着城市规模的日益扩大,现代大中城市普遍存在的人口增多、工业集中、用水用电紧张、交通拥堵、环境恶化等社会问题,以及由上述问题引起的城市人群出行、工作、生活的不便,再加上各种城市建设用地需要量大,城市用地紧张,这些通称为"城市病"。而这些问题和矛盾又在一定程度上制约了城市的发展,加剧了城市政府的负担,使城市政府陷入了两难的困境。所以一些大中城市便把眼光投向了周边经济发展不错的县(市),县改区主要集中在大城市近郊县,"撤县改区"便于接受特大城市核心区的辐射,也拓展了特大城市的发展空间,对推动中国城市化和经济社会发展具有很大的积极意义。

---

① 具体分析可参见余鑫星,吴永兴. 2011. 行政区划体制与浙中地区的城市发展研究——以金华—义乌的相互关系为例[J]. 经济地理,(1):72-78.

② 刘君德. 2001. 论中国大陆大都市区行政组织与管理模式创新——兼论珠江三角洲的政区改革[J]. 经济地理,21(2):201-212;谢涤湘,等. 2004. "撤县(市)设区"行政区划调整与城市发展[J]. 城市规划汇刊,(4):20-22.

② 县改区后，该区的招商引资、产业布局、基础设施建设也将纳入整个城市进行通盘考虑，政府的公共服务水平也将从过去县级水平提高到地级市水平①。

(2) 负面评价

① “撤县改市(区)”造成虚假城市化。“撤县改市(区)”混淆了城市的概念，容易造成虚假城市化②。一般来说，城市是相对于农村而言的非农业人口集聚的大型聚落。我国由于大量的“撤县改市(区)”，导致在一个设市的城市内除了非农人口集聚的大型聚落即“城市”之外，尚存在广大的农村地域空间，这就混淆了“城市”的本质内涵。大面积农村地区和大量农村人口列入了城市范畴，城乡界线由此变得更加模糊，不利于城乡分类统计及与其他国家的横向比较。

② “撤县改市(区)”不利于农业的发展。2011 年，全国 857 个市辖区中包含乡镇的区有 611 个，其中农村人口超过一半的区超过 300 个。对于工作重心依然在农村的县市，撤县设区未免操之过急③。而县改区后独立性下降，失去独立的决策权，必然削弱对农村和农业的管理、服务和扶持，结果出现重城市轻农村、重工业轻农业的现象，加剧了“三农”问题的严重性，并且过于宽松的市区地域空间，则容易造成土地等宝贵资源的浪费，在一定程度上损害了农民的利益。

③ “撤县改区”使原有的社会经济发展的自主权丧失。“撤县改区”意味着原来很多决策权将被收到地级市，经济社会发展自主权大打折扣。当前有些地方搞撤市建区或撤县设区，目的是为了统计数据好看。一些距离地级市比较远、自身特色经济较为突出且有辐射带动作用的县，改为市辖区后出现了自主行政权力受限的情况。有专家在地方调研中发现，多个此类市辖区变成了“半级政府”，城市的整体规划、经济发展定位、基础设施建设等都受到了限制。

④ “撤县改市(区)”不利于历史文化和自然生态的保护。一方面，在行政区划的调整中，有些不仅是将“县”字改为“市”或“区”，而是重新起名，设立一个新的行政区划名字。而一些地方的地名，有着悠久、深刻的历史文化内涵，代表了一个地区的地域文化。改名之后，传统的文化有可能会逐渐丧失。另一方面，撤县改市(区)后，必定加大对城市的建设，各种市政建设用地会侵占到一些文物古迹的地盘，从而出现一些古建筑被破坏的社会现象。还有一些县，山区或林区占地面积比较大，一些还被定为自然保护区，这些县，如果强行改市辖区，城市污染也可能会影响自然生态的保护。

8.3 “较大的市”的模糊与“市管县(市)”体制的争议——关于“市领导县”体制的分析

伴随着改革开放，我国行政区划研究由学术禁区逐步走向繁荣，相关研究中，较早涉及的就是围绕市管县体制的讨论。钟钰等 1983 年首先在《湖南日报》上发表了一篇《市

① 王卫国. 2013. 发改委酝酿新城镇化方案，叫停 15 年的县改市将重启[EB/OL]. (2013-04-30). http://finance. sina. com. cn.

② 刘邦卫. 2005. 城市化：应从“整县改市”的市制迷失走向市制复归[J]. 天中学刊，20(4)：59-61.

③ 杨中川. 2012. 重启县改市，启动镇改市，助推城镇化[EB/OL]. (2012-10-15). http://news. hexun. com.

管县是现代化建设的需要》的文章,指出“市管县”体制的有利之处;次年,吴操文撰文提出了市管县的客观依据,总结市管县体制的四种类型,并论述其任务、作用及规模范围;朱小双等根据城市经济能量的传递规律,研究了地级市对于城市经济能量的吸收方式和系统结构,认为县市需要能动吸收城市辐射的经济能量①;薛王良②、成凤皋③分别对地级政府的行政管理幅度和管理层次的关系进行了研究,科学阐明了层次和幅度的辩证关系,并认为市管县体制较好解决了省县间管理幅度过大的矛盾,有利于精简机构、提高效率和打破城乡分割、条块分割局面,发挥中心城市功能。总之,这一时期“市领导县”体制处于广泛推广初期,政策执行者和学界人士肯定的观点占主流。

其后,市领导县体制经过多年实践,人们对其有了新的、较全面的认识。从20世纪80年代中后期开始,不少学者在总结实践经验的基础上,在指出该体制优点的同时,开始深入分析其局限性,以及需要明确认识和处理的问题。1986年,郭亮发表于《城市问题》的论文,是较早对市管县提出质疑的文章,文中指出“在我们调查走访的20多个县中,70%的县都埋怨市里‘啃县’、‘刮县’、‘卡县’”④。此后,周一星等在全国范围内以地方领导为对象做了一个市带县体制对辖县经济影响的问卷调查,用统计分析的方法寻找各县对“市管县”不同评价的内在原因⑤;浦善新撰文对市带县体制进行反思,总结了该体制的沿革、类型、差异性及对该体制的不同看法,指出实行效果的三种类型⑥;阎林的博士学位论文(后出版)从经济学的视角,用交易成本理论对市管县体制进行了历史归纳,并对地级市管县和地区行署管县两种制度进行了比较效益分析,最后得出结论:市管县不是城乡一体化的实现,而是城市中心化的实现⑦;戴均良、刘君德、汪宇明等通过对广东部分市地的行政区划考察,分析了市管市体制的由来、变动趋势及其所诱发的问题,提出了体制创新的三套方案⑧。上述理论界的不同声音,加之设市热带来了诸如“虚假城市化”、市带县(市)“小马拉大车”等问题,1997年,国务院冻结设市审批工作;随之,县(市)改区升温,针对这一问题学界讨论激烈,如魏立华、阎小培从快速城市化与行政区划调整关系的角度分析了大都市周边县(市)改区对于区域中心城市发展的重要作用⑨。

也有学者跳出市管县体制,提出将地区行署变成一级政府的主张,如付长良从政治学角度,对目前我国实行的地改市、市领导县的体制进行的利弊分析,对解决地区行政公署体制的几种可能途径做了比较和探讨,认为应从我国现阶段经济和社会发展的实际水

---

① 朱小双,朱大双.1986.吸收城市辐射能量,促进地县经济发展[J].江汉论坛,(2):6-9.

② 薛王良.1988.从管理幅度与管理层次看市管县体制[J].中国行政管理,(5):12-17.

③ 成凤皋.1990.试论我国地方行政管理幅度和管理层次的改革[J].中国行政管理,(2):32-35.

④ 郭亮.1986.关于市管县体制的几点理论思考[J].城市问题,(3):12-15.

⑤ 周一星,胡大鹏.1992.市带县体制对辖县经济影响的问卷调查分析[J].经济地理,(1):8-14.

⑥ 浦善新.1995.对市领导县体制的反思[J].中国方域——行政区划与地名,(5):3-8.

⑦ 阎林.1999.政府组织结构调整与经济发展[M].北京:社会科学文献出版社:9.

⑧ 戴均良,刘君德,汪宇明.2000.市辖市:中国城市型政区设置的法律挑战与出路选择[J].中国方域——行政区划与地名,(3):2-7.

⑨ 魏立华,阎小培.2004.快速城市化中城市规划和行政区划的关系研究——以珠江三角洲为例[J].城市规划,(2):48-51.

平出发，从有利于社会主义市场经济的发展和社会的稳定着眼，将地区转变为一级政府，为最终实现行政区划三级制作准备①。浦善新从城市化的角度，分析城乡合治的效果，提出解决省县间政区问题的出路在于建立和完善社会主义市场经济体制②；而庞森权从法制建设的角度分析，认为撤销地区、设立地级市可以促进政府组织法制化、行政管理制度化、监督机构规范化、公民权利合法化③。

2004年，黄明华的博士学位论文《苏锡常都市圈空间关系研究》提出，市管县体制实际上是一种新的"行政区经济"，应通过政府职能转换等措施，按照都市圈经济运行的法则，弱化都市区的行政障碍，促进都市区的健康发展④；陶希东的博士学位论文《跨省都市圈的行政区经济分析及其整合机制研究——以徐州都市圈为例》也对传统市管县体制提出质疑，借助国际政府再造与治理的新理念，提出了构建现代区域经济整合新机制⑤。省县间政区在当今全球化、市场化的形势下表现为中观的区域协调机构的形式，有学者提出了"复合行政"的新理念，按照政府管理范式从统治向治理转变的角度，为解决当代中国区域经济一体化与行政区划冲突提供一种新的思路⑥；更多的学者则是从借鉴国外管制理论，探讨城市密集地区区域管制体系合理建构的模式⑦。

市领导县体制是我国现行的城市行政管理体制之一，即以地级市管辖若干县或自治县，以经济相对发达的中心城市带动周围农村的行政管理体制。市领导县作为一种行政管理方式，始于解放初期，当时是为了解决大城市蔬菜、副食品供应问题；"大跃进"时期曾经在短时间内推广，成为与地级行署并存的体制；随之而来的三年困难时期，作为一种体制的市领导县被否定，不过地级市领导县的特例一直存在；大规模地推行市领导县体制则是在20世纪80年代以后。总之，从1958年人大常委会"决定"确立"较大的市"可以领导县算起，市领导县已有50余年的发展历史，在大一统的计划经济体制下，行署管县与市管县体制的变迁可以看作是单纯的行政隶属变更性的行政区划调整；而近20年，在行政管理体制改革与经济体制改革结合的大背景下，市领导县体制的扩张则有着更为复杂的社会经济内涵。

8.3.1 市领导县的设置模式考察

截至2012年年底，全国共有领导县、代管市的地级市271个，共领导县1 266个，代管市310个。市领导县体制下，地级市对县的管理方式、市县间联系强度各异，除了受地方社会经济发展水平制约以外，与其设置沿革有很大关系。改革开放以来，市领导县政区由设置方式看，可以分为以下七个类别(详见表8-3)：

---

① 付长良.1997.试论理顺地区行政公署的行政区划体制[J].政治学研究，(2)：74-80.

② 浦善新.2000.城市化的反思及其再认识[J].中国方域——行政区划与地名，(1)：6-12.

③ 庞森权.2002.刍议地级市市辖区的行政区划调整[J].中国方域——行政区划与地名，(3)：8-12.

④ 黄明华.2004.苏锡常都市圈空间关系研究[D]：[博士学位论文].上海：华东师范大学.

⑤ 陶希东.2004.跨省都市圈的行政区经济分析及其整合机制研究——以徐州都市圈为例[D]：[博士学位论文].上海：华东师范大学.

⑥ 王健，等.2004.复合行政的提出——解决当代中国区域经济一体化与行政区划冲突问题的新思路[J].中国行政管理，(3).

⑦ 顾朝林，沈建法，姚鑫，等.2003.城市管治：概念·理论·方法·实证[M].南京：东南大学出版社：4.

表 8-3 中国地级市领导县体制设置模式分类表

类别		领导县的地级市
旧有延续(32个)		太原(1960年、1975年);呼和浩特(1970年);包头(1970年);大连(旅大1950年、1958年);沈阳(1968年、1969年);鞍山(1972年、1975年);抚顺(1958年);本溪(1956年、1968年);丹东(1958年);锦州(1958年);营口(1958年);阜新(1958年);辽阳①(1980年);长春(1958年);吉林(1958年);南京(1971年);杭州(1957年、1961年);合肥(1964年);铜陵(1974年);淮北(1977年);淮南(1977年);南昌(1971年、1983年);黄石(1962年、1996年);长沙(1959年、1983年);广州(1975年、1983年);昆明(1960年、1983年);拉萨(1960年);宝鸡(1971年);兰州(1970年);银川(1972年、1975年);石嘴山(1975年);乌鲁木齐(1959年)
地市合并(30个)		唐山(1983年);廊坊(1988年);石家庄(1993年);张家口(1993年);沧州(1993年);邯郸(1993年);邢台(1993年);承德(1993年);保定(1994年);伊春(1979年);牡丹江(1983年);齐齐哈尔(1984年);哈尔滨(1996年);徐州(1983年);南通(1983年);苏州(1983年);温州(1981年);宁波(1983年);安庆(1988年);九江(1983年);襄樊(1983年);宜昌(1992年);荆州(荆沙1994年);十堰(1994年);衡阳(1983年);邵阳(1986年);岳阳(1986年);汕头(1983年);桂林(1998年);成都(1983年)
老市新带县(43个)		阳泉(1983年);长治(1983年、1985年);大同(1993年);鸡西(1983年);大庆(安达年)(1992年);鹤岗(1987年);双鸭山(1987年、1991年);佳木斯(1984年);无锡(1983年);连云港(1983年);常州(1983年);芜湖(1980年、1983年);蚌埠(1983年);马鞍山(1983年);福州(1983年);景德镇(1983年);萍乡(1992年);济南(1978年);青岛(1978年);枣庄(1978年);淄博(1983年、1989年);郑州(1983年);开封(1983年);洛阳(1983年、1986年);平顶山(1983年、1986年);焦作(1983年、1986年);安阳(1983年、1986年);新乡(1983年、1986年);鹤壁(1986年);株洲(1983年、1965年);韶关(1983年、1975年);江门(1983年);湛江(1983年);茂名(1983年);南宁(1983年、2002年);柳州(1983年);梧州(1983年、1997年);攀枝花(渡口1978年);自贡(1979年);贵阳(1995年);西安(1983年、1958年);铜川(省辖市1979年);西宁(1999年、1966年)
新市带县(38个)		秦皇岛(1983年);朔州(1988年、1993年);赤峰(1983年);盘锦(1984年);锦西(1989年);松原(1992年);七台河(1983年);宿迁(1996年);泰州(1996年);湖州(1983年);新余(1983年);鹰潭(1983年);东营(1982年、1983年);威海(1987年);日照(1992年);荆门(1996年);随州(2000年);湘潭(1983年);张家界(大庸1988年);河源(1988年);惠州(1988年);汕尾(1988年);清远(1988年);阳江(1988年);潮州(1991年);揭阳(1991年);云浮(1994年);北海(1987年);防城港(1993年);贵港(1995年);德阳(1983年);泸州(1983年);广元(1985年);遂宁(1985年);六盘水(1978年);金昌(1981年);白银(1985年);中卫(2003年)
地改市领县	A类(47个)	晋中(1999年);临汾(2000年);乌兰察布(2003年);呼伦贝尔(2001年);通辽(1999年);四平(1983年);辽源(1983年);通化(1985年);白山(浑江1985年);白城(1993年);淮安(淮阴1983年);扬州(1983年);镇江(1983年);黄山(1987年);阜阳(1996年);三明(1983年);泉州(1985年);漳州(1985年);南平(1994年);赣州(1998年);抚州(2000年);上饶(2000年);吉安(2000年);潍坊(1983年);烟台(1983年);济宁(1983年);德州(1994年);三门峡(1986年);漯河(1986年);许昌(1986年);商丘(1997年);南阳(1994年);信阳(1998年);常德(1988年);郴州(1994年);益阳(1994年);肇庆(1988年);绵阳(1985年);内江(1985年);宜宾(1996年);南充(1993年);达州(达川1999年);遵义(1997年);安顺(2000年);咸阳(1983年);延安(1996年);天水(1985年)

① 辽阳市所辖辽阳、灯塔两县比较特殊,由市辖区改县而来。

续表 8-3

类别		领导县的地级市
地改市领县	B类（66个）	衡水（1996年）；晋城（1985年）；忻州（2000年）；运城（2000年）；吕梁（2003年）；鄂尔多斯（2001年）；巴彦淖尔（2003年）；铁岭（1984年）；朝阳（1984年）；黑河（1993年）；绥化（1999年）；嘉兴（1983年）；绍兴（1983年）；金华（1985年）；衢州（1985年）；台州（1994年）；丽水（2000年）；滁州（1992年）；宿州（1998年）；巢湖（1999年）；六安（1999年）；亳州（2000年）；池州（2000年）；宣城（2000年）；龙岩（1996年）；宁德（1999年）；宜春（2000年）；泰安（1985年）；临沂（1994年）；聊城（1997年）；滨州（2000年）；菏泽（2000年）；周口（2000年）；驻马店（2000年）；孝感（1993年）；黄冈（1995年）；咸宁（1998年）；永州（1995年）；怀化（1997年）；娄底（1999年）；梅州（1988年）；钦州（1994年）；玉林（1997年）；百色（2002年）；贺州（2002年）；河池（2002年）；乐山（1985年）；雅安（2000年）；资阳（2000年）；巴中（2000年）；曲靖（1997年）；玉溪（1997年）；保山（2000年）；昭通（2001年）；思茅（2003年）；渭南（1994年）；汉中（1996年）；榆林（1999年）；安康（2000年）；商洛（2001年）；武威（2001年）；张掖（2002年）；平凉（2002年）；酒泉（2002年）；庆阳（2002年）；吴忠（1998年）
地改市领县	C类（13个）	盐城（1983年）；舟山（1987年）；莆田（1983年）；濮阳（1983年）；来宾（2002年）；崇左（2002年）；广安（1998年）；眉山（2000年）；丽江（2002年）；临沧（2003年）；定西（2003年）；陇南（2004年）；固原（2001年）

注：括号内标注为市领导县开始时间，以国务院批准时间为准。很多地级市所领导的县是逐步划入的，以主体县份来源划分设置类型。

1）旧有延续

改革之前就存在的市领导县。省会城市和较早设区的大城市领导县，这类地级市自新中国成立以来就一直存在，改革开放前大概有50个，平均每市领导县3个左右。当然随着市领导县体制的推广，这些市所领导的县市数量显著增长，目前平均辖县6个左右。由于这些地级市经济实力较强，加之长期的城乡互动，地级市对县市集聚辐射作用显著，市领导县的体制对市、县来说都有利，体制运行比较顺畅。

2）地市合并

地区行政公署与该行署驻地的地级市政府实行机构合并，建立新的地级市政府而领导周围各县的模式，这是市领导县体制改革推广初期的主流模式。地市机关合而为一，由市政府领导周围各县，减少一个地级单位，节约了行政资源；同时，打破了地市分立的体制下"市府抓工业，行署抓农业"的旧格局，解决了同级机构并立而产生的诸多矛盾，从城乡分治走向了城乡合治。

3）老市新带县

老市新带县指从城市周围地区划入一定数量的县归改革开放前（1978年以前）设立的老的地级市领导的模式。一般来说，采用这种模式领导县的地级市，具有一定规模，工商业也比较发达，却不是地区行政公署的驻地。在这种模式下，市所领导的县少，但是由于所属地域多经济较发达，在市县均有各自优势，改制初期市县关系融洽，近年市县矛盾较多。

4）新市带县

新市带县指原属于地区行署领导的市县，因社会经济发展水平较高，改革开放后逐步脱离地区领导，升格为地级市，然后将附近县市划归新设地级市管辖。这些新设地级市基础比老地级市相对弱些，但发展势头好、潜力大，一般逐步形成以新地级市为中心的新的省内经济区。

5）地改市领县

地改市领县原来为地区行署，为了实行市管县的体制，新设立了一个地级市，并由它来领导周围各县的模式。这一模式可区分为如下三种情况：

(1) A类：原地区行署所在地在1978年以前已经有(县级)市的建置，城市有一定规模，对周边市县影响较大。

(2) B类：原地区行署所在地在1978年前虽然没有设(县级)市，但在地改市以前已经是县级市，城市规模比较小，对周边县市影响较小。

(3) C类：地区行政公署原本设在县城或一般建制镇上，一般来说工商业不太发达，"地改市"将地区行署驻地所在县升格为地级市，这类地级市基础极为薄弱，虽然长期作为地区行署驻地，但是经济发展水平与周边县相差不大。

地改市领县的B、C两类地改市模式，是市领导县体制推广中后期的主要模式，地级市规模小，对周边市县带动作用有限，这一模式下较容易出现所谓的"小马拉大车"现象。

从市领导县开始的时间来看，改革开放以来，分别在1983年、1993年、2000年前后有三次大的设市热潮，相应地市领导县体制的发展大体可以分为三个阶段：一是1978年改革开放以来，特别是1983年前后，这一波"设市热"大概到1991年告一段落；第二个阶段是1992年"南方谈话"以后，掀起新一轮设市热，地改市在几年内迅速展开，到1998年接近尾声；第三阶段是1999年至今，1999年民政部调整了地改市标准，其基本出发点在于"调整地区建制，减少行政层次，避免重复设置"①，实质上放宽了地改市的标准。

全国现有领导县的地级市，其来源类别以地改市领县(A、B、C合计)为最，占总数的46.8%；其中"地改市领县A"类地级市原有城市基础好，体制运行比较顺畅，"地改市领县C"类的地级市，其基础是原行署驻地所在县，城市发展基础差、水平低，体制运行多少不甚顺畅。

改革开放开始的1978—1991年市领导县主要的来源方式是"老市新带县"、"地市合并"和"新市带县"三种类型，少量"地改市带县"也主要集中于A类，原地区行署所在地设市较早、城市基础条件较好。1992—1998年，市领导县设置类型主要是"地市合并"、"地改市带县A"、"地改市带县B"类型，多数新设地级市是在前一阶段(1978年以后)县改市的基础上展开。而1999年以来的市领导县设置受"民政部〔1999〕105号通知"影响较大，新增领导县地级市主要来自"地改市带县"，其中包括八个地区行署所在县一步到位改为地级市，即"地改市带县C"，此类情况往往存在不达标设市之嫌。

8.3.2 由地区行署到市领导县体制引发的论争

20世纪80年代，对于市领导县体制，政界、学界普遍持肯定的态度。其后，通过多年

---

① 《中共中央、国务院关于地方政府机构改革的意见》(中发〔1999〕2号)有如下的规定："此外，要调整地区建制，减少行政层次，避免重复设置。与地级市并存一地的地区，实行地市合并；与县级市并存一地的地区所在市(县)达到设立地级市标准的，撤销地区建制，设立地级市，实行市领导县体制；其余地区建制也要逐步撤销，原地区所辖县改由附近地级市领导或由省直辖，县级市由省委托地级市代管。各自治区调整派出机构——地区的建制，要结合民族自治的特点区别对待。盟的建制原则上不动。"http://znzg.xytc.edu.cn.

实践,人们对该问题有了新的认识,从 1989 年开始不少学者在总结实践经验的基础上,指出了该体制的优点和局限性,及需要明确认识和处理的问题。

世纪之交,县(市)改区升温,从而出现城市化水平以每年一个百分点的速度递增,而城市数量逐年减少的怪现象。经过 20 世纪 80 年代初、90 年代初和 21 世纪前后三次大的"地改市、市带县"改制高潮,市领导县体制成为占绝对优势的地级政区形式。对于市领导县体制,各界意见不同,形成多种意见。综合各家观点,市领导县体制的优点与问题可概括如下①:

1) 市领导县体制的优点

肯定的观点认为,市管县体制符合我国国情,发挥了重要作用。总结各类观点,其优点主要表现在经济方面、行政管理方面和对于城市化进程的影响方面。下面我们重点谈前两个方面:

(1) 经济方面

第一,市领导县体制有利于打通城乡、统筹规划和协调城乡经济与社会发展,实现城乡一体化。市带县体制,将市县合二为一,解决了原体制下,城市工业、农村农业横向沟通壁垒的格局,达到以城带乡、以乡促城,城乡共同发展。

第二,市领导县体制有利于发挥城市的增长极作用。市领导县体制下,在地级市域管辖范围内,以经济发达的城市为核心,以周边辖县为腹地,依靠上下级隶属的行政权力关系,形成行政一体化地域,在一个中观"行政—经济区"内,可以更好地发挥中心城市增长极作用,推动地域内市场一体化建设。这一体制的实行,整合了行政区和经济区之间存在的矛盾,扩大了经济区范围,解决了社会转型初期行政区和经济区的磨合问题,为经济和社会发展起到了一定的促进作用。

第三,市领导县体制有利于市县各自发挥优势,城乡优势互补,互为依托,互为市场,实现"共赢式"发展。原有市县分治区划格局下,一定程度上存在着行政隔绝、城乡间经济壁垒;实行市领导县后,行政区的经济范围迅速扩大,市场体系发育不成熟的条件下生产要素在行政区范围内实现了优化组合,城乡、市县的优势得以互补。

(2) 行政方面

第一,地级管理层次由虚入实,行政地位提高,有利于名正言顺地开展工作。我国《宪法》第二十九条规定,省、自治区分为自治州、县、自治县、市,直辖市和较大的市分为区、县。由于缺少《宪法》确认,地区行署虽然在很大程度上承担了一级政府的工作任务,却没有地方权力机关(没有同级"人大"),地区的国民经济、社会发展计划、财政预算以及行署官员的任免无法法定化、程序化,政府工作也缺乏相应的有效监督。《宪法》对直辖

---

① 有关论述可参见:浦善新. 1995. 对市领导县体制的反思[J]. 中国方域——行政区划与地名,(5):3-8;华伟. 1998. 地级行政建制的演变与改革构想[J]. 战略与管理,(3):45-60;宫桂芝. 1999. 地级市管县:问题、实质及出路[J]. 理论探讨,(2):77-79;周克瑜. 2000. 反思我国"市管县"体制[J]. 现代城市研究,(5):11-25;汪宇明. 2000. 中国市管县(市)体制的区域结构关系及发展趋势[J]. 经济地理,(3):18-21;钱其智. 2000. 改革地级体制、撤销地区建制[J]. 中国行政管理,(7):12-14;范朝礼,储胜金. 2003. 快速城市化进程中的省域行政区划改革刍议[J]. 中国方域——行政区划与地名,(1):10-14;孙学玉,伍开昌. 2004. 当代中国行政结构扁平化的战略构想——以市管县体制为例[J]. 中国行政管理,(3):79-87.

市和较大的市分为区、县之规定给其发展留有很大空间,实行市管县体制后,省县之间的层次由虚变实,市的重大决策、人事安排等都有“人大”的批准和监督;同时,其税收、财政也在一定的制度规定下实现了与省、中央的合理分割,形成了一定意义上的地方财政。

第二,20 世纪 90 年代前,地市合并是市管县改革的主流模式,地改市的实行缩小了政府机构的规模,提高了行政效率。地市合并前,各地区行署一般设在城市,很大一部分设在中心城市内部。同一城市里,同时并存着两个等级相同、性质类似的行政机构,行使着几乎同等的职权,不可避免地会产生诸多矛盾问题。地市机关合而为一,由市政府领导周围各县的改革,不但减少了一个地级政府机构,而且解决了长期以来由于这两个行政级别相同的机构并立一个地方而产生的诸多矛盾,从而节约了行政资源、提高了行政效率。

第三,加强了对县的行政管理。在原有体制和交通不便、信息交流相对困难的情况下,省如果直接管县,其管理幅度过大,管理负担过重,在省、县之间增加实体性的地级市这个层次,确实起到了加强管理的作用,适应了当时条件下强化管理的需要。这对于推动我国经济体制改革和行政体制改革,建立以城市为中心的不同层次不同规模的各具特色的经济区,具有极其重要的意义。

2) 市领导县体制的问题

对于市领导县体制,随时间推移,其弊端也逐渐显现,概括起来大概有如下几个方面:

(1) 经济方面

第一,所谓的“小马拉大车”问题。市领导县体制下,有的中心城市不具备经济条件,勉强领导县,或者领导县过多,超出其实际能力的市,当时被形象地称为“小马拉大车”现象。早在 1982 年 51 号文件中就明确指出:“市领导县体制的实行条件是在经济发达地区,由各省、自治区选择一个或几个地区进行改革试点,一时不具备试点条件的,也不勉强凑数。”后来一再强调“不能匆忙推行地市合并”,1986 年 4 月国务院 46 号文件较为详细地规定了市领导县的标准,即“市区非农业人口 25 万人以上、年国民生产总值 10 亿元以上的中等城市(即设区的市),已成为该地区的政治、经济和科学、文化中心,并对周围各县有较强的辐射力和吸引力,可实行市领导县体制”。然而,20 世纪 80 年代末期,各地相互攀比,推行市领导县体制过多、过快、过热。1988 年前后“建市领县”逐渐成为主流的地改市模式,很多地方,把原行署所在县一步升格为地级市,来领导原地区辖县,这类城市往往经济实力不足,辐射带动能力弱,实际上不具备领导县的能力和条件。

第二,市领导县打破了旧的条块分割,又出现了新的条块分割,束缚了县的主动性和积极性的发挥。根据我国《宪法》规定,市和县是两个平行的行政区域单位。市领导县体制下,县(市)接受地级市的工作指导,并不意味着县就如同市辖区那样,成为市的组成部分,县(市)有一定的独立性、自主权。然而,在市领导县之后,有的市把县当作附属行政单位,过分强调全市一盘棋,要求县的经济发展从属于市区经济发展需要,因而出现所谓的“市刮县”、“市卡县”等现象。凡此种种,限制了县的独立发展,阻碍了市场经济在更大范围内的推进。

第三,“三农”工作相对于地区行署时期有所弱化。市领导县体制下,地级市往往以城市工作为中心,相比过去地级行署工作重点在农村,地级市对农村工作指导相对削弱。

地级市比行署多一块自身实体，工作中往往首先考虑的是如何加强市区发展，县域“三农”工作相对边缘化。地级市在部门设置、领导干部配备上大多倾向于非农部门，很多县域非农产业在地级市领导下有了长足的进步，但却往往是以牺牲农业发展为代价的。

(2) 行政方面

第一，理论上讲，市领导县增加一级政权管理层次，不利于政府机构高效运转。地级市管辖原来属于地区行署的县，其实质一方面是把一级城市政府变为辖县的一般政府，同时又是将派出机关地区行政公署转变为省县之间的一级政权，使省县之间的一级行政层次由虚变实。实行市领导县后，凡是县政府和其他职能部门需要向省请示解决的问题，无论是政策性的还是业务性的问题，本来可以直接沟通的，一般都要通过地级市这一中间层次，比地区管县市时对县的约束性更大，降低了办事效率。

第二，机构、编制膨胀和财政支出加大问题。如前所述，市领导县只有小部分是地市合并的产物，大部分是地区转市、适度调整的结果。地市合并可以减少一套行政机构，而地改市却要增设机构、扩大编制。作为省及政区的派出机构的地区行署，其机构相对较为精简，而改为一级正式的政区机构——地级市，党委、纪委、政府、人大、政协五套班子必然要健全①。地改市实际运行过程中，机构、编制膨胀，财政支出成倍增长。

第三，市县职能定位不清，市县竞争加剧。省级政府基本以宏观管理为主，制定政策多；县级政府以微观管理为主，执行政策多。地级市既不是宏观也不是微观，职能就是两头各拉一点，即从省里下放一点，从县里上收一点。县级政府长期以来一直是拥有较高自主管理能力的组织，而地级市这一层次管理由虚变实以后，便使不少县级政府的权限上收，影响和干扰了县级政府发挥其固有自主管理的权能。由于市、县财政体制的相对独立，市、县成了两个相对独立的发展主体，市、县在经济发展中必然有竞争，其结果往往是县(县级市)被统得过死，缺乏应有活力。

8.3.3 对市领导县体制的深入剖析

市领导县(市)体制实际运行中利弊互见，各地区情况也有很大不同，因此并不能一概而论。从根本上讲，由于我国经济体制已基本实现了计划经济向市场经济的转轨，旧有的上层建筑已不适应于急剧变化的生产力发展的需要，必须进行改革，以在一个新的高度上重新发挥上层建筑对生产力发展的促进作用。

改革开放之初，经济改革市场化取向尚不明确，市领导县体制适应了当时各类经济资源主要由行政力量配置、主要按行政区流动的特点，在市场经济体制建设处于起步阶段、全国性的市场尚未建立起来时，在一定程度上密切了城乡联系，市领导县体制与当时的现实需要基本是相符合的。但全国各地经济基础、城市化发展水平差距显著，很多地方地改市存在盲目跟风、一哄而上的问题，优势未现却往往出现上述种种弊端。市领导县体制在今天遭遇越来越多非议的根源有二：一是盲目推广导致的地区性不适应；二是计划与市场博弈，市场经济体制成长导致的环境变迁性不适。

---

① 中共十四届二中全会通过的《关于党政机构改革的方案》规定，地区党政机构控制在 30 个左右，编制控制在 900 人左右，辖县较少的地区控制在 500 人左右；地级市机构控制在 50 个左右，编制平均在 2 100 人左右。

1)制度设计的初衷与现实作用的发挥

实行市管县体制的本意在于:第一,把城市周围与城市有密切地缘关系的农村划归城市统一领导,解决城乡分割问题;第二,把同一城市内,分属中央、省、地区各主管部门管理的企业,逐步交由所在城市统一管理(除少数大型骨干企业仍由中央各部委直接管理外),解决“条条”分割问题;第三,通过发挥本地区优势,广泛开展地区分工与横向经济合作,建立开放型经济网络,解决“块块”分割问题;第四,有效协调改革开放以后我国经济管理与行政管理两者之间的关系,在法律上予以明确界定,解决省内行政区与经济区相分离的问题。

就上述出发点而言,实行市管县无疑是正确的。但问题在于,从实践的效果看,不仅与原来的设想相差较大,而且出现了新的矛盾与问题。在我国以行政性分权为主、政府职能转换不到位的体制背景下,实行市管县体制的地区,本质上仍然是一种城市行政区而非城市经济区。

改革开放以前的计划经济时期,我国实行市县分治的行政管理体制,城市人为地脱离周围地区而孤立发展,社会经济发展中“条块分割”、“城乡分离”,严重影响了我国城市化进程,也制约了中心城市自身发育与作用发挥。20世纪80年代以来,人们加深了对中心城市地位与作用的认识,明确提出了充分发挥城市的中心作用,逐步形成以大中城市为依托的不同规模、开放式、网络型城市经济区的设想,并相应地在城市经济与行政管理体制上进行了重要的改革。市领导县体制的实行、推广,不仅着眼于对城市在经济管理权限上的放权,而且扩大了城市的行政管理权限,在地域组织形式上也给予了明确的保证,是带有综合性的放权,也就是试图建立中观地域(若干县组合)的城市经济区。然而,城市经济区与市领导县体制下地级市域有本质区别,市领导县体制的构建,并未达到构建城市经济区的目的。有学者论述了其本质区别。

第一,城市经济区是一种以城市为中心的经济客体,是经济发展的地域组织形式;而市管县体制,在本质上仍然是一种地方政权的存在形式以及行政区划管理组织形式。尽管我国的行政区划管理被赋予了特定的经济管理内涵,但归根到底还必须为地方政权建设服务。因此,市管县体制所构成的区域,在本质上还是一种城市行政区,只不过与过去的市县分治和地区行署管理体制相比,城市的行政“地盘”扩大了,城市取得了对周围地区实施行政与经济管理的合法地位,整个地区的政治、经济和社会管理组织形式由“虚”变为“实”。

第二,城市经济区的运行以企业为主导,区域经济发展是按照市场规律运用经济手段和经济法规进行管理。然而,在市管县地区,由于我国政府职能转换问题没有得到根本解决,因此,政府仍然对地区经济发展起着主导作用。同时,大市带县以后,仍旧沿用传统的行政管理手段、方式对周围地区进行经济管理。就此而言,实施市管县体制以后,即使城市所辖地域范围基本与客观存在的经济区保持一致,但两者也只是形式上的统一,在内涵上并没有得到统一。也就是说,市管县体制所构成的区域,还不是真正意义上的城市经济区。

第三,城市经济区的划分主要考虑经济因素,特别是地域之间的合理分工问题。因此,城市经济区是一种有机的生产地域综合体。而市管县范围的确定,除了考虑经济因素外,还必须考虑其他一些诸如政治的、民族的、文化的、历史的、地缘的因素,等等。即使对经济因素的考虑，也更多地着眼于地区之间的利益关系平衡，致使我国市管县范围的确定，普遍受到人为因素的不合理干扰，如一些县的归属往往就是各地级市与省讨价还价的结果，有的甚至是省政府直接用行政手段强行捆在一起的。从这个意义上说，市管县所构成的区域，在很大程度上是一种复杂的、微妙的社会综合体。显然，与作为生产地域综合体的城市经济区相比，两者并不能相提并论①。

上述城市经济区与城市行政区两种组织形式的本质区别，决定了在我国实行市管县体制过程中，不可避免地会产生体制本身无法克服的弊端。

从推进计划经济体制向市场经济体制角度看，市领导县体制的推行，有其合理性的一面。它在一定程度上，满足转轨时期增强中心城市作用的同时，客观上推动了市场经济的发展。随着中央向地方分权，上级政府向下级政府分权，中心城市在经济上的独立性与传统体制相比明显加强。这一时期，区域经济发展处于计划纵向传达方式向市场横向作用方式过渡阶段，中心城市处于计划调拨与市场横向流动的汇合点，此时，中心城市与区域在联系方式上必然要求中心城市的直接波及区与行政区一致，即所谓的省内行政区与经济区的高度一致。如果从这一观点出发，那么，实行市领导县体制把中心城市的经济影响区与行政区统一起来，有利于体制转轨时期最大限度地发挥中心城市的作用，所以说其有一定的积极意义。

但是，实行市领导县体制，一方面仅仅是初步把城市经济区与行政区在形式上统一起来，在内涵上，由于受到我国的行政性分权改革滞后，同时政府职能转换不到位的影响，两者并没有得到真正的统一。另一方面，随着市场经济体制的发展，市领导县体制也逐步从市场经济推进的手段演变成为市场发展的"阻碍因素"。市管县体制虽然在一定程度上打破了市县间旧的条块分割，但是又形成新的"块块"，只不过这个"块块"成倍放大，中心城市的行政"地盘"增大，使得各中心城市在处理一些经济发展问题时的回旋余地更大，然而，正是由于存在这种内部的回旋余地，在客观上反而阻碍了更大范围内各个中心城市之间的横向协作，形成地级市与地级市之间新的"块块"分割。

由此可见，市管县体制的实行，实际上是把中心城市的作用发挥限制在一个新的框框内，并没有真正突破行政区划的限制。究其根源，在于市领导县体制仍旧是一种集中统一和依靠行政手段管理经济的传统体制模式，随着经济体制改革的重大变革和市场经济的发展，市领导县体制主要依靠行政力量所起到的本来就很微弱的作用会逐渐失去效力，弊端逐渐暴露，以致成为市场经济扩张和区域经济发展的障碍。

2）市领导县体制下的县级政区

如果说在计划经济体制占主导地位时期，市领导县体制对于中观城市经济区构建、密切城乡经济联系起到积极作用的话，那么在转向市场经济为主导的时期，行政管理上单一集权体制下的县级政府则面临着更多的困境。

现行市领导县制度安排下，县级政府任务多、权力少，主要表现在事权、人权、财权三个方面：第一，县级政府在公共事务的管理权力的划分中处于明显的弱势地位，省、市两级政府对县级政府职能部门进行双重垂直领导，大量本该归县的公共事务处理权限都不

---

① 周克瑜. 2000. 反思我国"市管县"体制[J]. 现代城市研究,(5):11-25.

在县级政府,而是受控于地级市;第二,县级政区在人事安排方面处于省市级,尤其是地级市党政机关的控制之下;第三,县级政府总体处于职能扩展压力下的财政困境中,作为与社会联系最紧密、最直接、最全面的一级政府,县级政府的职能日益扩大,但在现行财政制度中地位十分被动。

在集权型的行政管理体制下,县级政府最合乎理性的应对策略便是静候中央、省、地市级政府发号施令,紧跟上级政府的指挥棒转,遇到新情况新问题,则先请示上级,再依指示行事。很多时候,所谓“自上而下的分权”,往往分到地级就戛然而止了;所谓“调动地方政府积极性”,往往调动了省、地级政府,而县级及其以下政府的积极性却没有调动起来。由上而下的层级控制使县级政府缺乏应有的区域内公共事务的决策权,仅成为上级政府决策的执行机构。决策是现代政府管理的本质所在,在一定程度上管理就是决策。决策权的缺乏导致县级政府相对于其上级政府而言具有非完整性。它只是上级政府的一个行政单位,一个执行机构,甚至只是一个派出机构,而不是一个完全的政府组织。

上述问题,究其根源是政治体制改革滞后于经济体制改革造成的。但是,地级市领导县体制的泛滥、地级政区层次的存在在一定程度上确确实实起到了推波助澜的负面作用。

3) 市领导县体制的未来预期

综上所述,市领导县体制是一定历史条件下的产物,带有明显的计划经济体制色彩。“市管县”是用旧的行政手段去实现新的改革目的①。在计划经济体制下,经济区的范围就是行政区的范围,区域经济呈封闭状态、城乡阻隔状态。在传统计划经济体制向市场经济体制转轨的初期,借用行政手段,市领导县体制在一定程度上冲破了行政区对经济区的束缚,推动城乡经济共同发展,构建以城市为中心、乡村为腹地的经济区,确实起到了密切城乡关系、加强城乡合作、促进城乡共同发展的重要作用。但随着社会主义市场经济的发展和政府职能的调整,市领导县这一带有浓厚计划经济体制色彩的行政体制已越来越难以适应市场经济发展的需要,甚至成为市场空间扩张的阻碍。在成熟的市场经济条件下,经济区的形成是生产要素自由流通的结果,城乡之间、地区之间的经济关系更多地表现为商品交换关系,区域经济发展是以资源最优配置为前提,行政力量导致的结果往往适得其反。因此,必须转变城市对乡村的支持和带动仅依赖于行政区域上市带县的陈旧观念②。当前市场经济体制日益成熟,冲破行政区对经济区的约束,实现区域经济由纵向经济延伸走向横向经济联合已经成为必然。

总之,特定的政治经济环境造就了市领导县体制,市领导县体制也将随政治经济环境的变迁完成其历史使命。随着社会主义市场经济体制的确立和发展,市领导县体制赖以存在的外在制度环境已经发生了重大变化。一方面,中央与地方的分权已经从行政性分权走向了经济性分权;另一方面,随着现代企业制度的建立和生产要素市场的发育完

① 方觉. 1989. 城乡分立还是城乡合一?——对“市管县”和“县改市”做法的商榷[J]. 中国行政管理,(8):21-26.

② 孙学玉,伍开昌. 2004. 构建省直接管理县市的公共行政体制——一项关于市管县体制改革的实证研究[J]. 政治学研究,(1):35-43.

善,市场机制已经成为资源配置的主导机制,资源配置权也从政府转向市场和企业,地方政府作为相对独立的利益主体,其影响经济社会发展的方式、手段都应该发生相应的变化①。

市领导县体制的兴衰过程,实际上是中国政治经济体制改革过程的一个缩影,全局性的改革时时刻刻牵动着这个环节的变革。从历史作用的角度来看,市领导县体制起到了冲破原有计划体制、改变原有政企关系、导入市场经济体制的作用,恰恰是它的实行孕育了改革进一步推进的种种要素,为改革的深化准备了条件。然而,当改革已经过了孕育期并向着纵深方向发展的时候,对行政体制的这种依赖已经逐步消弭,并且逐步成为政治经济体制改革进一步迈进的羁绊。摆脱旧有行政框架的束缚,更多地发挥市场的作用,这应该成为新型城乡结合的发展方向。未来,无论是中心城市作用的发挥,还是市、县利益的协调,从根本上来说,都应依靠市场机制或经济手段,而不是依靠行政机制或行政手段。随着中国经济和政治的现代化,行政体制和行政区划应该被科学地确定并相对稳定地存在和发挥作用。市领导县体制,与其所适应的时代背景——转型期一样,随着经济转轨的完成、社会主义市场经济体制的完善,也必将被新的制度所取代。问题在于,新制度取代旧制度是采取"剧变式"还是"渐变式"的方式展开。

8.4 从"切块设市"到"整县改市"——关于县的意义与县级市体制的分析

改革开放30多年来,县级政区改革主要为整县改市和撤县(市)设区,前者为1983—1997年的主要方式;至1997年县改市冻结以来,县(县级市)改为市辖区(或者与其他市辖区重组设区),相对呈上升趋势,成为县级行政区划调整的主要内容②。县改市冻结后,真正松动的信号始于2010年的十一届全国人大常委会第十三次会议。在这次会议上,官方正式提出"积极研究完善设立县级市的标准,把人口、经济、财政、税收以及城市建设达到一定规模和标准的县(镇),适度改设为市",并要求国家有关部门抓紧落实③。而如今,"县改市"沉寂16年之后,"县改市"借"新型城镇化"之名,再次高歌猛进,大有卷土重来之势。据统计,至少有138个县酝酿撤县设市,广东、贵州、云南和陕西4省就有60多个县提出撤县设市④。

县是中国历史上最为稳定的行政区划单位和名称。春秋后期,各诸侯国普遍设县,至今绵延不绝。有学者指出:"行政区划单位中变化最大的是地方一级行政区划单位","变化最小的是中国行政区划最基本的单位——县。它历经了两千多年,始终没有很大变化"。县制的产生与发展为传统中国中央集权的形成和壮大奠定了体制和社会基础,

① 王佃利.2004.市管县实践的反思——"复合行政"的视角[J].北京行政学院学报,(4):19-23.

② 浦善新.2011.县改区热观察[J].决策,(1):60-61.

③ 张道刚.2012."产强城弱"下的"县改市"[J].决策,(7):3.

④ 佚名.2013.我国138县酝酿撤县设市:借城镇化夺地抬高房价.[EB/OL](2013-06-09).http://finance.sina.com.cn.

也为统一的多民族国家的形成、发展和繁荣提供了制度保障①。

在稳定的以县域为单位的行政区域内,形成了一个地方独特的生活方式、风俗习惯、商贸经济、语言特色、地域精神和性格。因为没有受到过多的行政区划的调整,如果再加上没有战争的动乱,它可能几百年几千年地保留了当地最传统的地方文化。而中国历史上就有编撰地方志的传统,地方志大多以某个行政区域为对象,按一定体例全面记载某一时期某一地域的自然、社会、政治、经济、文化等方面的情况,因此传统的地方文化可以被长久地保留下来。所以,对县级行政区的调整,势必会影响到当地的社会、经济、文化等方方面面。

8.4.1 “县”在中国政区体系中的核心地位与“合法性”意义

县和县级政区、县辖政区、统县政区等,都是具有中国特色的政区分析概念。“县”在中国政区体系中具有某种特殊的地位,同时,也具有某些特殊的意义。虽然许多学者在通常的意义上指出过县的悠久历史和稳定地位,但也似乎仅止于此,未能深入分析这一现象背后的深厚意蕴。

目前,在我们讨论中国当代行政区划改革等问题时,对于如县(还包括省)这样的范畴,更多谈论的是对其如何改革(如撤县设市、设区,县市合并等)以达到不同时期的所谓的发展目标,其不言而喻的前提似乎是,县是天然落后的、乡村式的、适合传统社会的政区形式,且基本遵循的是从上至下、行政命令式的程序和方式。这些,今天来看,都有反思的必要。实际的改革过程中,我们也似乎考虑到种种因素,但唯独对于该政区本身,其所具备的意义——既有文化层面的,也有政治层面的——往往不甚关注,或被有意无意地忽视。

这种状况促使我们反思。一方面,尽管县和县级政区几经调整,但其基本格局、职能等依然较为稳定,而社会各界在谈论中国当代行政区划的改革时,也基本认同以县和县级政区为基本单位,这说明县在人们的心目中,已经自觉或不自觉地具备了某种先在的、既定的、不言而喻的体现某种权力秩序体系的意蕴,也是人们基本的地方认同、地方归属的单位;而另一方面,我们50余年来的多次调整、反复,以及目前的迷失、找不准改革的目标等现象,又说明我们对县和县级政区的意义、作用等,认识上还较肤浅,还没有认识到其所具备的那些先在的、既定的、具备不言而喻的权力秩序的意蕴,也缺乏对其所承载的地方意义、地方遗产的必要尊重。所以,在此,实有必要全面分析一下如县这样的政区的深层意义。明乎此,则就容易确定行政区划改革的前提和出发点。

我们认为,县(及县级政区)在中国的政区体系中具有核心和基础的地位,是各地地方特色、文化遗产形成的主要依托,也是政府治理“合法性”的重要表现。这可以从如下两个方面来分析:表象来看,从历史发展和现实态势而言,在长达2 000余年不间断的发展历史中,县在客观上成为介于地方和基层之间、具有承上启下、沟通各方的作用的政区层级;而从深层来分析,县实际上还具有形成地方特色,并进而维系地方、形成地方性、地

① 闫恩虎.2009.中国县制改革的思考[J].嘉应学院学报,(2):49-55.

方遗产的重要作用，也是政府治理“合法性”的重要来源①。

1）表象：历史发展与现实态势

从政区的历史发展来看，在各类政区体系中，县是最为稳定的，其延续性也最长。一般认为，县制萌芽于西周，产生于春秋，发展于战国，定制于秦代，并一直延续至近代，以迄于今，延续2 500余年。同时，又贯穿不同社会形态，且其内在治理方式虽也发生了很大的变化，而在职能定位上，县又一直为治权所及的最主要单位，具备完善的治理功能，可以承担较为全面的权责，县级首长也一直有所谓地方的“父母官”、“亲民官”的称呼。对此，谭其骧先生早于20世纪40年代就曾有论述：“县乃历代地方行政区划之基本单位。州郡置罢，分并无常，境界盈缩不恒，县则大致与时俱增，置后少有罢并，比较稳定。……县则历代标准大致相似，虚置滥设者较少。一地方至于创建县治，大致即可以表示该地开发已臻成熟；而其设县以前所隶属之县，又大致即为开发此县动力所自来。”②当代政治学者吴国光也认为：“‘县’在中国目前是行政区划的关键一环：低于县的层级（即目前的乡镇一级）并不具备全面的治理功能；而高于县的层级（包括地市一级和省一级）则距离民众较远，幅员更为广大，虽则其治理功能基本上是县一级的放大。在多种意义上，‘县’都是中国权力架构的基本单位。正因为如此，目前中国政治所面临的困境在县一级也特别突出。”③

县在我国地方治理结构中的主要功能是非常突出的。首先是县的政治功能，因为县同省一样，是国家结构体系中综合性很强的政区类型，作为一级政权机构，县具有强大的政治功能。由于县相对于国家和省而言，处于基层的地位，因而其工作是直接面对广大农村和农民，这也就决定了县本身的稳定对整个国家和社会的稳定有很大的意义。中国历代行政区划建制变更很大，但基本都能保持社会稳定，其中一个很重要的原因就是因为“县”作为基层行政区划能够始终保持相对稳定。新中国成立后我国多次经历政治和经济波动期，但国家始终能保持大局的稳定，这与县级政权对乡镇强有力的管理是分不开的。其次，县的经济功能也很强大。县是一级基层经济社会和自然相互交融、相对独立的综合体，在长期以来的发展中形成了“自给自足”的经济特色，具有相对的独立性。纵观我国几千年的历史，“以农立国”的重农国策就一直决定着县的经济主要是以农业为主。在我国现行体制下，虽然县的第二、第三产业发展非常迅速，但其大量工作依然是主要面对农村、农业和农民，即所谓的“三农”工作的重点还是在县里。可以说，县域经济的好坏直接关系到一个地区乃至省域经济的好坏。

有论者曾经指出：“县制在中国历史上之所以长盛不衰，对历代行政产生重大作用和深远影响，就是因为县的设置不是一种权宜的或随意的措施，而是由于政治、行政和经济等种种因素结合而成的。因此，经过2 000多年的发展，县逐渐成为社会政治、经济、文化等方面相对独立的、呈稳定状态的基层社会单元，能够在任何国家制度下，都以不可轻易

① 详细分析可参见史卫东，贺曲夫，范今朝. 2010. 中国“统县政区”和“县辖政区”的历史发展与当代改革[M]. 南京：东南大学出版社：7-19.

② 谭其骧. 1987. 浙江省历代行政区域——兼论浙江各地区的开发过程[M]//谭其骧. 长水集. 北京：人民出版社：398-416.

③ 吴国光. 2004. “县政中国”——从分权到民主化的改革[EB/OL]. (2004-07-28). http://www.tecn.cn.

分解的行政实体而发挥作用。"①

2) 深层:地方遗产形成的主要原因与政治"合法性"的重要来源

上述所论目前学术界对"县"制的一般看法还仅是表象,是一般的历史事实;然则仅仅如此,并不必然表示县制的不可代替、不可废弃。更重要的还在于,县在其长期发展过程中,具备了重要的文化学的、政治学的意义,即下对辖区的历史文化等地方特色的形成、维系和发展,即地方感、归属感的形成等,有重要意义;上则成为政府、统治者的权力、治理的合法性的重要来源。

(1) "县"的稳定与"地方"的形成、地方遗产的传承

实际上,关于政区与区域的发展、区域历史文化特征的形成,也即区域遗产的形成的关系,已经多有论述。早如谭其骧先生关于"浙江各地区的开发过程与省界、地区界的形成"关系的论述②,周振鹤先生关于"方言与历史政区"关系的考察③等,近则如林拓④、张伟然、康健、张晓虹等对福建、湖南、云南、陕西等区域文化地理的论述⑤,黄忠怀对"庙宇与华北平原明清村落社区"发展关系的考察⑥,以及朱竑等关于"行政建置变更对海南岛区域文化历史发展的影响"的研究⑦等,都从不同侧面说明了政区与区域文化现象形成的高度相关性,只是未直接使用今天的"遗产"概念罢了。张伟然就明确提出:"有些文化现象,如物质层面的某些文化要素其空间过程确实与政区没有多少联系,而有些文化现象,它与政区之间简直就密不可分。特别是当讨论地域观念、文化认同等问题时,我们不妨说,文化区就与某种尺度的政区具有一种重叠的关系。"⑧

政区,尤其是县级政区,是地方遗产、地方特色,即所谓"地方感"形成和维系的重要依托。不可否认的是,由于县在中国历史上的长期稳定,且范围适度,具备明确的权力中心,因此,明显的"地方"概念,基本是以县为单位所形成。大量的地方特色、文化遗产,以至心理认同等,均以"县"为单位。反之,我们要维持地方特色,保护地方遗产,则"县"也不能不保持稳定。以中国当代的遗产保护状况为例,从中国当代被纳入法定保护体系的遗产的构成来看,也可发现:当代中国的遗产类型,其绝大多数均与区域,尤其是县级政区有关。

中国目前的遗产保护体系,可以概括为纵向的三个层次和横向的三大系列。纵向的三个层次为世界级、国家级、地方级(主要是省级)的遗产保护等级;横向的三大系列即按照管理部门的不同,大体上可划分为:文化管理和文物保护部门所管理的文化遗产(主要

---

① 靳尔纲,张文范. 1996. 行政区划与地名管理[M]. 北京:中国社会出版社:144.

② 谭其骧. 1986. 浙江各地区的开发过程与省界、地区界的形成[M]//复旦大学中国历史地理研究所. 历史地理研究(第1辑). 上海:复旦大学出版社:1-11.

③ 周振鹤,游汝杰. 1986. 方言与中国文化[M]. 上海:上海人民出版社:54-67.

④ 林拓. 2004. 文化的地理过程分析[M]. 上海:上海书店出版社.

⑤ 参见周振鹤. 1997. 中国历史文化区域研究[M]. 上海:复旦大学出版社.

⑥ 黄忠怀. 1997. 庙宇与华北平原明清村落社区的发展[M]//中国地理学会历史地理专业委员会《历史地理》编辑委员会. 历史地理(第二十一辑). 上海:上海人民出版社:194-208.

⑦ 朱竑,司徒尚纪. 2006. 行政建置变更对海南岛区域文化历史发展的影响研究[J]. 地理科学,(4):23-26.

⑧ 张伟然. 2006. 归属、表达、调整:小尺度区域的政治命运——以"南湾事件"为例[M]//中国地理学会历史地理专业委员会《历史地理》编辑委员会历史地理(第二十一辑). 上海:上海人民出版社:172-193.

是可移动文物、文物保护单位与非物质文化遗产），城乡建设管理部门所管理的遗产地类遗产（涵盖文化遗产、自然遗产和复合遗产，如风景名胜区和历史文化名城、名镇、名村等），以及国土资源、环境保护、林业、海洋、农业等环境资源管理部门所管理的自然遗产（包括珍稀物种和自然遗产地，如自然保护区、地质公园等）[①]。这其中，名城、名镇、名村本身就是规模不同的各级聚落，分处乡村社区和县级政区层面，风景名胜区、自然保护区等，也都主要在县级政区范围。非物质类文化遗产，就更与基层社区息息相关。2006 年国家公布的第一批"非物质文化遗产"[②]有 10 个大类，除了"传统医药"外，其他 9 个大项中大量项目直接与所在社区相关，甚至名称上就直接以此命名，如耿村民间故事（河北省藁城市），左权开花调（山西省左权县），等等。2008 年 6 月公布的第二批 510 项"非物质文化遗产"[③]，情形亦复如是，如北票民间故事（辽宁省北票市）、昌黎民歌（河北省昌黎县）等。这些遗产，已经与其所在区域密不可分；换言之，区域的诸多文化特质、环境特征等，就是构成这些遗产的原真性的重要组成部分，并与该区域的形成互为因果。

由此可见，不论是当代对遗产概念认识的深化和保护范围的扩展，还是遗产保护本身原真性的要求，都表明遗产与其所在区域密不可分。在中国，由行政区划所划分而来的政区，尤其是县级政区，在遗产，尤其是文化类遗产的形成中也扮演了至关重要的角色。

(2) "县"的设立意蕴与地域"合法性"的来源

更重要的是，县在其长期的发展、演变过程中，还具备了政治上的特殊意义。即在中国传统社会中，县还与国家的发展目标有关，是官方政治理想中的政区模式，用今天的术语来说，县也是政治"合法性"、"正当性"的重要来源。

所谓"合法性"、"正当性"(Legitimacy)，用西方学者的话来说，"任何一种人类社会的复杂形态都面临一个合法性的问题，即秩序是否和为什么应该获得其成员的忠诚的问题。而在现代社会，这个问题变得更为突出也更为普遍"。西方学者，如韦伯、李普塞特、哈贝马斯等人，对合法性均有重要论述。一般说来，一种政治秩序的合法性是指它获得被统治者自愿服从的能力，或者说在不使用暴力的条件下获得被统治者支持的可能性。一个政治秩序失去合法性意味着失去被统治者的忠诚。这便是合法性危机，合法性危机将带来国家和社会基本结构的变化。所以任何政体都需要意识形态，都需要给自己披上合法性的外衣[④]。这些理论，同样可以用在分析中国社会方面。中国古代王朝的地域正统性，也就是地域合法性，在古代是一个很重要的问题。县，即在统治区内设立"县"的建制，无疑就是王朝、政府等占有地域合法性的重要因素。

事实上，在中国传统社会中，县的设立与否，不仅表示的是一地区及人民是否为统治

---

① 详细情况可参见范今朝，范文君. 2008. 遗产概念的发展与当代世界和中国的遗产保护体系[J]. 经济地理，(3)：503-507.

② 国务院办公厅. 2006. 国务院关于公布第一批国家级非物质文化遗产名录的通知[EB/OL]. (2006-05-22). http://www.gov.cn.

③ 国务院办公厅. 2006. 国务院关于公布第二批国家级非物质文化遗产名录和第一批国家级非物质文化遗产扩展项目名录的通知[EB/OL]. (2006-06-14). http://www.gov.cn.

④ 转引自康晓光. 2013. 仁政：权威主义国家的合法性理论[EB/OL]. (2013-08-04). http://www.tecn.cn.

者所直辖的状况，而且表示的是中华文化、“纲常名教”是否播于四方，也就是说，该地是否为华夏衣冠所及、声教所传之地。中国古代王朝、帝王的政治理想，在儒家成为正统思想后，《禹贡》所勾画的九州，以及其他的空间构成体系，都成为必须追求的目标，也是必须承当的责任，最终达到“声教讫于四海”的理想境界，这样，设置郡、县就是这种追求的结果。相反，在文化尚未认同之地，则为羁縻之制。此点，汉武帝曾经清晰地表达出来：“事天以礼，立身以义，事父以考，成民以仁，四海之内莫不为郡县，四夷八蛮咸来贡职，与天无极，人民藩息，天禄永得。”（汉武帝“泰山刻石文”，见《后汉书》志第七《祭祀上》注引《风俗通》）。这里的“四海之内莫不为郡县”，就是一种重要的政治理想，也是一个政权、统治者获得合法性、正当性的重要原因，即他愿意承担这样的使命。统治者的合法性，就在于以华变夷，进而“四海之内莫不为郡县”；而精英、民众也均对此服膺勿失。这一过程，虽也伴随着开疆拓土、征战杀戮，但其目标，仍在于将儒家的理想——仁义礼教等布于四海。即使在当代，在中国人心底深处，因受中华文化的熏陶，对诸如“县”这样的符号，仍持有相似的认知，成为一种集体无意识，一种惯性和习惯。

这里，“县”就不仅仅只是一个一般的名称了，而是成为蕴含有诸多价值、信仰的符号。而正是这些价值和信仰决定了人们对既定政治过程、对现实的政治组织、对既有的当权者的态度，也至关重要地影响着人们对其所处政权、所处政治空间的态度，尤其是对既定政权、现有政治空间的正当性、合法性的认知。

从这些分析，我们可以看到，县和县级政区不仅在形成地方特色、文化景观等“地方性”方面，具有决定性的作用，而且，县和县级政区，尤其是县本身，实际上成为统治者“合法性”的重要来源。明确了县的文化、政治方面的意义，我们会对统县政区、县辖政区有更深切的认识。法国19世纪著名的政治学者贡斯当曾经指出：“我一直认为对待过去应当客气一些，因为首先在过去，并非一切都不好；其次，客气一些可以使过去比较平和地隐退。”①我们认为，对于县制及其“县”名，亦当作如是观。

8.4.2　县级市现状评价及改革设想②

1997年，由于国务院全面冻结审批撤县设市，我国县级市行政建制单位自此进入萎缩与倒退期，从1996年的445个降至2013年的368个，这与我国10余年来经济社会迅猛发展、城市化快速推进的时代背景极不相称。作为我国城市型区划体系的重要一环，县级市的减少，不仅导致了我国城市等级规模结构的整体失衡，且助长了地方政府撤县设区、变相扩大城市政区之风。因此，中央政府将何时以何种方式重新放开和推进县级市行政建制改革，各界已经期待多年。2013年11月，中共十八届三中全会通过的《中共中央关于全面深化改革若干重大问题的决定》明确指出，为完善城镇化健康发展体制机制，将“完善设市标准，严格审批程序，对具备行政区划调整条件的县可有序改市”，这将意味着自1997年以来整整停止了16年的县改市即将再度启动。

在重要的转折点上，开展对我国县级市发展现况的研究，一方面可为当前改革提供

---

① 转引自刘军宁，等. 1998. 自由与社群[M]. 北京：三联书店：5.

② 本节内容主要据石超艺. 2014. 中国县级市现状评价及改革设想[J]. 江汉论坛，(3)：17-20.

参考,另一方面还可能为整顿与健全县级市行政区划体制提供依据。在 20 世纪八九十年代我国的设市热潮中,有一部分县在改市过程中带有盲目和不够健康的指导思想,由于审批不够严格,少数县在某些指标不能达标的情况下也改成了市,这不仅造成了我国市制的混乱,并直接成为国务院紧急叫停撤县设市的主要原因,同时也导致了我国假性城市化较为普遍。本节将对现有县级市的发展状况进行评估,以期为新的历史时期的设市模式、设市标准以及对存量县级市的变革方向提出一些对策建议。

1) 思路与方法

县级市与县在《宪法》上虽属同一层次,但从政府管理来看,县级市在税费收入、审批权限、土地指标、财政人口、官员级别等方面比县更为优越,可见,在我国现行的政府管理逻辑下,撤县改市不仅是名义上的"由土变洋",更是实惠之举,而且在同等条件下县级市比县能获得更多的发展机会和发展空间,因此从理论上看,条件相近的情况下,理应比县发展得更快更好。从经济发展来看,由于县级市属城市型行政类型,县属地域型行政类型,国家对县级市的发展要求也更多地偏向于发展非农产业和推进城市化。

基于以上逻辑,本节对县级市的评价主要从非农经济与非农产业发展、人口及其城市化等方面进行,并在中共十八大建设"五位一体"中国特色社会主义国家的思想引领下,增加社会服务水平、公共基础设施以及生态文明建设方面的评估。著者同时认为,县级市的发展水平在省域内应该排名靠前,并且从全国的格局来看,368 个县级市的发展水平,在我国 333 个地级区划单位和 2 852 个县级区划单位的总体格局下,不应低于全国平均发展水平,更不应低于目前仍未得到更新的 1993 年的设市标准。

本节所采用的评价方法是数据分析法,相关数据全部来源于国家统计局最新发布的《中国城市统计年鉴(2012)》①、《中国区域经济统计年鉴(2012)》②和《中国县(市)社会经济统计年鉴(2012)》③,以及国家统计局官网数据④,即评估所反映的是 2011 年的情况。根据能从统计年鉴上获得的数据,评价的一级指标有四个,即"经济、人口、社会发展和县城公共基础设施",二级指标涉及全市 GDP 总量及人均 GDP、地方财政收入及人均地方财政收入、三次产业比重、全市户籍人口总数及人口城市化率、非农产业单位从业人员及与全市户籍人口的比率、每万人医(卫生)院床位数、城市生活污水处理率、工业废水排放达标率、环境治理投资等。

2) 评估结果

(1) 经济发展水平

① 地区贫富差异极大,且大多数在平均线以下,但东部、中部、西部人均差异并不显著,一些东部城市甚至不如西部。

对 368 个县级市的 GDP 总量、人均 GDP、地方财政收入及地方人均财政收入进行分析比较发现,各个经济指标都反映了这样一个特点:我国县级市发展贫富差异极大,而且大多数在平均水平以下(表 8-4)。

---

① 国家统计局城市社会经济调查司. 2013. 中国城市统计年鉴(2012)[M]. 北京:中国统计出版社.

② 国家统计局国民经济综合统计司. 2012. 中国区域经济统计年鉴(2012)[M]. 北京:中国统计出版社.

③ 国家统计局农村社会经济调查司. 2012. 中国县(市)社会经济统计年鉴(2012)[M]. 北京:中国统计出版社.

④ 国家统计局官网. http://www.stats.gov.cn/.

表 8-4 我国县级市经济发展水平及贫富差异对比表(截至 2012 年年底)

	GDP 总量	人均 GDP	地方财收收入	人均地方财收收入
全国县级市平均水平	274.2 亿元	43 039 元	159 780 万元	2 570 元
低于县级市平均水平城市个数	242 个	233 个	251 个	242 个
全国平均水平	—	35 197 元	—	—
低于全国平均水平城市个数	—	190 个	—	—
最高值	2 432.25 亿元	337 813 元	2 002 188 万元	27 808 元
最低值	10.60 亿元	7 117 元	4 837 万元	206 元
贫富差距	229 倍	47 倍	414 倍	135 倍

按人口密度每平方千米 400 人、100—400 人和 100 人以下将县级市分成东、中、西三类地域,对人均 GDP 和人均地方财政收入进行进一步分析,发现三类地区间的差异并不显著,人均 GDP 分别为 47 926 元、38 147 元、39 612 元,人均地方财政收入为 2 866 元、2 369 元、2118 元,尤其是中部和西部差异极小。尽管最富有的市主要集中在东部,最贫穷的市主要集中在西部,如江苏省昆山市人均 GDP 比湖北利川市高 47 倍,人均地方财政收入比黑龙江省海伦市高 134 倍,但东部地区未必都高于中西部地区,如地方人均财政收入排名最低的 20 个市中,其中有 8 个位于广东省、4 个位于黑龙江省,此外河北、河南分别有 2 个,湖北、湖南、四川、广西分别有 1 个位列其中。

② 大部分在省内的经济排名靠前,但仍有不少排名靠后,甚至沦为贫困市。

在现行的统计制度下,在所有经济类统计指标中,人均地方财政收入是体现地方经济发展水平相对有效的一个指标。应用这一指标,抽取了河北与湖北两省,对全省所有县级行政建制单位的人均财政收入进行了排名。经统计发现,多数县级市在省内排名比较靠前,前 10 位十之八九被县级市占据,排名在前 20%的队伍中,河北省 136 个县级行政单位中的 22 个县级市有 13 个能排在 27 位之前;湖北省 61 个县级行政单位中的 24 个县级市有 12 个排在前 13 位。但这两个省都有排名靠后的县级市,如河北的安国市、深州市和南宫市分别排第 71 名、第 83 名和第 104 名;湖北的安陆市、洪湖市和石首市分别排第 33 名、第 41 名和第 43 名。事实上,各省都有类似的情况,部分县级市甚至沦为贫困市。国家扶贫开发领导小组办公室 2012 年 3 月公布的国家扶贫开发工作重点县名单中,内蒙古阿尔山市,吉林省大安市、龙井市、和龙市,黑龙江省同江市、海伦市,江西省井冈山市,湖北省麻城市、恩施市、利川市,海南省五指山市,四川省阆中市,云南省文山市,甘肃省合作市,新疆阿图什市赫然在列。尤其值得深思的是,一些排名靠前的成了国家指定的贫困市,靠后的反倒不是。如湖北恩施市、麻城市、利川市在人均财政收入分别排第 11 名、第 17 名和第 21 名,竟然成了国家级贫困市。当然,这主要与我国的贫困县能享受国家诸多的补助,贫困县申报存在人为操作的原因有关,贫困县非但不是一种耻辱,反而成了一种福利。

③ 在三次产业比重中,第一产业明显偏高,但第三产业比重偏低并不意味着经济发展及城市化水平低。

2011年,全国第一、第二、第三产业对GDP的贡献率分别为4.6%、51.6%、44.7%,但321个县级市的第一产业超全国4.6%的平均水平,平均值达到14.6%,其中有86个市甚至在20%以上,13个市在40%以上,这些地方在本质上显然还是农业县。

毋庸置疑,我国早已实现"二三一"的产业结构。理论界通常认为,"三二一"结构比"二三一"结构能代表更高的发展水平。但研究者认为,在我国目前的发展阶段,应综合对待第三产业在各次产业结构中所占的比重。目前,我国第三产业增加值比重低于30%的有131个市,占总数的35.5%,但第三产业所占比重低未必意味着经济发展的城市化水平低,全国第三产业最低的前50个城市中第二产业的平均比重达64.9%,其中有9个城市第一产业低于4.6%,甚至不足1%,如河南义马市第三产业只有10.64%,但第二产业高达88.87%,第一产业不足1%,非农就业吸纳能力强,户籍人口与非农就业人口的比例达到了2.27∶1,人均地方财政收入也明显高于全国平均水平。相反,一些第三产业在30%以上的城市,第一产业比重竟在40%以上,如湖南武冈、海南儋州等。城市是相对于农村而言的,城市的主体产业应同时包括第二产业和第三产业。

(2) 人口及城市化水平

① 人口规模普遍较大,但总人口并未增长,且仍有个别城市未达到1993年的设市标准

我国县级市人口规模普遍较大,368个县级市中,50万以上的达239个,几乎占2/3,但全国县级市人口总数有所减少(表8-5)。2011年,我国县级市人口总数为2.471亿,和2004年的2.472亿相比,略有减少,这应与我国县级市个数从374个减至368个有关,但也一定程度上说明了县级市的人口增长能力不强。再者,县级市人口规模差异极大,最高的236万与最低的5万人相差46倍多,而且仍有6个县级市的人口总数未达到1993年要求的人口密度分别为400人、100—400人、100人以下的城市人口总数不得低于12万、10万和8万的设市标准。但这其中既有人烟稀少的地区,如青海省德令哈市,行政区达27 765 km^2,每平方千米土地只有2.5人;又有人口密度大,但行政区域小的地区,如湖南省韶山市,人口只有11万,行政区面积也只有210 km^2。固然,其中可能有民族及政治发展的考虑。

表8-5 我国县级市人口规模分类汇总表(截至2012年年底)

人口密度(人/ km^2)	县级市个数(个)	人口规模平均值(万)	最低值(万)	最高值(万)	100万以上(个)	50万—100万(个)	20万—50万(个)	20万以下(个)
400以上	176	85.8	11	236	56	92	25	3
100—400	138	58.5	7	149	13	74	41	10
100以下	53	28.1	5	62	0	4	29	20

② 人口城市化率低于全国平均水平,部分市出现农业人口超户籍人口的现象,户籍城市化对农民的吸引力大大下降

对人口城市化水平的评价,我国经历了由统计非农户籍人口向城市常住人口的转变,但目前能收集到的统计资料都没有县级市城市常住人口这一指标,甚至从2006年以来,统计年鉴上原有的"城镇人口"这一指标也未再列出。因统计年鉴上有乡村人口这一

指标,这里权且将乡村人口减去户籍人口视为当地城市人口,然而计算的结果发现,在部分地区竟出现了乡村人口高于户籍人口总数的现象,最突出的义乌市,户籍人口才为74.7万人,乡村人口竟然高达120.7万。

用这种方法推测出来的县级市平均城市化率,也远低于全国平均水平。2011年,我国城市化率达51.27%,县级市的人口城市化率只有29.7%。限于数据质量,这种计算方式显然不够准确,但也可以反映一个事实:随着我国非农户口相对农业户口的比较优势日渐消逝,摆脱农民身份、拥有城市户口在多数地方已不再是农民追求的目标,农业户口拥有的宅基地和土地的优势反而使更多的人希望拥有农业户口,已是众所周知。

当然,如何测算地区真实的人口城市化水平值得进一步深入探讨,下面以县域对非农就业人口的吸纳能力为指标,继续进行测算。

③ 县域人口非农就业吸收能力大多较低,人口就业城市化主要靠异地实现

非农就业是体现人口城市化的一个重要指标,但在目前,我国大多数县级市的非农就业吸纳能力还很有限。2011年,全国地级市非农产业单位从业人员为13 517万人(我国的地级市几乎包括了全国除直辖市以外的所有辖区、县级市和县),但其中368个县级市的非农产业单位从业人员只有2 096万,与地级市总体相比,只占15.5%。从比率来看,地级市单位非农就业人员与总人口相比为1∶9.4,而县级市低于这一比率的达242个,且其中有83个城市的比率低于1∶20。不过也有一些县级市的比率较高,有18个市达到1∶5以上,而且从地域来看,东、中、西部都有分布,如福建晋江、江苏太仓、云南安宁、江西共青城、内蒙古锡林浩特、新疆图木舒克等。尽管非农从业人员除了单位从业人员外,还包括城镇私营和个体从业人员,但我国非农产业从业人员中,单位从业人员占一半以上,因此这也在一定程度上能反映非农就业的总体情况。可见,除少数发达县级市外,我国大部分县级市的人口就业城市化主要靠异地实现。

(3) 社会服务与环境治理水平

① 万人医(卫生)院床位数明显高于全国平均水平

每万人医(卫生)院床位数能较好地反映一个地方的社会服务水平。2011年我国医(卫生)院床位数为370.51万张,按全国总人口134 735万人计算,全国每万人医(卫生)院床位数为27.5张。在368个县级市中,只有9个城市低于这一水平,平均达194.9张,最高的江苏省江阴市达549.1张。说明县级市总体社会服务高于全国平均水平。

② 环境治理水平与环境治理投资偏低

城市污水处理率既是城市公共设施建设的重要体现,也是生态文明建设的重要方面。从目前来看,368个县级市中,城市生活污水处理率有51个市达到100%,有212个县级市高于80%;工业污水排放达标率有131个市能达到100%,242个市高于80%,但仍有不少城市不重视污水处理,有些城市污水处理率低于30%,甚至更低(因缺失数据较多,无法具体分析)。

从各地对环境污染治理投资占当年财政总收入的比重来看,区域差异很大,139个城市的环境污染投资比重低于1%,个别城市甚至不足0.2%,有67个城市则为10%—30%,14个城市占30%以上。可见我国县级市对环境治理的态度并不一样,但环境治理总体投资水平仍然偏低。

3）我国县级市区划体制改革建议

行政区划必须与区域经济社会发展的需求相适应，停滞不前的区划会对区域发展造成束缚，而盲目调整区划也不利于科学与可持续发展。我们曾对2004年我国县级市的发展状况进行过一次研究，当时仍有不少城市的经济、人口等重要指标尚不能达到1993年的设市标准①。此次的评估表明，尽管除个别市的人口总数指标外其余都已达标，但在我国20年来快速发展的时代背景下，这样的结果仍值得深深反思。同时，尽管从总体上看我国县级市的发展高于全国平均水平，但贫富差异显著，且大多数县级市在平均水平以下，加之整县改市的设市模式，我国假性城市化问题仍然突出。

设市模式与设市标准是规范设市、合理设市的关键，基于我国县级市的现况及存在的问题，对我国县级市区划体制改革提出以下建议：

（1）设市指标的选取应能有效体现城市的本质。应确保所选用的指标能有效反映地方非农经济发展、非农人口集聚、社会服务水平与公共基础设施建设等方面的真实情况。比如，统计数据中有非农产业就业人员占就业人员的比重，认为可以体现一地非农产业的发展情况，但事实上，我国从事第一产业的农民基本不被统计为就业人员，因此类似这样的指标不应出现在设市指标之中；又如，随着农业户籍的比较优势日益明显，户籍人口早已不能体现城市化的真实水平，而县级市的城镇常住人口数据往往缺失，相比之下，非农就业人口占总人口的比率似能更好地体现地区的城市化水平；再如，第三产业比重高未必意味着城市化水平高；等等。总之，具体设市指标的选取需要一一具体论证、深入研究。

（2）设市标准应在总量控制的思想指导下经认真测算后确定。标准过高会抑制县级市行政区划的调整；过低则会导致假性城市化；部分标准过高与部分标准过低同时存在，则易导致整个设市标准体系形同虚设，还有可能再度出现20世纪末区划调整过于随意的乱象。因此，国家应有总体设计思路，在保证国家生态、粮食等战略安全的前提下，对设市标准的设置应以总量控制的原则，认真测算后确定。

（3）优化设市模式，尽量避免假性城市化和城市用地无序蔓延。整建制撤县改市模式只适合在人口密度较高、经济基础较雄厚、第二三产业发展潜力较大的地区。对于地广人稀的县，切块设市或县下辖市才是首选。我国目前仍有一些县级市人口密度甚至在每平方千米10人以下，对于这类地区整建制设市显然不合理。

（4）有必要对我国的存量县级市进行一次再评估与再审批。部分发达的县级市可提高建制级别，可以升格；部分贫困市则可退回到县的建制，这样也更符合地区发展的本质。尤其是县级市不应有资格参与国家级贫困县的评选，如果参选，需主动回归县的建制。

（5）应尽早建立市制区划等级的升降与退出机制。当城市规模与体量达到一定的规模后，可以升格；局部发展良好，但规模与体量较小的地区可切块设市或县下辖市；不具备城市型政区发展条件的地区应保留县的建制，或是退回县的建制。

（6）政策引导行政区划回归本质。弱化行政建制属性对地方财政、税收、用地指标等方面的制约，强化以经济社会发展规模和发展程度确定区划属性和区划级别的思想，使行政区划回归促进地方发展的本质。市制不再是一种特权，而是为适应和促进区域经济

---

① 石超艺．2006．我国县级市前景试析[J]．江汉论坛，(5)：92-95．

社会的科学与可持续发展而需适时调整的一种行政建制。

8.4.3 基于县制保护的“撤县设市”方案和设市标准研究①

县级政区是中国历史上变动幅度最小、数量最为稳定的行政区划单元,它经历了两千多年时间,呈现一种超稳定状态,其数量基本上是在 2 000 个上下浮动,始终没有发生太大的变化②。不过,在 20 世纪八九十年代的 10 多年时间里,我国开始了大规模的“设市”热潮。有数据显示,在 1983—1994 年短短 11 年时间里,撤县设市数量累计 352 个,年均设市数量高达 32 个③。

应当承认,这一时期的撤县设市体制在一定程度上顺应、助推了我国工业化与城镇化的历史潮流和发展需求。然而与此同时,该模式的推行也存在不少问题,突出地表现在两个方面:一是撤县设市的速度大起大落,与相对稳步推进的经济社会发展进程不符,带有明显的人为干扰特征,这一态势延续到 1997 年(图 8-2);二是撤县设市速度过快,倘若不加以调控,“县荒”在所难免。相关数据表明,1980—1996 年,“非城市型县级政区”(县、自治县、旗、自治旗、特区、林区、工农区)的数量从 2 137 个缩减至 1 696 个,年均缩减幅度高达 28 个。有许多学者对此表示担忧,倘若延续以往的缩减态势,中国的县制将会退出历史舞台④。显然,这种局面是不合理的。

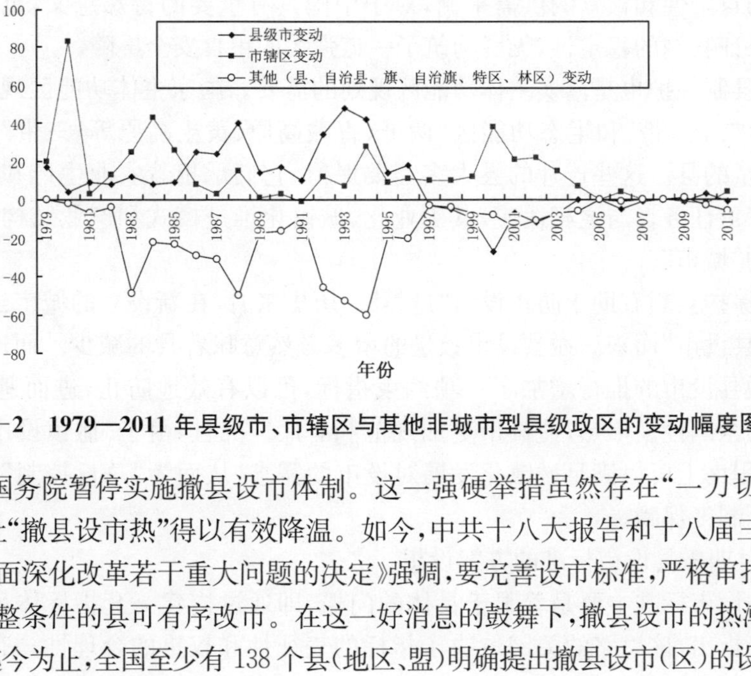

图 8-2 1979—2011 年县级市、市辖区与其他非城市型县级政区的变动幅度图

1997 年,国务院暂停实施撤县设市体制。这一强硬举措虽然存在“一刀切”的固有弊端,但是毕竟让“撤县设市热”得以有效降温。如今,中共十八大报告和十八届三中全会《中共中央关于全面深化改革若干重大问题的决定》强调,要完善设市标准,严格审批程序,对具备行政区划调整条件的县可有序改市。在这一好消息的鼓舞下,撤县设市的热潮再度涌动。有消息显示,迄今为止,全国至少有 138 个县(地区、盟)明确提出撤县设市(区)的设想④。

① 本节内容主要据马祖琦. 2014. 基于县制保护的“撤县设市”方案思考[J]. 江汉论坛,(3):24-28.

② 孙关龙. 1998. 21 世纪中国不能没有县——对“整县改市”模式的置疑[J]. 广西民族学院学报,(2):51-53;西凌. 1996. 21 世纪中国还有县制吗?——县改市现象透视[J]. 经济论坛,(1):44-45.

③④ 周振鹤. 1996. 市管县与县改市应该慎行[J]. 探索与争鸣,(2):7-10.

④ 佚名. 2013. 撤县设市,16 年后再潮涌[EB/OL]. (2013-12-21). http://ndnews.oeeee.com.

可以说,这口"不断升温的压力锅"压抑已久,反映了地方政府对建制城镇化及其带动当地经济社会发展的强烈渴望。但是,令人忧虑的是,倘若把关不严,设市标准宽松,是否又会重蹈17年前的覆辙?这不得不让我们反思原有设市模式和设市标准的不足。在上述背景下,我们从保护县制入手,尝试对"撤县设市"的方案进行论证和比较,以期为进一步完善我国的设市制度提供参考。

1）县制保护的可行性与必要性

首先,保持县政区的稳定,有助于确保中国政区体制的稳定。省制与县制是中国最稳定、最重要的政区层级,它充分体现了中国特色的政区文化。从出现时间来看,县的设置比"郡"、"州"、"道"、"路"等行政区划单位要早。中国设县始于楚国时期,当时楚武王消灭权国,将其改建为县。后来,到了战国时期,县已成为普遍的地方行政区划单位和名称①。可以说,县在我国的历史十分悠久,为了确保中国政区体制的稳定性,有必要延续和保护县制。

其次,我国保护耕地、发展农业的基本国情,决定了县的重要性。为了发展农业,满足人民生活对粮食等大量农产品的需要,确保县的足够数量对于中国这样一个拥有13亿多人口的大国来说,显得特别重要和必要。"县"属于地域型政区,是农业生产的重要空间载体,这与"市"作为城市型政区之间存在性质和功能方面的显著差异。总之,保持农业生产的自给性和粮食的供需平衡,对于中国具有重要的特殊意义,也有助于维护国家安全。保证县制的稳定性,无疑构筑了一道强大的粮食安全屏障。

再次,县制保护也是落实主体功能区规划的需要。国家主体功能区规划关于农业功能区"七区二十三带"和生态功能区"两屏(青藏高原、黄土高原等)三带"的发展战略设想,涉及大量的县。这些连片的县大多需要保留,它们承担着农业生产和生态主体功能区建设的双重任务。与之相适应,其工业化、城镇化推进模式和产业结构的调整也将有别于常规的"城市"。

最后,保护县制有助于防止设市"过热"。历史来看,在新设立的城市当中,有相当一部分是"撤县设市"而来。撤县设市数量的增多必然意味着县的减少。而通过总量控制,相当于给撤县设市的推行增加了一项约束指标,可以有效地防止,进而避免20世纪90年代出现的全国性设市热,使设市更加规范和有序。况且,由于"撤镇设市"新模式的突破,在一定程度上可以满足城镇化发展对设市的需求,从而为"总量控制"方案的实施可能性提供了制度保障。

2）新时期撤县设市标准的方案设想

先前的设市标准主要是着眼于具体的门槛,即通过构建一套指标体系,来识别设市对象。应当指出,该思路的关键取决于指标的表征性和权重的合理性。有鉴于此,我们尝试从保护和稳定县制的视角入手,自上而下地"反推"设市标准。我们认为,这可能会是一个设市标准有所突破的方向。经过论证,我们提出了两个可能的方案设想,一是"总量控制"方案,二是"存量标杆"方案,通过方案比较和吸取各方案的优点,试图对现有的"指标体系"方案进行改进。

---

① 孙关龙. 1998. 21世纪中国不能没有县——对"整县改市"模式的置疑[J]. 广西民族学院学报,(2):51-53.

(1)"总量控制"方案

总量控制方案的关键是确立县的控制的数量,即为县制的减少数量设定上限,主要考虑以下制约因素:

① 城镇化率峰值

根据国务院发展研究中心公布的数据,预计到2020年和2030年,我国的城镇化水平将分别达到60%和66%左右。我国的城镇化率峰值将为70%—75%①。照此推算,2012—2020年,城镇化水平的年均提高幅度约为1个百分点;2020—2030年,城镇化水平的年均提高幅度约为0.6个百分点。

考虑到我国城镇人口和乡村人口数量特别庞大,未来我国的城镇化进程将更加注重质量的提升,而不再可能延续之前高位增长的态势,在2030年以后,城镇化水平的增幅将进一步趋缓。在此假定,我国2030年以后的城镇化年均增幅为0.4个百分点,我国将大概分别于2040年(或2050年)达到70%(或75%)的峰值(图8-3)。

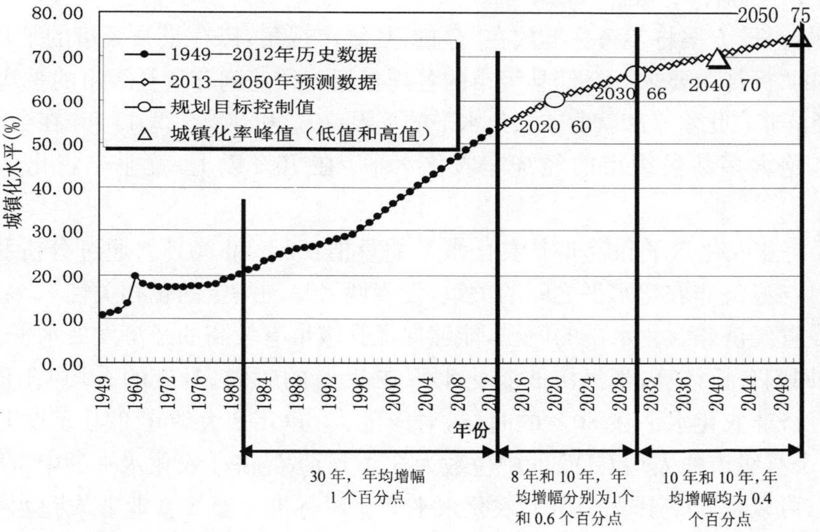

图8-3 我国城镇化水平变动趋势示意图

如图8-3所示,在2020年之前,若保持年均1个百分点左右的城镇化率增长幅度,则新增城镇人口约为1 000万/年,基于目前378个县级市平均人口100万的现状,可在2020年之前年均最多增加10个县级市,2020—2030年年均最多增加6个,2030—2040年年均最多增加4个。合计到2040年我国城镇化将进入稳定期,期间共增加170个撤县设市城市。

②18亿亩耕地红线

根据最新土地利用调查,目前全国可耕种面积在22亿亩左右,距18亿亩耕地红线尚有4亿亩可安排为建设用地。这些耕地大量分布于县,从远期耕地和总量控制设市的极限分析估算,大约有1/5的县尚可以撤县设市,照此推算,未来撤县设市的极限数量大

---

① 华晔迪. 2013. 2020年中国城镇化水平将达到60%左右[EB/OL]. (2013-07-06). http://finance.eastmoney.com.

约为300—320个县。

③ 建议保留的县

我们认为，建议保留的县应当包括历史悠久的古县、国家贫困县以及具有重要农业和生态价值的县。据相关资料，目前全国约有800个千年县，592个国家级贫困县，此外涉及农业、生态功能区域的县大约还有100个。三类合计约1 500个县，据此推算，撤县设市的总量控制在300个较为合理。

综合以上分析，从现在起一直到21世纪中叶(2050年)接近40年的时间里，中国城镇化将进入稳定阶段，县的数量将累计减少300个左右。就是说，撤县设市的总量控制在300个左右是比较合理的。届时，中国的县制可以保留并稳定在1 300—1 400个。根据城镇化增长率规律推算，在2014—2020年，年均新增撤县设市数量为10—20个，2020—2030年，年均新增撤县设市数量为6—12个，2030—2040年或稍长一段时间，年均新增撤县设市数量为4—8个。

(2) "存量标杆"方案

"存量标杆"方案将参考标准放在"存量"县级市视角，以存量县级市的平均水平作为撤县设市的"标杆"，要求"增量"县级市的各项指标均须达到存量县级市的平均水平。

① 经济非农化水平和就业非农化水平的下限：70%和80%。2011年，在全国368个县级市当中，绝大多数县级市的经济非农化水平①在70%以上，就业非农化水平在80%以上②。

② 经济非农化水平和就业非农化水平的量值：85%和90%。通过分析我国县级市人均GDP与经济非农化水平之间的关系，发现两者呈现一定的正相关性③。在撤县设市时，倘若设置经济非农化水平的门槛，能够保证县级市有较高的经济发展水平。

根据回归分析计算，当经济非农化水平在70%的时候，对应的人均GDP不足1万元；而当经济非农化水平在80%的时候，对应的人均GDP大约在2万元以上。2011年全国368个县级市的人均GDP的中位数为3.4万元，经济非农化水平的中位数为88%。照此推算，可以将85%作为经济非农化水平的参考标准。至于就业非农化水平，2011年368个县级市的中位数是99%。我们认为，这一指标存在高估的可能，因此将就业非农化水平的建议值暂定为90%。

③ 人口密度的量值：250人/km^2和500人/km^2。对2011年368个县级市的人口密度进行排序，将368个县级市等量划分为三份，对应的人口密度指标分别是250人/km^2和500人/km^2。可以按照上述密度标准对不同地区进行分类，以更好地考虑区域差异。

④ 建成区面积指标的量值：20 km^2和30 km^2。对2011年368个县级市的建成区面积进行排序，将368个县级市等量划分为三份，对应的建成区面积分别大约是20 km^2和30 km^2。

存量县级市均值指标方案的主要思路是尊重县级市存量的平均水平(或者中位数)，

---

① 经济非农化水平=(第二产业增加值+第三产业增加值)/地区生产总值。

② 就业非农化水平=(第二产业就业人口+第三产业就业人口)/年末单位从业人员数。

③ 剔除了那些人均GDP在10万元以上的14个县级市。

就相关指标提出参考建议值,测算方法和方案的筛选方法一致。根据符合条件的县级政区的数量多少,再判断该方案所建议参考值的合理性。

(3) 方案的比较

如果将"总量控制"方案、"存量标杆"方案与常规的"指标体系"方案进行比较分析,可以看出三种不同思路的方案各有其优点,也都有其不足之处,详见表8-6。

表8-6 "总量控制"、"存量标杆"与常规的"指标体系"方案比较分析表

名称	思路	解释	优点	缺点
"总量控制"方案	通过拟定设市数量倒推指标的量化标准	首先依照城镇体系的发育程度和城镇化目标,确定某年份的设市数量,然后择优选拔。 每年度设市数量的科学确定是关键。 侧重规划战略设想	无须在指标的权重方面花费心思,避免了传统评估方法关于指标标准和权重的不确定性的干扰。 根据排序即可确定指标的量化标准。 指标量化标准是动态的,随着各县(县级市)的发育水平而有所浮动	该方法的关键取决于该年度的设市数量的确定,对科学确定设市数量的要求很高。存在主观的不确定性。 实施此方案突出了竞争性,但要考虑区域差异,对政治经济地位特殊需要的县仍可以考虑设市
"指标体系"方案	通过设置指标的量化标准来控制设市数量	设置指标体系,对各个县级政区进行评估和审批。 指标体系的评价方法是关键。 侧重定量评价	符合常规的做法,传统的思维方式。 一旦标准和权重确定,打分和排序结果一目了然,直观性强	无论是指标量化工作,还是权重的确定,均需要征询地方和专家意见,需要反复沟通和调整。 各指标的量化标准与权重确定的科学性和客观性有待提高。 指标量化标准明确,有可能助长地方政府人为抬高标准
"存量标杆"方案	通过存量的平均水平判断增量能否入围	分别对现有县级市和县的相关指标进行分析,作为撤县设市的高门槛或低门槛	该方案打破了单纯从县级政区角度考虑的思维定势。 既然是严格审批,增量县级市必须达到甚至超过现有县级市的平均水平	该方案更多地考虑到了县级市的平均水平,可能对于县级政区自身的情况考虑不足。 倘若县级市平均水平偏高,也存在入围数量较少的可能
"综合"方案	吸取各方面优点,进行方案综合	在"总量控制"方案的基础上,结合"存量标杆"方案,对"指标体系"方案进行修正和简化。 从人口、就业、经济、城市形态以及公共服务五个方面,选择那些最能够反映城市化运行质量的指标,进行全国排名,然后择优选拔	定性与定量相结合。一方面从战略规划角度进行展望,自上而下地确定适宜的设市数量;另一方面则从地方自身发展实际出发,自下而上地选拔设市对象。 兼具总量控制和民政部方案的优点,两者相互验证,有助于更加科学的决策和论证	相关指标的选择仍然需要确认,需要进一步听取专家和业务部门的建议。 部分统计指标尚不够完善,需要进一步完善数据

研究者认为,“总量控制”方案设想较好地处理了建制县和建制市的关系,符合中国政区制度发展的大方向,从建立和完善中国城市制度体系角度看也具有重要意义;但基于这一理念的新的设市标准还需要进一步细化和检验。“指标体系”方案延续了改革开放后创立的撤县设市模式的相关指标结构,具有中国市制改革的连贯性特点,操作性较强,但缺少理性的方向性战略分析。“存量标杆”方案比较容易操作,可以作为第二种方案的完善和补充。

3) 总结与思考

回顾我国市制的演变历程,曾经先后实行过三种设市模式,分别是“切块设市”模式、“多中心组合”模式和“整县改市”模式①。客观来看,从“切块设市”向“整县改市”的转变,是我国设市模式的一次重大变革,它克服了传统切块设市模式所造成的市县并存、同驻一地、重复建设的弊端,精简了机构,减少了行政编制,有利于县级政区的稳定②。然而,“整县改市”模式在一定程度上混淆了城市型政区与地域型政区的区别,难免摆脱“虚假城市化”的嫌疑,同时,也会动摇传统县级基层政区的稳定性③。

“撤县设市”虽然于1997年被冻结,但充其量只是从形式上将县级市的数量予以“人为固定”,实质上并没有抑制住基层政府的申报热情。在我国城镇化浪潮之下,地方政府建制改革的需求往往又会通过其他的方式(例如撤县改区)得以完成。有非官方数据显示,2013年我国撤县(市)改区的步伐突然加快,当年已经获批的有10个县(市),而各省在国务院待批的多达85个县④!倘若照此趋势推进,我国的县制依然面临严峻威胁。

可见,“一刀切”的行政干预,并不能够从根本上解决当前我国市制面临的问题,必须疏堵结合。基于上述背景,如何在稳定县制的基础上,做到有序设市和从严审批,是一个十分重要的议题。倘若能够结合县制保护之需要,坚持总量控制原则,各种方案之间相互验证,将是对传统指标体系方案的一个重要补充。如此,撤县设市模式将走向科学化、有序化推进之路。

8.5 市辖区的演变、现状与改革

市辖区是城市内部的行政区划单位,其经济、文化发达,是典型的城市型政区(或其一部分)。城市的市辖区制度是我国市制的重要组成部分。长期以来由于市辖区与紧邻的上级建制单位(即建制市)所管辖的地域都是城市型社区,管理的方式和重点较一致,又由于城市市区范围紧凑,市、区两级政府间权力过渡的空间很小,市辖区的地位常常被人忽视。但是,随着城市规模的扩大,城市内部的行政区划问题越来越突出,已经成为制约城市发展的重要因素,改革城市辖区制度是我国市制创新的又一重要内容。

---

① 刘君德,汪宇明. 2000. 制度与创新——中国城市制度的发展与改革新论[M]. 南京:东南大学出版社:9-10.

② 顾朝林,浦善新. 2008. 论县下设市及其模式[J]. 城市规划学刊,(8):57-61.

③ 刘君德. 2005. 县下辖市:尝试一种新的政区制度[J]. 决策,(4):34-35.

④ 佚名. 2013. 中国再掀“撤县改区”风暴!今年已完成和已申请待批名单[EB/OL]. (2013-12-29). http://bbs.cnhubei.com.

8.5.1 市辖区制度沿革与问题

1) 沿革

(1) 市辖区的定义与地位

市辖区(Districts Managed by City)是由市管辖的一级行政区域单位,其行政地位一般相当于县,直辖市的市辖区相当于自治州,或介于县和自治州之间。市辖区是一个政治、法律概念,不同于"市区"和"市辖区域"或"市域",后几者是地理概念。市区是指一个市除县和郊区以外的行政管辖范围,是相对于郊区而言的。每个市都有市区,但不一定有市辖区;一个市的市区可以不设市辖区,如不设区的市的市区,也可能包含若干个市辖区,如北京市的市区就由东城、西城等市辖区组成;一个市辖区可以是市区,也可能是郊区,还可兼有市区和郊区,如北京市朝阳区、海淀区。市辖区域(Region Managed by City)简称市域,是市管辖的行政区域的总称,包括所有的市辖区或市区和郊区及市所辖的县、自治县、旗等的行政区域。

分设若干个市辖区,实行分区域、分层级管理,是市发展到一定阶段的必然产物,是随着社会生产力的提高和商品经济的发展,城市规模不断扩大的结果。市辖区是大中城市不可分割的有机组成部分,是中等以上的市下面一个不可缺少的管理层次,是一级城市的基层政权。前内务部部长谢觉哉 1950 年谈到城市政权建设时曾指出:城市工作,宜于集中,人口少的市,在市人民代表大会下不要有区人民代表大会一级。但较大的市,若无区一级,就减少了人民参政的机会,且有很多事不是市人民政府所能直接做得了的。现已有不少大城市正在建设区政权,但应该指出,城市的区不同于乡村的区,它是市人民政府办事的助手。因为城市中有些区里的事情,区人民政府是办不了的,而是必须由市人民政府来做的。因此大城市设区级,应该是使市人民政府因为有了区级而为市民办事更灵敏,更深入;决不应该有了区一级反增加办事的重复、麻烦①。

市区是人口集中、工商业发达、非农业人口集中居住的区域,是周围地区的政治、经济和文化中心,居民生活高度社会化,市政府不仅要为居民提供许多乡村地区所没有的社会服务,承担各种城市社会管理职责,而且这些服务和管理(如城市公用事业、城市规划、社会治安等)大都需要把城市作为一个整体来统筹安排。

正是城市的整体性特点决定了市辖区不同于其他政区,它不可能完全承担县级行政单位的各种管理职权,市和市辖区的关系不同于省和县(市)或县和乡的关系,后者完全是一种层次关系。由于市辖区是出于为市分担城市管理服务的需要而设置的,它实质上具有市的行政分治区的地位,是市制的一种内部结构。市辖区在行使其职权上,不具有一般地方行政单位那样的相对独立性。

(2) 城市辖区制度的实践与变革

中国的市辖区萌发于民国初年,1911 年 11 月江苏省临时参议会通过的《江苏暂行市乡制》第十一条规定:"市有区域过广,其人口满十万以上者,得就境内划分若干区。"1921 年 7 月北洋政府内务部公布《市自治制》,其中第四十一条规定,特别市得分设区。

---

① 谢觉哉. 1950. 关于人民民主建设工作报告[N]. 新华日报,1950-10-12.

1922年颁布的《市自治制施行细则》规定，特别市可下设若干区，每区设董事1人，承市长之命办理区内事务。1925年北洋政府公布《淞沪市自治制》，对市分设区做了更为详细的规定。但由于当时市建制尚处于开创阶段，市的数量不多，规模不大，加上政局动荡，市辖区的数量极少。

1930年5月国民党政府颁布的《市组织法》第五条规定："市划分为区、坊、闾、邻，除有特殊情形者外，邻以五户、闾以五邻、坊以二十闾、区以十坊为限。"以此推算，每区一般为5 000户，若按每户6—8人计算，每个区约三四万人。由此可见，当时市辖区的人口规模远远小于现在市辖区的规模。由于当时中国城市很不发达，市的数量少，规模小，除极少数院辖市（特别市）以外，都没有分设区，因此市辖区虽较北洋政府时期有所发展，但总数仍不多。而且当时的市辖区与邻、闾、坊一样，是地方自治组织，并非一级行政单位，一般设区公所，是地方自治团体。位于市区的市辖区，区内事务由市政府各部门派驻机构直接承办，位于郊区的市辖区，区内事务由市政府设代表机关——市政委员会办事处办理，条件成熟后再撤销办事处，由市政府各部门直接承办。

日伪统治时期，在郊区的市辖区设区公署，将其变为一级行政区域单位，在市区实行保甲制，保上设联保，若干个联保组成警察分局辖区，设一总联保，由总联保长负责协助维持区内治安。

中国共产党在革命根据地的建设过程中十分重视城市市区的管理。1932年颁布的《中华苏维埃共和国地方苏维埃暂行组织法（草案）》规定，市以下划分若干市区，但4 000人以下的市及区辖市不划分市区；市及市区设市及市区苏维埃，为一级地方政府。至此，市区成为市下的一级行政区域。

中华人民共和国成立以后，城市有了较大的发展，城市政权建设得到重视，相应地增设了一批市辖区。新中国成立初期在人口10万以上的城市召开区各界人民代表会议，建立区人民政府。至1949年年底，66个直辖市、地级市共设市辖区275个，平均每个市4.17个。至1952年年底，全国共设有349个市辖区。1954年9月20日第一届全国人民代表大会通过的第一部《中华人民共和国宪法》第五十三条规定："直辖市和较大的市分为区。"并第一次正式使用"市辖区"这一概念，规定市辖区为相当于县一级行政区域单位，设人民代表大会和人民委员会。由于没有具体的设置条件，新中国成立初各地市辖区的设置很不一致，普遍设置过多，最多的1954年达471个，平均每个市5.54个。为此，1955年6月9日国务院颁布的《关于设置市、镇建制的决定》规定："人口在20万以上的市，如确有分设区的必要，可以设市辖区。人口在20万以下的市，一般不应设市辖区，已经设了的，除具有特殊情况，经省人民委员会或者自治区机关审查批准保留者外，均应撤销，分别设立街道办事处，作为市人民委员会的派出机关。需要设市辖区的，也不应多设"，"工矿基地，规模小、人口不多，在市的附近，且在经济建设上与市的联系密切的，可划为市辖区"。至1956年年底，全国的市辖区压缩为336个，比1954年减少135个。以后进一步减少，至1958年年底仅剩271个。从1960年开始，随着城市的大量发展，市辖区数量又有较大的回升，至1961年年底全国市达208个，市辖区达312个，比1958年年底增加41个，其中1961年就增加33个。由于人民公社化和自然灾害的影响，加之市建制设置过多，中国城市的发展超过了整个国民经济特别是农业的承受能力，从1962年起逐步压缩了市的建设,缩小市的郊区,至 1965 年年底市仅为 168 个,市辖区相应地减为 302 个。“文化大革命”期间,无人顾及市的建设,市和市辖区发展都十分缓慢。中共十一届三中全会以后,经过拨乱反正,制定了正确的方针政策,党的工作重心转移到经济建设方面,商品经济迅猛发展,促进和推动了城市的发展。至 1982 年年底,市发展到 245 个,市辖区达 483 个。1983 年试行市领导县体制后,增设了大量地级市,市辖区数量大增,1985 年年底达 620 个。此后,地级市增长速度减缓,市辖区发展亦相对滞缓。截至 1993 年,全国的市达 567 个,其中地级市 196 个,市辖区达 669 个,比 1982 年增加 186 个,平均每年增加 16.9 个。1994 年年底市辖区达 697 个,比 1993 年增加 28 个,平均每个市 3.33 个。1997 年后,市辖区数量又有较快增长,从 1996 年年底的 717 个,增加到 2013 年年底的 866 个,增加了 149 个;在同级建制单位中数量仅次于县,它们所辖的地域多为经济、文化较发达的城市型社区。

2) 城市辖区制度存在的问题

由于我国城市辖区数量大,所辖的地域又都是人口和经济高度密集的地区,在我国政区体制中占有很重要的地位。由于市辖区与紧邻的上级建制单位(市)所管辖的地域都是城市型社区,管理的方式和重点较一致,加之一般城市市域范围紧凑,市、区两级政府间权力过渡的空间过小,市辖区的地位不如同级的其他建制单位(县和县级市)那样易被认识和理解。有关市辖区的设置、调整等工作长期得不到重视,导致这方面的工作或生硬僵化,或主观随意,缺乏一定的标准和规范;在市辖区规模分布上,存在着个别市辖区规模过大和市郊比例失当——市郊面积和经济总量之比过大或过小等现象;在利益关系上,市辖区尤其是中心城区与郊区之间、市辖区与市之间、郊区与邻县之间存在着对立和矛盾;在市辖区区划调整工作中,尤其是郊区与郊县(市)调整变更存在着反复现象;在市辖区的管理上,存在着飞地管理和人户分离带来的异地管理和管理空白。这些现象和问题的形成固然分别有其各自特定的地理、历史、经济和社会原因,然而在体制层面上,我国长期计划经济体制下形成的行政区经济格局,以及城乡二元体制,则是这些问题必然产生的制度因素。在行政区经济运行下,各行政区(包括市、中心城区市辖区、郊区、郊县(市))不仅是一个个相对独立的社会行政管理单元,更是一个个相对完整独立的社会经济地域实体,行政区划与城市经济发展紧密地交织在一起,城市社会分区管理格局,与城市内各行政区的利益分配格局“天然”地结合在一起。行政区划变动直接反映为地方利益格局的调整。对于县(县级市)改区情况而言,行政建制变更导致的政府决策独立性的降低,还将直接改变原县(县级市)域经济的发展动力和方向,这正是郊县调整为市辖区存在反复现象的一个重要原因。此外,在城乡二元体制下,与居民利益切身相关的就业、就学等政策的差别和农村集体经济利益分配制度导致人户分离,大大增加了城市社会管理的难度,加剧了市区与郊区(县)矛盾的复杂性。总之,市辖区的现行状况已不能适应城市社会经济发展的要求,显见和潜在的问题颇多①。

(1) 市辖区的设置模式极不规范

① 张知常. 1999. 市辖区:亟待规范和调整[J]. 苏州大学学报(哲学社会科学版),(2):44-47.

作为一级正规的地方建制单位，市辖区的设置模式极不规范。这是现行市辖区制度中最根本的问题，其他问题往往与之有密切的因果关系。我国城市设区与否取决于城市的级别。直辖市和绝大多数的地级市(2013 年年底之前，除东莞市、中山市、三亚市、三沙市和嘉峪关市等五个地级市外)设区，其余城市一律不设区。这是因为所有市辖区均为县级的正规建制，所以只有行政级别高于县级的城市才有资格设区。这样做的依据是《宪法》中规定的“直辖市和较大的市分为区、县”。这里所谓“较大的市”，其概念等同于后来的地级市，故地级市又称“设区的市”。然而，从文字上看，《宪法》并没有将城市的行政级别与设区挂钩。一个城市是否设区应取决于其规模是否达到“较大”。而“较大”究竟是指人口还是面积，是指行政级别还是经济规模，抑或几者兼而有之，在实际判定时很难把握。于是便出现了将设区与否同城市级别简单挂钩的做法。

这种做法的直接后果是：一方面，哪怕市区人口不足 10 万的城市一旦成为地级市，即非设区不可；另一方面，一些人口和建成区规模都较大的县级市却不能设区，形成了“不应设硬设，该设偏不设”的不合理现象。“硬设”的后果是粗放设区和一批单区市的再现。近年来由县升格或地改市而来的一些地级市，其设区模式往往是以原来的整个县级市(或县)的辖域作为新设市辖区的辖域。这些区内次级建制(准建制)单位以乡、镇为主，而只辖有少量街道办事处。有些区甚至只辖乡、镇。这样的区把大面积的农村社区划入其辖域范围，不具有以城市型社区为主的特征，根本看不出与县有什么区别。近一两年来，针对这种情况又采取了“补救”措施，即从这种粗放的区中划出较大部分新设一县(如云浮市于 1996 年从云城区分设云安县)。原来该一步到位的，偏偏要分两步走，正反映出设区工作的某种随意性。

与粗放设区相伴随的是大量单区市的出现(截至 2013 年年底，已有 84 个)。区的本意是按某一标准在一定范围内划分出若干(具有不同特征)的子域来。这些城市的市区既无“区”可分，偏要违反设区的本意而设置一区。这种情况屡次在行政区划调整中出现，只能解释为是在“套”一般地级市市区内部区划设置的通式，而所谓的“区”成了被抽离实质含义的纯粹通名。一方面这正是计划(上级意志)统揽一切工作并导致模式僵化以及基层地方贪大求高、图虚名心理的体现；另一方面的表现是一些较大的县级市在各方面都具备了分设区的条件，仅仅因为级别不够而不能设区，让本来级别就过低的县级政府同时管辖着城、乡两种类型的社区。

(2) 市辖区的设置缺乏统一标准

人口数量、地域面积和各项社会经济发展水平指标是设区标准的三个最基本、最重要的方面。其中，社会经济发展水平的评定是一件复杂的系统工作，非行政区划部门一方能够解决。仅看人口数量和地域面积这两个方面，我国市辖区的差异极大。一般市辖区的规模大致是几十万人口、几十到几百平方千米的面积，而实际竟出现了人口上百万或不足10 万、面积上千平方千米或不足 10 km^2 的特大区和特小区。全国范围内，以 2013 年年底的状况为例，市辖区的人口数量和地域面积，其极值比分别达 281 倍(上海市浦东新区人口超过 281 万，克拉玛依市乌尔禾区人口仅为 1 万)和 1 806 倍(黑河市爱辉区面积达 14 446 km^2，上海市静安区面积仅为 8 km^2)。尽管这种比较并不完全合适，但作为集约度较高的城市型社区，市辖区之间的差异水平本应大大低于较分散、粗放的农村社区型的县,而现实中市辖区的差异竟不亚于县之间的差异。

不仅在全国范围内,即使在同一省(自治区)甚至同一市区,市辖区之间的差异也不小。以杭州市为例,截至 2013 年年底,共辖 8 个市辖区,其中面积最小的上城区为 18 km^2,面积最大的余杭区为 1 222 km^2,后者是前者的 68 倍;人口最少的滨江区为 17 万,最多的萧山区为 124 万,后者是前者的 7 倍多。

造成市辖区之间差异悬殊的原因是各区所辖地域的特征及性质不同。有的区处在人口稠密、道路与建筑物密布的地域狭小的城市中心地带,有的区则处在地广人稀的农村地带,还有的区处在城乡结合部,两种特征的社区皆有。就各区所辖的次级建制(准建制)单位而言,有的全为街道办事处,有的以街道办事处为主兼有个别乡、镇,有的街道办事处与乡、镇的数量相当,还有的只辖有乡、镇。这些特征与性质差异如此之大的地域一律设为市辖区,掩盖了其间的客观差别,给一般人的印象似乎都是传统概念中的城市建成区。

(3) 市辖区命名(即市辖区的专名)不规范

市辖区的命名(即市辖区的专名)实际上也属规范设区的制度要求,应该有严格的命名标准,而我国目前的市辖区名称却很不规范。市辖区名称不规范的现象归纳起来,主要有以下三种类型(表 8-7):

① 重名、重音(近音)现象严重。在不规范区名中这种类型的比例最高。

——重名(直接以"城区"、"郊区"、"矿区"、"新华"、"朝阳"、"向阳"、"和平"等命名):截至 2013 年年底,全国范围内普遍存在的把市辖区直接命名为"城区"的有 5 个,"郊区"的有 3 个,与此类似的,如"新城区"有 2 个,"新市区"有 2 个,"矿区"有 2 个,还有意思类似的"城关区"、"城厢区"各 1 个,合计有 16 个之多。其他重名的,如 3 个"新华区",2 个"向阳区"、"朝阳区"、"和平区"等,重名率很高。

——近音或相似:还有大量以方位名词(或方位名词与某实体名称结合)命名的区,其数量约为 90 个。甚至某些省区还有自己的"土特产",如河北省的桥东区、桥西区(石家庄市、邢台市均有),辽宁省的铁东区、铁西区(鞍山市、四平市均有铁东区、铁西区,沈阳市也有铁西区)等,也多有重复。此外全国范围内其他个别性的重名、重音现象也较严重,如河东区、河西区、江东区、江北区等。

此类现象导致了区的专名特色不明显,甚至相当于无专名,不能代表区等问题。如发生在同级建制单位之间或相近地域内,还会引起指代不明、混淆、误解等麻烦,弱化了区名的实际功能。

② 专名中含有非专名性的字、词。

——最主要是区的专名中出现通名字眼。其中既有政区通名(如市、县、府、州),也有自然实体通名(如堡、湾、屯、沟等)。区的专名中套叠通名,不仅会产生歧义,有的还造成专名过长、地方性语言特征过显,不利于地名的广泛传播和使用。

——另外,还有一些区的专名中出现了产业名称和民族名称,"生造"出两种县级建制类型:"矿区"和"民族市辖区"。我国现有 6 个"矿区"和 5 个"民族市辖区",虽在行政区划统计时不被单列为一种建制类型,但往往给人以类似通名的错觉。类似的,还有近年来出现的"新区"(有 3 个),也有逐渐成为类似通名的趋向。

因此，非专名性字、词在专名中的出现导致了专名结构混乱。更为严重的是，有的还违反了《中华人民共和国宪法》中关于县级建制单位类型的规定，是市辖区名称不规范的突出体现。

③ 专名意义抽象，不能反映区的特征。这类专名有新华、永红、向阳、前进、东风等（全国共有 13 个）。虽无重名或重名率很低，看似规范，但根本不能反映本区任一方面的特征。这类区名多为"文化大革命"遗留，虽本身含义积极，但所反映出的极"左"思想和特殊的引发联想功能，在目前的时代环境中还显得突兀、不协调。

此外，市辖区名称不规范还表现为以下方面：

——专名地理实体的一般概念相对于区的辖域显得过大或过小，如南充市嘉陵区、沧州市运河区等。

——市、区两级的驻地与名称交错，如黄山区非黄山市政府驻地，淮安区非淮安市政府驻地等。

——同一城市市辖区名称类型混乱而不成序列，如呼和浩特市的新城区、回民区、玉泉区、赛罕区，大同市的城区、矿区、南郊区、新荣区，攀枝花市的东区、西区、仁和区等。

——专名中使用生僻字，如营口市的鲅鱼圈区，宿州市的埇桥区，烟台市的芝罘区，洛阳市的瀍河回族区，武汉市的硚口区，宜昌市的猇亭区，漳州市的芗城区等。

这些虽均属个别现象（另外，生僻字的使用也是相对的，对地名文化遗产的保护方面还有其正面价值），不具有全国范围内的普遍性，但亦应引起重视。

表 8-7 市辖区专名不规范现象分类汇总表（截至 2013 年年底）

市辖区专名不规范现象类型	举例（各类互有交叉、重复）
重名、重音（直接以"城区"、"郊区"、"市区"、"矿区"等命名）	城区（5 个）：大同市、阳泉市、长治市、晋城市、汕尾市（还有在城区前加不同方位词的、修饰词的）。 新城区（2 个）：呼和浩特市、西安市。 新市区（2 个）：保定市、乌鲁木齐市。 郊区（3 个）：大同市、阳泉市、长治市。 矿区（2 个）：大同市、阳泉市。 类似：① 城厢区：莆田市。② 城关区：兰州市
方位词命名	例如：北京市的东城区、西城区，天津市的河西区、河东区、河北区、津南区，石家庄市的桥东区、桥西区，唐山市的路南区、路北区，邢台市的桥东区、桥西区，保定市的北市区、南市区，营口市的站前区、西市区，鞍山市、四平市的铁东区、铁西区（沈阳市也有铁西区），牡丹江市的东安区、西安区，杭州市的上城区、下城区，宁波市的江东区、江北区，攀枝花市的东区、西区，内江市的市中区，西宁市的城中区、城东区、城西区、城北区，重庆市的江北区、南岸区
含有非专名性字词	例如：北京市的通州区，宁波市的鄞州区，聊城市的东昌府区，淄博市的周村区、张店区

续表 8-7

市辖区专名不规范现象类型	举例(各类互有交叉、重复)
非标准建制名(矿区、民族市辖区、新区)	——矿区(6个):大同市的矿区,阳泉市的矿区,包头市的白云鄂博矿区,邯郸市的峰峰矿区,石家庄市的井陉矿区,承德市的鹰手营子矿区。 ——民族市辖区(5个):呼和浩特市的回民区,齐齐哈尔市的梅里斯达斡尔族区,郑州市的管城回族区,开封市的顺河回族区,洛阳市的瀍河回族区。 ——新区(3个):天津市的滨海新区,上海市的浦东新区.沈阳市沈北新区
专名含义抽象	例如:石家庄市的新华区,沧州市的新华区,平顶山市的新华区,北京市的朝阳区,长春市的朝阳区,天津市的和平区,沈阳市的和平区,鹤岗市的向阳区、工农区,佳木斯市的向阳区、前进区,焦作市的解放区
专名与实体不匹配	例如:南充市的嘉陵区,通辽市的科尔沁区,沧州市的运河区
驻地与名称错位	2个:淮安市的淮安区非淮安市政府驻地,黄山市的黄山区非黄山市政府驻地
同一城市市辖区命名不成序列	例如:攀枝花市的东区、西区、仁和区,呼和浩特市的新城区、回民区、玉泉区、赛罕区,大同市的城区、矿区、南郊区、新荣区
用字较生僻	例如:营口市的鲅鱼圈区,宿州市的埇桥区,烟台市的芝罘区,洛阳市的瀍河回族区,武汉市的硚口区,宜昌市的猇亭区,漳州市的芗城区

(4) 市辖区区界模糊,出现政区重叠或管辖真空

我国城市市辖区界线之所以不明,完全是人为因素所致。随着城市建设的扩展,大量居民区和企事业单位在城市郊区大量出现,不断蚕食原郊区的土地。但涉及的区界变更却没有按正规程序予以明确,或者仅为地方政府所认可(县级政区的界线变更须经国务院批准),结果造成区界犬牙交错,或者模糊笼统,形成几方(同级建制单位)争管或几方都不管的特殊地域。这样的地域往往基层组织建设不健全,城市公用基础设施薄弱,新村、道路无名无号,内部管理混乱或干脆弃之不管,宛如被遗忘的角落。尤其是近年来各地纷纷出现的开发区(具体名称繁多,不一一列举)虽冠以省级、市级、县级等名号,但均为非建制区。这些“区”的设立一般都不作正式的行政区划调整,其界线没有法律地位。尤为严重的是开发区若是由高一级(或几级)政府创办和负责开发建设,但所在的地域又归当地政府管辖,在具体的利益问题上关系很难理顺。也有一些开发区在设立时,或扩大了原市区建制地域的范围(即开发区扩展到原市辖县或县级市的境内),或划入了某些市辖区的局部地域(即减小了原建制市辖区的行政区域),都使市区建制地域范围内出现了一块不属于任何建制区,但又确属市区建制的地域。这些开发区内的乡、镇(很少有街道办事处)在理论上不是由相邻层级的县级政府领导,而直接由地级的市政府领导。这样,我国从中央到地方,不重叠、不遗漏的层层套管的政权系统中便出现了漏洞,使得全国县一级基层建制单位的任何指标之和都要小于全国的实际总和,导致出现开发区内的人民代表需到其他建制区内去行使权力的不合理现象。

(5) 现行区界不适应城市发展和布局变化的要求

我国的许多中等城市，不管规划与建设、产业布局调整的变化有多大，市辖区的数量和界线几十年保持不变。由此所产生的问题主要有：一是市区边界的适域性特征被打破。一些切块设市时较保守的城市，市区内被填塞得满满的，全无城市扩展的余地。还有的城市则已突破市区边界，成为跨界城市，但随之也带来了与外围县、市的诸多矛盾。二是长期恒定的区界造成市区各区之间诸方面的严重不平衡，影响了一部分区的发展。市区建制范围内，原先设置较粗放的郊区性质的市辖区，由于兴建大量的住宅区，自己兴办及搬迁来不少企业、文教事业单位，区内人口与综合实力都翻了数番，人民的生活方式和整个区的外在形态都呈现出城市特征。但作为一个区的建制一直未经调整，甚至名称也仍为“郊区”之类。与此相对的是原先的城市中心辖区，由于旧房拆迁、工厂搬离，人口与相对经济实力都有所下降。虽然区内商贸繁荣、基础设施完善、人流频繁，但实际上这些区除理所当然地驻着市级机关团体、事业单位，还往往被其他实力雄厚的区、县、市以及省级、国家级单位抢滩占领，而本区所占的份额并无多少，事实上成了“别人的舞台”。鉴于这些问题的存在，应及时对设置市辖区较久且长期未做调整的城市进行市区边界和市区内各区之间界线的调整。

8.5.2 市辖区制度的改革方向

1) 改革实践

20 世纪 80 年代以来，随着城市改革的启动和发展，城市经济结构和社会结构发生了巨大的变化，城市社区管理的需求越来越旺，使得原有的市辖区制度愈来愈不适应城市发展的需要，因此，主要围绕着城市市区行政管理体制展开了相关的改革。

(1) 调整辖区行政区划。一些大城市撤销了郊区体制，打破了城市市辖区“蛋黄式”结构，由“同心圆”式结构向“放射状”结构调整，天津、成都、青岛等市率先撤销了郊区体制，紧接着杭州、长沙也撤销了郊区体制。撤销后的郊区与市区合为一体，有利于市辖区的空间扩展。一些市辖区实行辖乡镇的管理体制，对促进城乡结合部的城乡一体化进程起了积极作用；一些城市通过撤郊区体制，使市辖区的规模更加合理，对街道管辖的范围也进行了调整，扩大了街道规模，增强了街道经济的活力。一些特大城市还出现了撤郊县改市区的趋势，如武汉市撤武昌县设江夏区，撤新洲县设新洲区；北京市撤通县设通州区；上海市撤金山县设金山区。

(2) 理顺市与区的关系，规范权力。一些城市本着使城区政府具有一级政府应有的职能、权限和财力的思路，从市向区、街下放权力。上海市政府就在市区实行了“两级政府，三级管理”的体制。两级政府是指市和区，三级是指街道办事处(区的派出机构)，实际是一级准政府。有的城市下放了包括财政、计划、外经、商业、劳动人事、城建等 10 个方面百余项权力。有的城市从综合经济管理、财税管理、规划土地管理、社会事务管理、城市管理 5 个方面下放了包括经济调控、项目审批、土地批租等在内的 20 余项权力。有的城市从项目审批、劳动用工、规划、旧城改造、环境保护、环境卫生、园林绿化、房产管理、市政及公用设施、文化卫生等方面下放了 20 多项权力。这些做法，对发挥城区政府在发展经济、加强城市建设和管理方面起到了较好的作用。在市向区下放权力的同时，城区政府从适应街道工作任务日益繁重复杂、责任大、权力小、亟须调整管理体制的需要出发,按照权、责、利相统一的原则,合理划分区、街在发展经济、城市建设、城市管理、社区服务、劳动力市场管理等方面的职责,合理调整、规范相应的管理权力。有的城市赋予街道一定的理财功能,按照税收体制划分范围,组织财税收入,定额上交,按比例返还。有的城市在街道组建具有管理公共事务职能的、受街道办事处领导、接受区相关行政部门业务指导和监督的市容监察队;街道办事处还可以依法组织协调辖区内的公安、工商机构和市容监察队的执法活动,以强化街道的行政管理功能。

(3) 明确区、街的职责。权力是履行职责的保证。现阶段,在下放权力的同时,一些城市都把明确区、街职责作为完善和改革城区行政体制不可或缺的一环。有的城市规定,城区政府全权承担本行政区域内经济社会发展、城市管理、精神文明建设和社会稳定的责任,是本行政区域内城市管理的主体,在市的指导下,全面负责本行政区域内的城市管理、市容市貌、环境卫生及交通秩序的综合治理责任。街道办事处应以社区管理、社区服务为重点,为经济建设服务。依照法律、法规的规定,在本辖区内对社区管理、社区服务、社会治安综合治理、街道经济工作、精神文明建设行使组织领导、综合协调、执法监督、检查等相应的行政管理职能,对地区性、社会性、群众性的工作负全面责任。

(4) 转变职能,精减区政府机构。这是城市市区改革中普遍强调的方面。有的把转变政府职能、实行政企分开作为机构改革的重点,要求区政府把精力集中到搞好全区经济的宏观管理上来,积极推进区级资产产权制度改革,将资产所有者和经营者、所有权和经营权分开。综合经济部门要重点加强宏观管理,做好综合协调工作;专业经济部门要切实转变政府职能,把属于市场、基层和社会组织及事业单位承担的职能和工作分别转移给市场和相应的组织。有的按照政企分开的原则,下放和弱化了原属于区政府及其职能部门的48项职能,强化了宏观管理、执法监督等21项职能,将一些专业经济部门成建制转为企业。在转变职能的同时,一些地方还注意做到理顺政府部门之间的关系,合理划分职责范围,减少层次,合并或撤销职能交叉、相近或任务单一的机构,精简非常设机构的工作。武汉市硚口区改革前区级设党政机构48个,经过改革,减少了14个,精减29.2%。北京海淀区改革前区级设党政机构65个,经过改革,减少为50个,精减了23%。

(5) 加强街道办事处建设,可考虑设置“街区”。为加强街道办事处的建设,一些城市规定,公安派出所负责人参加街道领导,负责街道的社会治安综合治理工作;工商所、税务所指定人员参加街道社区管理机构,参与社区管理。在财力上,或通过增拨经费,或将街道经济上交区的财税收入部分返还给街道,或对街道办的服务和福利事业在政策上给予优惠等途径加以支撑。对街道的机构设置、人员编制、领导职数等也都做了具体规定。

显然,改革过于集中在城区的行政体制,对由行政区划而引起的城市辖区制度上的矛盾,诸如区、街所辖地域无具体标准,面积和人口规模大小不一,区划界线不清,市、区、街关系不顺,从而引起的行政管理效益和质量问题没有触及或很少触及,由辖区制度而引起的这些矛盾已经制约着改革的纵深发展。

2) 改革方向

在现阶段,市辖区制度改革的重点是确保区内形态以城市型社区为主,使各市辖区成为城市中的一个个增长极,且相互间具有一定的可比性,在竞争中实现各自发展的优化，保证和促进城市可持续发展。

(1) 尽快制定科学的规范化设区标准

我国城市市辖区之间差异的现实表明，我国市辖区的设置必须有科学规范的标准，在人口数量、面积、社会经济发展水平等方面严格把关。一般来说，市区人口超过50万、建成区面积超过50 km^2 的城市可分设两个或两个以上的市辖区；低于此标准的不设区，由市政府派设城区办事处，代管部分市区事务。对于一些由于地理、交通、产业等因素，客观上确已形成相当规模、具有某方面产业特色、对城市建设与发展有重要意义的特殊地区(如大型厂矿、农副基地、军事、科研、教育基地、风景旅游区以及规划中的城市发展新区)可适当放宽条件，但应避免出现远离主城区的飞地型政区。要特别重视城市开发区的新建制区的建设，开发区建立的初期可暂不涉及行政区划的调整，但上级政府应加强对开发区与所在地政府间的协调工作。一旦开发区建设较为成熟，人口及产值等社会经济发展指标达到一定规模，就可以着手以开发区为中心，设立新的建制区。对一些意义重大、投资与建设有保证、规模较大的重点开发区，也可一步到位，从一开始就设立建制区。同时，应注意避免区名直接沿袭原来的“新区”、“高新区”等不规范名称。

(2) 合理确定市辖区的规模和等级

根据城市的规模大小，实事求是，因地制宜，合理确定市辖区的规模和等级。对于特大城市、直辖市，市辖区的规模可大一些，行政等级可略高；一般地级市的市辖区规模可小一些，行政等级应相应降低。市辖区的区域界定要努力做到界线清楚，人口聚集，避免将大量的农村地域划入市辖区的范围。

(3) 淡化市辖区的行政级别，软化市辖区的行政边界

城市行政级别的变更既具有深远的宏观意义，又可立即引发现实问题，特别需要审慎对待。一定时期内，城市的行政级别与其实际规模、地位不相适合是难免的，而城市发展又日益使越来越多的城市设置市辖区成为客观要求。解决这一矛盾，应对市辖区的行政级别和性质进行灵活处理。当城市的行政级别与其实际规模、地位不相适合时，市辖区可作为市政府的派出机关，淡化其行政级别，这样做在客观上是可能的。因为市辖区各方面的集约度较高，与市政府的关系较密切，而市对区的管理力度本来就比较大，完全有条件实行对原区辖单位的直管。简化区级政权不仅可以节省人、财、物力，还能促使市政府提高工作效率，解决原市、区两级对口系统间的条块问题，同时也不影响各区的相对独立和发展积极性。事实上，2014年1月之前的海南省的三亚市(曾设河东管理区、河西管理区)①，以及至今仍存的甘肃省的嘉峪关市(设雄关区、长城区、镜铁区)，其“区”即为办事处性质，没有设立一级政府，在实践中取得了较好的效果。倒是一些真正设区的市，市与区、区与区之间相互“争、压、推、损”，影响了市、区两级的发展。

对城市中心人口和次级建制(准建制)单位数量偏少、区属经济较薄弱的区可实行合并重组，壮大其实力，拓展其发展空间；对中心城市外围居民区密集，第二、第三产业发展

① 2014年2月11日，国务院批复三亚市撤销两管理区、六镇，新设四区，分别为吉阳区(撤销原河东区、吉阳镇、亚龙湾管委会)、天涯区(撤销原河西区、凤凰镇、天涯镇、三亚湾管委会、育才镇)、海棠区(撤销原海棠湾镇、海棠湾管委会)、崖州区(撤销原崖城镇)。见“百度百科”的“三亚”词条. http://baike.baidu.com.

较快的原粗放设置区,拆分或重组若干新的市辖区,并同时对区内已经以城市型社区为主要形态的乡、镇建制进行调整变更。调整过程中应尽量避免涉及过多政区界线的变更,且调整后的区的数量与其规模应该相适应,以有利于在市区范围内形成几个条件相当、各有特色的新的市辖区,充分调动和发挥各区的优势和积极性,共同促进城市的可持续发展。

(4) 撤销郊区建制

市郊区行政建制,是在市、县分立的情况下,为城市发展提供必需的土地空间和为城市居民生活提供副食品生产基地,从而保证城市正常运转而设置的。在计划经济时期,郊区政府发挥了重要作用,为城市发展做出了重要贡献。但这种区划体制本来就存在不少缺陷。首先是造成区划体制上的混乱,郊区与市区同为“区”,管理性质和层次结构却有很大不同,郊区主要为农村管理,市为城市管理,郊区是三级政府,区政府下设乡、镇,市区是二级政府,区以下设街道。同时,由于郊区直隶于市,实为市区的延伸部分,容易导致城市发展摊大饼式地向外扩张,耕地急剧减少,使城市规模难以控制。

更为严重的是改革开放以来,郊区政府在发展辖区经济中,依靠其区位优势(依托中心城区)、土地空间优势(城区不具备)和某些政策优势,片面追求自身利益而很少顾及全市,特别是市区利益,市区为郊区所包围,经济发展受到很大制约,市区与郊区的矛盾愈来愈严重,城市难以统一规划、建设与管理。特别是城乡结合部各种矛盾交叉,问题十分复杂,长期以来成为行政管理的薄弱环节。各市区政府强烈要求改变这一不合理的“蛋黄式”区划体制。根据我们在苏南的无锡、苏州、常州,安徽的合肥,广西的南宁等城市的调查,设置城市郊区政府,弊多利少。市、郊矛盾十分尖锐。这一区划体制已不适应新形势下中心城市发展的需要。

近几年来,天津直辖市和一些省会城市(如长沙、成都、杭州等)及一些地级市经过认真调查研究、论证,下决心撤销了郊区建制,变“蛋黄式”区划结构为“放射式”区划结构,大大缓解了上述矛盾,收到了很好的效果。上海市和北京市未设置包围市区的郊区建制,城郊矛盾相对较少。因此,我们认为目前尚有的城市郊区政府体制应该逐步取消。可以采取“放射状”模式对区级政区重新进行划分。如长沙市撤销了原东区、南区、西区、北区和郊区,对区域重新进行划分,新设立岳麓区、芙蓉区、天心区、开福区和雨花区,从根本上解决了原来的市区与郊区的矛盾,为各区合理发展提供了良好的区划环境。在中心城市规模较小,经济实力较弱,而政区面积偏大的郊区,可以实行将少量乡镇划归市区后,变郊区为县的建制的做法。江苏省盐城市郊区就属这种类型,1996 年 7 月国务院批准撤销郊区,设立了新的盐都县。我们认为这一调整是正确的,它符合行政区划发展的演变规律。

(5) 规范市辖区名称

市辖区名称(指市辖区专名)的规范工作,应区分轻重缓急,对违法的名称和引起较大不便的名称要立即更改。重名、重音率高的和近地重名、重音的区名要尽快更名。市、区两级驻地与名称交错的要及时更改相应的区名或者搬迁驻地。命名随意而导致区名过长、过白或无实义的区名以及其他影响区的形象和对外宣传、交流的区名,也要逐步加以规范。其他类型的不规范区名,如影响确实较小,又为当地群众和外界认可的,可维持原名。但在今后的市辖区命名工作中应注意避免出现类似问题。

关于市辖区的名称，实际上还存在一个更大的问题，即其通名本身。在我国，“区”是一个被广泛应用的概念，在不同的使用场合，其意义往往相去甚远（如民族自治区、特别行政区、地区、特区、林区和县辖区等）。这些所谓的“区”，在使用简称或指代不明时，常会与市辖区产生概念或地域上的混淆，影响信息的正确传达，甚至引起误解。因此，重新设计市辖区的通名，也是市辖区名称规范的重要内容。

总之，我国城市市辖区制度的改革需要因地制宜，实事求是，需要更新观念和制度创新。对于规模分布明显失当的和不合理的飞地管理，应依据实践经验及时调整区划界线，形成相对合理的管辖范围和规模比例；要借鉴国外大都市公共组织与管理经验，建立专门职能和综合职能的区域联合组织，在不涉及区划调整的条件下，实现城市地区各级行政区间利益分配的协调；要深化税制改革，通过调整财政分配体制来协调各行政区间的利益分配，从而淡化行政区划的经济内涵和行政区划等级观念，并注重引导城市功能的发展；市辖区设置和发展中，在处理城乡关系、中心城与卫星城镇关系上，应加强大区域的规划控制，从而保证区划调整与区域经济发展的一致性、延续性和科学性；要树立社区意识，借鉴和推广上海等地社区建设管理经验，以社区建设为手段推进城市市区管理的现代化。

应当指出，上述诸多改革都是为适应当前城市经济社会发展和规划建设管理需要的一种过渡性措施，从长远看，规划权上收、经济权推向市场、社会管理权下放，在条件成熟时虚化“区”，做实“街（小区）”，从而减少中心城区的层级，应该是大中城市政区改革的方向。

9 县辖“镇”:县下辖“市”,城乡统筹

9.1 基层“城镇型政区”的发展概况与存在问题

乡镇体制是维系中国县以下社会稳定和协调发展的重要地方制度。中国县辖政区近代以来正式出现,乡、镇建制渐成为主流;1949年后则几经变革,变化频繁,尤其是受人民公社体制及相应的革命委员会体制的冲击,乡等建制一度中断。作为改革开放的一项重大举措,就是回归理性制度,恢复乡、镇建制,维护乡村社会的政治稳定和规范地方经济社会发展秩序。在这一过程中,乡镇层面的行政区划也多有制度、体制的改革与具体设置的调整,其变化较之县级及其以上政区更为多样。对其的相关研究也较多见,观点也多种多样。《中国“统县政区”和“县辖政区”的历史发展与当代改革》①与《县下辖市与推进自治——我国县辖政区的发展与改革研究》②,均在相关章节对其做了系统的研究论述,本节内容多源于这两本著作。

9.1.1 乡镇行政区划体制改革的研究综述

目前,对乡镇层面的研究涉及很多方面。从较为狭义的行政区划角度而论,大体上主要包括两个方面:一是问题,即从行政区划的层级与幅度的角度来分析和阐述乡镇体制的问题;二是改革,即对乡镇政区改革的构想,尤其是创新市制,设立县辖市体制的研究。

1) 对当前乡镇行政区划体制存在问题的研究

随着国家对“三农”问题的日益重视和“新农村建设”等战略的提出,国内各界对乡镇层面的问题都进行了大量研究。除了对乡镇管理体制问题展开研究外,从行政区划改革的角度,也有许多研究。浦善新等著《中国行政区划概论》(1995年)、刘君德等著《中国政区地理》(1999年)、谢庆奎等著《中国地方政府体制概论》(1998年)、赵辰昕著《乡政府管理》(1998年)、张全在等著《镇政府管理》(1998年)、刘君德等编著《中外行政区划比较研究》(2002年)、孟昭华等编著《中国历代国家机构和行政区划》(2003年)、孙平著《中国行政区划分析》(2004年)、魏光奇著《官治与自治——20世纪上半期的中国县制》(2004年)、田穗生等著《中国行政区划概论》(2005年)等众多书籍,均对我国乡镇建制的起源与发展,在各历史时代的特点以及运行机制等进行了研究和阐述,也有的对新中国乡镇体制的现状和问题进行了分析,并提出了一些改革的措施。

---

① 史卫东,贺曲夫,范今朝.2010.中国“统县政区”和“县辖政区”的历史发展与当代改革[M].南京:东南大学出版社.

② 贺曲夫.2012.县下辖市与推进自治——我国县辖政区的发展与改革研究[M].北京:中国经济出版社.

早在20世纪90年代，刘君德就对我国乡镇政区体制进行了研究，在其编著的《中国政区地理》中对当时我国普遍实行的小乡制度进行了分析，他认为在当时的小乡制下，由于乡镇政区规模过小，数目过多，必然不得已会出现县辖区这么一个介于县和乡镇之间的派出层级，影响管理效率；同时，乡镇规模过小，使得行政人员过多，加重了群众的负担，还极不利于农村城镇化和中心村的建设。因而提出要“合理调整乡镇规模，实施乡镇合并”，“减少区公所层次”等建议，同时指出在具体操作时应该因地制宜，特别注意乡镇合并可能带来的负面影响，以不增加群众办事成本为前提。这些建议均在后来的全国大规模的“撤区并乡建镇”中得到充分体现。目前我国乡镇数目已由1988年年底的45 195个乡镇(含民族乡)减少到2012年年底的33 162个乡镇(民族乡等)，减少了12 033个，减幅达26.6%；目前全国仅剩2个县辖区(公所)。这在很大程度上对精简机构、精减层次和人员编制，培育和发展小城镇，推进城镇化等起到了巨大的推进作用。

同时，在并乡建镇过程中，也产生了一些新的问题。有学者指出：第一，如何妥善解决被撤并乡镇驻地的管理和机构设置问题。乡镇合并后，由于行政中心职能的外移，被撤并的乡镇驻地服务业和招商引资会受到一定的负面影响，村镇建设和管理也会下降。原有市政公用设施因维护不够而损坏，对城镇发展造成不利影响，对加快城镇化建设不利。第二，由于管辖范围增大，群众办事的距离加长，办事成本增加，不利于减轻农民负担。第三，有些地区在撤并乡镇过程中，却又在新的乡镇与村组织之间设置了办事机构(管理区或片区等)，实行所谓“乡(镇)—管理区(片)—村”的管理模式，这使撤并乡镇在精简机构、压缩人员、减轻农民负担等方面的意义大打折扣。

此外，还包括对县(市)与乡镇关系的探讨，即体制性问题，以“强镇扩权”的讨论为多。金勇兴在《集聚与扩散——温州建制镇城市化研究》一书中，以温州建制镇的发展为例，探讨了小城镇的管理体制改革及区划调整问题，是乡镇层面实证研究的一部著作。该书除了在第一章中概略介绍了建制镇的沿革等之外，尤其在第七章《困境与对策》中提出了诸如县辖镇等有关行政管理体制和行政区划改革的意见，较有针对性①。高飞、陈国灿在《历史视野中的浙东南乡村城镇化进程》一书中，则从历史和现实结合的角度，探讨了浙东南乡村地区的城镇化过程及有关的管理体制问题②。陈剩勇、张丙宣2007年在其《强镇扩权：浙江省近年来小城镇政府管理体制改革的实践》一文中，系统探讨了浙江省改革开放以来在县辖政区层面的改革措施及其成效和影响③。另外，我国学者还对一些典型的乡镇也予以较多关注，如对龙港镇行政区划体制的研究，刘君德④、蔡向海等⑤、缪

---

① 金勇兴. 2002. 集聚与扩散——温州建制镇城市化研究[M]. 北京：社会科学文献出版社.

② 高飞，陈国灿. 2002. 历史视野中的浙东南乡村城镇化进程[M]. 杭州：浙江大学出版社.

③ 陈剩勇，张丙宣. 2007. 强镇扩权：浙江省近年来小城镇政府管理体制改革的实践[J]. 浙江学刊，(6)：215-221.

④ 刘君德. 2001. 中国农民第一城——龙港镇行政区划体制改革的思考[J]. 中国方域——行政区划与地名，(6)：8-10.

⑤ 蔡向海，徐强，郑德能. 2002. 众盼合一——谈鳌江、龙港组合中等城市[J]. 小城镇建设，(3)：66-68.

丽华等[①]、贺曲夫等[②],均有论述。其他如杜守嘉[③]、彭震伟[④],具体以嘉兴市若干乡镇与临海市的杜桥镇为例,探讨了小城镇发展面临的体制问题;吕国军则专门以浙江省缙云县为例,论析了乡镇行政区划调整的具体方法[⑤]。

最后,就是具体乡镇行政区划的调整问题,目前有若干将定量方法引入乡镇调整研究的尝试。较早是王德等于2002年发表的《乡镇合并与行政区划调整的新思路和新方法》的文章,该文以河南省平舆县为例,探讨了使用城镇势力圈划分软件HAP实现城镇势力圈的测度,并尝试以乡镇人口规模为标准,分别用"自上而下"逐步调整法与乔克普森的"自下而上"拆除最小的乡镇两种方法对乡镇进行撤并[⑥]。陈淑兴2008年提出了运用加权泰森多边(Voronoi)图方法,测定乡镇的吸引力范围,提出商河县乡镇行政区划调整的理论方案。范红艳等(2009)用人口规模作为乡镇规模值,利用场强模型,结合GIS技术对长岭县乡镇势力圈进行测定,提出区划调整的方案,但文中仅提到以势力圈内人口为准进行乡镇撤并。GIS的广泛应用为行政区划调整定量研究的实现开辟了新的途径。潘竟虎、董晓峰等(2007年),陈淑兴(2008年),范红艳等(2009年)均利用GIS技术为行政区划的定量分析做了很好的探索。

2) 国内对创新县辖市体制的研究

如前所述,目前我国除台湾地区设有若干县辖市外,在大陆地区并没有设置县辖市。从市制角度来看,虽然目前的相关法律不允许县下辖市,但部分学者从我国农村城市化、积极发展小城市(镇)和现行行政区划体制改革的高度和层次上提出应该实行"县下辖市",对部分区位条件好、经济实力强的镇改设为市,并以此来创新乡镇体制和市制。田穗生等在其1989年出版的《县级市政府职能及机构设置探讨》中曾经建议:"为真正有利于为数众多的小城市的健康发展,建议考虑实行设置县辖市。即以县城关镇的城市地区为主,含少量乡村,设置市的建制由县领导。这种市在行政隶属关系上与镇一样受县领导,但享有国家给予市的各种政策,按市的建制设置机构进行管理,由县长兼任市长。"[⑦]

1991年出版的《中国行政区划研究》一书中,多位学者也曾就此问题提出过类似看法。刘君德建议设立不同等级规模的城镇型政区体系,包括中央辖市、省辖市和县辖市,县辖市为10万人以下的小城市。在1993年出版的《沿海地带行政区划研究》中,蔡人群认为,"半县级市"的设置标准可定为5万人以上;陈铭勋主张,广东省应逐步推进"县管市"的体制,今后几十年新城市设置重点应放在县辖乡镇级建制市上;胡序威则建议,先

---

① 缪丽华,朱慧斌. 2008. 从龙港鳌江建市困惑评析城镇管理政策效能[J]. 老区建设,(2):33-35.

② 贺曲夫,孙继英. 2008. 浙江省苍南县龙港镇发展与行政区划管理体制创新研究[J]. 经济师,(6):168-170.

③ 杜守嘉. 2002. 当前小城镇建设发展面临的体制问题与对策——以浙江省嘉兴市为例[J]. 小城镇建设,(10):86-87.

④ 彭震伟. 2003. 经济发达地区小城镇发展的区域协调——以浙江省杜桥镇为例[J]. 城市发展研究,9(4):17-22.

⑤ 吕国军. 2007. 行政区划调整要素分析——以浙江省缙云县行政区划调整为例[J]. 中国水运,5(3):176-179;吕国君. 2010. 基于经济引力模型的缙云县乡镇行政区划调整研究[J]. 河北农业科学,14(4):102-103.

⑥ 王德,郭洁. 2002. 乡镇合并与行政区划调整的新思路和新方法[J]. 城市规划汇刊,(6):72-75.

⑦ 转引自贺曲夫. 2012. 县下辖市与推进自治——我国县辖政区的发展与改革研究[M]. 北京:中国经济出版社:45-46.

让已达到城市应有规模和水平的县辖镇设市，对外可直接打出市的牌子，但在行政隶属关系上仍归县领导，属县辖市，市长相当于副县长级①。

刘君德对此问题持续关注。20 世纪 90 年代初期，在研究长江三角洲和辽宁省乡镇调整时，就针对当时大量的整县改市设市模式的弊端，农村城市化发展的客观要求，以及对我国的设市模式进行重新思考而提出实行“县下辖市”。1996 年，在对我国城市型政区划体制的改革问题的研究中，又提出借鉴我国台湾地区长期以来实行县辖市体制的经验而推行“县下辖市”②。2003 年进一步指出，我国地域辽阔，经济社会发展很不平衡，城市(镇)化水平、城镇规模等差异很大，县域城镇体系发育模式(单中心、双中心)很不相同，一种设市模式和标准是很难适应我国不同地区城市化发展需要的，应该在有条件的地方试行“县辖市”新模式，即城镇达到一定规模，经济实力较强，非农人口和产业比较集中，基层民众有迫切要求，符合镇改市的标准，就可以批准设市，其行政等级和隶属关系仍保持不变。这种模式具有很多优点，它既满足了设市的要求，使中国的城市建制与城市化的发展相适应，也与世界绝大多数国家和我国台湾省的城市建制模式相对应。同时，由于这类市仍归属县管辖，有利于县域统一规划、建设和管理，减少县市之间的摩擦；对于经济比较发达，县域呈“多中心”发展态势的县，采用这类设市模式十分有利③。在其后的连续研究中，主张根据各县域的经济水平、空间格局、城镇体系布局、交通网络系统和未来发展前景等条件，按照一定标准，选择县属的个别规模较大、条件优越的乡镇改设为市，实行县下辖市，使之与现有的县辖乡镇制度融合，形成我国完善的基层政区制度。同时总结出“县辖市”在性质和基本要素方面的“十条设想”④。

在 1999 年 2 月召开的“中国市制回顾与展望学术研讨会”上，也有很多专家学者支持设立县辖市的主张。周一星提出的方案是保留县，取消县级市，县内有几万人的发达的建制镇均设县辖市，今后主要“撤镇设市”。杨开忠和顾朝林均主张调整县改市模式，实行县辖市体制。胡序威在其 1993 年建议的基础上进一步提出：“对城市化水平较高的县在设立县级市后可同时保留‘县’和‘市’两块牌子，市长和县长同兼一身，作为县长主管全县的区域，作为市长主管中心城区与镇区，当县内的某些小城镇发展成为拥有5 万—10 万人口以上的小城市时，可以设立县辖市。如番禺市(县)的南沙镇，就有条件改设为县辖南沙市。”⑤

连晓鸣(1999)在对浙江省的城市化研究中，特别是针对一大批脱颖而出的经济实力强大的中心城镇，如柯桥、柳市、龙港、路桥等规模大的镇，他认为当前农村城市化中的诸多矛盾的实质是传统农业社会以行政管理为中心的“村镇存在模式”与现在社会以经济效益为中心的“城市存在模式”的矛盾，并认为随着我国城市化进入高发期，小城镇开始分化与重组，一批具有要素集聚优势者将逐步提升并发展为中心镇或小城市，提出要以“镇”为重心转换为以“市”为重心，重新构造全省的大中小城市以及乡镇的总体城市体

---

① 中国行政区划研究会. 1991. 中国行政区划研究[M]. 北京：中国社会出版社.

② 刘君德. 1996. 中国行政区划的理论与实践[M]. 上海：华东师范大学出版社：170-181.

③ 刘君德. 2003. 新时期中国城市型政区改革的思路[J]. 中国行政管理，(7)：48-54.

④ 刘君德. 2005. 县下辖市：尝试一种新的政区制度[J]. 决策，(4)：34-35.

⑤ 有关论文参见《中国方域——行政区划与地名》(2001 年第 6 期)。

系,并认为"县辖市"是适应农村城市化高速发展期的战略措施①。

魏清泉(2003)在研究珠江三角洲的小城镇时,也得出了与连晓鸣类似的结论,即应该适应城市化的要求,实施县内设市的制度;同时,还认为对一般乡镇要采取"乡镇自治"的方法②。袁中金(2006)在对我国小城镇问题的研究中,针对县域中心镇的进一步发展,提出了很多政策和制度创新的建议,其中就有应该进行市镇制度的创新——实行县辖市,并初步提出县下辖市的条件与方案(模式)选择③。

2001 年 11 月在浙江龙港镇——"中国农民第一城"召开的学术研讨会,不少与会学者提出县下辖市的主张(刘君德、胡序威、周一星等),集中反映了学术界的意见,其相关论文发表在《中国方域——行政区划与地名》(2001 年第 6 期)。贺曲夫等(2008)也针对龙港的情况,提出在现行设市体制难以解决各方利益博弈格局的情况下,设立苍南县辖的龙港市是既能体现龙港城市化发展要求,又能保持各方利益的最佳模式④。

针对大中城市郊区乡镇建制的改革,林拓(2003)结合上海郊县实际情况,提出大中城市郊区乡镇为顺应城市郊区化和农村城镇化的发展新要求,应以史为鉴、综合分析,适时从政区形态、幅员、行政中心、边界等方面调整不合理的区划格局,合理推进大中城市郊区乡镇区划格局的调整。在这一调整过程中,要特别重视城市政区改革中空间要素对公共行政的影响以及政区历史演变中规律性和矛盾性的探寻,此外对于大中城市郊区乡镇而言,其与开发区管理之间的协调互动也是基层政区研究中不可缺少的内容⑤。

张开琳等(2005)在研究常州市近郊区村镇体系和外围片区发展战略时,发现往往大中城市郊区有一些距离主城区相对较远的中心镇,它们将仍然保持自己的相对独立性,具有一定规模和自身的历史文化传承,并在自己已有的产业基础上,与周边区域在经济、社会、文化等方面联系密切,成为当地社会服务体系中心,带动周边区域发展,自身也会发展成为拥有 10 万人口的小城市;针对这些较发达、有发展前景的中心镇,提出应该设置与一般建制镇有区别的新的建制:新市镇——县辖市⑥。

9.1.2 县辖"城镇型政区"的发展与演变

县辖政区(乡级政区)在中国历代的行政区划体系中,具有比较特殊的地位和发展过程。相对于县和县级以上政区的历史悠久和相对稳定,县辖政区的变化较多,既包括其基本制度层面如体制、地位、权责等的变动不居,也更有具体政区个案的如设立或撤销,建制等级的升、降和具体辖域的并、拆等,导致该层级政区调整的频繁和形态的多变。

1) 古代、近代时期县辖政区的发展与演变

人们常说,中国传统治理是"皇权不下县"。但这里可能存在一个误区:这个说法可

---

① 连晓鸣. 1999. 县辖市——城市化高发期的必然结果[J]. 杭州师范学院学报,(5):4-6.

② 魏清泉. 2003. 缩小省(区) 省辖县市 县内设市 乡镇自治——中国行政区划调整的总趋势[J]. 中国方域——行政区划与地名,(6):2-5.

③ 袁中金. 2006. 中国小城镇发展战略研究[D]:[博士学位论文]. 上海:华东师范大学.

④ 贺曲夫,孙继英. 2008. 浙江省苍南县龙港镇发展与行政区划管理体制创新研究[J]. 经济师,(6):168-170.

⑤ 林拓. 2003. 城市化进程中的基层政区改革:浦东的实践[J]. 马克思主义与现实,(2):90-95.

⑥ 张开琳. 2005. 大城市郊区新市镇建设与管理研究[D]:[硕士学位论文]. 上海:华东师范大学.

能会使人认为中国古代县以下没有正式的行政机构。实际上，所谓的“皇权不下县”，指的是中央政府直接任命官员到达的层级，即封建时代皇帝直接任命行政官员到县这一层为止。而事实上我国县以下乡村地区，自春秋战国时期起，历代均存在系统的乡里组织①，起着基层政区的作用。但由于乡里组织官员的任命不在中央政府，而各地方则因人因地而设置与任免不同，文献记载也不详细，致使历史上县辖政区的组织形式成为一个较难考证清楚的问题②。

根据史籍记载和历代学者研究成果，我国县辖政区（含乡里组织等）的发展演变大致分为以下三个阶段：

(1) 具有行政区划特点的县下行政组织：秦至唐中期

我国的乡作为地方一个管理单元，最早也是出现在西周时期。而作为农村基层行政建制的乡，则萌芽于春秋战国，定型于秦汉时期。西周时期曾以 12 500 户为一乡，置乡大夫，由卿担任，为最高一级地方自治组织③。当时的“乡”和“里”更多地表现为地缘和血缘关系的社会组织，所谓“同里者大率同氏”④。春秋时期，党、里、社、乡等各种名目的基层组织在各诸侯国出现，并更多地呈现出地域行政组织的性质。至战国中后期，各国基层组织由血缘性向行政性转化大体完成，并逐步实现科层化，当时各国大都不同程度地存在县、乡、里三级地方区划。《史记・老子列传》记载老子系“楚苦县厉乡曲仁里人”，就是楚国实行县下乡里制度的典型例证⑤。秦在全国推行郡县制的同时，在县下设乡，乡下设里、亭（图 9-1），分别按户籍（里）和地籍（亭）管理地方治安、租税和力役等⑥。秦汉时期县下组织对后代影响颇大。

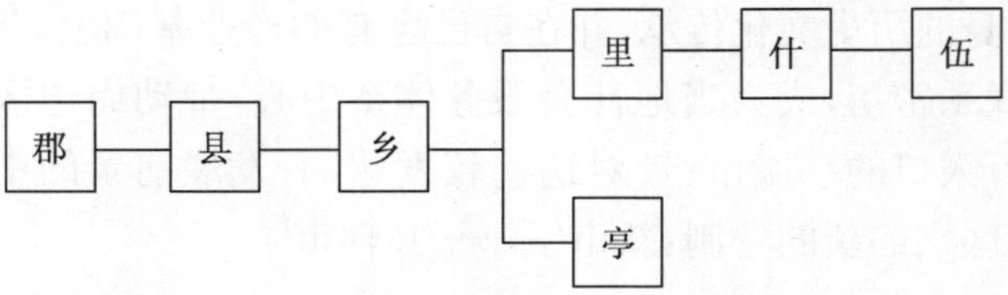

图 9-1　秦汉时期县下组织结构示意图

秦汉至隋唐，“以士大夫治其乡之事”，乡里组织首领人员属于乡官。秦和两汉“十里一亭，亭有长；十亭一乡，乡有三老、有秩、啬夫、游徼”；西汉“三老掌教化，啬夫职听讼、收赋税，游徼徼循禁贼盗”。到东汉时期，三老掌教化，有秩、啬夫由县指派，职责是评断曲直，收赋税征徭役，“皆主知民善恶，为役先后，知民贫富，为赋多少，平其平差”；游徼承望县尉，“掌循禁，司奸盗”，即负责治安；“又有乡佐属乡，主民收赋税”；亭设亭长与亭卒，“以禁盗贼”；里有里正（魁），下有什主、伍主，“里魁掌一里百家，什主十家，伍主五家，以

① 魏光奇. 2004. 官治与自治——20 世纪上半期的中国县制[M]. 北京：商务印书馆：15.
② 周振鹤. 2005. 中国地方行政制度史[M]. 上海：上海人民出版社：141.
③ 刘君德，靳润成，周克瑜. 1999. 中国政区地理[M]. 北京：科学出版社：191.
④ 李学勤. 1959. 战国题铭概述(上)[J]. 文物，(7)：50-54.
⑤ 魏光奇. 2004. 官治与自治——20 世纪上半期的中国县制[M]. 北京：商务印书馆：15.
⑥ 周振鹤. 2005. 中国地方行政制度史[M]. 上海：上海人民出版社：141.

相检察,有善事恶事,以告监管”①。

晋代乡里制度大体与汉相同,各县根据户口多少设置1—4乡,每乡置啬夫一人;此外千户以下置书吏一人,千户以上置史、佐、正各一人,5 500户以上置史一人,佐二人;基层每百户置历吏一人。南北朝时期也基本延续晋代体制,北魏孝文帝时开始实行“三长制”,以五家为一邻,立邻长;五邻为一里,立里长;五里为一党,立党长。北齐则以十家为邻比,五十家为闾里,百家为族党,一党之内,有党正一人,党副一人,闾正二人,邻长十人,十四人共领百家②。南北朝时期,乡的规模缩小,且乡官也由官派向民间推举过渡。

隋初,隋文帝取消乡官制度,开始在县以下建立新的基层制度,以五家为保,置保正;五保为闾(里),置闾(里)正;四闾(里)为族(党),置族(党)正。乡作为县下具有行政区划性质的组织趋于消弭。唐则以百户为一里,五里为一乡,“每里设正一人,掌按比户口,课植农桑,检察非为,催诳赋役”;县治城邑称为“坊”,置坊正一人,“掌坊门管匙,督察奸非”③。而到了唐朝中期,乡官乡职沦落为“流品在平民之下”的“职役”,乡已经不再具有县辖政区性质了。

应该说,秦汉至唐中叶的上述乡里组织首领均属于乡官,具有国家基层官员和“乡绅”的双重性质,这在其委任方式和职能方面均有体现:一方面,乡官作为国家基层官员须自上委任,有禄秩或给职田、免徭役,相对于县令、县长、县丞、县尉等“长吏”而称为“少吏”,须执行税赋、徭役、捕盗等政府行政职能;另一方面,乡官作为乡绅,必须是有声望有地位的本籍人士,其担任乡官有时还需经地方公选,至少也要得到地方普遍认可,除执行国家政令外,还要承担劝农、教化、治安、民事调解、公益建设等乡里“自治”事务的职能④。

(2) 不具有行政区划特点的县下组织:唐中期至清末

唐朝中期,由于县之官吏对乡官乡职进行压迫和勒索,导致人们不愿意担任此职,只好“轮差”,“乡职”于是沦落为与军旅、劳作等力役同等性质的工作,称为“职役”。再加上“乡官”的某些“地方自治性”难以完全为当时中央集权的国家组织认同⑤,导致乡里制度出现变化,开始由乡官制度转变为职役制度。随之,乡里也已不再是具有行政区划性质的地方基层政权了⑥。

北宋初期循五代旧制,乡里有衙前、里正、户长、乡书手、耆长等名目,“衙前以主官物,里正、户长、乡书手以课督赋税,耆长、弓手、壮丁以逐捕盗贼”,“各以乡户等第差充”⑦。北宋末年与南宋初期曾实行甲头制和都保制,前者以村幢为单位,择三十户为甲头,轮流催纳粮税;后者以五户相比,二十五户为一大保,置保长;十大保为一都保,置保正、都副。此外,宋代还产生了两种新的乡里组织,即以治安为主要职能的保甲和以教化为主要职能的乡约,也均属于“役制”。这些轮职的“役”由于既不具备受人尊敬的声望和地位,也没有为人所服从的权力,他们至多只能是在赋役、捕盗等方面供官吏驱使,因而

①-③ 《文献通考》卷12《职役一》。

④ 魏光奇.2004.官治与自治——20世纪上半期的中国县制[M].北京:商务印书馆:16.

⑤ 魏光奇.2004.官治与自治——20世纪上半期的中国县制[M].北京:商务印书馆:17.

⑥ 刘君德,靳润成,周克瑜.1999.中国政区地理[M].北京:科学出版社:191.

⑦ 《文献通考》卷12《职役一》。

两宋乡村社会的自身治理职能始终处于空缺状态①。

鉴于对宋代社会无序、役法败坏局面的认识,元政府借鉴金代村社制度而创新"社"制,试图恢复隋唐以前的乡官制度。至元七年(1270年),诏令各县村庄"凡五十家立一社",置社长、官司长,除"教督农桑"外,还履行教化、救济等职能,"其有不敬父兄及凶恶者亦然,罚其代充本社夫役。社中有疾病凶丧之家不能耕种者,众为合力助之。一社之中疾病多者,两社助之"②。至元二十八年(1291年)颁行的法典《至元新格》,还赋予社长惩治游手、维护治安、管理义仓和调解婚姻、财产、田宅、债务等民事纠纷的广泛职责。为防止社长、官司长因支应官差而沦为"差役",规定另设里正和各村主首来"催差办集",对社长、官司长不得"以科差干扰",否则就"大失立社之意"③。应该说,就制度设计而言,元之社制已经与隋唐以前的乡官(乡里)制几近相同,但在实际实施过程中最终并未成功。

明代在全国编定里甲,以110户为一里,推人丁、资产最多之10户为里长,其余100户按每10户为一甲,分为10甲,各推一名甲首,每年由里长一人、甲首一人率一甲应役。里甲之上还有都、乡等组织,一般而言,北方地区多为乡(坊)、里(社)、甲三级,南方地区多为乡、都、里(图)、甲四级或都、里(图)、甲三级。此外,明代也存在以治安为主要职能的保甲组织。里甲虽然是一种以赋役为主要职能的职役组织,但明政府也曾试图使之承担古代乡官的某些自治职能,如和睦邻里关系、调节民事纠纷、实施互助保障、维护村社治安和督劝农桑等,但实际效果不甚理想④。

清初承明制,各州县均建立了里甲制度(北方地区称"里甲"或"里社"者多,东南地区称"都图"比较普遍),其主要职能是编审户口、催征田赋丁徭。此外,与明朝一样,清代也同样存在以治安为主要职能的保甲组织。清代的里社单纯催征田赋、丁徭而不应户役,使得各里户数之多寡无关紧要,而雍正初年实行"摊丁入亩"后,丁徭作为一个税种彻底被取消,里社开始趋于废弛和衰落。特别是乾隆三十七年(1772年)户口审编正式停止,户籍制度彻底废弛,人口迁移基本不再受行政限制,土地买卖也随之更加频繁。于是,里社制度赖以维系的户籍、居所和田产所在地三者的统一日益遭到破坏,里社制度本身也日益走向废弛,虽未明文取消,却也日益失去生命力,而新的乡地制度(保甲制)陆续在全国各地建立起来⑤,形成里甲制与保甲(乡地)制并存的局面⑥。

这些新的乡地组织是以自然村为基本单位,在自然村与县州间设置的一级中间组织和区划,其名称很繁杂,各地不同,如里、屯、铺、乡、区、地方、官村、镇、庄,等等,统称为"地方",实行保甲制,其主要职能大致分为三类:协助官府办理民事刑事案件(包括发觉并报告偷窃、聚赌、窝娼等治安事件,筹办乡村防卫,捉拿伤杀人犯,递送传票,指送人证等)、催征田赋和摊派差徭⑦。至于修路、架桥等乡村公共事务,则主要通过宗(家)族势力

① 魏光奇.2004.官治与自治——20世纪上半期的中国县制[M].北京:商务印书馆:18.

② 《元史》卷93《食货志一·农桑》。

③ 《大元通制条格》卷16《田令·理民》。

④ 魏光奇.2004.官治与自治——20世纪上半期的中国县制[M].北京:商务印书馆:19.

⑤ 魏光奇.2004.官治与自治——20世纪上半期的中国县制[M].北京:商务印书馆:37-42.

⑥ 刘君德,靳润成,周克瑜.1999.中国政区地理[M].北京:科学出版社:191.

⑦ 魏光奇.2004.官治与自治——20世纪上半期的中国县制[M].北京:商务印书馆:43.

和士绅(家境殷实的大户人家)出资或集资完成。需要说明的是,清代存在两种“保甲”制度:一种是自元以来就一直存在并延续下来的、以人口(户数)为单位的、单纯履行治安职能的保甲,此属于典型意义的保甲;还有一种则是里甲废弛后发展出来的以协办官差、催征赋役、摊派差役为主要职能的乡地组织,也称为“保甲”,二者因为名称相同而常被混淆①。

清代乡地组织(新保甲制)结构的基本特点在于它不是以人口(户数)而是以自然村为基本单位,在自然村与县州间设置的一级中间组织和区划,这使得乡地组织更接近近代行政的地缘原则。此外,清代还曾努力在农村建立过其他一些组织,如乡约(教化职能)、社学(教育职能)、社仓(社会救济职能)和乡兵(地方自卫职能)等,但效果并不佳。

(3) 以地方自治和城乡分治、并立为特色的县下行政组织:清末至民国

如前所述,清代国家在州县之下不设治,而是依靠乡地、保甲等地位低下的职役组织办理官差,通过宗族、士绅等私人势力办理地方公共事务,乡村社会因此处于散漫、孱弱状态,再加之当时中国县制本身也是问题重重,因此晚清很多有识之士开始思索解决之道。早期之士(顾炎武、冯桂芳、梁启超、谭嗣同等)首先提出恢复乡官制度的主张,后有人(张謇、吴士鉴等)吸取国外近代政治思想,提出实行地方自治。前者针对当时县下组织的弊端,提出要借助“官治”(恢复乡官制)或者推行“绅治”(“兴绅权”)来办理县下事务;后者则对近代西方和日本的地方行政制度进行较深入研究后,主张在改革州县行政方面要实行地方自治,认为“官治”有常设化、制度化的优点,但过于划一和僵硬,既不能发挥地方民众的参政积极性,也不能照顾各地的特殊性;而传统“绅治”虽能发挥地方民众积极性并照顾地方特殊性,但却是凭借私人威望和能力办理公共事务,不能做到现代行政所要求的常设化和制度化。他们认为地方自治制度既具有传统“绅治”的地方化特征,又具有“官治”的常设化、制度化特征,能很好地发扬二者之长而避二者之短。

1901 年清廷“新政”和“预备立宪”期间,清政府开始颁布了若干州县改革措施,虽整体上仍然属于传统意义上的吏治整顿,但也是对维新人士州县改革主张的呼应,蕴涵了近代县制改革的萌芽②。这也催生了各种县下组织和县下行政,改变了自唐朝中期以来中国古代国家在县下不设治的传统,是中国地方制度的一大变革。此时的县下行政形态各异,大致可以分为两大类:一是某种单一职能的行政,如教育行政、警务行政等;一种是职能较全面的区、乡一级行政。

清廷 1909 年 1 月颁布了《城镇乡地方自治章程》,在州县划分基层政区,规定治所城厢地方称为“城”,其余市镇村庄屯集等,人口 5 万以上为“镇”,不满 5 万的则为“乡”,城、镇区域过大,人口满 10 万者可以再划分为若干区。该章程以法律形式确定了城、镇、乡为县以下的基层区划单位。各城、镇、乡设立自治议决机构议事会,其议员由合格选民互选产生,各议事会设议长 1 名,副议长 1 名,由议员互选产生;各城、镇设自治执行机构董事会,由总董 1 名、董事 1—3 名、名誉董事 4—12 名组成,各乡设自治执行人员乡董、乡佐各 1 名,由议事会选举产生。由于清统治不久即被辛亥革命推翻,这些措施大多还没来得及深入推行,但为后来的改革播下了种子。

① 魏光奇. 2004. 官治与自治——20 世纪上半期的中国县制[M]. 北京:商务印书馆:44-47.

② 魏光奇. 2004. 官治与自治——20 世纪上半期的中国县制[M]. 北京:商务印书馆:73.

民国建元后，有些地方对城、镇、乡自治制度进行了改革，如江苏省1912年3月自行颁布并实行“市乡制”，以县治城厢地区和人口5万以上的市、镇、村、庄、屯、集为“市”，其余人口不足5万者为“乡”，推行市乡自治。1914年袁世凯政府下令停办地方自治，虽然很多地方作为自治议决机构的城、镇、乡议事会被取消，但其原有的执行机构或人员的城、镇董事会、乡董却保存下来，改换名称而成为区乡行政机构，原来的自治行政区划也继续存在，成为区乡的行政范围①。1919年北京政府再次推动县和市乡两级地方自治，并于1921年7月公布了《市自治制》和《乡自治制》等法律，规定在县以下划分为市、乡，选举自治会、自治公所作为自治议决机关和执行机关②。由于时局混乱，当时大部分省份没有实行。

清末至北洋政府时期各地的各种形态的县下区乡行政，已经开始具有近代性质，但同时又未能褪尽传统色彩，构成了当时中国县辖政区的过渡性质，客观上为国民政府时期在全国建立统一的县下区乡制做了有益的尝试，并可提供经验和借鉴。国民政府颁布的《县组织法》(1928年9月第一次公布，1929年6月第二次公布，1930年7月修正公布)以及1929年公布的《乡镇自治施行法》和《区自治施行法》规定，区、乡、镇为县以下的基层行政区域，实行自治，置区、乡、镇公所，设区长、乡长、镇长，由民选产生，管理区、乡、镇自治事务；下设闾邻组织，25户为闾，设闾长1人，5户为邻，设邻长1人，分掌闾、邻自治事务。应该说，国民政府颁布的《县组织法》等法律，推行以自治为基础的县下区、乡镇两级行政区划，并在全国统一实施，是符合社会进步发展的重大举措。

为了对付当时的中国共产党的红色割据政权，1929年6月，“剿匪司令部”制定《清乡程序》及《联防规程》，9月又公布《清乡条例》，10月公布《邻右连坐暂行办法》，均含有治安连带责任的内容。特别是国民政府1929年7月颁布的《县保卫团法》成为保甲制度的渊源。1930年年初，国民政府在“剿匪区”正式推出保甲制度，1932年8月“豫鄂皖三省‘剿匪’总部”颁布《“剿匪区”内编查保甲户口条例》，成为当时保甲制度的正式蓝本③。同时，“三省剿总”司令蒋介石发布了一道《训令》，对当时实行的地方自治制度提出批评，得出须以保甲制度来取而代之的结论④。后又陆续颁布一些法律法规，如《各县区公所组织条例》(1932年8月)、《改进地方自治原则》(1934年2月)、《“剿匪”省份各县分区设署办法大纲》(1934年12月)、《各县分区设署办法大纲》(1937年)等。根据这些法律法规法令，国民政府对地方自治进行了“改进”，推行“分区设署”和新保甲制度，使得区、乡、镇自治转变为“官治”行政。据时人记载，当时的区乡镇体制大致分为三种：第一种模式是基本依照《县组织法》和《改进地方自治原则》办理，没有公开编制保甲。如山东、山西2省，其中山东采用“县—乡镇—村”三级体制，山西沿袭以往，为“县—区—村里—闾—邻”五级。第二种模式基本依照“剿总”有关法令，建立保甲制度，如江西、河南、湖北、安徽、福建、陕西、四川、贵州、云南(部分县)、河北等10省，基本以“县—区—联保—保—甲”五级制。第三种模式是兼顾《县组织法》和《改进地方自治原则》和“剿匪区”体制，保甲之上不

---

① 魏光奇.2004.官治与自治——20世纪上半期的中国县制[M].北京：商务印书馆：127.

② 《中华民国史事纪要(初稿)》，民国十年册，第29—42页。

③ 《中华民国史事纪要(初稿)》，民国二十一年册，第342—351页。

④ 《中华民国史事纪要(初稿)》，民国二十一年册，第344—351页。

设联保而保留乡镇,如江苏、浙江、云南(部分县)、湖南、广西、绥远、青海、察哈尔、宁夏等9省①。全国大多数地区在县下存在区—乡镇(或联保、村里)二级“官治”色彩浓烈的政区体制,而闾邻、保甲等则是作为编民组织,直接属于乡镇或联保。

1939年9月,国民政府颁布《县各级组织纲要》(时称“新县制”),重新规定县、乡镇为两级地方自治单位,均为法人,实行自治制度;区为虚级单位,其性质系“县政府辅助机关,代表县政府督导各乡镇办理各项行政及自治事务”,且不满15乡镇的县不分区;乡镇下实行保甲制度,原则上10户编为一甲,10甲编为一保,保设保办公处,置保长1人,副保长1人,干事2—4人,办理教育、民政、警卫、经济、文化等地方公共事务。

2) 新中国县辖政区体制的发展脉络

与县级以上政区一样,新中国成立以来我国县辖政区也经历了一个曲折的演变过程。但是,由于在我国行政区划体制中所处层级的不同,以及县辖政区本身的特点,新中国县辖政区演变的过程和阶段与上述县级以上政区略有差异,大致分为如下几个阶段:

(1) 解放初期(1949—1953年):县—区[区]—小乡(行政村)制

如前所述,新中国的政区体制是在继承解放战争时期各解放区政区体制的基础上,对原南京国民政府统治下的行政区划体制彻底改造而来的。但由于原各解放区的政区层级也不尽相同,故以各解放区政区体制为蓝本的全国政区体系在新中国成立初期也不尽相同,县辖政区自然也是差异很大。当时,中国农村基层行政区存在两种情况:一是在南方和西北各省的县以下设乡,但在行政规模上悬殊较大,华东、中南、西南基本上残留着以前的大乡制,一般都是1万人左右,大者达到3万人,而西北各省地广人稀,每乡平均只有2 000—3 000人;二是在华北、东北各省的县以下设行政村,一般范围较小,人口也较少。1950年12月,政务院颁布了《乡(行政村)人民政府组织通则》,要求全国已获得解放的地方,应迅速建立乡(行政村)人民政府。同时,针对全国的乡(行政村)规模大小相当悬殊的现实,政务院又于1951年4月发布了《关于人民民主政权建设工作的指示》,要求全国已完成土改的地方,应酌量调整区乡(行政村)的行政区域,缩小区乡(行政村)的范围,以方便人民群众参与政府管理,并提高行政效率。

在这种小乡制下,每个乡(行政村)由若干个自然村屯组成,面积和人口规模均较小,使得平均每个县级政区要管辖近百个乡(行政村)②,管辖幅度过大,鞭长莫及,不便管理,于是县下分为若干个区,实行区—小乡(行政村)体制。但区则又有两类:一部分区为一级政府,设区人民政府,领导若干乡、镇、行政村[图9-2(a)],一般设在面积大、人口多的大县;另一部分区设区公所,作为县级政权的派出机关,代表县政府领导和监督辖区内各乡(行政村)、镇[图9-2(b)],以承担县、乡(行政村)之间诸多行政事务。区公所一般设在面积较小或者人口少的边远小县。到1952年年底,全国共设有县辖区18 144个,下辖218 642乡(行政村)和镇。

(2) 理顺规范时期(1954—1957年):县—([区])—乡镇制

1954年是我国历史上具有标志性意义的一年,同时也是我国行政区划体制趋于规范

① 魏光奇.2004.官治与自治——20世纪上半期的中国县制[M].北京:商务印书馆:206-211.
② 浦善新,陈德彧,周艺,等.1995.中国行政区划概论[M].北京:知识出版社:470.

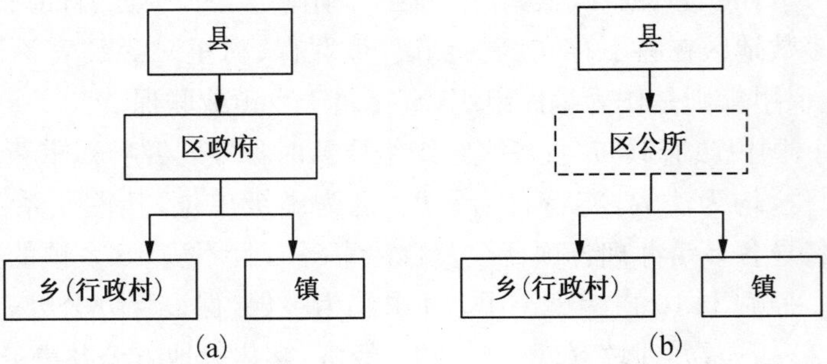

图 9-2　解放初期(1949—1953 年)我国县辖政区体系示意图

化、制度化的重要年份。在这一年,第一届全国人民代表大会第一次会议制定并颁布了新中国第一部《中华人民共和国宪法》和《中华人民共和国地方各级人民代表大会和地方各级人民委员会组织法》(简称《地方组织法》)。它们对地方行政制度的核心问题,即中央政府与地方政府之间、地方政府与地方政府之间的基本关系以及行政区划、行政组织设置及运行等重要问题都做出了比较明确的规定,形成了我国省(自治区、直辖市)—县(自治县、市)—乡、民族乡、镇三级基本政区层级的行政区划体制。

1954 年《宪法》规定我国农村基层政权为乡、民族乡和镇,第一次以《宪法》的形式确定了乡、镇为我国基层行政区划。由于《宪法》规定"乡"是农村型基层行政区划单位,各地开始改行政村为乡的工作,一般是由几个行政村合并为乡,到 1955 年年底,华北、东北行政村改乡工作基本完成。1955 年年底,全国共有县辖乡级政区 199 345 个(194 858 个乡、民族乡,4 487 个镇)。

1955 年 2 月,国务院在关于进一步做好国家机关精简工作的指示中,强调指出:"小区小乡制已经不能适应农业合作化运动迅速发展的新形势,区乡行政区域应当适当调整。"全国各地从 1955 年秋天到 1956 年春季相继进行了乡的全面调整。经过调整,到 1957 年年底,全国(除西藏和台湾外)乡镇数由 199 345 个减少到 99 515 个(95 843 个乡,3 672 个镇)①,减少了近 10 万个。随着乡规模的扩大,为县直接领导乡镇创造了条件,因而县辖区数目大幅度减少,山西、湖南、辽宁、山东、江苏、广东等省甚至取消了所有县辖区[图 9-3(b)]。到 1957 年年底,全国共有县辖区仅 8 505 个②,比 1954 年减少 6 454 个,减幅达 43.14%。

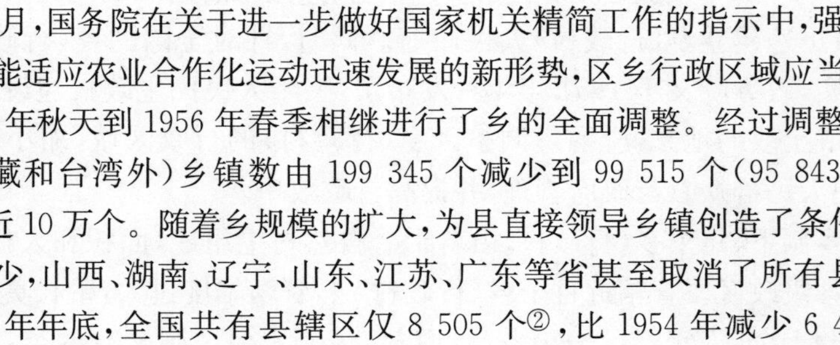

图 9-3　解放初期(1954—1957 年)我国县辖政区体系示意图

①② 刘君德,靳润成,周克瑜. 1999. 中国政区地理[M]. 北京:科学出版社:191.

新中国成立以后,民族区域自治制度成为一项基本国策和重要政治制度。1949 年 9 月通过的《中国人民政治协商会议共同纲领》(具有临时宪法的作用和意义)就规定:“各少数民族聚居的地区,应实现民族区域自治,按照民族聚居的人口多少和区域大小,分别建立各种民族自治机关。”1952 年中央政府颁布《中华人民共和国民族区域自治实施纲要》规定,可以建立乡(村)、区、县、专区或专区以上不同行政地位的自治地方,均称之为“自治区”。1954 年《宪法》规定民族乡是我国基层政区单位之一。按照 1954 年《宪法》和 1955 年国务院发布的《关于建立民族乡若干问题的指示》,从 1954 年 5 月开始,在部分具备法定条件的规模较小的少数民族聚居区建立起了一些民族乡,其中相当一部分是原有乡(村)级和区级“自治区”改成的。

同时,《地方组织法》规定:“县人民委员会在必要的时候,经省人民委员会批准,可以设立若干区公所,作为它的派出机关。”①这既是对新中国成立初期在县、乡之间已设置的区公所的一种法律追认,又是进一步规范和统一区公所作为县、乡之间的准行政层级的性质与作为县级政权派出机构的行政地位。到 1955 年年底,全国共设有 14 959 个县辖区。此外,《地方组织法》对城镇型政区设立派出机关也做出了较为明确的规定:“市辖区、不设区的市的人民委员会在必要的时候,经上一级人民委员会批准,可以设立若干街道办事处,作为它的派出机关。”从此,“街道办事处”成为市辖区或者不设区的市(即县级市)下设的准行政层级。此外,还必须说明的一点是,在我国内蒙古自治区的牧区,一直沿用“苏木”作为旗、县的派出机关,相当于内地省区的区公所,1954 年《宪法》颁布后,苏木改为相当于农业区的乡一级的牧区基层政区。

专栏 9-1

1954 年 12 月《城市街道办事处组织条例》②

(1954 年 12 月 31 日全国人民代表大会常务委员会第四次会议通过,1954 年 12 月 31 日中华人民共和国主席令公布,2009 年 6 月废止③)

第一条　为了加强城市的居民工作,密切政府和居民的联系,市辖区、不设区的市的人民委员会可以按照工作需要设立街道办事处,作为它的派出机关。

第二条　十万人口以上的市辖区和不设区的市,应当设立街道办事处;十万人口以下五万人口以上的市辖区和不设区的市,如果工作确实需要,也可以设立街道办事处;五万人口以下的市辖区和不设区的市,一般地不设立街道办事处。

---

① 中华人民共和国国务院法制局. 1957. 中华人民共和国法规汇编(1954 年 9 月—1955 年 6 月)[M]. 北京:法律出版社:140.

② 全国人民代表大会常务委员会. 2000. 城市街道办事处组织条例[EB/OL]. (2000-12-10). http://www.npc.gov.cn.

③ 2009 年 6 月,全国人大常委会正式废止《城市街道办事处条例》。在有关说明中,是这样解释的:“该条例是 1954 年第一届全国人民代表大会常务委员会第四次会议通过的。50 多年来,城市街道办事处的设置、人员构成和职能权限发生了很大变化,该条例的规定明显不适应当前经济社会发展的需要。经研究认为,现实生活中该条例早已不适用,废止该条例后,街道办事处的设置和工作可以适用地方组织法的规定。同时,作为基层政府的派出机构,其设置、组织和工作职责可以通过行政法规、地方性法规做出规定。这样,也有利于进一步加强基层政权建设。据此,建议废止。”参见 2009 年 6 月 22 日“关于《全国人民代表大会常务委员会关于废止部分法律的决定(草案)》和《全国人民代表大会常务委员会关于修改部分法律的决定(草案)》的说明”。见“中国法律法规信息系统”. http://law.npc.gov.cn:87.

街道办事处的设立，须经上一级人民委员会批准。

第三条　街道办事处的管辖区域，一般地应当同公安派出所的管辖区域相同。

第四条　街道办事处的任务如下：

(一) 办理市、市辖区的人民委员会有关居民工作的交办事项；

(二) 指导居民委员会的工作；

(三) 反映居民的意见和要求。

第五条　街道办事处设主任一人，按照工作的繁简和管辖区域的大小，设干事若干人，在必要的时候，可以设副主任一人。

街道办事处共设专职干部三人至七人，内有做街道妇女工作的干部一人。

街道办事处主任、副主任、干事都由市辖区、不设区的市的人民委员会委派。

第六条　市、市辖区的人民委员会的各工作部门，非经市、市辖区的人民委员会批准，不得直接向街道办事处布置任务。

第七条　街道办事处的办公费及工作人员的工资，由省、直辖市的人民委员会统一拨发。

(3) 人民公社化时期(1958－1982 年)：县—人民公社、镇体制

"大跃进"、"文化大革命"期间，整个国家都处于"激情大于理智"的年代，全国各方面均发生剧烈变动。特别是 1966 年"文化大革命"开始后，整个国家的政治、经济、文化、社会等领域都遭到了严重破坏。在这一背景下，我国行政区划制度建设进入不正常运行时期，县辖政区自然也是如此。

在 1955 年秋冬至 1956 年的农业合作化运动中，由于"左"倾错误的干扰，为适应农业集体化的需要，部分地区开始试办人民公社。当时最早的人民公社出现在河南省新乡县七里营乡一带。1958 年夏，毛主席视察该乡试办的人民公社后发出了"人民公社好"的号召，1958 年 9 月中共中央政治局扩大会议通过了《关于在农村建立人民公社的决议》，全国开始实行政社合一的人民公社体制，为适应理想中的"一大二公"的需要，再次合并小乡为大乡，大乡改为人民公社。于是，人民公社便在全国各地普遍建立起来，作为"工农兵学商相结合"的基层政权，取代了原有的乡(民族乡)和相当一部分镇。

在这里需要澄清的是，由于人民公社化运动的大力推进，自 1958 年起全国兴起了乡镇改人民公社的热潮，导致很多人误以为在这个过程中，镇也全部被人民公社所取代，如有学者论及"1958 年以后，镇的建制同乡的建制一样，被人民公社所取代"①。但事实并非如此。虽在人民公社化运动中确实有部分镇改为或者被合并为人民公社，但镇作为一种建制仍然保留下来。1957 年的 9.6 万多个乡镇合并为 1958 年的 26 593 个公社 3 621 个镇②。此后，由于部分镇继续被改设或合并为人民公社，再加之为了应对三年自然灾害，1963 年国家发布《关于调整市镇建制缩小城市郊区的指示》，将设镇标准大幅度提高，在逐个审核的过程中又撤销一部分镇，使得镇的数量大幅度减少；到 1978 年年底，全国仅有 2 173 个镇，比 1957 年年底少了 1 409 个，减幅近四成。同时，人民公社的地域范围也迅速扩大，有些人民公社的地域范围已达到或超过原来区公所的地域范围了，因而大

① 谢庆奎. 2003. 当代中国政府与政治[M]. 北京：高等教育出版社：168.

② 浦善新，陈德彧，周艺，等. 1995. 中国行政区划概论[M]. 北京：知识出版社：464.

多数省、自治区、直辖市(除四川、湖北等极少数省之外)几乎都撤销了区公所，形成县直接管辖人民公社和镇的格局(图 9-4)。

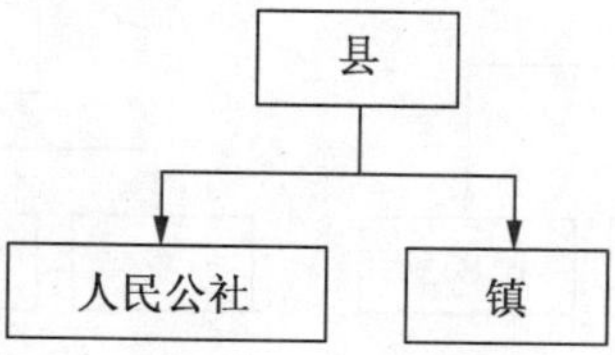

图 9-4　"大跃进"、"文化大革命"前后(1958—1982 年)我国县辖政区体系示意图

1982 年年底，全国共有 54 352 个人民公社①。据统计，当时每个人民公社平均辖 5 000 户左右，如果按每户 4 人计算，至少有 2 万多人口；公社以下的大队也相应地扩大了规模，一般都辖有若干个自然村。人民公社设社员代表大会和管理委员会(1966—1978 年曾改为人民公社革命委员会)，下设生产大队、生产队，实行政社合一体制，将政权组织和集体经济组织融合在一起，政企合一，一套班子，两种职能，既行使基层政权的职能，又行使经济组织职能，执行 1958 年 12 月中共八届六中全会又通过《农村人民公社工作条例》(1962 年 9 月中共八届十中全会又通过《农村人民公社工作条例修正草案》)规定的职责，管理农村集体经济，发展农业、畜牧业、林业、副业、渔业等生产事业；人民公社的生产资料分别归公社、生产大队、生产队三级所有，以生产队为基本核算单位。

(4) 拨乱反正时期(1983—1986 年)：县—([区公所])—乡镇制

1978 年中共十一届三中全会后，全国各方面工作逐步恢复正常。我国农村普遍开始实行家庭联产承包责任制，人民公社这种"出集体工"的生产经营管理体制已经越来越不适应新的"家庭承包"的我国农村经济发展的实际，公社体制改革势在必行。1980 年 4 月，四川省广汉县向阳公社最早开始了对人民公社体制改革的尝试，实行政社分开，建立了乡人民政府和乡农工商联合总公司，由此揭开了全国的"社改乡"序幕。广汉县向阳乡也由此号称"中国农村体制改革第一乡"②。1982 年 12 月，第五届全国人民代表大会第五次会议通过的《中华人民共和国宪法》规定，中国农村基层行政区为乡、民族乡、镇。1983 年 10 月，中共中央、国务院发出《关于实行政社分开建立乡政府的通知》中指出："当前的首要任务是把政社分开，建立乡政府。同时按乡建立乡党委，并根据生产的需要和群众的意愿逐步建立经济组织。"到 1983 年年底，全国已有 12 702 个人民公社宣布解体，1984 年又有 39 838 个人民公社摘掉牌子，1985 年所余的 249 个人民公社自动解体，取而代之的是 79 306 个乡、3 144 个民族乡和 9 140 个镇(图 9-5)。至此，"人民公社"作为我国基层行政区划建制，终于退出了中国历史舞台。值得注意的是，根据 1982 年《宪法》和 1984 年 5 月颁布的《中华人民共和国民族区域自治法》，我国的民族区域自治地方分为自治区、自治州和自治县三级，这意味着民族乡已经不属于"民族自治"的范畴，虽然这并不影响民族乡仍然是我国的基层政区。

① 詹成付. 2004. 关于深化乡镇体制改革的研究报告[J]. 开放时代，(2)：5-6.

② 佚名. 1999. 这里最早摘下人民公社的牌子[EB/OL]. (1999-09-08). http://www.gmw.cn.

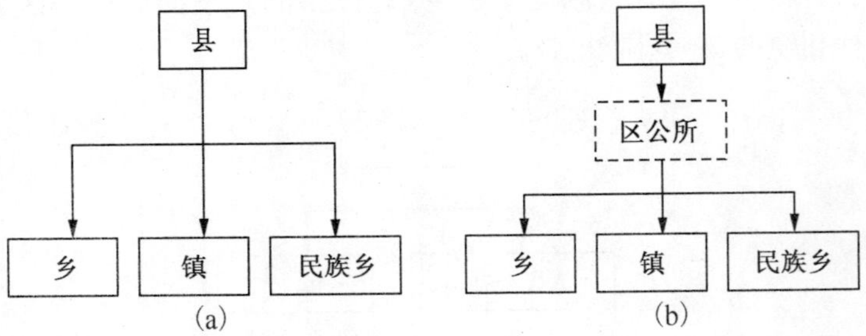

图 9-5　1983—1986 年我国县辖政区体系示意图

同时，根据 1982 年新通过的《地方组织法》规定："县、自治县的人民政府在必要的时候，经省、自治区、直辖市的人民政府批准，可以设立若干区公所，作为它的派出机关。市辖区、不设区的市的人民政府，经上一级人民政府批准，可以设立若干街道办事处，作为它的派出机关。"故而在人民公社改为乡镇体制时，江苏、湖南等很多省区又恢复设立了区公所，作为县政府的派出机构，管辖若干乡镇，如 1983 年江苏省武进县在人民公社体制改革后，全县共设 8 个区 68 个乡镇。这时，全国的县辖政区分为县—乡、民族乡、镇[图 9-5(a)]和县—[区公所]—乡、民族乡、镇两种类型[图 9-5(b)]，与 1958 年以前基本一致。

(5) 改革开放进一步深化时期(1987 以来)：县—乡镇制

1987 年以来，随着我国改革开放的进一步发展，我国县辖政区改革的力度加大，主要有两个方面：① 撤区并乡建镇；② 县(市)驻地镇改设街道。

随着社会主义市场经济体制的逐步建立健全，各级政府都在进一步转变职能，特别是经济管理正在从微观管理转向宏观管理，区域经济的运行逐渐由以纵向为主的计划经济转向以横向为主的市场经济，这就要求行政区划的结构体系由层次多、幅度小向层次少、幅度大的方向转化；并且，随着科技的进步、交通通讯的发达和管理手段的现代化，行政管理效率大大提高，为行政区划体制的结构性调整创造了条件，县对乡镇的直接管辖已经成为可能。1986 年 9 月，中共中央、国务院《关于加强农村基层政权建设工作的通知》指出，除边远山区、交通不便的地区外，县以下一般不设区。根据上述要求，全国开始了"撤区并乡"和"(撤区)并乡建镇"的工作。同时，1986 年出台的"设市标准"中"县级市下不能设置区公所"的规定，也在一定程度上促进了撤区工作的开展。在这次撤区过程中，实行的是撤区、并乡、建镇"三位一体"的策略："撤区"是减少政区层级，提高行政效率，减轻国家和农民负担；"并乡"是减少乡镇数目，适当扩大乡镇的管理幅度，便于县直接管辖；"建镇"则是在撤区并乡过程中，选择一些基础设施较好的集镇设置城镇型的政区，体现我国城镇化高速发展的要求。

进入 21 世纪后，国家又进一步强调(撤区)合并乡镇的工作。2000 年《中共中央、国务院关于转发〈国家发展计划委员会关于当前农村经济发展中几个主要问题和对策措施的意见〉的通知》(中发〔2000〕15 号)，进而又在 2000 年 12 月中共中央办公厅、国务院办公厅《关于市县乡人员编制精简的意见》，2001 年 3 月 15 日第九届全国人民代表大会第四次会议批准的《中华人民共和国国民经济和社会发展第十个五年计划纲要》中，也分别再次予以强调。2001 年 7 月 21 日,经国务院同意,民政部、中央编办、国务院体改办、建设部、财政部、国土资源部、农业部等七个部门,联合向各省级人民政府发出了《关于乡镇行政区划调整工作的指导意见》(民发〔2001〕196 号)(简称“七部委意见”),在肯定各地撤并乡镇做法的同时,也提出了进一步完善的措施意见。这些步骤都再一次大大地推进了(撤区)合并乡镇的工作。1986 年年底全国共设有 6 165 个县辖区,72 071 个乡、民族乡、镇等(其中 58 417 个乡、2 936 个民族乡、10 718 个镇)①,到 2012 年年底,全国县辖区仅剩 2 个,乡、民族乡、镇也减少到34 369个[其中乡 13 928 个、民族乡(含苏木和民族苏木)1 192 个,镇 19 249 个]②,撤并力度很大,26 年来仅乡镇数量就减少了 37 702 个,减幅达 52.31%,平均每年减少乡镇 1 450 个。

这次撤区并乡工作各省区进展不一,有的省区工作开展得很快,如湖北省等在 1988 年前基本完成;而有的省区则分阶段完成,如湖南省到 1998 年基本完成各县(沅陵县除外)撤区并乡工作,直到 2004 年沅陵县撤区完成。就全国而言,这次撤区并乡工作时间拉得很长,至今仍然还在进行中,到 2012 年年底全国还有河北省(1 个)和新疆维吾尔自治区(1 个)共 2 个区公所③有待处理。

我国已进入城镇化的中期阶段,城镇化已呈现出加快发展的趋势。城镇化的发展必然要对行政区划建制的城乡结构、数量、规模等提出新的要求。这次县辖政区改革体现城市化进程主要表现在两个方面:

第一,在撤区并乡过程中,大大地增加了建制镇的设置数量。由于大量的并乡建镇,使得建制镇的数目从 20 世纪 90 年代中期以来,已经超过了乡的数目,到 2006 年年底,镇的数目(19 369 个)已经比乡(含民族乡等)的数目(15 306 个)多出 4 000 多个。甚至苏南地区等很多县下已经只有镇而没有乡了,如到 1999 年年底,江苏武进由 8 区 56 乡镇撤并调整为 30 个镇。

第二,一般的县下也开始设置“街道办事处”。街道办事处本来应该是我国城市中基层政区的派出机关,在基层政府的领导下,行使部分基层政府的权力,办理和协助办理其辖区的各种政府行政工作。我国《地方组织法》明确规定,能够设置街道办事处的所谓“城市基层政府”是指不设区的市(即县级市)和市辖区政府,而一般的县是不能设置街道办事处的。

但近年来随着我国城市化进程的加快,县城和部分经济较发达的大镇的规模日益扩大,部分县开始尝试把县城和部分建制镇改设为街道办事处,在管理的组织架构上实现向城市模式的转变。特别是 2001 年 7 月“七部委意见”发布以后,各省在制定相应实施细则时,均有县城与部分乡镇改设为街道办事处的规定,如 2001 年 10 月浙江省人民政府办公厅转发《省体改办等部门关于乡镇行政区划调整工作意见的通知》(浙政办发〔2001〕73 号)中的“合理确定乡镇和街道的设置规模”中规定:“县(市、区)政府驻地镇撤镇改设街道的,其街道人口为 4 万—8 万人,面积为 20—50 km^2。”其他省区也有类似规定,如河北、山东、福建、广东等省区,并开始在城关镇(县城)改设街道办事处的体制创新的试点工作;紧接着吉林、

① 浦善新,陈德彧,周艺,等. 1995. 中国行政区划概论[M]. 北京:知识出版社:373,464,489.

② 中华人民共和国民政部. 2013. 中华人民共和国行政区划简册·2013[M]. 北京:中国地图出版社:1.

③ 中华人民共和国民政部. 2013. 中华人民共和国行政区划简册·2013[M]. 北京:中国地图出版社:1-8.

江苏、安徽、江西、河南、湖南等省,乃至全国各省区均开始了推广。我国县辖政区体制开始了由“县—乡、民族乡、镇”体制向“县—乡、民族乡、镇、[街道]”体制(图 9-6)的转变。

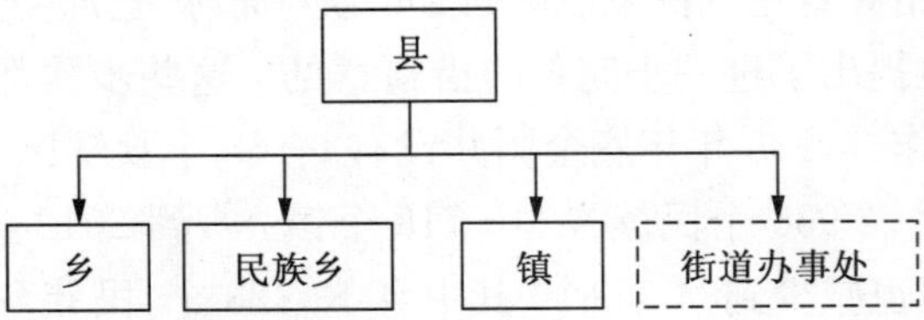

图 9-6 1986 年撤区(公所)以来我国县辖政区体系示意图

总而言之,1978 年以来,县辖政区的演变过程基本上可以概括为:变“区—乡”二级制为乡、镇并立的一级制;设镇模式由“切块设镇”改为“整乡改镇”;街道的设置突破法律的限制,在县级中心区推行,其设置方式也转变为“整乡(镇)设街”模式;进一步进行乡镇合并,强化中心镇建设;镇成为县以下政区主体,乡数量大幅减少。

以浙江省为例。1979 年以来,该省乡级政区也经历了很大的调整和变迁,包括:①人民公社体制的延续阶段(1979—1982 年):以政社合一的人民公社体制为主;仍含少数镇的建制,为“切块设镇”模式。② 恢复“区—乡”二级制阶段(1983—1991 年):废止人民公社体制,重建乡建制,逐步增设镇(仍为“切块设镇”模式)。③ 撤区、扩镇、并乡阶段(1992—2000 年):县辖政区变“区—乡”二级制为乡、镇并立的一级制;设镇模式由“切块设镇”改为“整乡改镇”;镇成为县以下政区主体,乡数量大幅减少。④ 乡、镇改设街道与中心镇建设阶段(2001 年至今):街道的设置突破法律的限制,在县级中心区推行,其设置方式也转变为“整乡(镇)设街”模式;进一步进行乡镇合并,强化中心镇建设;街道数量大幅上升,并超过乡的数量;镇与街道成为县以下政区主体。这其中,也以建制变更(即乡与镇、街道的变化)和辖域变化(主要是乡级政区的合并)为最①。

9.1.3 当代县辖“城镇型政区”的存在问题

1)乡镇管理体制存在的主要问题

如前所述,对于目前我国乡镇体制存在的主要问题,国内有众多专家学者经过多年研究,从不同的方面和角度分析了我国乡镇体制的弊端,并分析了产生这些问题的原因。综合起来,大家对乡镇体制的问题的认识有如下几点是共同的:

(1) 县乡关系:条块分割,功能不全,责权利不清

多年的分权让利改革虽使乡镇政府拥有了较大的管理权限,调动了乡镇政府发展地方经济的积极性,但就目前现状而言,我国县与乡镇关系尚未理顺,乡镇职权受到条块分割的严重制约,集中表现在乡镇机构的条块分割上。

目前我国县级政府各职能部门都在乡镇设有分支机构,形成所谓“七站八所”。其中,“八所”一般是政府机构,行使一定的行政和执法职能,如工商所、税务所、公安派出

---

① 参见范今朝. 2013. 行政区划体制与城乡统筹发展:以浙江省改革实践为例[M]. 南京:东南大学出版社:205-214.

所、国土所等,这些设在乡镇的部门行政机构理应下放给乡镇政府直接管理,但由于有利可图而实行所谓"垂直管理",由上级部门直接管理,乡镇政府对他们的工作只能协调而无权过问,对其人员也无权管理;而他们却在乡镇范围内行使着原本应该属于乡镇政府的相应职权,从而削弱了乡镇政府的管理职能和权威,将乡镇政府肢解为一级不完全的政府①。"七站"则是乡镇的事业单位,有广播站、农电站、农机站、农技站、种子站、林业站、水利站、文化站、兽医站,等等,名称不同且数目不一,多数需要较大投入,但却被上级职能部门当作"包袱"甩给乡镇政府管理,但在"业务"方面却又控制较严格。此外,县级政府各部门还可以以加强管理的名义在乡镇设置自己的派出机构,下达工作任务,并要求乡镇政府配合其开展工作,使乡镇政府疲于应付。

按《宪法》和法律,乡镇是作为地方一级政府存在的,但实际上,乡镇政府不是完备的政府,其功能不全,缺乏地方统筹和协调力量,难于对社会实行有效管理。由于职能和权限划分不明确,县级政府各职能部门和业务部门把他们的职权范围和分支机构直接延伸到乡镇,一方面县上要设机构、派人员管理,另一方面乡镇也要管理。但总体而言,乡镇却是责任大、权力小,责、权、利不一致,突出矛盾是乡镇政府与县政府部门派出机构的条块关系不顺,这些"七站八所"多数的人、财、物三权都在县,由"条条"控制,乡镇无法进行管理,但相关事务的责任却在乡镇政府。这种责、权、利相分离的状况,是条块分割的最大特征,不利于乡镇政府对地方事务的统一领导和管理,甚至会影响到当地经济、文化等各项事业的建设与发展。

(2) 乡镇内部:关系不顺、机构臃肿、财政问题多

① 乡镇政权机关之间的关系不顺

就我国国情而言,目前我国乡镇政权机构一般由乡镇人民代表大会(乡镇人大)、乡镇政府和党的乡镇基层组织(乡镇党委系统)等组成。按照国家《宪法》和法律以及制度设计而言,乡镇人大应该是乡镇的地方国家权力机关,代表乡镇人民行使国家权力。乡镇政府是乡镇人大的执行机关,由乡镇人大选举产生,必须对乡镇人大负责,并向其报告工作,接受其民主监督;此外,乡镇政府又是我国基层国家行政机关,必须对上级政府负责并报告工作,完成其交办各项行政工作。乡镇党委系统是党在农村的基层组织,不是一级国家权力机关,不具有直接行使国家权力的功能。

但实际上,乡镇政权机构普遍存在党政不分、以党代政的现象,各机构关系混乱。目前的状况是:乡镇党委是乡镇各项工作的核心,其权力最大,居于乡镇政权机构首位;而乡镇人大权力最弱,处于乡镇政权机构的边缘化地位,它既不能任命干部、对乡镇重大事项进行决策,也不能对乡镇政府进行有效监督和有力制约。

② 乡镇机构林立,编制失控,人员众多

目前我国各地乡镇机构设置中普遍存在着"麻雀虽小,肝胆俱全"现象。乡镇机构总数一般都有10多个,有的乡镇甚至达到20个以上。党委、政府、人大、工、青、妇、医院、学校,以及县级业务部门设在乡镇的派驻机构,即所谓"七站八所","一个也不能少",形成了典型的"小马拉大车"的乡镇管理特色。而乡镇的人事制度改革往往比较滞后,无论

---

① 金太军. 2005. 乡镇机构改革挑战与对策[M]. 广州:广东人民出版社:333.

是党政机构还是事业单位，都不能把好“进人关”，导致编制严重失控，人浮于事的现象十分严重，一般一个乡镇“吃财政饭”的干部有 20 名左右，多的 30 名以上。大量的“吃财政饭”人员造成乡镇财政紧张与群众负担沉重。

③ 乡镇财政问题重重，严重影响乡镇经济发展

财政问题是影响地方政府治理结构、行政职能正常发挥的关键性问题。目前县与乡镇财政体制存在很多问题，严重制约了县域经济的发展。主要问题有：乡镇财政管理体制的模式多样、形式繁杂而不统一，并且规范性较差；政府间财权事权不统一，财政体制运行不畅；乡镇财政管理体制缺乏稳定性，变化频繁；乡镇财政管理体制的均衡效应发挥不够理想；乡镇财政的“财税库”机构不够健全，影响乡镇财政体制正常运转；农村税费改革后乡镇财力急剧减少等①。近年来，一些地方的县乡两级不顾农村经济实际状况，超过自身承受能力，盲目举债，主要用于非生产性支出，甚至挥霍浪费，这使得本来就紧张的乡镇财政的不良债务大量增加，债务包袱沉重。基层财政危机正在成为制约我国农村发展，影响包括“三农问题”、乡村治理、小城镇建设等方面问题解决的重要因素。

2）现行乡镇体制的不适应性与改革的必要性

(1) 现行乡镇建制的不适应性：对城镇化进程反应不敏感

我国的镇是城市型政区建制，而乡是农村型政区建制，二者原本是有区别的。首先，从人口角度看，镇是人口较多、居住相对集中的聚落，从事工商业、服务业等非农人口较多。其次，从经济上看，镇是工商业比较发达、商品贸易比较繁荣的地区，是一定地域的物资集散地和经济中心，具有带动当地经济发展的动力。但在实际工作中已经开始走样，镇的“城市性”已经越来越模糊。主要有两个原因：一是我国设镇标准过低。目前执行的是 1984 年制定的设镇标准，其规定设镇的基准条件是聚集区非农业人口超过2 000 人。这个标准在我们这个人口大国几乎没有多大的约束力，使得我国建制镇数目迅速发展。1985 年年底我国建制镇达到 9 140 个，比 1983 年增加了 3 442 个，到 2005 年年底，我国建制镇的数目达到了 19 522 个，比乡(民族乡)建制还多 3 753 个。二是近几年各地大规模(撤区)并乡建镇，使得本应该作为点状聚集中心的镇变为“广域型政区”建制，要求镇不仅管理城镇建成区的工商、服务业等非农产业，还要管理广大的农村地域和农业。

很明显，这种过低设置标准和广域型设置状况，已经严重地混淆了镇作为城市型政区建制与农村型政区建制的区别，其在机构设置、人员编制与工作的权限、任务与对象等诸多方面，都与一般的乡无异。这都显示出我国现行建制镇体制的不适应性，即对我国农村城市化进程的“不敏感”，无法区分那些规模较大的中心镇与一般乡镇的差异，也不能满足其真正的城市型管理体制的现实需要。

(2) 并乡建镇后产生的新问题

以前我国普遍存在乡镇规模偏小、人口偏少、布局不合理的现象，经近年来“(撤区)并乡建镇”后，情况有了大的转变。这在很大程度上对于精简机构，精减层次和人员编制，培育和发展小城镇，促进城镇化等各方面都起到了巨大的推进作用。

但同时也带来一些新的问题，概括起来主要有：第一，如何妥善解决被撤并乡镇驻地

① 熊竞. 2005. 基层政区改革视野下的乡镇财政解困研究[D]:[硕士学位论文]. 上海：华东师范大学：51-56.

的管理和机构设置问题。乡镇合并后,由于行政中心职能的外移,被撤并的乡镇驻地服务业和招商引资会受到一定的负面影响,村镇建设和管理也有削弱,对加快城镇化建设不利;第二,由于管辖范围增大,群众办事的距离加长,办事成本增加,不利于减轻农民负担;第三,有些地区在撤并乡镇设置办事机构,实行乡(镇)—管理区(片)—村的模式,使得精简机构、压缩人员、减轻农民负担的意义大打折扣。

9.2 东部地区“中心镇”、“特大镇”设市探索

9.2.1 概念梳理与基本情况

1) 概念梳理:“中心镇”与“重点镇”

“中心镇”与“重点镇”这两个语词最初是城市规划中的术语,也是由规划部门在城镇体系规划中率先使用,指的是县级城市之下的小城市和集镇等聚落,在规划的城镇体系中所给予其的定位;一般是具有较好区位优势、较强经济实力、较好基础设施、较大发展潜力、对周边地区具有一定辐射力的区域重点镇。因处于这一地位的小城市或集镇,在行政区划上,一般为建制镇;后来遂由此引申出来,在行政管理体制上,将处于这一定位的建制镇,赋予其一定的、超过一般建制镇的管理权限,使得所谓的“中心镇”或“重点镇”,又成为行政管理体制中较为特殊的一类建制镇。这样,“中心镇”或“重点镇”就又具有了行政管理等方面的由县级政府特殊赋权、培育发展的意涵;其发展目标定位为小城市,功能定位应能承担县城和县级市的副中心职能,并赋予部分县级管理权限,如财政、教育、经济和社会权限。随着我国行政管理体制改革步伐的进一步深化,为适应小城市发展的需要,“强镇扩权”、“扩权强镇”等成为许多地区的改革取向,加速发展小城市和中心镇已成为城乡统筹发展和新农村建设的目标。

从目前的实践情况来看,“中心镇”与“重点镇”多是使用习惯的不同,二者在含义上没有本质的差别。从小城镇配套改革的角度而言,“中心镇”较早是中国东部地区一些发达省份使用的名称,如江苏省、广东省、浙江省、山东省、辽宁省等,都在2000年前后,提出过各自的中心镇名单。

“重点镇”也是较多使用的名称。2004年2月,建设部、国家发展改革委员会、民政部、国土资源部、农业部、科技部共同发文,确定全国重点镇1 887个。该文件指出:全国重点镇是当地县域经济的中心,承担着加快城镇化进程和带动周围农村地区发展的任务;要求“各地区、各部门要加强科学规划,指导和监督全国重点镇严格按规划进行建设,推进制度创新,积极消除不利于城镇化发展的体制和政策障碍,及时研究解决实践中遇到的问题”①。六部委对全国重点镇实施动态管理,通过定期或不定期检查和跟踪监测评估,及时对全国重点镇名单进行调整。2013年8月,七部委决定对2004年公布的全国重点镇进行增补调整,预计新名单中,我国重点镇将增至2 500个以上。此次增补调整的目

① 建设部、国家发展改革委员会、民政部、国土资源部、农业部、科技部关于公布全国重点镇名单的通知. http://bmla.chinalawinfo.com.

标是各县(市)至少有1个重点发展镇被列为全国重点镇,并使全国重点镇成为今后各地各有关部门扶持小城镇发展的优先支持对象。全国重点镇的增补调整推荐条件是人口达到一定规模、区位优势明显、经济发展潜力大、服务功能较完善、规划管理水平较高、科技创新能力较强。

因此,实际中,"中心镇"与"重点镇"这两个名词混用,没有本质差别。本章中,二者含义一致,在没有特别需要的地方,均使用"中心镇"一词。

2) 中心镇(重点镇)情况

我国东部地区(不含香港、澳门和台湾地区,下同)按照经典的三大经济地带的划分,包括:北京市、天津市、河北省、辽宁省、上海市、江苏省、浙江省、福建省、山东省、广东省、海南省,共11个省市。因为三个直辖市不能辖市,所以在研究中暂除去北京、天津和上海。故主要选择辽宁、河北、山东、江苏、浙江、福建、广东和海南8个省(详细名单见表9-1)进行分析。

(1) 东部地区各省的全国"重点镇"

按照《中共中央、国务院关于做好农业和农村工作的意见》(中发〔2003〕3号)和《国务院办公厅关于落实中共中央、国务院做好农业和农村工作意见有关政策措施的通知》(国办函〔2003〕15号)的要求,建设部会同国家发展改革委、民政部、国土资源部、农业部、科技部开展了确定全国重点镇工作。经六部委研究,决定将北京市昌平区小汤山镇等1 887个镇列为全国重点镇。全国重点镇是当地县域经济的中心,承担着加快城镇化进程和带动周围农村地区发展的任务①。

表9-1 河北、辽宁、江苏、浙江、福建、山东、广东和海南8个省的"全国重点镇"名单汇总表(2004年)

省份	"全国重点镇"名单
河北省(98个)	石家庄市长安区西兆通镇,石家庄市井陉矿区贾庄镇,井陉县微水镇,正定县正定镇、诸福屯镇,栾城县栾城镇,深泽县深泽镇,赞皇县赞皇镇,无极县无极镇,平山县平山镇、西柏坡镇,元氏县槐阳镇,赵县赵州镇,辛集市位伯镇,藁城市岗上镇,鹿泉市铜冶镇、上庄镇,唐山市开平区栗园镇,唐山市丰南区黄各庄镇,唐山市丰润区新军屯镇、沙流河镇,滦县滦州镇,滦南县倴城镇,乐亭县乐亭镇,迁西县兴城镇,玉田县玉田镇、鸦鸿桥镇,芦台农场海北镇,昌黎县昌黎镇,抚宁县抚宁镇、留守营镇,卢龙县卢龙镇,邯郸市邯山区马头镇,邯郸市峰峰矿区和村镇,大名县大名镇,涉县涉城镇、井店镇,磁县磁州镇,永年县临洺关镇,魏县魏城镇,武安市磁山镇,临城县临城镇,内丘县内丘镇,隆尧县隆尧镇,宁晋县凤凰镇、大陆村镇,巨鹿县巨鹿镇,新河县新河镇,威县洺州镇,清河县葛仙庄镇,沙河市白塔镇,满县满城镇,阜平县阜平镇,徐水县安肃镇,定兴县定兴镇,高阳县高阳镇,容城县容城镇,安新县安新镇,易县易州镇,蠡县蠡吾镇、留史镇,顺平县蒲阳镇,博野县博野镇,雄县雄州镇,高碑店市白沟镇,张北县张北镇,蔚县蔚州镇,怀安县柴沟堡镇、左卫镇,怀来县沙城镇,涿鹿县涿鹿镇,承德县下板城镇,兴隆县兴隆镇,平泉县平泉镇,隆化县隆化镇,丰宁满族自治县大阁镇,宽城满族自治县宽城镇,围场满族蒙古族自治县围场镇、四合永镇,青县清州镇,肃宁县肃宁镇,吴桥县桑园镇,泊头市交河镇,任丘市苟各庄镇,黄骅市吕桥镇,固安县固安镇,香河县淑阳镇,大城县平舒镇,文安县文安镇、左各庄镇,大厂回族自治县大厂镇、夏垫镇,霸州市胜芳镇,三河市燕郊镇,枣强县枣强镇,武邑县武邑镇,安平县安平镇,景县景州镇

① 建设部、国家发展改革委员会、民政部、国土资源部、农业部、科技部关于公布全国重点镇名单的通知. http://bmla.chinalawinfo.com.

续表 9-1

省份	“全国重点镇”名单
辽宁省（61个）	沈阳市苏家屯区陈相屯镇，沈阳市东陵区白塔镇，沈阳市新城子区虎石台镇，辽中县辽中镇，康平县康平镇，法库县法库镇，新民市胡台镇，长海县大长山岛镇、獐子岛镇，瓦房店市复州城镇、炮台镇，普兰店市皮口镇，台安县台安镇，岫岩县岫岩镇、偏岭镇，海城市西柳镇、南台镇、腾鳌镇，抚顺县章党镇，新宾满族自治县新宾镇、南杂木镇、永陵镇，清原满族自治县清原镇、红透山镇，本溪满族自治县小市镇、田师傅镇，桓仁满族自治县桓仁镇，宽甸县宽甸镇、永甸镇，东港市孤山镇、前阳镇，凤城市通远堡镇，黑山县黑山镇，义县义州镇，凌海市双羊镇，北宁市沟帮子镇，营口市老边区路南镇，盖州市熊岳镇，大石桥市水源镇、高坎镇，阜新蒙古族自治县阜新镇，彰武县彰武镇，辽阳县首山镇、刘二堡镇，灯塔市佟二堡镇，大洼县大洼镇，盘山县高升镇、太平镇，铁岭县新台子镇，西丰县西丰镇，昌图县昌图镇、八面城镇，调兵山市晓南镇，朝阳县柳城镇，建平县叶柏寿镇，喀喇沁左翼蒙古族自治县大城子镇，凌源市杨杖子镇，葫芦岛市连山区高桥镇，绥中县绥中镇，建昌县建昌镇，兴城市沙后所镇
江苏省（94个）	南京市浦口区汤泉镇，南京市江宁区禄口镇、汤山镇，南京市六合区八百桥镇、横梁镇，溧水县东屏镇、永阳镇，高淳县淳溪镇、桠溪镇，无锡市锡山区安镇镇、东港镇，无锡市惠山区洛社镇、玉祁镇，江阴市华士镇、周庄镇，宜兴市官林镇、和桥镇，徐州市贾汪区大吴镇，丰县凤城镇，沛县沛城镇，铜山县铜山镇，睢宁县睢城镇，新沂市王庄镇，邳州市官湖镇，常州市新北区孟河镇，常州市武进区横山桥镇、洛阳镇，溧阳市南渡镇，金坛市薛埠镇，苏州市吴中区甪直镇，常熟市海虞镇、沙家浜镇，张家港市锦丰镇、塘桥镇，昆山市张浦镇、周庄镇，吴江市芦墟镇、同里镇，太仓市浏河镇，海安县海安镇、李堡镇，如东县岔河镇、掘港镇，启东市吕四港镇，如皋市长江镇，通州市二甲镇、平潮镇，海门市包场镇、三星镇，赣榆县青口镇，东海县牛山镇，海州区板浦镇、伊山镇，灌南县新安镇，涟水县高沟镇、涟城镇，洪泽县南良涧镇，盱眙县马坝镇、盱城镇，金湖县黎城镇，响水县响水镇，滨海县东坎镇，阜宁县阜城镇、益林镇，射阳县合德镇、临海镇，建湖县近湖镇、上冈镇，盐都县秦南镇，东台市三仓镇，大丰市刘庄镇，扬州市邗江区李典镇，宝应县安宜镇、范水镇，仪征市大仪镇，江都市邵伯镇，镇江市丹徒区高资镇，丹阳市皇塘镇、新桥镇，扬中市新坝镇、油坊镇，句容市茅山镇、下蜀镇，兴化市戴南镇，靖江市新桥镇，泰兴市黄桥镇，姜堰市娄庄镇、溱潼镇，宿豫县大兴镇，沭阳县华冲镇、沭城镇，泗阳县王集镇、众兴镇，泗洪县青阳镇
浙江省（87个）	杭州市萧山区义蓬镇、瓜沥镇，杭州市余杭区瓶窑镇、余杭镇，桐庐县富春江镇、桐庐镇，淳安县汾口镇、千岛湖镇，建德市乾潭镇，富阳市大源镇、新登镇，临安市於潜镇，宁波市江北区慈城镇，宁波市鄞州区集士港镇、邱隘镇，象山县石浦镇，宁海县西店镇，余姚市泗门镇，慈溪市周巷镇、观海卫镇，奉化市溪口镇，洞头县北岙镇，永嘉县瓯北镇、上塘镇，平阳县鳌江镇、昆阳镇，苍南县灵溪镇、龙港镇，文成县大峃镇，泰顺县罗阳镇，瑞安市马屿镇、塘下镇，乐清市柳市镇、虹桥镇，嘉兴市秀洲区王江泾镇，嘉善县西塘镇、魏塘镇，海盐县武原镇，海宁市盐官镇、长安镇，平湖市新仓镇，桐乡市崇福镇、濮院镇，湖州市织里镇，德清县新市镇、武康镇，长兴县雉城镇，安吉县高禹镇，递铺镇，绍兴县钱清镇、齐贤镇，新昌县城关镇，诸暨市枫桥镇、店口镇，上虞市崧厦镇、丰惠镇，嵊州市长乐镇，浦江县郑家坞镇，磐安县安文镇，兰溪市游埠镇，东阳市巍山镇、横店镇，义乌市苏溪镇、佛堂镇，常山县天马镇，开化县华埠镇、城关镇，龙游县湖镇镇、龙游镇，岱山县高亭镇，嵊泗县菜园镇，台州市路桥区金清镇，玉环县楚门镇、珠港镇，三门县海游镇，仙居县白塔镇，温岭市大溪镇、泽国镇，丽水市莲都区大港头镇，青田县温溪镇、鹤城镇，缙云县五云镇，遂昌县妙高镇，松阳县西屏镇，云和县云和镇，庆元县松源镇，景宁畲族自治县鹤溪镇

续表 9-1

省份	"全国重点镇"名单
福建省（68个）	福州市马尾区琅岐镇，闽侯县甘蔗镇、青口镇，连江县凤城镇、琯头镇，罗源县凤山镇，闽清县梅城镇、坂东镇，永泰县樟城镇，平潭县潭城镇，福清市海口镇、龙田镇，长乐市金峰镇，厦门市集美区灌口镇，厦门市同安区马巷镇，厦门市翔安区大嶝镇，莆田市荔城区西天尾镇，莆田市秀屿区笏石镇，仙游县鲤城镇，明溪县雪峰镇，清流县龙津镇，宁化县翠江镇，大田县均溪镇，尤溪县城关镇、西城镇，沙县凤岗镇，将乐县古镛镇、水南镇，泰宁县杉城镇，建宁县濉城镇、溪口镇，永安市曹远镇，惠安县螺城镇、崇武镇，安溪县凤城镇，永春县桃城镇，德化县浔中镇，石狮市祥芝镇，南安市水头镇，漳州市芗城区芝山镇，云霄县云陵镇，漳浦县绥安镇，诏安县南诏镇、桥东镇，长泰县武安镇，东山县西埔镇，南靖县山城镇，平和县小溪镇、坂仔镇，华安县华丰镇，龙海市角美镇，浦城县南浦镇，光泽县杭川镇，松溪县松源镇，政和县熊山镇，龙岩市新罗区适中镇，长汀县汀州镇，永定县凤城镇、坎市镇，上杭县临江镇，武平县平川镇，连城县莲峰镇，霞浦县松城镇，古田县新城镇、黄田镇，柘荣县双城镇，福安市穆阳镇，福鼎市白琳镇
山东省（96个）	济南市历城区遥墙镇，济南市长清区万德镇，平阴县平阴镇、东阿镇，商河县商河镇、玉皇庙镇，章丘市刁镇，胶州市李哥庄镇、铺集镇，即墨市鳌山卫镇、华山镇，蓝村镇，平度市南村镇、蓼兰镇、灰埠镇，胶南市隐珠镇、王台镇，莱西市姜山镇，淄博市淄川区昆仑镇、双沟镇，淄博市张店区中埠镇，淄博市博山区源泉镇，淄博市临淄区朱台镇，淄博市周村区王村镇，桓台县索镇、马桥镇，枣庄市薛城区陶庄镇，滕州市西岗镇，东营市河口区仙河镇、孤岛镇，垦利县垦利镇、胜坨镇，利津县利津镇，广饶县广饶镇、大王镇，烟台市莱山区莱山镇，长岛县南长山镇，龙口市东江镇，莱州市沙河镇，招远市玲珑镇，栖霞市桃村镇，海阳市徐家店镇，潍坊市寒亭区央子镇，潍坊市坊子区眉村镇，临朐县临朐镇、辛寨镇，昌乐县昌乐镇，青州市庙子镇，诸城市昌城镇，寿光市羊口镇，安丘市景芝镇，高密市夏庄镇，昌邑市柳疃镇，徽山县夏镇，金乡县金乡镇，泗水县泗水镇，曲阜市姚村镇，兖州市新兖镇，宁阳县宁阳镇、华丰镇，新泰市翟镇，肥城市石横镇，威海市环翠区温泉镇，文登市宋村镇、荀山镇，荣成市石岛镇，日照市东港区河山镇，莱芜市莱城区口镇，莱芜市钢城区颜庄镇，临沂市兰山区义堂镇，沂南县界湖镇，郯城县郯城镇，沂水县沂水镇，苍山县卞庄镇，费县费城镇，平邑县平邑镇、地方镇，临沭县临沭镇，德州市德城区二屯镇，陵县陵城镇，宁津县宁津镇、时集镇，平原县平原镇、王凤楼镇，乐陵市朱集镇，阳谷县阳谷镇，莘县城关镇，高唐县琉寺镇，临清市烟店镇，惠民县惠民镇，博兴县博兴镇，邹平县魏桥镇，曹县庄寨镇，郓城县郓城镇，定陶县定陶镇，单县黄岗镇
广东省（118个）	广州市白云区太和镇、江高镇，广州市番禺区榄核镇、大岗镇，广州市花都区狮岭镇、炭步镇，增城市新塘镇、中新镇，从化市鳌头镇，曲江县马坝镇，始兴县太平镇，仁化县仁化镇，翁源县龙仙镇，乐昌市抨石镇，珠海市斗门区斗门镇、白蕉镇，珠海市金湾区平沙镇、红旗镇，汕头市潮南区陈店镇，汕头市澄海区莲下镇、东里镇，佛山市南海区西樵镇、里水镇，佛山市顺德区北滘镇，龙江镇，佛山市三水区乐平镇、芦苞镇，佛山市高明区明城镇、杨梅镇，江门市新会区司前镇、荷塘镇，台山市斗山镇、广海镇，开平市水口镇、赤坎镇，鹤山市共和镇、址山镇，恩平市沙湖镇，遂溪县遂城镇，徐闻县徐城镇，廉江市安铺镇，电白县沙琅镇、水东镇，高州市分界镇、石鼓镇，信宜市镇隆镇，莲花镇，广宁县石涧镇、南街镇，怀集县怀城镇，封开县江口镇，德庆县德城镇、悦城镇，高要市新桥镇、白土镇，四会市地豆镇、大沙镇，惠州市惠城区小金口镇，博罗县罗阳镇、石湾镇，惠东县吉隆镇、平山镇，龙门县龙城镇，梅县雁洋镇、松源镇，大埔县湖寮镇，丰顺县汤坑镇，五华县水寨镇，平远县大柘镇，兴宁市罗浮镇，海丰县海城镇、可塘镇，陆河县河田镇，陆丰市碣石镇，紫金县紫城镇，龙川县老隆镇，和平县阳明镇，东源县仙塘镇，阳西县织贡镇、沙扒镇，阳东县东城镇、合山镇，清远市清城区源潭镇、龙塘镇、石角镇，佛冈县石角镇，阳山县阳城镇，连山壮族瑶族自治县吉田镇，清新县太和镇、三坑镇，英德市浛洸镇，连州市星子镇，东莞市虎门镇、长安镇、塘厦镇、常平镇，中山市沙溪镇、小揽镇，潮安县古巷镇、庵埠镇，饶平县黄冈镇、钱东镇，揭阳市榕城区渔湖镇，揭东县炮台镇、曲溪镇，揭西县河婆镇，惠来县惠城镇、葵潭镇，普宁市洪阳镇、占陇镇，云浮市云城区腰古镇，新兴县新城镇、天堂镇，郁南县都城镇、连滩镇，云安县六都镇、镇安镇，罗定市罗镜镇

续表 9-1

省份	“全国重点镇”名单
海南省（21个）	海口市美兰区大致坡镇，三亚市海棠湾镇、吉阳镇，五指山市毛阳镇，琼海市中原镇、博鳌镇，儋州市白马井镇，文昌市会文镇、锦山镇，万宁市和乐镇，东方市大田镇，定安县定城镇，屯昌县屯城镇，澄迈县金江镇，临高县临城镇，白沙黎族自治县牙叉镇，昌江黎族自治县石碌镇，乐东黎族自治县九所镇，陵水黎族自治县椰林镇，保亭黎族苗族自治县保城镇，琼中黎族苗族自治县营根镇

（2）各省自定的“中心镇”或“重点镇”

① 辽宁省

2001年，为了进一步加快全省乡村城镇化进程，以中心镇的发展带动一般小城镇和中心村的发展，辽宁省政府确定辽中县茨榆坨镇等100个镇为全省中心镇①。2007年，为促进全省县域经济快速发展，有效发挥中心镇的辐射和示范作用，辽宁省政府对部分省级中心镇进行了调整②。

② 河北省

2004年4月，河北省为更好地发挥重点镇的示范带动作用，省政府决定将鹿泉市铜冶镇等50个镇确定为省级重点镇③。

2004年8月，为增强重点镇的示范带动作用，河北省政府同意将井陉县天长镇等100个镇确定为设区市培育的省级重点镇。设区市培育的100个省级重点镇是全省择优扶持和发展的150个重点镇的组成部分④。

③ 山东省

2000年，根据《中共山东省委、山东省人民政府关于进一步加快小城镇建设的决定》（鲁发〔1999〕18号）精神，经审查，确定济南市天桥区大桥镇等237个镇为中心镇⑤。

2008年12月，山东省人民政府发布《关于调整省中心镇的通知》，将章丘市文祖镇、商河县怀仁镇、青岛市城阳区惜福镇、莱西市夏格庄镇、昌邑市饮马镇、高密市柏城镇、昌乐县红河镇、昌乐县乔官镇、寿光市上口镇、泰安市泰山区邱家店镇、新泰市西张庄镇、肥城市湖屯镇、威海市环翠区桥头镇、荣成市俚岛镇、荣成市虎山镇、日照市岚山区巨峰镇、临沂市河东区郑旺镇、沂水县高庄镇、平邑县白彦镇、博兴县兴福镇、无棣县碣石山镇等21个镇列为省中心镇。

同时，因区划等原因，撤销章丘市埠村镇、商河县玉皇庙镇、昌邑市石埠镇、高密市双羊镇、昌乐县朱刘镇、潍坊市寒亭区固堤镇、潍坊市潍城区于河镇、泰安市泰山区省庄镇、新泰市楼德镇、威海市环翠区温泉镇、荣成市石岛镇、临沂市罗庄区册山镇、临沂市河东区汤头镇、临沂市河东区相公镇、滨州市滨城区小营镇、滨州市滨城区滨北镇等16个镇的省中心镇资格⑥。

---

① 辽宁省关于将100个镇列为全省中心镇的通知. http://www.110.com.

② 辽宁省人民政府关于调整辽宁省中心镇的通知.[EB/OL].(2007-11-02)http://www.ln.gov.cn.

③④ http://www.hebei.gov.cn.

⑤ 山东省人民政府关于公布全省中心镇名单的通知. http://www.110.com.

⑥ 山东省人民政府. 2008. 山东省人民政府关于调整省中心镇的通知[EB/OL].(2008-12-16). http://www.yantai.gov.cn.

④ 江苏省

1999年,江苏省委、省政府在《关于进一步加快小城镇建设的意见》(苏发〔1999〕10号)中提出:在小城镇建设中,要突出重点,近期,全省着重抓好200个左右的重点中心镇建设;按照这个要求,各市对重点中心镇认真进行选择,提出了推荐意见;在此基础上,经省政府研究,确定禄口镇等222个镇为重点中心镇①。

2005年年底,江苏省提出,从数量上逐步将省级重点中心镇由目前的218个优化调整为100个左右,使之成为县(市)域发展的副中心,在带动农村经济和社会发展中发挥更大的作用,并在一定程度上降低农村人口盲目流入大中城市的风险和成本②。

2006年,江苏省人民政府办公厅出台《省政府办公厅关于公布省重点中心镇名单的通知》(苏政办发〔2006〕49号),提出:2002年,国务院批复《江苏省城镇体系规划》,要求重点抓好100个左右中心镇建设;省建设厅、发展改革委、民政厅、国土资源厅、科技厅、农林厅、水利厅七部门在深入调查研究、广泛征求意见的基础上,提出了省重点中心镇调整优化方案;经省人民政府批准,将南京市浦口区汤泉镇等98个镇确定为省重点中心镇③。

⑤ 浙江省

1994年11月,浙江省提出推进小城镇综合改革试点,建设100个现代化的小城镇,带动农村经济社会发展的要求。1995年,全国57个小城镇开展小城镇综合试点,浙江有6个镇列入试点。至1998年,浙江省确定了112个综合改革试点镇,其中全国试点镇28个。

2000年,浙江在实施城市化战略中确定了择优发展小城镇的原则,省政府公布了136个省中心镇。这阶段改革的目标主要是继续推进小城镇综合改革,择优发展小城镇。2005年11月,浙江开始试点"中心镇培育工程",在绍兴县的杨汛桥镇、钱清镇等五个镇进行中心镇培育工程试点(即"强镇扩权")。2007年4月,浙江省人民政府出台了《关于加快推进中心镇培育工程的若干意见》(浙政发〔2007〕13号),全面启动了中心镇培育工程,5月,浙江正式在141个中心镇大规模推行强镇扩权④。

2007年,浙江省政府下发《关于加快推进中心镇培育工程的若干意见》(浙政发〔2007〕13号),浙江主要从发展空间、区位条件、潜力和人口产业基础等要素,综合对比筛选,从全省1 227个乡镇中选定首批141个省级中心镇,占全省乡镇总数的11.5%,未来将达到200个左右⑤。

2010年,浙江省委办公厅、浙江省人民政府办公厅正式发布《关于进一步加快中心镇发展和改革的若干意见》(浙委办〔2010〕115号)⑥,其后又发布《浙江省人民政府办公厅

---

① 省政府关于确定近期着重抓好的222个重点中心镇的通知. http://laws. 66law. cn.

② 江苏省级中心镇将由218个调整为约100个. http://politics. people. com. cn.

③ http://www. jscin. gov. cn/web.

④ 陈剩勇,张丙宣. 2007. 强镇扩权:浙江省近年来小城镇政府管理体制改革的实践[J]. 浙江学刊,(6):215-221.

⑤ 君君. 2007. 十大扶持政策加快培育中心镇——200个中心镇将成为浙江新农村建设示范区[EB/OL]. (2007-04-27). http://www. zj. xinhuanet. com.

⑥ 浙委办〔2010〕115号文件公布的第二批省级中心镇为63个。因该文件未公开,有关情况据浙江省人民政府. 2011. 加快中心镇发展,推进浙江城市化进程[EB/OL]. (2011-01-24). http://www. zj. stats. gov. cn.

关于开展小城市培育试点的通知》（浙政办发〔2010〕162 号）①，省发改委、省编委办、省法制办也随之出台《浙江省强镇扩权改革指导意见》（浙发改城体〔2010〕1178 号）②。

⑥ 福建省

2001 年 3 月，福建省出台《福建省人民政府关于公布我省十五期间重点发展的中心镇名单的通知》（闽政〔2001〕54 号），根据《中共中央、国务院关于促进小城镇健康发展的若干意见》（中发〔2000〕11 号 ）和省委、省政府关于推进小城镇建设、加快城镇化进程的重大决策，按照突出重点、择优培育中心镇的要求，经各地推荐，各有关部门调研、论证，省政府确定南安市水头镇、龙海市角美镇、福清市龙田镇等 20 个镇为福建省十五期间重点发展的中心镇③。

2010 年，《福建省人民政府关于开展小城镇综合改革建设试点的实施意见》（闽政〔2010〕4 号）中，为促进小城镇健康有序发展，提高小城镇综合承载能力，发挥小城镇在联结城乡、辐射农村、扩大就业和促进发展中的重要作用，经研究，选择一批重点小城镇开展综合改革建设试点，以积累经验，提供示范④。第一批共有 22 个试点小城镇；2011 年年初，全省再增加了 20 个试点小城镇⑤。

2010 年，在《福建省人民政府关于印发海峡西岸城市群发展规划的通知》（闽政〔2010〕32 号）中，确定中心镇是省域城镇体系规划确定重点引导发展的建制镇，共约 130 个⑥。

⑦ 广东省

2000 年，广东省委、省政府积极响应国家优先发展具有一定规模、经济条件较好的小城镇的号召，出台了《关于推进小城镇健康发展的意见》，提出全省重点建设 300 个左右中心镇，以此带动农村经济社会的全面发展。2003 年出台《关于加快中心镇发展的意见》，从规划编制和管理、积极引导产业集聚、拓展建设资金渠道、实行用地倾斜政策、深化户籍制度改革、建立适应中心镇发展需要的管理体制等六个方面为中心镇发展提供政策支持。2010 年 9 月 15 日，广东省住建厅发布了《广东省中心镇名单(共 278 个)》⑦。

⑧ 海南省

海南省的情况特殊一些。从 1988 年建省以来，海南在全国率先实行的省直管市县体制，无疑是其体制机制改革最重要的一环，通过减少行政层级、降低行政成本、提高行政效率，以适应省情实际，充分激发了县域经济活力。“十二五”期间海南推进行政管理体制改革的第一项任务便是完善省直管市县体制。建立规范的各级政府公共职责分工

---

① 浙江省人民政府办公厅关于开展小城市培育试点的通知. http://www.zj.gov.cn.

② 省发改委、省编委办、省法制办出台《浙江省强镇扩权改革指导意见》. http://fgw.zj.gov.cn.

③ 福建省人民政府关于公布我省十五期间重点发展的中心镇名单的通知. http://wcm.fujian.gov.cn.

④ 福建省人民政府. 2010. 福建省人民政府关于开展小城镇综合改革建设试点的实施意见（闽政〔2010〕4 号）[EB/OL]. (2010-03-09). http://www.fujian.gov.cn.

⑤ 福建省人口计生委. 2012. 福建省综合改革建设试点小城镇人口集聚能力问题研究[EB/OL]. (2012-12-07). http://www.fjjsw.gov.cn.

⑥ 福建省人民政府. 2011. 福建省人民政府关于印发海峡西岸城市群发展规划的通知（闽政〔2010〕32 号）[EB/OL]. (2011-01-18). http://www.fujian.gov.cn.

⑦ 广东省住房和城乡建设厅. 2010. 广东省中心镇名单[EB/OL]. (2010-09-15). http://www.gdcic.net.

体制;指导市县用足用好下放的权力。乡镇机构改革的重点放在大力增强乡镇社会管理和公共服务职能上,对具备一定人口规模和经济实力的中心镇赋予必要的城市管理权限。海南省在1993年对各级政府的事权做了划分,加强了省级政府对经济的宏观调控职能,市县政府则加强了社会公共服务职能和对"三农"工作的领导。2000年后,海南又先后将65项行政审批事项和43项行政许可事项下放到市县。2008年7月,海南省委五届三次全会做出了进一步完善"省直管市县"体制的重大部署,以放权为手段,向市县下放197项行政管理事项,再开全国体制改革之先河。2008年9月,海南省人大出台了《关于进一步完善省直管市县管理体制的决定》,以地方立法的形式巩固和保障改革成果①。

在镇级层面,《海南省国民经济和社会发展第十二个五年规划纲要(草案)》提出了"旅游风情小镇建设"的设想,拟规划建设100个左右的中心镇,选择一批地理位置、基础设施、自然和人文环境较好的乡镇,以旅游化改造为手段,集中财力,分批实施,建成一批特色旅游小镇;在城镇化进程中,把重点放在加快小城镇建设和管理上,促进大中小城市和小城镇协调发展。该纲要(草案)提出,要突出城镇化的国际旅游岛特色,构建省域中心城市—区域中心城市—县城镇—中心镇四级城镇化空间体系,切实保护好、发展好农民的利益,大力引进社会资本,发展县域特色经济;利用海南特色的旅游资源,打造古村古镇型、民族村寨型、生态观光型等特色旅游小镇;突出乡村特色、地方特色和民族特色,建设一批独具特色的海港渔村、黎村苗寨、热带风情乡村;依托县城和建制镇,按照"规划引导、企业参与、市场运作、群众受益"的原则,建设一批特色旅游风情小镇,对具备一定人口规模和经济实力的中心镇和旅游重镇赋予必要的城市管理权限。具体包括:海口市的演丰镇、云龙镇,文昌市的东郊镇、龙楼镇,定安县的龙门镇,琼海市的博鳌镇、会山镇,万宁市的兴隆镇、华润希望小镇,陵水黎族自治县的新村镇,乐东黎族自治县的尖峰镇、莺歌海镇,昌江黎族自治县的昌化镇,儋州市的蓝洋镇、中和镇,东方市的天安乡、大田镇等②。

9.2.2 中心镇行政区划体制存在的主要问题及其设市的必要性

对沿海发达地区的省份来说,近年来,涌现出一批人口集聚规模较大,经济实力突出,地方财力雄厚,发展势头迅猛的一批建制镇,其中的一些特大镇在实际上、客观上已经成为小城市,甚至中等城市。但是在行政区划体制上,仍然属于镇一级建制,则在机构设置、人员编制、城市管理、市政建设,乃至规划计划、财权事权等方面,均难以与小城市发展的要求相匹配;这样,就限制了小城市的正常发展,阻碍了新型城镇化战略的顺利实施,难以促进城乡统筹发展目标的顺利实现。

通过对相关省份的实地调查,也可说明这一点,基层的要求也非常迫切。以浙江省为例,我们对浙江省温州市下辖的苍南县龙港镇、瑞安市塘下镇等进行过调查,也反映出这些问题。虽然浙江省为了推进小城镇建设,先后多次进行扩权,但由于是临时

---

① 任仲发. 2011. "十二五"期间将完善省直管市县体制,海南中心镇将获一定城市管理权[EB/OL]. (2011-02-22). http://www.legaldaily.com.cn.

② 未来五年海南将建成100个中心镇,规划幸福家园. http://house.hinews.cn.

性措施,与其上级政府之间的关系难以理顺,所以,难以真正或持久地获得相应所需要的县市一级的管理权限,表现在如土地用地指标的限制,城市管理执法方面的欠缺,等等。

因此,从现实需要而言,由于东部地区县层面的设市,即“整县改市”难以为继,以及基层小城市发展的迫切需求,设市重点应该转到县以下的中心镇,选择其中符合条件、达到标准的中心镇,选择适当的设市模式予以设市。

1)培育中心镇、“强镇扩权”等的改革过程——以浙江省为例

在浙江,改革开放30多年来,民营经济高速发展,产业不断聚集并形成主导产业和主导产业群,一大批特色小城镇发展壮大。在城镇化的过程中,地方政府曾经发挥了积极的主导与推动作用。然而,随着城镇化的推进,原有政府管理体制暴露出来的问题,尤其是小城镇政府管理体制的一些问题,如政府职能配置的离散性(职能部门条块关系不顺等)、权能不足(社会管理权和执行权不足、事权与财政的不相称等),以及政府行政行为短视(城镇规划的盲目性、随意性和滞后性)等,严重地制约了当地民营经济和小城镇的发展,成为小城镇社会经济发展的体制瓶颈。

为了解决这些问题,浙江省各级政府积极探索乡镇政府体制改革的路径,努力推动中心镇建设的制度创新。浙江在20世纪90年代初期以来,已经进行了多次乡镇规模调整工作,以优化行政区域和行政层级体系。尤其重要的是,在乡镇行政区划外在调整的同时,更关注乡镇管理体制的改革,并不断对中心镇实行扩权。

自1994年以来,浙江省的小城镇改革主要分为以下两个阶段:

一是试点阶段。1994年11月,浙江省提出推进小城镇综合改革试点,建设100个现代化的小城镇,带动农村经济社会发展的要求。1995年,全国57个小城镇开展小城镇综合试点,浙江有6个镇列入试点。至1998年,浙江省确定了112个综合改革试点镇,其中全国试点镇28个。

二是推进城市化阶段。2000年,浙江在实施城市化战略中确定了择优发展小城镇的原则,省政府公布了136个省中心镇。这阶段改革的目标主要是继续推进小城镇综合改革,择优发展小城镇。2005年,全国确定了第一批118个发展改革试点镇,浙江有11个①。2005年11月,浙江开始试点“中心镇培育工程”,在绍兴县的杨汛桥镇、钱清镇等5个镇进行中心镇培育工程试点(即“强镇扩权”)。2007年4月,浙江省人民政府出台了《关于加快推进中心镇培育工程的若干意见》(浙政发〔2007〕13号),全面启动了中心镇培育工程,5月,浙江正式在141个中心镇大规模推行强镇扩权②。2008年,浙江省又有14

---

① 国家发展和改革委员会(简称“发改委”)办公厅下发《关于公布第一批全国发展改革试点小城镇的通知》(发改办规划〔2005〕36号),决定将北京市昌平区北七家镇等118个镇列为第一批全国发展改革试点小城镇。浙江有11个镇被列入第一批全国发展改革试点小城镇,居全国第一。这11个全国发展改革试点小城镇分别是富阳市新登镇、建德市乾潭镇、余姚市泗门镇、慈溪市周巷镇、奉化市溪口镇、苍南县龙港镇、平阳县鳌江镇、安吉县孝丰镇、海宁市周王庙镇、温岭市大溪镇、舟山市定海区白泉镇。引自浙江11个镇被列入第一批全国发展改革试点小城镇,居全国第一. http://fgw.zj.gov.cn.

② 陈剩勇,张丙宣. 2007. 强镇扩权:浙江省近年来小城镇政府管理体制改革的实践[J]. 浙江学刊,(6):215-221.

个镇被列入第二批全国发展改革试点小城镇[①]。2010年10月，浙江省出台了《关于进一步加快中心镇发展和改革的若干意见》(浙委办〔2010〕115号)。2010年年底，又出台了《浙江省强镇扩权改革指导意见》(浙发改城体〔2010〕1178号)、《浙江省人民政府办公厅关于开展小城市培育试点的通知》(浙政办发〔2010〕162号)等有关文件，通过做大做强中心镇，减轻人口流向大城市的压力，并带动周边农村地区的发展，最终实现城乡一体化[②]。至2012年，在第三批全国发展改革试点小城镇名单中，浙江省又有19个小城镇入选[③]。

正是在小城镇改革的过程中，浙江省逐渐明确了其改革的核心和关键之处，即在于对小城镇放权、扩权。2007年，在试点"中心镇培育工程"的基础上，浙江省正式提出并推行"强镇扩权"。因此，从全省角度来看，浙江省的"强镇扩权"，又可以分为以下两个阶段：

(1) 2007年第一轮"强镇扩权"——中心镇培育工程

浙江省县域经济发达，素以块状经济著称，"一镇一品"、"一镇一业"是浙江经济的典型现象。诸如龙港不锈钢、织里服装、柳市电器、钱清轻纺原料市场等，都是名气很大的经济集群。但与经济快速发展相比，这些经济强镇的社会管理却相对落后。我国现行乡镇管理体制决定了乡镇管理权限过小，无法统筹解决诸如镇域内的环境保护、社会保障、集镇规划、审批处罚等与经济同步协调发展的问题。此外，由于乡镇没有独立财权，其税收支配份额较小，致使乡镇公共财政无法发挥更大作用，基础设施和公共服务设施的建设也相对滞后。

面对这样的窘境，浙江省政府决定推行"强镇扩权"，明确赋予中心镇部分县级的经济社会管理权限，通过政府推动、政策扶持，努力把部分中心镇培育建设成为产业的集聚区、人口的集中区。按照浙江省政府2007年4月下发的《关于加快推进中心镇培育工程的若干意见》(浙政发〔2007〕13号)规定，自该年起全省部分省级中心镇都将获得部分县级经济社会管理权限和执法管理权。按照"依法下放、能放就放"的原则，浙江这次向中心镇放权，涉及财政、规费、资金扶持、土地、社会管理、户籍等10个方面。其扶持政策和改革措施主要有10项：一是建立和完善中心镇财政体制；二是实施规费优惠政策；三是加大对中心镇的投入；四是加大用地支持力度；五是扩大中心镇经济社会管理权限；六是深化投资体制改革；七是加快推进户籍制度改革；八是加快集体非农建设用地使用制度改革；九是深化农村集体资产管理体制改革；十是加快建立统筹城乡的就业和社会保障

① 2008年4月，国家发展和改革委员会办公厅下发了《关于公布第二批全国发展改革试点小城镇名单的通知》，公布了160个试点小城镇的名单，浙江省有14个镇列入，包括桐庐县横村镇、临安市太湖源镇、鄞州区姜山镇、宁海县西店镇、象山县石浦镇、吴兴区织里镇、桐乡市洲泉镇、绍兴县杨汛桥镇、绍兴县平水镇、诸暨市店口镇、义乌市佛堂镇、普陀区六横镇、临海市杜桥镇、玉环县楚门镇。目前，全国发展改革试点小城镇共有278个，浙江省25个，居全国各省(市、区)之首。引自第二批全国发展改革试点小城镇浙江省位居榜首. http://fgw.zj.gov.cn.

② 浙江省人民政府. 2011. 加快中心镇发展，推进浙江城市化进程[EB/OL]. (2011-01-24). http://www.zj.stats.gov.cn.

③ 2012年3月，国家发改委公布了第三批全国发展改革试点小城镇名单，浙江省有19个镇(街道)列入，包括萧山区瓜沥镇、桐庐县分水镇、秀洲区王江泾镇、嘉善县姚庄镇、海盐县武原街道、瑞安市塘下镇、乐清市柳市镇、德清县新市镇、绍兴县钱清镇、东阳市横店镇、义乌市苏溪镇、温岭市泽国镇、永嘉县桥头镇、长兴县泗安镇、缙云县壶镇镇、青田县温溪镇、慈溪市观海卫镇、鄞州区集士港镇、余姚市陆埠镇。引自发改委公布第三批全国发展改革试点城镇名单. http://www.chinacity.org.cn.

制度[①]。具体而言,包括强化中心镇政府农村科技、信息、就业和社会保障、义务教育、公共医疗卫生等公共服务职能;理顺中心镇条块关系,垂直部门派驻中心镇机构及主要领导干部的考核纳入中心镇考核体系,主要领导干部任免须事先征求其所在镇党委意见;积极探索中心镇行政执法监管改革,界定法定职责,合理确定协助义务,今后与地方发展密切相关的环保、劳保、安监、城建等领域的部分行政执法权限,将会在这些中心镇有所体现,以打破此前我国行政执法权以县一级作为主体、乡镇层面几乎是空白的局面。

这项举措实施以来,成效显著。比如绍兴县(今绍兴市柯桥区)[②]建设、发展和改革委、经贸、外经贸、建筑业管理、商贸等部门,就已和杨汛桥镇、钱清镇等签订委托协议书,将投资项目的核准、备案,建筑工程许可证核发等相应的职权下放到镇。同时这些镇还享受相对独立的财权,镇域范围内的土地出让净收益全部返还给这些镇。此外,这次“强镇扩权”改革中,户籍制度进一步放宽,规定今后凡在中心镇有合法固定住所、稳定职业或生活来源的人员及其共同居住生活的直系亲属,都可以根据本人意愿办理城镇常住户口,在教育、就业、兵役、社会保障等方面享受与当地城镇居民同等待遇,并承担相应义务。同时,允许中心镇开展农民住宅产权登记试点,并采取异地置换方式,积极鼓励山区农民迁移到中心镇落户就业。

2007年的这次扩权,浙江从全省1 227个乡镇中选定首批141个省级中心镇(表9-2),占全省乡镇总数的11.5%,未来将达到200个左右,使全省形成一批布局合理、特色明显、经济发达、功能齐全、环境优美、生活富裕、体制机制活、集聚集约水平高的小城市[③]。

表9-2 浙江省列入“十一五”中心镇培育工程的省级中心镇名单一览表

所在地市	省级中心镇
杭州市(19个)	萧山区临浦镇、瓜沥镇、义蓬镇,余杭区塘栖镇、余杭镇、瓶窑镇,桐庐县分水镇、横村镇、富春江镇,淳安县千岛湖镇(县城)、汾口镇,建德市乾潭镇、梅城镇、寿昌镇,富阳市大源镇、新登镇,临安市昌化镇、於潜镇、太湖源镇
宁波市(17个)	江北区慈城镇,北仑区春晓镇,鄞州区咸祥镇、集士港镇、姜山镇,余姚市泗门镇、梁弄镇、马渚镇,慈溪市观海卫镇、周巷镇、逍林镇,奉化市溪口镇、莼湖镇,宁海县西店镇、长街镇,象山县石浦镇、西周镇
温州市(15个)	龙湾区瑶溪镇,瓯海区瞿溪镇,乐清市虹桥镇、柳市镇,瑞安市塘下镇、马屿镇,永嘉县上塘镇(县城)、桥头镇,洞头县北岙镇(县城),文成县大峃镇(县城),平阳县昆阳镇(县城)、鳌江镇,泰顺县罗阳镇(县城),苍南县灵溪镇(县城)、龙港镇
湖州市(10个)	吴兴区织里镇、八里店镇,南浔区南浔镇、菱湖镇,德清县武康镇(县城)、新市镇,长兴县雉城镇(县城)、泗安镇,安吉县递铺镇(县城)、孝丰镇

---

① 省政府出台政策加快推进中心镇培育. http://www.zjdpc.gov.cn .

② 2013年10月国务院批准撤销绍兴县,设立绍兴市柯桥区,以原绍兴县(不含孙端镇、陶堰镇、富盛镇)的行政区域为柯桥区的行政区域。

③ 君君. 2007. 十大扶持政策加快培育中心镇——200个中心镇将成为浙江新农村建设示范区[EB/OL]. (2007-04-27). http://www.zj.xinhuanet.com.

续表 9-2

所在地市	省级中心镇
嘉兴市（14个）	南湖区新丰镇，秀洲区王江泾镇、王店镇，嘉善县魏塘镇（县城）、西塘镇，平湖市新仓镇、新埭镇，海盐县武原镇（县城）、沈荡镇，海宁市许村镇、长安镇，桐乡市洲泉镇、崇福镇、濮院镇
绍兴市（12个）	越城区皋埠镇，绍兴县钱清镇、杨汛桥镇、平水镇，诸暨市大唐镇、店口镇，上虞市崧厦镇、章镇镇、丰惠镇，嵊州市长乐镇、甘霖镇，新昌县儒岙镇
金华市（15个）	婺城区汤溪镇、白龙桥镇，金东区孝顺镇，兰溪市游埠镇，东阳市巍山镇、横店镇、南马镇，义乌市佛堂镇、苏溪镇、上溪镇，永康市古山镇、龙山镇，浦江县黄宅镇，武义县柳城镇，磐安县尖山镇
衢州市（8个）	柯城区航埠镇，衢江区廿里镇，龙游县湖镇镇，江山市贺村镇，常山县天马镇（县城）、辉埠镇，开化县城关镇（县城）、华埠镇
舟山市（6个）	定海区白泉镇，普陀区六横镇、朱家尖镇，岱山县高亭镇（县城）、衢山镇，嵊泗县菜园镇（县城）
台州市（14个）	黄岩区院桥镇，路桥区金清镇，临海市杜桥镇、白水洋镇，温岭市泽国镇、大溪镇、松门镇，玉环县珠港镇（县城）、楚门镇，天台县平桥镇，仙居县横溪镇、白塔镇，三门县海游镇（县城）、健跳镇
丽水市（11个）	莲都区碧湖镇，龙泉市安仁镇，青田县鹤城镇（县城）、船寮镇，云和县云和镇（县城），庆元县松源镇（县城），缙云县五云镇（县城）、壶镇镇，遂昌县妙高镇（县城），松阳县西屏镇（县城），景宁县鹤溪镇（县城）

注：浙政发〔2007〕13号文件中公布的第一批列入省级中心镇培育的有141个镇，其中舟山市普陀区朱家尖镇在2007年改为街道，杭州市萧山区义蓬镇、嘉兴市嘉善县魏塘镇、台州市玉环县珠港镇在2008年改为街道，嘉兴市海盐县武原镇在2010年改为街道，湖州市长兴县雉城镇、衢州市常山县天马镇在2012年改为街道。近期还有一些镇改为街道，这里不一一列出。

（2）2010年第二轮“强镇扩权”——从“中心镇发展”到“小城市培育”

与省级政府正式推动“强镇扩权”的同时，浙江省内各地也在实践中不断探索“强镇扩权”的具体实施途径。2009年8月，温州市委市政府出台了《关于推进强镇扩权改革的意见》（温州发〔2009〕57号），提出了推进强镇扩权的指导思想、总体目标、基本原则、改革任务、工作步骤、责任主体、保障机制等改革意见。其改革任务是率先启动市级强镇改革试点。温州市选择乐清市柳市镇、瑞安市塘下镇、永嘉县瓯北镇、平阳县鳌江镇、苍南县龙港镇作为市级强镇扩权改革第一批试点镇。更在2010年年初，媒体报道了关于温州拟设“镇级市”的情况，即“2月22日，温州市委常委举行强镇党委书记座谈会。温州市委书记、市人大常委会主任邵占维在会上指出，开展强镇扩权试点，加快强镇转型升级是温州市的一个重要战略任务，温州将着力解决强镇责大权小的突出问题，努力把五个试点强镇建设成为‘镇级市’”①。虽然仅是地方上的初步构想，且现实中能否实现，还有待观察，但也说明浙江省在探索乡级政区改革和强镇扩权方面的突破性和先导性。

① 胡念飞，汤凯峰. 2010. 温州将试点镇级市惹争议，专家称可在体制上突破[N/OL]. 南方日报，2010-03-17(A08). http://epaper.nfdaily.cn .

在这些实践的基础上，如前所提及的，早在2009年5月，浙江省委十二届五次全会明确提出要积极推进扩权强县向“两头延伸”，即推进扩权强镇，鼓励县级将一部分社会管理和公共服务方面的管理权限下放给中心镇①。2010年中央1号文件《中共中央、国务院关于加大统筹城乡发展力度，进一步夯实农业农村发展基础的若干意见》提出：“积极稳妥推进城镇化，提高城镇规划水平和发展质量，当前要把加强中小城市和小城镇发展作为重点。”2010年，浙江省委办公厅、浙江省人民政府办公厅正式发布《关于进一步加快中心镇发展和改革的若干意见》（浙委办〔2010〕115号）②，其后又发布《浙江省人民政府办公厅关于开展小城市培育试点的通知》（浙政办发〔2010〕162号）③，省发改委、省编委办、省法制办也随之出台《浙江省强镇扩权改革指导意见》（浙发改城体〔2010〕1178号）④，标志着浙江省正式把县级政区以下的小城镇管理体制改革作为推进城乡统筹发展战略的重要抓手和重点措施。其后，省内各市、县也纷纷推出自己的扩权强镇的措施⑤。

在《浙江省强镇扩权改革指导意见》中，扩权强镇的目的和目标，即“通过扩大中心镇经济社会管理权限的体制改革，全面激发中心镇的发展活力，进一步增强中心镇统筹协调、社会管理和公共服务能力，建立规范有序、权责明确、运作顺畅、便民高效的中心镇管理体制和运作机制”。其扩权对象为“省政府公布的省级中心镇”，扩权内容为“赋予小城市培育试点镇必需的县级经济社会管理权。其他中心镇原则上赋予镇域范围内的经济类项目核准、备案权；着重赋予市政设施、市容交通、社会治安、就业社保、户籍管理等方面的社会管理权；通过实施综合执法等方式，加快赋予城市建设管理等方面的行政执法权”，扩权方式“主要采取依法委托、交办，确属需要延伸机构，深化综合执法试点，开展相对集中行政处罚权工作等方式下放。非行政许可审批事项由县级有关部门直接交办给中心镇行使；依据法律、法规、规章的规定可以委托的行政许可事项，由县级有关部门委托中心镇办理；其他行政执法类事项由县（市、区）政府按照有关规定和程序，通过深化综合执法试点或开展相对集中行政处罚权工作实行综合执法。垂直管理部门和派驻机构审批管理的事项须进入行政审批服务中心，集中办理”⑥。

省政府办公厅出台的《关于开展小城市培育试点的通知》中，亦明确指出：

实施“中心镇培育工程”以来，我省涌现出一批人口多、规模大、经济实力强、设施功能全、具有小城市形态的特大镇。这些镇在我省推进新型城市化、建设社会主义新农村、促进城乡一体化发展中发挥了重要的作用。但是，由于受现行管理体制等因素的制约，这些特大镇的进一步发展面临着一些困难和问题。开展小城市培育试点，着力破解这些困难和问题，加快实现特大镇向小城市转型发展，有利于基础设施、公共服务、现代文明

---

①　李强. 2009. 政策创新与浙江发展[M]. 杭州：浙江人民出版社：151.

②　浙委办〔2010〕115号文件公布的第二批省级中心镇为63个。因该文件未公开，有关情况据浙江省人民政府. 2011. 加快中心镇发展，推进浙江城市化进程[EB/OL]. (2011-01-24). http://www.zj.stats.gov.cn.

③　浙江省人民政府办公厅关于开展小城市培育试点的通知. http://www.zj.gov.cn.

④　省发改委、省编委办、省法制办出台《浙江省强镇扩权改革指导意见》. http://fgw.zj.gov.cn.

⑤　如2010年11月平湖市出台《关于深化完善新市镇建设的实施意见》(http://ph2009.zjol.com.cn)；2011年5月富阳市出台《关于加快中心镇发展改革的实施意见》(http://mzj.fuyang.gov.cn)；2011年6月桐庐县出台《关于加快发展中心镇培育小城市的实施意见》(http://www.tlcatv.com)；等.

⑥　省发改委、省编委办、省法制办出台《浙江省强镇扩权改革指导意见》. http://fgw.zj.gov.cn.

向农村延伸、覆盖和辐射，促进城乡一体化发展；有利于优化城乡空间布局，缓解大中城市发展压力，实现大中小城市协调发展；有利于探索建立权责一致的乡镇管理体制和运作机制，提升基层社会管理和公共服务水平。各级政府各有关部门要从全局和战略的高度，充分认识开展小城市培育试点的重要意义，积极主动深化改革、推动创新，扎实做好各项工作。

并提出，"到2015年，纳入小城市培育试点的中心镇要实现以下主要目标"：

——建设规模。建成区面积8 km^2 以上，形成布局合理的居住、工业、商贸、生态等功能分区。建成区户籍人口6万人以上或常住人口10万人以上，建成区户籍人口集聚率达60%以上。形成比较完备的水、电、路、气、环保等基础设施网络。

——经济实力。年财政总收入10亿元以上，农村居民人均纯收入2万元以上。工业功能区工业增加值占全镇工业增加值的80%以上，第三产业增加值占GDP比重的40%以上，第二、第三产业从业人员的比重为90%以上。

——服务水平。科技教育、文化体育、卫生计生等设施完备，形成比较完善的社会事业发展网络。商业、金融等服务业网点布局合理，形成比较繁荣的商贸金融服务网络。社会保障体系逐步健全，保障水平稳步提高。基本公共服务、居民互助服务、市场商业服务三结合的社区服务体系进一步健全，形成便民利民的社区服务网络。

——管理体制。建立与小城市发展相适应、权责一致、运作顺畅、便民高效的行政管理体制。建立权责明确、行为规范、监督有效、保障有力的行政执法体制，推进县(市、区)综合行政执法试点和相对集中行政处罚权工作，并向试点镇延伸。健全社区党组织领导的充满活力的社区自治机制，形成管理民主、运作规范、服务完善、文明祥和的社区管理服务体系。

其扶持政策主要有：

① 实施强镇扩权改革。根据小城市管理需求，在保持镇级建制不变的前提下，明确试点镇的职能定位，在符合法律法规的前提下，通过委托、交办、延伸机构等方式和途径，赋予试点镇与县级政府基本相同的经济社会管理权限。

② 完善小城市机构设置。根据试点镇的人口规模、经济总量和管理任务，允许试点镇在核定的编制总数内统筹安排机构设置和人员配备；县(市、区)政府部门派驻试点镇的机构，业务上接受上级职能部门的指导，日常管理以试点镇为主，其负责人的任用、调整及工作人员的调动，应书面征得试点镇党委的同意。垂直管理部门可以在试点镇设派驻机构。

③ 合理调整行政区划。按照小城市总体规划，根据试点镇的经济社会发展实际和生产要素流向，结合小城市的管理服务水平和实际承载能力，允许适度调整试点镇的行政区划，拓展发展空间，增强集聚辐射能力，提升集约发展水平。

④ 强化要素保障机制。建立试点镇建设用地支持保障制度，各地在省下达的年度城镇建设用地切块指标中优先予以安排。加强对试点镇的金融服务，加大对试点镇的信贷支持。鼓励金融机构到试点镇设立分支机构，支持有条件的试点镇设立村镇银行和小额贷款公司。建立和完善市县两级建设、规划、环保、交通等部门专业人才到试点镇挂职的制度，缓解小城市管理人才紧缺的压力。

⑤ 完善财政管理体制。按照分税制财政体制的总体要求,合理划分县(市、区)与试点镇的事权。按照财权与事权相匹配的原则,进一步理顺县(市、区)与试点镇的财力分配关系,建立试点镇政策倾斜、设有金库的一级财政体制,实现财力分配向试点镇倾斜,促进小城市培育。

⑥ 加大税费支持力度。鼓励县(市、区)政府对在试点镇新办的大型商贸企业,自营业当年度起,实行房产税、城镇土地使用税、企业所得税地方分成部分按收入级次三年内予以全额拨补;对在试点镇新办的金融保险企业,自营业当年度起,实行交纳的营业税按收入级次三年内予以拨补50%。试点镇土地出让净收益市、县(市、区)留成部分和在试点镇征收的城镇基础设施配套费,全额返还用于试点镇建设。

⑦ 建立试点专项资金。省政府从2010年起建立每年10亿元的省小城市培育试点专项资金(暂定三年),用于试点镇的基础设施、社会事业、产业功能区、技术创新和人才集聚服务平台、公共服务平台、规划编制及体制机制创新等项目的补助。各市、县(市、区)也应建立小城市培育试点专项资金,支持试点镇加快建设发展①。

在第一轮试点的基础上,2014年4月,浙江省新增16个试点小城市(表9-3),包括建德市乾潭镇等9个中心镇和淳安县千岛湖镇等7个县城。它们有望被赋予与县级政府基本相同的经济社会管理权限,获得建设专项资金、财力分配倾斜、建设用地、信贷、人才等方面的支持②。

表9-3 浙江省首批27个、第二批16个小城市培育试点名单一览表

地区	第一批	第二批
杭州市	萧山区瓜沥镇、余杭区塘栖镇、桐庐县分水镇、富阳市新登镇	淳安县千岛湖镇、建德市乾潭镇
宁波市	象山县石浦镇、慈溪市周巷镇、奉化市溪口镇、余姚市泗门镇	江北区慈城镇、宁海县西店镇
温州市	苍南县龙港镇、瑞安市塘下镇、乐清市柳市镇、平阳县鳌江镇	文成县大峃镇、泰顺县罗阳镇
湖州市	吴兴区织里镇、德清县新市镇	南浔区练市镇
嘉兴市	桐乡市崇福镇、秀洲区王江泾镇、嘉善县姚庄镇	海宁市长安镇
绍兴市	诸暨市店口镇、绍兴县钱清镇	上虞区崧厦镇
金华市	东阳市横店镇、义乌市佛堂镇	永康市古山镇
衢州市	江山市贺村镇	开化县城关镇
舟山市	普陀区六横镇	定海区金塘镇
台州市	温岭市泽国镇、玉环县楚门镇、临海市杜桥镇	路桥区金清镇
丽水市	缙云县壶镇镇	云和县县城、景宁畲族自治县县城、庆元县县城

配合省委省政府的战略决策,2011年1月起至今,温州市正式出台《中共温州市委

① 浙江省人民政府办公厅关于开展小城市培育试点的通知. http://www.zj.gov.cn.

② 许云峰. 2014. 浙江新增16个试点小城市,有望建立生态考核体系[EB/OL]. (2014-04-08). http://www.zj.xinhuanet.com.

温州市人民政府关于加快城乡统筹综合改革的若干意见》，提出“以扩权强镇为重点深化乡镇管理体制改革”①，并于3月份正式启动全市乡镇的行政区划调整工作，“这次调整将改变我市乡镇规模过小、都市区功能不强、农村中心镇太少的问题，重组全市乡镇行政区划，构建以都市型功能区、大中小城市和区域性中心镇为重要支点的温州大都市区发展新格局。整个行政区划调整计划在今年6月底前完成，从而为我市推进城乡统筹综合改革奠定基础”②。“到5月上旬，全市乡镇街道数量”从290个“减至140个，缩减率达51.7%，除5个民族乡和1个海岛乡外，其余大部分乡建制被撤销。同时，各乡镇、街道规模也相对均衡化：调整前，我市乡镇平均规模为43.75 km^2、2.55万人口，调整后，全市乡镇(街道)平均面积为84.19 km^2，平均人口为5.62万人。其中乡镇平均面积为138.7 km^2，平均人口为7.45万人；街道平均面积为28.1 km^2，平均人口为3.73万人”③。

而尤其重要的是，温州市此次对乡镇行政区划的改革，不单纯是行政区划本身的调整，而是出台了一系列配套措施，明确提出：中心镇发展和改革的重点，就是要在完成乡镇行政区划调整和确定中心镇培育计划后，实施以“权力下放，超收分成，规费全留，干部高配”为主要内容的扩权强镇。具体而言，如扩大经济社会管理权限(对省、市两级政府下放的经济社会管理权限进一步延伸下放，通过授权、委托和交办等方式，赋予中心镇相应的经济类项目核准、备案和市政设施、市容交通、社会治安、就业社保、户籍管理等方面的经济社会管理权)，实施许可和执法重心下移(将非行政许可事项由县级部门直接交办给中心镇行使，将行政许可事项委托给中心镇直接行使；开展城市管理相对集中行政处罚改革试点。建立综合执法大队，对城管、交通、卫生、文化等行政执法权进行整合)，强化便民服务功能(加快便民服务中心平台建设，构建县、镇、社区三级便民服务网络，提升中心镇社会管理水平和服务能力)；实行税费分成，加大政策支持(如财政、用地、项目等)；等等。改革目标则设定为“到2015年，全市建成50个左右集聚水平高并且特色鲜明、规划科学、经济繁荣、环境优美、设施完善、文明富裕的中心镇并最终成为小城市”④。应该说，温州市此次的乡镇行政区划调整，把形式上的行政区划与实质性的行政体制改革较好地结合了起来，凸显了“强镇扩权”对县辖政区改革的重要意义。

(3)“强镇扩权”对中国行政区划改革的借鉴意义和影响

浙江省1979年以来“县辖政区”的改革，明显可以划分为四个阶段，这与全国该层面行政区划改革的过程大体是一致的。但在外在的行政区划形式上改革的背后，浙江省则更注重其背后的管理体制等实质上的“权力”配置方面的改革。其中，最为突出的特点就是以培育中心镇为核心的“强镇扩权”等举措。这一措施大大促进中心镇的发展，并为我国县—乡(镇)关系改革做出有益的探索，同时，这也在客观上为推进县以下行政区划体制改革，合理划分县与乡镇之间的管理权限打下了坚实的基础。故有论者评价：“浙江以

---

① 中共浙江省温州市委，温州市人民政府. 2011. 中共温州市委　温州市人民政府关于加快城乡统筹综合改革的若干意见(温委〔2011〕1号). http://zt.wznw.gov.cn.

② 张睿，陆剑于. 2014. 我市行政区划调整全面启动，构建“1650”都市区发展新格局[EB/OL]. [2014-03-18]. http://zt.wznw.gov.cn.

③ 佚名. 2011. 区划调整，看温州“变局”[EB/OL]. (2011-06-13). http://www.wenzhou.gov.cn.

④ 关于推进中心镇发展和改革的实施意见(试行). http://zt.wznw.gov.cn.

‘强镇扩权’为特征的乡镇体制改革，对于我国乡镇体制改革的深化，对于调整县镇（乡）关系、提升小城镇经济发展的活力，对构建公共服务型政府，推进社会主义新农村建设、统筹城乡发展等，都具有积极的效应”，“浙江省在地方政府体制改革和制度建设过程中积累的一系列成功经验，包括‘强镇扩权’的制度创新，堪称是我国小城镇政府管理体制改革的范式之一，可以提供给其他省市作为乡镇体制改革的借鉴”。① 这些评价也是较为允当的。

从最近温州市的乡镇行政区划改革来看，其实质就是赋予中心镇的准县（市）一级的管理权限，并且明确提出在土地、户籍、社会保障、经济活动等方面的一系列配套改革措施，认为“城乡统筹综合改革，最根本的是破除城乡二元结构，最核心的是要素无障碍流动和市场化配置”，并进而明确提出其主要内容是实行所谓“政经分开、资地分开、户产分开”和“股改、地改、户改”的“三分三改”。

①“三分”，是指政经分开、资地分开、户产分开。政经分开就是把村“两委”组织与村级集体经济组织分开，把农村居民社会成员身份和经济成员身份分开，保障村级组织坚强有力正常运转和社员正当合法权益；资地分开，就是把非土地资产与土地资产分开，为分类处置创造条件，使各类资产能够正常自由流动，实现优化配置；户产分开，就是把户口与产权关系分开，使农民在农村所享有的各项权益不因户口转换而改变。

②“三改”，是指股改、地改、户改。股改就是对村级集体经济中的非土地资产进行股份制改革，按现代企业制度运行，而土地资产则建立土地合作社，保持集体所有性质不变；地改就是农用地在“三不变”（权属不变、用途不变、量质不变）的前提下进行流转，宅基地的用益物权用来帮助农民进镇入城，农村集体建设用地进入市场；户改就是以“两实”（实有人口、实有住所）按居住地登记户口的户籍管理制度改革②。

这其实也是“强镇扩权”，是中心镇改革得以真正发挥其作用的重要配套措施，也是这种改革的深层目的所在。

事实上，诚如有论者指出的，“从根本上说，浙江省扩权强镇改革的背景，就是乡镇政府的社会经济管理权限与乡镇社会经济发展已经越来越不相适应，乡镇治理结构与区域发展的矛盾日益突出，影响了县域经济社会的进一步提升”③。但在现行的行政区划体制下，我们并不可能进行大规模的、激进的行政区划改革，如过多地切出若干大镇单独设“市”，会引发更多新的问题。因此，着眼于现行的县（市）—镇（乡）相互关系的调整和改革，即前者提升成为区域政府，管理区域和宏观问题，而把后者落实为如现在的城市政府一样的聚落政府，管理具体市政事务，即“使其在一个建制镇的名义下能拥有一个建制市的行政权限和经济权限”④，这不能不说是一条可行途径。这种方式，既满足了大量中小城镇发展之需，又不至于对现行的行政区划格局产生重大的冲击和影响。

---

① 陈剩勇，张丙宣. 2007. 强镇扩权：浙江省近年来小城镇政府管理体制改革的实践[J]. 浙江学刊，(6)：215-221.

② 引自中共温州市委 温州市人民政府关于加快城乡统筹综合改革的若干意见. http://zt.wznw.gov.cn.

③ 张红日. 2009. 浙江扩权强镇改革的背景、实践与政策建议[J]. 政策瞭望，(7)：27-28.

④ 蒋荣，郎佰成. 2007. 行政区划改革滞后于区域发展的现象研究——以浙江省温州市为例[J]. 中共宁波市委党校学报，29(2)：29-32.

某种程度上，改革开放以来，浙江省“县辖政区”的改革历程和成效，也是这一层面上的、深层次的改革所产生的效益。换言之，浙江省在“县辖政区”行政区划形态调整的同时，更关注乡镇管理体制及其他相关体制的改革，并不断对中心镇实行扩权，实质上是逐渐赋予乡镇层级的政区以类似“市”一级的管理权限。如浙江省温州市苍南县龙港镇的兴起，就是在上级政府不断放权、基层民众自发苦干而不断发展、良性互动的一个典型案例。这可以被认为是中国“县辖政区”改革的方向。当然，与此同时，还需要，也更需要相关一系列体制改革的配套和跟进。

2）“扩权改革”的局限——温州市苍南县龙港镇的分析

前述的培育工程等，仅是在管理体制上的放权和授权，但在行政区划层级，或正式的行政建制方面，还缺乏固定化、程序化、法制化的规范，使得各地体制不一；同时，限于镇级政府的法律地位，若干放权、授权的管理权限无法真正落实。因此，还需要进一步解放思想，进行体制创新。所谓“名正言顺”，即必须给予其明确的行政区划体制上的保证，才能使得这些中心镇获得稳定的管理权限，达到确实的、健康的发展目标；从而也使得行政区划体系更加合理、顺畅，行政区划的改革亦可以可持续地发展和进行。

下面以浙江省温州市苍南县的龙港镇为例，加以分析①。

（1）龙港的城市化发展道路：自下而上的城市化典范

苍南县位于浙江省东南隅，东与东南濒临东海，西南毗连福建省福鼎市，西邻泰顺县，北界平阳县，西北与文成县接壤。县境地形北部宽阔，南部狭小，略呈三角形。全县陆地面积为 1261.08 km^2，2007 年年底人口为 123 万。龙港镇位于苍南县北部，县城灵溪镇东北方向，地处浙江省八大水系之一的鳌江南岸，东濒东海，西接 104 国道、同三高速公路和温福铁路，隔江与平阳县鳌江镇相望。

龙港依托地处鳌江流域入海口的有利的地理区位优势和港口条件，以及温州地区改革开放以来良好的、宽松的市场经济环境，充分发挥龙港人求发展的改革精神和艰苦创业的精神，大胆进行了一系列的改革。早在 1984 年起就率先在全国进行了户籍制度、土地有偿制度和股份合作企业制度“三大改革”②，使得大量农民自理口粮入城，人口迅速聚集，劳动力资源的聚集和资金的富集，促使龙港的工业化、城市化飞速发展，宽松的经济环境进一步促进了多种经济成分的发展，私营和外资等外向型经济蓬勃兴起，成功地走出了一条农村城镇化的路子，成为中国农民自费建城的样板，被誉为“中国第一座农民城”，实现了龙港第一次跨越。20 世纪 90 年代中期以来，龙港提出了产业化（工业化）与城市化良性互动发展思路，集中精力抓产业的提升和城市框架的构筑，以招商引资为突破口，以工业园建设为载体，改造提升传统产业，大力发展新兴产业，先后获得了“中国印刷城”、“中国礼品城”、“中国印刷材料交易中心”和“中国台挂历集散中心”等四张“国”字号金名片，实现了从“农民城”到“产业城”的再次跨越。

经过 20 多年的建设发展，龙港镇已由 1984 年时的一个仅 6 000 人口、5 个小渔村组

---

① 以下两部分内容主要据贺曲夫，孙继英. 2008. 浙江省苍南县龙港镇发展与行政区划管理体制创新研究[J]. 经济师，(6)：168-170 一文。其中一些表述和数据有改动.

② 黄宗克，梁世盛. 2001. 加快城市化进程，促进区域经济可持续发展[J]. 中国方域——行政区划与地名，(6)：23-27.

成的乡镇,发展到现在已经形成具有相当规模的城市了。截至2012年年底,全镇总面积为122.1 km^2,总人口(常住人口)42万人,户籍人口36.2万,建城区面积18 km^2,人口超过20万人。龙港镇经济特色鲜明,形成了以灵活市场机制为基础,民营经济为支柱,专业市场为依托,小商品为主导,高新技术产品为发展后劲的经济格局。个体、私营经济是龙港经济重要的组成部分,辖区内共有各类企业2 000多家,个体私营企业8 000余家。印刷、礼品、纺织、塑编是龙港的四大支柱产业。2012年全镇实现GDP为161亿元,第二产业增加值88.5亿元,第三产业增加值66.6亿元,财政总收入为16.35亿元,地方财政收入超过8亿元,人均GDP为4.4万元,是苍南县的经济中心。龙港镇还是联合国计划开发署"可持续发展中国小城镇"试点镇,也是全国小城镇综合改革试点镇、全国小城镇建设示范镇、浙江省可持续发展试验区、浙江省和温州市经济强镇等。

龙港经济和城市的发展,其地位日益凸显,已经作为温州市的副中心城市而被列入规划,并已列入浙江省南部重要城市的规划。在经国务院批准的《浙江省城镇体系规划》中提出,龙港—鳌江是浙江南部温台沿海"T"字形城镇连绵区七个城镇组群中昆阳—鳌江—龙港—灵溪城镇组群的组成部分,规划到2010年龙港—鳌江组合城市将达到25万人口以上的中等城市规模。《温州市市域城镇体系规划(1999—2020)》中对市域城镇规模等级结构有如下规定:温州城镇体系规划将形成以特大城市为中心,中等城市为副中心,小城市(或重点镇)为骨干,一般建制镇为基础的城镇结构体系。在城镇空间结构上形成"两大城镇密集区",即以温州市区为中心,包括瓯江下游和温瑞平原内的城市组成的"温州中心都市圈";温州市域南部的以龙港—鳌江城市为中心,在鳌江流域下游组成的"温州南部城镇群"。在《温州市城市总体规划(2003—2020)》中提出:把龙港—鳌江建设成为鳌江流域区域性中心城市,成为临港型产业基地,发展以对外商贸、工业为主的现代化港口城市,带动整个鳌江流域的协调发展,形成温州市域南部的政治、经济、文化中心。

(2) 龙港发展中的问题:行政区划体制的束缚与局限

龙港经过长期的经济发展,现在已经进入到一个新的阶段,即由小城镇型转向城市型,由粗放型转向集约型,由小城镇居民转向现代文明城市市民。随着人口的迅速增加,经济的迅速发展,城市规模的迅速扩展,社会事务的迅速扩充,原有的乡镇管理体制已经越来越难以应对这样的局面。所谓的"市一级的要求,县一级的工作量,乡镇一级的管理体制"的现状严重地制约了龙港经济的进一步发展①,在社会治安、市容市貌管理等方面出现了难以解决的矛盾。鉴于此,1995年后,温州市把龙港镇实行计划单列,享有县级政府的项目审批权,由苍南县委托授权在龙港设立了一办(党委办)、二委(纪委、政法委)、七局(财政局、计划发展局、社会发展局、农业经济发展局、贸易发展局、城镇建设管理局和计划生育局)。与此同时,中央政府的11个部委都把龙港列为试点镇。

这种特殊的行政体制虽然不符合法律法规,但却适应了龙港经济进一步发展的要求,使得龙港能在更加宽松的环境下大力发展。但由于这样的体制本身没有法律依据,

① 刘君德.2001.中国农民第一城——龙港镇行政区划体制改革的思考[J].中国方域——行政区划与地名,(6):8-10.

随着国家法制建设越来越完善和走向正规，这些“委托授权”被逐步收回县里，机构也逐步撤销或者失去原有职权，龙港又失去体制优势。面对经济社会进一步发展的态势，龙港需要新的行政管理体制。

尽管苍南县在1992年、2011年等多次进行了乡镇行政区划的调整，通过合并乡镇使得龙港从周边划入一些乡镇，大大地扩展了龙港经济和城市建设的腹地，有力地支持了龙港的人口和产业的聚集，但制约龙港发展的行政区划因素依然存在。

① 龙港与苍南县的矛盾

龙港拥有“中国农民城”、“中国印刷城”、“中国礼品城”和“中国台挂历集散中心”等四张“国”字号金字招牌却始终无法撤镇建市。自1993年龙港第一次公开表达撤镇建市的愿望以来的10多年，龙港镇与苍南县之间的矛盾就一直很尖锐，主要矛盾有如下几个：

一是镇与县的利益冲突。龙港的建市运动坚持不懈，并邀请了一批又一批的专家论证，之后提出撤镇改为县级市的最佳方案。而对这一方案首先投反对票的是苍南县。苍南县每年的财政收入中近一半来自龙港，至今仍贴着“欠发达”标签的苍南，自然不肯轻易放走财神爷。而这笔财政收入也恰恰是龙港的心病。以2005年为例，该年龙港镇上交苍南县3亿多元税收，最后返还6 000万元，而龙港仅全镇教职工的工资和教育设施的建设一年就需8 000万元，差额只能靠预算外其他收入来弥补；比如土地批租，但批租权也在县里，而县里每年都把指标卡得死死的，不把土地拿出去拍卖。龙港镇政府苦于权限而毫无办法。因为各自不同的利益，龙港和苍南之间的矛盾和斗争直接导致了1998年龙港楼市大跌，走得动的企业纷纷外迁，大量资金流入上海、杭州等地，龙港的发展势头有些趋缓。

二是龙港对社会事务管理权限的缺失。随着龙港经济的高速发展，社会管理事务也越来越多，而矛盾也随之越来越多，以至于到了“不建市不行”的地步。以人力三轮车为例，龙港镇上的人力三轮车在道路两边的非机动车道都是双向行驶，不管是路口还是路中间，即使在繁华街道也是如此，不管红灯绿灯，任意停靠、上下客和掉头，无人能管得住。龙港镇政府早就想限制三轮车的数量，可三轮牌照的发放权在县政府。目前龙港登记在册的三轮车有1 000多辆，但实际上至少有2 000辆在营运，县政府仍在继续发放新的牌照，却从未调派警力去协查那些无序无照的三轮车。

② 龙港与县城灵溪的矛盾

灵溪镇位于龙港镇西约23 km，是苍南县县政府所在地，全镇面积达88.5 km^2，总人口22.6万人，其中建成区近10 km^2，人口10万人，下辖9个办事处、112个行政村、24个居民区。2007年全镇实现GDP 39.5亿元，工业总产值78.03亿元，财政收入6.27亿元。其经济实力比龙港稍逊，但灵溪是苍南县政治、文化和陆路交通中心，也正凭借县政府驻地这样的优势，才发展成为现在规模的城镇。在中国区域经济发展中有这么一个突出特点：区域经济中心与行政中心具有高度的重合性①。为了促进苍南县与龙港镇的发展，温州市的领导早先也支持龙港建市，并希望“把苍南县改市，市政府放在龙港”。但却

① 舒庆，周克瑜. 2003. 从封闭走向开放：中国行政区经济透视[M]. 上海：华东师范大学出版社.

迫于来自灵溪镇方面的强大阻力而未果。灵溪显然知道作为县城对自己的作用和意义,是无论如何不愿意让出行政中心这个地位的,这就使得苍南县经济中心与行政中心分离,与龙港产生矛盾。

③ 龙港镇与平阳县鳌江镇的人为分割

鳌江镇为历史古镇,位于平阳县东部,县城昆阳镇南,与龙港镇隔鳌江相望,全镇面积达 102 km^2,总人口 15 万人,其中建成区近 11 km^2,人口近 8 万人,2007 全镇实现 GDP 48.85 亿元,财政总收入 5.48 亿元,是平阳县经济中心。两镇同处鳌江下游,尽管有新建的瓯南大桥将两镇连接,但由于 1982 年苍南与平阳分县,龙港和鳌江被人为分割,形成“一江隔两镇,两县共一城”的空间格局,使得双方不能联手共建,各自为政,要素资源人为割裂,经济发展同构竞争,长期以来不能形成“全面、协调与可持续发展”的经济体,鳌江流域的综合治理规划无法实施,水土流失、港口淤塞难以解决,两岸统一的交通规划和建设进展缓慢。虽然浙江省和温州市的城市体系规划都将龙港和鳌江捆绑在一起,有构建鳌江流域中心城市的战略设想,但囿于两县行政区划的分割而难以真正实施。

(3) 龙港的建制现状与温州乃至浙江省城市体系规划严重不协调

如前所说,龙港已经被浙江省和温州市城市体系规划列为浙江南部鳌江流域中心城市和温州市域的副中心。龙港、鳌江地理区位十分优越,现有城市建成区共 23 km^2,聚集人口合计近 25 万,随着沿海大通道的建设、港口的发展和经济的进一步增长,两镇若实现统一规划,做到基础设施共享,完全有可能发展成为 50 万人以上的大城市①,成为浙南闽北的区域性中心城市。

尽管龙港的经济实力等各方面已经远远超过全国很多的地级市,但龙港目前还是乡镇建制,这种“适农性”的行政区划体制及其管理模式,已经越来越无法适应城市性社会管理事务的发展。龙港这种“镇不像镇”、“县不像县”、“市不像市”的现象,不利于城市化的进一步发展,不利于实行高效的行政管理,不利于经济的升级,不利于鳌江流域的综合治理和环境的保护与生态建设,从而严重影响了龙港城市综合竞争力的提升,最终导致区域经济发展趋缓。

3) 特大型建制镇的崛起与改革走向

从 20 世纪 90 年代初期开始,我国部分省区陆续开展了撤乡并村建镇工作。镇建制逐步替代乡建制,成为地域型的行政区,并演化为县域基层行政区划单位变化的一种趋势。鉴于镇数量的增多与乡制的变化,以及城乡一体化发展的新趋势,建设部、国家计委、国家体改委、国家科委、农业部、民政部印发了《关于加强小城镇建设的若干意见的通知》,要求重点抓好小城镇建设试点工作。一些省市出台了建设“中心镇”、“重点镇”的举措,进一步优化城乡二元结构关系,逐步形成城乡经济社会一体化发展新格局。

浙江省率先提出在全省建设中心镇的发展战略。1995 年开始,开展小城镇综合改革试点,把培育小城镇作为加快城镇化、加速工业化、有效解决“三农”问题的必由之路。2000 年,浙江省成立小城镇建设领导小组,公布了 136 个中心镇名单,出台了中心镇享有部分县级管理权限、建立一级财政的政策,明确培育目标为小城市。2007 年 4 月,浙江省

① 胡序威. 2001. “农民城”已不适应城市发展的需要[J]. 中国方城——行政区划与地名,(6):5-7.

政府下发的《关于加快推进中心镇培育工程的若干意见》提出以“强镇扩权”为核心的“中心镇培育工程”，明确将涉及县里负责的财政、规划、土地、投资项目核准等10个方面的经济社会管理权限下放给141个中心镇。按照因地制宜、突出重点、梯次发展的原则，努力把中心镇培育建设成为产业的集聚区、人口的集中区、体制机制的创新区、新农村建设的示范区，力图在全省形成一批布局合理、特色鲜明、经济发达、功能齐全、环境优美、生活富裕、体制机制活、辐射能力强、带动效应好、集聚集约水平高的小城市。经过多年调整，浙江省141个中心镇，平均面积达到98 km^2，平均人口5万。其中人口10万以上的特大型乡镇有28个(10个为县级政府驻地)，平均面积121.5 km^2，平均人口14万，形成了特大型乡镇群体。

江苏省1999年以来通过撤乡并镇，相继进行了多次乡镇行政区划调整，扩大了中心镇的规模，加强了城镇集聚能力。以2007年数据，全省1 055个乡镇中，户籍人口超过10万的特大型乡镇共有70个，其中，30万以上的有3个，20万—30万的有20个，10万—20万的有47个。在70个特大型乡镇中，位于经济发达的苏南地区有24个，平均户籍人口16.5万，平均面积142 km^2，乡镇建成区面积较大，一般在10 km^2以上，县(市、区)政府驻地镇普遍为30—50 km^2。一些经济副中心城镇，如盛泽镇(非市政府驻地)镇域总面积为150 km^2，建成区达到35 km^2，具有典型的城市规模形态。

广东、福建等省在建设中心镇方面的举措和力度也十分显著。例如，2007年，福建省有乡镇929个，其中人口10万以上的乡镇(非驻地)18个，12万以上的9个，20万以上的1个。这些特大型乡镇，既有特殊的历史发展基础，又是乡镇工业化、专业化发展的结果，也是乡镇体制改革与合并的成果。

显然，特大型乡镇的出现，是中国沿海发达地区改革开放30年来发展成就的一个缩影，是城镇化由中心城区集聚向周边重点城镇发展的转型标志，也是中国发达地区城乡一体化与城镇化质量提升的重要表现。所谓特大型乡镇，一是集聚人口多，户籍人口普遍在10万以上，有的超过20万，若加上流动人口则达到或超过30万，甚至更多。二是经济规模大，地区生产总值一般都有几十亿元甚至一百多亿元，超过现有的一些县级市乃至个别地级市的经济总量。三是第二、第三产业发达，呈现专业化集聚和规模发展的空间形态，从事非农产业人口的比重大。四是城镇化水平高，有较大的城市建成区和较为完善的城市基础配套设施，具有较为显著的城市形态。五是区域作用显著，有较高的生产力水平和较强的辐射带动能力，是城乡统筹的重要节点，县域经济的增长极。

按照特大型乡镇与中心城市或县(市)政府驻地镇的关系，可以划分为三种基本类型：一是县(市)政府驻地镇。二是与政府中心驻地城区或镇毗邻的特大型乡镇，如福建的陈埭镇，直接毗邻晋江市区，依托中心城市城区的区位优势而发展起来的特大型城镇。三是距离县(市)级政府驻地较远(在0.5—1.0小时车程圈)的经济强镇，如浙江龙港镇、东莞虎门镇、吴江盛泽镇等。

据不完全统计，2008年年底，全国共有户籍人口10万以上的特大型乡镇468个，其中县级政府驻地259个，非县级政府驻地209个。特大型乡镇中，户籍人口20万以上的有38个，其中县级政府驻地31个，非县级政府驻地7个，主要集中在江苏、广东、浙江等沿海地区省份。

目前一般认为,乡镇级行政区划调整与改革的趋势,仍然集中在如下几个方面:一是进一步合乡并镇,使乡镇平均人口达到3万—5万。沿海沿江经济发达、人口稠密地区的乡镇平均人口可达5万—8万。县级市基本实现以镇为主的基层地方治理体制,市政府驻地转型为街道办事处。二是特大型镇的行政区划体制改革。三是逐步引导乡镇体制转型为派出机构,适度减少乡镇机构编制,减少吃财政饭的人数,减轻财政负担。四是逐步实现乡镇自治。其中,特大型乡镇的体制改革是关注的重点。

特大型乡镇行政区划体制的改革,本质是县级行政区层面的权益重构或重组,尤其是对于具有两个或两个以上特大型乡镇的县(市),其改革诉求越强烈,对原有县(市)治辖权益及基层乡镇管理体制的冲击越大,涉及利益层面越复杂,不能一蹴而就,需要积极引导和分类指导①。

第一,县政府驻地的特大型乡镇,可以探索进行县城镇管理体制改革。通过撤销县城镇,改为街道办事处,由县政府直接负责县城的建设、管理和服务,消除原先县城“两个婆婆、你争我抢”的管理弊端,提高城市管理服务效率和水平。

第二,毗邻中心城市的特大型乡镇,结合地级中心城市行政架构的完善,适当调整优化市辖区结构。将特大型乡镇整建制地划入中心城市市辖区,调整为中心城市的市辖区,或者并入中心城市的市辖区,改为街道办事处,实行城市型政区管理体制。

第三,结合一些特大型县(市)体制的改革,针对那些较远离政府驻地的经济活力足、人口吸纳能力强的特殊城镇,可依法撤销镇,调整行政区划,设置新的县级市或地级中心城市的市辖区。当前,一些非县城驻地的特大型乡镇规模很大、区位优势明显、经济社会发展很快、建成区面积较大,城镇化水平较高,人口和经济规模已经达到了城市的水平,具备较为完整的城市形态,这些地方是“镇一级的体制,县一级的工作量,市一级的要求”,简单意义上的强镇扩权已经无法满足他们日益增长的城市社会管理和公共服务的需要,现有的乡镇行政管理体制已经不适应高度城镇化后的经济社会发展需要,迫切需要对现有的行政区划进行适当的调整,依法赋予其县级政区地位,或实质上的县级政府的管理权限,以充分发挥其发展潜力。

4) 中心镇(尤其是特大镇)发展的客观要求——名实相符,设立“市”建制

(1) 特大镇问题的出现凸显县辖政区改革的必要和市制创新的迫切②

一般而言,学术界把人口规模、经济实力已经达到或超过设市标准,有的规模甚至达到中等城市标准,却依然执行乡镇管理体制的小城镇称为特大镇。根据民政部1993年的设市标准,在人口密度高、中、低三类不同的地区,只要镇区从事非农产业的人口不低于12万、10万、8万,就可以撤县设市。经济规模标准分几类,从最高标准看,只要国内生产总值不低于10亿元,第三产业产值在国内生产总值中的比例达到20%以上;地方本级预算内财政收入不低于人均100元,总收入不少于6 000万元,就可以设市。

① 特大镇的主要特征

---

① 戴均良.2009.行政区划与地名管理[M].北京:中国社会出版社:100-103.

② 本小节内容主要参考乔润令,范毅.2012.我国特大镇的基本情况、存在问题与政策建议[EB/OL].(2012-12-25).http://www.town.gov.cn.具体表述等略有改动。

特大镇主要具有以下五方面特征：

第一，特大镇镇区人口已达城市规模。据国家统计局统计数据，2008年我国有小城镇19 234个，以镇区人口规模排序的千强镇，镇区平均人口规模达到7.1万，已接近我国城市设市规模标准，许多特大镇已经达到中等城市甚至大城市的人口规模水平。2008年，我国小城镇镇区人口超过10万人的镇有152个，其中人口为10万—20万达到小城市规模的镇有142个，人口为20万—50万达到中等城市规模的镇有9个，镇区人口规模最大的镇是东莞市虎门镇，已达57万，完全是大城市的人口规模。

第二，特大镇的经济集聚能力强。在就业方面，2008年我国财政收入千强镇平均吸纳4.4万非农产业就业人员，而县级市平均吸纳非农就业人员4.74万人，与县级市水平基本接近。其中，千强镇平均吸纳2.84万第二产业从业人员，县级市为2.47万，千强镇平均吸纳的第二产业从业人员超过县级市。在创造税收方面，2008年我国财政收入千强镇共计创造税收4 027.8亿元，而县级市共创造税收4 997.9亿元。总体上来说，特大镇的经济集聚能力较强，经济发展规模已经达到城市水平。

第三，特大镇财政收入能力强。据国家统计局数据显示，2008年千强镇平均财政收入为4.75亿元，而县级市的平均财政收入为19.63亿元；但在人均财政收入方面，千强镇为5 493元/人，而县级市仅为2 945元/人，特大镇的人均财政收入水平要远超过县级市的人均水平。从财政收入总量方面来看，2008年财政收入超过20亿元的镇有26个，已经超过县级市的平均水平，超过10亿元的镇有94个，人口仅占全国小城镇总人口11.3%的千强镇，创造的财政收入达4 752亿元，占全国小城镇总财政收入的62%。

第四，特大镇主要分布于东南沿海地区。千强镇主要分布于东部沿海地区，尤其是长江三角洲和珠江三角洲的城市群。2008年在千强镇中，江苏入围232个，浙江入围334个。如果再加上上海和广东，这四个省市的入围镇数占全国城镇总数的比重高达74%，约占千强镇的3/4。

第五，外来人口在特大镇中占有相当比重。千强镇中，平均每镇吸纳外来人口约为2.62万人，占全镇人口的30.3%；共吸纳外来人口2 625万人，占小城镇吸纳外来人口的49.6%。

② 特大镇的“镇级”管理体制严重滞后于城镇化发展进程

特大镇经济规模远远超出一部分中西部地级和县级城市，但镇政府从人员编制到行政职能，实际承担的城镇管理、教育、卫生、社保、社会治安等公共服务事务还停留在农村乡镇水平，特大镇的“镇级”管理体制严重滞后于城镇化发展进程。主要表现在以下方面：

第一，行政机构人员与管理服务的城镇规模不对等。如浙江东阳市横店镇，有10万常住人口，财政收入为5.4亿。2001年由编制部门核准的行政机构仅为10个，人员编制数仅为182人。又如浙江温州市苍南县龙港镇有近30万常住人口，有汽车3万辆，但在编交警仅为22人，真正能上路执法的只有7名交警，镇区交通混乱不堪。镇里自己筹资组建了一支200人的没有执法权的巡防大队，负责治安。再如江苏吴江市盛泽镇有30万人口，其中外来人口17万，全镇公安民警仅有65人，严重不足；真正在日常工作中担当维护治安角色的是自聘的联防队员，2008年时其人数达到900多人。

第二，责任与权力不对等。温州乐清市柳市镇现有乐清市部门派出的环保、安监等机构20多个，镇里对这些机构无权管理，但镇长是环保、安监等事故的第一责任人，导致“有责任的没法管，有权管的没责任”的现象。据对浙江省的调查，特大镇政府承担的各类问责多达30项左右，但几乎都没有行政执法权。比如，温州龙港镇的城管中队除了受县规划建设局委托行使一小部分城镇管理职能外，镇里对环境污染、安全生产事故、食品卫生等都无权查处。此外，社会保障、城镇规划、基础设施投资项目、外商投资产业项目的审批等与经济同步发展的问题，镇里没有相应职能，无法统筹解决，绝大多数经济和社会管理事项需要到上级部门审批。在广东，特大镇90%的行政事务都要上级政府有关部门审批才能执行。中山市小榄镇镇区35万人口，自己要建三甲医院，至今仍未获批。

第三，事权与财力不对等。在经济发达地区，小城镇的财政收入有的达到几十亿元，千强镇的财政收入最低也达1.3亿，绝大部分都上缴了。上级政府只是根据镇政府的机构人员办公费用、工资以及户籍人口的公共服务的需求下拨财政支出数额。根据个案调查，2011年，浙江温岭市泽国镇常住人口26万人，将近6亿元的财政收入上缴4亿多元，支出1.85亿，每年可用于基础设施建设的费用仅几千万；瑞安市塘下镇人口17.8万，财政收入13亿，每年可支配的财力只有2亿，除了办公人头费，用于公共服务的资金也只有几千万。温州龙港镇财政收入近10亿元，留给镇里的只有2.1亿，除了支付8 000多万的教师工资，8 000多万的公务人员工资及办公费用外，只剩下4 000万的资金用于建设。而龙港是一个拥有近30万人口的中等城市，每年必需的、维持性的基础设施和公共服务支出至少要2亿元，资金缺口是显而易见的。

除收入多留成少之外，特大镇的支出也远远高出一般乡镇。特别是要负担大量外来人口增多带来的社会治安、环境卫生、义务教育等公共服务与管理费用。例如，广东里水镇治安人员各项费用合计要2.5万/人·年，镇政府要负担各类协管人员的全部社会保障开支，以及人员工资的一半，每年支出超过2 000万元。广东北滘镇2008年仅治安联防大队经费支出就达1 591万元。环境治理方面，广东北滘镇2008年的环卫队经费达1 279万元。外来人口子女义务教育方面，广东里水镇每年的投入达2 000万元。每一个外来人口子女上学，镇政府要投入2 000多元。所有这些费用只能在预算外寻找。

③ 特大镇的管理体制改革思路

对于这些问题，有学者认为，特大镇的管理体制改革，可以结合户籍制度改革，把一揽子解决农民工的定居落户作为前提，通过扩编、分税、建市三大措施解决特大镇问题①。

第一，扩编：解决特大镇的“镇级”行政编制与中小城市规模的需求不相适应的问题。目前各地小城镇的行政编制，是1993年中央编办依据当时的户籍人口、面积、区划、国民收入、国民生产总值、财政收入六项指标，对各地编制核定后，由各省市县一级一级核定的。期间如农村综合改革对镇级编制曾有过一些微调，但镇级编制标准没有变，1993年核定的编制基数也没有变。经过近20年的发展，许多当年的小乡镇已经变成了小城市和中等城市，财政收入增长了好几倍，大量外来常住人口是本地户籍人口的三四倍，甚至五六倍，原来编制数量的行政管理人员根本服务不过来，已不能适应特大镇发展的需要，应根据特大镇现

① 乔润令，范毅. 2012. 我国特大镇的基本情况、存在问题与政策建议[EB/OL]. (2012-12-25). http://www.town.gov.cn.

有的常住人口规模、经济总量适当增加编制,同时相应地提高特大镇的行政级别。

第二,分税:对于特大镇实行分税体制,解决财力与事权不相适应的问题。1994 年实行的分税制,主要是明确了中央和省一级财政关系。从全国来看,省以下财政关系存在较大差异,小城镇和上级政府的财政分成关系也不尽相同,既有统收统支,也有总额分成,还有增长分成等。要解决特大镇财力不足的问题,应比照副县级实行财力与事权相一致的原则,进行分税制改革。明确划分特大镇与上级政府的基本事权和税收分成比例、预算外收入分成比例,从财政体制上保障特大镇有一个提供公共服务所必需的、稳定的财政来源。

第三,设市:适时推进特大镇撤镇设"市"。目前"设市"仍然执行 1993 年的标准,但 1997 年暂停了县改市,直到近年"县改市"才有少量恢复。根据我国城镇化进程的需要,对部分特大镇选定适宜的"设市"模式,按标准设市。

1993 年,国务院批转的民政部的《关于调整设市标准的报告》第五部分对特大镇设市已有规定:"少数经济发达,已成为该地区经济中心的镇,如确有必要,可撤镇设市。设市时,非农业人口不低于 10 万,其中具有非农业户口的从事非农产业的人口不低于 8 万。地方本级预算内财政收入不低于人均 500 元,上解支出不低于财政收入 60%,工农业总产值中工业产值高于 90%。"但该规定所确定的是"切块设市"模式,会导致新设市与其原所在的县级政区的关系难以处理,较难广泛推行。目前可见的案例,一个是福建省的石狮市,于 1988 年从晋江县分出撤镇设市①;一个是广西壮族自治区的东兴市,于 1996 年从防城港市的防城区分出撤镇设市②,且均为边境或口岸城市。但之后,少有特大镇"切块设市"的案例。

(2) 名实相符,改革和创新市制

从行政区划本身意义,即一级政府管理的区域而言,市与镇在权力配置、法定地位、机构设置、人员编制,以及实际中的运作等各个方面,均具有本质的差别。镇是作为县级政区之下,与乡、民族乡并列的一级政区;其作为该层级的政区,虽然与乡、民族乡不同(即人口聚居程度和民族构成等,以及市政基础设施等方面),但在《地方组织法》等法律法规中所规定的职能、管理能力,也即政府权力,以及相应的机构设置与职能、人员编制与级别等并无多大差别,而与县、市一级政府差距甚远。换言之,镇位于该层级的定位,其管理幅度(即面积和人口)理应有一个适宜的程度。超过了该幅度,或者造成办事不便(面积过大),或者造成有关事务处理不了(人口过多,即城市化达到一定程度,社会事务、城市建设与管理等事务急剧增多,镇一级政府权力无法处理)。正因为如此,所谓的"中心镇"、"重点镇"或"小城市培育镇"等,所谓"强镇扩权",就是为了解决因无法设市而客观的城市发展又需要其具有县市一级的管理权限之间的矛盾,而采取的权宜之计;扩权之后,其管理幅度就相应可以增加。但在实践中因扩权不稳定、非正式,仍有诸多问题。

---

① 据"搜狗百科"的"石狮市"词条介绍:"1987 年 12 月 17 日,经国务院批准,析晋江县石狮、蚶江、永宁三个镇和祥芝乡,置石狮市,由泉州市代管,为省辖县级市,并作为福建省综合改革试验区。1988 年 9 月 30 日石狮市正式成立。"2011 年,石狮市辖 7 个镇、2 个街道办事处、102 个村、25 个社区。全市陆域面积为 160 km^2(中国地域面积最小的县级市),海岸线长 64 km,是陆域边界线的 2.3 倍,行政管辖的毗邻海域面积 968 km^2。全市户籍人口 31.7 万,常住人口 64.7 万,外来流动人口 40 万。见 http://baike.sogou.com.

② 据"搜狗百科"的"东兴市"词条介绍:"1996 年 4 月 29 日,民政部批准(民行批〔1996〕26 号):设立东兴市(县级),以防城港市防城区的东兴、江平、马路三个镇的行政区域为东兴市的行政区域,市人民政府驻东兴镇。"东兴市面积为 540.7 km^2,总人口 14.47 万人(2010 年第六次人口普查数据)。见 http://baike.sogou.com.

对于特大镇而言,尽管可以“扩权”,但因镇一级的权限划分、机构设置、人员编制以及在行政区划层级中的地位等均无法适应实体“城市”规划建设管理要求,设市是可行之路。近期,迫切需要赋予达到城市规模的特大镇以“市”一级的管理权限,并提供明确的法律保障。

9.2.3 中心镇设市的模式分析:三种可能方式及其比较

在我国东部省份,因城镇化发展迅速,地改市已经完成,县级市设置也接近半数,今后关注的重点,应转移到县以下的镇层面,为小城市的发展,提供行政区划体制的保障。至于采取何种设市模式,则需要深入探究,谨慎抉择。

本书著者认为,有以下三种选择方式:

(1) 切块升格:按照现有方式,“切块设市”,把达到标准的特大镇从原来所在的县级政区中划出,单独新设“市”的建制,升格为县级。

该模式是现有设市标准中所允许采用的设市方式,实施起来没有法律法规方面的障碍。面临的主要问题和障碍是难以处理与其原来所在的县级政区的关系:一是涉及利益分割,对经济社会各方面的影响较大,实施有阻力;二是推广面较窄,一般只能在县域双中心或多中心的极个别的特大镇推行,如石狮市、东兴市。因此,无法从根本上解决数量众多的中心镇、特大镇的设市需要。

(2) 县下辖市:创新市制,借鉴东亚诸国和国际通行的做法,在地域型政区的县级政区之下设市;行政区划层级上,与镇、乡平级;赋予其法定的、副县级的管理权限。

该模式应该是城镇型政区较为普遍的设置方式,也是国际通行的做法。其最显著的优点,就是保持了县级政区的稳定,避免“切块设市”所引起的社会波动;同时,县以下的乡、镇、市可以正常进行建制转换,有激励和引导作用;且因其有明确的标准和明晰的程序,可以避免某些因素的干扰。更重要的是,为城乡统筹发展、为小城镇的健康发展,提供了可靠的行政区划体制的保证。因此,“县下辖市”是一种理想的、可持续的设市方式。

该方式最大的问题是与目前的法律规定冲突(即市与县平级,县级政区不可辖市),必须在修订相关法规的前提下实施。

(3) 变更通名:以第二种模式为基础,取其实质内涵而避其与现行法律的矛盾,可将符合标准的“镇级市”,冠以“新镇”或“城市镇”通名,明确“新镇(城市镇)”的行政地位,享有法定赋予其的副县级的管理权限,可建立类似于“计划单列”的制度,实行小城市规划建设和管理。

该种方式既不与现行法律矛盾,又可以保持传统县制的稳定,因此具有较强的可操作性。2012 年 2 月,上海市浦东新区将原川沙新镇、六灶镇、祝桥镇等 3 个镇调整为川沙新镇和祝桥镇。调整后的川沙新镇下辖六灶、六团、黄楼、城厢、城南、华夏 6 个社区,包括 36 个居委会及 43 个村委会。川沙新镇位于浦东新区东部,区域面积为 96.7 km^2,常住人口 34.21 万,其中户籍人口 15.07 万。川沙新镇通过冠以“新镇”通名的路径有别于一般的建制镇,其行政等级得以提升,机构设置、编制等得到加强,实现了行政建制实体与功能、规模相符的目标。但变更通名实为绕过现有法规的不得已而为之的一种特殊措施,显然具有过渡性特点,未来仍应加以规范。

9.2.4 不同模式下的设市标准讨论

如前所述，设市模式不同，则相应的设市标准会有差别，设市重点和预测结果也会有很大不同。

目前，对小城镇（如“中心镇”、“重点镇”或“小城市培育镇”等称呼）发展状态的评价有多种方式，主要是城建部门以及一些学术机构，从小城镇自身的建设和发展出发，提出了一些评价体系，一般都比较复杂，且有较强烈的排序、比较的意味。

本书著者认为，从行政区划管理的角度来说，设市的标准应该简明、清晰，反映政府的职能和公共管理的本质，相关数据容易获取且统计口径一致，没有歧义，并具有引导性、均等性、公平性的特点，且不宜复杂化。

从政府公共管理的本质着眼，我们认为，设市标准应该考虑以下三个层面的问题：

一是大前提，即政府公共管理的能力：定位为县级政府，还是乡镇级政府，则其管理能力是有显著差别的，相应地，其管理幅度（面积、人口、行政事务等）会有显著不同。

二是本质属性：考虑小城市的自身特性，即中心城区的人口集聚程度，市政基础设施和公共服务设施等的完备程度。

三是现实需要：因为“市”（或“城市镇”）的建制在目前均具有地域型政区的特征，还要承担区域的经济、社会、文化、生态等各方面发展的任务，因此，其统筹区域发展的能力，即若干经济指标，也要考虑进去，如政府财政收入、国内生产总值等。

当然，因为不是评比、排序，而是具有引导性、均等性、公平性的特征，所以，不论是什么模式，都制定出相对简明的门槛指标即可；换言之，只要达到这些要求，即可升级；这样，就成为一种正常的体制转换的日常工作，减少政治性因素的干扰，使得可以预期。

以下按前述的两种方式，各自提出相应的设市标准，并就一些典型地区，试做初步的分析和筛选。

1）现行“切块设市”方式：中心镇升格改设市

中心镇升格改设市是现行的设市方式之一，没有法律方面的障碍。对于少量符合条件，且地方提出要求，没有较大的“县”与新“市”矛盾的地方，可以“切块设市”。应该按照有关标准，从严掌握，个案处理。

（1）设市指标体系的构建①

中心镇属地理概念，它是县（市）域内某一地区中周围若干个乡镇的中心，地理位置相对居中，一般是自然形成、客观存在的，在一个较长的时期内具有相对的稳定性，在周围地区中相比较而言其经济实力较强。

由于依托于有利的经济区位，中心镇的经济往往快速增长。为了充分发挥中心镇的极化和扩散效应，带动整个区域经济发展，近年来浙江、广东等东部沿海省份出台了多项政策措施鼓励中心镇扩容增效。在区位和政策的双重驱动下，中心镇的规模不断扩大，带动能力不断增强。从目前的实际情况看，我国东部沿海经济比较发达地区的一些中心

---

① 本节内容为范今朝主持的民政部课题“东部地区中心镇设市研究”的部分成果，班茂盛先生执笔本部分的主要内容（①②③部分）。特此说明并致谢。

镇的发展规模和程度已经远远高于处于同一层级的建制镇,有些已经接近或等同于小城市和县城镇的水平,部分超大规模的中心镇,如浙江的龙港镇的城镇规模和经济水平已经超过中等城市的发展规模和发展水平。面对中心镇快速发展的态势,有必要进一步解放思想,创新行政区划管理模式,及早对中心镇设市的指标体系和评价标准进行研究。

① 构建设市指标体系的理论基础

第一,镇和城市两种聚落的差异分析。

根据聚落地理学的定义,人类进入定居时代就开始出现居民点,称为聚落。从最一般的形式看,中外各国大体上都有相同的聚落体系,即由小村—村庄—镇—城市—都市(大城市)组成,村庄以及比村庄还小的居民点是乡村型聚落,居民主要从事农业活动,镇和比镇大的居民点是城镇型居民点,或城镇聚落,居民主要从事非农业活动。

作为区别于乡村居民点的地域空间,聚落地理意义上的镇和城市同属城镇型居民点,都具有要素密集的本质特征。尽管如此,两者之间还存在明显的差异,但这种差异主要表现在“量级”上,而非本质上。具体而言,镇与城市的差异主要体现在以下几个方面:

一是人口分布差异。城市和镇都具有要素集聚的特性,但二者的量级不同,作为构成城镇型聚落主体的人口要素,城市的人口规模要远大于镇,镇的规模往往在几千人到数万人之间,但城市一般均在几万人甚至几十万人以上。因此,在研究、管理和现实生活中,镇的人口规模只有上限,而城市则只有下限。由于人口规模的差异,镇与城市的人口密度也有较大差异,镇的人口密度低,而城市的人口密度高。

二是经济活动差异。现代意义的镇和城市都是工业化的产物。因此,现代意义的城镇从诞生开始,它就是非农业产业高度集聚的地域空间。镇和城市的经济活动差异主要有以下几个方面:经济规模差异,镇的经济总量要小于城市;第三产业差异,一般而言,城市第三产业的产值和其在国民经济活动中所占的比例都要高于镇;经济活动的构成差异,城市的经济活动和经济构成要比镇复杂得多。

三是用地范围差异。由于人口和经济活动的差异,城市的用地范围要远大于镇,而且城市的用地类型也要多于镇。

四是基础设施建设差异。从聚落内部构成要素看,镇和城市都是由道路网络、街区、广场等城市节点以及各种类型的建筑物所组成的物质空间,但无论是道路网络的尺度还是建筑物的体量度,城市要大于镇,而且城市的广场、绿地等公共空间的规模也要大于镇,因此,城市的人均绿地面积(指符合规划要求的绿地)一般会大于镇;此外,城市的污水处理、垃圾处理等市政设施也比镇更加完备。

第二,镇与市两类建制的主要差异分析。

镇与市同是中国行政区划中的城镇型政区。早在1909年1月清廷就颁布了《城镇乡地方自治章程》,首次以法规的形式明确规定了镇建制。章程规定府厅州县治城厢为“城”,城厢以外的市镇村庄屯集等,人口满五万以上的为“镇”。1911年江苏省政府颁布《江苏暂行市乡制》,用“市”这一名称统一取代了“城”、“镇”。此后,南京国民政府先后公布了《乡镇自治施行法》、《特别市组织法》、《普通市组织法》、《市组织法》等,对市镇建制和设置做出了一系列的规定。新中国成立后,1955年6月,国务院发布《关于设置市、镇建制的决定》,明确了“市、镇是工商业和手工业的集中地”,并规定了设市和设镇标准。

上述研究表明，尽管不同时期我国市镇设置的标准并不相同，但有一点是相同的，始终以地理意义上的城镇聚落为依托，只是依托的聚落规模不同。

中华人民共和国成立初期，规定人口在5万以上的城市可以准予设市；1951年年底政务院在《关于调整机构和紧缩编制的决定》中，规定人口在9万以上可以设市；1955年6月9日，国务院第一次颁布《关于设置市镇建制的决定》规定聚居人口10万以上的城镇可以设市，聚居人口不足10万，需符合一些特殊要求。关于设镇标准中"镇"所依托的城镇型聚落则要小得多，如1984年规定，在2万人以下的乡，乡政府驻地的非农业人口和自理口粮常住人口在2 000人以上的可以设镇；2万人以上的乡，乡政府所在地的非农业人口和自理口粮常住人口超过总人口的10%也可以设镇。

此外，市镇设置时所依托的聚落的重要性也有所不同。如当时的南京国民政府在1947年拟订的《直辖市自治通则》和《市自治通则》两个草案中规定，"在军事、政治、经济、文化、历史上有特殊情形者"也可以设置"甲种市"，而新中国成立后，中央人民政府在设市方面也规定，"但属重要工矿基地、省级地方国家机关所在地、规模较大的物资集散地或边远地区的重要城镇，并确有必需时，可以设市"。镇设置时，所依托的聚落的重要性则要低得多。

② 关于中心镇设市指标体系

第一，构建指标体系的原则。

根据上述研究，建立合适的能识别中心镇设市的评价指标体系时，指标选择上需要坚持以下四项原则：

一是科学性原则。评价指标体系必须能够全面地反映城市和市的主要特征，不同指标应能反映镇与市的真实差异，具有科学的内涵，数据来源要准确，处理方法要科学。

二是可比性原则。要求代表不同经济含义、不同量纲的指标通过标准化处理后，可以相互比较。考虑到总量指标不具备可比性，指标选择尽量采用均量（人均和地均）指标，兼顾采用总量指标；尽量采用普适性指标，兼顾采用特殊指标。每项指标应该是可观、可测、简洁及具有可比性和可操作性。

三是可量性原则。要求所选择的指标应充分考虑到数据的可获得性和指标量化的难易程度，定量与定性相结合，能尽可能地利用统计资料和有关规范标准，采取各种直接的计算或者间接的计算能够量化出来，否则就会失去指标本身的含义和使用价值。

四是层次性原则。要求指标选择具有层次性，可将指标分为一级指标、二级指标和三级指标等。下一层次指标是对上一层次指标的具体化，上一层次的指标是对下一层次指标的高度综合。

第二，指标体系构建思路。

——递进因素分析法。

指标体系的建构可以采用多种方法，其中递进因素分析法是一种常用的方法。所谓递进因素分析法，就是通过处于不同层次上的"因素指标"对"待解释指标"进行解释，将评价目标逐级分解，直至将所有的因素全部转化为定量的指标，处于不同层次的"因素指标"和"待解释指标"组成一个"树"形结构图。在"树"形结构中，B_1和B_2是第一层次的因素指标，对待评价对象A进行解释；C_1、C_2、C_3、C_4是第二层次的因素指标，分别对B_1和B_2进行解释；D_1、D_2、D_3、D_4、D_5、D_6、D_7、D_8等是第三层次的因素指标，分别对C_1、C_2、C_3、C_4

进行解释，这样，通过一层一层的递进分析，就可以全面揭示影响待评价对象A。不同层次的各类指标组成的树形结构图见图9-7。

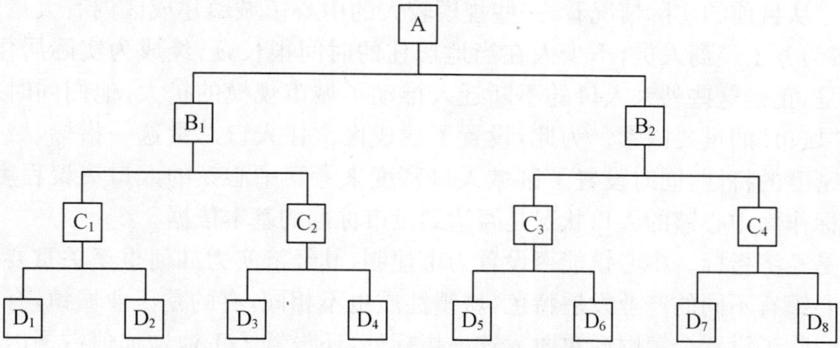

图9-7　不同层次的各类指标组成的树形结构图

——指标体系确立的思路。

根据递进因素分析法的基本思路，要建立设市指标体系，首先需要确定“因素指标”。我们认为，建立中心镇设市指标的关键在于能否将城市化过程中通过人口集聚和产业集聚已经成长为城市聚落的中心镇区分出来。为此，在构建设市指标体系时必须考虑三个方面的因素：一是由于人口密集程度较高，部分中心镇的人口规模较大，因此，中心镇的城镇建成区的人口是否达到甚至超过县级市市区是需要首先考虑的因素；二是中心镇的经济总量和结构；三是中心镇的基础设施状况，是否达到了城市的建设标准。根据上述认识，将中心镇设市指标体系可以分为三个“因素指标”，即人口类指标、经济类指标和基础设施类指标。

——中心镇设市指标体系设置。

根据上述构建中心镇设市指标体系的基本思路，在参考国家民政部关于设市指标（征求意见稿）以及设市指标体系相关研究成果的基础上，我们建立了由3个二级指标、9个三级指标组成的设市评价指标体系（表9-4）。

表9-4　中心镇设市评价指标体系表

	二级指标	三级指标	单位	数量（个）
东部地区中心镇设市指标体系	人口状况	建成区常住人口数量	万人	2
		镇域人口密度	人/km^2	
	经济状况	全镇财政总收入	亿元	3
		工业增加值占国内生产总值比重	%	
		社会商品销售总额	亿元	
	基础设施	建成区人均公园绿地	hm^2	4
		建成区道路铺装率	%	
		城镇生活垃圾无害化处理率	%	
		城镇污水集中处理率	%	
合计（个）	3	—	—	9

相关说明如下：

首先是人口指标。中心镇能否改设市建制，关键是中心镇的人口规模是否能够达到一定程度。从目前的实际情况看，一些规模较大的中心镇城镇建成区内有大量的外来人口，他们多为务工经商人员，不少人在当地居住的时间很长，已经成为实际居住人口，更为重要的是，正是这些外来人口的不断迁入推动了城市规模的扩大，他们同时也是推动"镇"成为"城市"的重要因素。为此，设置了建成区常住人口总量这一指标，城市空间具有人口高密度的特性，同时设置了区域人口密度来考察中心镇的人口集聚程度，通过上述两项指标作为中心镇的人口状况是否达到设市标准的基本依据。

其次是经济指标。中心镇能否设置为市建制，其经济实力如何也至关重要。考虑到不同的中心镇有不同的产业发展特色，城镇性质也不相同，有的是工业城镇，有的是商业城镇，因此，除了设置全镇财政总收入这一指标外，还设置了工业增加值占国内生产总值比重和社会商品销售总额两个指标，在具体评价某一中心镇时，这两个指标可以相互替代，但不能同时参与评价。

最后是基础设施指标。中心镇要改设市建制，在镇改市之前，中心镇政府驻地的城镇建成区内基础设施的建设水平也应达到一定的程度，因此，可以设置建成区道路铺装率、城镇生活垃圾无害化处理率以及建成区人均公共绿地等指标。

③ 关于中心镇设市标准

——基本思路。

确定中心镇设市评价标准时，需注意以下两方面的问题：

一是制定标准的原则是偏高还是偏低。我们认为，一方面，在我国东部地区中心镇的规模普遍较大，经济实力较强，如浙江省温州市的龙港、鳌江、塘下等五个镇的镇区人口已经超10万、财政收入超10亿。另一方面，中心镇设市目的是从行政区划管理的本意出发，找出那些已经具备城市的形态、职能和实力的中心镇。基于这一认识，中心镇设市的标准宜高不宜低。

二是标准值的确定。考虑到中心镇设市标准所需要的参考值不易获得，本书研究所需标准参考值来源于三个方面：其一，以浙江省城市建设年鉴公布的县级市市区的相关数据为标准，计算其平均值，以这些平均值作为确定中心镇设市标准的参考值；其二，根据浙江省民政厅编撰的民政大典中提供的分街道的相关数据，计算其平均值后获得；其三，其他不易获得的数据则参考国家相关标准经综合分析后确定。

——标准说明。

一是建成区常住人口数量。常住人口是实际居住在建成区内的人口，可以真实地反映城市人口的实际规模。根据对浙江省22个县级市城区人口数据的计算(表9-5)，包括外来人口在内，浙江省2011年县级市城区内常住人口的平均数约为23万。考虑到中心镇的城镇人口略小于县级市的城区，如果按照10%的标准下浮，且去整处理后，中心镇建成区的常住人口应不低于20万人。

二是区域人口密度。第六次人口普查关于城乡划分标准试行规定中，将人口密度在1 500人/km^2以上的区辖人口全部作为城镇人口，这实际上是以人口密度作为划分城乡的基本依据。我们认为，中心镇设市，其辖区也应是城市化地域，其辖区的人口密度都应达到1 500人/km^2的标准，即整个乡镇辖区应成为城镇化地区。

表 9-5　浙江省 22 个县级市城区的基础设施、经济和人口数据表(截至 2011 年年底)

名称	污水集中处理率(%)	人均公园绿地面积(m^2/人)	生活垃圾无害化处理率(%)	城区人口(万人)	城区财政收入(亿元)
建德市	81.80	9.61	100.00	11.58	8.65
富阳市	81.00	7.37	100.00	21.17	29.23
临安市	90.19	4.47	100.00	13.40	15.70
余姚市	80.93	9.23	100.00	38.04	44.30
慈溪市	77.94	9.52	100.00	37.63	30.70
奉化市	63.68	9.99	100.00	23.78	27.20
瑞安市	60.07	4.75	92.95	24.02	—
乐清市	28.22	3.08	—	37.00	—
海宁市	82.29	11.19	100.00	15.00	7.88
平湖市	83.07	12.12	100.00	11.00	20.70
桐乡市	84.39	13.06	100.00	16.07	16.59
诸暨市	80.39	10.81	100.00	21.70	29.39
上虞市	68.00	11.39	100.00	20.87	13.15
嵊州市	71.15	11.63	100.00	21.96	7.51
兰溪市	35.33	8.45	100.00	23.16	6.67
义乌市	65.25	4.58	97.99	56.50	47.21
东阳市	60.92	9.16	100.00	30.34	15.13
永康市	63.70	9.21	100.00	18.06	31.09
江山市	52.16	10.52	100.00	12.92	7.74
温岭市	82.53	10.28	100.00	23.36	19.21
临海市	71.98	10.77	100.00	27.76	24.11
龙泉市	53.53	15.69	100.00	7.42	4.56

三是全镇财政总收入。根据浙江省民政厅提供的县级市下辖街道的财政总收入情况进行了数据汇总(表 9-6),将县级市下辖街道的数据相加形成了县级市城区的财政总收入。结果表明,最高的为义乌市的城区,财政总收入达到 47.21 亿元,最低的为龙泉市的城区,只有 4.56 亿元,县级市城区财政收入的平均值为 20.34 亿元。本书认为,中心镇要改为市建制,反映其财力的全镇财政总收入最起码要达到县级市城区的平均水平,故建议 20 亿元为中心镇设市财政收入应达到的最低标准。

四是社会商品销售总额。经计算,浙江省 22 个县级市共 102 个街道的社会商品销售总额见表 9-6;平均每个街道社会商品销售总额为 25.50 亿元。经取整处理后,确定中心镇设市时,社会商品销售总额的下限标准为 25 亿元。

五是工业增加值占国内生产总值比重。经过对浙江省 22 个县级市共 102 个街道的工业增加值占国内生产总值比重的计算(表 9-6),发现工业增加值占国内生产总值比重最高的达到 94.4%,最低的则不足 1.0%,平均值为 48.4%,经过取整处理后,确定中心镇设市时，工业增加值占国内生产总值的比重不应低于50％。

六是镇区道路铺装率。道路铺装率是指铺设水泥、沥青的硬化水泥路面占总路面的比例。拟改设市的中心镇应具有城镇景观，城镇道路实现全面硬化。因此，拟设市的中心镇镇区道路铺装率应达到100％。

七是城镇生活垃圾无害化处理率。目前浙江省县城的生活垃圾无害化处理率达到70％左右，22个县级市市区的生活垃圾无害化处理率的平均值为99.57％。为了引导中心镇加强生态建设和环境保护的力度，这一指标不宜偏低。拟改设市建制的中心镇的城镇生活垃圾无害化处理率不低于60％。

八是建成区人均公园绿地。根据浙江省县级市城区的统计数据（参见表9-5），22个县级市城区人均公园绿地面积的平均值为9.40 m^2。根据国家标准《城市用地分类与规划建设用地标准》（GB 50137—2011），要求“绿地与广场用地”占城市建设用地的比例为10％—15％，“人均绿地与广场用地”的面积≥10.0 m^2/人，其中“人均公园绿地”的面积≥8.0 m^2/人。从建设生态文明的要求来看，公园绿地面积人均9.40 m^2 明显偏低，为了引导各乡镇加强生态建设，建成区人均公园绿地面积宜高不宜低。中心镇设市的建成区人均公园绿地应该不低于15 m^2。

九是城镇污水集中处理率。城市生活污水集中处理率是指城市城区经过城市集中式污水处理厂二级处理达标的城市生活污水量与城市生活污水排放总量的百分比。根据浙江省城市建设年鉴的相关数据，浙江省22个县级市城区城镇污水集中处理率的平均值为69.02％，最高的为临安市，达到90.19％，最低的为乐清市，只有28.22％（参见表9-5）。本书认为，拟设市中心镇的城镇污水集中处理率最起码达到县级市的平均水平。即城镇污水集中处理率不应低于70％。

表9-6　浙江省县级市所辖街道的经济发展数据表（截至2011年年底）

街道名称	工业总产值（亿元）	工业增加值占国内生产总值比重（％）	社会商品销售总额（亿元）	财政总收入（亿元）
富春	176.53	43.20	57.39	8.70
春江	199.80	81.00	2.91	11.50
麓山	142.20	75.70	1.97	4.96
东洲	127.80	74.50	3.29	4.07
新安江	57.80	26.20	30.32	5.59
洋溪	48.90	86.90	0.90	1.68
更楼	21.45	58.60	1.15	1.38
玲珑	131.60	60.50	7.00	2.33
锦南	35.20	55.70	0.70	1.29
锦城	99.70	45.20	34.90	3.68
青山湖	277.90	75.60	5.70	8.40
阳明	245.40	25.80	97.24	12.08
凤山	85.82	45.60	50.00	7.73

续表 9-6

街道名称	工业总产值(亿元)	工业增加值占国内生产总值比重(%)	社会商品销售总额(亿元)	财政总收入(亿元)
兰江	101.00	24.60	35.00	6.69
梨洲	135.87	3.70	30.61	4.82
低塘	164.15	17.20	22.67	5.07
朗霞	206.00	14.70	18.64	7.91
浒山	—	—	41.92	8.74
古塘	57.70	35.10	21.70	5.42
白沙路	126.76	44.60	18.06	5.45
宗汉	230.34	69.40	9.49	6.60
坎墩	68.07	63.70	4.52	4.52
锦屏	75.00	48.00	29.20	11.20
岳林	68.40	73.90	18.70	7.30
江口	95.00	69.60	18.30	3.60
西坞	57.20	85.10	2.00	3.50
萧王庙	25.00	62.20	1.80	1.60
安阳	51.10	14.60	71.90	—
玉海	1.30	1.00	23.60	—
锦湖	79.40	54.20	10.00	—
东山	96.20	52.40	23.60	—
上望	34.00	50.90	8.90	—
莘塍	164.60	72.00	15.00	—
汀田	78.70	74.00	15.00	—
飞云	76.70	69.20	2.63	—
南滨	20.60	67.90	8.30	—
仙降	48.00	72.70	2.50	—
乐成	23.45	3.00	8.21	6.00
城东	16.02	8.00	5.10	1.45
城南	71.14	9.00	7.25	3.13
天成	13.59	3.00	5.26	0.29
石帆	15.96	3.00	7.31	0.24
白石	17.51	5.00	0.37	0.57
盐盆	49.67	8.00	2.37	0.10
翁垟	70.85	9.00	3.98	0.67
兰江	38.86	0.60	11.00	1.96
云山	101.60	55.30	8.50	3.20

续表 9-6

街道名称	工业总产值（亿元）	工业增加值占国内生产总值比重（%）	社会商品销售总额（亿元）	财政总收入（亿元）
上华	13.44	58.40	6.80	0.54
永昌	30.70	56.70	0.30	0.42
赤溪	8.16	71.00	0.15	0.30
女埠	10.92	59.50	0.11	0.25
稠城	115.11	15.00	12.00	19.92
北苑	197.00	78.00	44.60	9.97
后宅	100.57	23.80	32.30	1.65
稠江	202.00	71.30	14.80	7.43
江东	76.90	36.80	12.30	4.49
廿三里	123.60	28.40	4.60	2.69
城西	55.01	79.40	5.10	1.06
吴宁	33.00	54.60	13.14	4.30
南市	20.80	76.30	5.78	0.64
白云	11.55	68.00	107.00	6.60
江北	30.60	45.00	5.50	2.09
城东	18.19	58.80	4.80	0.81
六石	16.67	41.70	3.70	0.69
东城	361.45	44.00	21.00	16.98
西城	175.98	33.00	17.00	9.91
江南	32.50	18.00	14.00	4.20
双塔	19.30	37.60	8.46	3.76
虎山	75.89	53.60	26.38	3.98
硖石	3.15	18.30	34.46	1.47
海洲	8.60	9.30	28.50	1.92
海昌	246.90	70.70	12.50	0.48
马桥街	160.56	76.50	26.51	4.01
当湖	31.23	15.60	51.41	3.14
钟埭	280.00	83.20	141.70	14.17
曹桥	65.30	63.10	7.74	2.76
梧桐	143.20	22.30	79.80	14.80
凤鸣	77.30	47.50	5.10	0.92
龙翔	39.50	61.00	3.70	0.87
暨阳	147.10	22.40	168.00	22.38
浣东	92.69	66.40	20.10	2.12
陶朱	216.91	70.60	23.30	4.89

续表 9-6

街道名称	工业总产值(亿元)	工业增加值占国内生产总值比重(%)	社会商品销售总额(亿元)	财政总收入(亿元)
百官	100.80	38.40	113.90	3.50
曹娥	339.40	79.30	15.55	7.96
东关	47.60	61.90	9.07	1.69
剡湖	31.30	40.60	226.80	2.10
三江	99.00	80.00	33.80	3.60
鹿山	26.30	94.40	15.60	1.30
浦口	22.30	61.70	5.20	0.51
太平	39.60	—	93.40	12.93
城东	72.55	—	46.70	1.98
城西	32.29	—	9.63	1.58
城北	60.42	—	2.78	1.45
横峰	85.89	—	120.00	1.27
古城	63.10	54.10	36.90	8.91
大洋	156.30	68.20	24.50	8.82
江南	51.60	45.30	1.20	3.62
大田	41.28	53.50	4.80	1.95
邵家渡	17.95	43.50	12.80	0.81
龙渊	10.20	75.20	11.10	1.68
西街	4.60	38.00	26.70	1.42
剑池	69.68	77.60	21.12	1.46

——中心镇设市的考察标准。

综合上述考虑,拟定中心镇设市的评价指标体系如表 9-7 所示。

表 9-7 中心镇设市评价指标体系及其标准值汇总表

二级指标	三级指标	标准值
人口状况	建成区常住人口数量	20 万人
	镇域人口密度	1 500 人/km^2
经济状况	全镇财政总收入	20 亿元
	工业增加值占国内生产总值比重	50%
	社会商品销售总额	25 亿元
基础设施	建成区人均公园绿地	15 m^2
	建成区道路铺装率	100%
	城镇生活垃圾无害化处理率	60%
	城镇污水集中处理率	70%

④ 中心镇与所在县级政区的关系考察:前置条件

除了达到以上标准的中心镇之外,还需考察其与所在县级政区的关系。即如果所在县级政区面积较小、人口较少,则就不宜分县(市)另外新设市的建制。此外,还应与政府驻地(镇或街道)有较大的空间距离,两者的建成区(市区)不会很快就连为一体(较远的将来不排除可能会连上),否则很快又要调整,失去了设市的意义。

第一,县域常住人口规模。只有县域人口达到一定规模之后,中心镇"切块设市"后才不会影响原来县级政区的稳定运行。本书认为,中心镇设市后,县域内剩余的人口量最小不应低于省级政区内平均的县(市)人口规模。基于这一考虑,县域常住人口规模在数值上应不低于一省平均的县域人口总量与中心镇建成区常住人口数量之和。2010 年浙江省 63 个县(市、区,其中区的数据是近 10 年来撤县市后设区的数据)常住人口规模的均值为 60.15 万人,再加上中心镇建成区 20 万常住人口,取整后的数值为 80 万。这样,在一个人口总量超过 80 万的县(市)中,即使中心镇"切块设市"后,县域内剩余的人口总量仍不会低于 60 万的全省平均水平。因此,一般县域常住人口规模应不小于 80 万。

第二,中心镇与县城交通距离。中心镇与县城的交通距离超过一定幅度后才有切块设市的必要性。一般而言,出行时间在半小时为人们的心理距离,超过这一时间,大部分人会有偏远的感觉,因此,超过半小时可作为划分中心镇与县城的时间距离。如果按照汽车 70 km/小时的平均速度推算,两地 30 分钟车程的距离应在 35 km 左右。所以,拟设市的中心镇到县城的距离至少应达到 35 km。

⑤ 中心镇按照现有模式进行"切块设市"的条件

综合上述分析,完整的条件可进一步分为四个层面。

第一,排除:县城镇(条件成熟后,直接改设街道,由县级政府直辖,直接按照城市要求加以管理);市辖区所辖的镇(一般市辖区面积不大,且为较大的城市中心,辐射带动力强,周边所辖镇不久会纳入建成区,不宜切出;条件成熟后改设街道)。

第二,限制:在县(自治县)和县级市中,县的面积不宜过小,人口不宜过少;中心镇与驻地镇之间应有一定的空间距离,尤其是位于县境边缘、门户位置的中心镇,才可以考虑切块设市。

具体而言,应该在位于符合以下这些限制因素的地区的镇中加以选择:

——县(市)条件:面积$>$1 000 km^2,同时人口$>$50 万;或面积$>$1 500 km^2;或人口$>$80 万。

——县政府驻地城区与中心镇空间距离$>$35 km。

第三,一般:中心镇自身的经济实力等雄厚,发展潜力较大,达到前述的考察标准。核心指标可分为三个方面,即

——人口$>$20 万;

——财政总收入$>$20 亿;

——较好的市政基础设施和公共服务设施等。

第四,例外:特殊性质的地区或特别需要,如外交、国防、旅游、生态等。尤其是沿海的港口地区,或陆地的边境口岸等,因管辖海域面积大,或对外交往发展迅速,可以考虑切块设市。

因此,发达省份中心镇设立县级市的完整的标准与条件如表 9-8 所示。

表 9-8 完整的东部地区中心镇的设市标准与条件汇总表

人口状况	建成区常住人口数量	20 万人
	镇域人口密度	1 500 人/km^2
经济状况	全镇财政总收入	20 亿元
	工业增加值占国内生产总值比重	50%
	社会商品销售总额	25 亿元
基础设施	建成区人均公园绿地	15 m^2
	建成区道路铺装率	100%
	城镇生活垃圾无害化处理率	60%
	城镇污水集中处理率	70%
区域状况	县域常住人口	>80 万
	中心镇与县城直线距离	>35 km
例外	1. 不设:县城镇;市辖区所辖的镇 2. 特殊性质的地区或特殊需要,如外交、国防、旅游、生态等。尤其沿海港口(管辖海域面积大,即使陆地面积较小,也可以考虑),或陆地的边境口岸(因对外交往发展迅速)	

注:特大镇撤镇建市时,可根据当地实际情况适当扩大其辖区范围,以保证新设市的长远发展。同时,在机构设置上,应本着"精简、统一、效能"的原则,其机构、编制数量应少于一般相同规模市的机构、编制数量。

(2) 切块设市模式下的发达省份中心镇设市的重点分析和筛选

限于数据获得的限制,本书暂以浙江省、山东省、广东省、福建省和河北省的部分中心镇为例,尝试做一分析。

① 浙江省

2010 年,浙江省确定了 27 个小城市培育镇。这些镇是浙江省发展状况较好的镇(表 9-9)。我们暂时以这 27 个镇为例,分析是否适合"切块设市"。

表 9-9 浙江省 27 个小城市培育试点镇有关数据汇总表(截至 2012 年年底)

名称	面积(km^2)	建成区面积(km^2)	户籍人口(人)	常住人口(人)	财政总收入(万元)	地方财政收入(万元)
分水镇	299.37	5.68	51 679.00	55 049.00	32 500.00	15 800.00
六横镇	118.80	83.25	65 366.00	61 325.00	67 817.00	39 720.00
姚庄镇	75.00	—	39 901.00	66 109.00	51 000.00	18 200.00
壶镇镇	216.90	7.20	81 627.00	79 527.00	71 900.00	16 400.00
新市镇	82.00	11.00	65 275.00	80 348.00	52 000.00	17 000.00
溪口镇	368.14	7.50	79 240.00	99 866.00	65 367.00	20 946.00
新登镇	179.90	9.49	67 957.00	99 876.00	68 200.00	49 500.00

续表 9-9

名称	面积（km²）	建成区面积（km²）	户籍人口（人）	常住人口（人）	财政总收入（万元）	地方财政收入（万元）
石浦镇	119.46	9.30	81 731.00	100 126.00	50 600.00	48 200.00
楚门镇	37.50	10.50	50 185.00	107 015.00	87 700.00	31 952.00
泗门镇	66.30	13.20	63 246.00	110 327.00	100 262.00	32 582.00
贺村镇	130.64	1.63	85 039.00	110 839.00	20 500.00	9 200.00
王江泾镇	127.30	8.50	80 101.00	114 632.00	71 038.00	13 218.00
塘栖镇	79.00	8.10	95 542.00	117 472.00	106 300.00	70 100.00
店口镇	105.70	14.50	63 926.00	133 600.00	153 800.00	35 859.00
崇福镇	100.14	9.02	101 529.00	140 214.00	115 900.00	44 744.29
横店镇	104.00	—	108 200.00	150 923.00	137 100.00	48 600.00
钱清镇	54.18	15.00	60 429.00	160 200.00	95 779.00	44 700.00
周巷镇	82.59	18.80	116 375.00	171 911.00	117 419.00	53 878.00
织里镇	135.90	20.00	100 132.00	186 609.00	126 300.00	76 300.00
瓜沥镇	126.82	8.70	164 000.00	207 000.00	80 030.00	32 965.00
佛堂镇	134.10	—	116 000.00	220 000.00	40 918.00	18 386.00
杜桥镇	186.00	15.20	213 187.00	229 630.00	79 200.00	39 000.00
鳌江镇	196.78	13.40	210 327.00	238 960.00	103 873.00	58 284.00
泽国镇	63.30	—	126 200.00	264 200.00	118 200.00	29 800.00
柳市镇	82.00	28.00	220 958.00	326 400.00	280 500.00	65 200.00
塘下镇	83.00	22.86	173 406.00	334 142.00	178 800.00	178 800.00
龙港镇	122.10	18.00	361 900.00	420 000.00	163 456.00	80 729.00
最大值	368.14	83.25	361 900.00	420 000.00	280 500.00	178 800.00
最小值	37.50	1.63	39 901.00	55 049.00	20 500.00	9 200.00
平均值	128.78	15.60	112 720.67	162 455.56	97 646.63	44 076.42

从前述表格中所列数据可以看出，政府财政收入超过 20 亿的，目前仅柳市镇一个，常住人口超过 20 万的，也仅瓜沥镇、佛堂镇、杜桥镇、鳌江镇、泽国镇、柳市镇、塘下镇和龙港镇。

再考察其与所在政区的关系（表 9-10）。则只有临海市的杜桥镇、象山县的石浦镇和诸暨市的店口镇，比较适合切块设市（还未考虑镇域的人口和财政收入等）。

表 9-10 浙江省 27 个小城市培育试点镇与所在县级政区的关系分析表

重点镇	面积(km^2)	常住人口(人)	财政总收入(亿元)	所在县级政区	所在地面积(km^2)	所在地人口(万人)	距离(km)	位置
苍南县龙港镇	122.10	420 000	16	苍南县	1 272	132	17.28	—
瑞安市塘下镇	83.00	334 142	18	瑞安市	1 278	121	7.82	—
乐清市柳市镇	82.00	220 958	28	乐清市	1 174	126	15.84	—
温岭市泽国镇	63.30	264 200	12	温岭市	836	120	14.40	—
平阳县鳌江镇	196.78	238 960	10	平阳县	1 042	87	7.82	—
临海市杜桥镇	186.00	229 630	8	临海市	2 171	117	36.72	边缘
义乌市佛堂镇	134.10	220 000	4	义乌市	1 103	75	11.52	—
萧山区瓜沥镇	126.82	207 000	8	杭州市萧山区	1 163	123	20.16	—
吴兴区织里镇	135.90	186 609	13	湖州市吴兴区	872	60	18.72	—
慈溪市周巷镇	82.59	171 911	12	慈溪市	1 154	104	11.52	—
绍兴县钱清镇	54.18	160 200	10	绍兴县	1 186	73	8.64	—
东阳市横店镇	104.00	150 923	14	东阳市	1 739	82	17.28	—
桐乡市崇福镇	100.14	140 214	12	桐乡市	723	68	15.84	—
诸暨市店口镇	105.70	133 600	15	诸暨市	2 311	107	26.64	边缘
余杭区塘栖镇	79.00	117 472	11	杭州市余杭区	1 222	88	12.24	—
秀洲区王江泾镇	127.30	114 632	7	嘉兴市秀洲区	542	37	12.86	—
江山市贺村镇	130.64	110 839	2	江山市	2 018	60	12.24	—
余姚市泗门镇	66.30	110 327	10	余姚市	1 346	83	15.84	—
玉环县楚门镇	37.50	107 015	9	玉环县	378	42	11.52	—
象山县石浦镇	119.46	100 126	5	象山县	1 172	54	30.86	边缘
富阳市新登镇	179.90	99 876	7	富阳市	1 808	65	23.76	—
奉化市溪口镇	368.14	99 866	7	奉化市	1 253	48	13.68	—
德清县新市镇	82.00	80 348	5	德清县	936	43	32.4	边缘
缙云县壶镇镇	216.90	79 527	7	缙云县	1 482	46	23.76	边缘
嘉善县姚庄镇	75.00	66 109	5	嘉善县	504	39	10.08	—
普陀区六横镇	118.80	61 325	7	舟山市普陀区	459	32	28.08	海岛
桐庐县分水镇	299.37	55 049	3	桐庐县	1 780	40	28.08	边缘

② 河北省

根据河北省人民政府确定 50 个省级重点镇名单,结合有关排序,分析其与县级政区的关系(表 9-11)。其中,主要从空间距离,结合面积、人口指标来看,适合切块设市的,也仅迁安市建昌营镇、黄骅市吕桥镇、任丘市苟各庄镇、定州市李亲顾镇、玉田县窝洛沽镇、平山县西柏坡镇、丰润区新军屯镇、蔚县西合营镇、怀安县左卫镇、滦平县巴克什营镇、丰南区黑沿子镇等11个大体适合(未考虑镇域本身的人口、经济指标)。

表9-11 河北省省级重点镇与所在县级政区的关系分析表

重点镇	城镇化发展综合指数	位次	所在县级政区	所在地面积(km^2)	所在地人口(万人)	距离(km)	位置
三河市燕郊镇	0.642	1	三河市	643	56	22.80	—
武安市磁山镇	0.529	2	武安市	1 806	79	16.20	—
霸州市胜芳镇	0.480	3	霸州市	801	62	24.60	—
隆尧县莲子镇	0.428	4	隆尧县	749	52	10.20	—
涉县井店镇	0.418	5	涉县	1 509	41	8.64	—
文安县左各庄镇	0.387	6	文安县	1 038	50	20.10	—
峰峰矿区和村镇	0.384	7	邯郸市峰峰矿区	353	51	14.30	—
邯山区马头镇	0.381	8	邯郸市邯山区	32	36	14.90	—
泊头市交河镇	0.363	9	泊头市	1 007	60	26.00	—
迁安市建昌营镇	0.347	10	迁安市	1 227	73	17.36	边缘
鹿泉市铜冶镇	0.339	11	鹿泉市	603	39	14.30	—
井陉矿区贾庄镇	0.337	12	石家庄市井陉矿区	69	10	2.38	—
黄骅市吕桥镇	0.336	13	黄骅市	1 545	54	18.70	—
高碑店市白沟镇	0.335	14	高碑店市	618	61	28.40	边缘
宁晋县大陆村镇	0.330	15	宁晋县	1 032	79	11.50	—
正定县诸福屯镇	0.321	16	正定县	468	48	7.80	—
大厂回族自治县夏垫镇	0.318	17	大厂回族自治县	176	12	8.64	—
沙河市白塔镇	0.316	18	沙河市	989	49	18.60	—
平山县温塘镇	0.308	19	平山县	2 648	49	18.20	—
蠡县留史镇	0.287	20	蠡县	652	53	15.40	边缘
丰南区黄各庄镇	0.286	21	唐山市丰南区	1 475	52	9.02	—
青县金牛镇	0.284	22	青县	968	41	17.34	—
涿州市松林店镇	0.280	23	涿州市	742	64	10.50	—
藁城市岗上镇	0.282	24	藁城市	813	80	13.86	—
南宫市段芦头镇	0.280	25	南宫市	861	48	31.68	边缘
平乡县河古庙镇	0.268	26	平乡县	406	33	12.58	—
抚宁县留守营镇	0.267	27	抚宁县	1 619	49	12.80	—

续表 9-11

重点镇	城镇化发展综合指数	位次	所在县级政区	所在地面积(km^2)	所在地人口(万人)	距离(km)	位置
永年县大北汪镇	0.261	28	永年县	888	104	16.74	—
任丘市苟各庄镇	0.260	29	任丘市	1 012	83	21.76	边缘
定州市李亲顾镇	0.249	30	定州市	1 274	121	20.90	边缘
玉田县鸦鸿桥镇	0.244	31	玉田县	1 169	68	17.16	—
围场满族蒙古族自治县四合永镇	0.237	32	围场满族蒙古族自治县	9 220	53	18.88	—
玉田县窝洛沽镇	0.236	33	玉田县	1 169	68	24.42	边缘
枣强县大营镇	0.227	34	枣强县	905	41	22.04	边缘
昌黎县龙家店镇	0.226	35	昌黎县	1 212	56	9.46	—
桃城区赵家圈镇	0.219	36	衡水市桃城区	603	50	14.40	—
平山县西柏坡镇	0.215	37	平山县	2 648	49	24.80	—
丰润区新军屯镇	0.213	38	唐山市丰润区	1 326	83	25.08	边缘
丰润区沙流河镇	0.205	39	唐山市丰润区	1 326	83	16.83	—
蔚县西合营镇	0.203	40	蔚县	3 220	49	20.20	—
怀安县左卫镇	0.184	41	怀安县	1 706	25	24.90	—
蠡县辛兴镇	0.180	42	蠡县	652	53	9.60	—
丰南区黑沿子镇	0.188	43	唐山市丰南区	1 326	83	38.13	边缘
晋州市总十庄镇	0.176	44	晋州市	619	54	17.82	边缘
卢龙县石门镇	0.168	45	卢龙县	961	42	17.28	—
滦平县巴克什营镇	0.165	46	滦平县	2 983	32	26.52	边缘
高阳县庞口镇	0.160	47	高阳县	487	34	15.04	—
固安县牛驼镇	0.156	48	固安县	687	44	20.02	边缘
故城县建国镇	0.148	49	故城县	941	51	22.80	边缘

注：迁安市杨店子镇已经改为街道，未列入表中。

③ 山东省

2010年起，山东省确定省级安排1亿元"以奖代补"资金，建立省级重点中心镇奖励机制，支持16个经济强镇加快城镇化发展。经各地推荐申报，省财政会同有关部门确定对纳入国家和省级"扩权强镇"改革试点镇以及部分省财政直管县经济强镇进行重点扶持。具体名单为广饶县大王镇、桓台县马桥镇、滕州市滨湖镇、莱州市沙河镇、寿光市羊口镇、莒南县大店镇、宁阳县华丰镇、临清市烟店镇、武城县鲁权屯镇、邹平县长山镇、荣成市成山镇、商河县玉皇庙镇、泗水县金庄镇、鄄城县红船镇、莒县夏庄镇、莱城区口镇①。

对这些强镇的简单测算如表9-12所示。其中,主要从空间距离,结合面积、人口指标来看,适合切块设市的,也仅滕州市滨湖镇、莱州市沙河镇、寿光市羊口镇、莒南县大店镇、宁阳县华丰镇、荣成市成山镇、莒县夏庄镇等七个大体适合(未考虑镇域本身的人口、经济指标)。

表9-12 山东省16个省级经济强镇与所在县级政区的关系分析表

重点镇	所在县级政区	所在地面积(km^2)	所在地人口(万人)	距离(km)	位置
广饶县大王镇	东营市广饶县	1 138	50	12.21	—
桓台县马桥镇	淄博市桓台县	489	50	19.14	边缘
滕州市滨湖镇	枣庄市滕州市	1 486	169	23.82	边缘
莱州市沙河镇	烟台市莱州市	1 878	86	22.26	边缘
寿光市羊口镇	潍坊市寿光市	2 057	105	44.10	边缘,海滨
莒南县大店镇	临沂市莒南县	1 751	102	19.84	边缘
宁阳县华丰镇	泰安市宁阳县	1 125	83	34.20	边缘
临清市烟店镇	聊城市临清市	950	77	26.60	边缘
武城县鲁权屯镇	德州市武城县	750	39	10.89	—
邹平县长山镇	滨州市邹平县	1 250	73	11.40	—
荣成市成山镇	威海市荣成市	1 485	67	26.22	边缘,海滨
商河县玉皇庙镇	济南市商河县	1 162	63	14.85	已改街道
泗水县金庄镇	济宁市泗水县	1 119	62	9.24	—
鄄城县红船镇	菏泽市鄄城县	1 041	87	15.85	—
莒县夏庄镇	日照市莒县	1 952	114	22.84	边缘
莱城区口镇	莱芜市莱城区	1 915	87	11.60	—

④ 福建省

2010年,《福建省人民政府关于开展小城镇综合改革建设试点的实施意见》(闽政〔2010〕4号)中,为促进小城镇健康有序发展,提高小城镇综合承载能力,发挥小城镇在联结城乡、辐射农村、扩大就业和促进发展中的重要作用,选择了一批重点小城镇开展综合改革建设试点,第一批共22个试点小城镇②。2011年年初,全省再增加了20个试点小城镇,后又单独补充1个,合计43个③。

我们对这些综合改革建设试点的重点小城镇进行了简单测算(表9-13)。其中,主要从空间距离,结合面积、人口指标来看,适合切块设市的,也仅福清市高山镇、南安市水头

① http://www.mof.gov.cn.
② http://www.fujian.gov.cn.
③ http://www.fjjsw.gov.cn.

镇、安溪县湖头镇、漳浦县杜浔镇、仙游县枫亭镇、永安市小陶镇、尤溪县洋中镇、武夷山市兴田镇、邵武市和平镇、上杭县古田镇、龙岩市新罗区白沙镇、福鼎市秦屿镇、霞浦县牙城镇等13个大体适合（未考虑镇域本身的人口、经济指标）。

表9-13　福建省43个小城镇综合改革建设试点镇与所在县级政区的关系分析表

重点镇	所在县级政区	所在地面积（km^2）	所在地人口（万人）	距离（km）	位置
闽侯县青口镇	福州市闽侯县	2 136	65	18.90	—
闽侯县荆溪镇	福州市闽侯县	2 136	65	8.40	—
福清市龙田镇	福州市福清市	1 518	128	14.52	—
福清市高山镇	福州市福清市	1 518	128	34.32	边缘，海滨
长乐市江田镇	福州市长乐市	658	69	17.16	—
连江县琯头镇	福州市连江县	1 168	64	7.88	—
晋江市金井镇	泉州市晋江市	652	107	24.25	边缘，海滨
晋江市东石镇	泉州市晋江市	652	107	17.75	边缘，海滨
南安市水头镇	泉州市南安市	1 948	151	30.40	边缘，海滨
安溪县龙门镇	泉州市安溪县	3 057	112	15.04	—
安溪县湖头镇	泉州市安溪县	3 057	112	24.86	—
惠安县黄塘镇	泉州市惠安县	673	86	9.45	—
同安区汀溪镇	厦门市同安区	658	33	6.58	—
翔安区新圩镇	厦门市翔安区	352	30	14.33	—
集美区灌口镇	厦门市集美区	183	21	11.52	—
海沧区东孚镇	厦门市海沧区	176	13	12.46	—
龙海市角美镇	漳州市龙海市	1 115	82	12.47	—
长泰县岩溪镇	漳州市长泰县	913	20	15.18	—
漳浦县杜浔镇	漳州市漳浦县	1 989	86	19.14	—
南靖县靖城镇	漳州市南靖县	1 988	35	15.08	—
荔城区西天尾镇	莆田市荔城区	271	51	6.72	—
涵江区江口镇	莆田市涵江区	752	43	1.82	—
仙游县枫亭镇	莆田市仙游县	1 851	109	20.48	—
秀屿区埭头镇	莆田市秀屿区	519	84	15.36	—
永安市小陶镇	三明市永安市	2 942	33	35.35	边缘
尤溪县洋中镇	三明市尤溪县	3 463	42	30.69	边缘
梅列区陈大镇	三明市梅列区	353	14	5.25	—
三元区岩前镇	三明市三元区	807	14	15.40	—

续表 9-13

重点镇	所在县级政区	所在地面积（km^2）	所在地人口（万人）	距离(km)	位置
建阳市将口镇	南平市建阳市	3 387	34	13.68	—
武夷山市兴田镇	南平市武夷山市	2 814	23	28.05	边缘
建阳市水吉镇	南平市建阳市	3 387	34	23.84	—
邵武市和平镇	南平市邵武市	2 851	30	26.40	边缘
上杭县古田镇	龙岩市上杭县	2 859	49	45.22	边缘
上杭县才溪镇	龙岩市上杭县	2 859	49	23.56	—
永定县高陂镇	龙岩市永定县	2 224	48	28.48	—
新罗区白沙镇	龙岩市新罗区	2 679	49	36.86	边缘
漳平市永福镇	龙岩市漳平市	2 976	28	26.73	—
长汀县河田镇	龙岩市长汀县	3 100	51	19.76	—
福安市赛岐镇	宁德市福安市	1 880	65	14.44	—
福鼎市秦屿镇	宁德市福鼎市	1 526	58	25.46	边缘，海滨
蕉城区飞鸾镇	宁德市蕉城区	1 664	45	13.30	—
霞浦县牙城镇	宁德市霞浦县	1 716	53	23.04	边缘，海滨
平潭综合试验区流水镇	福州市平潭县	371	41	8.81	—

⑤ 广东省

根据《2011 广东镇域经济综合发展力研究报告》，我们选择排名前 50 位的镇加以考察（表 9-14）。广东省的情况更为复杂，因为排名在前列的镇几乎都位于珠三角地区，且以东莞市、中山市和广州市、佛山市所辖各区为主。就其各镇自身的条件而言，均可设市，但能否设立，主要看其与所在政区的关系，需要综合考虑。

表 9-14 广东省镇域经济综合发展力排名前 50 位的镇与所在县级政区的关系分析表

重点镇	位次	所在县级政区	所在地面积（km^2）	所在地人口（万人）	距离(km)	位置
东莞市虎门镇	1	东莞市	2 512	185	24.70	边缘，海滨
佛山市南海区大沥镇	2	佛山市南海区	1 077	121	9.00	—
东莞市长安镇	3	东莞市	2 512	185	24.60	边缘，海滨
增城市新塘镇	4	广州市增城市	1 616	85	30.80	边缘
佛山市顺德区北滘镇	5	佛山市顺德区	806	124	15.60	—
中山市小榄镇	6	中山市	1 770	151	24.32	边缘
佛山市顺德区乐从镇	7	佛山市顺德区	806	124	27.30	边缘
东莞市厚街镇	8	东莞市	2 512	185	13.30	—
佛山市南海区狮山镇	9	佛山市南海区	1 077	121	20.40	—

续表 9-14

重点镇	位次	所在县级政区	所在地面积(km^2)	所在地人口(万人)	距离(km)	位置
东莞市常平镇	10	东莞市	2 512	185	23.84	—
东莞市塘厦镇	11	东莞市	2 512	185	44.08	—
佛山市南海区里水镇	12	佛山市南海区	1 806	124	19.20	—
东莞市寮步镇	13	东莞市	2 512	185	14.44	—
佛山市顺德区龙江镇	14	佛山市顺德区	806	124	23.40	边缘
中山市古镇镇	15	中山市	1 770	151	24.32	边缘
佛山市南海区西樵镇	16	佛山市南海区	1 077	121	19.20	—
东莞市大朗镇	17	东莞市	2 512	185	20.90	—
东莞市大岭山镇	18	东莞市	2 512	185	17.10	—
东莞市石碣镇	19	东莞市	2 512	185	9.50	—
佛山市顺德区陈村镇	20	佛山市顺德区	806	124	18.20	边缘
东莞市横沥镇	21	东莞市	2 512	185	20.52	—
佛山市禅城区南庄镇	22	佛山市禅城区	158	61	12.00	—
东莞市黄江镇	23	东莞市	2 512	185	28.88	—
东莞市茶山镇	24	东莞市	2 512	185	13.30	—
东莞市清溪镇	25	东莞市	2 512	185	47.88	边缘
中山市三乡镇	26	中山市	1 770	151	18.62	—
中山市沙溪镇	27	中山市	1 770	151	8.36	—
东莞市中堂镇	28	东莞市	2 512	185	13.30	—
佛山市顺德区杏坛镇	29	佛山市顺德区	806	124	14.82	—
珠海市金湾区南水镇	30	珠海市金湾区	535	14	17.84	边缘,海滨
广州市花都区狮岭镇	31	广州市花都区	969	67	9.00	—
佛山市南海区九江镇	32	佛山市南海区	9 220	53	26.10	边缘
中山市东凤镇	33	中山市	1 770	151	24.32	边缘
佛山市南海区丹灶镇	34	佛山市南海区	905	41	23.70	—
中山市东升镇	35	中山市	1 770	151	—	—
东莞市凤岗镇	36	东莞市	2 512	185	51.30	边缘
佛山市顺德区均安镇	37	佛山市顺德区	806	124	18.20	—
东莞市道滘镇	38	东莞市	2 512	185	8.74	—
东莞市桥头镇	39	东莞市	2 512	185	35.34	—
东莞市企石镇	40	东莞市	2 512	185	29.26	—

续表 9-14

重点镇	位次	所在县级政区	所在地面积(km^2)	所在地人口(万人)	距离(km)	位置
中山市坦洲镇	41	中山市	1 770	151	30.40	—
中山市横栏镇	42	中山市	1 770	151	15.20	—
东莞市石龙镇	43	东莞市	2 512	185	14.44	—
东莞市樟木头镇	44	东莞市	2 512	185	36.48	—
广州市番禺区大岗镇	45	广州市番禺区	530	69	15.48	—
东莞市东坑镇	46	东莞市	2 512	185	20.90	边缘
河源市龙川县老隆镇	47	河源市龙川县	3 083	89	0	县城所在地
中山市大涌镇	48	中山市	1 770	151	12.82	—
广州市番禺区南村镇	49	广州市番禺区	530	69	7.82	—
广州市白云区钟落潭镇	50	广州市白云区	'786	85	27.60	边缘

(3)“切块设市”设市模式的适用性分析与评价

从东部地区特大镇的实际状况与理论测评来看，切块设市方式的普遍实施有较大的难度，适用性有限。实际上，是一个个案或特例选择的问题，不能统一进行，要考虑地方，尤其是所在县级政区的需要和意愿，政治等因素影响明显。

我们认为，多数情况下，切块设市往往很难实行。

2) 创新模式:“县下辖市”

因此，理想的模式应该是:稳定县级政区，县以下按照聚落规模，设立“县辖市”(或“镇级市”)。近期，则可创设“新镇”(或为“城市镇”)体制;赋予达到一定规模的“中心镇”以“城”的定位，与镇、乡并列，但具备“市”(副县级)的管理权限。如此，则县级政区之下，应该成为城(新镇)、镇、乡的常态区划体系，相互转化，稳步推进。赋予“城(新镇)”一定的城市管理权限，相当于计划单列，仍隶于县级政区之下。

这样，具体标准就可以简明地确定为:非所在县级政区政府驻地镇的，人口大于 10 万，且国内生产总值(GDP)、财政收入等指标较高、位居该省前列的特大镇，就可以考虑将其赋予“城市镇(新镇)”的地位;虽然还隶属于所在县级政区之下，但财政、土地、规划等计划单列，机构、编制等类似于副县级政区设置。

换言之，县辖政区应有统一的行政区划体系，且由各省(区)根据自身情况和特点，制定各自统一的镇、“城”(新镇)标准;乡、镇、城按照标准，有序转换(即乡改镇，镇改“城”或“新镇”或“县辖市”)，让县辖政区有稳定的、可预期的转换和上升渠道。

9.3 县辖“市”、镇制度的改革思路

我国县辖政区改革的必要性是基于以下两个基本判断:第一，我国县辖政区基本上是对清末民初以来各时期乡镇体制的历史继承和发展，到目前也仅 80 多年时间，特别是

新中国初步确立的具有中国特色的“县—([区])—乡镇”体制时间更短,还不完善,不可避免地“从历史上遗传许多不合理的因素”,这些因素已经越来越不适应我国社会主义市场经济体制与城市化发展的要求;第二,新中国成立以来,尤其是改革开放以来,我国在乡镇体制改革方面做过一些工作,也出台过一些改革措施和局部的制度创新(如乡改镇、“撤区并乡建镇”体制等),但尚未触及乡镇管理体制中的一些深层次和带有根本性的问题,如县辖政区的层级和管理幅度问题、现行市制与城市化进程的相适应问题、县与乡镇关系问题、乡镇机构改革与职权利相一致问题等。所以我国县辖政区体制的改革与创新仍必须认真研究,加以解决。

9.3.1 新形势下对我国县辖政区的重新定位

1) 重新认识乡镇在国家发展中的作用

(1) 新农村建设时期乡镇的组织中心功能的凸现

改革开放以来,中国的国民经济得到了高速发展,城市化进程明显加快,我国总体上进入“以工促农、以城带乡”的发展新阶段,社会整体现代化转型不可逆转。2005 年 10 月,中共十六届五中全会提出推进社会主义新农村建设。新农村建设是一个庞大的系统工程,涵盖了经济建设、政治建设、文化建设和社会建设。但同时我们也要看到,在发展过程中存在着众多的问题,其中最为突出的是经济发展的东西部差异和城乡差异的加速扩大化,这将严重影响到国家宏观经济的可持续发展和社会的稳定①。解决这个矛盾的途径当然是并且也只能是进一步加快经济的发展,进一步促进以城市化为主的现代化的进程。然而,针对面积辽阔、人口众多、国力有限的我国基本国情,以大中城市为主的城市化模式选择显然是不可取的,它无法解决我国广大农村地区的各种实际问题。乡镇作为我国直接与“三农”打交道的基层性质的建制,不可避免地担当起中国农村现代化转型进程的组织中心的责任。乡镇政府机关是国家和省区关于农村和农业的政策、城市政策等向农村传播的中介,也是上级单位向广大农村推广农业生产技术的中介基地。这种组织中心功能会随着我国改革的深入越来越得到加强。

(2) 乡镇在维护国家稳定方面的作用很大

乡镇作为我国《宪法》规定的一级基层政府,一个主要的功能就是其政治性的功能。国家的很多政策和法令的落实都是通过基层的乡镇政府直接贯彻执行的,并把广大人民群众的声音逐级反映到上级机关,直至中央,选举代表参加上级政权机关的民主管理等,使得乡镇成为党和政府联系群众的桥梁和纽带。除了抓好本地经济的发展外,乡镇还肩负着辖区内的民政、社会治安、人口和教育科学文化事业管理、城镇建设、农村生态环境保护等社会事务,在维护国家的长治久安方面起着至关重要的作用,不可或缺。

(3) 乡镇发展在解决“三农”问题、实现城乡统筹中的作用不可低估

我国“三农”问题的核心是保护农民合法利益和提高农民生活水平。统筹城乡发展则是实现这一目标的有效途径之一。解决“三农”问题、实现城乡统筹发展则是我国各级政府应尽的责任。

---

① 傅崇兰,黄育华,陈光庭,等.2003.小城镇论[M].太原:山西经济出版社:78.

对于解决“三农”问题，实现城乡统筹发展，各级政府工作的重点和核心是不同的。中央政府工作的重点是制定和出台一系列法律法规和政策，站在全国范围的高度来宏观调控，利用转移支付的手段来协调东部、中部、西部地区的发展，主要是沿海开放开发、西部大开发、振兴东北、中部崛起等，更多的是统筹区域发展的问题；省级政府主要也是统筹省内区域发展的问题，解决省域内区域和城乡协调发展的问题，针对本省的实际情况制定实施国家的法律法规和政策的具体细则；地级市虽然在统筹城乡方面比国家和省显得更有条件，可以在全市域范围内来考虑城乡统筹问题，可以切合当地实际情况来制定一些政策和措施，但地级市毕竟不如县那么直接管理乡镇和农村，很多工作还必须通过县和乡镇来实施。更何况这一体制将会逐步改革为“省直辖”；乡镇一级虽然直接与农村打交道，但乡镇没有完整独立的财政权，对涉及“三农”和城乡统筹的具体事情就表现出力不从心，所以统筹发展主要应该在县级。但作为国家最基层的政区，乡镇是直接与农民打交道的，在解决“三农”问题和实现城乡统筹发展问题上责无旁贷，必须密切配合县级政府工作，积极执行上级政府安排的相关工作。

目前我国的城乡差异非常明显，这是不争的事实。而我国社会主义建设的一个目标就是要消除城乡之间的差异。尽管从地理学的角度来讲，城乡的景观差异是无法消除也根本不可能、不应该消除的，但城乡之间的经济和社会差别却是可以缩小的。为此，我们必须要走城乡统筹发展的现代化道路，即城市与乡村在经济、社会、生态环境、空间布局上实现整体性的协调发展，使得城乡的二元结构走向一元结构，包括基础设施一体化、科技一体化、工农业一体化、市场一体化、文化教育一体化、社会保障一体化以及医疗卫生一体化等方方面面。

在探索中国特色的城乡统筹发展和城市化的道路问题上，20 世纪 80 年代就先后提出了“小城镇，大问题”；20 世纪 90 年代更是有“小城镇，大战略”的口号；2000 年中央文件又强调了“小城镇，大战略”的思想，小城镇的建设与发展被提高到战略的高度。而在现实中，结合目前的行政管理体系，小城镇可以分为县城(城关镇)、中心镇、建制镇和农村集镇(乡政府驻地和重要的中心村落)，都成为我国城乡联系的纽带。在目前国家财力不十分强大的情况下，我们要选择重点进行建设而不能搞“泛小城镇化”，特别是县城和部分中心镇的建设，这对于加强我国城乡联系有着关键性的作用。这是因为县城和部分中心镇作为“乡头城尾”，本身就有较好的基础设施等硬软件条件，因而成为小城镇开发和发展战略的最佳选择。它们作为县域内经济中心、文化中心、政治中心和交通中心，是城市和乡村联系的天然纽带和桥梁，应该发挥其特有的作用。

(4) 乡镇发展在推进我国城市化进程中的作用不可低估

中国城市化明显滞后于经济发展的根本原因是长期以来我国存在的二元经济格局及其体制障碍，体现在包括户籍制度、社会保障体系等多方面。1952—1978 年中国城市化率由 12.46%上升到 17.92%，27 年时间我国城市化率只提高了不到 6 个百分点，而与此同时，我国的经济却增长了 5.34 倍。改革开放以后，家庭联产承包责任制的改革，解决了我国农民乃至全国的农副产品的供应问题，还产生了大量的剩余劳动力和剩余时间(农闲时期)，成为广大农民进城务工向非农产业发展的强大动力和物质支持，成为我国城市化加速发展的基本力量。乡镇企业的迅速发展极大地带动了我国农村工业化的步伐,正逐步改变着我国城乡分割的体制。2002年资料显示,乡镇企业的增加值已经占到全国GDP的1/3左右,所吸收的劳动力人数为1.33亿,占全国城乡非农就业人口总数的35.7%,其中乡村50%左右的新增非农产业就业人数集中在县城、建制镇和集镇附近,初步形成了约2.2亿的农村小城镇人口,每年小城镇建设方面的农民投资达700亿—1 000亿元,有效地分流了大中城市发展的压力,弥补了国家建设资金紧张的不足,拓展了城乡商品市场,拉动了城市化需求①。一大批小城镇的崛起开辟了我国城市化新的进程,建制镇的数目成倍增长,2004年比1978年增加了17 719个,极大地促进了我国城市化的发展,城市化率由1978年的17.9%增加到2006年的43.9%,其中有将近一半是在乡镇内实现的。2013年,我国的常住人口城镇化率已经达到53.7%。

乡镇在中国城市化推进过程中的作用体现在两个方面:一是为城市提供大量的粮食等农副产品、提供大量的劳动力,也是潜在、庞大的消费市场和重要投资场所;二是乡镇自身的城镇化,即通过大力发展非农经济来聚集人口、资金、技术等资源,实现自身的非农化和现代化。

可以预料的是,未来中国城市化进程将随着中国经济的迅速发展而大大加快。2014年年初公布的《国家新型城镇化规划(2014—2020年)》提出要在2020年使常住人口城镇化率达到60%左右,户籍人口城镇化率达到45%左右。预计到21世纪中叶人口顶峰时我国的城镇人口将达到16亿多;而到那时随着我国现代化的初步实现,我国城市化水平可能达到65%—70%,即城镇人口总数最多时将达到10亿以上,也就是说我国还将要增加6亿—7亿的城镇人口。如此庞大的人口规模完全集中到大中城市是不可能的,也是不现实的。中国的城市化道路无论采取什么措施来推进,都必定是坚持大中小城市并举的方向,小城镇的发展具有不可替代的作用。这是不以人的意志为转移的客观规律。

2) 未来我国县辖政区功能的重新定位

在新的形势下,县辖政区的功能必须加以转变,以适应社会主义市场经济的要求和国家政治民主化发展的需要。

(1) 强化其基层政权功能。行政区划是国家结构体系的安排,为政权建设服务是历代统治者对国家领土进行行政区划分的首要目的,世界各国都是如此;在我们这样的中央集权性质的国家,行政区划的政权意义更为突出。乡镇作为我国《宪法》规定的行政区划的层级,必须强调其首要的功能,即国家基层政权功能。同时,作为基层行政区划,县辖政区的政权建设还必须注重其基层性质,直接面对基层群众,并切实保证广大人民群众对地方事务的积极参与,培养广大人民群众民主意识和自治能力。

(2) 保持适当的经济功能。一切经济活动都是在特定的行政区域范围内进行的,它必然要受行政区内行政机关的各种行政权力、发展规划和政策的影响。由此可见,行政区划必然有其经济功能。目前,我国行政区划各个层级的相应政府机关的经济功能很强。在传统计划经济体制下形成的政府办企业和改革开放时期“一切以经济建设为中心”的旗帜下,各级政府已经成为其行政区域范围内最大的经济主体。这显然与市场经济体制和WTO规则下经济全球化的要求不相一致,必须加以改革,推进市场经济,形成

---

① 傅崇兰,黄育华,陈光庭,等.2003.小城镇论[M].太原:山西经济出版社:194.

具有中国特色的基层行政区的经济功能。首先,政府要从直接干预经济中退出来,从以政府调节为主让位于以市场调节为主,以政府投资为主让位于以社会投资为主;其次,政府要做的主要是制定并严格执行法律法规,确保经济活动依法有序地开展,同时制定有利于经济和社会发展的政策、措施和规划,努力创造经济健康发展的宏观环境,促进社会各种潜在的经济比较优势得以充分发挥。

(3) 加强社会管理功能。客观而言,目前我们各级政府的社会管理功能还有待进一步加强。事实上,我国的法律法规赋予了各级人民政府(包括乡镇)依据法律管理本行政区域内的经济、教育、科学、文化、卫生、体育、城乡建设事业和民政等多种职能,乡镇作为直接与人民群众打交道的基层单元,其最为重要的应是社会管理功能。针对当前乡镇政府职能与农村经济发展存在的"不适应症"问题,应该切实进行乡镇机构改革,即应该结合农业经济发展规律,围绕服务与管理两大职能重新整合乡镇行政资源,本着"精简机构,理顺关系,明晰责权"的原则对目前乡镇机构进行改革;应在理顺县市(乡、镇)关系和切实实行政企分开、政事分开的基础上,在坚持职能综合的原则下,对现有的"七站八所"等机构进行精简,即合并或者取消,大量的事务应向社会转移,建立起务实、便民的县辖政区机关工作运行机制;积极培育信息咨询、职业介绍、商业社团、行业协会等各类社会自治组织和中介组织,使其逐步承担政府释放出来的社会性、群众性、公益性、事务性职能,把原来由政府包办的公共事业,回归社会和市场,尽可能让社会参与。

9.3.2 对县辖政区体制改革方向的思考

1) 我国县辖政区体制改革的趋势

(1) 行政区划建制的多元化发展:创新"县辖市"制度,实现"县—乡、镇"体制向"县—乡、镇、市"体制转变。从我国农村城镇化、积极发展小城市(镇)和现行行政区划体制改革的高度,现行乡镇体制将逐步向县辖政区建制的多元化发展。推行"县下辖市"是一个重大突破,即将部分区位条件好、经济实力强的镇改设为市,是中国基层政区体制和"市制"的重大改革举措,具有深远意义。

(2) 基层制度的自治化发展:逐步推行基层自治制度,近期作为一种过渡实行县辖乡、镇、市"共治"。随着我国工业化、城市化和信息化的深度推进,社会经济事务日益复杂化、地方化,中央政府越来越难以实现对地方的全方位直接管理,这些变化客观上要求中央与地方适度分权,实现地方(尤其是基层)政区体制的自治化。同时,从顺应世界各国地方行政制度发展的主导潮流出发,积极探索基层政区自治,即在县辖政区的层级率先实践也是必要的。随着我国农村基层社会的经济长足发展与政治民主化的逐步推进,基层政府改革的深化,更有条件推进乡镇自治。但基于我国的国情,这种过程可能需要相当时日,为此,近期作为一种过渡,试行县辖乡、镇、市"共治"模式,扩大社会的参与,也许更为现实。

2) 我国市制改革的整体性思考

对中国的行政区划体制与改革方向,尤其是较发达的省区,应该有整体的思路,全面的设计。中心镇位于行政区划的最低层级,其改革路径受制于上层行政区划改革的制约。如果没有上层合理的方向,则该层级的改革会反复折腾,如同新中国成立以来乡镇层级的反复变化一样。因此,顶层设计至关重要。在此前提下,中心镇的设市问题,才可能选择适当的模式可持续地推行。

目前,迫切需要的是对总体的行政区划体系、标准加以规范、完善,各级“市”含义明确,标准清晰;达成各类建制有序转换,各层级“市”也有正常上升的渠道。

对县辖政区的中心镇设市而言,一般来说,现行的“切块设市”、分县设置“市”的设市模式,难以持续(即使进行也仅是个案处理),因为对县级政区的稳定影响太大;而“县下设市”(或称“县辖市”或“城市镇”或“新镇”),“乡”、“镇”有序转换,既维持了县级政区的总体稳定,也为小城镇的发展提供了可持续的、稳定的行政区划体制的保障,因此,是适合城乡统筹发展和新型城镇化要求的区划体制,也是创新市制的关键和核心。

根据目前的现实状况,省区以下城镇型政区的设置方式可分别归为两个层次、三个等级,即(1) 省辖层面——① 地级市,即设区的市(包括较大的市);② 县级市,即不设区的市。(2) 县(市、区)辖层面——县(市、区)所辖的“市”(或称新镇、城市镇)、镇。连同中央直辖市,可形成我国中央直辖市—省辖市(地级市、县级市)—县辖市完整的城市建制体系。

从政区改革全局看,应在保持省、县两级地域型政区的稳定的原则下,根据需要,选择合适模式,将达到一定标准的城市实体,析置或设置为省辖市(县级市或地级市)和县辖市。当务之急是需要制定一个统一的法律和政策,使市制(重点是中心镇升格设市和县下辖市)的改革推进(设定和转换)有法可依。目前可选择有代表性的省区(如浙江、广东等)先行试点,尽快出台适应“中心镇”可持续发展、小城市健康成长的城镇型政区的设置方式与标准。只有这样,中国的市制才能够可持续地正常发展。

10 各类“经济开发型”的“准政区”的发展及特殊类型“城镇型政区”的设置

10.1 各类“经济开发型”的“准政区”的发展及其向正式政区的转化

开发区是指一个国家或地区为了吸引外部生产要素，以促进自身经济发展，而在一定地域范围内建立的并在其中实施优惠的经济政策和特殊管理手段的经济区域①。开发区建设最初起源于16世纪时意大利的自由港。此后，西欧许多国家相继设立自由港、自由贸易区。经过不断的演变，发展成为自由港(含自由贸易区)、出口加工区、科技工业园区三大类型。20世纪80年代以来，在改革开放和世界高新技术浪潮的推动下，我国创建了经济特区、经济技术开发区、高新技术产业开发区、出口加工区、保税区、金融贸易区、旅游度假区、边境经济合作区等不同类型和不同层次的开发区；从开发区的级别来讲，有国家级、省级、地市级、区县级，乃至乡镇级工业园等不同级别的划分。

改革开放以来所出现的各类“开发区”，从空间视角看，除少数“飞地型”之外，主要分布在大中城市建成区的周边，成为大中城市地域扩张的一种重要方式。在这一过程中，随着开发区的逐渐成熟，其行政管理体制会逐渐发生变化，所辖区域的性质也会逐渐变化，即逐渐从其原来所在的辖区中独立出来，成为一个相对独立的区域，具有某种“准政区”的性质，有些甚至于就单独设立市辖区。从发展阶段来看，在其起始阶段，一般由作为城市政府的派出机构的管委会管辖，主要承担经济发展职能；而随着开发进程的推进，人口的集聚和社会事务的增多，其管理体制和管理职能都会发生变化；至其成熟阶段，有些即成为城市新区。在这一过程中，开发区的发展对城市原有的行政区划会产生较大的影响，其本身亦具有“准政区”的特点；有些则从原来辖区中独立出来，另设一个新的“市辖区”。

10.1.1 各类“开发区”管理体制研究的概述

目前，有关开发区管理体制演变的研究已经有很多。吕薇将我国开发区体制归纳为准政府的管委会、开发区与行政区管理合一和以企业为主体这样三种基本类型，并认为，随着开发区的发展和功能转化，其管理体制也随之变化，主要呈现出四种趋势：一是随着开发区范围扩大，功能多元化，从准政府向行政区划体制转化(如浦东开发区)；二是随着开发区层次和数量增多，竞争加剧，从分散管理逐步转向集中管理；三是开发区之间的竞

---

① 张志胜. 2011. 开发区的治理与变迁——皖北蚌埠经济开发区的实证研究[M]. 北京：经济科学出版社：5.

争从优惠政策逐步转向制度竞争；四是一区多园，发展专业园区①。刘志亭则把大部分开发区管理模式归纳为管委会主导型、公司运作型、管委会协调型、中外合作型和委托管理型五类②。张志胜将其划分为行政型管理体制(其中又分为准政府的管委会和政区型两类)、企业型管理体制和混合型管理体制，并分析了其演变的趋势③。但关于"开发区"在其不同发展阶段的管理体制变迁、对其所辖区域的管理程度，以及其与城市行政区划演变的关系，还缺乏系统的研究；寻找与开发区的发展阶段相适应的适宜的行政管理体制和行政区划体制，既是一个难点，也是一个十分重要、迫切需要解决的问题。

著者曾以浙江省为例，就开发区与其所在政区管理体制上的关系角度而言，分为以下几种类型：① 开发区管委会仅为纯粹的派出机构，履行经济职能，不承担区内的社会管理职责(如温州经济技术开发区位于温州市龙湾区之内，相应的社会事务仍由龙湾区管辖)；② 类似前一种，开发区管委会仍仅为纯粹的派出机构，履行经济职能，不承担区内的社会管理职责，但干部可以兼职(如杭州的之江旅游度假区位于杭州市西湖区之内，相应的社会事务仍由西湖区管辖，但度假区干部与西湖区有关部门可相互兼职)；③ 将开发区内社会事务委托授权开发区管理(如杭州江干区和下沙开发区)；④ 开发区与正式市辖区二区合一(如杭州滨江区)。上述开发区的管理体制基本上与其各自所处的开发阶段相适应。并且著者认为，存在于开发区和市辖区的主要问题在于，随着开发区的发展和范围的扩大，势必引起人口的增加以及相应社会事务的增多，而管理体制的调整往往滞后这种变化，从而导致产生新的矛盾，局部甚至相当尖锐④。

10.1.2 城市地区各类"开发区"的发展

自从20世纪80年代初兴办经济特区以来，我国的开发区从无到有，从起步到发展，到现在已形成了类型众多、功能各异、遍布全国的开发区体系。许多开发区由于很好地发挥了其制度创新的引领作用，已经成为所在区域乃至全国新的经济增长点。肇始于东南沿海的四个经济特区，在经济特区成功经验的基础上，逐步根据需要，发展了经济技术开发区、保税区、高新技术产业开发区等不同类型的经济开发区，形成了多层次、全方位的对外开放格局。

对于开发区的设立，我国实行两级审批制，即国务院审批国家级开发区，省级政府审批省级开发区，报国务院备案，省级以下各级政府不得审批设立各类开发区。因此，我国开发区按照审批级别主要分为国家级和省级开发区两类。但是，在1992年和2002年掀起的"开发区热"浪潮中，还曾经出现了许多市级开发区、区县级开发区、乡镇级开发区，甚至村级工业园区。

国家级开发区是国家为推进和实施经济发展战略的需要而设置的开发区，大都不同程度地获得了中央政府在资金与政策支持上的长期倾斜。中国的国家级开发区大致可

---

① 吕薇. 2004. 关于开发区管理体制的思考[J]. 重庆工学院学报，(1)：1-5.

② 刘志亭. 2004. 我国开发区的发展模式分析[J]. 青岛科技大学学报(社会科学版)，(1)：20-25.

③ 张志胜. 2009. 国内开发区管理体制：困顿及创新[J]. 经济问题探索，(4)：123-126.

④ 范今朝. 2011. 仁政必自经界始——中国现当代城市化进程中的行政区划改革若干问题研究[M]. 杭州：浙江大学出版社：280-281.

分为以下几类①：

(1) 国家级经济技术开发区。国家级经济技术开发区是中国对外开放城市的重要战略措施和主要内容，是在对外开放城市划定一块区域，集中力量建设完善的基础设施，创建符合国际水准的投资环境，吸引投资，集中开发建设，形成新的产业集聚区；逐步成长为所在城市和周边地区的经济增长极。到目前为止，经国务院批准的经济技术开发区共200家(含实行经济技术开发区政策的苏州工业园区、上海金桥出口加工区、宁波大榭经济技术开发区、厦门海沧投资区、海南洋浦开发区)。

(2) 国家级高新技术产业开发区。国家级高新技术产业开发区是为了营造高新技术产业化的良好环境，通过实施包括减免税等方面与高科技有关的各项优惠政策和完善服务体系，创建产业集聚优势，吸引和聚集人才、技术、资本等产业化环境，加速高新技术成果的产业化。它也是中国火炬计划的重要内容。火炬计划的宗旨是：实施科教兴国战略，贯彻执行改革开放的总方针，发挥我国科技力量的优势和潜力，以市场为导向，促进高新技术成果商品化、高新技术商品产业化和高新技术产业国际化。目前，国家设立的高新技术产业开发区共115家。

(3) 国家级保税区。保税区是经国务院批准的开展国际贸易和保税业务的区域，类似于国际上的自由贸易区，区内允许外商投资经营国际贸易，发展保税仓储、加工出口等业务。目前15个保税区已全部启动运营，成为中国经济与世界经济融合的新型连接点。2013年8月，国务院正式批准设立中国(上海)自由贸易试验区，初期以上海外高桥保税区为核心，辅之以机场保税区和洋山港临港新城，成为中国经济新的试验田。

(4) 国家级边境经济合作区。边境经济合作区是中国沿边开放城市发展边境贸易和加工出口的区域。沿边开放是我国中西部地区对外开放的重要一翼，自1992年以来，经国务院批准的边境经济合作区15个，对发展我国与周边国家(地区)的经济贸易和睦邻友好关系、繁荣少数民族地区经济发挥了积极作用。

(5) 国家级出口加工区。为促进加工贸易发展，规范加工贸易管理，将加工贸易从分散型向相对集中型管理转变，给企业提供更宽松的经营环境，鼓励扩大外贸出口，2000年4月27日，国务院正式批准设立由海关监管的出口加工区。为有利于运作，国家将出口加工区设在已建成的开发区内，并选择若干地区进行试点。首批批准进行试点的有60个出口加工区。

(6) 其他类型的开发区。即除了上述几种着重经济贸易等方面的开发区之外，还有其他专业性质的开发区，例如旅游度假区、保税物流园区、保税港区、投资区等。现有12个国家级旅游度假区。

(7) 省级开发区。在国家设立各类开发区的同时，我国各级地方政府也积极兴办开发区。地方级开发区数量多、规模大，造成的问题也比较多。以浙江省为例，现有约60个省级开发区。

10.1.3 "开发区"类型的"准政区"的管理体制及其变化

1) 国内开发区管理体制的一般模式

① 以下各类开发区资料引自"中国开发区网". http://www.cadz.org.cn.

开发区的组织管理体制是指政府或其代表机构、企业或民间组织对开发区的建设和运行所采取的管理方法与模式，包括管理机构的设置、管理职能的界定等。由于国情和每个开发区实际状况的不同，各国开发区的组织管理体制呈现出多元化的特点，但不论管理模式、组织体系、运行路径存在多大差异，绝大多数国家和地区的开发区组织管理体制仍可分为两个层次：一是对开发区进行宏观指导、协调、监督的国家级管理机构；二是对开发区内活动进行组织领导的地方组织机构①。从与行政区划的关系来看，我们这里所论述的主要是第一个层面的含义。

根据张志胜的概括，国内开发区管理模式大致可分为以下三种模式②：

(1) 行政型管理体制

实行行政型管理体制的自由经济区，多由政府委托设区的地方政府、地区港务及海关部门进行直接管理，甚至由政府的业务部门直接管辖，个别自由区还被授权成为地区一级的相对独立的自治实体，全面负责区内一切事务，由此而建立的管理机构类似于地方政府。

采用这一模式的经济自由区多设在发展中国家，私人企业由于自身实力不够因而不能承担起管理经济区的职责，只得由政府建立行政机构来管理。这类经济区普遍采用一体化管理体制和一元化工作原则，管理机构拥有独揽区内行政、经济、社会管理工作的一切权力，并可以借助政府及其所属业务部门的大力支持，集中各方面的力量加快建设速度，改善基础设施条件，为投资者提供良好的投资环境和经营服务。

该模式的共同特点是管理层次少、管理权限大、事权集中、办事效率高。但也存在容易滋生官僚主义、造成烦琐的行政手续、相互“踢皮球”而导致办事效率低下等不足之处。

由于我国的开发区属于在政府主导下基于国家或地区经济发展的战略部署出发而人为设计建设的区域和一种制度安排，因此，我国许多开发区都采用了行政型管理体制，由于各开发区的形成条件与发展轨迹不同，这类开发区的管理体制又具体表现为准政府的管委会和政区型两种管理模式。

① 准政府的管委会模式

准政府的管委会模式的主要特征就是，管委会作为政府的派出机构，具有较大的经济管理权限和相应的行政职能，代表政府对开发区的基础设施建设、土地开发、招商引资和社会管理等方面进行全面管理，并拥有经济开发和社会治理方面的新体制与新机制的试验权。管委会还可以根据开发区经济发展和社会管理的需要自行设置有关职能部门，这些部门在管委会统一领导下，互相沟通，协调一致，避免了相互扯皮，从而能及时果断地处理区内发生的重大问题，提高了工作效率。

准政府模式的主要优点是，可以充分利用政府的力量和资源，能从政府的高度对开发区的功能布局进行整体规划，能顺利协调政府各部门间的关系，极大地提高了各项行政审批的效率，对征地拆迁、居民安置、基础设施建设等工作都具有一定的权威性，在招

① 朱永新. 2001. 中国开发区组织管理体制与地方政府机构改革[M]. 天津：天津人民出版社：75，79.

② 张志胜. 2011. 开发区的治理与变迁——皖北蚌埠经济开发区的实证研究[M]. 北京：经济科学出版社：69-82.

商引资方面也会争取到许多优惠政策。

但是，准政府的管理模式也存在一些问题。例如，管委会定性不明确，地位缺乏法律依据。尽管人们习惯于把管委会看作一级“政府”，但实际上我国行政机构设置序列中并没有开发区，由于还没有全国性的开发区管理条例，管委会的性质在我国还没有一个明确的立法界定，因而也就没有明确的法律地位和行政主体资格，容易造成管理上的混乱，不利于开发区的长远发展。另外，管理机构膨胀。我国的大部分开发区在成立之初都能大胆进行体制创新和管理创新，建立了高效精干的“小政府、大社会”管理体制。但近年来，政府各部门派驻开发区的机构呈逐渐增多趋势，为了实现与上级有关部门的对口与衔接，许多开发区开始出现“体制复归”现象，影响了管委会的工作效率和管理优势。

为了有效地进行区内基础设施建设和土地开发，准政府管理模式的开发区大多设立了开发公司，并依据管委会和开发公司间的关系又可分为政企合一型和政企并存型两种模式：

——政企合一型管理模式。所谓政企合一型，是指开发公司隶属于管委会，是其下设机构。管委会负责决策、职能管理以及服务性工作，开发公司只负责区内基础设施建设，基本上没有自我决策权，开发公司在人事、审批（备案）、年度考核等方面接受管委会的监督管理，并在管委会制定的发展框架内进行市场化运作，处于一种半事业、半企业的尴尬境地，管委会与开发公司之间仍然保持着一种事实上监控与被监控的关系。而且管委会和开发公司在人员设置上相互混合，即“两块牌子，一套人马”，公司只是一个壳。

——政企并存型管理模式。该模式的主要特征是，实现了管委会的行政权与企业的经营权分离，管委会作为政府派出机构行使相应的管理权限，制定开发区的发展规划，为区内企业提供各种服务，对区内各项经济活动进行监督、管理和协调。开发公司作为独立的经济法人，自主经营、自我开发、自我约束、自我发展，但在人事、审批（备案）、年度考核等方面接受管委会的监督管理，并在管委会制定的发展框架内进行市场化运作。

② 政区型管理模式

政区型管理模式，是指为了寻求在现有行政体制内的合法地位，把开发区单独变成行政区，或与所在行政区管理合一，按一级行政区来管理的模式。其特点是，经济功能区与行政区的管理合一，或者是“两块牌子，一套人马”。这种模式主要适用于整个城区作为开发区，或者开发区是原有城区建制的一部分，开发区管理部门的体制保持行政区管理机构的编制和职能。其优点是，使开发区的功能优势与原行政区的基础和自然优势得到有机结合，有利于统筹规划，推动科技、经济、社会协调发展，但同时也带来了一系列问题，如摊子过大，处理不好就容易因财力不足背上较重的包袱，并有可能淡化和削弱开发区的优势与特色。因此，如何继续保持原有的“小政府、大社会、大服务”的开发效率，就成为这类开发区管理者必须思考的问题。

（2）企业型管理体制

企业型管理体制，主要是以非营利性的私营、国有或合营公司作为园区的开发者和管理者，地方政府赋予开发公司各种有利于开发区发展的权限，由开发公司负责区内基础设施建设、社会事务管理及区内企业所需要的各种服务的提供，并自负盈亏。其实质就是把开发区作为一个独立经营管理的公司，公司作为平等的市场经济主体进行开发区建设，但同时公司还要承担一定的政府职能，进行公共事业开发和管理。地方政府不再设立管委会机构，而是通过国有资产投资公司在开发公司的控股地位来约束公司的决策不突破地方或城市的发展规划。开发公司在产权清晰、权责明确的基础上公开聘用管理层，管理层对公司的控股股东或董事会负责，董事会多由政府、大学、企业以及当地有关人士组成，负责有关开发区发展的重大决策，一般不干预区内各机构的具体业务，园区日常管理和经营业务由公司经理层负责，从而使得开发区运营得以在一个相对完整的企业制度下开展。

在企业型模式下，开发公司为了追求自身利益最大化，会根据市场需求情况进行园区的开发建设，并设计合理的运营机制，科学核算成本效益，使园区高效运作，与政府治理相比较，效率更高。其缺点是，由于开发公司不具有政府职能，缺乏必要的行政权力，权威性不及政府部门，影响了管理效力的发挥，但同时公司又要承担部分社区管理职能，进行大量的公共基础设施投资，因其无法从区域税收中获得必要的投资补偿，只好转嫁到地价上，容易造成地价过高，或者因不能及时回收资金，债务过重，容易陷入财务困境；而且一旦开发区的土地出售完毕，再欲扩大开发区的规模难度将会很大。

(3) 混合型管理体制

混合型管理体制介于企业型和行政型之间，多采用这两者相结合的方式来管理开发区所在区域。这类开发区的管理机构在主管和分管之间有着明确的分工，依据工作性质设置职能部门的相应机构。开发区的承办者、管理者和经营者以及监督者和协调者各自分工负责相应的工作，但同时又统一于政府所属的行政部门。一般情况下，有关决策、规划、审批等事项多通过行政程序来处理，而那些涉及具体经营业务范围的事项则采用公司化管理方式，或直接发包给私人公司来经营。

此外，我国的一些开发区还根据实际情况创造了多种独具特色的管理模式，如委托管理模式和“协治”型模式等。所谓委托管理模式，是指规模比较小的开发区由于缺乏经验，委托国内某知名或富有经验的产业园进行全面管理运作，根据合同约定分享利润或成果。如四川绵阳开发区就曾经委托成都倍特高新区进行管理与开发。该模式的优点是开发区管委会只需非常简单的组织结构即可，可以扬长避短；缺点是管理和开发业务的权限大部分授予别人，管委会有失控的风险。“协治”型模式则适用于一区多园和一域多区(经济区、行政区)，即涉及多部门、多行政层级的经济区。如成立于 2000 年的天津滨海新区及其管委会，在 2009 年行政区划调整，正式设立副省级的天津市滨海新区之前，其范围包括塘沽区、汉沽区、大港区、天津经济技术开发区、天津港保税区、天津港区以及东丽区、津南区一部分等行政区和经济功能区，其管委会职能主要是组织、协调、推动，不拥有行政职能。

2) 开发区不同管理体制的适用条件——以杭州市若干国家级开发区及类似管理区为例

(1) 杭州现有的各类“开发区”及类似性质的管理区

杭州现有的各类“开发区”及类似性质的管理区较多，分属于不同部门及不同层级。现以若干国家级的开发区为例(杭州经济技术开发区、杭州国家高新技术产业开发区、杭州之江国家旅游度假区、杭州西湖风景名胜区、萧山经济技术开发区)，进行分析。

① 杭州经济技术开发区——管委会(准政区)模式

杭州经济技术开发区是1993年4月经国务院批准设立的国家级开发区,目前是全国唯一集工业园区、高教园区、出口加工区于一体的国家级开发区。

2000年4月,杭州经济技术开发区经国务院批准设立出口加工区,面积为2.92 km^2。2000年8月,浙江省委、省政府决定建设杭州下沙高教园区,面积为10.91 km^2,现已入驻14所高校,在校师生约20万人。开发区(下沙区块)行政管辖面积为104.7 km^2,可开发面积60 km^2,已开发面积47 km^2,其中高教园区面积11 km^2。下辖下沙、白杨两个街道共24个社区,辖区人口约42万。开发区投资环境综合评价连续三年位居全国国家级开发区十强、多年位列浙江省开发区第一位,相继荣获中国75个城市开发区投资环境最佳开发区、"跨国公司最佳投资开发区"等称号;先后获得"国家计算机及网络产品产业园"、"生物产业国家高技术产业基地核心区"、"国家知识产权试点园区"、"国家服务外包产业基地城市示范区"、"中国产学研合作创新示范基地"、"国家物流标准化试点基地"、"浙江省物流产业基地"、"杭州市十大文化创意产业园区"等基地(园区)品牌①。

现今,杭州经济技术开发区实行的是管委会行政体制。杭州市政府通过授权、委托等方式将行政权力赋予开发区党工委、管委会,实行统一管理,同时设置了公检法机关等,已经是一个准政区的架构。行政区划上隶属于杭州市江干区,由江干区政府委托管委会管理下沙和白杨两个街道。现开发区管委会机构设置如图10-1所示。

② 杭州国家高新技术产业开发区——管委会兼市辖区人民政府(正式行政区)模式

杭州高新区(滨江)是杭州市的一个新城区,由高新开发区、滨江区管理体制整合而成。其中,高新区始建于1990年,是国务院批准的首批国家级高新区,位于钱塘江北老城区原文教区一带,面积为11.44 km^2,是杭州高新区建设发展的发源地,也是高新技术的创新源和中小科技型企业的大孵化器;滨江区于1996年12月由国务院正式批准设立,位于钱塘江南岸,面积为73 km^2,下辖3个街道,现有40个社区、7个行政村,人口为31.9万。

2002年6月杭州市委市政府决定对高新区、滨江区两区管理体制进行调整,实行"两块牌子、一套班子",既按开发区模式运作,又行使地方党委、政府职能,这不仅使高新技术产业有了新的空间,而且使"沿江开发、跨江发展"有了新的重要平台。2009年市委市政府再次做出重要决策,萧山临江围垦区内滨江区所属约8 km^2 土地经置换整合成高新区江东科技园,从而形成了"一体两翼"的新格局②。

杭州国家高新技术产业开发区内部管理体制即按照市辖区机构设置,有党群系统、人大、政协和政府及其组成部门,下辖三个街道,即西兴、长河、浦沿③。

③ 杭州之江国家旅游度假区——管委会(派出机构)模式

杭州之江国家旅游度假区,是国务院1992年10月批准建立的12个国家级旅游度假区之一。度假区南濒钱塘江,北依五云山,是三江两湖黄金旅游路线的必经之路。建区20多年来,主要建成了宋城、西湖国际高尔夫等主题旅游项目和华庭云栖度假酒店、玫瑰

---

① 相关材料见"杭州经济技术开发区"网站. http://www.heda.gov.cn.

②③ 相关介绍见"杭州国家高新技术产业开发区管委会、滨江区人民政府"网站. http://www.hhtz.gov.cn.

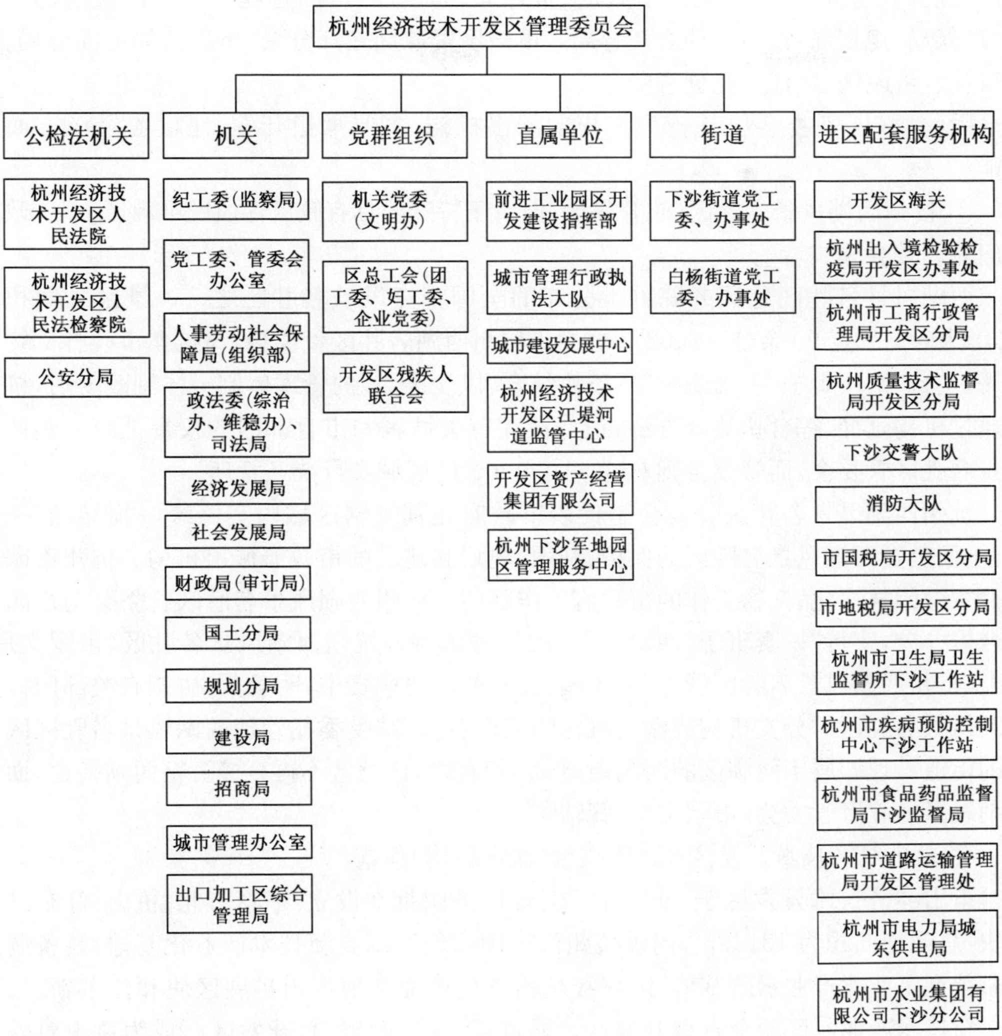

图 10-1 杭州经济技术开发区管委会机构设置示意图

园度假酒店、希尔假日酒店等众多度假单元，累计接待国内外游客逾 4 000 万人次，其中 2012 年共接待游客 650.94 万人，实现旅游门票收入 3.88 亿元，同比分别增长 2.6%和 14.4%。基础设施建设投入约 70 亿元资金，基础配套日趋完善，生态环境改善明显。旅游接待量、招商引资、项目建设等各方面在全国 12 个国家旅游度假区中均名列前茅①。

之江旅游度假区采用管委会模式，其机构设置和职能经历了多次变化，现较为简单。目前，之江度假区由西湖区委、区政府委托管委会管理，为强化之江度假区的开发、建设职能，原之江度假区内的劳动和社会保障、民政、科教文卫、体育、农业、市容环卫、计生等职能交由西湖区转塘街道承担；同时，度假区党工委书记由西湖区委书记兼任，管委会主任由西湖区区长兼任。其主要机构包括：党工委(管委会)办公室、机关党工委(纪工委)、

① 相关介绍见“杭州之江国家旅游度假区”网站. http://www.hz—zj.com.

经济发展局(物价局、统计局)、财政局、审计局、建设局(房产管理局)、之江农居建管中心、环保局、规划局(市规划局之江分局)、市国土资源局之江分局、市工商局之江分局、转塘科技经济园区、之江文化创意中心①。

因此,该区管委会仅是较为纯粹的派出机构,主要承担开发、建设等经济方面的职能。

④ 杭州西湖风景名胜区(非开发区,但属于特殊的具有政区性质的准政区)——政府部门兼管委会模式

西湖风景名胜区是国务院首批公布的全国重点风景名胜区之一。景区总面积为59.04 km^2,景点90余处。2002年成立了杭州西湖名胜区管委会,与杭州市园林文物局合署,实行"两块牌子、一套班子"、"条块结合、以块为主"的管理体制。体制改变后,杭州市通过机构延伸、综合执法等方法,把分散在有关城区和市直部门的权责都统一到西湖风景名胜区管委会,而管委会则对这59.04 km^2 的区域实行统一管理。

杭州西湖风景名胜区管委会是代表市政府在其管辖区域内实施统一领导、统一管理,全面负责西湖风景名胜区的保护、利用、规划和建设的市政府派出机构。杭州市园文局是主管园林绿化、文物工作的市政府工作部门。杭州西湖风景名胜区管委会与市园文局合署办公,实行"一套班子、两块牌子"的管理体制。杭州西湖风景名胜区(市园文局)党委、杭州西湖风景名胜区管委会(市园文局)的主要职责中,明确其"协调有关部门设在西湖风景名胜区的分支机构或派出机构的工作",以及"受委托管理西湖风景名胜区区域内的街道",现即属于西湖区的西湖街道②。换言之,西湖区不再直接管辖西湖街道,而由西湖风景名胜区管委会(市园文局)管辖③。

⑤ 萧山经济技术开发区——管委会(派出机构)模式

萧山经济技术开发区于1993年5月经国务院批准设立,下辖市北、桥南、江东三大区块,总规划面积为181 km^2,内设杭州江东国家新能源高新技术产业化基地、装备制造国家新型工业化产业示范基地、国家级杭州软件产业基地萧山扩展区块和江东新城、萧山高新技术产业园区两个省级开发区。通过近20年的努力,开发区已成为萧山对外开放的主平台、招商引资的主力军、经济发展的主引擎和城市建设的主战场。截至2012年6月,开发区累计批准外资企业550个,总投资84亿美元。

江东新城由江东工业园区发展而来,是开发区倾力建设的重点区块。2001年开始筹建,2006年批准设立为省级开发区,2009年,根据杭州市委、市政府战略部署和萧山区委20号文件,在大江东421 km^2 范围内实施"撤镇建街"工程,加快大江东区域一体化发展。作为大江东重要组成部分的江东新城涵盖义蓬、河庄、新湾三个街道,总规

---

① 相关介绍见"杭州之江国家旅游度假区"网站:http://www.hz—zj.com.

② 相关介绍见"杭州市政府"网站.http://www.hangzhou.gov.cn.

③ 西湖街道隶属于杭州市西湖区,2002年9月经杭州市政府决定交由杭州西湖风景名胜区管委会托管。西湖街道辖区面积为47.89 km^2,东连西湖,南临钱塘江,西接之江国家旅游度假区,北靠高新技术开发区,下辖梅家坞、双峰、龙井、九溪、梵村、茅家埠、满觉陇、杨梅岭、翁家山、灵隐等10个行政村,金沙、南山等2个股份经济合作社,净寺、金沙港、三台山、九溪、栖霞岭等5个社区,总人口近3.2万。相关介绍见 http://www.hangzhou.gov.cn.

划面积为 148 km²①。

中共萧山经济技术开发区工作委员会、萧山经济技术开发区管委会是中共杭州市委、杭州市人民政府的派出机构，在萧山区委、区政府领导下，负责对萧山经济技术开发区实行统一领导、统一管理。中共杭州江东工业园区(杭州江东新城)工作委员会、杭州江东工业园区(杭州江东新城)管委会是萧山区委、区政府的派出机构，在萧山区委、区政府的领导下，承担区域内的经济发展、招商引资、城市建设、行政管理和社会管理等主要职责，机构规格相当于市直工作部门的副局级(萧山区副区级)。萧山经济技术开发区管委会与江东工业园区(江东新城)管委会实行“两块牌子、一套班子”，负责市北、桥南、江东三大区块(以下简称“开发区”)的经济发展、城市建设、行政管理、社会管理等事项②。

中共萧山经济技术开发区工作委员会、萧山经济技术开发区管委会下设 9 个工作部门、24 个职能科室，具体包括：办公室、招商局、经济发展局、国土规划建设局、人力资源和社会保障局、社会事业发展局、财政局、政策研究室、直属党委。直属单位中，包含两个农场：红垦农场和钱江农场③。

(2)“开发区”及类似性质的准政区与城市行政区划变化的关系

改革开放以来，中国各地的各类“开发区”大量涌现，主要出现在大中城市建成区的周边，成为城市地域扩张的一种重要方式。在这一过程中，随着开发区的逐渐成熟，其行政管理体制也逐渐发生变化。在其起始阶段，一般由作为城市政府派出机构的管委会来管辖，主要承担经济发展职能；而随着开发进程的推进，人口的集聚和社会事务的增多，其管理体制和管理职能都会发生变化；至其成熟阶段，一般都成为城市新区。

在这一过程中，开发区的发展对城市原有的行政区划会产生较大的影响，表现为或与原有城市市区合并，或单独从原来辖区中独立出来，另设一个新区。在这一发展过程中，会经历哪些变化，各有什么特征，我们通过对杭州几个国家级开发区的分析(表 10-1)，尝试探述其中的规律。

表 10-1　杭州各国家级开发区的有关情况汇总表

开发区	建立时间	面积(km^2)	人口	性质	与主城距离	现有体制特点	与上下级政区的关系
杭州经济技术开发区	1993 年 4 月	104.7	约 42 万	经济技术开发区	约 30 km	杭州市通过授权、委托等方式将行政权力赋予开发区党工委、管委会，实行统一管理	区划属于江干区，但直属于杭州市管辖，其内次一级政区(下沙、白杨街道)也由江干区委托管委会管辖
杭州国家高新技术产业开发区	1990 年	73	31.9 万	高新技术产业开发区	约 20 km	实行“两块牌子、一套班子”	滨江区块正式设立杭州市滨江区

①② 相关介绍见“萧山经济技术开发区”网站. http://www.xetz.gov.cn.

③ http://www.xetz.gov.cn/gb/zwgk/jgzn/gwh/gwh/kszz.htm.

续表 10-1

开发区	建立时间	面积（km^2）	人口	性质	与主城距离	现有体制特点	与上下级政区的关系
杭州之江国家旅游度假区	1992 年 10 月	26.66	—	旅游度假区	约 20 km	设立单纯的派出机构，不涉及次一级政区的管理	仍归转塘街道管理，转塘街道仍归西湖区管理
杭州西湖风景名胜区	2002 年	59.04	—	风景名胜区	紧邻主城	政府的组成部门兼管委会职责，且辖区内次一级政区委托管委会管辖	杭州市园林文物局代管，西湖乡由西湖区委托管委会管辖
萧山经济技术开发区	1993 年 5 月	181	—	经济技术开发区	约 20 km	开发区管委会与江东新城管委会实行“两块牌子、一套班子”管理	直属于萧山区管辖，江东新城涵盖义蓬、河庄、新湾三个街道，由管委会托管

通过对杭州各开发区的分析，我们认为，开发区对城市行政区划体制的影响程度，主要有以下三个因素：

① 开发区的性质

如果开发区的性质是经济发展和对外贸易，那么随着经济开发成熟和城市建设完善、人口集聚增强，这个开发区一般情况会成为一个相对独立的准政区（如下沙）或正式的政区（如滨江）。若开发区为旅游或者风景名胜区，由于其自身性质的原因，不可能大量集聚人口，那么就难以形成一个相对独立的行政区划，最典型的就是西湖名胜风景区和之江旅游度假区；更极端的，如自然保护区等。

从发展前景来看，综合性的开发区（即多种职能并存，而非仅仅单一工业，或旅游开发，或环境保护）越易发展为城市新区，相应地会成为准政区或政区。单一性的特殊区域，则较难形成独立的政区。

② 开发区的位置

当开发区的位置距主城区较远时，例如杭州市滨江区、下沙开发区西和萧山经济技术开发区，一般情况下会选择由杭州市直接派出一个机构来进行管理，在其发展到一定阶段时转制为独立的行政区。

当开发区处于主城区内或紧邻主城时，多数采用政企合一的管理体制或者直接由政府管理的体制，例如西湖名胜风景区。由于其在母城内，因此其规划、财务等方面都与母城密不可分，在行政上归于原主城区，由主城进行统一的规划和建设。另外，有些政府会选择建立企业来承担管理职责，如组建国有资产投资公司通过在开发公司的控股地位来进行决策或规划，即可直接依托原有政区管理机构，不必单独设立机构。

③ 开发区的发展阶段

大多数开发区在开发之初，由于缺少财政支持和规范制度，一般都是由政府直接管理或者由政府直接派出机构（管委会）进行管理。这不仅有政府这个强有力的支撑，能够得到足够的资金进行发展，在政策制度等方面也规范有力。随着开发区的发展，大量的企业进入，企业逐步占据主导地位，从而形成由企业来进行管理的体制。这种管理体制能使政府从大量的事务中解脱出来，大大提高办事效率，还能让企业通过市场调节等手段，提高经济效益。但是，由于企业的盈利性质，有时候会偏离发展方向。因此，当开发区发展到成熟阶段，会形成企业与政府两者结合的管理模式，即混合制管理。这种体制对发展有利。现今杭州的多数开发区都采用这种模式。

总之，从“开发区”与城市行政区划关系看，存在这样几种模式：

① “之江模式”：仅设立单纯的派出机构，不涉及次一级政区的管理(即次一级政区仍归原所在的上一级政区管辖)，如杭州之江旅游度假区(其内的村、居仍归属西湖区转塘街道管理)。

② “西湖模式”：政府的相关部门兼管委会职责，并将辖区内次一级政区委托管委会管辖，如杭州西湖风景名胜区(杭州市园林文物局代管，西湖乡由西湖区委托管委会管辖)。

③ “下沙模式”：相对独立的“开发区管委会”，其所在区域由原政区委托管委会管辖(即次一级政区委托管委会管辖)，如杭州经济技术开发区的下沙区块(其内的两个街道由管委会管辖)。

④ “滨江模式”：正式设区，管委会与区政府合二为一，如杭州高新技术产业开发区的“滨江区块”(位于钱塘江以南的原萧山市境内)，即设为“滨江区”。

这些模式的演变，也体现了开发区向城市正式行政区演变的过程。但能否完成这一完整的演变过程，则既要看开发区自身的性质(综合性还是单一性，经济发展型还是遗产保护型)，也要看开发区与原有市区的空间关系(依托旧区还是另辟新区)。

10.1.4 城市的扩张模式与一般“开发区”向“城镇型政区”的转化

从空间扩展的角度而言，城市的扩张可以概括为两种方式：① 蔓延式扩张，即在原来市区(建成区)的基础上，向外逐步蔓延、扩大，缓慢发展；② 跳跃式扩张，即城市开发区的设立，在城市周边，跳跃式、超常规发展。中国 20 世纪 90 年代之后的城市的大规模扩张，与开发区的发展息息相关。

除了开发区自身有一个从准政区到正式政区的转变之外，实际上，开发区还会影响到高一级政区的变化，即中心城市(地级市、副省级城市)的空间和辖区的变化。1996 年杭州市之所以能够扩展，把萧山市的三个镇(即原属于萧山市的浦沿镇、西兴镇、长河镇划入杭州市区，后设立滨江区，即杭州高新技术产业开发区主体所在)，余杭市的三个镇、乡划入杭州[即原属余杭市的三墩镇、九堡镇、下沙乡(包括围垦区)，其中九堡镇、下沙乡是杭州国家级经济技术开发区的主体所在][①]，就是在滨江和下沙这两个国家级开发区发展，且直接由杭州市管辖(而非由其原所在政区的萧山、余杭管辖)的基础上，为了理顺管理体制，顺势而为，而得以实现的。

从开发区的所属关系来看，在目前的体制下，其上级的行政等级越高，开发区自身的等级也越高，其发展也越快；这也是开发区往往绕过其正常的行政层级，而由更高一级政府管辖的原因。反过来，更高层级的政区也往往通过设立开发区，而将原属于其他政区

---

① 浙江省民政厅. 2009. 浙江建置区划沿革[M]. 杭州：浙江大学出版社：348.

的区域划归本辖区，其空间扩张也迅速、剧烈。这也是“行政区经济”现象在开发区发展中的一个表现。

如上所述，从开发区管理体制的发展过程以及相对独立的政区形成的过程来看，大致有这样的规律：

——初期：单纯的派出机构，单一职能，开发区仅处理经济事务，还不具有政区，甚至准政区的涵义。

——过渡前期：派出机构有一定的综合职能，其管辖区域内的次一级政区部分事务委托开发区管理，具有一定准政区的涵义。

——过渡后期：综合职能的派出机构，整个区域全部事务委托开发区管理（自身划分次一级政区），相当于独立的准政区。

——后期：转化为正式政区，一般为地级市或更高层级的“市辖区”，但也有少数成为独立的建制市。

当然，并非每个开发区都会经历这样完整的过程，其与一系列因素有关，如规模（人口、面积；人口为主），性质（单一还是综合），地理位置、距离（与主城、核心区相互间隔还是互相包容），发展阶段（时间）等。

其中，开发区或类似开发区的区域，在其开发成熟后，多数都被建置为“市辖区”，但也有少数特殊位置、特殊原因的则被建置为“市”（地级市或县级市）。而且，从 1949 年以来的发展过程来看，1949—1979 年，除了若干开发区（当时称为工农区、特区、林区、盐区等）建置为“市辖区”外，也有相当一批被独立建置为“市”（包括地级市和县级市）；而 1979 年后，则主要是被建置为“市辖区”（或地级市的一部分），而较少直接成为建制市（县级市）、建制镇。这些被建置为“市”的，则成为我们下文所称的特殊类型建制市。

10.2 1949 年后中国的特殊类型“建制市”

中国大陆地区当代的设“市”城市，包括了直辖市、省辖地级市和县级市三个层面，主要是从传统的地区辖区和县级辖区改设而来，1983 年之前主要采取“切块设市”的方式（即把中心城区从原来的县域之中单独划出设市），1983 年后则主要采取“整地区、整县改市”的方式，其市政府的驻地（即行政中心）均是传统的地区中心城市或县级辖区的中心聚落。但除此之外，即这些正常的设“市”城市之外，出于各种目的，或某种特别的需要，也出现了许多特殊类型的设“市”城市，其设立方式与当时的正常方式有所不同，人口、面积、经济指标等也与一般市的标准有较大差距，位置也一般在传统的中心城市及其行政辖区的边缘。对这一类建制市，可称之为特殊类型“建制市”。

10.2.1 特殊类型建制市的含义与界定

“市”是城镇型的行政单位，是人口密集的聚居“点”上的行政建制，其居民主体是从事第二产业和第三产业的市民（即非农业人口），这是世界通例。在民国时期，中国在这一点上与世界各国并无不同。1949 年以后，最初实行的市制，在形态上基本延续了民国的体制，即“切块设市”；后来，随着城市郊区的扩大，市领导县，地市合并，整县改市，建制市逐渐演变成为一种广域型行政建制。

新中国成立以来，国家先后制定了几个涉及建制市的“市镇设置标准”，以1955年标准、1986年标准和1993年标准为主。这几个不同时期的“设市标准”，均在普通的、一般情况下“市”的设立标准之外，提出了特殊情况设市的可能性。这些，既是各个时期设立特殊类型建制市的依据，也是我们确定不同时期特殊类型建制市的标准（表10-2）。

表10-2 特殊类型建制市的设立规定汇总表

设市标准	一般情况	特殊情况
1955年	市，是属于省、自治区、自治州领导的行政单位。聚居人口10万以上的城镇，可以设置市的建制。市的郊区不宜过大	聚居人口不足10万的城镇，必须是重要工矿基地、省级地方国家机关所在地、规模较大的物资集散地或者边远地区的重要城镇，并确有必要时方可设置市的建制
1986年	“整县改市”的标准，又区分三种情况，并分别做了规定：(1) 总人口50万以下的县，县人民政府驻地所在镇的非农业人口10万以上、常住人口中农业人口不超过40%、年国民生产总值3亿元以上，可以设市撤县。设市撤县后，原由县管辖的乡、镇由市管辖。(2) 总人口50万以上的县，县人民政府驻地所在镇的非农业人口一般在12万以上、年国民生产总值4亿元以上，可以设市撤县。(3) 自治州人民政府或地区（盟）行政公署驻地所在镇，非农业人口虽然不足10万、年国民生产总值不足3亿元，如确有必要，也可以设市撤县	“切块设市”的标准为：“非农业人口6万以上，年国民生产总值2亿元以上，已成为该地经济中心的镇，可以设置市的建制。”针对“少数民族地区和边远地区的重要城镇，重要工矿科研基地，著名风景名胜区，交通枢纽，边境口岸”等特殊情况，规定：“虽然非农业人口不足6万、年国民生产总值不足2亿元，如确有必要，也可设置市的建制。”
1993年	设立县级市的标准： ——每平方千米人口密度400人以上的县，达到下列指标，可设市撤县：（略） ——每平方千米人口密度100—400人的县，达到下列指标，可设市撤县：（略） ——每平方千米人口密度100人以下的县，达到下列指标，可设市撤县：（略） 具备下列条件者，设市（指县级市）时条件可以适当放宽： 1. 自治州人民政府或地区（盟）行政公署驻地。 2. 乡、镇以上工业产值超过40亿元，国内生产总值不低于25亿元，地方本级预算内财政收入超过1亿元，上解支出超过50%，经济发达，布局合理的县。 3. 具有政治、军事、外交等特殊需要的地方具备上述条件之一的地方设市时，州（盟、县）驻地镇非农业人口不低于6万，其中具有非农业户口的从事非农产业的人口不低于4万	具备下列条件者，设市（指县级市）时条件可以适当放宽： 1. 沿海、沿江、沿边境重要的港口和贸易口岸，以及国家重点骨干工程所在地。 2. 少数经济发达，已成为该地区经济中心的镇，如确有必要，可撤镇设市

根据以上分析，我们认为，所谓"特殊建制市"可以界定为：对于某些地区，出于某种特殊需要（如海防、边防、农垦、经贸等）或者基于某种特殊优势（如旅游、资源、交通等），从国家及本地区长远发展的角度考虑而突破一般标准，或采取特殊方式所设立的建制市。

其最主要的特征有两个方面：其一，设置原因特殊，往往不是城镇化水到渠成的结果的确认，而是基于某种特殊需要，而通过"设市"来推动和加快其发展，或彰显某种特殊权力；其二，设置方式特殊，往往突破一般的标准，且采取"切块设市"的方式，从其原来所在的辖区中划分出来，单独设立。这两点也是我们确定"特殊建制市"的重要判断标准。

10.2.2 近年来关于"特殊建制市"的研究概述

目前国内外对这种特殊类型的建制市的研究虽有进行，但是一则比较分散，比如或者只研究一些资源型城市，或者只研究新疆生产建设兵团的情况，或者只研究旅游城市的情况，没有一个整体的归纳和概括；再则也主要是从经济开发、城市建设或资源管理等角度进行研究，较少从行政区划体制的层面进行分析。这其中，主要对资源型城市的研究较为集中，对其他类型也有一定的涉及。

1）关于资源型城市的研究

目前国内外对特殊类型城市的研究中，以对资源型城市的研究居多。但这里所论述的"资源型城市"，是指以对不可再生性的自然资源的开采和加工为主导产业的工业城市；有关研究均是就实体城市层面而言，较少从行政区划及其管理体制的角度加以研究。2010年，杨振超曾经在《国内外资源型城市转型理论研究述评》一文中对这一方面的研究做过较全面的归纳①。

国家发展和改革委员会曾经提出资源枯竭型城市的问题。资源枯竭型城市是城市发展的特殊类型，是指城市发展所依赖的资源趋于枯竭，城市主导性质的资源型产业进入衰退期，城市发展逐渐停滞。根据国家发展和改革委员会的统计，我国共有资源型城市118个，占全国城市数量的18%，这些城市在早期为我国经济建设做出了突出贡献，但近些年随着城市赖以生存发展的资源可开采量和可开采时间逐渐达到上限，众多资源型城市面临资源枯竭。到2011年年底，国家发展和改革委员会已确定并发布三批资源枯竭城市名单，总共69个，将问题众多的资源枯竭型城市列入保护开发名单，促进资源枯竭型城市转型并持续发展成为一个现实且紧迫的重大问题。

在国家及有关部门对资源枯竭型城市扶植的基础上，2013年，国家正式出台了《全国资源型城市可持续发展规划（2013—2020年）》，进一步明确了"资源型城市"的概念，即"资源型城市是以本地区矿产、森林等自然资源开采、加工为主导产业的城市（包括地级市、地区等地级行政区和县级市、县等县级行政区）"，"规划范围包括262个资源型城市，其中地级行政区126个（包括地级市116个、地区2个、自治州8个），县级市62个，县（包括自治县、林区等）58个，市辖区（开发区、管理区）16个"，并"将资源型城市划分为成长

① 杨振超.2010.国内外资源型城市转型理论研究述评[J].上海经济研究，(6):67-73.

型、成熟型、衰退型和再生型四种类型”①。该规定中所确定的262个资源型城市是就城市实体而言的，所以包括了县级以上的各类行政区（如有地级市、地区、自治州等地级政区，也有县级市、市辖区、县、自治县和林区等县级政区），其各自的中心城区，均属于这里的“资源型城市”（表10-3）。其中的116个地级市和62个县级市，广义上，就字面而言，可以认为属于资源型的建制市；但实际上，单纯从设置原因上和设置方式上来看，这178个“建制市”中，许多也是在原来传统的县的基础上设置的，并不属于我们这里论述的“特殊建制市”。

表10-3 《全国资源型城市可持续发展规划(2013—2020年)》所确定的资源型城市名单(2013年)汇总表

所在省（区、市）	地级行政区	县级市	县（自治县、林区）	市辖区（开发区、管理区）
河北(14个)	张家口市、承德市、唐山市、邢台市、邯郸市	鹿泉市、任丘市	青龙满族自治县、易县、涞源县、曲阳县	井陉矿区、下花园区、鹰手营子矿区
山西(13个)	大同市、朔州市、阳泉市、长治市、晋城市、忻州市、晋中市、临汾市、运城市、吕梁市	古交市、霍州市、孝义市	—	—
内蒙古(9个)	包头市、乌海市、赤峰市、呼伦贝尔市、鄂尔多斯市	霍林郭勒市、阿尔山市*、锡林浩特市	—	石拐区
辽宁(15个)	阜新市、抚顺市、本溪市、鞍山市、盘锦市、葫芦岛市	北票市、调兵山市、凤城市、大石桥市	宽甸满族自治县、义县	弓长岭区、南票区、杨家杖子开发区
吉林(11个)	松原市、吉林市*、辽源市、通化市、白山市*、延边朝鲜族自治州	九台市、舒兰市、敦化市*	汪清县*	二道江区
黑龙江(11个)	黑河市*、大庆市、伊春市*、鹤岗市、双鸭山市、七台河市、鸡西市、牡丹江市*、大兴安岭地区*	尚志市*、五大连池市*	—	—
江苏(3个)	徐州市、宿迁市	—	—	贾汪区
浙江(3个)	湖州市	—	武义县、青田县	—

① 国务院. 2013. 全国资源型城市可持续发展规划(2013—2020年)[EB/OL]. (2013-12-03). http://www.gov.cn.

续表 10-3

所在省（区、市）	地级行政区	县级市	县（自治县、林区）	市辖区（开发区、管理区）
安徽（11 个）	宿州市、淮北市、亳州市、淮南市、滁州市、马鞍山市、铜陵市、池州市、宣城市	巢湖市	颍上县	—
福建（6 个）	南平市、三明市、龙岩市	龙海市	平潭县、东山县	—
江西（11 个）	景德镇市、新余市、萍乡市、赣州市、宜春市	瑞昌市、贵溪市、德兴市	星子县、大余县、万年县	—
山东（14 个）	东营市、淄博市、临沂市、枣庄市、济宁市、泰安市、莱芜市	龙口市、莱州市、招远市、平度市、新泰市	昌乐县	淄川区
河南（15 个）	三门峡市、洛阳市、焦作市、鹤壁市、濮阳市、平顶山市、南阳市	登封市、新密市、巩义市、荥阳市、灵宝市、永城市、禹州市	安阳县	—
湖北（10 个）	鄂州市、黄石市	钟祥市、应城市、大冶市、松滋市、宜都市、潜江市	保康县、神农架林区 *	—
湖南（14 个）	衡阳市、郴州市、邵阳市、娄底市	浏阳市、临湘市、常宁市、耒阳市、资兴市、冷水江市、涟源市	宁乡县、桃江县、花垣县	—
广东（4 个）	韶关市、云浮市	高要市	连平县	—
广西（10 个）	百色市、河池市、贺州市	岑溪市、合山市	隆安县、龙胜各族自治县、藤县、象州县	平桂管理区
海南（5 个）	—	东方市	昌江黎族自治县、琼中黎族苗族自治县 *、陵水黎族自治县 *、乐东黎族自治县 *	—
重庆（9 个）	—	—	铜梁县、荣昌县、垫江县、城口县、奉节县、云阳县、秀山土家族苗族自治县	南川区、万盛经济开发区

续表 10-3

所在省（区、市）	地级行政区	县级市	县（自治县、林区）	市辖区（开发区、管理区）
四川(13个)	广元市、南充市、广安市、自贡市、泸州市、攀枝花市、达州市、雅安市、阿坝藏族羌族自治州、凉山彝族自治州	绵竹市、华蓥市	兴文县	—
贵州(11个)	六盘水市、安顺市、毕节市、黔南布依族苗族自治州、黔西南布依族苗族自治州	清镇市	开阳县、修文县、遵义县、松桃苗族自治县	万山区
云南(17个)	曲靖市、保山市、昭通市、丽江市 *、普洱市、临沧市、楚雄彝族自治州	安宁市、个旧市、开远市	晋宁县、易门县、新平彝族傣族自治县 *、兰坪白族普米族自治县、香格里拉县 *、马关县	东川区
西藏(1个)	—	—	曲松县	—
陕西(9个)	延安市、铜川市、渭南市、咸阳市、宝鸡市、榆林市	—	潼关县、略阳县、洛南县	
甘肃(10个)	金昌市、白银市、武威市、张掖市、庆阳市、平凉市、陇南市	玉门市	玛曲县	红古区
青海(2个)	海西蒙古族藏族自治州	—	大通回族土族自治县	—
宁夏(3个)	石嘴山市	灵武市	中宁县	—
新疆(8个)	克拉玛依市、巴音郭楞蒙古自治州、阿勒泰地区	和田市、哈密市、阜康市	拜城县、鄯善县	—

注：带 * 的城市表示森工城市；资源型城市名单将结合资源储量条件、开发利用情况等进行动态评估调整。

2）关于农垦城市（含新疆生产建设兵团城市）的研究

生产建设兵团是一个非常特殊且具有中国特色的政治、经济和社会综合性、区域性组织，它建立的指导思想主要来自我国古代的"屯垦"制度，即军队在屯营的地方开垦种地。兵团在 1949—1979 年曾经在边疆地区广泛设立，如新疆、西藏、黑龙江、云南等地；后来经过撤销、恢复等不断调整，现在仅在新疆仍保持着"生产建设兵团"的建制。兵团的设立对于新疆地区的政治、经济、工业和农业的发展有着非常积极的作用，学者研究的也较多。比较典型的有姚勇 2007 年的《新中国开发新疆的特殊道路——新疆生产建设兵团》一文，该文介绍了新疆生产建设兵团的历史渊源，以及它对新疆建设所产生的重要影响，比如：为社会稳定、国防安全做出巨大贡献，为解决就业、吸引迁移人口做出贡献，为实现可持续发展奠定基础等①。

2012年，赵志华撰文《新时期新疆兵团城镇化发展的策略分析》，评述了新时期新疆城镇发展的态势，提出"加强'设市建镇'工作力度，加快城镇化发展步伐"，要"培育建立新城市。选择在战略地位重要、经济基础好、发展潜力大的垦区中心城镇，增设自治区直辖县级市，并纳入国家城市规划体系"。同时，提出"加强和完善'师市合一'、'场镇合一'的兵团城镇管理体制。即兵团的师（团场）党委、纪委及其工作机构和行政工作机构，与在这些师（团场）所在地设立的市（镇）的党委、纪委及其工作机构和政府工作机构，实行'一个机构、两块牌子'的管理体制。这一管理体制既是由兵团体制决定的，也节省管理成本，提高行政效率，使设市镇的师及团场取得完备的政权职能，促进师（团场）的经济社会发展"②。

2011年，姚凯、胡德在从行政区划角度对新疆石河子市总体规划进行研究时，专门讨论了"兵团城市的发展模式和发展趋势"，他们认为"根据兵地行政区划关系的不同"，可以将其分为三类模式，即"切块设市、师市合一"的石河子模式，"兵地共建"的奎屯、哈密模式，以及"兵地分治"的库尔勒模式等③。

3）关于其他类型城市的研究

对于其他类型特殊城市的研究，近年来也逐渐多见，如边境口岸城市、交通枢纽城市、旅游城市等。杜宏茹等对新疆口岸城市的发展问题进行过研究④。

有些城市基本是由交通线路的开通以及成为重要枢纽而建立并迅速发展的，为交通枢纽类城市，比如山西省的侯马市、内蒙古的二连浩特市（二连浩特市也有口岸城市的性质）等。目前国内对于这类交通枢纽城市的相关研究也不少，但缺乏行政区划角度的分析。

随着社会经济的发展，人们的收入越来越高，可支配收入越来越多，旅游业越来越发达，随之而来的是旅游城市的兴起，其中有些城市就是以旅游而设市的，比如安徽的黄山市、湖南的张家界市、韶山市，以及江西的井冈山市等。目前国内对这些旅游城市的研究也有很多，个别也涉及行政区划对区域旅游活动发展的影响等问题。

10.2.3 1949年以来"特殊建制市"的设立和类型

1）设立概况

要了解1949年至今的"特殊建制市"情况，我们需要仔细分析这期间所设立的"建制市"，从中找出符合前文指出的"特殊建制市"的含义的"市"。以下的统计及其有关设立和变化的情况主要是根据史为乐编著的《中华人民共和国政区沿革（1949—2002年）》加以整理；2003—2013年的情况，主要根据民政部编的《中华人民共和国行政区划简册》

---

① 姚勇. 2007. 新中国开发新疆的特殊道路——新疆生产建设兵团[J]. 新疆大学学报（哲学·人文社会科学版），(6)：72-77.

② 赵志华. 2012. 新时期新疆兵团城镇化发展的策略分析[J]. 中国农垦，(10)：43-45.

③ 姚凯，胡德. 2011. 特殊行政区划体制下的城市规划探索——以新疆石河子市总体规划为例[J]. 城市规划学刊，(1)：76-83.

④ 杜宏茹，张小雷，李春华. 2005. 新时期新疆边境城镇体系构建和口岸小城市发展[J]. 人文地理，(3)：63-66.

2004—2014 各年所整理(表 10-4),下文不再单独说明。另外,表中所列各建制市设立情况,以及确定其为“特殊类型建制市”,主要是根据其初次设市时的性质判断的,之后可能会发生变化,如建制撤销或改变,以及其他调整,导致其可能不再属于狭义的“特殊类型建制市”。

表 10-4　1949—2014 年中国的“特殊建制市”统计表

市名	设立年份	所属类型	设立方式
鹤岗市	1949	资源型	由汤阴县兴山镇析置出兴山市,后改名为鹤岗市
景德镇市	1949	手工业城市,旅游型	由浮梁县析置
潍坊市	1949	资源型	由潍县及坊子矿区析置
长治市	1951	资源型	撤销长治矿区设置
阳泉市	1951	资源型	撤销阳泉矿区设置
株洲市	1951	资源型,交通型	以湘潭县的株洲镇、太平桥等 13 个乡镇及荷花乡的 5 个乡镇设立
淄博市	1954	资源型	以原博山市和淄川城、洪山矿区设立
峰峰市	1955	资源型	撤销峰峰矿区设立,后又撤销
凭祥市	1956	边境口岸型	由凭祥镇改设
焦作市	1956	资源型	撤销焦作矿区设立
鸡西市	1956	资源型	以鸡西县的鸡西等乡镇和穆棱、林口 2 县各一小部分地区合并设立
马鞍山市	1956	资源型	以当涂县马鞍山矿区、采石镇和雨山等乡的部分地区设立
双鸭山市	1956	资源型	撤销双鸭山矿区设立
鹤壁市	1957	资源型	以汤阴、安阳 2 县部分地区设立
东川市	1958	资源型	撤销东川矿区设立,后又撤销
石嘴山市	1960	资源型	撤销惠农县,以惠农县的 10 个乡镇设立
枣庄市	1960	资源型	撤销峄县设立
海勃湾市	1961	资源型	以原卓资山矿区设立,后于 1975 年与乌达市合并,设立地级乌海市
图们市	1965	边境口岸型	以延吉县图们镇和汪清县石岘镇部分设立
攀枝花市	1965	资源型	以攀枝花特区设立渡口市,后改名为攀枝花市
二连浩特市	1966	交通枢纽型,边境口岸型	随着集宁—二连浩特国际铁路的建设而建
平顶山市	1968	资源型	撤销平顶山特区设立
北票市	1969	资源型	撤销北票矿区设立

续表 10-4

市名	设立年份	所属类型	设立方式
七台河市	1970	资源型	撤销七河台特区设立
侯马市	1971	交通枢纽型	以曲沃、新绛 2 县全部和襄汾县部分设立
铜陵市	1971	资源型	以铜官山矿区、横港乡和谢珑乡部分地区设立铜官山市，后改名铜陵市
盘锦市	1975	农垦型	撤销盘锦地区设立
绥芬河市	1975	边境口岸型	以原东宁县绥芬河镇设立
六盘水市	1978	资源型	撤销六盘水地区设立
大庆市	1979	资源型	以原嫩江地区的安达县和肇州县部分设立安达市，后改名大庆市
黑河市	1980	边境口岸型	以黑河镇、幸福公社和西岗子公社的西岗子煤矿、宋集屯煤矿、东方红煤矿设立
椒江市	1981	边境口岸型	撤销海门特区设立
东营市	1982	资源型	由六合等数个公社、孤岛地区及王家等数个大队设立
黄山市	1983	旅游型	1983 年设立县级黄山市，1987 年撤销徽州地区、屯溪市和县级黄山市设立地级黄山市①
五大连池市	1983	旅游型	由德都县析置，1996 年与原德都县合并设立新的五大连池市
塔城市	1984	边境口岸型	撤销塔城县设立
井冈山市	1984	旅游型	1950 年设立井冈山特别区，1959 年成立省辖井冈山管理局，1981 年撤局设县，1984 年撤县设市，2000 年 5 月，原井冈山市与原宁冈县合并组建新的井冈山市
博乐市	1985	边境口岸型	由精河县析置博乐县，后撤县设立
畹町市	1985	边境口岸型	由畹町镇改设，1999 年撤销
霍林郭勒市	1985	资源型	由扎鲁特旗的部分地区设立
石狮市	1987	边境口岸型	由晋江县石狮、永宁、蚶江 3 镇和祥芝乡组成
古交市	1988	资源型	撤销古交工矿区设立
珲春市	1988	边境口岸型	撤销珲春县设立
伊宁市	1989	边境口岸型	由伊宁县析置

① 黄山市位于安徽省最南部、新安江上游。全市总面积为 9 807 km^2，到 2010 年总人口为 135.9 万。1983 年 12 月，以太平县及黄山管理局辖区，并析歙县黄山公社、石台县光阳公社设立黄山市(县级)，由省直辖，到 1987 年 11 月，撤销徽州地区、屯溪市和县级黄山市，设立地级黄山市。

续表 10-4

市名	设立年份	所属类型	设立方式
韶山市	1990	旅游型	1986年8月，湖南省委省政府在韶山召开了现场办公会议，决定将韶山进一步开放，并明确规定韶山的性质：既是革命纪念地，又是风景旅游区，同时还决定把滴水洞也对中外游客开放。1990年12月26日，经国务院批准，撤销湘潭市韶山区，建立县级韶山市，属湖南省辖，由湘潭市代管
瑞丽市	1992	边境口岸型	撤销瑞丽县设立
防城港市	1993	边境口岸型	撤销防城各族自治县和防城港区设立
张家界市	1994	旅游型	撤销大庸县改设大庸市，后改名张家界市
东兴市	1996	边境口岸型	由东兴镇改设
娄底市	1999	资源型	撤销娄底地区和县级娄底市改设地级娄底市
阿拉尔市	2002	农垦型	2002年9月17日，设立新疆维吾尔自治区县级阿拉尔市
图木舒克市	2002	农垦型	2002年9月17日，设立新疆维吾尔自治区县级图木舒克市
五家渠市	2002	农垦型	2002年9月17日，设立新疆维吾尔自治区县级五家渠市
共青城市	2010	农垦型	将德安县茶山街道办事处、甘露镇、金湖乡，永修县江益镇和燕坊镇坪塘村、燕坊村，星子县苏家垱乡、泽泉乡划归共青城市管辖，设立县级共青城市
北屯市	2011	农垦型	2011年12月20日批复，设立县级北屯市。由北屯镇改设，从阿勒泰市和福海县划出，新疆维吾尔自治区直辖，兵团管理
三沙市	2012	边防军事型	撤销海南省西沙群岛、南沙群岛、中沙群岛办事处设立
铁门关市	2012	农垦型	2012年12月正式批准新疆成立县级铁门关市，铁门关市由自治区直辖，由新疆生产建设兵团管理
阿拉山口市	2012	边境口岸型	国务院2012年12月正式批准新疆成立县级阿拉山口市，由博尔塔拉蒙古自治州管辖。此举标志着阿拉山口市将加快从口岸通道型经济向综合区域型经济转变，建设成为中国向西开放新兴的边境口岸城市
双河市	2014	农垦型	2014年2月13日，国务院做出了《关于同意新疆维吾尔自治区设立县级双河市的批复》，同意新疆设立县级双河市，这也是新疆生产建设兵团继石河子(八师)、五家渠(六师)、阿拉尔(一师)、图木舒克(三师)、北屯(十师)、铁门关(二师)之后批准设立的第七座城市

注：主要据著者判断，可能会有遗漏。

2）主要类型

经过初步整理，可将这些特殊建制市细分为如下几类：资源型、交通枢纽型、边境口岸型、兵团农垦型、旅游型、边防军事型等。兹按照表 10-4 汇总如下（有些兼有两种或多种性质）：

① 资源型：峰峰市、古交市、长治市、阳泉市、霍林郭勒市、海勃湾市、北票市、双鸭山市、七台河市、大庆市、鹤岗市、鸡西市、马鞍山市、铜陵市、淄博市、枣庄市、潍坊市、东营市、鹤壁市、焦作市、平顶山市、娄底市、株洲市、攀枝花市、六盘水市、东川市、石嘴山市等。

② 交通枢纽型：侯马市、株洲市、二连浩特市等。

③ 边境口岸型：二连浩特市、图们市、绥芬河市、黑河市、椒江市、石狮市、防城港市、珲春市、伊宁市、塔城市、博乐市、瑞丽市、畹町市、凭祥市、东兴市、阿拉山口市等。

④ 兵团农垦型：共青城市、盘锦市、图木舒克市、五家渠市、阿拉尔市、北屯市、铁门关市、双河市等。

⑤ 旅游型：五大连池市、黄山市、景德镇市、张家界市、井冈山市、韶山市等。

⑥ 边防军事型：三沙市①。

其中，以资源型（尤其是矿业城市）、边境型（尤其口岸城市）和农垦型（尤其是兵团城市）三类较为普遍，也是近年来增设最多的三种特殊类型建制市。

3）时空分布和演变规律

根据设立的时间差异及空间分布的不同，我们可将特殊类型建制市的分布规律概括如下：

按照空间分布的不同来看：

(1) 边境口岸城市：基本分布于我国陆疆国境边界（如我国与缅甸交界处的畹町市，我国与俄罗斯交界处的绥芬河市等）。

(2) 交通枢纽城市：分布于重要交通枢纽的节点城市，如内蒙古的二连浩特市。

(3) 资源型城市：这些城市依托当地的资源优势，是在资源大规模开发中形成的城市，如大庆市。

(4) 旅游城市：这些城市主要分布于自然和人文旅游资源集聚、开发规模较大的著名风景旅游胜地。

(5) 农垦城市：除江西共青城市外，其余基本分布于我国的西北和东北边疆地区的土地广袤、开垦规模较大和兼顾戍边的垦区。

(6) 边防军事城市：分布于陆疆和海疆的边防要地、边境口岸、海疆港口等。

按照设立的时间差异来看：1949—1979 年，多为工矿资源型城市和部分陆疆边境口岸型城市；1979 年至今，陆疆、海疆的边境口岸型、农垦兵团型城市成为主要设置类型。这与我国不同时期的政治、经济发展任务和军事、外交形势等密切相关。

---

① 三沙市，位于中国南海，是中国地理纬度位置最南端的城市，为海南省第三个地级市，于 2012 年 6 月 21 日设立，下辖西沙群岛、南沙群岛、中沙群岛的岛礁及其海域。三沙市涉及岛屿面积为 13 km^2，海域面积 260 多万 km^2，是中国陆地面积最小、总面积最大、人口最少（约 1 000 人）的城市。按：前述边境口岸城市应该也具有一定的政治、军事意义，但目前其经济意义应该更为明显；而三沙市主要是着眼于军事、政治原因而设立的建制市。

11 余论与思考

11.1 中国“市制”改革进入一个新的阶段，需要有新思路①

21世纪是经济全球化、信息化和城镇化的时代，中国的城镇化已经进入高速发展期。中共十八届三中全会的《关于全面深化改革若干重大问题的决定》，随后的中央城镇化工作会议及其《公报》，以及近期公布的《国家新型城镇化规划(2014—2020年)》，都成为国内外广泛关注的热点。我们想着重指出的是，在我国仍然处于改革深化、经济转轨的“行政区经济”运行时期，行政区划与城镇化(包括行政区划对区域规划及城市规划的影响)有着特别密切的关系；在相当长的时期内，行政区划制度将直接影响城镇化的进程、质量乃至城市—区域的整体性发展。因此，值此新的历史时期，对以城市为重点的行政区划体制的改革，有必要进行新的思考。

11.1.1 中国的“市制”仍然面临的矛盾

中国的“市制”(即设置“城镇型政区”的模式和制度)仍然面临以下矛盾：

(1) 城市化的快速推进与建制市逐渐减少的矛盾。我国目前城市化的水平已超过50%，但近10余年来，我国大陆建制市的数量却出现减少的奇特现象。截至2013年年底，全国的建制市为658个，比最多时1998年的668个减少了10个；且主要是地区改设为市，如果以具有实体意义的市(即“县级市”)计算，与1998年相比则减少了69个(1998年县级市有437个，2013年有368个)。如广东省佛山市所属的4个县级市改设为区，海南省海口市与琼山市合并等。总体来看，我国的建制市数量与城市化的快速推进极不相称。

(2) 部分中心城市扩展仍受周边市、县空间的制约。2001年年底，中国有265个地级市，其中部分大中城市由于传统形成的“切块设市”模式，市区面积狭小，其外围空间为郊区所包围，主要有安徽省的合肥、蚌埠、铜陵、安庆，山西省长治、阳泉，黑龙江省佳木斯，江苏省常州、扬州，江西省南昌，河南省开封、新乡、安阳，广西壮族自治区的梧州，宁夏回族自治区的银川；或是由于中心城区面积较小，周围为县或所包围，如广东省的江门、佛山，江苏省的徐州，海南省的海口，浙江省的宁波、绍兴，福建省的莆田，江西省的九江、赣州、上饶、吉安，河南省的许昌，湖南省的衡阳，陕西省的宝鸡等；亦或是由于省域中心城为地区所包围，如广西壮族自治区的南宁、柳州等。上述行政区划格局对中心城市产生“刚性约束”，使之发展受阻，与周边市县的矛盾十分突出。近年来随着撤县(市)设区的力度加大，这种状况有较大改变。如合肥、蚌埠、扬州、海口、绍兴等许多城市的行政

---

① 刘君德. 2003. 新时期中国城市型政区改革的思路[J]. 中国行政管理，(7)：48-54. 这里有修改和补充。

区划都进行了调整，较好地解决了这一矛盾。

(3) 城市体系规划与行政区划空间形态的不相匹配。国家建设部推进的城市体系规划是按照行政区域开展的。但由于自然、历史及其他人为的因素，少数城市行政区的形态呈现不规则的特点。如无锡市与其所属的宜兴市被常州市分割，难以形成无锡市域的城镇体系格局。在这种情况下，规划部门所做的城市体系规划以及交通、水利等基础设施和环境规划就会受到不规则的行政区划的严重干扰，使规划的科学性及其实施大打折扣。

(4) 都市区(圈)发展受行政区分割的强烈干扰。国内外经验表明，大都市区在国家和世界经济发展中具有举足轻重的作用，中国在大都市区的规划建设、经济发展中受行政区划的严重分割。近年来一些省市开展了以特大城市为中心、具有跨行政区域特点的区域规划或都市区(圈)规划，如地跨北京、天津、河北三省市的京津冀都市区规划，广东省珠江三角洲城市群规划，江苏省苏锡常都市圈规划、南京都市圈规划、徐州都市圈规划，湖南省长株潭都市区规划等。这种打破行政区划、以都市为中心的都市区(圈)规划，对于充分发挥中心城市的作用，建立以中心城市为核心的区域经济网络，整合区内资源，发展公共服务，减少重复建设，推进城市和区域发展具有重大意义。然而，由于行政区划的分割，利益冲突严重，规划难以开展，更难以贯彻实施。

(5) 直辖市郊域区划改革受现行法律的约束。我国《宪法》规定，直辖市下设区和县，这本来是无可非议的。但由于在 20 世纪 80 年代初期推行了市管县、撤县建市的体制，使我国省以下市管县(市)模式越来越多。截至 2013 年年底，全国 286 个地级市，绝大部分都辖有县级市。唯独直辖市下属的县不能改设为市(尽管其设市条件早已超过绝大部分的县级市，甚至地级市)。这种不合理的制度迫使直辖市纷纷走县改设区的道路。除重庆外，北京、上海、天津三个直辖市在近几年内已将大批县改设为区。不可否认，大城市的发展、扩张，将部分近郊县改设为区是必要和合理的，但大批县改区必然导致“城区”概念的混乱，在一定程度上助长了片面追求空间扩张、忽视城市质量、相互攀比的不正之风，导致随意改变郊县土地功能，资源浪费严重。

(6) 城市规模和经济实力与行政建制等级的不相对应。中国是一个传统等级制十分严密的国家，在短期内难以消除。由于不同的等级有与其相对应的规划建设要求与目标，其与城市政府，乃至于行政首长的权限、待遇等利益密切相关，不同等级的城市会导致发展的差异。因此，科学地确定行政区的等级是一项十分重要的工作。目前主要的问题是部分县级市无论从其规模、实力，或是从城市发展的需要来看，都有必要升格为地级市，但囿于种种原因难以实现。这种不合理的局面，加剧了这些城市与中心城市之间的矛盾，影响了这些城市发展的积极性。

(7) 新型城镇化和小城市发展中的行政区划问题。中国的国情决定了农村城镇化、发展小城市是实现城镇化道路的主要途径之一。我国目前的行政区划体制和相关的法规，在某种程度上对推进农村城镇化和发展小城市不利。表现在以下方面：① 部分乡镇规模偏小，形成不了集聚效应；② 过多的乡改镇，使城镇质量下降；③ 简单化的乡镇合并，从原来的无“中心镇”走向现在的个个都是“中心镇”；④ 一些中心镇已经具备建市条件，但受现行设市制度和县域经济利益冲突的影响而难以实施。

(8)“城镇型政区”通名不科学问题。我国城镇型政区通名的问题主要表现为“市”、“区”、“街道”三个层面。从“市”通名来看，由于实行了“县改市”、“地市合并”、“市辖县(市)”等城乡合一的政区模式，在一定程度上混淆了“市”的本质含义，导致城乡不分、市县不分；从“区”通名来看，由于实行了“县(市)改区”体制，使城市的“区”性质发生变化，出现大批农村性质的“区”，同时，城市的“区”还与“自治区”的“区”、“开发区”的“区”相混淆；从“街道”通名来看，也有值得商榷的地方，人们容易将它误解为“马路”，“街道”作为“区”的派出机构，实际已演变为一级政府，其功能、通名都需要认真研究，加以规范。

此外，我国至今尚没有一部完善的行政区划法，导致我国的行政区划改革存在一定的盲目性和随意性。行政区划法制不健全、欠科学是我国目前设置“城镇型政区”的制度中存在的、带有根本性的大问题。

以上问题表明，我国在向市场经济转轨的改革过渡时期，“行政区经济”的分割现象在相当长时期内都将客观存在。行政区划对城镇化、区域规划、城市规划、城市—区域经济发展的影响也将会在较长时期内存在。

11.1.2 全面认识“市制”改革的作用，把握好改革的原则

1) 正确认识行政区划制度在城镇化中的作用——不可低估，也不可高估

从目前的情况来看，对行政区划作用的认识存在着以下三种偏向：

一是低估行政区划的作用。这在规划工作中表现比较突出，许多城市规划的随意性较大，不太重视行政区划的影响，片面追求城市形态的完美，相对忽视规划实施的成本和可行性，以至于“规划规划、纸上画画、墙上挂挂”的情况仍较严重。

二是过高估计行政区划的作用。这表现在一些城市为追求城市的规模等次，相互攀比城市的地域空间规模，试图通过调整行政区划实现城市的空间扩张，以达到扩大地盘、增加人口和经济的总量，实现城市排名提升的目的。

三是对目前存在的地方行政分割的现象，不是采取合作、联合、协商的方式求得统一认识，共谋共赢发展，尝试建立新的体制和机制，解决城市—区域发展中的利益矛盾，而是一味想通过调整行政区划(“合并”或“兼并”)的方式解决地方行政分割带来的利益矛盾，以增强自己的竞争力。

我们认为，上述认识和做法是十分有害的。对于行政区划的作用，要实事求是地客观分析，既不要低估，也不要夸大；行政区划调整既要积极，更要稳妥；行政区划是重要手段，但并非万能；要反对搞形式主义的城市化，防止“建制城市化”。从长远来看，随着市场经济体制改革的深入，政府职能的转变，政治文明的发展，干部考核制度的改革，城市与区域、城市与城市、区域与区域之间经济发展差异的缩小，行政区之间利益的摩擦也将会逐步减少，行政区划的经济功能将逐步减弱，城市之间、区域之间、城市和区域之间的联合也必将逐步加强。

2) 把握好新时期“市制”改革的基本原则

根据我国国情，总结历史经验、教训，借鉴国际模式和经验，在新的时期，我国行政区划改革应遵循以下基本原则：

(1) 积极改革与保持稳定相结合的原则。由于我国现行的城市行政区划体制仍存在

许多问题，需要以积极的态度推进改革。同时，行政区划改革是一个涉及各方利益关系调整、十分敏感而复杂的问题，决不能草率和盲目行事。要努力克服当前城市行政区划改革中存在的两种偏向：一是过于谨慎，不敢触及，致使一些地区长期存在的行政区划矛盾拖而不决，影响城市经济社会的发展和其统一规划、建设与管理；二是不太慎重，盲目行事，随意性调整（如少数地区的乡改镇、乡镇合并和市辖县改区等），带来后遗症，同样不利于地方经济社会的发展和城市的建设与管理。

（2）方便管理与提高效率相统一的原则。方便行政管理、提高管理效率是政区设置的主要目标之一，也是构建科学合理的城镇型政区结构体系的主要依据。从这一要求出发，我们在进行城镇型政区的区划体制改革时，要处理好城市内部层次与幅度的关系（即市与区、区与街道、社区的关系），把握好合理的层次，科学的幅度。层次过少、幅度过大，会出现管理的“鞭长莫及”；而如果层次过多、幅度过小，又不利于上情下达、下情上通，还助长了官僚主义，不利于提高行政管理效率。防止这两种偏向，既要方便管理，又要提高效率，这是行政区划改革中必须把握的重要原则。

（3）自上而下与自下而上相呼应的原则。行政区划制度改革是国家的政治行为，必须从国家的长治久安这一根本目标出发，自上而下有序地进行。同时，我们也应当指出，城市政区改革的根本目的是促进城市经济社会发展，提高广大市民的生活质量；而充分调动民众的积极性，关注、支持、参与城市政府的经济社会等重大事务的管理是十分重要的。特别是城市基层行政区（如“社区”）的调整，直接涉及市民的利益，必须认真听取基层和民众的意见，上下结合，取得共识。要防止自上而下强制推行的“一言堂”官僚作风，采取有效措施，将区划调整可能出现的消极影响减少到最低程度。当前的主要问题是尊重基层和民众的意见不够，过多地强调“自上而下”的行政性推进，而忽视与“自下而上”的有机结合。

（4）城市行政区与经济区相一致的原则。我国现阶段的城市与区域经济运行表现为强烈的“行政区经济”特征，在这种运行机制下，我国的各级城市已经发展成为各级城市经济区，即城市“行政—经济区”，行政区经济职能十分突出。而随着市场经济的发展，行政区经济职能的淡化也要有一个过程。因此，一方面，我国城镇型政区的设置与调整（特别是省级和地级的中心城市的政区调整）必须尽可能地考虑与自然形成的经济区，以及由于交通等条件的变化可能形成的新的城市经济区格局相协调，以便于组织城市经济区的运行；另一方面，城市经济区的划分与组织也应该保持一定层次城市政区体系的完整性，这同样便于经济区的规划和管理。注意城市行政区与经济区的协调是我国现阶段城市政区改革的重要原则之一。

（5）城市规划与政区改革相协调的原则。实践证明，我国的城市行政区划格局不仅对区域经济产生明显的刚性约束，而且对城市规划、建设、管理产生巨大影响。针对目前城市规划工作中普遍存在的不太重视行政区划现状、片面追求城市的大和美、规划与区划脱节等问题，我们建议，今后的城市规划工作要注意研究与行政区划空间格局的关系，在规划之前及规划过程中尽量协调、处理好城市规划与行政区划的矛盾。一方面，城市规划要尊重行政区划现状，充分考虑规划的可操作性；另一方面，通过规划，同时解决行政区划的矛盾，推进行政区划体制的改革，使其适应规划发展的需要。

(6) 规范统一与因地制宜相结合的原则。行政区划体制是国家体制与政治体制的重要组成部分。城市政区制度改革必须在《宪法》、《地方组织法》等相关的法律范围内进行(尽管某些法规需要修改完善)。由于我国是一个国土辽阔、人口和民族众多,各地自然、经济、社会历史条件和生产力水平差异很大的国家,作为上层建筑的行政区划体制,如何适应不同地区的自然、历史条件和生产力发展的需要,是个比较复杂的问题,应根据各城市不同的条件和特点,因地制宜,选择不同的政区模式,不搞一刀切。不同的城市应有不同的标准和规范。我国的国情决定了城镇型政区改革的复杂性和城镇型政区模式选择的多样性。

11.1.3 新时期中国"市制"改革的总体思路

针对现行"城镇型政区"体制存在的问题,依据上述基本原则,借鉴国际经验,我国大陆地区未来城镇型政区改革的基本思路有以下几个方面:

1) 设市"解禁"——在修改、完善设市模式和完善设市标准的基础上,积极、科学设市

中国城市化的快速推进,需要尽快为设市"解禁",但必须在修改、完善现有城市制度的基础上解禁。当务之急是对我国目前城市制度中存在的问题进行全面深入分析,主要是市管市、整县改市制度问题;要总结经验教训,吸取国外的有益经验,尝试新的模式,制定新的法规,积极稳妥地推进我国城市建制的科学化、规范化;要注意防止设市解禁后的"一哄而上";应按照新的设市制度开展新一轮的设市预测与规划。

2) 适度增设直辖市——建设以直辖市为中心的大都市圈

国际经验表明,以特大型的国际化城市为中心的都市圈是国家经济重心所在,也是迈向世界经济体系的重要空间所在;同时它也是一国的政治重心。因此,建设都市圈,壮大都市圈,加速都市圈经济的发展,是事关国家发展全局、具有长远战略意义的大事。而大都市圈的核心是国际化都市,在我国区划层次上应是直辖市。这不仅应该考虑经济实力的因素,也应该考虑区域政治中心的因素。我国目前已经形成或正在形成的大都市圈有以长江三角洲为依托的上海都市圈、以环渤海为依托的京津都市圈和以珠江三角洲为依托的港深穗都市圈。这一格局基本与我国沿海地带经济发展相适应,南北布局比较合理。但从全国的整体空间布局和今后大区经济发展的趋势来看,我国的直辖市明显偏少。研究认为,除西南的重庆以外,在华南的广州或深圳、东北的大连或沈阳、中部地区的武汉、西部地区的西安等,有必要,也比较有条件建立中央直辖市。应在充分论证的基础上,成熟一个,发展一个,最终在全国形成以直辖市为核心的七个大都市圈联盟。它们辐射大区,影响全国,乃至世界,推动中国的现代化发展;同时,这些中央直辖市也是区域性的政治重心,可以在确保全国稳定中发挥巨大作用。

要以中央直辖市为核心,积极推进都市圈联盟。当前重中之重是贯彻实施习近平总书记的"打破'一亩三分地'思维"的精辟思想论断,破除行政区划的分割,按照市场经济规律,科学规划,有序推进京津两个直辖市和河北省的合作,建立"京津冀都市圈联盟"是实现京津冀的科学分工合作的重要组织基础。

3) 取消"市管市"——实行过渡时期的城市等级制

20 世纪 80 年代初期我国推行的市管县(市)的行政区划体制,是为加强中心城市的

发展，进而推进城乡一体化发展的一种新的“城乡合治模式”。30 多年来的实践证明，这种模式有其积极的一面，但也有其消极的一面。特别是在经济发达地区，地级市与其所辖的县(市)矛盾尖锐，弊端明显。我们认为，从历史观点和中国国情分析，“市管县”体制在特定时期，对某些地区采用行政手段强化中心城市的发展起到了一定作用，对解决一地两府的矛盾、精简机构起到了较好效果。但该体制也混淆了城市的本质概念，导致城镇型政区的混乱；人为地强化了中心城市对县、市经济的行政干预和人财物等资源的索取，形成不合理的竞争态势，使有些省(区)的地级市与所辖县(市)关系紧张，与开放的市场经济背道而驰；亦有可能对农业产生不利影响。更为重要的是，从行政区划的层次结构来看，增加了层级，拉长了行政距离，助长了官僚主义、等级观念等不良作风，对发展不利。从总体上看，这种体制利少弊多，从长远看，不是我国理想的城镇型政区模式，改革十分必要。但由于不同地区市管县体制的利弊程度差异很大，在改革中要注意因地制宜。在经济发达、市与县(市)利益矛盾冲突严重的地区，宜取消这种制度，但作为一种过渡，仍可保留地、县(市)的行政等级。随着市场经济体制的成熟、政治体制改革的深入，直辖市以下的城镇型政区的行政等级再予以取消；对于省域面积过大、经济相对落后、中心城市经济薄弱的地区或市县关系较好的地区，可适当保留或继续试行市管县体制，但要注意协调好市县关系，确保县域经济正常发展。

4) 推行不同的设市模式——控制“县改市”，推行“镇升市”，试行“县辖市”

和市管县体制一样，在 20 世纪 80 年代初期以来我国的主导设市模式——整县改市，也是在“城乡合治”的指导思想下推行的。实践的结果表明，这种体制具有与市管县体制相同的利弊特点，但其弊端表现更为突出，由于地方利益的驱动，导致“设市热”，在 20 世纪 90 年代初期与中期达到顶峰，所谓的“建制城市化”、“假性城市化”主要发生在这一时期。由此导致 1997 年国务院暂停县改市。应该认真总结经验教训，重新思考我国的设市模式。研究认为，我国地域辽阔，经济社会发展很不平衡，城镇化水平、城镇规模等差异很大，县域城镇体系发育模式(单中心、双中心)很不相同。因此，一种设市模式和标准是很难适应我国不同地区城镇化发展需要的，多种模式共存是唯一出路。为此，我们有以下设想：

(1) 从严掌握“撤县建市”。提高整县改设市的标准，除了县城非农业人口要求有一定的规模之外，还应增加乡镇非农人口集聚规模和生活质量的指标，一般在县域经济相当发达、县城与乡镇人均经济水平差距较小、“单中心”的情况下才能整县改设为市。

(2) 积极推行“镇升格为市”。改革开放以来，我国沿海许多乡镇经济迅速发展，人口和产业集聚的规模较大，如浙江省苍南县龙港镇，号称中国农民第一城，2012 年全镇人口已超过 30 万，经济繁荣，居民生活质量较高，早已达到设市标准，甚至超过许多县级市。类似于这样的镇，完全有条件升格为市。一般情况下选择“多中心”、非县城的镇升格矛盾较少。

(3) 试行“县辖市”新模式。即城镇达到一定规模，经济实力较强，非农人口和产业比较集中，基层民众有迫切要求，符合镇改市的标准，就可以批准设市，与第二种类型不同的是镇改设市之后，其行政等级和隶属关系不变(可赋予副县级权限)，一般规模相对较小。这种模式既满足了设市的要求，使中国的城市建制与城市化的发展相适应，也与世界绝大多数国家和我国台湾地区的城市建制模式相对应。同时，由于这类市仍归属县管辖，有利于县域统一规划、建设和管理，减少了县与所辖市之间的摩擦。根据需要和标准，一个县可以辖一个市，也可以辖多个市。对于经济比较发达，县域呈"多中心"发展态势的县，采用这类设市模式十分有利。

5）创新城市内部的区划结构——建立纵向"行政区—社区"治理新体制

20 世纪 90 年代以来，我国城市内部（城区）的纵向管理模式发生巨大变化，主要表现在两个方面，一是在大中城市普遍推行了"两级政府、三级管理"体制，区、街两级政府（街道办事处原本是区政府的派出机构，但随着职能的扩展、公务员的增多，已演变为一级准政府机关，成为事实上的一级政府）的权力大大增强，而居民委员会的行政化倾向也越趋明显。所以，实际上在绝大多数的大中城市已经形成"市—区—街道—居民委员会"四级管理体制。这种体制虽然形式上与我国现行规定的法规相符，但其实质内涵已发生变化，行政化的倾向越来越严重。这种体制存在诸多弊端，如：增加了行政管理层次，提高了行政成本，在一定程度上助长了城市机关的官僚作风，与人民群众的距离越来越远，不利于基层民主化的推进，影响社区自治的发育。研究认为，未来城区行政区划制度和城市政府改革的方向是，在转变政府职能的前提下，减少城市政府的层级，推进自下而上的社会体系的发育，建立小而精、层次少、高效、廉洁、与市民行政距离较近的新型城市政府，即纵向的"行政区—社区"管理新体制，可试行以下两种方案：

（1）实行"街道政府化"模式。将街道办事处改设为"街区"政府——城市的基层政府；弱化区级功能——部分职能（如规划）上收至市政府，大部分职能下放给街区，使区成为市政府的派出机关；实现社区自治化——使社区居民委员会成为真正的自治组织，从而形成"市（政府）—区（协调功能的派出机关，规模大大缩小）—街区（以社会功能为主的小型基层政府）—社区（自治组织）"的"两级政府、三级管理、四级网络"的新型"行政区—社区"管理体制。

（2）实行"街道社区化"模式。形成"市（政府）—区（政府）—社区（自治组织）"的"两级政府、两级管理"的新型"行政区—社区"管理体制。

前者宜在规模庞大的大都市的中心城区实施，后者宜在规模较小的中等城市推行。

未来，在条件具备时，进一步虚化"区"和"街区"，实现"一级政府、三级治理"新体制。

6）试行城市的行政区与服务区相分离的模式——节约行政成本，提高管理效能

西方发达国家城市—区域管理的一个重要经验是实行城市的行政区与服务区相分离的制度，如美国全国设有为数众多、承担了大量政府服务性职能的特别区，如学校区、消防区、卫生区、公园区、水区等，这些管理区行使着单一职能，其机构设置和财政来源独立于区级政府各职能部门，有自己的征税权。特别区服务单元的划分不与行政区划界限相一致，而是根据所提供服务功能的特点以及城市居民的实际需求重新划定的。例如，纽约中心城区的学校区被划分为 33 个管辖单元，保健区被划分为 354 个服务单元，警察区被划分为 76 个服务单元，均与纽约的 5 个区级政区和 59 个社区单元相分离。这种模式的最大优点是服务功能明确，区域划分合理，不受区级行政区的制约，节约行政成本，规模效益显著，区级政区的功能因此大大减少，区际利益矛盾较小。西方城市的这一模式虽近期内难以在中国全面推广，但对于一些特大型城市的规模较大的市辖区，如上海

市的浦东新区、天津市的滨海新区等，有一定借鉴意义，可先行实践。

7）适当时候改革"城镇型政区"的通名——市、区、街道

地名是政区的基本要素之一。理顺和改革不合理的政区通名是城镇型政区改革的一项重要任务。由于通名改革不涉及区划界线的调整，对行政区之间的利益关系影响不大，因而相对比较容易操作，应积极推进。在条件成熟时，可以设想，将直辖市改为"都"（或"都市省"），都下设区、市、县，整县改设的县级市可改为"州"，州下管镇、乡，或恢复县体制，实行县下辖市。此外，城区的街道办事处可改为街区等。通过改革，使我国的城镇型政区通名走向科学化、规范化、标准化的轨道。

8）制定和完善相关的法律、法规——如制定《中国行政区划法》等

至今我国尚缺少一部完整的"行政区划法"。现有的"标准"、"条例"存在诸多弊端，需要进一步完善。2002 年 5 月国务院颁布了《行政区域界线管理条例》，这是我国行政区划法制建设的一项重大成就，但对其如何监督实施，还要有相应的行政区边界管理监督法。此外，涉及行政区之间利益的冲突、目前司法辖区隶属于地方行政辖区的司法体制问题、《宪法》中有关行政区划的规定等重大问题，都需要进行深入研究、实践探索，在此基础上制定相应的法律，如《中国行政区划法》等，并完善相关的法律法规。

11.2 新时期中国"市制"需要实施多模式发展与渐进式转换战略①

新型城镇化将是中国相当长时期推进的一项具有深远意义的国家战略，如何以中共十八届三中全会《决定》中有关"优化行政区划"、"完善设市标准"、"有序改市"的精神为指导思想和依据，研究和探索中国特色、与新型城镇化相适应的城市政区制度是一个重要而迫切的命题。作为本书的结论，本节内容以逐步实现中国设市制度的科学化、标准化、有序化为目标，提出了建制市多模式发展和从"撤县设市"向"撤镇设市"，再至"县下辖市"渐进式转换的战略路径。

11.2.1 中国"市制"模式的曲折演进

从城乡关系看中国的城市政区制度模式，大体可分两个阶段：一是改革开放前的城乡分治模式阶段；二是十一届三中全会以来的城乡合治模式阶段。

前一阶段沿袭传统的设市模式，也是世界绝大多数国家普遍推行的模式。即按照"城乡分治"的原则，"切块"划定标准设市。新中国成立初期，原则规定人口在 5 万人以上的镇可以设市；1955 年公布《国务院关于设置市、镇建制的决定》，将聚居人口的标准提高到 10 万以上，同时规定 20 万人以上的市可以设市辖区。在计划经济时期，中国的经济运行以纵向为主，市县矛盾以隐形形式存在，这种城乡二元结构的"切块设市"模式并未导致明显的市、县利益冲突，因而使城乡分治的设市模式得以正常发展。

后一阶段则大力推行"城乡合治"的"撤县设市"新模式。改革开放、权力下放带来中

① 刘君德. 2014. 论中国建制市的多模式发展与渐进式转换战略[J]. 江汉论坛，(3)：5-12.

国经济的大发展、社会的大变革、城市化的快速推进；商品经济的大潮冲击着城乡分治的壁垒。传统的城乡分治设市模式日益显现出许多弊端。在这一背景下，中国的市制发生重大变革，即由传统的城乡分治模式迅速转向以“撤县设市”、推行“市管县”体制为标志的新型城乡合治模式；并于1983年制定了撤县设市标准，1986年国务院批转民政部《关于调整设市标准和市领导县条件的报告》，紧随其后在全国范围内大规模开展了“设市预测与规划”，掀起全国设市热。1993年提高了撤县设市标准。1996年年底，中国的县级市达到445个，与1981年相比，增加了332个，可谓撤县设市“大跃进”，由此引发严重的“设市热”。1997年，中央政府暂停了县改市的审批(直至2013年年初，才个别放开)。此后16年，中国出现县级建制市逐年减少的不正常现象。

截至2012年年底，在全国34个省级政区(不含港澳台地区)中，除北京、上海、天津、重庆4个中央直辖市之外，共有建制市654个，其中地级市286个，占设市城市总数的43.7%，占地级政区的85.6%；县级市368个，占设市城市总数的56.3%，占县级政区的12.9%，但如果加上860个市辖区，则占43.1%。由此可以明显看出两个问题，一是建制市的数量增长与中国城镇化率的提高极不适应；二是在设市城市的等级结构中，地级市明显偏多，县级市偏少，与中国的城市规模结构体系极不相称。

11.2.2　“撤县设市”模式需要控制发展

从城乡关系看中国的市制模式，在20世纪的80年代，传统的城乡分治转向了城乡合治——撤县设市。这种转变具有必然性，在一定程度上是当时特定时期政治经济体制的产物；在今天看来，这种转换的过程过于“快速”，过于“一刀切”，可以说是中国设市模式的一种“突变”，缺少了过渡性的实践阶段，产生不少问题。经过30多年的实践，我们仍有必要对“撤县设市”模式进行客观公正的评价。

1）不应低估撤县设市的优点

多年来，许多学者对“撤县设市”体制模式进行了很多评价，我们不赞成全盘否定的观点。研究认为，改革开放以来，中国的经济运行由纵向为主转向横向为主，地方政府经济功能的强化导致行政区之间(如县与县、市与市、市与县以及地级与县级行政区之间)经济利益的矛盾冲突，表现出中国特有的“行政区经济”现象。撤县设市正是在这一体制背景下产生，并积极推进的。今天看来，其与传统的“城乡分治”、“切块设市”模式相比较仍有明显的优越性。

第一，大大减少了“切块市”与县之间的利益冲突，有利于城乡统筹规划建设，以城带乡，促进城乡经济社会的协调发展。

第二，没有增加行政建制，避免了“切块设市”使行政建制增多带来的机构、编制矛盾，有利于节约行政开支。

第三，便于操作实施，有利于保持县级政区的稳定，因而也有利于基层社会的稳定。

更为重要的是，撤县设市模式在许多地方，尤其是东部沿海地区对经济社会发展以及城市化推进的正面作用相当显著，大批县级市知名度提高，外向型经济迅猛发展，城市化进程大大加快，实际上也促进了农业现代化的进程。

对于撤县设市模式的这些优点我们不能低估。从长远来看，这种模式为县(市)域经济、社会、文化、生态、政治“五位一体”的建设将提供良好的政区空间与体制环境。

2）必须重视撤县设市的缺陷

撤县设市模式在运行实践中，也暴露出其存在许多制度性缺陷，有些甚至是根本性的问题，主要包括以下几方面：

第一，撤县设市混同了市制与县制的本质区别。一般来说，城镇型政区的地理空间形态表现为点状特征的人口和产业集聚的地方政府管理空间，而地域型政区则是以面为主、点面结合的人口和产业等管理空间的地理形态。市制的诞生是工业化和城市化的必然结果，是城乡分治的体现；而传统县制是与农业社会发展相适应，以城乡合治为特点的一种区划建制。从这个意义上看，“撤县设市”名义上由“县”变成“市”，本质上和“县”并没有什么区别，以至于形成许多“县”改“市”之后“市不像市、县不像县”的尴尬局面，并没有达到预想的实施效果。

第二，造成了假性城市化和县制不稳定的双重矛盾。一些地方政府以撤县设市为契机，盲目追求城市化、工业化，大搞城市建设，大建开发区和“新城”，使大量耕地流失，而土地的产出效益大大降低，城市质量下降，人们称之为“假性城市化”。这在不少县级市出现了比较严重的后果，由于大量耕地的流失，严重影响了农业的基础地位和县制的稳定。有些县级市运行 20 多年，至今尚未达到 1993 年的设市标准；2012 年还有 18 个市和 19 个市辖区属于所谓的“国家级贫困县”之内①。这种假性城市化和县制不稳定的双重矛盾虽然不应该完全归因于“撤县设市”的政区制度（还有其深刻的体制机制和基层政府追求政绩、相互攀比、好大喜功、形象工程等利益的驱动和工作作风等原因），但把整县改设为市所导致的地域型政区与城市型政区在功能上的混淆，客观上为上述问题的产生提供了政区空间基础，这一点也是不可否认的。

此外，撤县设市模式还存在城市统计困难，与国外城市无法比较，城镇化水平的标准难以衡量，以及城镇管理与服务难以规范等诸多问题。从市建制的隶属关系看，由于普遍推行“市管县（市）”体制，两个不同等级的市隶属关系不清，定位不明，不仅导致了两个城市主体之间的矛盾冲突，而且对完善城镇型政区体系造成一定困难。

3）撤县设市模式应该谨慎使用

---

① 据“搜狗百科”的“国家级贫困县”词条介绍：“国家级贫困县，又称国家扶贫工作重点县，是国家为帮助贫困地区设立的一种标准。目前共有 592 个国家贫困县（包括县级行政单位区、旗、县级市）。国家为扶持贫困地区，设立国家级贫困县标准，资格经国务院扶贫开发领导小组办公室认定，审批工作共进行过三次。少数民族自治地区有不同评定标准，称民族自治地方国家扶贫工作重点县。2012 年 3 月，国家级贫困县调整名单出炉，调出 38 区县，但总数不变。”其中，17 个“市”为：内蒙古自治区兴安盟的阿尔山市，吉林省白城市的大安市、延边朝鲜族自治州的龙井市、和龙市，黑龙江省佳木斯市的同江市、绥化市的海伦市，江西省赣州市的南康市、吉安市的井冈山市，湖北省恩施土家族苗族自治州的利川市、恩施市、十堰市的丹江口市，海南省的五指山市，四川省南充市的阆中市、达州市的万源市，云南省文山壮族苗族自治州的文山市，甘肃省甘南藏族自治州的合作市，新疆维吾尔自治区克孜勒苏柯尔克孜自治州的阿图什市；18 个“市辖区”为：安徽省阜阳市的颍东区、六安市的裕安区，重庆市的万州区、黔江区，四川省南充市的嘉陵区、广安市的广安区，云南省昆明市的东川区、昭通市的昭阳区、临沧市的临翔区，陕西省铜川市的耀州区、印台区、安康市的汉滨区、商洛市的商州区，甘肃省天水市的麦积区、定西市的安定区、陇南市的武都区，青海省海东市的乐都区，宁夏回族自治区固原市的原州区。另外，西藏自治区全境所辖 74 个县级政区均为“国家级贫困县”，则其中的拉萨市城关区和日喀则市亦为此列。详见 http://baike.sogou.com. 这样，合计 18 个市、19 个市辖区，也属于 592 个国家贫困县之列。

对撤县设市模式正反两个方面利弊的简要分析表明，这是中国在特定时期的市制模式，有其深刻的政治经济背景。这种模式有突出的优点，也有明显的弊端。我们认为，要充分发扬这种模式的优点，高度重视这一体制的缺陷。总体上看，在中国目前的政治经济体制大环境和地方政治生态及政府主导的全能性功能下，撤县设市仍具有生命力，仍然是近期较好的设市模式，但需要在总量控制、保护县制、严格标准、有序设市的原则下实施。

11.2.3　新型城镇化需要重点推行“撤镇设市”

1）县级建制市模式需要及时转换

县级建制市的设置模式之所以需要及时转换，主要是基于以下一些原因：

（1）基于传统的县制需要稳定和保护。中国的县制源远流长，从公元前 221 年秦始皇统一中国推行“郡县制”算起至今已经有 2 200 多年的历史，很多县设置的空间范围、名称、驻地已经延续千年以上，表现了县制的超稳定性特征。作为中国传统的、历史文化悠久，而且最为稳定的政区，仍需加以保护。为此，需要及时转换县级市设置模式。

（2）基于人多地少的基本国情和实施主体功能区规划的要求。中国作为 13 亿多人口的世界头号大国，人民的最基本生活需要——庞大的粮食需求供给必须有充足的耕地加以保障。2013 年年底召开的中央城镇化工作会议明确指出要优化城镇布局，贯彻执行国家主体功能区规划蓝图，实行“一张蓝图干到底”的政策。新时期中国市制模式推行与改革要有利于保护耕地、用好耕地、建设耕地，有利于严格执行国家“不能越过耕地红线”的硬指标；要能够处理好市与县的关系，实现建制市的科学布局，在重点农业发展区以及生态保护功能区、限制开发区等，仍应该保留有足够数量的县。

（3）基于建制市回归城市的本质特征和建立与城镇体系相对应、科学合理的大中小建制市结构体系的需要。“撤县设市”模式的一个要害问题是将城市型政区混同于地域型政区，在一个设市城市里经营大量农业产业和拥有其依附的广阔土地空间，极易导致地方政府盲目占用农用土地空间的利益冲动，带来城市建设失控，盲目大建开发区、房地产，涌现许多“空城”、“鬼城”等规划建设管理以及社会问题。新的县级市设置要求能够克服“撤县设市”模式的弊端，让建制行政市回归城市的本质特征，能够控制城郊合理比例，可以从政区空间上制约可能产生的上述现象；同时有利于解决目前我国设市城市等级结构不合理（地级市比重过大、县级小城市比重过小）的问题，形成与城镇体系相对应的大中小相互协调发展的设市城市体系。

2）“撤镇设市”：县级新市制模式的最佳选择

中央城镇化工作会议明确指出，城镇化是中国“现代化的必由之路”，“对全面建成小康社会、加快推进社会主义现代化具有重大现实意义和深远历史意义”。同时指出，“城镇化是长期的历史进程，要科学有序、积极稳妥地向前推进。加强相关法规、标准和制度建设。坚持因地制宜，探索各具特色的城镇化发展模式”。从城镇型政区制度改革的角度来看，则需要积极研究与探索实践以“撤镇设市”为主体的新市制。

借鉴我国历史的和国际的经验，一个基本的事实是当“建制镇”发展到一定规模，符合“建制市”设置标准时即可“设市”。我国近代的市制和世界各国以及我国台湾地区目前的市制都是由镇演进、升格而来的。这一事实告诉我们，“建制镇”向“建制市”转化可以说是古今中外城市建制发展的基本模式。诚然，仔细研究这种模式也会有某些缺陷，如美国，在一个都市区有上百个，甚至于更多的城市政府，给大都市区治理带来的麻烦实在不少。因国情不同，完全实行这种体制在中国明显行不通；但这种市镇设置的模式还是应该充分肯定的，因为它符合城市发展的自然规律，体现城市的本质特征。

因此，基于城市的本质特征，基于城市的发育成长规律，基于历史和国际的基本经验，也基于我国改革开放以来“撤县设市”的运行实践，在推进新型城镇化发展的新时期，从政区制度建设层面思考，建立我国新型的“城镇化发展模式”的方向必然落在了“撤镇设市”，即“镇升格”的路子上。

同时，“撤镇设市”也是我国小城镇规模分化发展的迫切需要。以广东省为例，改革开放以来，其内部政区的城镇规模，无论是经济规模或是人口规模，分化极为明显。在珠江三角洲，几十万人口、几百亿经济规模的大镇强镇不在少数。传统的乡镇级政区体制已经严重不适应城镇规模发展的需要，并由此带来一系列相当严重的社会问题。在广东，“人大衫小”的矛盾十分突出，基层行政资源严重不足，政府行政管理能力受很大制约，甚至出现某些管理真空。我们认为这是产生大量社会问题的重要原因。试问，在当今行政等级严密的集权制中国，一个基层乡镇级政府怎能管好一个数十万人口的大“城市”？

解决类似于广东“人大衫小”矛盾的一个根本的行政体制性举措，即应该顺应由“乡”到“城”的转变，适时将大镇强镇“升格”为建制市，按照城市的职能来规划、建设和管理；提供城市公共设施和服务，以解决经济快速发展、非农人口高度集聚、城镇空间规模迅速扩张过程中引发的公共服务基础设施滞后、大量社会问题涌现的突出矛盾。

总之，推行“撤镇设市”新模式至少有以下突出优点：

(1) 有利于推进县域城镇体系建设，加快新型城镇化发展步伐。

(2) 有利于加强城镇公共服务设施的统一规划建设，发展小城市，提高小城市的质量。

(3) 有利于带动县域经济的城乡一体、均衡发展。

(4) 有利于吸引大批外出务工人员回归故土，解决大城市的人口压力，促进县域社会、文化发展，推进城乡公共服务均等化建设，加强城镇社区建设，促进社会和谐。

(5) 有利于推进农业产业化和农村工业化的发展，全面实现现代化建设的战略目标。

(6) 有利于提高基层干部素质，规范小城市的管理，加强基层政权建设，从源头上确保国家长治久安。

从县与市的关系来看，镇升格设市还有利于保护具有悠久政区历史文化、最为稳定的县制，使其维持在一定的数量，从而有效克服了“撤县设市”模式发展可能导致的“县荒”矛盾。

撤镇设市可以说是世界各国城市设置的主导性模式，也是对中国改革开放以来单一“撤县设市”模式的重大突破，具有强大生命力。事实上，改革开放以来国家已经在有些地方推行了“撤镇设市”模式，如福建省的石狮市(1987 年)、广西壮族自治区的东兴市(1996 年)等，都取得很好效果，这为广泛推行“撤镇设市”模式提供了范例和经验。

3）镇升格为市需要“从严”和“优选”

1949年新中国成立以来，建制镇的发展大体上经过了解放初期的规范设镇、“文化大革命”时期的波动萎缩和改革开放以来的迅猛发展三个阶段。据有关资料统计，1954年，全国有建制镇5 400多个，1958年全国建制镇调整为3 621个，人民公社体制保持时期的1978年，全国仅有镇2 173个。改革开放以来，建制镇数量从迅速增加转变为波动发展。1990年全国共有镇12 084个，1996年增加到18 171个，2000年突破2万大关，达到20 312个，2002年又增加到20 600个；此后呈现缓慢下降趋势，许多建制镇演变为“街道办事处”（表11-1）。总体上看，建制镇在推进城镇化发展中起了积极作用。建制镇设置的发展变化受经济发展、城镇化率的演进和镇建制标准和政策变化等基本因素的影响；“镇”改“街”、合并、优化也是重要原因。

表11-1　21世纪以来中国大陆镇、乡、街道数量变化统计表

年份	2000	2002	2004	2006	2008	2010	2012
建制镇（个）	20 312	20 600	19 882	19 369	19 234	19 410	19 881
乡建制（个）	24 555	18 640	17 534	15 306	15 067	14 571	13 281
街道（个）	5 902	5 516	5 829	6 355	6 524	6 923	7 282
合计（个）	50 769	44 756	43 245	41 030	40 825	40 904	40 444

面对全国近2万个数量庞大的建制镇，不可能，也不应该放宽标准、盲目设市；相反，必须“从严”升格设市，即必须从2万个建制镇中“优选”极少数超级大镇、强镇升格为市。

关于镇升格设市的标准问题，前文已有论述。这里要强调的是，从“从严”、“优选”的指导思想出发，需要把握以下要点：

（1）必须是大镇、强镇。所谓大镇是指建制镇人口规模，重点是镇建成区的常住人口规模；所谓强镇是指建制镇的经济规模。一般从纳入县域规划的“新市镇”、“重点镇”等建制镇中进行“优选”。

（2）不能是县政府驻地镇。县政府驻地镇是县的政治、经济、文化和管理中心，统管全县。在中国当今政治体制下，受地方政治生态和全能政府功能的制约，在“行政区经济”运行规律作用下，一旦县城升格设市，将会带来极大的负面影响。“一地二府”导致的县、市之间的矛盾、分割、摩擦、内耗将不可避免。这是被改革开放以来许多中心城市的运行实践所验证了的，我们要深刻吸取历史的经验教训。从实际情况看，许多县市的驻地镇规模很大，已经将镇建制改设为街道办事处。今后，对于规模较大的驻地镇可以改设为“街区”，下辖“社区”，实行城市管理。

（3）不同于传统的“切块”设市。我们不能把镇升格设市等同于回归到走“切块设市”的老路，新的镇升格设市，其“镇域”必须留有足够的发展空间。为此，撤镇设市的建制镇可以根据合理“城郊比”的需要，通过合并、兼并周围的乡镇适度扩大镇域空间。

（4）“优选”县域双中心、多中心的大镇强镇升格设市。由于自然和交通、人文等因素的影响，中国有不少县的县域形成了多中心的城镇分布格局，最为典型的如苏州市的吴江区（原吴江县），稠密的河网，发达的水运，特色专业化农产品（蚕桑等）的发展、加工和流通，形成极有特色的盛泽、震泽、芦墟、同里、松陵、黎里、平望这些著名的七大镇，县城松陵镇作为原吴江县的行政管理中心，在很长的历史时期都并非县域第一大镇。类似这样的县在广东省、浙江省、江苏省、山东省，东北及内地的许多省区也有不少。“优选”符合条件的双中心、多中心大镇强镇升格设市完全有必要，同时也有可能，关键是处理好升格的大镇强镇与县的关系。

(5) 注意因地制宜，科学布局，充分发挥省区的积极性。镇升格设市“优选”的根基在遍布全国的近 2 万个建制镇，这也是镇升格设市的生命力、活力所在。如果全国统一制定一个标准，势必在中西部的许多省区出现新市制的空白点，因而失去这种模式的“均衡发展”、“城乡一体”的极为重要的价值。为此，需要在全国统筹、科学布局的前提下，以省、自治区为单元，因地制宜设定标准。

11.2.4 中国“市制”体系建设需要实践“县下辖市”

新型城镇化发展的着眼点主要在中小城市，重点是小城市。与世界各国，尤其是大国相比，中国设市城市的总数量偏少，设市小城市比重过低。据有关资料，美国有 19 429 个大大小小的城市(City/Town)，其中 2 500—25 000 人的有 8 810 个，占城市总数的 45%；另有 9 361 个城市在千人以下。世界各国的建制市，都是小城市(镇)占绝对多数。我国台湾地区除 5 个所谓的“直辖市”、3 个省属县级市之外，归属县管辖的市(县辖市)有 17 个，县辖市占乡镇市总数的 8%，但占设市城市总数的 68%。而在中国大陆，建制小城市的数量明显偏少；尤其缺少县辖市层级，反映了中国设市制度尚不够完善。

我们认为，中国建制小城市的数量有很大的增量空间，但这个“增量”主要应该在“县辖市”，因此，从长远的市制模式发展看，探索、实践“县辖市”制度十分必要。

1) 建制小城市的“增量”主要应依靠推行“县辖市”模式实现

诚然，推行“撤镇设市”模式将大大增加建制小城市的数量，在一定程度上弥补了建制镇规模结构体系的缺陷。但由于“撤镇设市”实质上是建制镇的升格行为，它意味着中国县级行政区的数量增加，如果以全国建制镇总量的 2%升格，则全国将有 400 个镇可以升格为市，也就意味着全国将增加 400 个县级政区单位，机关行政人员也必然相应增加，这将给组织人事部门的干部配备、地方财政部门的公共支出带来很大压力，因而大量增加“撤镇设市”的可能性极小，这也是为什么撤镇设市要从严优选的重要原因。从设市小城市的“增量”角度看，撤镇设市模式也存在一定局限性，因此，必须，也只能走“县辖市”之路。县辖市可以弥补镇升格的缺陷，真正实现市制的合理布局，形成科学的市制规模结构体系。

2) “县辖市”的性质及其基本要素特征

可以设想，县下辖市的“市”，其性质和基本要素应体现以下基本特征：

——县辖市的隶属关系不变，仍归属县领导，由县统辖、统筹，其行政等级一般等同于乡镇，不得增设机构，某些职能权限(市政、公安、城管等)稍高于乡镇，但低于县级市。

——县辖市不搞“切块设市”，实行“城乡合一”体制，其范围大体为经过调整后的乡镇，根据需要适度微调。

——县辖市不在县城设市，其在经济、社会、文化等功能上辐射县域区片中心。

——县辖市一般不改变原有乡镇专名。

——县辖市位处最基层，与民众的生活、利益息息相关，在设置过程中要充分听取基层组织和民众的意见、建议，充分反映民众的要求。

“县辖市”要处理好与周边乡镇的关系，处理好与县的关系，在全县统筹规划发展的原则下，促进“市”的健康发展、特色发展，防止分散化和重复建设；还要处理好与升格县级市的关系，科学规划，合理布局。

“县辖市”是乡镇政区制度的发展，是城市制度的重要补充，有利于提高和带动基层市镇的管理水平。与“镇升格设市”相比，县辖市有其特殊的优势，对保持县制稳定，完善设市城市的制度体系具有深远意义；同时，县辖市也更具有操作性，其实施可以以省区为地域单元，因地制宜制定县辖市标准，重点是镇区的非农人口、非农产业集聚水平、镇级财政能力和发展潜力。

但要指出，县辖市不应该，也不可能取代乡、镇建制，乡、镇仍然是我国县辖政区的主体。

3）创造条件实践“县辖市”

应当指出，“镇升格设市”和“县下辖市”都属于“撤镇设市”，虽然都由乡镇发展演变而来，但有质的差异，主要区别在两个方面：一是等级的差异，“镇升格”设市是县级，“镇改设市”则为乡镇级。二是性质功能上的差异，镇升格的县级市是法定的“设市城市”，为完全城市化地区，具有经济社会文化辐射的重要功能，实行完全的城市管理；“县辖市”无论在其规模或是功能性质等方面都表现为乡村向城市的过渡性特征，我们也可以称其为介于乡村和城市之间的“半城市化的建制市镇”。

从政区体制的实践与法律层面看，镇升格为市已有较好的实践基础，符合《宪法》和相关的法律规定，也有相应的标准；而县辖市则不同，目前尚没有法律依据，虽然有民国时期和解放初期的历史基础和经验，但时隔五六十年，经济社会发展和城市化水平及其相应的空间布局等都发生翻天覆地的变化，完全沿用传统县辖市体制、规则或照搬国外的做法都行不通，必须创造条件，选择合适的省区（如浙江省、广东省）先行先试，在实践中总结经验，制定标准和实施细则，然后再逐步推广。

为此，选择不同类型的地区开展调查、进行试点实践是十分必要的，通过试点实践为相关部门制定标准和政策提供依据。在试点实践中重点解决“镇升格”和“镇改市”的标准划分和政策界限这一难点问题。

推行县辖市体制最为重要的是要有法律制度环境，修改包括《宪法》在内的相关法律。中国的建制市与国外的建制市本质性的区别是设市城市的等级制度，国外许多国家不存在建制市的行政等级，而中国的建制市则有复杂的等级，镇升格、县辖市的等级划分都要有法律依据；即便今后建制市的等级淡化也需要有相关法律加以明确。此外还涉及设市城市的审批制度改革问题，如县辖市的审批能否下放给省区等，都需要深入进行研究、实践。总之，需要在试点实践中为“县辖市”的推行总结经验。

总而言之，中国建制小城市的增量将主要依靠“县辖市”模式实现，在这一点上“县辖市”优于“镇升格设市”，要努力创造有利于推行“县下辖市”的制度环境，把握合适时机积极推行。

11.2.5 中国"市制"模式改革的战略走向:多模式共存,渐进式转换

1) 基本格局:多层级、多模式并存的设市制度体系

中共十八届三中全会《决定》关于"优化行政区划"、"完善设市标准"和"有序设市"的基本精神和新型城镇化战略思想,为中国城市制度改革指明了方向。本书著者认为,在新的发展时期,中国有必要、有条件推行设市制度的多模式共存、互补的战略。

所谓多层级,是指建立"省级(中央直辖市)—地级、县级(省辖市)—乡镇级(县辖市)"的三个层次、四个级别的设市城市体系。这个层级体系与目前中国地域型行政区划的基本层级(省—县—乡镇)结构相对应,也与大中小城市规模体系结构相呼应。

所谓多模式,是指继续推行"撤县设市",重点推进"撤镇设市",积极探索"县下辖市",也就是说让"撤县设市"与"撤镇设市"、"县下辖市"三种模式都能推行。我们在前面的论述中清楚地表明,三种模式都各有其重要优点,又都各有某些缺陷。单独推行某一种模式都会产生某些负面影响或不良后果;而如果将三种模式组合同时推进,只要搞好顶层的精心设计,做好充分调查,严格按规范的标准与程序实施,就有可能产生三种市制模式互补的最佳效果。

之所以有必要推行多种市制模式,一是因为可以充分吸取三种模式的各自优点,最大限度地避免或减弱三种模式的各自缺陷,从而形成相互补充的组合优势,对中国特色的新型城镇化建设发挥制度保障作用。二是基于中国的国情考虑。中国是一个国土空间辽阔,自然条件复杂,人口众多,历史悠久,多民族、多元文化的发展中国家,各地经济社会发展水平和城市化水平差异很大,政区形成的历史文化背景不同;即使同一省区不同地区往往处于不同的发展阶段,其城乡关系矛盾表现也不相同,作为上层建筑的行政区划体制难以用一种模式去适应不同地区或同一地区不同发展阶段的需要。推行多种模式就可以根据各地情况因地制宜选择不同的设市模式。比如,可以设想,在沿海、沿江重点开发、经济发达、城乡差别较小的地区重点推行"撤县设市"模式比较适合;在主体功能区规划中确定的以生态保护功能为主的控制或限制发展区,以及农业集中发展区,则比较适合推行"撤镇设市"模式,以保留县制,确保主体功能任务的实施;至于"县下辖市"模式则可以在不同类型地区同时推行。

2) 实施战略:分三步走,渐进式转换

撤县设市、撤镇设市、县下辖市三种模式如何科学运行,是我们需要研究的问题,关键是把握好市制发展的阶段性特征,实行"渐进式转换"战略。所谓渐进式是相对于20世纪80年代整齐划一推行"撤县设市"而言,三种模式的推进不搞"一刀切",而是根据实际情况,或者创造条件分步骤、分阶段、分区域推行实施,具体说就是分三步走的战略。

(1) 近期(或现阶段):大致在2020年之前,在总量控制的原则下重点实施"撤县设市",同时积极推进"撤镇设市",选择不同类型地区试行"县下辖市"。

(2) 中期:大致在2020—2030年,全面实行"撤镇设市",收缩(或终止)"撤县设市",积极推行"县辖市"。

(3) 远期:2030年以后,当中国的城市化率达到70%左右,设市城市的数量将基本稳定,设市城市的规模结构和布局基本合理,设市制度体系也基本确立,中国的整体行政区

划结构将基本稳定。

之所以分三个阶段渐进式推进，主要是顺应中国经济社会发展的阶段性特征以及城市化率增长规律，根据不同阶段和不同区域的情况选取和确定设市模式的重点，形成不同的设市模式组合结构。总体上中国设市的模式将沿着从“撤县设市”到“撤镇设市”，再到“县下辖市”的轨迹有规律地运行。

从确立设市模式、制定设市标准、规范设市制度，到严格申报审核，这是一个复杂的系统工程，需要顶层的精心谋划，科学设计。中国是一个高度集权、正在建设具有中国特色的社会主义国家，要充分发挥中央政府“超前引领”的决定性作用；当务之急是开展撤县设市运行实践的深入调查，广泛吸取各家之言，研究借鉴历史的、国际的有益经验，形成一个整体性、全局性市制改革战略思路，优选和确立设市模式，进而制定不同模式、切实可行的设市标准，积极、稳妥地推行市制改革。

中国现行“市”制的诸多问题和困境，也许就预示着新的体制创新的契机。正如1979年以来，我们逐渐认识到城市和城市化的重要作用，而摈弃了对城市(尤其是大城市)的负面的、否定的看法，因而通过设立市的建制，通过在省级、地级、县级各个层面大量设立市的建制，通过直辖市、计划单列市、地级市、县级市的设置，而极大地推进了城市化进程(当然多是大城市化)一样；今天，我们亦应该回归“市”的本义，通过在县下设市，而极大地推进城乡统筹发展的实现，推进城乡一体化进程；通过政府的引导乃至“强行”推进，实现城乡统筹发展。相对于之前的市制所导致的人口向大中城市的“转移”，县下辖市则更有助于人口在县域内的平衡分布和就地“转化”。人口的就地转化，即原有聚落逐渐从村落到市镇再到小城市的变迁，才是城市化的真正实现，才是城乡一体化的真正含义。

中共十八大的召开，大大加快了由“小康”向“现代化”、由“大国”向“强国”迈进的步伐，全面深化改革将永远是实现“中国梦”的强大推力。这一现实背景和新的历史阶段为“优化行政区划”，实现多种模式的“有序设市”提供了最好的机遇和最佳的改革环境。我们应该抓住机遇，积极推进设市制度的改革，建立和完善中国特色的设市制度体系，以适应中国城市化、工业化发展变革的进程，实现中国设市制度的优化、稳定的目标。

主要参考文献

· 中文文献 ·

奥斯特罗姆，等. 2004. 美国地方政府[M]. 井敏，等，译. 北京：北京大学出版社

曹起挺. 2012. 世界各国市制比较研究[M]. 北京：中央编译出版社

常黎. 2008. 行政区划与区域经济发展——河南省案例分析[M]. 北京：科学出版社

陈潮，陈洪玲. 2003. 中华人民共和国行政区划沿革地图集[M]. 北京：中国地图出版社

陈瑞莲. 1999. 广东行政改革研究[M]. 广州：中山大学出版社

陈瑞莲，蔡立辉，等. 2004. 珠江三角洲公共管理模式研究[M]. 北京：中国社会科学出版社

陈瑞莲，等. 2008. 破解城乡二元结构：基于广东的实证分析[M]. 北京：社会科学文献出版社

陈剩勇，张丙宣. 2007. 强镇扩权：浙江省近年来小城镇政府管理体制改革的实践[J]. 浙江学刊，(6)：215-221

陈剩勇，杨馥源. 2009. 建国 60 年中国城市体制的变迁与改革战略[J]. 社会科学，(8)：19-28

陈小京，伏宁，黄福高. 2001. 中国地方政府体制结构[M]. 北京：中国广播电视出版社

陈友华，赵民. 2000. 城市规划概论[M]. 上海：上海科学技术文献出版社

陈占彪. 2009. 行政组织与空间结构的耦合——中国行政区经济的区域政治经济学分析[M]. 南京：东南大学出版社

程刚. 2011. 中国撤县建区的新探索：宁波鄞州模式实证研究(2002—2012)[M]. 北京：经济科学出版社

戴均良. 2000. 中国市制[M]. 北京：中国地图出版社

戴均良，刘君德，汪宇明. 2000. 市辖市：中国城市型政区设置的法律挑战与出路选择[J]. 中国方域——行政区划与地名，(3)：2-7

戴均良. 2001. 行政区划应实行省县二级制——关于逐步改革市领导县体制的思考[J]. 中国改革，(9)：38-39

戴均良. 2009. 行政区划与地名管理[M]. 北京：中国社会出版社

董向荣. 2005. 韩国[M]. 北京：社会科学文献出版社

范红艳. 2009. 基于 GIS 空间分析的乡镇行政区划调整方法研究[J]. 地理与地理信息科学，(2)：63-66

范今朝. 2004. 浙江省 1979 年以来行政区划调整变更的过程及作用——兼论中国未来行政区划改革走向[J]. 经济地理，(4)：449-453

范今朝，欧阳安蛟. 2006. 浙江省当前行政区划特征与调整改革思路[J]. 经济地理，(增刊)：19-23

范今朝，张锦玲，刘盈军. 2009. 行政区划的调整与遗产"原真性"的保护——以遗产(地)所在政区的更名对区域遗产保护的负面影响为例[J]. 经济地理，(9)：1558-1563

范今朝，斯灵芝，蒋瑶璐. 2011. 试论"地方(政区)"的文化意蕴与"合法性"意义——以"县"在中国政区体系中的地位和作用为例[J]. 科学 · 经济 · 社会，(4)：186-192

范今朝，王剑荣，蒋瑶璐. 2011. 试论中国当代城市化进程中的行政区划"逆向调整"现象——以永康市芝英镇的行政区划调整过程为例[J]. 经济地理，(11)：1798-1804

范今朝. 2011. 仁政必自经界始——中国现当代城市化进程中的行政区划改革若干问题研究[M]. 杭州：浙江大学出版社

范今朝. 2013. 行政区划体制与城乡统筹发展：以浙江省当代改革实践为例[M]. 南京：东南大学出版社

冯定雄. 2014. 双屿港命运与东西方历史的分野[M]//罗卫东,范今朝. 庆贺陈桥驿先生九十华诞学术论文集. 杭州:浙江大学出版社
复旦大学韩国研究中心. 1998. 韩国研究论丛(第四辑)[M]. 上海:上海人民出版社
高抗,周建民,何显明,等. 2010. 经济转型升级与地方治理模式创新:基于浙江长兴县的个案研究[M]. 上海:学林出版社
高珮义. 1991. 中外城市化比较研究[M]. 天津:南开大学出版社
顾朝林. 1992. 中国城镇体系——历史·现状·展望[M]. 北京:商务印书馆
顾朝林,等. 1999. 经济全球化与中国城市发展[M]. 北京:商务印书馆
顾朝林,等. 1999. 中国城市地理[M]. 北京:商务印书馆
顾朝林,沈建法,姚鑫,等. 2003. 城市管治:概念·理论·方法·实证[M]. 南京:东南大学出版社
国务院法制局,中华人民共和国法规汇编编辑委员会. 1957. 中华人民共和国法规汇编(1954 年 9 月—1955 年 6 月)[M]. 北京:法律出版社
韩光辉. 2011. 宋辽金元建制城市研究[M]. 北京:北京大学出版社
韩继忠. 1999. 政府机构改革[M]. 北京:中国人民大学出版社
贺曲夫,孙继英. 2008. 浙江省苍南县龙港镇发展与行政区划管理体制创新研究[J]. 经济师,(6):168-170
贺曲夫. 2012. 县下辖市与推进自治——我国县辖政区的发展与改革研究[M]. 北京:中国经济出版社
亨利·皮雷纳. 1985. 中世纪的城市(经济和社会史评论)[M]. 陈国樑,译. 北京:商务印书馆
洪世键. 2009. 大都市区治理:理论演进与运行模式[M]. 南京:东南大学出版社
侯景新,浦善新,肖金成. 2006. 行政区划与区域管理[M]. 北京:中国人民大学出版社
华伟,于明超. 1997. 我国行政区划改革的初步构想[J]. 战略与管理,(6):1-10
华伟. 1999. 城市与市制——市制丛谈之一[J]. 中国方域——行政区划与地名,(3):9-13
华伟. 2000. 城乡分治与合治——市制丛谈之三[J]. 中国方域——行政区划与地名,(3):8-17
华伟. 2000. 新形势与新构想——市制丛谈之四[J]. 中国方域——行政区划与地名,(4):8-13
华伟. 2000. 自治市与行政市——市制丛谈之二[J]. 中国方域——行政区划与地名,(1):18-25
黄珈. 2003. 国外大都市区治理模式[M]. 南京:东南大学出版社
纪晓岚. 2002. 论城市本质[M]. 北京:中国社会科学出版社
金勇兴. 2002. 聚集与扩散——温州建制镇城市化研究[M]. 北京:社会科学文献出版社
靳尔刚,张文范. 1996. 行政区划与地名管理[M]. 北京:中国社会出版社
靳润成,郁晓航. 1999. 中国城市化之路[M]. 上海:学林出版社
康晓光. 2005. 仁政:中国政治发展的第三条道路[M]. 新加坡:八方文化创作室
李恩平. 2006. 韩国城市化的路径选择与发展绩效——一个后发经济体成败案例的考察[M]. 北京:中国商务出版社
李强. 2009. 政策创新与浙江发展[M]. 杭州:浙江人民出版社
李植斌,陈雄. 2002. 区域体制改革与创新[M]. 北京:中国社会科学出版社
林彬,王汉生. 2002. 变迁中的城区政府与区街经济——一个典型城区的调查研究[M]. 北京:中国社会科学出版社
刘传江. 1999. 中国城市化的制度安排与创新[M]. 武汉:武汉大学出版社
刘君德,舒庆. 1993. 论行政区划、行政管理体制与区域经济发展战略[J]. 经济地理,(1):1-5
刘君德. 1996. 中国行政区划的理论与实践[M]. 上海:华东师范大学出版社
刘君德,靳润成,周克瑜. 1999. 中国政区地理[M]. 北京:科学出版社
刘君德,汪宇明. 2000. 制度与创新——中国城市制度的发展与改革新论[M]. 南京:东南大学出版社

刘君德.2001.中国农民第一城——龙港镇行政区划体制改革的思考[J].中国方域——行政区划与地名,(6):8-10
刘君德,冯春萍,华林甫,等.2002.中外行政区划比较研究[M].上海:华东师范大学出版社
刘君德.2004.中国转型期凸现的"行政区经济"现象分析[J].理论前沿,(10):20-22
刘君德.2005.县下辖市:尝试一种新的政区制度[J].决策,(4):34-35
刘君德.2006.中国转型期"行政区经济"现象透视——兼论中国特色人文—经济地理学的发展[J].经济地理,(6):897-901
刘君德,马祖琦,熊竞.2012.中央直辖市政区空间组织与制度模式探析:理论架构、比较分析及实证研究[M].南京:东南大学出版社
刘溶沧.1999.中国:走向21世纪的公共政策选择[M].北京:社会科学文献出版社
刘小康.2010."行政区经济"概念再探讨[J].中国行政管理,(3):42-47
刘易斯·芒福德.1989.城市发展史——起源、演变和前景[M].倪文彦,宋俊岭,译.北京:中国建筑工业出版社
鲁勇.2002.行政区域经济[M].北京:人民出版社
陆立军,王祖强.2007.浙江模式——政治经济学视角的观察与思考[M].北京:人民出版社
马啸原.2000.西方政治制度史[M].北京:高等教育出版社
迈克尔·麦金尼斯.2000.多中心体制与地方公共经济[M].毛寿龙,李梅,译.上海:上海三联书店
宁越敏,张务栋,钱今昔.1994.中国城市发展史[M].合肥:安徽科学技术出版社
潘小娟.1997.法国行政体制[M].北京:中国法制出版社
朴振焕.2005.韩国新村运动——20世纪70年代韩国农村现代化之路[M].潘伟光,郑靖吉,魏蔚,等,译.北京:中国农业出版社
浦善新,陈德彧,周艺,等.1995.中国行政区划概论[M].北京:知识出版社
浦善新.2006.中国行政区划改革研究[M].北京:商务印书馆
任晓.1998.中国行政改革[M].杭州:浙江人民出版社
邵峰.2006.均衡浙江:统筹城乡发展新举措[M].杭州:浙江人民出版社
施坚雅.2000.中华帝国晚期的城市[M].叶光庭,等,译.北京:中华书局
史晋川,罗卫东.2000.浙江现代化道路研究[M].杭州:浙江人民出版社
史晋川,等.2007.浙江省改革开放研究的回顾与展望[M].杭州:浙江大学出版社
史卫东,贺曲夫,范今朝.2010.中国"统县政区"和"县辖政区"的历史发展与当代改革[M].南京:东南大学出版社
舒庆.1995.中国行政区经济与行政区划研究[M].北京:中国环境科学出版社
舒庆,周克瑜.2003.从封闭走向开放:中国行政区经济透视[M].上海:华东师范大学出版社
宋迎昌.2003.都市圈:从实践到理论的思考[M].北京:中国环境科学出版社
孙关龙.1995.分分合合三千年——论中国行政区划及其总体改革的构想[M].广州:广东教育出版社
谭天星,陈关龙.1991.未能归一的路——中西城市发展的比较[M].南昌:江西人民出版社
田穗生,罗辉,曾伟.2005.中国行政区划概论[M].北京:北京大学出版社
汪宇明.2000.中国市管县(市)体制的区域结构关系及发展趋势[J].经济地理,(3):18-21
汪宇明.2004.中国省直管县市与地方行政区划层级体制的改革研究[J].人文地理,(19):71-74
汪玉凯.1998.中国行政体制改革20年[M].郑州:中州古籍出版社
王德,郭洁.2002.乡镇合并与行政区划调整的新思路和新方法[J].城市规划汇刊,(6):72-75
王德忠.2002.企业扩张——理论研究及其对中国行政区经济问题的应用分析[M].上海:华东师范大学出版社

王恩涌，等. 1999. 政治地理学：时空中的政治格局[M]. 北京：高等教育出版社
王旭. 2000. 美国城市史[M]. 北京：中国社会科学出版社
魏光奇. 2004. 官治与自治——20 世纪上半期的中国县制[M]. 北京：商务印书馆
魏立华，闫小培. 2004. 快速城市化中城市规划与行政区划的关系研究——以珠江三角洲为例[J]. 城市规划，(2)：48-51
吴缚龙，马润潮，张京祥. 2007. 转型与重构——中国城市发展多维透视[M]. 南京：东南大学出版社
吴金群. 2010. 省管县的条件及对我国 26 个省区的聚类研究[J]. 浙江大学学报(社会科学版)，(4)：119-127
夏书章. 1994. 市政学引论[M]. 北京：中共中央党校出版社
徐颂陶，徐理明. 1996. 走向卓越的中国公共行政[M]. 北京：中国人事出版社
徐竹青. 2004. 省管县建制模式研究——以浙江为例[J]. 中共浙江省委党校学报，(6)：94-99
徐竹青，徐明华，王祖强，等. 2010. 转型升级——浙江发展的战略抉择[M]. 北京：中国经济出版社
许学强，周一星，宁越敏. 1997. 城市地理学[M]. 北京：高等教育出版社
阎林. 1999. 政府组织结构调整与经济发展[M]. 北京：社会科学文献出版社
余潇枫，陈劲. 2007. 浙江模式与地方政府创新[M]. 杭州：浙江大学出版社
袁晖，曹现强. 2000. 当代西方行政管理体制[M]. 济南：山东人民出版社
张东明. 2002. 韩国产业政策研究[M]. 北京：经济日报出版社
张京祥，沈建法，黄钧尧，等. 2002. 都市密集地区区域管治中行政区划的影响[J]. 城市规划，(9)：40-44
张京祥，罗震东，何建硕. 2007. 体制转型与中国城市空间重构[M]. 南京：东南大学出版社
张占斌，谢振东，车文辉. 2013. 城镇化与优化行政区划设置研究[M]. 石家庄：河北人民出版社
张文范. 1995. 中国省制[M]. 北京：中国大百科全书出版社
张占斌. 2009. 省直管县体制改革的实践创新[M]. 北京：国家行政学院出版社
赵锦良，王振海. 1991. 走向城市化——县改市与县级市发展[M]. 北京：中国广播电视出版社
浙江省民政厅. 1988. 浙江省行政区划[M]. 杭州：浙江人民出版社
浙江省民政厅. 2009. 浙江建置区划沿革[M]. 杭州：浙江大学出版社
浙江省民政志编纂委员会. 1994. 浙江省民政志[M]. 北京：中国社会出版社
浙江省区划地名实用手册编委会. 2003. 浙江省区划地名实用手册[M]. 杭州：浙江大学出版社
中国行政区划研究会. 1991. 中国行政区划研究[M]. 北京：中国社会出版社
中华人民共和国民政部. 2014. 中华人民共和国行政区划简册·2014[M]. 北京：中国地图出版社
周克瑜. 1999. 走向市场经济——中国行政区与经济区的关系及其整合[M]. 上海：复旦大学出版社
周一星. 1995. 城市地理学[M]. 北京：商务印书馆
周振鹤. 1991. 体国经野之道——新角度下的中国行政区划沿革史[M]. 香港：中华书局
朱国斌. 1999. 近代中国地方自治重述与检讨[M]//张庆福. 宪政论丛(第 2 卷). 北京：法律出版社
朱俊瑞，李涛. 2007. 民国浙江乡镇组织变迁研究——以“新县制”为中心的分析[M]. 北京：中国社会科学出版社
朱舜. 2003. 行政区域经济结构与增长[M]. 北京：经济科学出版社
卓勇良. 2004. 挑战沼泽：浙江制度变迁与经济发展[M]. 北京：中国社会科学出版社
卓勇良. 2008. 解放思想——浙江改革发展的根本经验[M]. 杭州：浙江大学出版社

·韩文文献·

金仁. 1986. 现代人文地理学——人间和空间组织[M]. 首尔：法文社
金仁，权容友. 1986. 首都圈地域研究——空间认识和对应政策[M]. 首尔：首尔大学校出版部

任德淳. 1989. 政治地理学原理[M]. 首尔：法文社

任锡会. 1994. 韩国行政区域体系之问题和改革之方向[J]. 大韩地理学会志，29(1)：65-83

任锡会. 1995. 韩国行政区域的空间组织：问题与变革[J]. 地理学论丛，19：80

首尔发展研究院. 2000. 首尔主题地图・2000[Z]. 首尔：首尔发展研究院

・英文文献・

Chung J H, Lam T. 2004. China's "city system" in flux: explaining post-mao administrative changes [J]. The China Quarterly, (3): 945-964

Chung C M. 1999. The new perspective for Korean local government[J]. Korea Journal, (summer): 332-345

Kwon S. 2008. Alternating development strategies in Jeju island, Korea[J]. Journal of the Korean Geographical Society, 43(2): 171-187

Park S O. 2009. Long-Term Visions & Strategies for Regional Development Policies in Korea[R]. PCRD International Conference on Reshaping Regional Policy: Coprosperity and Competitiveness

Steinberg D I. 1989. The Republic of Korea: Economic Transformation and Social Change[M]. Boulder: Westview Press

图片来源

图 2-1 至图 2-3 源自：范今朝. 2013. 行政区划体制与城乡统筹发展：以浙江省当代改革实践为例[M]. 南京：东南大学出版社：75，79

图 2-4、图 2-5 源自：刘君德，马祖琦，熊竞. 2012. 中央直辖市政区空间组织与制度模式探析：理论架构、比较分析及实证研究[M]. 南京：东南大学出版社：66

图 3-1 至图 3-3 源自：范今朝. 2011. 仁政必自经界始——中国现当代城市化进程中的行政区划改革若干问题研究[M]. 杭州：浙江大学出版社：113-115

图 3-4 源自：著者绘制

图 3-5 源自：任德淳. 1989. 政治地理学原理[M]. 首尔：法文社：409. 原图为韩文，著者译

图 3-6 源自：任锡会. 1995. 韩国行政区域的空间组织：问题与变革[J]. 地理学论丛，19：80. 原图为韩文，著者译

图 3-7、图 3-8 源自：著者绘制

图 3-9 源自：吕帅，王凯，龚伟，等. 2007. 日本行政区划体制的形成与改革及其对中国的启示[J]. 中国人口·资源与环境，17(1)：139-141

图 3-10 源自：贺曲夫. 2012. 县下辖市与推进自治——我国县辖政区的发展与改革研究[M]. 北京：中国经济出版社：194

图 3-11 源自：著者绘制

图 3-12 源自：著者根据浙江省区划地名实用手册编委会. 2003. 浙江省区划地名实用手册[M]. 杭州：浙江大学出版社：665-676；http://www.zjsdmw.com 整理绘制

图 3-13 源自：著者根据浙江省民政厅区划地名处，浙江省民政厅. 2007. 浙江区划地名溯源[M]. 杭州：浙江大学出版社：686；浙江省民政志编纂委员会. 1994. 浙江省民政志[M]. 北京：中国社会出版社；http://www.zjsdmw.com 整理绘制

图 4-1 至图 4-9 源自：韩光辉，何峰. 2008. 宋辽金元城市行政建制与区域行政区划体系的演变[J]. 北京大学学报(哲学社会科学版)，45(2)：154-161

图 5-1 源自：王开泳，陈田. 2011. 国外行政区划调整的经验及对我国的启示[J]. 世界地理研究，20(2)：57-64

图 5-2 源自：http://news.xinhuanet.com

图 6-1、图 6-2 源自：著者根据相关资料数据整理绘制

图 8-1 源自：史卫东，贺曲夫，范今朝. 2010. 中国"统县政区"和"县辖政区"的历史发展与当代改革[M]. 南京：东南大学出版社：140

图 8-2、图 8-3 源自：马祖琦. 2014. 基于县制保护的"撤县设市"方案思考[J]. 江汉论坛，(3)：24-28

图 9-1 源自：周振鹤. 2005. 中国地方行政制度史[M]. 上海：上海人民出版社：141

图 9-2 至图 9-6 源自：史卫东，贺曲夫，范今朝. 2010. 中国"统县政区"和"县辖政区"的历史发展与当代改革[M]. 南京：东南大学出版社：277-278，280，283，286

图 9-7 源自：著者绘制

图 10-1 源自：http://www.heda.gov.cn

表格来源

表 1-1 源自：中华人民共和国民政部. 2014. 中华人民共和国行政区划简册·2014[M]. 北京：中国地图出版社：1-8

表 1-2 源自：著者整理

表 3-1 源自：熊竞. 2014. 国外市制模式的经验借鉴——兼论我国的设市制度[J]. 江汉论坛，(3)：12-16

表 3-2 源自：《韩国统计年鉴 2009》第 105 页，原表为韩文，著者译

表 3-3 源自：自治体国际化协会(日). 2008. 韩国的地方自治[Z]. 东京都：(财团法人)自治体国际化协会：18-21. 原表为日文，著者译

表 3-4 至表 3-6 源自：曹启挺. 2012. 世界各国市制比较研究[M]. 北京：中央编译出版社：44-45，59，61

表 3-7 源自：贺曲夫. 2012. 县下辖市与推进自治——我国县辖政区的发展与改革研究[M]. 中国经济出版社：197-199

表 3-8 源自：曹启挺. 2012. 世界各国市制比较研究[M]. 北京：中央编译出版社：36；著者整理

表 3-9 源自：李恩平. 2006. 韩国城市化的路径选择与发展绩效——一个后发经济体成败案例的考察[M]. 北京：中国商务出版社：65；《韩国统计年鉴 2009》第 105 页(原文为韩文，著者译)

表 3-10 源自：http://dichan.sina.com.cn

表 3-11 源自：首尔发展研究院. 2000. 首尔主题地图·2000[Z]. 首尔：首尔发展研究院：24. 原文为韩文、英文，著者译

表 4-1 源自：刘君德，靳润成，周克瑜. 1999. 中国政区地理[M]. 北京：科学出版社：183

表 5-1、表 5-2 源自：贺曲夫. 2012. 县下辖市与推进自治——我国县辖政区的发展与改革研究[M]. 北京：中国经济出版社：206-209

表 5-3 源自：著者在贺曲夫. 2012. 县下辖市与推进自治——我国县辖政区的发展与改革研究[M]. 北京：中国经济出版社：197. 著者在表述中略有改动

表 5-4 源自：贺曲夫. 2012. 县下辖市与推进自治——我国县辖政区的发展与改革研究[M]. 北京：中国经济出版社：210

表 5-5 源自：顾朝林，等. 1999. 中国城市地理[M]. 北京：商务印书馆：86

表 5-6 源自：魏光奇. 2004. 官治与自治——20 世纪上半期的中国县制[M]. 北京：商务印书馆：241-242

表 5-7 源自：http://news.xinhuanet.com

表 5-8 源自：陈潮，陈洪玲. 2003. 中华人民共和国行政区划沿革地图集[M]. 北京：中国地图出版社：217-223；著者根据《中华人民共和国行政区划简册》(2001—2014 年)各册整理

表 6-1 源自：著者根据《国务院批转民政部关于调整设市标准的报告》(国发〔1993〕38 号)整理

表 6-2 源自：著者根据陈潮，陈洪玲. 2003. 中华人民共和国行政区划沿革地图集[M]. 北京：中国地图出版社；史为乐. 2006. 中华人民共和国政区沿革(1949—2002 年)[M]. 北京：人民出版社；《中华人民共和国行政区划简册》(2001—2014 年)各册整理

表 6-3 源自：贺曲夫. 2012. 县下辖市与推进自治——我国县辖政区的发展与改革研究[M]. 北京：中国经济出版社：143-144；著者根据《中华人民共和国行政区划简册》(2012—2014 年)各册整理

表 6-4 源自：著者根据有关资料和《中华人民共和国行政区划简册·2014》整理

表 7-1 源自：著者根据相关地区 2013 版统计年鉴整理

表 7-2 源自:著者根据相关地区统计年鉴整理

表 8-1 源自:史卫东,贺曲夫,范今朝. 2010. 中国"统县政区"和"县辖政区"的历史发展与当代改革[M]. 南京:东南大学出版社:136;著者根据《中华人民共和国行政区划简册》(2009—2013 年)各册整理

表 8-2 源自:著者根据相关资料整理

表 8-3 源自:史卫东,贺曲夫,范今朝. 2010. 中国"统县政区"和"县辖政区"的历史发展与当代改革[M]. 南京:东南大学出版社:177-178

表 8-4、表 8-5 源自:石超艺. 2014. 中国县级市现状评价及改革设想[J]. 江汉论坛,(3):17-20:

表 8-6 源自:马祖琦. 2014. 基于县制保护的"撤县设市"方案思考[J]. 江汉论坛,(3):24-28

表 8-7 源自:著者根据《中华人民共和国行政区划简册・2014》整理

表 9-1 源自:著者根据《建设部、国家发展和改革委员会、民政部、国土资源部、农业部、科技部关于公布全国重点镇名单的通知》中所附名单整理

表 9-2 源自:著者根据《十大扶持政策加快培育中心镇,200 个中心镇将成为浙江新农村建设示范区》整理

表 9-3 源自:著者根据《浙江省人民政府办公厅关于开展小城市培育试点的通知》和《浙江新增 16 个试点小城市,有望建立生态考核体系》整理

表 9-4 源自:著者整理

表 9-5、表 9-6 源自:著者根据浙江省有关统计年鉴和浙江省民政厅提供的有关调查数据整理

表 9-7、表 9-8 源自:著者整理

表 9-9 源自:著者根据浙江省民政厅提供乡镇街调查表(2012 年年底)统计整理

表 9-10 至表 9-14 源自:著者整理

表 10-1 源自:著者根据各开发区相关网站汇总整理

表 10-2 源自:著者整理

表 10-3 源自:《全国资源型城市规划(2013—2020 年)》附件 1. http://www.gov.cn

表 10-4 源自:史为乐. 2006. 中华人民共和国政区沿革(1949—2002 年)[M]. 北京:人民出版社有关内容整理;著者根据《中华人民共和国行政区划简册》(2004—2014 年)和有关网络资料整理

表 11-1 源自:著者根据相关年份的《中华人民共和国行政区划简册》整理

后记

本书在本套丛书中，以城市行政区划体制为研究对象和重点，是带有总结性的著述。在将近三年的准备和写作过程中，大纲拟定、正文撰写都经过多次补充与修改，迄今终于完稿、付梓，令人欣慰。

本书从政区地理学的视角出发，试图揭示制约城乡统筹发展中，包括行政区划体制在内的政治体制等因素的影响，尝试从理论和实践两个层面阐明“城镇型政区”设置的必要性与适宜的空间模式及改革举措。其中的一些理论概括，如对城乡统筹发展的理解，城市发展与政区演变的互动关系的分析，“行政区经济”在当代中国城镇型政区空间形态演变过程中的影响，以及城市制度模式及其渐进式转换战略的论述等，为著者提出的较新的观点；也是著者较长时期予以关注，并经不断思考、补充修正、逐步完善而在本书中进行了比较完整的论述。本书在对中国“城镇型政区”发展历史的概括以及对中国与东亚诸国和地区（尤其是韩国）的比较方面亦提出了一些新的看法。此外，本书对中国当代各级各类“城镇型政区”的实证研究也多是著者长期研究成果的积累，其中所提出的改革方向与措施等，亦有助于较为深入地认识中国“市制”改革的过程及其得失、问题、困惑与解决之道。相信本书的出版，不论是在理论上为探索和认识“城镇型政区”的发展规律，还是在实践中为中国的“市制”改革提供有益的参考方案等方面，均会起到有益的作用。

由于“市制”改革问题涉及面广，其发展时空差异性又大，为全面揭示“市制”的发展脉络和规律，本书写作中，较多地吸收借鉴了学术界以及我的学生们的相关研究成果和论述。有关成果和论述在正文中均一一注明了出处，在此一并对相关作者表示深切的谢意。这里特别要提出并表示感谢的，是对浙江大学地球科学系在读的硕士研究生乔敬山同学，他在书稿的撰写过程中协助著者整理了许多有关的数据，绘制了若干图表，并且直接参与了在浙江省的若干调研等实证研究工作。

本书的合作者范今朝，是我的 2000—2004 年在华东师范大学就读的博士生，此次有机会通力合作，两代人共同完成这部书稿，自然令人高兴和欣慰。他对本书的顺利完成做出了很大努力，付出了艰辛劳动，在此当然也要表示我深深的谢意。

最后，我还要特别感谢东南大学出版社负责本套丛书和本书编辑工作的徐步政先生、孙惠玉女士等。徐步政先生是我的老朋友，他在编辑、出版领域眼光独到，经验丰富；直接负责本书编辑工作的孙惠玉女士及各位编校人员也细致认真，一丝不苟，为本书的顺利出版付出辛劳，在此亦深致谢忱。

本书中的论点、看法，乃至资料、附图等自然会存在一些不成熟或不足之处，恳请各界批评、指正。

刘君德

2015 年 1 月 18 日于上海